通源志

《通源志》编纂委员会　编

方志出版社
Publishing House of Local Records

图书在版编目（CIP）数据

通源志 /《通源志》编纂委员会编. -- 北京 : 方志出版社, 2024. 11. -- ISBN 978-7-5144-6319-4

Ⅰ. K295.55

中国国家版本馆CIP数据核字第2024427Q3W号

责任编辑：程倩

责任校对：张玉霞

责任印制：梅中英

出 版 者：方志出版社

地　　址：北京市朝阳区潘家园东里 9 号（国家方志馆4层）

邮　　编：100021

网　　址：http:// www.zgfzcb.cn

发　　行：方志出版社图书营销中心（010-67110500）

印　　刷：浙江全能工艺美术印刷有限公司

开　　本：889毫米 × 1194毫米　1/16

印　　张：29.75

字　　数：800千字

版　　次：2024年11月第1版

印　　次：2024年11月第1次印刷

定　　价：198.00元

《通源志》编纂委员会

总顾问： 周少华

主　任： 张仁洪

委　员： 钱树军　钱继红　张少坡

王海明　钱正永　钱江南

《通源志》编辑部

主　编： 钱树军

副主编： 钱继红　张少坡　钱正永　钱江南

成　员： 王孟芳　刘大春　吴顺贤　邱正权　俞　朝

黄国滨　黄晓月　商晶晶　蒋伟平　戴圆圆

云上通源

“神山”——西白山

“圣水”——通源江

剡溪之源

剡溪源碑

通源石刻

思源亭

通源十景——西白观日

通源十景——竹海寻踪

云海茶香

榧石奇缘

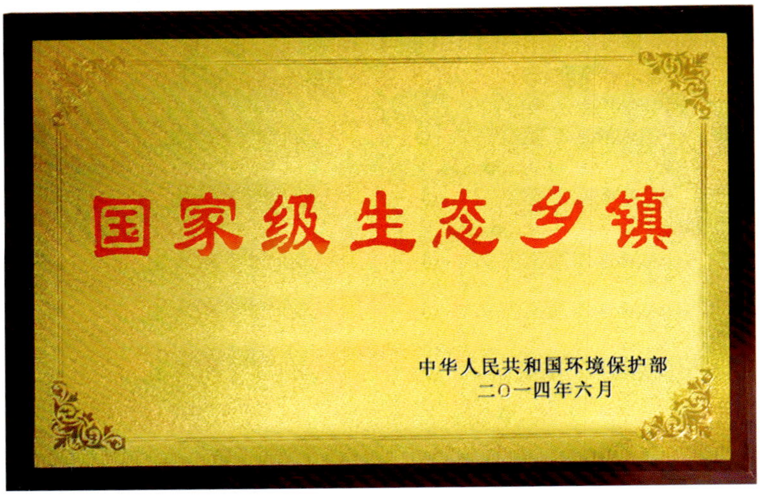

国家级生态乡镇——通源乡

全国首个地质文化村——白雁坑村

中国传统村落——松明培村

解放初期乡政府驻地（油罗山村）

嵊州市通源乡人民政府大院（岗下村）

通源乡吴家湾村小学校全体师生暨村教育委员合影（1951年）

通源中学校园

通源中学首届初中毕业生暨老师合影（1970年）

通源中学首届高中毕业生暨老师合影（1977年）

西山中学旧址

通源乡中心小学教学楼

通源乡卫生院

通源乡水电站

商代石锛

县知事斯兰馨留存的匾额

上王岭古道指路碑

木质水轮机

网红民宿村

传统古村落

通源三宝——番薯面

通源三宝——香榧

通源三宝——茶叶

西白茶人节

香榧诗歌节

绍兴第一高峰——西白山

绿之源

西白人家

西白天路

采茶舞曲

榧香农家

白玉尖杜鹃花

西白山忘忧草

中国香榧王

通源乡政区图（2006年）

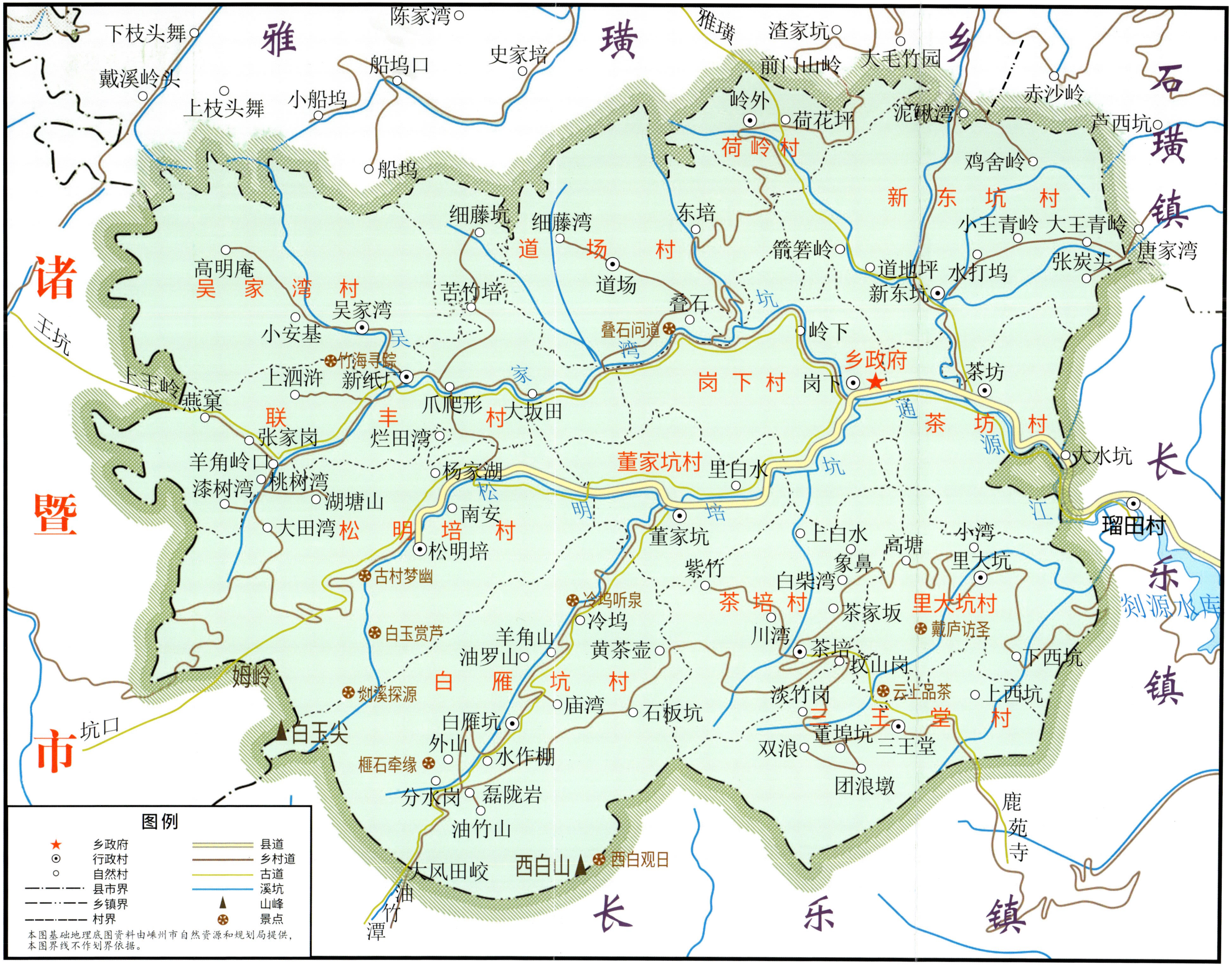

浙江省自然资源集团空间信息有限公司 编制 地图审核号：浙绍S（2024）6号 2024年5月

通源乡地形图（2006年）

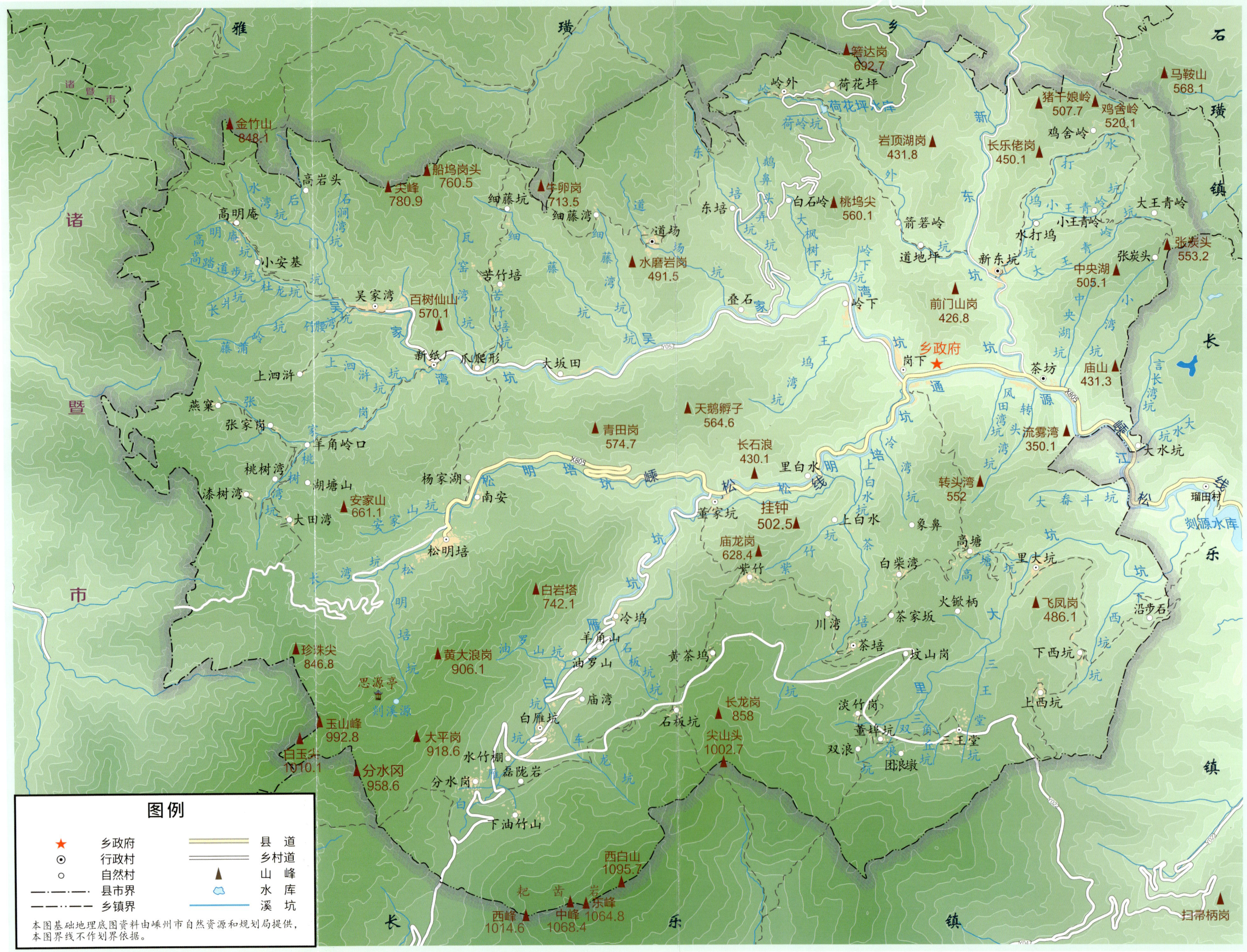

浙江省自然资源集团空间信息有限公司　编制　地图审核号：浙绍S（2024）6号　2024年5月

再见通源（序一）

周少华

2022年2月16日，元宵节后的第一天。在美丽的南山湖畔，几位通源籍乡朋好友相聚。其间，张仁洪、钱树军两位向在座各位提出编纂《通源志》的倡议。之所以会有编《通源志》的想法，其原因是2019年嵊州市实施乡镇行政区划调整，撤销了通源乡，把通源乡的区域板块合并到了石璜镇。从1950年建乡，到2019年撤乡，通源乡前后存续了70年。到会的人无一例外都是在这个时期出生的通源人，自然对通源这个地方有一种与生俱来的特别情感。面对“通源乡”将成为渐渐远去的历史，作为曾经的通源人和“通源乡”这段历史的参与者和见证人，忽然觉得有责任、有义务为过去了的“通源”做点什么。编纂《通源志》，就可以把这段历史记录下来，让后人了解历史，记住乡愁，赓续文脉，助推山区乡村振兴和持续发展。这是一件很有意义的事！这个倡议很快便形成了共识。为此，《通源志》编纂联络组应运而生。张仁洪、钱树军、钱继红、张少坡、王海明、钱正永、钱江南及周少华等作为第一批志愿者参与了编纂筹备组的前期工作。

3月5日，在原通源乡政府会议室正式举行了《通源志》启动仪式。从动议到启动，仅仅过去了短短17天的时间，《通源志》的编纂工作在编纂联络组的辛勤努力、精心策划下正式提上了议事日程。参加的代表人人喜气洋洋，像自家台门里办喜事般热闹。尽管是民间自发的活动，没有经费，没有报酬，然而参与者热情之高，干劲之足，行动之快让人感动。在启动仪式上，明确了编纂计划、团队分工、志书框架等。此举还得到了当地政府及专业主管部门、通源各村父老乡亲和在外各地同乡们的大力支持和积极参与。

做事，想好了，说干就干。没有太多的言语，没有太多的研究，没有太多的讨论；没有人提条件，没有人提报酬，没有人算计得失；自家的事，干了再说。也许这就是憨厚、淳朴、智慧、明理的通源山里人的品格。

2023年8月15日，我收到了钱树军主编发来的《通源志》电子文稿（第一稿），沉沉的8编30章，近80万字，把70年通源乡发展历史重新梳理了一遍。屈指算来，从筹备会议到初稿形成，仅仅一年零六个月，547个日日夜夜，一群不计报酬、不为功利、淳朴憨厚、胸怀大志、负重前行的通源人，做成了一件空前绝后的大事。一部由民间乡人自发组织编纂的乡志——《通源志》呱呱降生。《通源志》的横空出世，记载了一个特定时期通源人民、通源山水、通源人文和通源物产真实、全面、系统的历史发展过程。

"通源"在中国乃至嵊州也许是一个并不起眼的山区小乡，但在通源人的眼里，就是心目中最伟大的故乡。《通源志》尽管是小乡之志，但在党和政府提出乡村振兴的大战略下，这部小乡志，做的恰是大文章。在此，我以一个通源籍在外的乡人身份并以我个人名义，向那些为编纂《通源志》不辞辛劳、努力工作、付出大量心血、牺牲个人休息时间的编纂团队和出钱出力、风雨同舟、荣辱与共、默默奉献的所有志愿者和乡贤们致以崇高的敬礼！

我是一个生在通源长在通源的地道通源人。从童年到少年，从小学到初中，还有高中毕业后三年多的乡村民办教师，除了高中二年在外，在通源整整生活了近20个年头。原以为我对通源很了解，其实这是一种假象。尽管年轻时的记忆是很难忘记的，然而，通源在我的记忆中是零星的、肤浅的、碎片化的、不全面的。

再见通源，仔细阅读《通源志》的每一章每一节，让我对通源有了全面的、全新的认知。

通源之山，不是高大而是神奇。虽然没有像黄山那样有奇松、怪石之秀美，也没有像泰山那样有巍峨、险峻之宏伟，但她拥有别样的端庄、含蓄、清秀和神奇。据《嵊县志》记载，全县海拔1000米以上山峰有8座，而以西白山为首，成为嵊州第一峰，也是绍兴市境内最高峰。在西白山上，可以观日出，看云雾，赏秋色，拍雪景，一年四季风光不同。漫步在通源的乡间，满目竹翠茶绿。总能见，山涧清泉从千姿百态的乱石缝隙中喷涌而出，形成跳跃的游龙，沿着坑坑湾湾，汇合成溪江，一路向东。独立山顶，犹如神仙下凡。俯瞰人间，云上有村，云下还有村；村上有雾，村下还是雾。云雾山中，环绕着星星点点的村庄，构成了通源乡村诗画般的家园。

说通源山之神奇，是因为通源山上还藏有两件物宝：茶叶和香榧。通源产的绿茶品质最好，品种最全。通源还是嵊州唯一产香茶的地方。通源的香榧，不但历史悠久，而且品种丰富，质量上乘。自古以来，全乡村村都产香榧。据有关部门统计，通源百年以上的古香榧树达3449株，古香榧树群34处。2013年，在"会稽山古香榧之最"评选活动中，通源松明培村一古香榧树因其最大冠幅而荣获"中国香榧王"之美誉。"千年香榧林，万年巨石阵"地质遗迹更堪称神奇。但迄今为止，无人考证，无人知晓通源山上的香榧树群从何时形成？是天赐还是人栽？与古香榧树相依相随的巨石阵又从何而来？是石恋榧还是榧随石？这就是通源之山神奇的地方。

通源之水，不是深而是灵。剡溪是哺育嵊州人民的母亲河。通源之水便是剡溪在嵊州境内的重要源头。清代《浙江全省舆图并水陆道里记》介绍剡溪时记载："分水冈，剡溪自此发源，会大白、小白等山之水。"分水冈即今白雁坑分水岗，地处西白山主峰北面，大白即西白山，小白即白玉尖。这一带其实是南方山区中难得一见的高山湿地。山上泉眼密布，溪水淙淙，常年流淌。西白山之泉经通源流入剡源，再汇入长乐江，最终形成剡溪，直奔钱塘江。

剡溪，剡县之溪也！通源，剡溪之源也！唐代诗人李白在《梦游天姥吟留别》中说：“湖月照我影，送我至剡溪。”那条让许多人牵肠挂肚的剡溪，那个让唐代大诗人李白难以忘怀的梦境，那处让追梦者一直找不到对号入座的地方，《通源志》或许正是你溯源、寻踪、追梦的最佳去处。

通源之水是有灵性的。而通源人对水的灵性又有着特别的感悟。油罗山村民金小裕和金兰超父子俩凭一手木工技术，自制木质水轮机，用毛竹当引水管，带动0.75千瓦发电机发电，供全村23户村民照明，把高山流水的功能从文学艺术搬到了实实在在的百姓生活中。这简直就像是童话故事。我查阅了相关资料，世界上水力发电机最早是1902年一位奥地利人维克多·卡普伦发明的。而中国最早出现水电站发电是1941年重庆寿县桃花溪水电站。通源发明的“毛竹管”水电站与桃花溪水电站仅仅相差18年，与世界上最早的水力发电亦只相差57年。通源金氏父子发明“毛竹管”水电站，堪称划时代的发明创造。

清澈纯净的山溪水，养育着在此世代繁衍生息的通源人民，而从小喝山泉长大的淳朴聪慧的通源人能感悟通源山水之灵性，从而形成了通源水之品性与通源人之智慧相融相合共创现代文明生活的奇迹。

一方水土养一方人。正因为有通源山水的神奇和灵秀，造就了通源人的胸怀和境界、精明与聪慧。山里人看似憨厚，内心却有大理想和大智慧。

通源人崇尚教育，形成了“耕读传家”的乡风。1914年，白雁坑村油竹山自然村洪金梅出资创办太白学校，外聘教员，设置语文、算学、修身、体操、图画等课程，第一期便招收了50余名学生娃。一个山村的土财主，自筹资金自请教师在通源山区创办了第一所山区学校。而这所学校与中国最顶尖的高等学府清华大学的前身清华学堂创办（始建于1911年）时间仅仅相差3年。这样一所迎合世界潮流的新式学校居然办在通源的一个山村里！这个通源人所具有的胸怀、见解、高度和理想让人惊叹！古今中国，大大小小城市乡村，富人财主众多，买山买地买房，然而，花钱办新式学校把培养山里学生娃作为己任的又有几人？

通源乡是嵊州所有山区乡镇中教学质量最好的乡镇。一个更有趣的现象是通源人在嵊州教育系统当校长的人特别多，从幼儿园到中小学，从艺校到师范，几乎都有通源籍校长的身影。有夫妻当校长，有一家三代当校长，还有兄弟姐妹当校长等。通源出现这种现象让周围山区乡镇的人们羡慕！都说通源的风水好，通源民间就有“天鹅孵子”的故事。其实，通源的“风水”并不是天赐的，而是智慧、明理的通源人懂得如何去珍惜并利用好“风水”。“崇教尚学”是通源人从大人到小孩都懂得遵循的共识。从高考走出通源的青年才俊中，选择毕业后从事教育事业甘愿回乡当老师的考生比例特别高。通源“耕读传家”的乡风并非浪得虚名，而是深入到乡人们的骨髓之中。这就是通源“好风水”的源头。

值得一提的是《通源志》创造性地提出了“通源十景”的概念，并把通源的历史、通源的人文和通源的秀山丽水融入到了这十景之中，虚实结合，古今相系，令人遐思和神往。

通源的山……

通源的水……

还有通源人的故事……

《通源志》让“通源”成为不朽！

再见通源，认识通源，我们在《通源志》里等风，也等你！

甲辰年四月十七于杭州西溪青白斋

（作者系中国科技考古专家、古陶瓷鉴定专家、浙江大学艺术与考古学院教授、浙江大学文物保护和鉴定研究中心副主任、浙江大学文物材料研究室主任）

神仙向往的地方——通源（序二）

张仁洪

通天彻地西白山，源远流长通源江。通源，山清水秀，人杰地灵，是一个神仙向往的地方。东晋道学名家葛洪，曾在此炼丹修道，济危救困。以“道场”名之的自然村存续至今。

通源，自古以来，尊师重教，耕读传家；民淳俗厚，山情水怀。通源人敦厚纯朴、温良恭俭、胸怀博大、志向高远、勇敢坚毅、不屈不挠，有大山之品格；通源人包容大度、善良谦和、乐于助人、甘于奉献、初心不改、勇往直前，有江河之气质。

通源，是嵊州市的西部高原，绍兴市域最高峰——西白山就在其中。浮云不共此山齐，山霭苍苍望转迷。山上常年云雾缭绕，宛若人间仙境。西白山风景，一年四季，季季不同，季季使人心旷神怡。春之西白山，碧绿的茶，娇艳的花，蝶舞蜂飞，芬芳四溢；夏之西白山，溪水潺潺，凉风习习，鸟语蝉鸣，草长莺飞；秋之西白山，万山红遍，层林尽染，色彩斑斓，叠翠流金；冬之西白山，冰魂雪魄，晶莹剔透，银装素裹，分外妖娆。钟灵毓秀西白山，去烦消愁忘忧处。

通源，土地肥沃，物产丰富。最有代表性的，数茶叶与香榧。得天独有的自然环境，造就了独一无二的优良品质。通源茶香，香飘大江南北；千年香榧，飘香中华大地。香榧与茶叶是通源乡民的支柱产业，也是其主要的经济来源。

通源，是嵊州市的山区小乡，从1950年建乡，到2019年撤乡，作为一级行政建制，整整存续了七十年。一方水土养育一方人，也造就一方人。改革开放后，他们走出大山，而不忘大山；身在外乡，而心系故乡。盛世修志，是中华民族悠久的历史传统。为还原通源历史，弘扬通源文化，几位生于斯、长于斯、心系于斯的同乡，萌发了编纂《通源志》的初衷，2022年初，正式开启了编纂《通源志》的历史进程。经过两年多的不懈努力，一部还原通源历史演变，反映通源自然状貌，展示通源山水风光，记录通源风土人情，溯原通源姓氏根脉，赓续通源精神内涵，百科全书式的志书，得以出版成书。《通源志》的出版，是通源的一件大事，为西白山的开发，新农村的发展，农副产业的布局，地方政府的决策，提供了可供参考的翔实资料。

编纂乡镇志，是一项庞大的文化工程。刚需的“建筑材料”一样不能少，何妨民间运作，缺钱缺物缺资料，缺人缺权缺场地，作为总牵头人的我，当时，真正感受到了压力。筹备会议提出了三年出版成书的总体目标。时间紧，任务重，一切工作倒排着开展。马不停蹄地构建团队，制定规划，申请公众号，组建微信群，踏勘走访调查，培训座谈讨论，分解落实任务，集中审议修改。集思广益，群策群力，凝聚共识，形成合力。在一群有格局、有能力、有胸怀、有“通源”的人共同努力下，今天终于完稿付印。这要感谢通源的乡亲乡贤，地方的党政部门，关心通源的各界朋友。没有他们的全力托举与支持，我们就会乡结难解，乡愁难了，乡情难慰，乡忆难寻。衷心感谢为《通源志》付出心血的所有同“志”们！

2024年5月11日

（作者系通源同乡会会长）

凡 例

一、指导思想 以马克思列宁主义、毛泽东思想、邓小平理论、“三个代表”重要思想、科学发展观、习近平新时代中国特色社会主义思想为指导，坚持辩证唯物主义和历史唯物主义的立场、观点和方法，存真求实，坚持科学正确的历史观和客观真实的总原则，记录通源的自然资源和人文历史。本志在遵从志书基本规范的前提下，根据实际情况，有所取舍，有所创新。

二、时限 上起1950年，下至2019年，重点记载通源建乡70年的历史，涉及个别人、事、物作了时空延伸和拓展。

三、区域 着眼于通源乡行政辖区范围。通源行政村历史上有多次变更，本志按历时最长的13个行政村为基础进行记述。

四、框架 本志根据编纂基本原则和乡镇实际，主体分为八编：历史、地理、政治、经济、社会、文化、人物、文存。

五、专章 鉴于茶叶和香榧是通源最具特色性、最有影响力的两大支柱产业，故在“经济”编下单独设立“特色产业”一章。

六、体例 本志采用章节体结合条目体，分编、章、节、目四级，横列门类，纵记史实，述而不论。前置概述、大事记，后加附录、后记。全志以志为主，述、记、传、图、表、录为辅。主要图片集中于卷首，其余随文插附。

七、名称 文中简称的乡、公社均指通源乡、通源公社；市、县即指嵊州市、嵊县；省指浙江省。地名除必要时沿用历史名称外，一般均按现行标准地名，如江下、江夏村即为现在的岗下村。文中的××年代均指二十世纪××年代。

八、人物 本志人物按照一定的原则和标准，向社会广泛征集选取，入志人物统一以出生年月为序排列。

九、资料 原始资料主要来自市档案馆，部分来自相关部门和区、乡（镇），以及县志、年鉴、村史、家谱、新闻报道、个人著作、知情人访谈等，所引资料一般不注明出处。

十、行文 使用现代语体文及国家规范的标准简化字。中华民国成立前的纪年，使用朝代年号纪年，括注公元纪年，中华民国成立后的纪年，均采用公元纪年法。数字用法、标点符号用法分别采用国家标准《出版物上数字用法》（GB/T 15835—2011）、标点符号用法（GB/T 15834—2011），计量单位采用国家技术监督局1993年12月发布的《量和单位》系列国家标准。考虑到社会使用习惯，保留亩作为计量单位。

目 录

第三编　政　治

第四编　经　济

第五编 社 会

第六编　文　化

第七编 人 物

第八编 文 存

概 述

通源，一个富有诗意、令人遐想的地名。

通源，一处山清水秀、风景幽美的地方。

通源，一方物产丰富、民风淳朴的地域。

一、通源概况

通源，位于嵊州市西部，距市区约35公里。属会稽山脉西白山区，地貌构成大体为“九山半水半分田”。东与长乐镇和石璜镇相连，南与长乐镇接壤，西与诸暨市交界，北与雅璜乡毗邻。总面积42.43平方公里，人口6500余人。从地图上看通源区域轮廓，正看宛如张开翅膀的蝴蝶，翩翩起舞；侧看又如追风少年的头像，风华正茂。

（一）通源历史

通源的历史最早可追溯至3500年前的商代，那时已有先民在此活动。1985年，在白雁坑村分水岗发现两块打磨过的石条，经专家鉴定，为商代石锛，是新石器时代和青铜器时代主要的生产工具。相传晋代时期，道学家、医学家葛洪曾在西白山修道炼丹，留下了不少踪影遗迹和故事传说；被誉为“雕圣”的戴逵迁居剡县，潜心于绘画创作和雕塑艺术，又喜游山水，曾游历西白山，如今戴氏后裔聚居于通源里大坑村。

通源，因处于地势高峻的西部山区，其山涧溪流均汇入剡溪，为名副其实的剡溪源头，故名通源。历史上，通源区域一直属于剡源乡范围。1932年出版的《嵊县乡镇全图》上，曾标有“通源乡”字样。1936年又归并到剡源乡，为三十七都之里半都。

1949年10月，中华人民共和国成立。为便于更好地开展社会主义建设，加快山区发展步伐，嵊县人民政府即考虑设置通源乡。1950年6月，全县部署实施撤大乡建小乡工作，由原43个乡镇增至109个乡镇，通源即在单独建乡之列。7月，通源正式从剡源乡析出，建立通源乡，属长乐区，乡人民政府暂驻白雁坑村油罗山自然村。1951年2月，土地改革和镇压反革命运动基本结束，乡政府遂于3月迁址到江夏村（即今岗下村），此后一直维持不变。1958年，全县实行人民公社化，以区为公社，乡（镇）为大队，村为生产队，实行政社合一，通源乡改称为长乐人民公社通源大队。1959年，全县各公社（区）所属大队（乡、镇）统一改为管理区，通源大队即改称为通源管理区。1961年，全县调整人民公社规模，将管理区改设人民公社，当年11月建立通源人民公社。1983年底，全县实施政社分设工作，恢复乡镇建制，统一将公社改设乡镇，大队改设为村。1984年1月，通源人民公社改称通源乡，所属大队改称村，并由原来的长乐区管辖转为新成立的石璜区管辖。1992年全县开展撤区扩镇并乡，2001年全市实施乡镇行政区划调整，通源乡均保持原有建制和区域不变。2019年，全市又一次实施乡镇行政区划调整，通源乡在撤并之列，与石璜镇、雅璜乡合并组建新的石璜镇。通源作为乡级建制，完成了历史使命。自1950年建乡至2019年撤乡，通源乡前后存续达七十年。

（二）通源地理

在嵊州市的版图上，通源处于嵊州市的西部边缘，又因群山环抱，地势高峻，因而被人们称为“嵊州的西藏”，其地形总体上呈西南高东北低的势状。

纵观通源的山，群峰相拥，连绵起伏，大体呈川字形，由西南往东北走向，可分为北部山脉、中部山脉和南部山脉。其中，海拔最高的为南部的西白山，古时亦称大白山。另有称小白山的，即白玉尖，也是剡溪源头的所在地。

细看通源的水，河道不宽，水流不急，故而人们称之为溪坑，不少村落沿坑而建，村名就带上“坑”字。域内主体溪坑呈Y形，按照从西往东水的流向，左翼为吴家湾坑，右翼为松明培坑，两条溪坑沿途纳入诸多坑水，一起在岗下通源桥头合流为通源江，又纳入新东坑坑，然后一路向东流往剡源水库，故有“十里通源江”之称。另有来自西白山的坑水，直接流入剡源水库。

如果说，西白山是通源人民的神山，那么，通源江便是通源人民的圣水。正是大自然赐予的神山圣水，养育着世世代代的通源人民，使他们能够在这方宁静而深厚的净土上，安居乐业，繁衍生息，世代相传。

（三）通源交通

通源作为纯山区，客观上交通颇为不便，但也并非完全闭塞。过去，勤劳的通源人民为了生存和发展，硬是用双脚走出了一条条古道，通往域外。沿着通源江东行，经原来的瑠田村（现剡源水库底），可走出大山，通往平原地区；从松明培过姆岭，从联丰经燕窠走上王岭古道，均可通往诸暨，这也是石璜、甘霖乃至嵊州城区去往诸暨的重要通道；从白雁坑分水岗经大昆，从茶培过葛英到鹿苑寺，均可通往长乐；从岗下、新东坑经荷花坪过前门山岭，可通向雅璜。这些古道，现在虽已逐渐冷落，但人们自强自立的足迹仍依稀可寻。

随着康庄工程、乡村振兴工程等一系列民生工程的陆续实施，政府和民间投入了大量的人力物力财力，大举建设乡村道路。如今，通源拥有县道1条嵊松线（市区至松明培），乡道、村道若干条，实现了村村通。这些乡村道路纵横交错，连成路网，汽车可直接开到家门口。2015年，市政府启动西白山美丽区块建设，更是给西白山上村民带来福音，环西白山道路已全面建成，开行的车道，骑行的绿道，步行的游步道，环绕在群山之间，似一条条珍珠项链，串连起美丽乡村。

（四）通源经济

通源的经济富有鲜明的山区特色。农业经济始终占主导地位，种植业成为主要产业，通源曾是一个缺粮地区。二十世纪七八十年代，全乡有2072亩水田，其中794亩水田分布在平原地区，路途远，种管难，产量低；当地粮田又多处于山间沟谷，基本上属于靠天种植的“蓑衣田”，所以每年需要靠国家返销粮维持生活。因其如此，一直以来，人们在山靠山，吃山养山，“绿水青山就是金山银山”的理念根深蒂固。通源人民依靠智慧的头脑和勤劳的双手，将自然资源转化为经济优势。通源得天独厚拥有的三大资源茶叶、香榧、竹林，成为收入的主要来源，生活的重要保障；而打上地理标签的茶叶、香榧、番薯面，则被誉为“通源三宝”，深受市内外广大消费者喜爱。

通源的工业虽然规模不大，但起步较早。解放初期就发展手工业，办起木业社，将各村的几位能工巧匠集中在一起，发挥集体的力量，制造各类农业生产工具和日常生活用品，为生产和生活服务。改革开放后，通源陆续办起了一批乡村企业和个私企业，其中以通源竹编厂为代表，在当地享有一定声誉。跨入二十一世纪后，因地制宜创办了10多家精制茶厂，既方便茶农，也带动产业，使通源成为嵊州珠茶和龙井茶的重要源供地。通源还创办香茶厂，成为全市推广的样板。

通源的商贸业因受地域和人流的局限，步子较小，发展较慢，但也曾有过繁荣时期。二十世纪七八十年代，小小的通源，信用社、供销社、粮站、茶站、饭店等生产生活服务渠道一应俱全，为便利人们生活生产发挥了重要作用。由于形势的变化和政策的调整，后来这些商贸站点陆续撤并到石璜，或被个体经营所取代。

（五）通源文化

喝着山泉水长大的一代代通源人，吃过许多没文化的苦和亏，深知文化教育对于一个人乃至一个地区发展的重要性，加之自古以来就有耕读传家、崇文育人的训导，把读书视作“出山”的主要通道。因此，清代中晚期，就有开明人士办起了私塾。民国时期，通源有国民小学5所。新中国成立后，通源就开展全民文化扫盲运动，各村兴起办学热潮，利用祠堂庙宇等公共场所，村村办小学，有的还办了初中，农家子弟入学率大幅度提高。1968年，通源中学创办，给山区人民带来了新的希望。而一批下乡知青加盟教师队伍，又给山区学校教学增添了活力。1977年全国恢复统一高考制度，更是给山区学子敞开了“出山”的金光大道。据不完全统计，自1977年以来，通源已有600多位学子考入各类大中专院校，为全国各地各行各业输送了一大批人才，不少学子情系通源，反哺家乡，耕耘在通源和嵊州的各个领域。

改革开放以后，通源的文化事业得到大踏步前进。陆续建起文化站、广播电视站、电影院等，人们的精神文化生活日益丰富，思想观念日渐开放。近些年来，以农村村嫂为代表的宣传队伍，以文化礼堂为标志的文化阵地，异军突起，势头强劲，十分活跃，通过形式多样的服务活动，凝聚人心，扩大影响，成为文化宣传和文明建设的生力军和主阵地。

二、通源特色

在嵊州市的乡镇中，通源属于并不起眼的“小不点”，但小也有小的特色，小的优势。综观通源的特色和特性，平而不凡，简而不单，既有山之厚实，又有水之灵秀；既有形之精致，又有性之淳朴。顾名思义，通源之名，重在源字；概而言之，通源之特，盖有“六源”：山之源，水之源，茶之源，榧之源，绿之源，红之源。

（一）山之源

嵊州地形四面环山，其西部和北部皆属会稽山脉。会稽山延伸到嵊州之西，因地壳运动而隆起，形成海拔1095.7米的西白山。据《嵊县志》记载，海拔1000米以上山峰有8座，而以西白山为首，成为嵊州第一峰，也是绍兴市境内最高峰。站在西白山峰顶，四处环望，可谓一览众山小，万千气象生。但见南方、西方、北方，峰峦连绵起伏，仿佛大海之波浪，沙漠之丘壑，气势不凡，蔚为壮观。层层叠叠的山弯沟谷间，隐约点缀着星散村落。而向东眺望，却是一马平川，宛如一片平静的海面，一望无垠，长乐、甘霖乃至嵊州市区，尽收眼中。那房屋恰似船帆点点，而高楼便是桅杆林立。在西白山上，可以观日出，赏云雾，看雪景，一年四季风光不同：春来山花烂漫，绚丽多姿；夏长绿树成荫，峰峦叠翠；秋至层林尽染，野果遍地；冬成银装素裹，晶莹雅洁。宋代释仲皎在《题西白山观雪》诗中，向我们展示了壮美的雪景：“西白名山处，那堪踏雪观。四围银世界，一色玉峰峦。”满眼翠绿的峰壑，惟妙惟肖的岩石，变幻莫测的云海，千姿百态的雾凇，星星点点的村庄，构成了西白山静中有动、动中有静的巨幅画卷，形成了西白山独特的魅力，赋予了西白山永恒的灵性。每年上西白山休闲度假、赏景创作的游客艺人，来来往往，络绎不绝。美景不胜收，流连不思归。

如今，从白雁坑至西白山峰顶，新建了一条盘山而上的汽车路，又修建了一条石阶直上的游步道。峰顶上偌大的石块以各种姿态随心惬意地躺在草丛中，其中巍然屹立的一块巨石，上书“绍兴第一高峰”字样，旁边猎猎飘扬着一面鲜艳的五星红旗，让人见了无不肃然起敬，顿感庄严肃穆，纷纷拿出相机手机拍照留念。而在原有的空中导航标志旧址，新建了颇有气派的气象雷达站，建筑主体下为八角柱，中为莲花瓣，上为足球形，因其白色，人们便戏称之为“白宫”，理所当然成为新晋网红物，游客打卡点。

通源的山没有奇峰突兀，没有怪石嶙峋，不巍峨，不险峻，而是端庄、厚实、清秀，层峦叠嶂，连绵相拥。世世代代生活在西白山区的通源人民，亦如同山一样，养成了稳重、朴实、坚毅的性格。无论环境条件多么艰苦，都在默默地劳作着，都能顽强地生活着。过去，由于交通不便，出入靠行走，运输靠肩挑，显得相对闭塞而落后。而今，交通、通信等条件实现了颠覆性的改变，县道、乡道、村道全域贯通，电话、电视、网络全面覆盖，物质生活水平得到了根本性的提高，正如人们常说的“芝麻开花节节高”。然而，通源人民淳朴热情的本质始终没有变，艰苦奋斗的本色始终没有变，善良乐助的本心始终没有变。

（二）水之源

剡溪是哺育嵊州人民的母亲河。剡溪由四江汇流而成，而通源之水便是剡溪在嵊州境内的重要源头。清代《浙江全省舆图并水陆道里记》介绍剡溪时有此记载：“分水冈，剡溪自此发源，会大白、小白等山之水。”分水冈即今白雁坑分水岗，大白即西白山，小白即白玉尖。白玉尖海拔1010.1米，与西白山一南一北，遥相呼应，宛若夫妻，情深而默契，意重而相携。

在白玉尖半山腰，有一个地下泉水出口，口虽不大，但泉水淙淙，清莹澄澈，常年流淌，即使长时间大旱季节，仍流水不断。周围密密地生长着一簇特别显眼的箭竹，将泉水口紧紧护围着，就像御林军忠诚地保卫着帝王。这便是千年流淌的剡溪源头。出口处不远，是白玉尖（黄大浪）高山湿地，一人多高的芦苇，春夏绿叶见长，秋冬芦花飞扬。从高山湿地流过的水，向下流经通源江，注入郯城江，并入长乐江，在市区与澄潭江、新昌江、黄泽江相聚，汇流成千古留名的剡溪。剡溪之水接入曹娥江，汇入钱塘江，流入浩瀚汪洋的东海。

据传说，黄大浪湿地原为高山湖泊，湖里有一水怪，每年出来兴风作浪，吃掉一个孩童后才会安宁。当地及周边百姓时时提心吊胆，为自己的孩子担惊受怕，忧心忡忡。有一位叫黄大浪的青年，见义勇为，挺身而出，在水怪出来作妖时，奋力搏斗，终于杀死了水怪，而黄大浪献出了年轻的生命。水怪死后，湖水便干涸了，剩下一片沼泽地。当地民众为感恩并纪念这位勇敢的青年，遂将此地改称为黄大浪。

2022年初，通源几位有热心有情怀的同乡聚议，毅然决然发起为家乡树碑立传行动。义无反顾，说干就干，在组织团队编纂《通源志》的同时，与白雁坑村通力合作，在泉水出口处，设立剡溪源碑，建造思源亭台，镌题通源石刻。“剡溪风生白玉尖，通源水起黄大浪。”这副思源亭上的楹联简明通俗，意味深长。这一切，既为今人设个念想，也为后人留个标志，不至于为人们所淡忘，被历史所湮没。

清澈纯净的通源水，养育着世代繁衍生息的通源人民，形成通源人特有的勤劳智慧的品性。二十世纪七十年代，通源人民发扬自力更生、艰苦奋斗的精神，利用山间水流的落差，各村相继建造了共21座小水电站，不仅解决了生活照明，取代了火把油灯，而且利用电力碾米制茶，解放了劳动力，使手工捣米、赤手炒茶成为一去不复返的历史。通源因此成了远近闻名的“小水电之乡”，成为全县乃至全省的山区建设样板。

（三）茶之源

中国是茶的故乡，也是茶文化的发源地。中国茶历史悠久，可追溯到神农氏时代。千百年来，不仅长盛不衰，延续至今，而且走出国门，传遍全球。自古以来，茶被誉为中华民族的国饮。无论是文人墨客日常时的琴棋书画诗酒茶，还是平民百姓生活中的柴米油盐酱醋茶，茶都是必需品。而茶文化又糅合了儒、释、道诸家思想，独成一体，历久弥新，生生不息。中国茶与中国丝绸、中国瓷器一样，已经成为中国在全世界的代名词。

嵊州是中国茶叶的主产区。2019年有茶园面积18万亩，从业茶农15万人，年加工出口珠茶6万吨，约占全国茶叶出口量的六分之一，是全国茶叶加工出口第一县；龙井茶产量达6000吨、是全国最大的龙井茶生产基地，因而成为世界著名茶乡，拥有“中国茶叶之乡”“世界珠茶之源”等金名片，其中，通源占有很大份额，作出重要贡献。世界绿茶看中国，中国绿茶数浙江，浙江绿茶嵊州强，嵊州绿茶通源香，已成为人们耳熟能详的一道深刻印记。

进入通源，便是进入茶的海洋。一座座茶山宛如涌起的绿波，一垄垄茶蓬仿佛蜿蜒的长龙，特别养眼，沁人心肺。通源茶叶有三大特点：一是产量大。茶叶是通源的支柱产业，村村拥有茶园，户户经营茶叶。全乡有茶叶面积2万亩，年产量6600吨，其中珠茶6000吨、龙井茶600吨。二是品质优。通源的茶叶大多生长在海拔500至1000米的山坡上，常年云雾缭绕，雨水充沛，日照充裕，土质肥沃，茶叶生长具备了优良的自然环境条件，成为国家级无公害产品。三是种类多。早期大量制作珠茶，通源珠茶是“天坛牌”特级珠茶的重要产地。茶树品种改良后，大力发展龙井茶，通源又成为生产“越乡龙井”的主力军，也是杭州西湖龙井的重要原供地。而由乡贤引进开发的香茶，使通源成为嵊州唯一产香茶的乡镇，市政府曾组织全市茶企茶农茶商及有关部门和乡镇，在通源召开现场会予以推广。由此，通源形成了珠茶、龙井茶、香茶齐头并进的发展格局。此外，还有红茶、花茶等品种。有些茶农则专门采摘炒制生长在草木丛中的野生茶，特别受到富有生态环保情结的茶客青睐。

（四）榧之源

通源地处会稽山区，会稽山著名的物产首推香榧。据专家考证，香榧是地球上现存最古老的树种之一，距今已有2000多年栽培历史，《尔雅》有此记载。属国家二级保护植物，是中国特有的珍稀干果，更是浙江珍贵的生态树种。会稽山古香榧林正处于北纬30度的神秘地带。2013年5月被联合国粮农组织认定为“全球重要农业文化遗产”，是全国首批19个重要农业文化遗产之一。嵊州是香榧的原产地和主产区。2004年，嵊州市被国家林业局授予“中国香榧之乡”称号。2018年，“嵊州香榧”获得国家地理标志商标认证。因此，绍兴市、嵊州市相继确定香榧为“市树”，为香榧产业发展推波助澜，使之声名远扬。

通源香榧是会稽山香榧群的重要组成部分，全乡各村都种植香榧。现有香榧树分为古香榧树和新栽香榧树两类。古香榧树以白雁坑、松明培两村为主。据2018年7月嵊州市古树名木资源普查报告，通源百年以上的古香榧树达3449株，占嵊州市古香榧树的21%，古香榧树群34处2854株。2013年，在“会稽山古香榧之最”评选活动中，松明培村一古香榧树因其最大冠幅而获“中国香榧王”之美誉，白雁坑村分水岗的古香榧树被评为“最美古香榧树”。2016年4月，作为省级文保单位的绍兴会稽山古香榧种植园嵊州市域保护范围正式划定，通源松明培和白雁坑两处古香榧种植园列入其中，从而为这珍贵的全球重要农业文化遗产加上了一把保护锁。

香榧是通源农业经济的支柱产业，是山区百姓致富的重要来源。近年来，在市、乡两级政府支持下，村民大力发展香榧产业，种植面积大幅扩张，连片100亩以上基地12个，全乡现有香榧基地2.6万亩，占全市香榧基地的20%。走进通源，漫山遍野，田头地角，门前屋后，随意一瞥，便可见香榧树，是人们口中地地道道的“榧窠”。

香榧具有很高的食用、药用和综合开发利用价值。宋代大诗人苏东坡曾有诗赞：“彼美玉山果，粲为金盘实。”香榧历来被人们视为珍贵果品，奉为三代同堂的千年圣果。香榧果仁营养丰富，风味香醇，是上等的干果，自古以来就是皇室贡品的宠儿，人们一般只有过年时节才舍得拿出来招待客人和自己品尝。香榧性平、味甘、入肺经，可以润肺燥、止咳嗽，益气健脾，促进食欲和消化，含有丰富的不饱和脂肪酸和维生素E，能美容养颜，延缓衰老，起到强身健体、提高免疫力的作用。香榧果皮含有醇、酮、醛、烯等20多种芳香成分，是提取高级芳香油和浸膏的天然优质原料，通源曾创办过一家专业提炼精油的生产企业。古香榧树虬枝苍劲，形态各异，根生乱石间，盛枝像巨伞，是大自然的盆景式杰作。白雁坑村“千年香榧林，万年巨石阵”地质遗迹，松明培村“榧在村中，村在榧中”的独特景观，是摄影书画创作的极好素材，也是休闲生态旅游的大好去处。

（五）绿之源

通源是一方被群山托举、被绿色拥抱的宝地。连绵起伏的重峦叠嶂，四季葱郁的树木竹林，密匝紧挨的茶叶香榧，构成一个特色鲜明的绿色板块，成为一处令人瞩目的生态地带，是一个名副其实的“国家级生态乡镇”。

一直以来，通源十分重视生态环境保护。二十世纪七八十年代，在生产生活十分需要山林资源的形势下，乡（公社）、村（大队）两级每年发布封山育林通告，出台严厉处罚措施，组织专业管理队伍，落实专门护林人员，实行日常巡察监督，严格保护山林资源。当电成为生活生产的主要能源后，人们对山林需求大量减少，山区生态得到大幅改善。近年来大力倡导生态环境建设，五水共治、垃圾分类等整治活动接连不断。而西白山和白玉尖两处高山湿地，也得到了重视和保护。通过全民广泛而积极的努力，通源的生态环境面貌和质量得到了进一步改善和提升。2014年6月，通源创建成为“国家级生态乡镇”，获得环境保护部的命名。2016年8月，白雁坑村被中国生态文化协会授予“全国生态文化村”称号，成为绍兴市唯一入围榜单的村落。2018年12月，自然资源部中国地质调查局、浙江省自然资源厅联合发文，命名白雁坑村为“地质文化村”，这是全国首个获此称号的村庄。

通源的空气是清新的。森林覆盖率达94%，整个区域就是一个天然森林氧吧，被誉为“空气维生素”的负氧离子常年保持在每立方厘米5000个以上。据专家团队测定，西白山森林公园负氧离子最高时达21800个，平均为6609个。尤其是香榧树，常绿乔木，枝繁叶茂，香榧林中不仅负氧离子含量高，空气清新，而且因其含有的紫杉醇是天然抗氧化剂和免疫调节剂，具有较强的免疫调节功能，可以提高人体免疫能力，能起到防癌抗癌的功效。因此，通源作为不可多得的康养胜地，具有良好的基础条件。

通源的溪水是清澈的。世世代代的通源人，日常生活用的山泉水，水质清澄，没有污染。特别是通过“五水共治”等整治活动，河道更洁净了，流水更清冽了。从地下冒出的山泉水，顺着弯弯曲曲的山谷流淌，其涓之细、行之轻，如清晨间清亮的鸟语，似傍晚时迷蒙的霞光；其时而急、时而缓，从石缝间流过，清澈透明，水底沙石小鱼一览无余。潺潺溪水，叮咚作响，似在歌唱着生活的喜悦和生命的美好。

通源的环境是清静的。山区村庄道路，人流车流有限，没有严重的噪声污染，只有大自然的鸟鸣虫叫，让人远离尘世喧嚣，独享一方静谧。走进通源，仿佛进入“芳草鲜美，落英缤纷”的桃花源，可以体验“山重水复疑无路，柳暗花明又一村”的场景，可以感受“萋萋春草秋绿，落落长松夏寒”的清凉，可以感悟“蝉噪林逾静，鸟鸣山更幽”的清幽，可以欣赏“空山新雨后，天气晚来秋，明月松间照，清泉石上流”的清明。

良好的生态环境，孕育了丰富的自然资源。被誉为“通源三宝”的茶叶、香榧、番薯面，就是大自然馈赠给通源人民的宝物。还有那摩肩接踵、连绵起伏、四季见绿的竹林，不仅有味道鲜美的竹笋，还是用途广泛的材料。西白山生长着丰富的野生药用植物，是天然的中草药库。《剡录》记载有20多种，《民国嵊县志》收录129种。2010年，绍兴文理学院元培学院生命科学系团队对西白山药用植物资源作了专业调查和综合评估。西白山共有野生药用植物12类91科241种，集中在菊科、豆科等10科108种，其中清热药资源最为丰富。在缺医少药的年代，西白山成了生命之山。自古以来，通源就有上山采药的山民，民间流传的土方，单门独技的医术，草药治病的传统。相传葛玄、葛洪、赵广信、褚伯玉等古代道家先后入山修道、采药、传医、炼丹，西白山因此不再冷落荒凉，而成为一座名闻遐迩的道教名山。

通源不仅是一个康养胜地，也是一处旅游胜境，是一个满眼见绿、随处皆景的大景区。闻悉其名便心驰神往，徜徉其景则心醉神迷。漫游“通源十景”，更是让人一见钟情，撞出心灵之火，开出情感之花。剡溪探源，西白观日，云上品茶，榧石牵缘，古村梦幽，竹海寻踪，白玉赏芦，冷坞听泉，叠石问道，戴庐访圣。这十景之中，既有旖旎的山水风光，也有梦幻的人文历史，成为通源标志性风景。而十景之名，清一色从体验角度的取名方式，独特而新颖，不仅增添了景点的魅力，更显见游客至上的理念，不失为一大创举。这一个个画面感强、引导性高、吸引力大的景名，叫人跃跃欲试、欲罢不能。每一景都令人陶醉，让人顿生相见恨晚之感，大有流连忘返之举。只要沉浸式体验一番，就能给人以全身心洗礼，是治愈？是升华？心有所感而难以言表，情有所动而不能自拔。

（六）红之源

群山环抱的通源，在过去交通闭塞、通信落后的年代，与外界交流不多，信息不畅，是一个典型的山角落头，远在深山无人问津，相对孤独而冷僻地存在。然而，这天然的劣势，在革命战争的特殊年代，恰恰具有独特的优势，发挥了特别的作用。红色革命的火种，很早就在通源点燃，不少通源人在抗日战争时期就参加革命，成为地下交通员，成长为中共党员。1938年，斯浪清等几位进步青年加入了共产党，成为当地抗日救亡运动的骨干分子。白雁坑曾是嵊西地区地下联络站，担负起传递情报、护送人员的重任。因革命斗争需要，1948年7月，组建了12人参加的白雁坑民兵队，这是嵊西地区第一支农民革命武装。到1949年初，白雁坑民兵已发展到36人，拥有30支步枪，后改组为长乐区中队，成为一支保护革命种子、保卫红色政权的骨干武装力量。也因此，新中国成立初期，通源设立乡政府，就将驻地特设在白雁坑村油罗山自然村。1951年3月，土改和镇反运动基本结束才搬迁到交通相对便利的岗下村。

许多通源的革命志士，在残酷的白色恐怖下，坚持斗争，斗智斗勇，不怕被捕坐牢，不怕流血牺牲，表现出了通源人坚贞不屈的革命意志，舍生忘死的牺牲精神。白雁坑六烈士、地下共产党员钱越松等就是其中的代表。

而尤其为人传颂铭记的，是电影《永不消逝的电波》女主人公原型裘慧英的革命事迹。出生于松明培村烂田湾自然村的裘慧英，在上海丝厂做工期间，就接受革命教育，参加罢工斗争。后来，服从党组织安排，假扮夫妻，协助从延安潜入上海的共产党员李白开展情报工作。共同的志向，危险的工作，使他俩产生了真挚的感情，心心相印，生死相依，不久党组织批准他们结为正式夫妻。不管环境多么险恶，夫妻俩机智勇敢地坚持在白色恐怖笼罩下从事秘密情报工作，将一条条重要信息通过红色电波发往延安。尽管几次被捕入狱，经受种种折磨，但革命意志坚定不移，对党的事业忠贞不渝，不背叛革命，不出卖同志，不屈不挠，视死如归。在上海解放前夕，丈夫李白英勇牺牲，那曾经的一道道电波，永远定格在空中，被人们誉为“永不消逝的电波”。解放后，裘慧英继续保持积极的革命精神，参加社会主义建设，特别是对青少年开展革命传统教育。从解放后到离休后的40多年中，她的足迹遍布全国十几个省市，义务作报告千余场次，听讲人数达百余万人。就在去世前9天，她还抱病为上海市邮电管理局机关干部作中共党史的报告。裘慧英先后被评为全国邮电妇女建设社会主义积极分子、全国关心下一代工作先进个人等。而其丈夫革命烈士李白，在2009年迎接新中国成立60周年之际，被中央宣传部、组织部等11个部门联合评选为“100位为新中国成立作出突出贡献的英雄模范人物”。

如今，因为行政区划的调整，通源乡撤并了，作为国家治理体系和社会管理体制最基层的行政建制及其党政机构，完成了历史使命。虽然，通源乡不在了，但通源区域还在，通源人民还在，通源精神还在！《通源志》，既是通源自然资源和社会历史的真实记录，也是通源品格风尚和人文精神的重要见证。

通源，如山，绵绵不绝！

通源，似水，源源不断！

通源源通，源远流长！通源常在，通源永存！

大事记

古　代

商代，通源地域就有先民活动。1985年11月，在白雁坑村分水岗出土被打磨和捆绑过的两块石条。经文物专家鉴定，为商代时期使用的石锛（一种劳动工具）。现收藏于嵊州市文物管理处。

晋代，东晋道教理论家、医药学家、炼丹家葛洪相传在西白山修道著书，采药炼丹，并在西白山遥对的北面山坡上开辟第二道场，即今通源道场村所在地。

晋代，东晋隐士、被誉为“雕圣”的戴逵常居在剡，相传曾多次游历西白山，结庐而栖。其后裔为追寻先祖遗风，迁居于今通源里大坑一带繁衍生息。

中华民国

1914年，白雁坑村油竹山自然村洪金梅出资创办太白学校，聘请3位教员，开设3个班级，招收50余名学生，设置语文、算学、修身、体操、图画等课程。

1932年，曾设置过通源乡。1936年又撤并归属剡源乡，其范围为三十七都里半都。

1935年，吴家湾、松明培两村创办代用小学，教师由村校董会聘请，课程设置有国语、算术、常识、体育、图画等。

1940年，农历五月二十七，日本飞机轰炸经过白雁坑前往诸暨的国民党部队，一颗炸弹误扔到松明培村，村民邢荣汀不幸中弹身亡。

1949年，通源有国民小学5所，分别是岗下、茶坊、吴家湾、松明培、白雁坑，有教师5人，学生150余人。

1949年，5月22日，嵊县解放，通源人民进入中国共产党领导的新社会。

中华人民共和国

1949年

10月1日，中华人民共和国成立。通源人民与全县各地人民群众以各种形式热烈庆祝。

1950年

6月，全县部署实施撤大乡建小乡工作，由原43个乡镇增至109个乡镇，确定通源单独建乡。

7月，通源从剡源乡析出，建立通源乡，属长乐区，乡人民政府暂驻白雁坑村油罗山自然村。已任命的乡干部参加县举办的建乡工作集中培训。

是年底，全乡共有初级小学11所，教师11人，学生270余人。

1951年

1月15日，长乐区所属的通源等乡镇全面开展土地改革，至2月底基本结束。9月完成土改发证工作。

3月，乡政府驻地从油罗山迁至江夏（现岗下，下同）村，此后一直延续未再变动。

5月1日，通源乡第一届人民代表大会召开，民主选举乡人民政府乡长、副乡长。刘水棠为乡长，蒋财茂为副乡长，邢樟茂为乡农协主任。

6月，通源乡统计土地改革和镇压反革命运动成果：全乡总户数1045户，4088人。其中，地主7户40人，富农8户56人，中农385户1562人，贫农604户2327人，其他41户103人。镇压反革命情况为：判处死刑5人，判处有期徒刑3人，批捕21人。

7月19日起，连续干旱达一个月，久晴无雨，农作物受灾严重。

12月起，在党政机关开展反贪污、反浪费、反官僚主义的“三反”运动，在工商界开展反行贿、反偷税漏税、反盗骗国家财产、反偷工减料、反盗窃国家经济情报的“五反”运动，均于次年底结束。

是年，各村利用祠堂庙宇改办学校，全乡有教师15人，学生380余人。

1952年

2月，绍兴专区并入宁波专区，通源随嵊县改属宁波专区。1964年9月，恢复设立绍兴专区，其原所属县从宁波专区一并划出，通源随嵊县归属绍兴专区。

3月起，开展农业生产合作化运动，试办初级农业生产合作社。

4月，开展扑灭鼠、蚊、蝇、虱、臭虫“五毒”爱国卫生运动。

8月，全乡各村办学校统一改为公办学校。

是年，在县血吸虫病防治站指导下，开展查螺灭螺、查病治病工作。

是年，创办四联小学、吴家湾小学，为全乡最早的两所完全小学。

1953年

3月，开展贯彻婚姻法运动月宣传活动。

5月7日，通源突降冰雹，道场、松明培、白雁坑一带最大雹粒直径约8厘米，积雹厚达2—3厘米。

6月30日，开展新中国成立后第一次人口普查。

7月1日起，连续干旱37天，农作物受旱严重。

9月，四联小学更名为通源乡中心小学校。

1954年

2月，乡成立普选委员会，选举乡人民代表。

4月15日，通源乡第二届人民代表大会召开，选举戴功全为乡长，周樟昌为副乡长，邢樟茂为农协主任。选举邱洪炎、周樟昌、黄小菊为县人民代表大会代表。

5月，通源信用合作社建立。

7月18日，邱洪炎、周樟昌、黄小菊出席县第一届人民代表大会第一次会议。

是年，通源乡党支部建立。

1955年

4月28日，县政府批复长乐区公所，同意通源乡东坑村建办民办小学1所，民办教师1人，招收学生20余人。

7月，开始实行粮食定产、定购、定销工作。

7月1日至9月8日，连续干旱无雨70天，农作物无收。

11月，县有线广播站建立并开播，次年5月通源通广播。

1956年

2月，通源手工业社创办，主要修理和制造木制家具、铁制农具等。

2月，全乡农业生产合作社基本情况统计，共有合作社32个，入社户数1015户。其中，初级社30个793户、高级社2个222户。另有尚未入社82户。

5月24日，县人民委员会文卫科批复同意在江夏村建立通源乡中西医联合诊所，由中医斯临明、周杏见和西医刘昌斌等3人组成，斯临明为负责人。此为通源卫生院前身。

5月26日，县供销合作社批复同意石璜供销合作社在通源乡江夏村设立供销点。

5月，通源乡通电话。

6月，农村党员情况统计，全乡10个行政村，有中共党员14人，其中3人为乡干部。

10月，通源乡人民政府更名为通源乡人民委员会，党支部更名为党总支。

12月13日，县人民委员会批复通源乡人民委员会，同意调整1956年粮食“三定”指标，定产1207202斤，定购（包括农业税现粮）3820斤，定销881356斤。

1957年

3月13日，县委同意新建通源乡人民委员会办公室。

6月起，开展整风运动和反右派斗争。

8月起，连续干旱39天，农作物受灾严重。

是年，全乡开展社会主义教育运动。

1958年

2月，开展消灭蚊子、苍蝇、老鼠、麻雀（1960年起改为臭虫）除“四害”群众运动。

5月起，至1961年10月，长乐区在白雁坑村白玉尖黄大浪地块，建设茶牧场，主要是规模化发展茶叶产业，以及养殖驴、羊等畜牧业。员工最多时达120余人。

6月15日，全县最大的水利工程南山水库动工兴建。通源组织民工参加工程建设。

6月，全县乡乡通邮，通源开设松吴线和西山线2条步班邮路，总路程约60公里，由2名邮递员分别负责投递报纸和信件。

6月，省第六地质队对松明培煤矿点进行勘查，查明为黑色炭质页岩，价值不大。

9月起，全县实现人民公社化，通源乡改称长乐人民公社通源大队。同时各生产队办起公共食堂，1961年底停办。

是年，掀起大办钢铁运动，砍伐树木烧炭，导致山林遭受严重破坏。

1959年

1月，全县各公社所属大队统一改为管理区，通源大队改称通源管理区，党总支更名为管理区党总支。

2月，开展土壤普查、土地规划工作。

3月16—25日，全社各级干部参加县委召开的近万人五级干部大会，传达贯彻中共中央关于整顿和建设人民公社问题的指示。

9月起，开展“反右倾”运动。

下半年，白雁坑村油罗山自然村金小裕和金兰超父子俩自制木质水轮机，用毛竹当引水管，带动0.75千瓦发电机发电，供全村23户生活照明。因发电机放在露天，用一个大酱篷盖遮日避雨，俗称“酱篷盖电站”。

1960年

5月，开展反贪污、反浪费、反官僚主义的“三反”运动。

11月起，贯彻《中共中央关于农村人民公社当前政策问题的紧急指示信》（简称“十二条”）精神，开始纠正平调物资、劳力和资金的“共产风”错误。

1961年

4月起，学习贯彻中共中央关于纠正“五风”错误的文件和《农村人民公社工作条例（草案）》（简称农业“六十条”），开始检查纠正“五风”（共产风、命令风、浮夸风、生产瞎指挥风和干部特殊化风）问题。

5月19日，通源遭受台风雨引发的山洪灾害，田地被冲毁，房屋倒塌。

6月16日至8月24日，连续干旱72天。

11月，按照全县调整人民公社规模的要求，建立通源人民公社，通源管理区更名为通源人民公社管理委员会，管理区党总支更名为通源公社党委。全社分设22个生产大队，86个生产小队。

是年，金小裕和金兰超父子俩发明制作木头杀青机、揉捻机等，用水轮机带动，率先实现了机械制茶。

1962年

2月，公社调整大队规模，增设岭下等7个大队，全社共有29个生产大队。

9月3—6日，台风带来特大暴雨，道路冲毁，农田受淹，房屋倒塌，受灾严重。

11月26日，通源公社王青岭生产大队被评为县林业生产先进单位。

12月，公社保健所筹资1100元，向木业社购买房子作业务用房，开设门诊、药房等。

年底，全面实行“队为基础，三级核算”的人民公社体制。

1963年

9月11日，受台风袭击，暴雨成灾。

11月8日，县计划生育委员会成立，通源与全县各地开展实行计划生育宣传教育活动。

11月，三王堂大队发展畜牧生产获得粮畜双丰收经验在全公社推广。

1964年

1月，宁波专署治山治水工作组与县人民委员会联合对通源公社开展一个多月的山林调查统计，并制订了治山治水规划。

3月，开展反对贪污盗窃、反对投机倒把、反对铺张浪费、反对分散主义、反对官僚主义的“五反”运动，10月结束。

6月30日，开展第二次全国人口普查。通源总户数1212户，总人口5081人。

11月，先开展以清账目、清仓库、清财物、清工分为主要内容的社会主义教育运动，后开展以清政治、清经济、清组织、清思想为内容的“大四清”。

是年，全县开展知识青年上山下乡运动。第一批下放到通源的知青有13人，分别插队落户在茶坊、道场、董家坑等大队，主要来自城关镇。

1965年

1月26日，县人民委员会批复通源公社，同意道场大队东培2个生产队合并为一个生产队。

2月9日，县人民委员会批复通源公社，同意将分水岗、油竹山、白雁坑、油罗山、冷坞、石板坑6个大队合并为白雁坑大队。全社大队数由29个减为24个。

3月31日，县人民委员会批复通源公社，同意增加销粮5555公斤。

5月24日，通源公社管委会向县人民委员会申请提前供应粮食1.6万公斤。

是年，第二批下放到通源的上山下乡知识青年27人，分别插队落户在江下、茶坊、东坑、王青岭、荷花坪、吴家湾、里大坑等大队。主要来自城关镇和崇仁镇。

1966年

2月6日，县人民委员会批复同意通源公社管理委员会和监察委员会组成人员。公社管理委员会为：社长沈苗见，副社长邢荣渭、邢金煊，委员盛良水、金显帆、王校夫、王樟才、任乐英、张樟水、蔡校青、周灿妹；公社监察委员会为：主任王伦庆，委员斯樟恒、操灿庭、沈生焕、樊才火。

2月13日，通源公社人民委员会举行第六届人大第一次会议。邢荣渭作工作报告。

2月14日，县人民委员会批复通源公社，安排生活增销原粮9万公斤。

3月起，省社会主义教育工作团到通源开展以清政治、清经济、清组织、清思想（简称“四清”）为内容的社会主义教育运动，后因“文化大革命”开始而中止。

6月，“文化大革命”开始。

9月初，从机关、企事业单位和大队抽调组成的县工作队107人，到通源公社开展为期3个月的社教运动。通过学习、整顿，把原来95个生产队合并为58个，原来分散单干的副业转化为集体副业。

11月8日，县人民委员会批复同意新建茶坊桥，木桥改为水泥桥，补助民间交通事业费2000元。

12月2日，公社管委会根据县下达的1967年木材生产计划55立方米指标，向吴家湾、五一（松明培）、东坑等11个生产大队下达48立方米的生产任务，其中松木38立方米、杉木10立方米。

是年，提出普及小学教育，各大队创办耕读小学。荷花坪大队扫盲工作经验在全社推广。

1967年

6月23日至10月31日，连续干旱131天，通源旱情极为严重，农户普遍缺粮。

12月1日，县供销合作社批复石璜供销合作社，同意建造通源肥料仓库，面积221平方米，投资7500元。

是年，全社有社校1所、完小4所、队校14所，教师32人，学生800多人。

1968年

5月24日，中国人民解放军嵊县军事管制委员会（县革命委员会）批准通源人民公社成立革命委员会，由周信洪、邢金煊、钱耀东、徐培进、沈苗见、张斐菊、王传钵、斯荣汀8人组成，周信洪为主任，邢金煊、张斐菊为副主任，周信洪、邢金煊、张斐菊、钱耀东、沈苗见5人为常委。

6月起，开始“清理阶级队伍”。

7月11日至9月30日，连续干旱81天。

7月，各生产大队建立革命生产领导小组。

8月，通源中学创办。校舍借用岭下村加工厂。校长陈雪元和教师钱香瑞、孙勤忠共3人，招收一个初中班60名学生，学制2年。

10月，农村成立贫下中农管理学校委员会（简称“贫管委”）管理学校。

1969年

1月，公社调整生产大队规模，由24个大队调整为12个大队。

2月，公社革委会组织“贫下中农毛泽东思想宣传队”，在农村开展“斗、批、改”。

7月至次年8年，全社开展为期14个月的整党建党运动。举办毛泽东思想学习班，12个大队办起政治夜校。通过整党建党，12个大队党支部重建8个，待批1个，整顿3个；全社118名党员，100名党员恢复了组织生活。

10月26日，公社革委会向县革委会提交要求新建石璜至通源公路的报告，全长15公里，设计路面宽8米，预计土石方20万立方米，需要资金7万元。

12月18日，公社革委会夺煤领导小组抽调150人开采通源煤矿，开展夺煤大会战。

至年底，全公社12个大队已有7个大队建造了小水电站，并将安排新建11座小水电站。

1970年

2月起，开展“一打三反”（打击反革命破坏活动，反对贪污盗窃，反对投机倒把，反对铺张浪费）运动。

3月，公社革委会成立党的核心小组，行使公社党委职权。

7月15日，公社革委会组织各大队劳动力共150人，到剡源水库地段赶修手推车路，主要解决平原田畈旱谷运输道路通畅问题。

7月18日，公社成立护林联防委员会并发布通告，社员需要家用竹木，必须个人申请、小队讨论、大队同意、公社批准，方可砍伐。该联防委员会由松明培、董家坑、白雁坑、茶培、常红、胜联等大队组成。

9月14日，公社党委召开党员大会，以无记名投票方式选举出席县第四次党代会代表，周信洪、徐培进、黄福生、邢荣樟、金茂兴、斯荣汀、戴福珠（女）7人当选。

9月14日，公社党委召开全体共产党员和贫下中农代表参加的会议，选举公社新党委委员。周信洪、徐培进、黄福生、操家喜、斯荣汀5人当选为公社新党委委员，周信洪为党委书记。15日，中共嵊县革命委员会核心小组批复同意。

9月20日，公社革委会在茶坊大会堂召开中共通源人民公社新党委成立和庆祝大会。要求全社暂停生产一天，全体共产党员、革命干部、全体贫下中农参加大会，与会人员以大队编成连、排、班有组织进入会场。

10月，通源中学新校舍建成投用，总投资6500元，新建2个教室、1个办公室，以及教师宿舍和厨房。1978年再扩建1个教室。

12月，投资7000元新建通源保健所，占地229平方米，为四合院结构，共10间。

是年，全社12个大队创办了合作医疗站，分别配备1至2名赤脚医生（保健员）。至1990年，共有

38名赤脚医生。

是年，全社有6个大队通电，为茶坊、东坑、联丰、白雁坑、茶培、胜联；有6个大队未通电，为江下、向阳、吴家湾、松明培、董家坑、常红。

1971年

3月8日，县革委会政治工作组批复通源公社革委会，同意黄福生、樊柏青、邱见华、邢金煊、戴福珠、邢林慧、金小裕、钱伯章、孙樟庆9人，为出席县“三代会”（1970年活学活用毛泽东思想积极分子、四好单位、五好个人代表大会）正式代表。

6月29日至9月5日，连续干旱69天。

6月，根据毛泽东主席“深挖洞、广积粮、不称霸”的最高指示，全县各地普遍修筑人民防空工程。通源在岗下修建一个防空洞（石洞），面积66.5平方米，作战备仓库（油库）。1980年9月县商业局作报废处理。

7月17日，县革委会夺煤大会战指挥部办公室批给通源公社1970年夺煤补贴5311元。

12月，公社成立电影放映队，购置8.75毫米电影放映机1台，每月到各大队巡回放映。

至年底，全社12个大队已建成小水电站15座，装机容量179千瓦，初步形成小型水电网，基本实现“点灯不用油，炒茶不用手，加工不用走”的目标。

1972年

1月18—19日，公社开办血防工作学习培训班。生产队以上干部、团支部委员、全体党员、民兵连长、妇女主任、队校老师等180余人参加。会后利用广播、组织学生晨呼晚呼队等多种形式开展广泛宣传。

6月18日，向阳大队成功试用通源木业社木工金小裕研制的电炉，实现电力制茶，彻底改变了木柴制茶的传统。19日，公社党委和革委会立即组织全社生产队长以上干部60多人在向阳大队制茶厂召开现场会，总结推广电力制茶技术。

6月24日，县革委会生产指挥组分配给通源公社生活安排粮1万公斤，以缓解人民群众生活困难状况。

9月17日，公社革委会发出《关于加强山林管理的通告》，强调个人和集体上山砍伐竹木，必须办好审批手续，不准擅自砍斫；各大队、生产队必须健全护林组织，管理好山林资源；对于阶级敌人煽动破坏山林资源，坚决予以打击，等等。

10月31日，全社血防工作统计，12个大队流行11个，非流行1个；生产队59个流行40个，非流行19个；有螺面积250平方米，有螺田327.2亩，灭螺面积250平方米，灭螺田327.2亩；血防投工劳力633工。

1973年

1月10日，通源信用社迁移到原通源木业社房子办公。

1月15日，公社革委会发出《关于加强市场物资管理的通知》。为保证物资正常购销，打击阶级敌人破坏和投机倒把活动，对旅客携带物品实行限额：粮食15斤，食油2斤，茶叶3斤，家禽2只，鲜猪肉10斤，冬笋5斤，花生5斤，超过限额一倍以内要有生产大队证明，一倍以上作收购处理。禁止携带皮棉、棕、烟叶等。

1月27日，公社革委会向各大队分配补助615公斤棉絮，以解决缺棉被棉衣的贫下中农越冬困难。

3月，全社党组织统计，已建党支部13个，其中农村党支部12个，党员总数148名。

3月30日，公社革委会发布《关于保护山林加强竹木管理的通告》，严禁竹木自由交易，严禁乱砍滥伐和放火烧山，坚决取缔竹木黑市交易、投机倒把、包偷包运等破坏山林的行为。

6月，荷岭生产队坚持农民业余教育23年经验在全公社宣传推广。

8月1日，嵊（县）通（源）公路货运通车。9月25日起客运通车。其中，石璜至岗下段公路全长13.3公里，于1969年11月动工，1972年11月建成。公社革委会专门发出《关于遵守交通规则，注意行车安全的通告》。这是通源唯一列入县道的公路。1982年延伸至松明培村，改称峰松线。

10月22日，公社向县手工业局提交要求创办通源竹编厂的报告。后经县手工业局、长乐区委、嵊县竹编厂协调同意办厂。11月16日派出36名新招职工到剡源竹器厂学习。1974年1月30日，公社向县竹编厂提出派遣技术指导并安排生产任务给通源竹编厂的报告。1974年2月，通源竹编厂正式创办，企业性质为集体，主营竹编制品，兼营竹制农具。

1974年

2月，成立公社广播站，设播音员1人、线务员1人。以转播中央、省广播电台节目为主。1984年起开设自办节目。

4月6日，三王堂、茶培、胜联三个大队提交通源中学西山分校复学的报告。经公社党委研究，并报县文教局批准，同意复办西山分部，增加教师2名，适当补助办学经费。当时有入学儿童269人，其中初中生19人，当年需升初中61人。7月，西山中学创办，至1982年5月并入通源中学。

5月20日，由公社革委会监约，嵊县汽车站与通源手工业社签订建造通源车站施工合同。工程自开工日起，保证在100—120个晴天工作日内完成。

9月5日，县革委会生产指挥组同意通源公社建造江夏桥为公路石拱桥，属民办公助交通建设项目，补助5000元。由通源手工业社承建，10月1日开工，12月30日完成。

12月25日，县财政税务局批复通源公社，因灾情减免白雁坑、三王堂、向阳3个大队10个生产队1974年农业税4095斤。

是年，各大队年终收入分配统计，全社12个大队总可分配收入581727元，人均收入93.2元，其中高于人均100元的有东坑、联丰、吴家湾、松明培、白雁坑、三王堂6个大队，最高为三王堂大队人均113.50元，最低是向阳大队人均52元。

1975年

1月30日，公社革委会发出《关于保护山林，加强木竹管理的通告》，明确规定，坚决取缔木竹自由交易，在1974年腊月二十五日前，禁止枝柴出售和出运，已订合同一律作废，自行负责；除自用外，一律由供销社收购。

7月2—3日，通源遭受特大雷阵暴雨和山洪暴发灾害，东坑、向阳、吴家湾、联丰、江下、茶坊6个大队受害严重。7月7日，公社党委、革委会向县委、长乐区委以及县工交局、农林水利局报告灾情，要求下拨救灾资金15000元及钢筋水泥、化肥农药等物资。

9月，公社革委会决定，征用上庵基山土地创办公社茶牧场。总面积400亩，发展林业、药材和能当年收益的作物。茶场所需劳动力，按全社人口比例负担；场员采取劳动在场、分配在队、场（公社）队（大队）结算、适当补贴菜金、口粮自带等方式。

9月，通源中学开设高中班，至1979年8月停办，共培养了三届高中生。

11月4日，县手工业社管理局批复通源手工业社，同意购买电动机13千瓦1台，经费550元自筹解决。

是年，全社12个大队全部实现生产生活用电，59个生产队已用电56个，未通电3个，其中东坑2个，联丰1个。

是年，全社59个生产队社员平均收入统计，最高是三王堂大队第二生产队136元，最低是向阳大队第六生产队35元。

1976年

1月8日，国务院总理周恩来同志逝世，全社干部群众深切哀悼。

6月17日，通源遭受暴雨袭击，最大雨量达120毫米，山洪暴发，冲毁良田372亩，旱地452亩，冲塌山塘1个，冲毁手拉车路10华里，倒塌桥梁2座，受灾严重的有茶坊、东坑、江下、董家坑、白雁坑、茶培等6个大队。7月12日，公社革委会向县农水局申请水泥、炸药、钢钎等救灾物资。

6月19日，公社统计“农业学大寨”情况，全社新造大寨田38.4亩，已种早稻8.3亩，可种晚稻30.1亩；造大寨地155.2亩，砌坎141条总长8190米；新发展茶园112亩，果园15亩，社队茶牧场8个；完成主要工程项目47处，其中修复山塘水库6个；总完成土石方13.1万立方米，投工13.1万个等。

7月6日，全国人大常委会委员长朱德同志逝世，全社干部群众深切哀悼。

8月21日，董家坑大队6户农户发生火灾，估计财产损失25000元。县粮食局给受灾户安排生活补助粮食500公斤（原粮）。

9月9日，中共中央主席毛泽东同志逝世，公社设灵堂敬献花圈，全社干部群众以各种方式沉痛悼念。

12月1日，长乐江治理工程动工。通源公社按指派任务组织民工参加。至1979年12月，新江全线通水。

12月，通源公社革命委员会变更为通源公社管理委员会。

是年，全社各生产队社员平均收入统计，最高为三王堂大队第四生产队144元，最低是向阳大队第四生产队36元。

是年，省地质大队对通源境内开展矿藏全面勘查。

是年，通源共有中学7所，其中高中3个班学生167人，初中12个班学生396人，教职工28人。

1977年

4月，江夏电站建成。至此，全公社已建成21座小水电站，总装机容量372.5千瓦，累计投工11.37万个，实现生活照明、制茶和粮食加工机械化。

9月16日，县革委会批复同意建造通源粮食供应站，征用江夏大队田地0.95亩（其中水田0.5亩、山地0.45亩），预算投资9780元，建筑面积200平方米。

10月11日，县革委会将小水电建设业绩突出的通源公社上报为省工业学大庆先进集体。

是年，全公社基本情况统计：耕地面积总计3201.1亩，其中国营和集体2945.1亩（田2133.6亩，地811.5亩），社员自留地256亩；粮食种植面积4489.38亩，茶叶采摘面积2392亩。社员平均收入统计，全公社12个大队58个生产队中，最高是三王堂大队第四生产队167元，最低是向阳大队第四生产队31.3元。

1978年

2月，剡溪整治工程动工，通源公社按指派任务组织民工参加。至1985年底基本竣工。

6月20日，县委批准王顺法任通源公社党委副书记。

8月，周少华、邢正良、徐罕、王亚珍4人成为全国高考制度恢复后第一批考入大中专院校的通源学子。

下半年，各大队革命生产领导小组相继更名为大队管理委员会，公社党委调整并任命各大队管委会领导班子。

是年，农村生产队实行“小段包工，定额计酬”的生产责任制。

1979年

2月11—18日，公社、大队干部参加县委召开的全县四级干部大会，学习贯彻党的十一届三中全会精神。

3月3日，长乐区委发文对张春瑞、王伦庆予以平反，恢复名誉。

8月，通源中学应届毕业生钱秋军考入嵊县师范学校，成为通源中学第一个直接考入大中专院校的学生。

9月26日，公社管委会发出《关于计划生育若干问题的几点实施规定》，提倡晚婚晚育、少生优生，一对夫妻只生1个，最多2个。

9月，通源中学初中学制改为3年。

11月13日，成立通源公社工业办公室，办公室设在公社竹编厂，直接管理社队企业。

11月26日，县社队企业管理局批复同意成立通源公社运输队。有四轮拖拉机2台，手扶拖拉机1台。

是年，全社社员人均收入108.82元，比上年的96.45元增加12.37元。社员年人均口粮569斤，比上年的485斤增加84斤。

1980年

1月5日，公社党委发出一号文件《关于做好一九八○年计划生育工作的通知》，大力提倡一孩化，实行以奖为主政策。决定在元旦春节期间开展计划生育宣传月活动。

3月3日，由公社投资建设的通源电站投运发电，装机容量1台320千瓦。

5月，投资10多万元的公社中心小学新校舍建成，建筑面积600平方米，设教室6个、教师办公室1个及教师宿舍和厨房。

7月31日，县委决定王超法任通源公社党委书记。

8月29日，县委决定钱才涛任通源公社党委委员、管委会副主任。

10月8日，中共通源公社第三次代表大会召开。王超法作动员讲话，王顺法作工作报告。选举新一届公社党委，王超法任党委书记，王顺法任党委副书记。

10月25日，公社举行县、社人民代表选举大会，参加选民3833人，占总选民总数的98%，选举县人民代表5名、公社人民代表89名。这是第一次直接选举县、社人民代表。

11月30日，县社队企业管理局批复同意新建通源公社眼镜厂。

12月17日，通源公社第七届人民代表大会第一次会议召开。

12月，通（源）松（明培）公路动工。全长5.9公里，路基宽6.5米，路面宽3.5米，投资13万元。1982年5月竣工通过验收。10月1日正式通车。

是年，推行专业承包、联产承包责任制。至1984年，全面实行家庭联产承包责任制。

1981年

1月，大坂田电站投运，装机容量1台160千瓦，由吴联村投资建设。

2月，按照县统一部署开展地名普查，至7月普查完成。

3月，山（口）三（王堂）公路动工。全长12.7公里，总投资8万元。1982年5月基本竣工，8月通过验收，10月1日正式通车。

7月20日，县政府发文，江夏大队更名为岗下大队，东坑大队更名为新东坑大队，胜联大队更名为里大坑大队。

10月30日，公社管委会制订出台《关于稳定山权林权和划定社员自留山若干问题的规定》。强调对国营和社队林场不准毁林拆场、社队所有的集体山村不准分山到户、自留山划定与计划生育挂钩等措施。

11月，公社文化站建立。电影队新购16毫米电影放映机1台。

是年，全社社员分配总额达843364元，比上年707367元增加135997元，人均收入为125.87元。其中，有7个生产队人均分配超过200元，6个生产队不满50元。

是年，推行生产责任制。全社54个场，有49个实行专业承包责任制；全社62个生产队，专业承包到组29个，联产到户6个，小段包工定额计酬27个。

1982年

2月25日，县委决定，钱才涛任通源公社党委书记。

3月30日，县委决定，王顺法任通源公社管委会主任；徐培进任通源公社党委副书记。

3月，按照县统一部署，开展第一个“文明礼貌月”活动。

4月25日，通源公社第七届人民代表大会第二次会议召开。钱才涛作公社管委会工作报告；补办管委会主任王顺法的有关法律手续。

5月，印发《通源公社计划生育乡规民约》。

7月1日，开展第三次全国人口普查工作。全社总户数1846户，总人口6772人，其中男3595人、女3177人；按文化程度分，大学2人，高中348人，初中1307人，小学3113人，不识字或识字很少1264人（12周岁以上1085人）；按年龄分，60岁以上（不含，下同）336人，70岁以上195人，80岁以上45人，90岁以上1人。

9月1日，新建的公社办公楼正式启用。共2层11间。

10月，通源茶站建成投用。

12月10日，县粮食局同意增加番薯粉换大米10万公斤。

1983年

3月6日，公社党委、管委会召开表彰大会，表彰1982年度各条战线先进集体和个人，其中有评比出的五好家庭、好婆婆、好家长、好丈夫、好妻子、好媳妇、好女婿、好子女等，除奖给锦旗、奖状外，还分别奖励热水瓶、镜框、面盆、茶杯等物品。

4月15日，通源公社第八届妇女代表大会召开。选举产生新一届通源公社妇联委员，刘秋娥当选为妇联主任。

9月22日，县社队企业管理局批复同意通源手工业社在石璜开设门市部，经营本社生产的木、铁农家具等产品。

12月21日至次年1月15日，按照县委部署，通源公社开展政社分设工作。公社党委改为乡党委；撤销公社管委会，成立乡人民政府；成立乡农工商联合社；撤销工办，成立农技公司；撤销大队管委会，成立村民委员会。

12月，石璜区建立，通源由长乐区管辖变更为石璜区管辖。

是年，经县验收，全社实现了基本无盲社。

是年，投资38920元，全社有近600户用上了自来水，水龙头731只，占总户数的32%。岗下、联丰、松明培及三王堂部分农户率先用上自来水。

至年底，全社12个大队72个生产队，有11个大队61个生产队架通了新安江电，线路总长26.7公里。未架通的是三王堂大队、里大坑大队6个生产队、道场大队1个生产队。

1984年

1月，通源人民公社改称为通源乡，所属大队改为村，全乡共设12个行政村。

1月5日，通源公社第七届人民代表大会第三次（预备）会议召开。钱才涛代表公社党委作《关于通源公社政社分设的工作报告》；通过《通源公社关于体制改革的决议》。会议决定，1月6日至20日实施政社分设工作。乡级机构为：乡党委、乡人民政府、乡农工商联合社；村级机构为：村党支部、村民委员会，村农工副合作社；生产队改为村民小组。

1月15日，通源乡第七届人民代表大会第三次会议暨第一届社员代表大会第一次会议召开。王顺法作工作报告；选举乡人民政府正、副乡长和乡农工商联社正、副社长，黄纪明为乡长，张金祥为副乡长，王顺法为社长，钱信华为副社长。

3月3日，乡政府决定，建立结婚登记日制度，每月25日为新婚夫妇结婚登记日。登记时有乡文书、宣传干部、妇女主任、计划生育专职干部同时在场。

4月8日，吴联公路施工现场发生雷管爆炸重大伤亡事故，当场死亡1人，重伤2人，轻伤1人。乡、村干部立即赶赴现场处置。

4月12日，乡政府发出留笋养竹的通告，要求各村落实专管人员，任何人不得擅自到他人竹山上挖掘毛笋，对滥挖和偷笋者按村规民约处罚。

5月9日，中共通源乡第四次代表大会召开。钱才涛作工作报告。选举产生新一届党委领导班子，钱才涛为乡党委书记，徐培进为副书记。同时选举2名出席县第六次党代会代表。

6月9日，共青团通源乡第七次代表大会召开，选举产生共青团通源乡第七届委员会，邢乐波当选乡团委书记。

7月3日，通源乡第八届人民代表大会第一次会议召开。王顺法作政府工作报告。选举新一届乡政府领导班子，黄纪明为乡长、吕绍富为副乡长。

7月12日，县乡镇企业局批复同意建立通源叶蜡石矿。该矿坐落在松明培村，储量约3万吨。

8月18日，乡政府制发《通源乡延长土地承包期的若干政策规定》，明确大田在15年以上，山林在30年以上；承包土地上不得擅自建房、起土、葬坟和买卖。

10月1日，松明培村民邢煜江个人投资1000余元，购置8.75毫米电影放映机1台，制作木竹凳椅，设座位279个，10月1日起正式放映。这是全县第一家私人创办的电影院。

10月17日，乡政府将县计委下达的1985年度12000支毛竹派购任务，分解到联丰等6个村，要求在10月底至11月中旬前保质保量按时完成派购任务。

12月1日，县政府批复同意从新东坑村划出荷花坪、岭外两个自然村，建立荷岭行政村。从此，全乡有13个行政村。

12月31日，乡政府将县下达的1985年度1160头生猪派购任务落实到各村，明确派购任务未完成前，任何单位和个人不得插手经营。派购任务完成后，自宰自食的生猪，除春节前20天免缴外，平时都应缴纳屠宰税。

是年，全乡有小学13所，教师31人，学生713人。民办幼儿园6所，教师6人，在园幼儿138人。

1985年

2月起，取消粮食统购，实行合同定购；取消生猪、茶叶、蚕茧、苎麻、蔬菜等农产品统派购，实行多渠道经营。

4月26日，通源乡第九届妇女代表大会召开。选举产生第九届乡妇联委员，刘秋娥当选为乡妇联主任。

6月3日，通源乡第八届人民代表大会第二次会议召开。吕绍富作政府工作报告。审议通过乡人民政府关于计划生育的若干规定；通过关于义务兵家属优抚款和民兵训练费实行全乡平衡负担的决定；增选王敬华为副乡长。

8月6日，乡党委、政府决定，撤销乡农工商、村农工副联合社。

9月10日，全乡中小学师生庆祝中国第一个教师节。

10月9日，通源乡第八届人民代表大会第三次会议召开。审议通过通源乡关于教育工作的报告，审议通过乡政府关于实行九年制义务教育的规划；通过筹措1985年教育经费报告的决议。

11月18日，石璜区委决定，李祯祥任通源乡党委副书记。

11月，白雁坑村村民金晓明在分水岗山地垦荒时发现两枚人工打磨过的石条。经文物专家鉴定，为商代石锛。1986年10月捐献给嵊县文管会收藏。

12月31日，通源乡教育经费管理委员会决定，从1985年1月1日起，对1985年3月30日在册的正式民办教师调整工资提高待遇。

12月，新纸厂至羊角岭口道路建成。

是年，全乡农村专业户基本情况统计：种植业专业户（药材）52户，其中总收入万元以上10户，纯收入万元以上7户；畜牧业养殖（长毛兔）专业户19户，其中总收入万元以上2户，纯收入万元以上1户；食品加工专业户4户；餐饮专业户1户；交通运输专业户（拖拉机）9户；其他专业户1户。

1986年

1月10日，乡政府发出《关于管护林业的暂行通告》。从1986年1月起，乡设立林政管理站，对出运本乡木材（包括木材成品及半成品）的，一律由该站检查许可方可出运；出运木材（包括成品半成品）必须持村民委员会证明，写明来源、数量，并通过乡政府审核，按规定缴纳税金及育林基金等。

1月起，按照县委、石璜区委统一部署，乡党委开展整党工作。第一批参加整党工作有3个党支部（机关、文教、财贸），参加党员33名；第二批为村级单位整党，共15个党支部，参加党员193名。整党工作于10月底结束。

7月9日，通源乡第八届人民代表大会第四次会议召开。李祯祥作政府工作报告。选举李祯祥为乡人民政府乡长。

10月13日，松明培小学学生郭小龙代表通源乡少先队员出席县第一次少先队代表大会。

10月，按照全县统一部署，开始颁发居民身份证。

11月29日至12月15日，乡党委、政府决定，由妇保站医生逐村对一孩育龄妇女开展上门生育服务工作。

是年，三王堂村率先试制龙井茶，为全乡龙井茶发展带了头。

是年，全乡工农业总产值达到494.52万元，其中农业总产值388.76万元；人均收入516元；个人储蓄72.5万元，人均储蓄106元。

1987年

3月24日，中共通源乡第五次代表大会召开。裘家喜作工作报告。选举产生中共通源乡第五届委员会，裘家喜任乡党委书记，李祯祥任副书记。选举出席县第七次党代会代表。

4月24日，县农业局批复同意建立通源乡农业综合服务站，经济上实行独立建账，独立核算，自负盈亏。

4月27日，通源乡第九届人民代表大会第一次会议召开。李祯祥作政府工作报告。通过关于计划生育、土地管理、乡规民约等决议。选举李祯祥为乡长，吕绍富为副乡长。

7月，初中招生考试取消，小学毕业直升初中。

8月13日，县政府作出《关于对通源乡茶牧场权属纠纷问题的处理决定》，明确茶牧场集体权属，对茶培、三王堂部分村民擅自分茶园摘茶叶纠纷及历史遗留问题作出处理意见。

8月19日，乡大会堂（电影院）通过工程验收。

12月3日，三王堂村与白术园村因山林纠纷引起械斗，造成8人受伤。

12月31日，松明培村7对青年在村青年民兵之家操场举行集体婚礼，为广大青年不收彩礼、不办酒席、移风易俗、婚事新办作出榜样。县委宣传部、团县委、县妇联等部门领导到场祝贺，县、市新闻媒体作宣传报道。

12月，根据县委部署，在元旦春节前后开展创“三户”（双文明户、五好家庭户、遵纪守法户）、刹“三风”（聚众赌博风、封建迷信风、婚嫁丧葬大操大办风）活动。

是年，全乡消灭无电村，村村接通了新安江电。

1988年

1月5日，县乡镇企业局批复同意通源丝织二厂技改项目，新增经编机2台、整经机1台、络丝机1台，总投资18.4万元，其中自筹4.4万元，银行贷款14万元。

5月2日，通源乡第九届人民代表大会第二次会议召开。吕绍富作政府工作报告。选举刘柏松为乡长。

8月20日，县政府批复县商业局，同意在三王堂村增加高山蔬菜基地24.4亩，并要求粮食部门核增销粮。1987年，县商业局在三王堂村建立高山蔬菜基地25.6亩，按每亩50公斤计，增加销粮12800公斤。至此，蔬菜基地增加到50亩，销粮增加为2.5万公斤。

10月1日，投资9000元乡电视差转台建成投用，可收看上海2台、浙江1台。

是年，全乡农村经济总收入达714.56万元，比上年增长17.53%；工农业总产值441.97万元，其中工业产值183.49万元，比上年增长16.6%，农业产值258.48万元，比上年增长6.98%；人均收入695元，比上年增长16.42%。

是年，新东坑村党支部被表彰为县级先进党支部。

1989年

4月20日，通源乡第九届人民代表大会第三次会议召开。刘柏松作政府工作报告。

7月，由通源竹编厂初步制作、县工艺竹编厂加工完善的竹编工艺品《山鹰》获北京国际博览会金奖。

9月16日，受23号强台风暴雨袭击，全乡受灾良田良地945.2亩，损毁公路机耕路77处1万多米，冲垮大小桥梁10座，冲毁堤坝渠道5350米，直接经济损失达300多万元，史称“9·16”特大洪灾。乡党委、政府在组织全乡开展抗灾自救的同时，分别向县政府及交通、土管、粮食等部门申请救灾物资和资金补助。

11月4日，县委组织部决定，黄纪明任通源乡党委书记。

11月20日至12月30日，乡党委根据县委统一部署，在全乡开展党的基本路线教育。

1990年

1月5日，中共通源乡第六次代表大会召开。黄纪明代表乡党委作工作报告。选举产生中共通源乡第六届委员会，黄纪明任书记，刘柏松任副书记。选举黄纪明、邢荣樟为出席中共嵊县第八次代表大会代表。

2月27日，石璜区委决定，张正华任通源乡党委副书记。

3月21日，省教委主任邵宗杰写信肯定通源中学在初三年级开展分流教育、开设社会综合课的做法。《浙江教育报》头版刊发消息。

4月9日，通源乡第十届人民代表大会第一次会议召开。吕绍富作政府工作报告；通过加强林政管理、社会治安、计划生育等若干规定。选举黄纪明为乡人大主席团常务主席；选举张正华为乡长，吕绍富为副乡长。

7月1日，开展第四次全国人口普查。全乡13个行政村，总户数2043户，总人口6352人。其中，男3476人、女2876人，汉族6341人、壮族8人、土家族2人、纳西族1人。

9月13日，县交通局同意从9月16日（冬令行车班次）起，在茶坊村增设班车停靠站。

11月上旬至12月中旬，按照县委、区委部署，在全乡开展深化党的基本路线教育活动。

12月，通源乡校代表嵊县参加全省农村教育改革研讨会，教改经验在会上作典型交流。

12月，通源乡校被评为绍兴市德育工作先进集体。

1991年

1月4日，因大雪压倒广播线，全乡广播基本不通。经过一星期抢修，恢复广播。

3月9日，乡团委响应县“四年消灭荒山，八年绿化嵊县”的号召，组织20多名团员青年到乡茶场植树造林，共种植檫树1600多棵。

3月15日，通源乡第十届人民代表大会第二次会议召开，张正华作政府工作报告。会议审议通过通源乡关于实施九年制义务教育的意见。

4月11日，通源乡第十届妇女代表大会召开。选举产生第十届乡妇委会，王红春任妇联主席。

5月21日，县乡镇企业局批复同意通源丝织二厂与经编车间分开核算，并将经编车间更名为通源经编厂，企业性质仍属乡办集体。

6月25日，乡党委、政府印发《关于建立村经济合作社组织的实施意见》。要求各村建立村经济合作社组织，由村党支部书记兼任社长。

8月20日，根据县计经委、农业局下达的冬种生产计划指标，乡政府向各村下达1991年冬种生产计划：大小麦550亩，蚕豌豆65亩，马铃薯120亩，绿肥1200亩。

8月25日，投资15.7万元新建的通源中学教育楼（9教3办）建成投用。

9月19日，按照县委、区委统一部署，乡党委确定从9月6日至10月20日，在全乡开展社会主义思想教育活动。

12月26日，县计经委下达给通源乡1992年木材、毛竹限额采伐计划指标：木材蓄积量1185立方米，其中民用材550立方米，商品材25立方米，工副培植业用材380立方米，生活烧柴230立方米；毛竹10.97万株，其中民用3万株，商品7.97万株。

是年，全乡有广播喇叭1526只，入户率80%以上，乡至村干线45.5公里，用户线35.5公里。

是年，全乡造林646亩，其中用材林615亩，经济林31亩，超额完成指标17.4%。四旁植树1.1万株，封山育林3910亩，林木育苗5亩。

是年，全乡有企业11家，职工129人。其中，乡办企业6家职工79人、村办企业3家14人、个体企业2家36人；实现工业产值150.25万元，销售收入117.29万元，实现利润9.42万元，上缴税金5.93万元。

是年，乡中心小学被评为县级文明单位。

1992年

2月15日，乡党委、政府发出《关于贯彻执行县委县府〈关于筹措义务教育基金的决定〉的实施意见》，明确筹措范围为全乡党政机关、群众团体、企事业单位（信用社、粮站、供销社、卫生院等）的干部职工，农村男女劳动力及各界社会人士，时间为1992年到1994年连续3年。筹措标准根据不同对象为10至50元不等。

3月2日，县委决定，屠彭忠任通源乡党委书记。

3月22日，通源乡第十届人民代表大会第三次会议召开。张正华作政府工作报告。

3月25日，乡政府作出取消教育附加电费每度5分的决定，从1992年4月1日起执行。

5月24日，乡政府发出《关于加强茶叶税收征管的若干意见》，要求茶叶经营单位和个人向税务所申报缴纳茶叶产品税。从1992年起茶叶收购单位不再代扣代缴茶叶农林特产税。

5月，全县实施撤区扩镇并乡工作，撤销11个区公所，乡镇由66个调整为28个，其中镇17个乡11个，通源乡保持原有区域和建制不变。

6月16日，乡政府发布《关于吴联公路岗下段面房屋拆迁的有关规定》，对从岗下桥头起至乡卫生院止路段，全长326米，在原机耕路面的基础上，再向内拆迁6.5米，对房屋拆迁补偿和安置作出具体规定。

6月30日，通源乡第十届人民代表大会第四次会议召开。张正华作政府工作报告。选举陶建良为乡人大主席团常务主席；选举张正华为乡长，邱士余、楼孝松为副乡长。

7月23日，县医药药材公司与白雁坑村委会签订西洋参种植场联办协议，面积为521亩，总投资150万元，分5年逐步投入，公司占70%，村为30%，联营期10年（1992年8月至2002年7月）。

10月24日，乡政府向各村分解下达1993年度主要营林生产计划。县下达计划指标为：绿化造林770亩，其中荒山造林536亩、幼林抚育3000亩、四旁植树10000株。

是年，通源与其他27个乡镇全部实施九年制义务教育。

1993年

2月26日，中共通源乡第七次代表大会召开。选举产生中共通源乡第七届委员会，屠彭忠为乡党委书记，张正华为副书记。

3月17日，通源乡第十一届人民代表大会第一次会议召开。张正华作政府工作报告；选举陶建良为乡人大主席团常务主席；选举张正华为乡长，邱士余、王顺法为副乡长。

4月1日，县计划经济委员会批复通源乡政府，同意建办嵊县兴源织造厂，性质为集体企业，注册资金50万元。

12月29日，县委决定，刘伟中任通源乡党委书记。

是年，通源中学建围墙，填操场，结束通村道路横穿操场的历史，成为一个封闭式校园。

1994年

1月31日，乡政府发出《关于提高中小学生教育费附加的通知》，决定从1994年上半年起，提高中小学生教育费附加资金，中学生每生每学期70元，小学生每生每学期60元。

3月18日，通源乡第十一届人民代表大会第二次会议召开。张正华作政府工作报告。

3月28日，由乡政府投资125万元建造的叠石水电站投运，装机容量2台共320千瓦。该电站1991年10月开工建设。

4月2日，乡党委、政府发出《关于下达1994年农业税茶叶税优抚款征收任务的通知》，全乡合计172020.92元，其中农业税128141元，茶叶税35928.72元，优抚款7951.20元，要求各村在9月30日前完成。

4月4日，县府办批复乡政府，同意在岗下村建立蚕茧收购站，暂定茧灶两副。通源乡自1979年起发展蚕桑生产，蚕桑面积已达2500亩，年产茧量达2000担左右。

8月5日，县政府办公室批复同意建立通源乡成人文化技术学校。

8月31日，乡政府发出《关于收取中小学生教育费附加标准的通知》，决定从1994年下半年起，中小学生教育费附加收取标准为：中学生每学期100元，小学生每学期90元。

9月30日，乡政府根据县政府有关文件精神，向各村下达冬种生产计划：水田2039亩，旱地900.5亩，春粮700亩，油菜100亩，绿肥1640亩。

1995年

1月1日，通源乡投资18万元程控电话正式开通，结束了延续多年的手摇电话机历史。

2月8日，白雁坑村妇代会主任、绿化造林能手斯菊花被评为县农村妇女“十大领头雁”。

2月14日，乡政府建立征集劳动积累工制度。

3月9日，通源乡第十一届人民代表大会第三次会议召开。张正华作政府工作报告。

10月16日，通源乡在1994年度全县各乡镇冬季征兵体检合格率中获得第一名，受到县政府、县人武部表彰。

12月6日，中共嵊州市委、嵊州市人民政府在新落成的嵊州大厦举行嵊州市成立仪式。从此，嵊县通源乡改称嵊州市通源乡。

是年，松明培村党支部被市委表彰为1995年度先进基层党组织。

1996年

1月11日，中共通源乡第八届代表大会第一次会议召开。大会选举产生中共通源乡第八届委员会，裘松林为党委书记，麻培兴、陶建良为副书记。

1月17日，通源乡第十二届人民代表大会第一次会议召开。麻培兴作政府工作报告。选举裘松林为乡人大主席，吕绍富为副主席；选举麻培兴为乡长，钱信华为副乡长。

6月25日，乡政府发出《关于计划生育的补充规定》，对不符合法定婚龄者结婚等政策做出规定。

9月，通源乡被国家教育委员会表彰为“全国扫除文盲工作先进单位”。

11月16日，根据市委统一部署，乡党委决定在全乡开展党的基本路线教育。教育主题是有人管事、有钱办事；时间为11月16日起至12月20日。

是年，投资12万元，打通道场村2.2公里、白雁坑石板坑自然村2.8公里机耕路。

1997年

3月5日，通源乡第十二届人民代表大会第二次会议召开。麻培兴作政府工作报告。

4月28日，白雁坑村支委、妇女主任斯菊花被表彰为全省绿化先进工作者（共5名）。

8月14日，市教育委员会批复乡政府同意征收校舍建设费，每生每学期50元，征收时间为1997学年度两个学期。

10月27日，乡党委根据市委统一部署，开展领导干部党性党风教育。

是年，投资230万元（其中集资50万元），全乡安装100门程控电话。

是年，通源乡被评为嵊州市征兵工作先进单位。

1998年

4月8日，乡政府向各村下达1998年税费征收任务，全乡农业税67851.76元，茶叶特产税128047元，优抚款25888元，总计221786.76元，要求在6月30日前完成。

8月17日，凌晨1时54分，嵊州发生NL4.5级地震。震中在北纬29° 36′，东经120° 50′（市郊下中西村），通源有明显震感，幸无人员伤亡。

9月9日，市教委批复乡政府，同意征收校舍建设费，时间为1998至2000学年6个学期，每生每学期征收50元。

12月15日，零时起，按照全市统一部署，全面实行殡葬改革，域内遗体一律火化。

是年，白雁坑村妇女主任斯菊花因垦荒造林业绩突出，被全国妇联授予“中华妇女环保百佳”称号。

1999年

1月13日，中共通源乡第九届代表大会第一次会议召开。叶建德作乡党委工作报告。选举产生中共通源乡箫九届委员会，叶建德为党委书记，麻培兴、袁焕苗为副书记；选举产生中共通源乡纪律检查委员会，袁焕苗为纪委书记。

1月21日，通源乡第十三届人民代表大会第一次会议召开。麻培兴作政府工作报告。选举叶建德为乡人大主席，吕绍富为副主席；选举麻培兴为乡长，钱信华、郭茂华为副乡长。

3月7日，根据市委统一部署，乡党委开展农村基层组织教育整顿工作。机关干部教育整顿从3月5日起到3月底，主要任务是整顿思想，整顿作风，整顿纪律；基层党组织教育整顿从4月起到年底，主要任务是争创“六好”乡镇党委和“五好”农村党支部。

5月20日，乡党委、政府为年底前完成石璜至通源公路硬化任务，依据有关政策，决定采用以收缴劳动积累工以资代劳款的办法解决部分资金，全乡4130个劳动力，收缴99120元，时间为1999年至2000年，一定两年。

5月20日，乡党委、政府发出《关于在机关单位、学校师生和机动车、商店中开展公路硬化捐款活动的通知》，要求乡机关干部每人不少于300元（党政班子成员不少于500元）；乡属部门和中小学教师每人不少于200元，中小学学生每人不少于10元；小四轮每辆500元，三卡每辆300元，拖拉机每辆200元，摩托车每辆100元；商店每户100元。要求在6月底前完成。

9月13日，根据市委统一部署，乡党委、政府决定在全乡开展农业和农村现代化为主题的思想教育，时间为9月13日至10月30日。

12月19日，根据市委统一部署，乡党委决定开展农村党员保持先进性教育活动，教育主要对象为行政村和企业单位党员，主题是“学理论、强党性、争先进”，时间为1999年12月18日至2000年1月20日。

是年，投资450万元，对石璜至通源全长13公里公路进行水泥硬化。

2000年

4月，根据市委统一部署，乡党委开展领导班子和领导干部“讲学习、讲政治、讲正气”（简称“三讲”）为主要内容的党性党风教育。

5月13日，通源遭受冰雹袭击，最大雹块直径达30毫米。

12月18日，市民族宗教事务局批复同意通源乡岗下基督教聚会点予以登记，业务上受石璜基督教堂管委会指导。

是年，三王堂村党支部被评为2000年度市级先进党组织。

是年，投资175万元，对全乡13个行政村进行农村电网改造，新增变压器340千伏。

2001年

2月，按照市委总体要求，乡党委部署开展“三个代表”重要思想学习教育活动。

12月，全市实施乡镇行政区划调整，由28个乡镇调整为17个乡镇（11个镇6个乡），增设4个街道办事处。通源乡保持原有区域和建置不变。

是年，投资220万元新建精制茶厂2家，当年新增粗茶650吨，创利税80万元。建立百亩以上香榧基地3个，面积101公顷，全乡香榧总产量达10万公斤，产值400万元。

是年，乡中心学校投资35万元新建师生宿舍楼，学生实行寄宿制。从1991年起，已陆续完成东坑、荷岭、联丰、道场、松明培、白雁坑、里大坑、茶培、茶坊等村校撤并，学生统一到乡中心学校就读。

是年，投资170万元，在董家坑建成移动通信基站，结束通源无法使用手机的历史。

是年，投资7.2万元建成乡政府、乡校、茶坊村的自来水工程。

是年，通源乡教育党支部被市委表彰为2001年度市级先进党组织。联丰村被命名为2001年度市级文明村。松明培村被市委、市政府表彰为香榧特色农业村。

2002年

1月20日，中共通源乡第十届代表大会第一次会议召开。选举产生中共通源乡第十届委员会，刘增铭为乡党委书记，袁焕苗、周锋为副书记；选举产生中共通源乡纪律检查委员会，周锋为纪委书记。

2月1日，通源乡第十四届人民代表大会第一次会议召开。袁焕苗作政府工作报告。选举刘增铭为乡人大主席，郭茂华为副主席；选举袁焕苗为乡长，周孟莲、沈潜为副乡长。

3月25日，乡党委、政府作出乡机关干部下村实行村级“零招待”的规定，从2002年4月1日起实施。

是年，投入15万元改造里大坑村通村机耕路，全长13.5公里。

是年，全乡有线电视实现“村村通”，入户率达80%以上。程控电话达到1300多部，平均每2户拥有1部电话机。

是年，通源乡信访工作被绍兴市委、市政府表彰；通过绍兴市高标准普及九年制义务教育（简称“高普九”）达标验收。乡人武部被绍兴市政府、绍兴军分区授予“民兵基层建设先进单位”称号。

是年，通源乡被市委、市政府表彰为2002年度开放型经济工作先进单位。通源乡教育党支部被评为市级先进党组织。吴家湾村被表彰为2002年度市级文明村。荷岭村被评为嵊州市效益农业特色村（无公害茶）。

2003年

1月10日，中共通源乡第十届委员会第二次会议召开。刘增铭作乡党委工作报告。周锋作乡纪委工作报告。选举张金初、刘增铭、周锋、操家祥为出席市第十一次党代会代表。

4月15日，乡政府向各村下达2003年度评产计征农业税任务，全乡总计47196.04元。

4月23日，乡党政联席会议连夜传达市“非典”防治工作会议精神，部署落实本乡防治工作。次日上午召开全乡各村、单位领导干部会议，签订责任书，层层落实工作责任。

4月25日，乡党委、政府决定，在全乡开展以“优化社会治安环境，促进经济跨越式发展”为主题的社会治安环境整治大会战。时间为4月24日至6月25日。

4月26日，乡党委、政府制发《关于招商引资工作的实施意见》，提出“实现合同利用外资50万美元，实到外资30万美元，或者合同利用市外境内资金500万元人民币，实到市外境内资金300万元人民币”的目标任务，明确在招商引资活动中提供信息，并通过努力实现资金到位、项目到位的，在市奖励的基础上，乡再配套给予30%的奖励政策。

4月28日，通源乡第十四届人民代表大会第二次会议召开。袁焕亩作政府工作报告，郭茂华作人大主席团工作报告。

5月21日，市发展计划局、市水利水电局分别批复同意在岗下村西凤路口建造岗下电站项目，装机容量320千瓦，年发电量80万千瓦时。该电站2004年2月动工建设，2005年3月竣工。总投资215万元，由乡与村股份制投资建设。

8月12日，乡党委、政府建立乡村级建设工程招投标制度，凡单项合同估算价在50万元以下、1万元以上的村级建设工程项目，须进入乡镇招标投标管理办公室进行招标。该办法自2003年8月1日起施行。

8月，遭受50年一遇的严重干旱，农作物损失严重，生活用水发生困难。

11月23日，乡政府印发《通源乡跨世纪青年农民科技培训工程实施意见》，目标在青年农民中培养一批有文化、懂技术、善经营、会管理的新型人才。培训内容以茶叶、香榧两大专业为主，培训时间300学时。

12月16日，乡党委决定，建立通源乡非公有制企业联合党支部。

12月26日，乡党委、政府健全领导干部下访工作制度，确定每月10日为接访日，每月20日为下访日，落实接访者包案责任制、限时办结制度、督查考核制度、责任追究制度。

是年，乡政府招商引资引进的浙江泛亚弹性体有限公司正式签约，落户嵊州经济开发区，生产功能性热塑性弹性体产品，用地50亩，总投资1200万美元，实到外资320万美元。

是年，投资130万元建成联通基站。投资32万元改建通源卫生院，建筑面积340平方米。投资10万元改建老车站为乡敬老院，对全乡70岁以上五保老人，在自愿基础上进行集中供养。投资5万元解决道场、荷岭两村饮用水难问题。

是年，通源乡连续第三年实现绍兴市、嵊州市信访工作“三无”乡镇。被嵊州市委、市政府表彰为招商引资先进集体。乡教育党支部被评为市级先进党组织。

是年，松明培村被命名为嵊州市科普示范村；白雁坑村香榧基地为嵊州市科普示范基地。吴家湾村被命名为竹文化特色村。茶坊村被评为市级文明村。

2004年

1月，茶坊村与市水利水电发展有限公司联办的茶坊水电站建成并网发电。2002年12月动工建设，总投资170万元，装机容量320千瓦，年发电量70万千瓦时。

3月12日，乡党委建立驻村指导员制度，选派6名乡干部作为驻村指导员。

3月14日，市交通局批复同意嵊松线（董家坑）至白雁坑康庄工程项目开工，全长7.1公里，路基宽4.5米，路面宽3.5米。投资155万元。2004年3月8日开工，同年12月10日竣工。2005年1月12日通过交工验收。

4月3日，乡党委、政府印发《关于开展“双清”工作的实施意见》，围绕“清除露天垃圾、清理户外广告”目标，从4月至9月开展集中“双清”行动。要求各村建立专业管理队伍，实行长效保洁管理。

5月29日，通源乡第十四届人民代表大会第三次会议召开。袁焕苗作政府工作报告，郭茂华作人大主席团工作报告。

8月11日，乡政府出台《通源乡计划生育优先优惠政策》，优惠项目包括就学费用、扶贫帮困、知识培训、健康体检、个人建房等。高考分数上北京大学、清华大学，一次性奖励1000元，上复旦大学、浙江大学、上海交通大学等一次性奖励500元。

8月12—13日，受第14号台风“云娜”影响，出现7至8级大风，阵风9级，雨量达100毫米以上。

8月22日，市府办发文批复教体局，同意通源乡中学在2006年9月1日之前并入石璜镇中学，并指定通源乡政府分担石璜镇中学附属设施建设资金15万元，分3年付清。

9月，投资45万元，建筑面积680平方米的通源中学综合楼竣工。

12月22日，嵊州市被国家林业局授予“中国香榧之乡”称号。通源为嵊州香榧主产区之一。

是年，西白山香榧自然保护小区被列入绍兴市级自然保护小区。松明培村被评为绍兴市级兴林富民示范村。

是年，全乡在原有8家精制茶厂基础上，新发展6家，累计达14家，其中规模以上企业1家。年加工量达到500吨以上。

是年，投资9万元建成垃圾焚烧炉及垃圾站房，建立长效保洁机制。

是年，通源乡被市委、市政府表彰为2004年度嵊州市级先进集体。白雁坑村被命名为市级文明村。茶坊村党支部被评为市级先进党组织。

2005年

3月24日，市委决定，袁焕苗任通源乡党委书记，沈伟明任副书记。

4月8日，通源乡第十四届人民代表大会第四次会议召开。沈伟明作乡政府工作报告；郭茂华作乡人大主席团报告。选举袁焕苗为乡人大主席；选举沈伟明为乡人民政府乡长。

4月30日，通源籍优秀人才斯学军、俞朝荣获第三届嵊州市“十大杰出青年”荣誉称号。该评选活动由市委宣传部、团市委、市人事局、市新闻传媒中心、市青联联合举办。

5月23日，市民政局给里大坑村钱苗珠（1905年5月24日生）发放百岁老人长寿保健补助2400元，从2005年5月至2006年4月，每月200元。

5月25日，乡党委根据市委统一部署，决定在全乡开展“三学一创”（学政策、学技能、学法律，创业致富）教育活动。

7月31日，乡政府成立通源乡环卫所。

7月起，遵照市委统一部署，乡党委组织开展保持共产党员先进性教育活动。教育活动目的是“党员受教育，群众得实惠”。

10月27日，市首届农民运动会举行。乡组织4支队伍共27人参加游泳、棋类、乒乓球、田径等四大项目比赛，荣获象棋比赛道德风尚奖、田径团体第二名、乒乓球团体第一名及总团体第二名。

12月27日，通源乡被省教育厅公布为第九批省教育强镇。

是年，“白玉尖”香榧通过国家级有机食品和绿色（AA）认证。松明培村香榧示范基地被命名为2005年嵊州市科普基地。

是年，全乡新发展个私企业32家，其中岗下、吴家湾2个茶叶加工集聚区建成厂房2500平方米，入区企业达30家。

是年，投资5万元清理通源江河道，重点整治茶坊、岗下村环境卫生。全乡新增垃圾箱43座，垃圾日产日清，在全市垃圾处理竞赛中2次荣获第一名。

是年，通源乡被绍兴市政府授予“基层规范化建设先进单位”“平安创建先进乡”称号，被嵊州市委、市政府命名为2005年度信访“三无”乡镇。

是年，岗下村党支部被表彰为嵊州市先进党支部。松明培村被表彰为市级全面小康建设示范村。茶坊村被命名为市级卫生村。茶培村钱武安被表彰为嵊州市十佳优秀村委会主任。

2006年

1月5日，市交通局批复同意吴联公路至道场、三王堂至茶培通村公路改建通过交工验收。吴联公路至道场公路全长2.2公里，路基宽4.5米，路面宽3.5米，2005年8月18日开工，同年12月8日竣工，投资84.29万元。三王堂至茶培公路全长5.4公里，路基宽4.5米，路面宽3.5米，2005年9月20日开工，同年12月10日竣工，投资147.25万元。

1月23日，市交通局批复同意嵊松线茶坊桥头至新东坑通村公路改建通过交工验收。公路全长1.4公里，路基宽4.5米，路面宽3.5米，2005年5月18日开工，同年12月8日竣工，投资36.09万元。

3月26日，通源乡第十四届人民代表大会第五次会议召开。沈伟明作政府工作报告；郭茂华作人大主席团工作报告。

4月19日，乡党委根据市委工作部署，决定在全乡开展以“培育新农民、建设新农村”为主题的教育活动。集中教育时间为4月19日至5月20日。

4月25日，通源乡中心学校校长操国祥被市委、市政府表彰为嵊州市劳动模范。

7月7日，通源生态乡建设规划通过绍兴市环保局、发改委等部门评审。规划提出从2006年到2012年，把通源乡逐步创建成为绍兴市级生态乡、浙江省级生态乡和全国环境优美乡。

9月，通源中学撤并到石璜镇中学。原校园由通源乡校整体搬迁到此继续办学。至2024年2月通源乡校撤并到石璜镇中心小学。

12月7日，中共通源乡第十一届代表大会第一次会议召开。袁焕苗作乡党委工作报告；沈潜作乡纪委工作报告。选举产生中共通源乡第十一届委员会，袁焕苗为书记，沈伟明、张向军为副书记；选举产生中共通源乡纪律检查委员会，沈潜为书记。会议选举丁飞、袁焕苗、张向军、王南军为出席中共嵊州市第十二次代表大会代表。

是年，荷岭村、白雁坑村经济合作社生产的珠茶获得国家级无公害产品称号。全乡创建优质示范基地2个；外拓基地新增5300亩；新增扁型茶炒制机1200台。发展高效生态香榧基地近1000亩；成立松明培香榧专业合作社。

是年，投资60万元，对全长5公里的通源江河道进行全面清理和整修，获市水利水电局万里清水河道建设资金奖励。完成4个村自来水改造，受益450余户1500余人，获市水利水电局农村饮用水工程资金奖励。

是年，通源乡被评为绍兴市级平安乡镇、绍兴市级信访“三无”乡镇。

是年，松明培村被命名为绍兴市级生态村。岗下村被评为绍兴市环境整治示范村。

是年，通源乡党委被表彰为嵊州市级先进党组织；通源乡被评为市级先进集体，在全市年度乡镇（街道）、部门政绩考评中被评为“政绩突出”乡镇，在全市开放型经济工作竞赛考核中荣获先进单位，被命名为市级“卫生乡镇”。

是年，岗下村党支部被评为嵊州市级先进党支部，岗下村被评为嵊州市“平安家庭”创建活动优秀示范村；新东坑村被评为嵊州市村务公开和民主管理示范村。

2007年

1月13日，通源乡第十五届人民代表大会第一次会议召开。沈伟明作乡政府工作报告；郭茂华作乡人大主席团工作报告。会议选举袁焕苗为乡人大主席，郭茂华为副主席；选举沈伟明为乡长，马勇、求明霞为副乡长。

2月8日，乡政府按照省、市工作部署，决定在全乡开展延长山林承包期工作，统一发放中华人民共和国林权证，并建立和完善森林、林木和林地使用权流转机制。

2月13日，通源乡13个行政村全部完成政策性农村住房保险，参保率达100%。

3月20日，遵照市委统一部署，乡党委决定在全乡开展“转变干部作风，优化发展环境”主题实践活动，时间从2月到12月。

5月17日，零时起，电话号码升至8位。

5月起，通源乡中心幼儿园动工新建，同年9月竣工。投资60余万元，占地约1000平方米，结束了通源无公办幼儿园的历史。在园教师2人，幼儿52人。

6月21日，受强对流天气影响，通源遭受特大雷阵雨袭击，1小时最大降水量达到60毫米，损失严重。

8月2日，乡政府组织举办夏秋茶名茶炒制培训。各村茶叶大户、部分茶农和精茶企业主参加培训。邀请市茶叶大师和茶王炒制大赛优秀选手作现场辅导。

8月23日，乡政府组织举办香榧采摘及采摘后肥培管理技术培训，市林业局香榧大师现场讲解香榧病虫害检验防治、香榧采摘及采摘后的肥培管理技术。

9月，全市实施行政村规模调整。通源乡行政村由原来13个调整为6个（通源、通益、吴联、松明培、白雁坑、西三）。26日，乡统一召开新行政村成立大会。

10月6—9日，受第16号超强台风“罗莎”影响，全市雨量普遍在150~250毫米，通源乡降水量超过200毫米。

11月13日，乡政府召开新型农村合作医疗收缴工作动员会，28日全面完成农村合作医疗个人统筹费收缴任务，参加人口达5453人，参保率为92.1%。

是年，松明培村入选浙江省第二批兴林富民示范村镇。

是年，通源乡被绍兴市委、市政府命名表彰为2007年度平安乡镇和信访“三无”乡镇。

是年，三王堂村被市委、市政府表彰为2007年度个私工业集聚区优胜单位（一等奖）。通益村被表彰为环境整治示范村。

是年，通源乡中心小学校长商刘敏被评为“2007年度感动教育人物”，作事迹巡回报告。

2008年

1月7日，市委决定，姚良火任通源乡党委书记；陈云海任副书记；王向军任纪委书记。

1月25—26日，通源遭遇50年一遇的冰雪灾害，山区道路严重冰冻，全乡有5个行政村电力线路中断；香榧树大面积受灾，约80%以上百年古香榧树出现不同程度的断裂、压塌现象，估计全乡香榧损失达500万元以上；约1.6万亩茶园受灾，春茶产量比往年减少40%以上。乡党委、政府紧急部署防范救灾措施，购置抗雪救灾物资，对西三、白雁坑、松明培、吴联4个村部分村民配送大米、食用油、棉被等生活必需品。

2月3日，乡党委召开全乡干部大会，专题部署党的十七大精神主题宣传教育活动。

3月4日，市政府表彰农村垃圾集中处理工作先进集体和先进个人，通源乡政府被表彰为全市9个先进集体之一。

3月7日，通源乡第十五届人民代表大会第二次会议召开。陈云海作乡政府工作报告；郭茂华作乡人大主席团工作报告。选举姚良火为乡人大主席团主席；选举陈云海为乡长。

3月11日，乡政府在三王堂名茶加工集聚区开办茶叶采摘和炒制技术培训班，鼓励农户投资兴办茶叶公司，实现茶叶品牌突破、产业提升。全乡100多名茶农参加。

3月14日，市林业局和市香榧产业协会联合主办的全市香榧产业科技下乡活动在松明培村举行。

4月1日，嵊峰茶业有限公司在茶叶专业村三王堂村成立。公司注册了全乡首只名茶品牌“三王堂”龙井。这是通源第一家名茶企业。

4月，乡政府投资120万元的乡文化活动中心建成开放，由原通源乡校校园改建。

5月16日，通源乡组织开展“为汶川地震灾区献爱心”募捐活动。至5月28日，共募集爱心款41185元；260名党员交纳抗震救灾特殊党费38655元。

5月中旬起，乡卫生院邀请市妇保医院6名医务人员参与，开展为期一周的全民免费健康体检活动。

5月29日，省农业厅公布2008年第一批省无公害农产品基地，三王堂村茶叶被列入浙江省无公害茶叶基地。

5月底，通源乡中心小学卫生饮用水改造工程完成。斥资万余元购置2台太阳能热水器、2个电水箱，解决了学生洗冷水、喝生水问题。学校有学生220名，其中寄宿生180名。

6月，绍兴市、嵊州市两级相继开展结对帮扶欠发达乡村和低收入农户奔小康活动。结对帮扶对象为相对欠发达乡镇、2007年集体经济收入5万元以下的欠发达村和2007年家庭人均收入4000元以下的低收入农户。根据安排，诸暨市店口镇帮扶协作通源乡；绍兴市交通局结对帮扶松明培村，绍兴市发改委结对帮扶吴联村，绍兴市建管局结对帮扶白雁坑村，绍兴市供销总社结对帮扶西三村。嵊州市检察院结对通源村，嵊州市文联结对白雁坑村，嵊州移动公司结对松明培村，嵊州市水务集团结对通益村。

8月20日，通源乡突降暴雨，夹着大风、雷电和冰雹，6个行政村全部停电，经抢修至17：30左右，全乡恢复通电。无人员伤亡。

8月23日，绍兴文理学院元培分院生物与环境专业实践基地授牌仪式在通源乡中心小学举行。从7月暑期起，该院有150多名大学生分批来此实习。

9月9—10日，在嵊州市全民运动会棋类比赛中，通源乡男子围棋队喜获乡镇三组团体第一名，沈国阳、钱华平分别获男子围棋个人第二、第三名。

9月，嵊州市艺术家作品创作基地在通源挂牌，邀请市摄影家协会、美术家协会、书法家协会等艺术家到通源进行采风、创作并举办作品展览。

10月20日，5套远程教育设备到位，至此通源乡各行政村实现远程教育站点全覆盖。

10月22—24日，乡政府举办名茶生产管理和炒制技术培训。茶叶大户和茶农共230人参加培训。邀请嵊州“茶王”陈国仁现场指导名茶炒制技术。

11月12日，乡政府部署配合搞好第三次全国文物普查工作，普查工作从2008年11月3日起至12月20日止。

11月13日，乡政府部署2009年度新型农村合作医疗工作。至27日，参保率达83%以上，其中松明培村、白雁坑村参保率达90%以上。

12月6日，通源乡商会召开成立大会。选举产生第一届理事会，求明霞当选会长。

12月，通源乡中心幼儿园通过绍兴市教育局验收，争创成为绍兴市级农村示范幼儿园。后又创建成为浙江省二级幼儿园。

是年，乡贤周少华与通源同乡会一起牵线，引荐浙江大学茶叶专家汤一教授到通源考察指导，促成通源乡发展香茶产业。

是年，通源乡被评为绍兴市级平安乡镇；绍兴市级信访工作“三无”乡镇。被嵊州市评为建设“平安嵊州”先进集体。

是年，通源乡政府被市政府表彰为2008年度人口和计划生育工作先进集体。吴联村被表彰为2008年度计划生育新农村示范村。

是年，通源村被市爱卫委命名为嵊州市卫生村，通源乡卫生院被表彰为嵊州市卫生单位。

2009年

1月8日，市新闻传媒中心首届爱心读者（网民）节到乡中心学校开展送温暖活动，向10户单亲家庭以及学生赠送米、油、冬衣和学习用品等。

2月27日，通源乡第十五届人民代表大会第三次会议召开。陈云海作乡政府工作报告；郭茂华作乡人大主席团工作报告。

3月，通源乡金鹏茶厂率先引进一套香茶生产新设备，日加工青叶可达2500—3000公斤。4月15日，金鹏茶厂第一条香茶生产线投产。5月又增加2条香茶生产线。

4月28日，乡政府举办香茶采摘与炒制技术培训，对茶农重点培训茶园管理、香茶采摘和加工技术，并参观香茶生产企业。

5月11日，嵊州市茶叶机械推广现场会在通源乡召开。市农业局、市农机总站、市茶叶协会、全市茶叶产区乡镇农机员、茶机生产企业负责人及通源乡各村干部、茶叶大户，共百余人参加现场会。

茶机厂商与茶农开展技术交流和产品购销活动。

5月12日，在全市血防工作现场会上，通源乡与长乐镇联防联控协同开展春季查螺灭螺工作经验受到表彰。通源乡在长乐镇行政区域内有730亩插花田，从4月中旬起在长乐插花田共查螺7万余平方米。

6月1日，通源乡未成年人活动中心举行成立仪式。这是嵊州市首个基层未成年人活动中心。

6月12日，乡党委决定自2009年5月至10月底，在全乡组织开展为期6个月的社会治安整治行动。

6月19日，市林业局和市香榧产业协会联合在白雁坑村举行全市香榧病虫害综合防治现场会。市香榧大师储开江讲解香榧病虫害防治方法，长乐镇锦水电动喷雾器厂向8位榧农赠送8台电动喷雾器，市白蚁防治站工作人员讲解防治榧树白蚁措施。

6月26日，茶坊平安桥竣工通车。该桥全长24米，宽6米，工程历时3个月，总投资13万余元。

8月27日，通源乡第十二次妇女代表大会在乡中心幼儿园召开。选举产生通源乡妇联第十二届执委会，金玲当选为乡妇联主席。

9月1日，绍兴文理学院元培分院生物系120名大二学生来通源开展为期10天的实习活动。通源乡中心学校作为实习基地，2年来共接待了250多名学生实习。

9月15日，全市香茶生产现场会在通源乡召开。市林业局等有关部门与甘霖、长乐等11个乡镇的分管领导、茶叶专业干部和香茶生产企业负责人，共计50余人参加会议。通源乡作典型经验介绍。从2008年起，通源乡探索发展香茶生产，初步形成了珠茶、名茶、香茶齐头并进的生产经营格局。

9月25日，乡党委根据市委统一部署，按照“党员干部受教育，科学发展上水平，人民群众得实惠”的总体要求，从2009年9月至2010年2月，在全乡开展学习实践科学发展观活动，参加单位有9个，党员296名。

9月，吴联竹笋专业合作社的“白玉尖”牌毛竹笋基地被认定为“浙江省森林食品基地”。

11月13日，乡党委、政府部署新型农村合作医疗工作。截至12月10日，全乡应参保5527人，已参保5088人，参合率达92.1%，完成市下达的目标任务。

11月13日，乡党委、政府部署防控甲型H1N1流感工作，建立健全联防联控机制，加强重点区域监测，宣传可防可控可治知识等。

11月22日，因嵊州市福源矿业有限公司氟石矿选矿废水排泄，造成新东坑村饮用水源污染，江道水质变浑，对100多户农户生产生活造成较大影响，该村40多名村民自发到矿区反映情况。乡政府迅速作出反应，经过调解协商，有效化解了村企纠纷事件。

12月3日，通源乡创建绍兴市级文化示范乡通过绍兴市考核验收。12月30日绍兴市委、市政府命名表彰。

12月31日，由市新闻传媒中心举办的第二届爱心读者（网民）节到岗下村开展义务服务活动，爱心人士为村民理发、配锁、拍照、写春联、量血压、维修家电，为困难老人送上米、油、蛋糕等慰问品。

是年，通源乡党委被市委表彰为2009年度先进党委；通源乡被市委、市政府表彰为市级先进集体；在乡镇（街道）、部门年度工作考核中被评为第二层面先进等级；被市政府表彰为森林防火工作先进集体。

是年，吴联村个私集聚区被评为嵊州市2009年个私集聚区建设优胜单位，该区投资150万元，占地1500平方米。投资60万元的松明培村通往诸暨联网公路路基工程基本完工。

2010年

1月6日，通源积雪达10厘米，通往通源的客运班车全部停运。乡、村两级干部立即实行24小时值班，并安排人员到敬老院、学校等查看危房险情，排查隐患。

1月20日，通源乡首届老年人运动会在通源乡中心小学举行。运动会设飞镖、乒乓球、中国象棋、定点投篮4个项目。

2月27日，通源乡第十五届人民代表大会第四次会议召开。陈云海作乡政府工作报告；郭茂华作乡人大主席团工作报告。

3月25—27日，由市供销社和乡农办联合开办的第八期农产品经纪人培训班在乡文化活动中心开班，来自全乡从事茶叶、香榧、竹笋等农产品购销经纪人、专业合作社负责人、行政村干部及种植养殖大户等近60人参加培训。

4月13日，吴联村公共服务中心通过验收。该项目2009年初动工兴建，在帮扶单位绍兴市发改委支持下，投资近50万元，建筑面积501.9平方米，于当年12月完工并启用。

4月19日，根据上级统一部署，乡党委、政府全面落实通源乡上海世博会“环沪护城河”安保工作，实施时间为2010年4月19日至11月5日。

4月19日，按照上级统一部署，乡政府部署落实通源乡第六届世界合唱比赛安保工作，要求各行政村、企事业单位在2010年7月15日至26日绍兴市举行第六届世界合唱比赛期间，以“防恐怖、防破坏、防闹事、防案件、防事故”为重点，切实做好安保工作，实施时间为3月初至10月底。

6月7日，乡党委召开“越乡先锋”创先争优活动动员大会，在全乡基层党组织中深入开展“五好”基层党组织创建活动，在全体党员中广泛开展“讲奉献、当先锋”活动。

6月10日，嵊州市基层武装部规范化建设会议在通源召开。通源乡在会上作典型发言。

6月12日，乡政府部署进一步加强村级集体资金、资产、资源“三资”管理工作，实施时间为6月至8月。通源乡农村会计代理中心更名为农村集体“三资”管理服务中心。

6月18日起，乡卫生院联合市人民医院和市中医院，携带仪器设备对全乡6个行政村近6000人开展免费健康体检，检查项目有B超、肝功能、心电图、尿检、内外科及妇科等。

7月1日，市政府在通源乡开展林权地籍信息化建设试点工作。

7月，台商独资50万美元的嵊州市嘉雨香料科技有限公司落户通源。该项目从香榧青果皮中提炼精油，副产品醇露作化妆品原料，剩渣生产香皂，实现了香榧青壳“变废为宝”和外资企业落户通源零的突破。

8月，市林业局在通源乡开展野外实地勘界工作，将全乡4207.9公顷林地信息全部建立电子化管理档案，实现林权证与空间地块对应查询。

10月11日，共青团通源乡第十一次代表大会召开，选举产生新一届团委班子，周锋当选为书记。团委书记以竞争直选方式产生，为绍兴市开展乡镇共青团组织格局创新的试点。

10月26日，按照市委统一部署，乡党委决定10至12月在全乡干部中开展群众观点群众路线教育活动。

12月2日，通源乡被浙江省老年体育协会公布为第三批省小康型老年体育乡镇。

12月8日，市政府拨出专项资金支持通源乡发展香茶生产。全乡已建香茶企业3家生产线5条，其经验在全市推广。

12月15日，通源普降大雪，高山地区积雪达15厘米，通往西三、白雁坑、吴联、松明培客运班车全部停运。

是年，通源乡至雅璜乡联网公路建成。投资70多万元，从通源乡荷岭村到雅璜乡焦坑村，全长约8公里，路面宽3.5米。建成后，通源到雅璜的公路里程缩短约13公里。

是年，通源乡政府被绍兴市政府、绍兴军分区表彰为国防后备力量基层建设先进单位。

是年，通源乡党委被市委表彰为2010年度先进党委；通源村党支部为市“五好”示范基层党组织；白雁坑党支部为市“五好”基层党组织。

是年，通源乡被市委、市政府表彰为2010年度先进集体；在乡镇（街道）、部门年度工作考核中荣获先进乡镇（第二层面第一名）；被市委、市政府表彰为信访工作“三无”乡镇。

是年，白雁坑村被市爱卫委命名为嵊州市级卫生村，通源乡中心小学为卫生单位。

是年，通源乡西白山香榧现代农业园区成为绍兴市首批现代农业园区创建点。

2011年

1月13日，通源乡第十五届人民代表大会第五次会议召开。陈云海作乡政府工作报告；郭茂华作乡人大主席团工作报告。

1月29日，根据市政府统一部署，乡政府决定在全乡范围内开展2010年度土地卫片执法整改工作，实施时间为1月24日至3月30日。

3月5日，浙江电视台少儿频道来通源拍摄未成年人活动情况。

5月4日，根据市委、市政府统一部署，乡党委、政府在全乡范围内开展党员干部和国家工作人员参与非法交易土地、违法违规建筑问题专项整治工作。

5月8日，乡政府决定在全乡开展食品安全示范村创建活动，实施时间为5月至11月。

5月16日，按照市委、市政府要求，乡党委、政府部署开展“比学赶超、创先争优”主题实践活动，公开承诺赶超目标和任务。

5月26日，乡党委、政府对换届后的村级班子全面实行创业承诺制度，接受群众监督。

5月29日，乡党委、政府组织100多名通源籍在外人士，召开“比学赶超、创先争优”主题实践活动民主恳谈会。

6月10日，嵊州市首期评茶员培训班在通源乡开办。培训班开设茶叶采摘、绿茶加工、茶叶保鲜等技术课程，以及茶叶经纪与茶艺介绍等课程，聘请浙江经贸职业技术学院专职教师讲课。通源乡57名参加培训的茶农通过考试，拿到了评茶员（初级）国家职业资格证书。

9月初，全乡6个行政村全部建立了村级便民服务中心。

9月7日，市委决定，陈云海任通源乡党委书记；汪美芳、王向军任党委副书记；宋仲江任乡纪委书记。

9月26日，中共通源乡第十二届代表大会第一次会议召开。陈云海作乡党委工作报告；宋仲江作乡纪委工作报告；选举产生中共通源乡第十二届委员会，陈云海为书记，汪美芳、王向军为副书记；选举产生中共通源乡纪律检查委员会，宋仲江为书记。

12月2日，乡政府部署2012年度新型农村合作医疗工作。截至12月15日，全乡应参加农业人口数5193人，已参加4962人，参合率达95.6%，率先全面完成市下达的任务。

是年，通源乡党委被市委表彰为市级先进党组织；通益村党支部为市级“五好”示范基层党组织。

是年，通源乡被市委、市政府表彰为市级先进集体；在乡镇（街道）、部门年度考核中评为先进乡镇；被表彰为2011年度信访工作“三无”乡镇。

2012年

1月12日，通源乡第十六届人民代表大会第一次会议召开。汪美芳作乡政府工作报告；王向军作乡人大工作报告；选举陈云海为乡人大主席，王向军为副主席；选举汪美芳为乡长，孟超峰、马赛春为副乡长。

1月，市政府发文公布，通源乡与谷来镇、雅璜乡等3个香榧自然保护小区为主的“嵊州古香榧群”列为市级文物保护单位。

3月2日晚，因受连续阴雨天气影响引发山体崩塌，茶坊村一幢二层楼房被冲毁。

3月起，乡党委部署开展“网格化管理，组团式服务”工作。全乡划分为13个责任网格和1个专属网格，每个自然村为1个责任网格，乡中心学校为专属网格。组建管理服务团队14个，每个自然村和乡中心学校各成立1个基础服务团队，主要开展治安巡防、矛盾化解、安全生产、计生服务、民政救助、社会保障、应急救援、社区矫正、安置帮教、反邪禁毒、普法宣传等服务。

3月16日，乡党委、政府按照市委、市政府关于开展“三争”教育主题实践活动的统一部署，决定在全乡开展“进村入企”大走访活动，实施时间为2月至6月。

3月18日，按照市委、市政府开展“环境整治深化年”活动的要求，乡党委决定从2月10日至12月31日组织实施。

3月22日，乡党委遵照市委统一部署，决定在全乡开展“基层组织建设年”活动，时间为3月初至12月底。

4月10日，乡政府印发《关于加快推进国家级生态乡建设实施意见》，提出通过创建活动，建立起较为完善的生态经济、生态环境、生态文化、生态景观四大体系，把通源建设成为经济繁荣发展、社会文明进步、生态良性循环、人与自然和谐发展的国家级生态乡。

4月19日，市委办、市府办印发《嵊州市农村环境卫生管理办法（试行）》，规定按乡村人口每500人配备1名保洁员，分配通源乡12名保洁员（全乡人口5843人），并确定重点保洁地段为嵊松线两侧，重点保洁点为通益村、通源村地段。

5月14日，乡政府印发《关于建立农村环境卫生长效保洁工作的实施方案》，按照属地管理原则和户集、村收、乡运转、集中处理的运转模式，建立完善垃圾收集、运输和管理体系，初步实现全乡垃圾密闭收集、高效清运。要求各村配备保洁员不少于2名，实行目标责任制管理，建立严格的检查、考核、奖惩制度。

6月1日，市新闻传媒中心、嵊州传媒爱心公社、市风云家电公司联合赴通源乡中心学校开展爱心助学活动，捐赠立式空调、学习用品、体育用品等，为全校167名学生（住校生127名）、18名老师送去温暖。

6月26日，通源乡社会治安综合治理工作中心更名为通源乡社会服务管理中心，村综治工作站更名为村社会服务管理站，企业综治工作站更名为企业服务管理站。

7月15日，由通源乡政府承办的2012嵊州市地质灾害防治工作现场会暨应急演练在通源村文体广场举行。

8月，通源乡第一家农家乐“白鹭人家”农家乐在白雁坑村开业。

11月10日，乡政府部署2013年度城乡居民基本医疗保险工作。至30日，全乡应参加4890人，参加4838人，参保率98.94%。

11月25日，“相约西白山·美丽通源行”暨嵊州市首届登山节活动在白雁坑村举行。这是2012浙江（嵊州）森林旅游节暨绍兴市第四届森林休闲节活动内容之一，吸引200多名登山、摄影爱好者及各界人士参加。除露营高山湿地、攀登西白山主峰外，还有“走古道、赏榧林、品香茶、游农家”等特色体验活动，推出西白山经典户外休闲线路、“通源三宝”（茶叶、香榧、番薯面）特色农产品等，并举行通源乡香茶香榧交易市场揭牌仪式。

12月28日，通源乡综合文化站被省文化厅评定为三级文化站。

是年，通源乡创建成为绍兴市森林旅游特色乡镇，绍兴市级清水河道示范乡镇，绍兴市科普示范乡镇。

是年，通源乡被市委、市政府表彰为2012年度先进集体；在乡镇（街道）、部门年度工作考核中被评为优秀单位；被表彰为信访工作“三无”乡镇；获2012年农村环境卫生工作考核先进单位（第二层面第一名）。

是年，白雁坑村被列入省级历史文化村落名录；被绍兴市爱卫委命名为绍兴市卫生村；白雁坑榧茶套种示范基地被命名为绍兴市农村科普示范基地；被评为嵊州市级农家乐特色村；被表彰为2012年度市个私工业集聚区建设优胜单位。

2013年

1月15日，中共通源乡第十二届代表大会第三次会议召开。汪美芳作乡党委工作报告。审议乡纪委工作报告。评议乡党委委员和纪委委员述职述廉报告等。

1月24日，市林业局、财政局拨付给松明培村“十大树王”（榧树）古树名木专项保护经费2万元。

5月，在“会稽山古香榧之最”评选活动中，松明培村斜泥湾的古香榧树被评为“最大冠幅古香榧树”，白雁坑村分水岗的古香榧树被评为“最美古香榧树”。

7月1日，通源西白山生态休闲区被评为嵊州市首届“十大生态建设亮点”。

7月1日，西三村、白雁坑村被评为绍兴市级生态村并获创建资金奖励。

8月8日，松明培村在香榧文化主题公园举行香榧采摘祈福仪式，绍兴市、嵊州市有关部门领导参加活动。

11月1—4日，在第六届义乌国际森林产品博览会上，通源乡藏天岗农副产品专业合作社的“藏天岗”香榧获博览会金奖，“西白山”香榧获优质奖。

12月，乡政府印发《通源乡推行河道“河长制”管理的实施方案》，对全乡范围内所有沟、渠、塘、河落实河道保洁员，每周巡查不少于2次。村级河道由村党支部书记或主任担任河长。

是年，通源乡被市委、市政府表彰为市级先进集体；在全市乡镇（街道）、部门年度工作考核中荣获优秀单位；被表彰为2013年度信访工作“三无”乡镇。

是年，白雁坑村与谷来镇袁郭岭村、下王镇樟家田村、温泉旅游度假区董郎岗村，被确定为“美丽嵊州、快乐农家”嵊州民宿统一品牌的首批4个样板村。

2014年

1月9日，通源乡通过省体育强镇（乡）创建活动考核验收。

1月15日，中共通源乡第十二届代表大会第四次会议召开。汪美芳作乡党委工作报告；宋仲江作乡纪委工作报告。会议对乡党委委员述职述廉报告进行评议。

1月23日，通源乡第十六届代表大会第三次会议召开。汪美芳作乡政府工作报告；王向军作乡人大主席团工作报告。

2月25日，乡党委按照市委统一部署，决定从2月至9月在全乡党组织和党员中深入开展党的群众路线教育实践活动。整个活动贯穿“照镜子、正衣冠、洗洗澡、治治病”的总要求，着力解决领导班子和领导干部“四风”（形式主义、官僚主义、享乐主义和奢靡之风）方面存在的突出问题。

2月28日，乡党委、政府制发《通源乡“五水共治”实施方案》。到2016年，全乡实行生活垃圾无害化处理覆盖率达100%，生活污水治理行政村覆盖率100%；排涝标准10年一遇；自来水普及率80%；饮用水水质达标率80%；“五水共治”群众知晓率达到100%。

3月18日，乡党委、政府部署实施“无违建乡镇”创建工作，以开展整治空心村、依法处理“一户多宅”为抓手，将全乡6个行政村全部创建成为“无违建村”，把通源建设成为“无违建乡镇”。实施时间为3月7日至12月15日。

3月18日，乡全体机关干部和市计生局、国资公司志愿者及各村党员干部、保洁员、部分群众共计150余人，分别对白雁坑、吴联、通源3个行政村进行环境卫生集中清理，共清理河道5公里，整治脏乱差100多处，清扫通村道路20余里，清理香榧公园6000平方米；对清理出的近100吨垃圾集中清运到市垃圾填埋场。

3月28日，由市文明办、团市委主办的“圆梦”系列活动之春泥关爱活动走进通源村文化礼堂。这是全市春泥关爱活动利用村文化礼堂开展的第一次活动。

4月5日，乡政府发文划定通源乡畜禽养殖禁养区范围：通源江堤岸两侧100米内；饮用水水源保护区范围内；法律法规规定需要特殊保护的其他禁养区域。要求各行政村划定畜禽养殖禁养区、限养区，负责做好辖区禁养区内现有畜禽养殖场限期关停、转产或搬迁，负责做好限养区、非禁养限养区内畜禽养殖场的污染治理工作。

4月21日，浙江省义务教育均衡化县市督导小组到通源乡中心学校考核验收。

5月18日，乡政府部署有线电视模拟信号停播工作，5月底实现有线广播电视数字化。

6月13日，通源乡被环境保护部公布命名为“国家级生态乡镇”。

6月17日，市发展和改革局批复同意通源乡地质环境保护工程项目，建设内容：以白雁坑村为核心，对通源乡12.4平方公里进行地质勘查，修建游步道4.6公里，沿线设立导游指示牌和科普解说标识牌60个；修建科普宣传牌3个，景区导览图4个，科普长廊4座；改造科普展厅（或文化墙）80平方米并建设沿线配套基础设施。估算投资310万元。建设工期为16个月。

7月13日，市交通运输局、市财政局下达乡村公路管理养护资金补助，对通源乡乡道8.93公里、村道36.1公里拨付养护补助经费。

7月25日，中央电视台播出《一棵树产8万——品牌之路致富种植户》的新闻片，报道松明培村“中国香榧王”香榧树产香榧500多公斤，产值高达8万多元的情况。

9月19日，乡政府对全乡农家乐、民宿经营户举办食品安全知识专题培训。

10月31日，通源乡地质科普示范基地被命名为绍兴市级农村科普示范基地。

11月20日，市委决定，汪美芳任通源乡党委书记。

11月28日，市林业局、财政局对通源乡31244.9亩省级公益林发放补偿金和管护费。

是年，通源乡被绍兴市委、市政府命名为2014年度绍兴市平安乡镇，表彰为综治工作先进单位；被绍兴市政府评为“无违建”创建先进乡镇。

是年，通源乡被市委、市政府表彰为2014年度市级先进集体；在乡镇（街道）年度工作考核中被评为优秀单位（第三层面第一名）。

是年，吴联村、松明培村被市命名为2014年嵊州市级生态村。

2015年

1月12日，市政协设立政协嵊州市委员会通源工作委员会。王向军任工作委主任。

1月16日，中共通源乡第十二届代表大会第五次会议召开。汪美芳作乡党委工作报告；宋仲江作乡纪委工作报告；乡党委领导班子成员述职述廉，与会代表进行民主评议。

2月12日，嵊州市生态市建设领导小组办公室对通源乡创建成为国家级生态乡镇奖励25万元，吴联村和松明培村为嵊州市级生态村各奖励3万元。

3月13日，通源乡第十六届人民代表大会第四次会议召开。汪美芳作政府工作报告，王向军作人大主席团工作报告；选举汪美芳为乡人大主席团主席，选举胡建江为副乡长。

4月24日，通源乡700亩重点防护林工程建设项目通过市级验收，其中通源村300亩，松明培村400亩。

6月1日，市红十字会“2015红十字博爱行”活动走进通源乡中心学校，向学生赠送了衣服、玩具等爱心物资，并向5名贫困学生发放博爱助学金。柏星超级大酒店赠送员工捐赠的580册书本，并现场制作绿茶饼、冰激凌和薯条等食品让学生品尝。

6月23日，通源遭受短时间雷电和强降水，雨量达128.7毫米。乡中心学校周边道路被淹并停电。乡党委、政府立即联系市电力公司抢修电力线路，组织人员排除洪水。经过近4个小时抗洪抢险，学校电路恢复，险情得以控制。

7月10—12日，第9号台风“灿鸿”来袭。乡党委、政府紧急部署防台工作，对山塘水库、电站、易发生事故河道两岸及重点地质灾害区落实专人监测和巡查。全乡共转移人员26户48人，发生小型泥石流1处，倒坎16处，无人员伤亡。

8月，通源白雁坑地质调查成果和规划方案通过专家评审，9月启动全省首个地质文化村建设项目，总投资310万元。

9月30日，市委决定，钱杭栋任通源乡党委副书记。

10月12日，市政府办公室下达2015年度嵊州市山区发展资金扶持项目实施计划，通源乡西白山美丽区块建设工程（三王堂至西白山顶游步道、茶培至白雁坑路基拓宽）总投资143万元，市财政补助100万元，自筹43万元；吴联村道路硬化工程（岗吴线—吴家湾至高明庵段）总投资57万元，补助40万元，自筹17万元；通源村机耕路建设工程（小肠湾口至青田岗）总投资46万元，补助32万元，自筹14万元。

10月20日，通源乡文化礼堂和石璜镇文化礼堂参演的“我要上村晚”活动在市区文化广场举行，通源乡有3个节目参演。

10月22日，通源乡第十三次妇女代表大会在乡中心幼儿园召开。

12月14日，通源村村嫂志愿服务队被市文明办、市妇联表彰为嵊州市首届“十佳村嫂志愿服务队”。

12月15日，市委决定，王东平任通源乡纪委书记。

12月25日，市政协发文，钱杭栋任政协通源工作委员会主任。

是年，嵊州市全面启动西白山美丽区块建设，完成《嵊州市西白山区块美丽乡村总体规划》，确定“一心两环四片区百点”总体框架。通源乡的“云海茶香”三王堂、“榧石奇缘”白雁坑，与长乐镇的“深山古韵”小昆、“佛道仙踪”葛英，成为项目建设四大重点片区。建成西三村（三王堂）至白雁坑村联村道路；完成滴水洞至西白山顶、白雁坑至西白山顶、西三村至西白山顶游步道建设等。

是年，举办浙江省首届生态运动会暨西白山美丽区块户外运动休闲季活动。通源被评定为嵊州市“十大生态休闲区”。

是年，全乡清运垃圾450吨，单趟清运里程39.7公里，市财政按人口对保洁和清运经费分季度发放补贴。

是年，通源乡连续第五年被评为绍兴市平安乡镇和信访工作“三无”乡镇；创建为绍兴市“基本无违建乡镇”、绍兴市“清三河达标乡镇”。

是年，白雁坑村被省林业厅和省生态文化协会评选为第五批“浙江省生态文化基地”。

2016年

1月13日，中共通源乡第十二届代表大会第六次会议召开。

1月28日，通源乡通源江护河人黄国伟被评为绍兴市“最美护河人”。

4月11日，由市农办、市农林局和通源乡政府主办的“通源·西白茶人节”在西三村（三王堂）举行。省内外茶叶专家、各级新闻媒体记者及本市有关领导和群众共500余人参加。活动有春茶炒制、茶叶品评、茶商洽谈、茶园观光、茶诗画创作、参观茶村民宿等。

4月，省级文保单位绍兴会稽山古香榧种植园（嵊州市域）保护范围正式确定。通源乡松明培和白雁坑古香榧种植园与谷来镇袁郭岭、长乐镇小昆、竹溪乡盛家坞等古香榧种植园一起入围，面积达600多亩。

5月19日，根据中央、省、市委部署要求，乡党委决定，在全乡党员中开展“学党章党规、学系列讲话，做合格党员”（简称“两学一做”）学习教育。

5月27日，共青团通源乡第十二次代表大会召开。会议选举产生新一届乡团委，盛婕当选为团委书记。

6月1日，根据省、市统一部署，通源乡启动G20杭州峰会维稳安保工作，建立指挥中心和应急机制，下设10个专项工作组。开展环境空气质量监测，通源乡全部行政区域纳入严控区范围。8月1日至9月10日，在全乡范围内开展平安志愿者护航G20平安大巡防行动，乡、村两级组建56人巡防队伍，安排每日值勤，构建起“全天候、多维度、立体式、无缝隙”的社会面治安防控体系。

8月2日，乡党委、政府根据市委、市政府统一部署，决定在全乡开展农村土地承包经营权确权登记颁证工作，8月初全面启动，11月底基本完成。

8月19日，通源乡地质科普示范基地被认定为绍兴市“十佳农村科普示范基地”。

8月，白雁坑村被中国生态文化协会授予“全国生态文化村”称号，成为绍兴市唯一入围这一榜单的村落。

10月14日，通源乡被省委、省政府表彰为浙江省美丽乡村示范乡镇（第一批）。

10月17日，市政府办公室批复市建设局，同意在通源乡投资110万元，开展采用热能垃圾处理模式试点。

10月25日，中共通源乡第十三届代表大会第一次会议召开。汪美芳作乡党委工作报告；王东平作乡纪委工作报告；选举产生中共通源乡第十三届委员会，汪美芳为乡党委书记，钱杭栋、梁昊炅为副书记；选举产生乡纪律检查委员会，王东平为乡纪委书记。

11月19日，通源乡地质环境保护工程（地质文化村）项目通过省国土厅验收。该项目是全国唯一浙江省首个地质文化村项目。2014年1月启动建设，实际投资385万元，共建科普小路7662米，科普长廊6座，科普展厅（场所）1座和科普宣传材料1套等。

11月28—29日，浙江农林大学温国胜教授团队采用专业仪器测定，包括通源在内的西白山森林休闲养生区负氧离子浓度达21800个/立方厘米。

12月6日，以“访云上人家　书榧石情缘”为主题的西白香榧节暨中国首届香榧诗歌节活动在白雁坑村举办。

12月13日，白雁坑村入选为2016年度浙江省美丽乡村特色精品村。

12月26日，通源乡第十七届人民代表大会第一次会议召开。选举郑永全为乡人大主席，钱杭栋为乡人民政府乡长，胡建江、刘孟兴为副乡长。

12月，通源乡第一部村志《白雁坑村志》定稿付印。该志2013年6月启动，历时3年半，8易其稿，总计10万余字。

是年，通源乡被绍兴市政府命名为2016年度“无违建乡镇”。

是年，通源乡被嵊州市委、市政府表彰为2016年度市级先进集体；在乡镇（街道）工作目标责任制考核中被评为优秀单位。

2017年

3月8日，乡政府印发《通源乡农村村民建房审批实施意见》，在坚持“一户一宅”的原则下，明确申请条件、审批流程。自2017年3月8日起执行。

3月10日，市政协常委会决定，梁昊炅任政协通源工作委员会主任。

3月22日，市农业农村局公布嵊州市首批新型职业农民持证人员名单，通源乡张相军持有国家职业资格证书，戴红生、马樟华、王成军、周秋明列入嵊州市新型职业农民名单。

4月29日，通源乡市级联系部门和全体乡机关干部，以及部分党员干部、村嫂、志愿者共200余人参加“三级联动、万人参与”一线剿劣活动，对河岸和河道进行了地毯式清理，同时开展入户宣传，普及治水知识。

5月16日，绍兴市北海小学教育集团走进通源乡中心小学，开展“拓展型课程”援建活动，并捐赠教师用单反相机1台、学生用微单相机5台、大疆精灵3A航拍无人机1台等价值3万余元的设备和书籍。

6月底，全乡累计消灭旱厕699只，新建公厕51只。

7月8日，浙江水利水电学院国际教育交流学院“践行爱心，浇灌心灵”爱心支教实践队到通源乡中心小学，开展爱心支教活动。

8月，绍兴市国土局、旅委派驻农村指导员到通源村、西三村开展结对帮扶活动。

9月20日，乡政府决定，围绕“洁美通源”创建目标，对主要道路实行三级“路长制”管理：乡党委书记任总路长；一级路长由乡相关班子成员担任；二级路长由道路沿线村村干部担任；三级路长由负责道路清扫的环卫人员担任。实行每月考核，年终排名。

9月29日，通源乡省级小城镇环境综合整治行动通过绍兴市考核组验收，《通源乡小城镇环境综合整治规划》被列为省和绍兴市优秀规划方案。

10月31日，市委决定，郑海果任通源乡党委书记。

是年，通源乡被命名为“绍兴市卫生乡镇”“绍兴市森林城镇”。

2018年

3月2日，市农林局公布嵊州市2017年度珍贵彩色树种示范行动创建结果，白雁坑村高山香榧基地建设示范林为省级珍贵树种局长示范林，吴联村香榧、红豆杉示范点为省级珍贵树种示范点。

3月11日，团市委联合市青年企业家协会，走进通源乡开展植树活动，共种下樱花、桂花等品种3000余棵，总价值超过3万元。

3月16日，《浙江日报》刊出《全国首家地质文化村去年来了3万游客》，报道白雁坑村发展民宿经济情况。该村已有民宿14家、床位170张，2017年接待游客3万余人次。

3月25日，通源乡岗吴线至道场、岗吴线至荷岭农村公路提升改造项目通过交工验收。

4月11日至6月10日，市委第一巡察组对通源乡开展巡察。8月3日，巡察组向乡党委、乡政府反馈巡察意见。8月15日，乡党委向巡察组提交整改方案。10月10日，乡党委向巡察组提交整改情况报告。

6月4日，绍兴市对通源乡“五星达标·3A争创”创建工作进行验收。首批创建的五星村通源村、通益村、西三村和AAA村白雁坑村通过验收。

6月上旬，通源7家精制茶厂提前完成煤改电和生物燃料替代燃煤工作，通过市级联合验收，消除企业毒煤气污染等安全隐患。

7月16日，市委决定，设立嵊州市监察委员会派出通源乡监察办公室，王东平任主任。

8月至10月，市委第四巡察组对通源乡党委2013年以来贯彻落实全面从严治党及市委、市政府各项中心工作情况进行全面巡察，并于10月26日向通源乡党委反馈巡察情况。11月12日，乡党委向巡察组提交整改方案。11月至12月期间，乡党委就巡察期间反映的问题进行整改。12月28日，乡党委向巡察组递交整改工作情况报告。

8月31日，绍兴电视台在白雁坑村拍摄白雁坑宣传片，来自乌克兰、美国、肯尼亚等国10多位外国友人参加。自2018年开始，绍兴电视台在白雁坑村拍摄宣传片，分春夏秋冬四个季节取景，这是最后一场拍摄。

11月15日，2018嵊州香榧推荐品牌评比暨“通源·西白香榧节”森林农家游活动在白雁坑村举行。活动邀请省内外新闻媒体记者、专家及游客共300余人参加。

11月20日，乡政府为深入推进“五水共治”工作，决定设立通源乡总河（湖）长并设立村级河（湖）长，对1条市级、1条乡级、27条村级河道，以及1个市级湖（库）（剡源水库）、1个村级湖（库）（荷花坪山塘）落实了管理分工。

12月23日，通源乡与长乐镇关联的太白云海古道入选嵊州市十大森林步道（古道）。

12月，自然资源部中国地质调查局、浙江省自然资源厅联合发文，命名通源乡白雁坑村为“地质文化村”。这是全国首个获此称号的村庄。

是年，松明培村、白雁坑村成为全市6个人均香榧收入超过10000元村。松明培村被评为绍兴市兴林富民示范村。

是年，投入3640万元对嵊松线通源段、嵊松线至白雁坑、爪爬形至细藤坑3条道路进行提升改造，共计18.26公里。

是年，引进白柴湾定风坡与星空气泡2家精品民宿项目，3家绍兴市三星级民宿和1家银牌民宿申请挂牌，全乡共有民宿20家床位250张。

2019年

2月21日，市委、市政府召开乡镇行政区划调整动员大会。通源乡列入撤并之列。

3月1日，《绍兴会稽山古香榧群保护规定》正式实施。通源乡白雁坑、松明培被列入古香榧群保护核心区。

4月22日，浙江省暨绍兴市纪念第50个地球日主题活动在通源乡白雁坑村举行。全国政协常委、自然资源部中国地质调查局副局长李朋德、浙江省自然资源厅党组成员副厅长沈仁华等领导为白雁坑村“地质文化村”授牌。白雁坑村首创的“地质+旅游+文化”模式，为乡村振兴贡献了“浙江样本”。浙江卫视全程直播。

6月10日，嵊州市启动行政村规模调整工作，全市由原463个行政村（居）调整为255个村（居）。通源乡由原6个行政村调整为4个行政村：通源村、松明培村、白雁坑村、西白山村。7月3日，市政府批复同意通源乡行政村规模调整方案。7月13日，完成新村挂牌成立工作。

7月26日，嵊州市第十六届人大常委会第二十二次会议审议通过《关于确定香榧为嵊州市市树、玉兰为市花的决议》，通源成为嵊州市树的重要基地。

7月，嵊州市启动乡镇行政区划调整工作，全市由原4个街道11个镇6个乡调整为4个街道10个镇1个乡。通源乡与雅璜乡、石璜镇合并组建为新的石璜镇。7月18日，省政府批复同意嵊州市行政区划调整方案。8月8日，新的石璜镇挂牌成立。

8月，通源卫生院整合到石璜卫生院，更名为石璜镇通源卫生院。

12月，西白山村党总支书记徐华飞被授予“浙江省担当作为好支书”称号。

是年，通源乡中心小学更名为石璜镇通源中心小学。2024年2月撤并到石璜镇小学。

是年，市中医院启动“边峰行动”，以疗养基地白雁坑村为试点，长期派出专家进驻偏远山区开展诊疗服务。

是年，松明培村入选第五批中国传统村落名录。西白山村创建成为国家AAA级景区村。

是年底，通源总户数1936户，总人口5443人，其中男2964人、女2479人。水田2089亩，旱地1224亩，山林56946亩。

第一编

历史

第一章 建置沿革

通源于1950年建乡，所辖区域在建乡和人民公社化初期略有变化外，基本稳定。历经通源乡、通源大队、通源管理区、通源人民公社，1984年初又恢复通源乡，直到2019年撤乡，历时70年。

第一节 历史沿革

早在3500多年前的商代，通源区域就有先民活动。1985年11月，白雁坑村村民金晓明在分水岗自然村十八田档北里小石涧山顶垦荒种地时，挖出两枚长方形石条，一枚比较完整，一枚残缺。其选用自然石打磨而成，石色青灰，长14.2厘米、宽4.2厘米、厚2.2厘米，呈狭长形，器身微弧，单面磨刃，表面有捆绑和使用过程留下的磨损和缺痕。经文物专家鉴定，为商代石锛。1986年10月，捐献给嵊州市文管会收藏。

据《嵊州市地名志》记载，通源于1932年建过乡。因其山涧溪流均汇入剡溪，是名副其实的剡溪之源，故名通源。在1932年7月出版的《嵊县乡镇全图》上标有通源乡。据《嵊县志》（修订本）记载，在民国建立以前，无论县设乡、置都，还是设管理区或实行乡、镇、保、甲制，或民国初推行区、村制等，通源各村长期归属于剡源行政建置范围。1921年，全县设22个区、1381个村，在剡源区辖60个村名单中，有现属通源乡的共33个村：高塘、长丘田、东坑、道场、松明培、冷坞、白雁坑、紫竹、爪爬形、油竹山、大田湾、上下兽坑、茶坊、江夏、岭下、吴家湾、董家坑、猴楼罗山、分水岗、茶培、东培、里大坑、燕窠、细藤坑、三王堂、淡竹岗、小安基、雪林坑、新纸厂、大坂田、石板坑、上下四坞、高明庵（村名照抄民国10年县志稿本，既有遗漏亦有重复。如细藤坑、雪林坑应为同一个村，标准应为细藤坑，民间常称雪林坑）。据通源人民公社管委会1981年4月撰写的《通源公社概况》记载：通源公社解放前归属剡源乡（简称里半都）。1932年划小乡时曾称过通源乡，1936年又划归剡源乡。1936年的《嵊县乡镇图》上也没有了通源乡的行政区划，其区域又包含在剡源乡范围之内。

1949年5月嵊县解放后，通源仍属剡源乡。1950年1月，白雁坑村邱仲青（时在长乐区公所工作）受命为乡长，负责筹建通源乡。当年6月，全县开展撤大乡建小乡，增设行政区工作，全县乡镇从43个增至109个。通源于7月完成从剡源析出单独建乡，属长乐区管辖，称长乐区通源乡，辖区包含了现属长乐镇的葛英自然村（当时称葛阴村）和白术园自然村。乡政府临时驻白雁坑油罗山自然村。1951年1月中旬至2月底，开展了土地改革和镇压反革命运动。全乡1045户4088人，有地主7户40人、

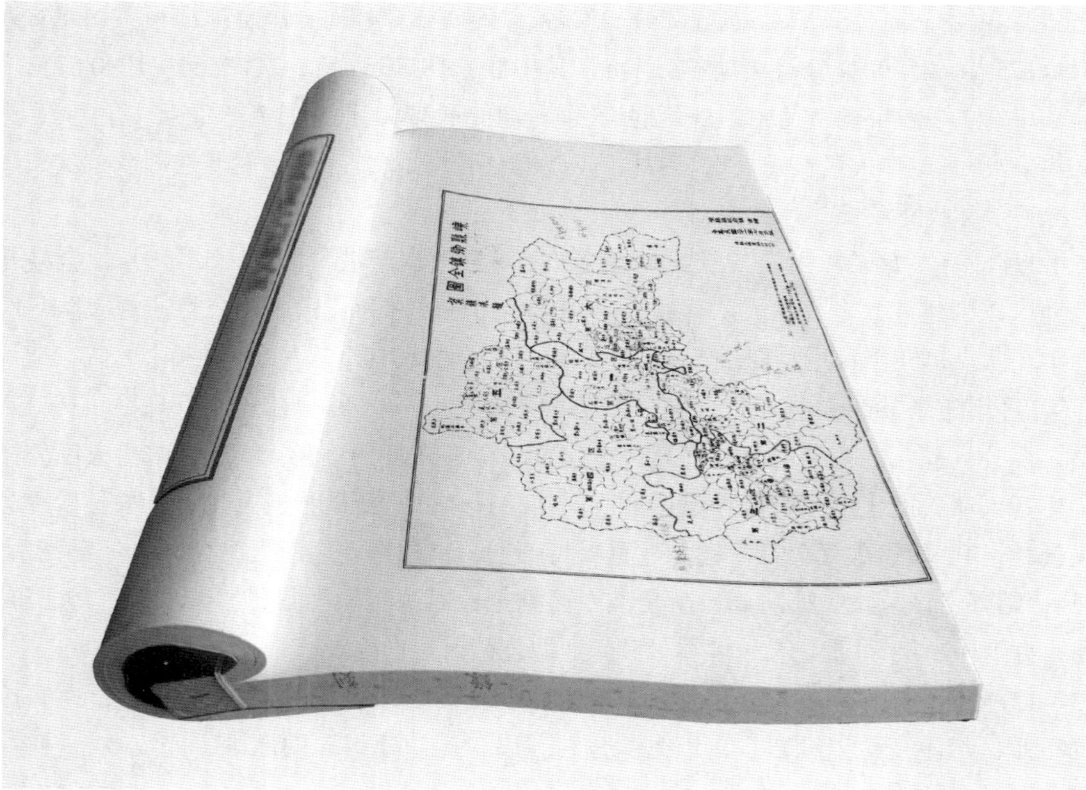

民国二十一年（1932）嵊县乡镇全图书影

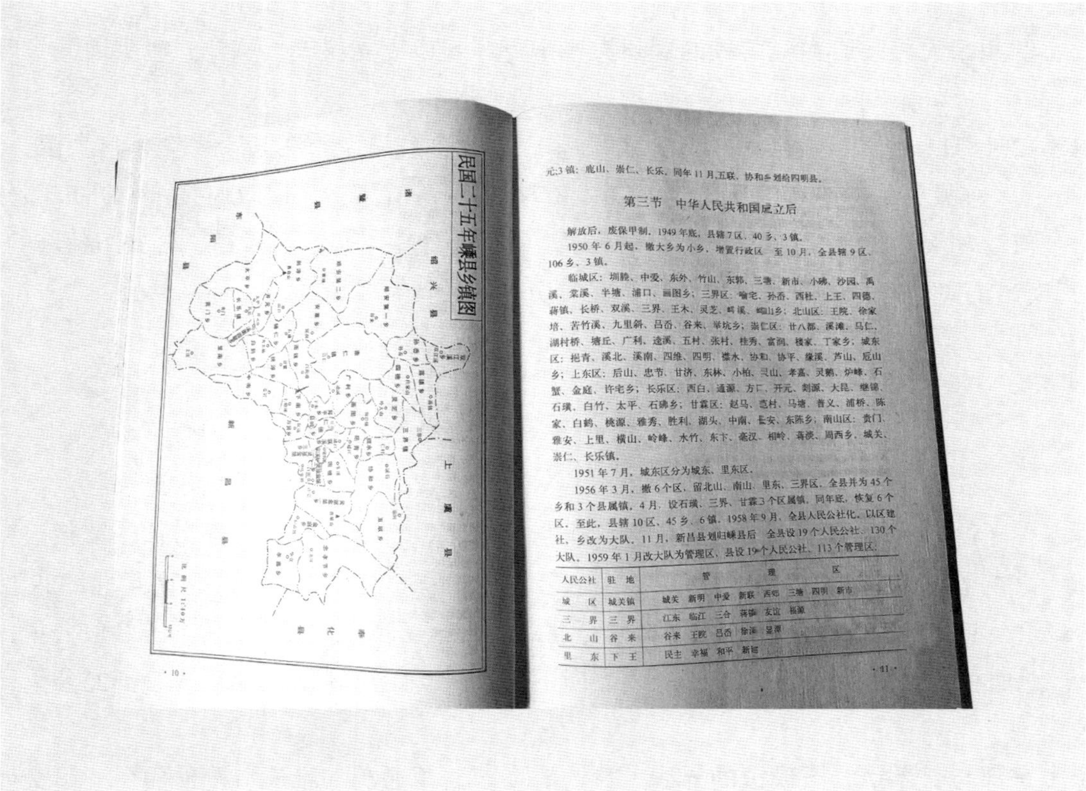

民国二十五年（1936）嵊县乡镇图书影

富农8户56人、中农385户1562人、贫农604户2327人、雇农18户47人，小土地出租者12户31人，其他（流氓）11户25人。有790户分得土地1385.1亩，其中雇农18户34.4亩，贫农566户1090.5亩，中农199户253.5亩，其他7户6.7亩。镇反中判处死刑5人、有期徒刑3人、批捕21人、群众斗争9人、逃跑1人，组织群众斗争5次，参加人员8770人次。3月，乡政府迁驻岗下村。5月，召开通源乡首次人民代表大会，民主选举了乡政府乡长、副乡长。

1952年2月，绍兴专区并入宁波专区。通源乡随嵊县改属宁波专区。1958年9月，全县开展人民公社化运动，以区建社，乡改为大队。通源乡1958年10月改称为长乐人民公社通源大队，所属各村同时改称生产队。1958年11月21日，新昌县划归嵊县，全县设19个人民公社130个大队，通源保持不变。1959年1月，随全县改大队为管理区，通源大队改称长乐人民公社通源管理区。1961年7月起，全县调整人民公社规模，撤销大公社恢复区级建置，全县恢复19个区，管理区改为人民公社，原生产队改为生产大队，原生产小队改为生产队。同年10月15日，新昌县恢复建置，分县后嵊县为61个农村人民公社，4个城镇人民公社。通源建置保持不变，11月建立通源人民公社，仍属长乐区管辖。1964年9月，绍兴专区复设，原所属县从宁波专区划出。通源随嵊县归属绍兴专区。1965年2月撤销长乐区委，直到1973年7月重建长乐区委，其间通源公社由县直接管辖。

1983年12月，石璜区建立，通源由长乐区管辖变更为石璜区管辖。1984年1月，通源按照“保持原来的行政区域不变，以社建乡，以大队建村，以生产队建组”的原则，完成乡、村建置改革。1992年5月，全县开展撤区扩镇并乡，撤销11个区，66个乡镇撤并为28个乡镇，其中镇17个乡11个，通源仍维持独立乡级建置，为嵊县通源乡。1995年8月30日，经国务院批准，民政部批复同意撤销嵊县，设立嵊州市（县级）。9月8日，省政府发出《关于撤销嵊县设立嵊州市的通知》。12月6日，中共嵊州市委、嵊州市人民政府在新落成的嵊州大厦举行嵊州市成立仪式。从此，嵊县通源乡改称嵊州市通源乡。

2001年12月4日，全市实施乡镇行政区划调整，由28个乡镇调整为17个乡镇（11个镇、6个乡），增设4个街道。通源乡保持原有建置不变。2019年7月18日，浙江省人民政府批准嵊州市部分行政区划调整，全市设4个街道、10个镇、1个乡。原石璜、雅璜、通源一镇两乡撤销，合并组建新的石璜镇。8月，新石璜镇正式挂牌，通源作为乡级建置完成历史使命。

第二节　行政区划

通源乡位于嵊州市西部边缘的西白山区，东与长乐镇、石璜镇相交，南与长乐镇相连，西与诸暨市接壤，北与雅璜乡相邻。全乡区域四至：东至北纬29° 56′东经120° 58′，南至北纬29° 52′东经120° 53′，西至北纬29° 55′东经120° 49′，北至北纬29° 58′东经120° 55′，东西长8.81公里，南北宽7.05公里，总面积42.43平方公里。乡政府设在岗下自然村，距离嵊州市区直线距离25公里，公路路程为35公里。

通源乡东部与长乐镇、石璜镇的界线　自通源乡东北角通源、雅璜、石璜两乡一镇交界处的田湾（北纬29° 34′，东120° 33′）向南偏东延伸至王青岭自然村东面通源、石璜、长乐一乡两镇分界处的元宝岭（北纬29° 34′，东经120° 34′），两点直距1.4公里；再向南过庙山岗、言长湾南部、原大水坑自然村至原大畚斗自然村山脚下的通源江渡槽(北纬29° 33′，东经120° 34′)，两点直距1.7公里；再向南过骆家年延伸到通源乡东南角的火桐岗南(北纬29° 32′，东经120° 33′)，两点直距约1.9公里。东部边界起止点直距约5.3公里，地形最东端在元宝岭（北纬29° 34′，东经120° 34′）。

通源乡南部与长乐镇的界线　自通源乡西南角的通源、长乐、诸暨交界处（北纬29° 32′，东经120° 30′）向东偏南沿山岗至分水冈头（北纬29° 32′，东经120° 31′），两点直距0.6公里；折向东南穿过七斗湾至大风田岭（北纬29° 31′，东经120° 31′），两点直距1.2公里；再向东偏南沿分水线过耙齿岩折东偏北至西白山主峰（北纬29° 31′，东经120° 32′，海拔1095.7米），大风田岭至西白山主峰界线呈向南拱出弧形，两点直距1.5公里。再从西白山主峰折向东北过金竹岗（北纬29° 32′，东经120° 33′，海拔1034.1米）到尖山头（民间称延芋头，北纬29° 32′，东经120° 33′，海拔1002.7米），两点直距1.2公里；再向东南沿阔口岗至西白山岗交界处（北纬29° 31′，东经120° 33′），两点直距1.4公里；再东北东向沿分水线至火桐岗南（北纬29° 32′，东经120° 33′）止，两点直距2.4公里。南部边界起止点直距6公里，地形最南端在耙齿岩西峰（北纬29° 31′，东经120° 32′）。

通源乡西部与诸暨市的界线　从九阔岭岭头（北纬29° 34′，东经120° 30′）通源乡与雅璜乡及诸暨市的交界处，沿大高明庵岗向南到上培岭，两点直距1.2公里；再沿山冈先向东南通过上王岭后转向西，形成了一个半圆形到上王岭岗与柒树湾岗交界处（北纬29° 33′，东经120° 30′），两点直距0.6公里；然后沿柒树湾岗向南到姆岭与诸暨交界点（北纬29° 32′，东经120° 30′），两点直距2.3公里；此点再沿分水线向东至珍珠尖（北纬29° 32′，东经120° 31′，海拔846.8米），两点直距1公里；折南东沿鹅项颈岭至玉山峰（北纬29° 32′，东经120° 31′，海拔992.8米），两点直距0.6公里；再向西南过白玉尖（海拔1010.1米）到与诸暨分界的山岭（北纬29° 32′，东经120° 30′），两点直距0.5公里，再折向东南约0.2公里的分水冈头西侧山岭即通源、长乐、诸暨三地交界处（北纬29° 32′，东经120° 30′）止。西部边界起止点直距约4.7公里，地形最西端为上王岭岗与柒树湾岗交界处（北纬29° 32′，东经120° 30′）。

通源乡北部与雅璜乡的界线　从通源乡西北角与雅璜乡及诸暨市三地交界处，即高明庵自然村西北0.6公里的九阔岭岭头（北纬29° 34′，东经120° 30′），向东北到金竹山，两点直距0.8公里；再沿金竹山岗折向东南到尖峰，两点直距1.2公里；再向东北沿山岗到船坞岗头，两点直距0.5公里；继续向东到牛卵岗西，两点直距0.8公里；然后从牛卵岗南面绕过向东北到达塘平岗南侧（北纬29° 35′，东经120° 33′），两点直距1.3公里；后折向东偏南到达箬达岗，两点直距1.3公里；后再向东到达田湾（北纬29° 34′，东经120° 34′），此为通源、雅璜、石璜两乡一镇交界处，两点直距1.9公里。北部边界起止点直距7.6公里，地形最北端为塘平岗南侧（北纬29° 35′，东经120° 33′）。

第二章　乡村概览

通源各村沿通源江及吴家湾坑、松明培坑、白雁坑坑、里大坑坑、新东坑坑等主要溪流分布。区内行政村从建乡初的11个村，到开始土改时的10个村，再到人民公社化初期的13个生产队，1962年初至1965年初的29个大队，1969年初大队撤并为12个，1984年底至2007年9月保持13个村，2007年9月撤并为6个村，2019年7月再次撤并成4个村。

第一节　村史变迁

1950年7月，通源完成设乡之初辖11个行政村，分别为江夏（今岗下）、茶坊、东坑（今新东坑）、道场、爪爬形（今联丰）、吴家湾、松明培、白雁坑、三村（今茶培）、二村（今里大坑及三王堂）、一村（今长乐镇的葛英及白术园）。

据调查，葛英、白术园村曾经先后两次划入通源。第一次在1950年建乡时，葛英、白术园村就在通源乡，当时称一村（西山一农会），但在土改开始前即划出通源乡，在通源乡的时间很短。第二次在1958年人民公社化时，葛英、白术园村再次划入通源大队，1960年下半年又划出通源管理区。据档案馆1956年6月10日通源乡党员统计档案，全乡10个行政村，1—2名党员的村5个，3—10名党员的村1个，没有党员的村4个。1950年7月建乡至1951年1月通源乡实施土改前，全乡为11个村。1951年1月土改开始至1958年9月人民公社化前，全乡为10个村，有二村、三村而无一村。

1956年11月，全乡10个行政村建立了32个农业生产合作社。

1956年通源乡农业生产合作社一览表

表1　　单位：个

序号	1	2	3	4	5	6	7	8	9	10
村名	江夏	茶坊	东坑	道场	爪爬形	吴家湾	松明培	白雁坑	二村	三村
合作社数	5	1	3	4	4	1	1	5	5	3
合作社名称	勤勇 协兴 红光 新轮 红星	新联	善新 维新 民久	新乐 裕丰 胜群 潜胜	五利 高轮 合心 同心	三尽	五一	恒悦 日升 复兴 新勇 光明	合心 益心 展望 齿轮 迎丰	勤勇 同心 新勤

说明：原始资料有两个同心、两个合心。白雁坑的光明社为今董家坑村，二村的合心社为今三王堂村。

1958年9月，三王堂单独建生产队，葛阴（今葛英）、白术园划入通源，通源大队（管理区）辖13个生产队。分别是江下（今岗下）、茶坊、东坑（今新东坑、荷岭）、道场、爪爬形（今联丰）、吴家湾、松明培（含董家坑）、白雁坑、三村（今茶培）、三王堂、二村（今里大坑）、葛阴、白术园生产队。1960年下半年葛阴、白术园划出后为11个生产队，分别为江下、茶坊、东坑（今新东坑、荷岭）、道场、联丰、三尽（今吴家湾）、五一（今松明培、董家坑）、白雁坑、三村、三王堂、五联（今里大坑）生产队。

1961年11月建立通源人民公社，全社分设22个生产大队86个生产队。

1961年通源人民公社大队及生产队情况表

表2　　　　单位：个

序　号	1	2	3	4	5	6	7	8	9	10	11
大队名称	江　夏	茶　坊	东　坑	王青岭	荷　岭	道　场	大坂田	爪爬形	新纸厂	羊角岭口	细藤坑
生产队数	6	3	4	2	5	8	5	1	1	3	1
序　号	12	13	14	15	16	17	18	19	20	21	22
大队名称	吴家湾	松明培	董家坑	白雁坑	三　村	三王堂	高　塘	里大坑上村	里大坑下村	上秀坑	下秀坑
生产队数	8	7	4	8	7	6	1	3	1	1	1

1962年初，调整大队规模，全公社增设了7个大队，分别从江下大队划出岭下自然村，增设岭下大队，从吴家湾大队划出高明庵、高岩头、小安基自然村增设高明庵大队，把白雁坑大队一分为六增设冷坞、油罗山、分水岗、油竹山、石板坑5个大队。此时，全公社共设29个大队，分别为江下、岭下、茶坊、东坑、王青岭、荷岭、道场、大坂田、细藤坑、羊角岭口、新纸厂、爪爬形、吴家湾、高明庵、松明培、董家坑、冷坞、油罗山、白雁坑、分水岗、油竹山、石板坑、茶培、三王堂、高塘、里大坑上村、里大坑下村、上西坑、下西坑。

1965年2月9日，嵊县人民委员会发文批准冷坞、油罗山、白雁坑、分水岗、油竹山、石板坑六个大队重新合并为白雁坑大队，全公社大队数也从29个调整为24个。分别为江下、岭下、茶坊、东坑、王青岭、荷岭、道场、大坂田、细藤坑、羊角岭口、新纸厂、爪爬形、吴家湾、高明庵、松明培、董家坑、白雁坑、茶培、三王堂、高塘、里大坑上村、里大坑下村、上西坑、下西坑。1967年1月，全社保持24个大队不变。松明培大队改名为五一大队、道场大队改名为向阳大队、三王堂大队改名为常红大队，其余大队名称不变。1968年五一大队恢复为松明培大队，1972年常红大队恢复为三王堂大队，1978年向阳大队恢复为道场大队。

1969年1月作大队规模调整，全公社由24个大队合并为12个大队。具体为岭下大队并入江下大队，王青岭、荷岭2个大队并入东坑大队，大坂田、细藤坑、羊角岭口、新纸厂、爪爬形5个大队合并组建联丰大队，高明庵大队并入吴家湾大队，上西坑大队并入常红大队，里大坑上村、里大坑下村、下西坑、高塘4个大队合并组建胜联大队。12个大队分别是江夏、茶坊、东坑、向阳、联丰、吴家湾、松明培、董家坑、白雁坑、茶培、常红、胜联。12个大队一直保持到1984年底。1981年7月，嵊县人民政府公布，因县内地名重复，原江夏大队更名为岗下大队、原胜联大队更名为里大坑大队、原东坑大队更名为新东坑大队。

1984年1月，通源人民公社体制改为乡、村建制。原12个大队改设12个行政村，分别为岗下村、茶坊村、新东坑村、道场村、联丰村、吴家湾村、松明培村、董家坑村、白雁坑村、茶培村、三王堂村、里大坑村。同年12月，嵊县人民政府批准从新东坑村划出荷花坪、岭外两个自然村，建立荷岭村。全乡由12个行政村调整为13个行政村，分别为岗下村、茶坊村、新东坑村、荷岭村、道场村、联丰村、吴家湾村、松明培村、董家坑村、白雁坑村、茶培村、三王堂村、里大坑村。

2007年9月24日，市人民政府批准通源乡村级行政区域调整，将原来13个行政村调整为6个行政村。具体为岗下与董家坑、道场、荷岭4个村合并组建通源村，茶坊、新东坑2个村合并组建通益村，吴家湾与联丰2个村合并组建吴联村，三王堂、里大坑、茶培3个村合并组建西三村，松明培、白雁坑村仍保持单独村建制。调整后的6个行政村分别为：通源村、通益村、吴联村、松明培村、白雁坑村、西三村。

2007年通源乡行政村调整情况表

表3

调整后行政村概况						调整前概况			
序号	村名	户数（户）	总人口（人）	区域面积（平方公里）	办公地点	村名	户数（户）	总人口（人）	区域面积（平方公里）
1	通源村	463	1265	8.99	原岗下村	岗下村	204	521	3.13
						道场村	140	427	3.13
						荷岭村	49	149	0.97
						董家坑	70	168	1.76
2	通益村	259	759	6.98	原茶坊村	茶坊村	125	344	3.13
						新东坑	134	415	3.85
3	吴联村	361	1135	8.23	原联丰村新纸厂	吴家湾	192	574	3.27
						联丰村	169	561	4.96
4	西三村	462	1239	7.58	原三王堂	三王堂	168	435	2.58
						里大坑	158	462	2.47
						茶培村	136	342	2.53
5	松明培	238	738	4.62	—	—	238	738	4.62
6	白雁坑	270	786	6.03	—	—	270	786	6.03
合计		2053	5922	42.43	—	—	2053	5922	42.43

2019年7月，经市政府同意，通源乡行政村规模再次调整，由6个村调整为4个村，撤销通源村、通益村，合并设立新的通源村，村办公地址在岗下自然村；撤销吴联村、松明培村，合并设立新的松明培村，村办公地址在新纸厂自然村；西三村更名为西白山村；保留白雁坑村不变。调整后的行政村区域由相应的原行政村区域组成。

2019年通源乡行政村调整情况表

表4

序　号	行政村	办公地点	村民小组数（个）	总户数（户）	总人口（人）	区域面积（平方公里）	耕地面积（亩）	林地面积（亩）
1	通源村	岗下自然村	29	677	1798	15.97	1284	5866
2	松明培村	新纸厂自然村	19	561	1763	12.85	770	12987
3	西白山村	三王堂自然村	17	426	1126	7.58	798	3157
4	白雁坑村	白雁坑自然村	8	251	769	6.03	405	5696
合　计			73	1915	5456	42.43	3257	27706

通源乡各个时期行政村变化情况表

表5

时　间	乡级称谓	行政村（生产队）	行政村名
1950年7月至1951年1月	乡	11个村	江夏（岗下）、茶坊、东坑（新东坑）、道场、爪爬形（联丰）、吴家湾、松明培、白雁坑（含董家坑）、三村（茶培）、二村（里大坑、三王堂）、一村（现长乐镇的葛英、白术园）
1951年1月至1958年9月	乡	10个村	江夏、茶坊、东坑、道场、爪爬形（联丰）、吴家湾、松明培、白雁坑、三村、二村
1958年9月至1960年上半年	大队 管理区	13个生产队	江下（岗下）、茶坊、东坑（含荷岭）、道场、爪爬形（联丰）、吴家湾、松明培（含董家坑）、白雁坑、三村、三王堂、二村（里大坑）、葛阴（葛英）、白术园
1960年下半年至1961年11月	管理区	11个生产队	江下、茶坊、东坑、道场、联丰、三尽（吴家湾）、五一（松明培）、白雁坑、三村、三王堂、五联（里大坑）
1961年11月至1962年初	公社	22个大队	江夏、茶坊、东坑、王青岭、荷岭、道场、大坂田、爪爬形、新纸厂、羊角岭口、细藤坑、吴家湾、松明培、董家坑、白雁坑、三村、三王堂、高塘、里大坑上村、里大坑下村、上秀坑（上西坑）、下秀坑（下西坑）
1962年初至1965年2月	公社	29个大队	江下、岭下、茶坊、东坑、王青岭、荷岭、道场、大坂田、爪爬形、新纸厂、羊角岭口、细藤坑、吴家湾、高明庵、松明培、董家坑、冷坞、油罗山、白雁坑、分水岗、油竹山、石板坑、茶培、三王堂、高塘、里大坑上村、里大坑下村、上西坑、下西坑
1965年2月至1969年1月	公社	24个大队	江下、岭下、茶坊、东坑、王青岭、荷岭、道场、大坂田、爪爬形、新纸厂、羊角岭口、细藤坑、吴家湾、高明庵、松明培、董家坑、白雁坑、茶培、三王堂、高塘、里大坑上村、里大坑下村、上西坑、下西坑

续表5

时　间	乡级称谓	行政村（生产队）	行政村名
1969年1月至1984年12月	公社（乡）	12个大队（村）	江夏（岗下）、茶坊、东坑（新东坑）、道场、联丰、吴家湾、松明培、董家坑、白雁坑、茶培、三王堂、胜联（里大坑）
1984年12月至2007年9月	乡	13个村	岗下、茶坊、新东坑、荷岭、道场、联丰、吴家湾、松明培、董家坑、白雁坑、茶培、三王堂、里大坑
2007年9月至2019年7月	乡	6个村	通源、通益、吴联、松明培、白雁坑、西三
2019年7月—	乡	4个村	通源、松明培、白雁坑、西白山

说明：1.以行政村数变动为时间段划分依据。2.1967—1968年松明培称五一大队，1967—1972年三王堂称常红大队，1967—1978年道场称向阳大队。

第二节　村落概述

通源建乡七十年，以13个行政村的历史为最长。本节就以13个行政村及其下辖自然村记述。

岗下村

曾名江夏、江下，村委驻岗下自然村，以驻地得名。区域面积3.13平方公里。东与茶坊村相邻，北与新东坑村、荷岭村相交，西与道场村、联丰村、董家坑相连，南与茶培村、里大坑村接壤。1949年成立江夏农会；1956年建立勤勇、协兴、红光、新轮、红星五个农业合作社，其中新轮、红星社在岭下；1958年建立江下生产队并有叠石自然村并入，1960年叠石自然村划出归道场生产队；1961年建立江夏大队，1981年地名普查中属重名，因历史上曾名岗下，故更名为岗下大队。1982年人口普查有村民175户562人。1984年1月随乡村体制改革更名岗下村。2006年被绍兴市委、市政府授予“第三批环境整治示范村”称号。2007年与道场、荷岭、董家坑共4个行政村合并组建新的通源村，合并时有村民204户521人。2019年有岗下、岭下2个自然村，有村民419人，其中布依族、仡佬族、黎族、侗族村民6人，分8个村民小组。

岗　下　地处嵊州市区西面25公里，公路里程35公里的通源江源头，为通源乡党政机关驻地。村庄（北纬29° 33′，东经120° 33′）海拔190米。嵊松公路、吴家湾公路穿村而过，松明培坑、吴家湾坑在村东汇合成通源江，汇合处吴家湾坑口有嵊松公路通源桥，也为吴家湾公路之起点。村民住宅依山傍水而筑。村中吴家湾坑有岗下桥连通两岸，松明培坑上有岗下一桥、通源江上有岗下二桥连通长坵田。建村历史和村名来历有两种说法：一种说法是《嵊县地名志》（1985版）和《嵊州市地名志》（2019版）称，据茶坊《王氏宗谱》记载，500多年前，有个石匠从茶坊徙居至此，因地处山岗下面故名岗下。后演变为谐音字江夏（也称江下）。1981年随着大队更名恢复为原名岗下。另一种说法是据黄氏族人对《黄氏宗谱》考证，在300多年前，十七世纪中后期，由于荒灾，先祖黄光德从

岗下村

东阳下地马逃荒至茶坊，生有五个儿子，五子仁位见岗下这里四面环山，两条山涧溪流交汇之地，依山傍水，风景秀丽，山上有丰富的资源，溪边有长满箭竹的平地，认为是宜人居住的好地方，就在此搭房建屋，开荒种地，繁衍后代。因江夏是黄氏堂号，故取村名为江夏。岗下村现有黄氏后裔均为仁位太公儿子良涛公之后代。全村1981年有123户407人，2019年有村民115户345人，主要有黄、王、钱、周、赵姓家族聚居，分6个村民小组。赵姓家族主要聚居在长坵田。据赵氏家谱记载，赵氏始祖务显公于250多年前从东阳东邑寺俊山分徙来此，至今已繁衍10代，2019年有村民8户18人。此处有一坵水田直达茶坊村，可谓非常之长，故称之为长坵田。

岭　下　位于岗下自然村通源桥西北750米，公路里程约1公里。吴家湾坑和吴家湾公路在村中通过，吴家湾坑上有岭下桥连通两岸，桥北面有小路通新东坑村箭箬岭自然村。村南通源中心小学边有王坞湾坑之水汇入吴家湾坑，村庄（北纬29° 33′，东经120° 33′）海拔约200米。据传，因村西北面有一条通往雅璜的古道白石岭，村庄在这条岭的下方，故取名岭下。1981年有43户136人。现有40户115人，分2个村民小组，主要由周氏家族聚居。现在的通源中心小学在1968年7月至2006年7月为通源中学，其中1977—1979年毕业3届高中生。

牛头颈　位于岗下自然村西北980米，公路路程约1.5公里。原村民住宅建在吴家湾公路路下吴家湾坑南岸边，村基（北纬29° 33′，东经120° 33′）海拔约230米。据传，因此地形如牛的头颈，故称之。1981年有3户7人，为陈姓家庭聚居，属岗下生产队。随1988年最后一户搬迁至叠石自然村，牛头颈自然村消失，村基已复耕。

冷　湾　位于岗下自然村西530米，嵊松公路对面松明培坑南岸，因处冷湾口，故称之。村基（北纬29° 33′，东经120° 33′）海拔约215米。1981年4户14人，随2003年最后一户搬迁到岗下村居住，冷湾自然村消失，村基已复耕为茶园。

外白水　位于岗下村西面800米，现通源乡电站小穿山出口和嵊松公路的夹角处，村基（北纬

29° 33′，东经120° 33′）海拔215米。因地处白水脚与上白水对应称下白水，又与里白水相对应称外白水。很久以前有一个纸厂，后有2户岗下村民居住，在1968年造大寨田时分别搬迁到岗下和岭下自然村，外白水自然村消失，现种有香榧树。

茶坊村

村委驻茶坊自然村，以驻地得名。区域面积3.13平方公里。东与长乐镇的瑠田村接壤，南与里大坑村相邻，西与岗下村相交，北与新东坑村相连。曾经有茶坊、大畚斗（上下大畚斗）、大水坑3个自然村。1981年人口最多，全村110户463人，后逐渐减少，大畚斗和大水坑自然村已无村民居住。1949年成立茶坊农会；1956年组织新联高级农业合作社；1958年起为茶坊生产队；1961年起为茶坊大队，1984年1月随乡村体制改革更名茶坊村。2007年与新东坑村合并组建通益村，合并时有村民125户344人。现有134户287人，仅茶坊1个自然村，分6个村民小组。

茶坊村

茶　坊　位于岗下通源桥头东1.1公里的通源江两岸的山谷间，村庄东西狭长，嵊松公路穿村而过，茶坊桥横跨通源江连接两岸，新东坑坑在村西汇入通源江。村庄（北纬29° 22′，东经120° 34′）海拔180米。据茶坊《王氏宗谱》记载，明洪武三年（1370），王氏二十世王永清，由西白仙乡（即今水口）来此筑室定居，种茶为业，故名茶坊村。1981年人口最多，有94户431人，2019年有134户287人，以王姓为主家族聚居，分6个村民小组。1978年下半年至2006年上半年通源乡（公社）中心小学（社校）在茶坊村办学。

大水坑　位于茶坊自然村东南800米，公路里程1公里，与长乐镇吊角湾自然村相邻，为嵊松公路入通源乡地域第一村，沿长湾坑水在村西面流入通源江。戴姓村民在二十世纪四十年代从下西坑村迁移到此，因屋背后有条坑称大水坑而名。村庄（北纬29° 33′，东经120° 34′）海拔155米。1981年有3户10人，到二十世纪九十年代先后搬迁到嵊州市区和岗下村定居，现已无村民居住，大水坑自然村消失，原有住宅改办初制茶厂。

上大畚斗　位于茶坊自然村南825米的山湾内，原村基（北纬29° 33′，东经120° 34′）平均海拔370米，从茶坊村山路上行路程约2.5公里。为黄姓村民聚居地。据岗下《黄氏宗谱》记载，此地黄姓村民祖先从岗下迁此落户。因地势形似大畚斗而名，后有村民迁居吊角湾村。1981年有村民10户17人，后村民逐渐向茶坊迁移，随着2004年最后一户迁到茶坊，上大畚斗自然村消失，原村基复耕为茶园。

下大畚斗　位于茶坊村东南925米，嵊松公路对面通源江南岸，上大畚斗山脚缓坡处。原村基（北纬29° 33′，东经120° 34′）海拔约150米。周姓村民从三王堂迁居于此。1981年有3户5人，随着1998年最后一户村民搬迁至茶坊，下大畚斗自然村消失，原村基复垦为茶园。

新东坑村

村委驻新东坑自然村。区域面积3.85平方公里。东与长乐镇、石璜镇接壤，南与茶坊村、岗下村相连，西与岗下、道场村相邻，北与雅璜乡、荷岭村相交。曾名东坑，1981年地名普查时，因与上东区的东坑公社重名，由县政府发文改名新东坑大队。“新”寄寓着解放以后，山区出现了由穷变富的新面貌。1949年成立东坑农会；1956年与道场合并为东坑高级社，次年道场分出；1958年为东坑生产队；1961年起为东坑大队，1984年1月随乡村体制改革更名为新东坑村。1984年底，荷花坪、岭外两个自然村划出单独组建荷岭村后，全村有144户463人。2007年与茶坊合并组建通益村，合并时有村民134户415人。后人员持续减少。现有新东坑、王青岭等7个自然村，总人口327人，其中布依族村民1人。

新东坑村

新东坑　在岗下通源桥头东北1.1公里的山湾峡谷内，村庄（北纬29° 34′，东经120° 34′）海拔210米，离嵊松公路1.2公里路程，通源至雅璜公路穿村而过。据《沈氏宗谱》记载，东坑沈氏始祖为沈氏三十世沈立耕，从福建上杭县迁至东坑落脚娶妻，于明崇祯二年（1629）生长子沈启儒，因在坑的东边建宅，故取名东坑。一百年后，张氏始祖张遴胜也从福建上杭迁徙到此，沈立耕的长孙沈鼎亮招张遴胜为婿，帮其筑居安家。沈氏至今已衍至四十四世。传说，沈氏立耕公迁居东坑时，东坑有一户曾姓原住民，现已无此姓后人。解放前村民靠卖柴度日，解放后生活日益改善，故于1981年地名普查时随大队更名为新东坑。从茶坊村进入新东坑村，俗称狮子头地段两侧各有狮子白象挽抱守门。村口有一座建于明朝的玄坛庙，为当年村民礼佛场所，1955年下半年至1974年下半年为东坑小学校舍，1974年下半年至1976年为通源中学分部。从玄坛庙进村约150米，有一座小庙山，原来山上有个平台上建有一座小神庙（沈能进牵头建于乾隆嘉庆年间，倒于1958年）。山鼻伸入坑水中，此山岩壁陡立，虽山峰海拔不高，然因离村太近而致下半村（俗称下厂）太阳照到较迟，在伸入坑水的山鼻鼻梁处当年有多棵名叫青木树和独栗树的村口大树，在二十世纪七十年代初修路时砍去树木削去平台、山鼻。其坑对面当年为水碓厂，村民利用水力直接冲击木齿轮机带动石磨、水碓加工粮食，也在二十世纪七十年代初随着村小水电加工厂的建成而废除，后先后改办用竹笋壳、嫩竹为原料的纸浆板纸厂和用松毛作原料生产920农药的土农药厂，均时间不长就停办。新东坑坑在村中心有水打坞坑、王青岭坑之水汇入，两坑丁字汇入口有一座石拱小桥，名玉成桥，村民惯称洞桥头，为村内社会新闻的交流中心，村民有“跑过三省六码头，勿着东坑洞桥头”的口头禅。在二十世纪六七十年代，此桥头西南角建有一间背坑面路平房，为村办集体代销店，是当时村民在村内购置油盐酱醋等日常生活用品的唯一场所，后因村内道路拓展被拆除。村内最大的露天活动场所为蛇唇地，当年为4个生产队的晒谷场，其西北面有五间大队屋，1974年下半年到1991年上半年为东坑村校校舍，后改为村办公室和老年活动室。从大、小王青岭有两支山脉延伸到处，呈缠颈嬉戏之态，其头部小山包形如蛇头，村民称西侧的为雌蛇头，东侧的为雄蛇头，蛇唇地之名也由此而来。蛇唇地的西侧有一支自鸡舍岭延伸下来的长乐佬岗，至村高踏道步地段背后分为两支形似老虎之脚，呈伏虎捕食之势，村民称之为伏虎。1981年，有村民78户293人，随后人口略有增加后逐渐减少，现有村民201人，分4个村民小组（道地坪、箭箬岭划在第四村民小组），由张、沈、吕、钱、王、陈等姓氏家族村民聚居。

箭箬岭　位于新东坑玉成桥西偏北920米，村庄（北纬29° 34′，东经120° 32′）海拔约220米。西靠桃坞尖，西北面有一条上马攀岭经荷岭到雅璜的古道，是当年雅璜人出入和东坑、茶坊人去雅璜的要道，路上有多处雅璜人捐建的小石桥。据传，约170年前，吕姓太公因生活所迫，从甘霖黄胜堂用箩担挑着小孩逃荒，行走到此地箩绳断了，认为这是天意就在此地安家。因村口向南通岭下的那条岭上有许多箭竹（其竹叶是包粽的粽箬），故称箭箬岭，村名也由此而来。至今吕姓家族在此繁衍了5代。因此地村基狭小，约在70年前村民先后向东坑和道地坪分迁。二十世纪八十年代，人口最多时有10户44人，后来人口逐渐减少，现仅剩4户15人，常住不足5人。

道地坪　位于新东坑玉成桥西偏北725米，在新东坑至箭箬岭的途中。村基（北纬29° 34′，东经120° 33′）海拔约215米，建村时间较短，约在70年前吕姓两兄弟从箭箬岭至此买下望山屋定居。二十世纪八十年代初，人口最多时5户23人，后逐渐向东坑迁移，现为吕、钱两姓聚居，有户籍4户8人，常住4人。

小王青岭　位于新东坑玉成桥东北1公里的小王青岭湾内，通村公路路程约1.5公里，村庄（北纬29° 34′，东经120° 34′）海拔约350米。1981年，有村民4户12人，为张姓兄弟聚居。二十世纪九十年代后，人员逐渐向嵊州市区、石璜等地迁移，现户籍3户7人，常住仅2人。

大王青岭　位于新东坑玉成桥东北东1.3公里的大王青岭湾内，通村水泥道路过小王青岭而上约2公里，原有一条从蛇唇地东角赵吉士湾（传说是玄坛菩萨赵公明的父亲赵吉士当年住在这山湾打猎为生而称赵吉士湾）上去的人行小道，约1公里路程。村庄（北纬29° 34′，东经120° 35′）海拔约420米。1961年至1968年底，曾设王青岭大队（包括大、小王青岭、张炭头、枫树湾、鸡舍岭、猪干娘自然村），大王青岭自然村为当年王青岭大队驻地。1962年11月26日，王青岭生产大队被评为县林业生产先进单位。1969年1月，撤销王青岭大队，大、小王青岭、张炭头、枫树湾，鸡舍岭、猪干娘分别为东坑大队第五、第六生产队。1981年有村民5户20人，主要由张、周两姓村民聚居。二十世纪九十年代后，村民逐渐在石璜等地买房居住，现有户籍8户23人，常住仅3人。

张炭头　位于新东坑玉成桥东偏北1.2公里，通村水泥道路过小王青岭、大王青岭盘山而上，路程约3公里，在大王青岭到张炭头途中的元宝岭即通源、石璜、长乐三乡镇交界处分路，另一条可通过石璜镇唐家湾村进入雅璜公路。村庄（北纬29° 34′ ，东经120° 35′ ）海拔约520米。据传，130多年前张良尧从东坑到此山头烧炭定居，故称张炭头，至今已繁衍生活了5代。1981年有3户11人，到二十世纪九十年代后逐渐移居石璜等地，现户籍人口虽仍有3户9人，常住仅1人，有村民在茶叶生产时回来劳动居住。

鸡舍岭　位于新东坑玉成桥北东1.4公里，有一条机耕路从通源至雅璜公路的雅璜乡白岭路口接入，机耕路长约2.5公里，从小王青岭沿山路步行路程约1.5公里，从新东坑过水打坞、石扶梯的山路走约2.5公里。村庄（北纬29° 34′，东经120° 34′）海拔约430米。西北边田湾为通源乡与雅璜乡、石璜镇三乡镇的交界处。1981年8户16人，后北面的猪干娘自然村4户迁入。二十世纪九十年代后，人员逐渐向嵊州市区和石璜等地迁移。现有户籍6户17人，常住仅5人。

水打坞　位于新东坑村北东500米，在小王青岭岭脚，为陈姓两兄弟，分属东坑大队（村）第二、第五生产队（组）。二十世纪八十年代初，人口最多时有4户12人，后先后搬迁到新东坑村及石璜等地。现仅剩五组1户村民二十世纪八十年代初建造的2间2层楼房（平时住石璜），其他已退宅还耕。

猪干娘　位于新东坑玉成桥北1.5公里，从新东坑过水打坞、石扶梯步行到猪干娘路程约3公里。村基（北纬29° 34′，东经120° 34′）海拔约460米。在130多年前，张良焕从东坑村迁处定居。1981年有4户15人，后先后迁入附近的鸡舍岭自然村，随着最后一户在1987年迁移便无人居住，自然村消失，村基复垦为茶山。

井头湾　位于新东坑玉成桥东北840米。据王氏族人介绍，约150年前，他们上代太公从石璜华家湖村到井头湾帮楼家人望山，在井头湾居住10年左右迁到三角湾定居。井头湾山厂屋由其另外两兄弟及后人居住，人口多时有15人。二十世纪九十年代，最后一户搬迁到新东坑后，自然村消失，宅基还耕成茶山。

三角湾　在新东坑玉成桥北西1.2公里。据王氏族人介绍，约在140前，他们上代太公带领家小从井头湾迁到三角湾定居。当年此山为三户人家所有，故称三家湾，也因地形特点称三角湾。王姓家人在此居住了4代，二十世纪到八十年代鼎盛时期有20多人，后因外嫁、外迁人口逐步减少，二十世纪末自然村消失，2003年村基已还耕。

枫树湾　位于新东坑玉成桥东北东1公里，从蛇唇地向枫树湾小路上去路程约1公里，村名因山湾名称而来。二十世纪七十年代，有一幢三间二居头，有张姓兄弟2家10人，属王青岭生产队，二十世纪七十年代末迁到大王青岭村口建房，自然村消失。

荷岭村

村委驻地岭外自然村，以荷花坪和岭外两个自然村村名合取而名。区域面积0.97平方公里。东与新东坑村、雅璜乡相邻，南与新东坑、道场村相连，西与道场村、雅璜乡接壤，北以前门山岭东西向分水与雅璜乡分界。解放初分属道场、东坑村农会。1961年分设荷岭大队，1969年1月重新并入东坑大队，1984年12月县政府发文再从新东坑村划出荷花坪、岭外两个自然村建立荷岭村，当时有40户166人。2007年并入通源村，合并时有村民49户149人。现有44户131人。

荷岭村

岭　外　地处岗下通源桥头西北2.5公里，与雅璜村隔前门山岭相邻。村庄（北纬29° 34′，东120° 33′）海拔520米。19世纪末，朱姓祖先从雅璜到此定居，因此地与雅璜有前门山岭相隔，相对于雅璜而言迁居岭外了，故取村名为岭外。丁姓祖先先于朱姓祖先从王院石三屏迁入，后俞姓从小船坞迁此定居。1984年有24户92人。现有22户70人，以朱姓居多，朱姓在此已繁衍4代，另有丁、俞、蒋姓家庭聚居。

荷花坪　位于岭外东面380米的山坡上，村庄（北纬29° 34′，东120° 33′）海拔约525米，村南有一座荷岭水库，为全乡唯一列入市水利局名册的山塘水库。据传，因村周围地形如荷花状，村庄正处于荷花中心位置，故取名荷花坪。1984年有16户74人，现有22户61人，有裘、张、沈、钱、蒋等姓氏家庭聚居。

俞　家　位于岭外西面300米的山坡上，村基（北纬29° 34′，东120° 33′）海拔约560米。二十世纪初有俞姓先人从小船坞迁此定居，到二十世纪七十年代人口最多时为3户25人，后逐渐减少。2010年后，分别移居石璜、岭外，随着2015年最后一户村民迁居岭外，俞家自然村消失，村基已还耕。

道场村

村委驻道场自然村，以驻地得名。区域面积3.13平方公里。东与新东坑村相邻，南与岗下、联丰村相连，西与联丰村接壤，北与荷岭村相接，及与雅璜乡史家培以山冈为界。1949年成立道场农会；1956年加入东坑高级社；1957年单独为道场高级社；1958年为道场生产队；1961年起为道场大队，“文化大革命”期间，曾改称向阳大队，后恢复原名。1984年1月随乡村体制改革更名为道场村。1982年全村有147户557人。2007年与岗下、荷岭、董家坑村合并组建通源村，合并时有村民140户427人。现有道场、细藤湾、东培、叠石4个自然村，分6个村民小组，村民131户351人，其中壮族、仡佬族、白族、彝族、纳西族村民9人。

道场村

道　场　地处岗下通源桥头西北约2公里的山坡上，公路路程约3公里。村庄（北纬29° 34′，东经120° 32′）海拔约450米，地势北高南低，西高东低，状如带口的勺子，主入口在村东南。村基总体坐北朝南，遥对西白山主峰，比较敞亮开阳。村后（北）是一片连绵的山坡，从西到东名称依次为：龙岗，比较平缓，其上有纱帽岩、拜相地，拜相地曾建过水库，造过大寨田，龙岗向南延伸至老虎岗，与村南的前山岗相连；羊龙坟山，长期以来封山育林最好，山林一直没有遭受破坏；目垄，似一条龙脉延伸到村庄；挂壁铜锣，一片比较陡而略开阔的山坡；小湾岗，与龙岗相对，一东一西，如圈椅的两侧护手，将村庄护围在里面；外岗头，从小湾岗再向南延伸到村口。其间的山湾分别名为上坂、大湾、小湾。小湾岗的东侧，有一个较大的山湾，称为小道场。村后耸立着两棵突兀的百年大枫树，一棵粗壮而略矮，一棵细长而略高，宛如一对夫妻；又像两支高大的蜡烛，护佑着村民世代平安延续生存。村东南有两座馒头山，分别叫海螺坟山和麦磨坟山，皆为钱氏祖先所葬的风水山。村东南入村口原有一座祠堂，村民习惯称庙，二十世纪七八十年代曾办过学校，鼎盛时期有小学一至五年级学生近百人。二十世纪九十年代，旧庙拆除建造为村大会堂。村南前山岗和村东南入口处，原分别有一大片古松，现已全部没有了。相传，晋朝道学家、炼丹家葛洪曾在西白山修道炼丹，遥见此地为风水宝地，特来分设第二道场，道场村名由此而来。清道光年间，钱氏先人从剡源迁此安家开基，至今已历10代近200年。1982年人口普查时，为74户286人。现有村民69户176人，实际常住80人左右，以钱姓为主，占总人口的80%以上，另有少数商、郭、叶、俞等其他姓氏聚居，设3个村民小组。

细藤湾 位于道场西北约500米，纱帽岩西面，与道场有一条龙岗相隔。村庄（北纬29° 34′，东经120° 32′）海拔约505米。据传，因整个山湾有许多细藤而取名细藤湾，当地村民习惯上称细头湾底。有小道过前大步岭通雅璜乡史家培村。二十世纪八十年代后期，人口最多时达20户99人。目前有村民17户47人，实际常住仅10人左右，以周姓为主，另有楼、钱、梁等姓聚居。为道场村的一个村民小组。

东　培 位于道场东偏北约700米，村庄（北纬29° 33′，东经120° 34′）坐落在高峻的雷公岩下（山顶石壁陡峭，其中有两片像刀削过一样，据传是被雷劈的，因此叫雷公岩），海拔约365米。因在道场村以东且有山岗相背，故名东培（培即由背谐音而来）。在太平天国时期，郭姓祖先从甘霖水路坂汤园小村迁至此地（汤园自然村郭姓迁自东阳郭宅），二十世纪五六十年代曾设2个生产队，1965年1月县人委批准合并为1个生产队。二十世纪八十年代后期，人口最多时达40户134人。目前有村民31户90人，常住不足50人。以郭姓为主，另有少量蒋、叶等姓氏村民聚居。村口曾有土地庙，1975年被洪水冲毁。

叠　石 位于道场东南约900米，吴家湾坑北岸，村庄（北纬29° 33′，东经120° 32′）海拔约270米。因村对面山上有两块大岩石叠在一起而得名。村庄背山面坑，房屋在狭窄地带沿坑依山而建。1982年有17户68人。现有村民14户38人，实际常住25人左右。以钱姓为主，为道场村的一个村民小组。

白石岭 位于道场自然村东约1.35公里，桃坞尖主峰西侧，村址（北纬29° 34′，东经120° 34′）海拔约415米。二十世纪六十年代前，因村背后有数株大枫树，曾名大枫树下，大枫树在1958年建水库时被砍伐作夯筑用。没有了大枫树，而岭上有许多白色石头，故而改名称白石岭。据传这里原为一个规模不小的村，村口有庙，村后有庵，有一条从岭下通往雅璜的官道穿村而过，未通公路时，为岗下、茶坊村民来往雅璜的主要道路。1982年人口普查时有郭、邱2户6人，属东培生产队。2003年最后一户郭姓人家迁移到东培建房落户，自然村消失，村基已复垦。

西天坪 位于道场东北约1公里，雷公岩东侧偏北。据传，因这个村位置高，地势比较平坦，又在近村岭外的西面，故名西天坪，道场村人习惯称高山。二十世纪五六十年代，人口最多时有6户20多人，后逐渐向道场、东培、细藤湾等村迁移。随二十世纪八十年代初，最后一户搬迁到道场村，自然村消失，村基复耕。

联丰村

村委驻新纸厂自然村。区域面积4.96平方公里。东与岗下、道场村相邻，南与松明培相连，西与诸暨以山冈为界相交，北与吴家湾和雅璜乡接壤。1949年成立爪爬形农会；1956年组成联丰高级社，寓意联合办社，年年丰收，故大队（村）亦以联丰为名。1958年为联丰生产队；1961年分别成立大坂田、爪爬形、新纸厂、细藤坑、羊角岭口五个大队；1969年初五个大队又联合组成联丰大队，1982年人口普查时为174户668人。1984年初随乡村体制改革更名为联丰村。2007年与吴家湾村合并组建吴

联丰村

联村，合并时有村民169户561人。现有新纸厂、爪爬形等11个自然村，村民482人，其中布依族、侗族、仡佬族村民4人，分8个村民小组。

新纸厂　地处岗下通源桥头西3.5公里的山谷内，公路里程4.8公里。村庄（北纬29° 33′，东经120° 31′）海拔370米，北面为吴家湾公路，西南面吴家湾坑上有一字石板桥。村西有两条山路均通向上王岭，与诸暨市界约距2公里，现有通村公路达燕窠、漆树湾等南面各自然村，有经松明培村大田湾自然村的通村公路与通诸暨的县间公路相接。据传约250年前，有蔡、华、张、金四姓来此定居，村址原系诸暨斯宅人的草纸厂，故取名为新纸厂。1981年有29户110人，现有27户81人，以蔡姓村民为多，另有华、张、金、斯等姓氏家族聚居，为联丰村的一个村民小组。

爪爬形　位于新纸厂东370米，公路里程0.6公里。吴家湾公路北侧，村西有通苦竹培、细藤坑的通村公路接入。村庄（北纬29° 33′，东经120° 31′）海拔约365米。1981年有31户130人，现有26户85人，主要为斯姓家族聚居，为联丰村的一个村民小组。

大坂田　位于新纸厂东1.1公里（村中公路桥），公路里程1.3公里。村庄（北纬29° 33′，东经120° 32′）海拔约360米，吴家湾公路、吴家湾坑均从村南侧而过。习惯上以村中公路桥为界分桥顶、桥下两个村落。桥顶村前路近坑远，桥下坑近路远并已有村民在公路南边建房，形成了路、坑穿村而过的形态，并有数座小桥连接两岸。1981年有39户160人，现有37户106人，主要有徐、沈、周、斯姓家族聚居，桥顶、桥下各为一个村民小组。

细藤坑　位于新纸厂东北1.3公里的山湾内，背靠前大步岭，与雅璜乡史家培村隔山为邻。通村公路在爪爬形村西与吴家湾公路相连，全长2.5公里。村庄（北纬29° 34′，东经120° 31′）海拔约490米。1981年有15户60人，现有13户46人，有蒋、周、励、石、相、宋等姓家庭聚居。为联丰村的一个村民小组。

苦竹培　位于新纸厂东北830米的山湾上，从爪爬形村西连接的通村公路为1.3公里。村庄（北纬

29° 34′，东经120° 31′）海拔约500米。1981年全村有11户37人，现有12户30人，有沈、孙、周、斯姓家庭聚居，为联丰村的一个村民小组。

燕　窠　位于新纸厂西1.7公里山上，通村公路里程2.6公里。村庄（北纬29° 33′，东经120° 30′）海拔约610米。村西有小路过上王岭通诸暨，距诸暨界仅0.5公里。据传，村因地形似燕窠而取名。1981年，全村有11户55人，现有9户32人，主要有俞、周、邢姓家庭聚居，与张家岗为同一个村民小组。

张家岗　位于新纸厂西1.4公里的山上，通村公路里程2.2公里，并向西北面通燕窠。村庄（北纬29° 33′，东经120° 30′）海拔约550米。1981年全村有16户60人，现有12户45人，有俞、周姓家庭聚居，俞姓为多。

羊角岭口　位于新纸厂西南1.2公里的山湾内，通村公路里程1.5公里。村口有两条通村公路分别向西北通燕窠、张家岗自然村，向西南通漆树湾自然村和松明培村的大田湾自然村。村庄（北纬29° 33′，东经120° 30′）海拔约480米。据传，在约200年前蒋氏先祖从诸暨磨石山迁此定居，至今已繁衍九代。据传，因分别从此通向张家岗到上王岭和过大田湾到姆岭的两条岭似两只羊角，故取村名为羊角岭口。1961年至1968年底，曾与张家岗、燕窠、漆树湾、桃树湾，以及现为松明培村的大田湾、湖塘山共7个自然村组成羊角岭口大队。1964年至1976年曾在此举办羊角岭口小学，以解决上述自然村村民子弟上学。1981年有2户8人，现有4户9人，为蒋姓村民居住，与漆树湾、桃树湾同为联丰村的一个村民小组。

柒树湾　位于新纸厂西南1.8公里山上，通村公路里程2.8公里。村庄（北纬29° 33′，东经120° 30′）海拔约585米。据传，因此山湾原多漆树而取村名为漆树湾，后不知何时渐渐演变成谐音柒树湾。1981年，全村有7户31人，现有10户22人，全部为蒋姓家庭聚居，家家有祖传蛇药，素有“家有大青小青，不怕千年深山蛇精”之说。

桃树湾　位于新纸厂西南1.6公里山湾上，通村公路路程为2.2公里。村庄（北纬29° 33′，东经120° 30′）海拔约530米。现有3户9人，均为蒋姓家庭村民。

上泗浒　位于新纸厂西1.1公里的山湾上，通村公路1.3公里。村庄（北纬29° 33′，东经120° 30′）海拔约505米。现有4户17人，均为蔡姓家庭村民，与新纸厂为同一村民小组。

吴家湾村

村委驻地吴家湾自然村，以驻地得名。区域面积3.27平方公里。东、南皆与联丰为邻，西以大高明庵岭与诸暨接壤，北与雅璜乡的上支头舞村以山岗分界。1949年成立吴家湾农会；1956年组织吴家湾高级农业合作社，称三尽社；1958年为吴家湾生产队；1961年为吴家湾大队，1962年初分设吴家湾、高明庵2个大队，1969年1月吴家湾、高明庵又合并为吴家湾大队。人口在1983年到达峰值，全村170户650人，随后人口逐渐下降。1984年1月因乡村体制改革更名为吴家湾村，直至2007年与联丰村合并组建吴联村，合并时有村民192户574人。现有吴家湾、高明庵、小安基3个自然村，分4个村民小组，全村540人，其中壮族、土家族、苗族村民10人。

吴家湾　位于岗下通源桥头西偏北4.2公里的山湾里，公路里程为5.4公里。600多年前，由吴、李两姓定居于此。因地处山湾，故称吴家湾。后沧桑演变，现村民已多为斯、孙两姓，已无吴姓村

吴家湾村

民但村名沿用不变。村民住宅傍山沿坑而建，村口（北纬29° 34′，东经120° 31′）海拔约425米。村前坑对面有前门山，村后有坞岗，东面有百树仙山，西面有挂钟山。从藤蒲岭翻过上王岭岗入诸暨界。上王岭古道为嵊州古代通诸暨市境的3条民间古道之一。1981年有135户508人，增至1983年后人口逐年减少，现有409人，分3个村民小组。

高明庵　位于吴家湾西北西1.25公里的山湾两侧，公路里程2公里。村庄（北纬29° 34′，东经120° 30′）海拔约600米。1981年有22户103人，后人口基本稳定，现有36户106人，由樊、吴两姓家族聚居，与小安基同为吴家湾村的一个村民小组。

小安基　曾称小庵基。位于吴家湾西北西940米，吴家湾至高明庵公路边，公路里程约1公里。村庄（北纬29° 34′，东经120° 30′）海拔约510米。现有8户25人，张、樊两姓村民聚居，为高明庵小组村民。

高岩头　位于吴家湾西北1.10公里，离吴家湾至高明庵公路有1公里机耕路。因村有很高的岩头而名。村基（北纬29° 34′，东经120° 30′）海拔约640米。1981年有村民5户15人，后逐渐减少，最后1户已于2022年初移至吴家湾自然村定居，自然村消失。

庵基后　位于吴家湾西北1.5公里、高明庵西偏北山坡上，村基（北纬29° 34′，东经120° 30′）海拔约690米。原有张姓两家居住，二十世纪六十年代初移至小安基居住，自然村消失，村基还耕。

庙背后　位于吴家湾村口庙背后。原有2兄弟居住，已于2005年搬迁到吴家湾自然村，自然村消失，村基已还耕为榧林。

松明培村

村委驻松明培自然村，村以驻地得名。区域面积4.62平方公里。东与董家坑村相邻，南与白雁坑村隔山为邻，西以珍珠尖南北向分水与诸暨市接壤，北与联丰村相交。为全球重要农业文化遗产——绍兴会稽山古香榧群核心区。1949年成立松明培农会；1956年组织五一高级社；1958年与董家坑合并为松明培（五一）生产队；1961年起单独为松明培大队，1984年1月更名松明培村。2001年被评为市级香榧特色农业村，2004年被评为绍兴市级兴林富民示范村，2005年被命名为嵊州市全面小康建设示范村，2006年被命名为绍兴市级生态村，2007年入选浙江省第二批兴林富民示范村镇，2019年入选第五批中国传统村落名录。1982年人口普查为193户775人。2007年调整行政村规模时保持不变，有238户738人。2019年7月与吴联村合并组建新的松明培村。现有松明培、南安、杨家湖、大田湾、湖塘山5个自然村，分7个村民小组。全村240户692人，其中有土家族、傣族、侗族、仡佬族、壮族、拉祜族、布依族、傈僳族、怒族村民16人。

松明培村

松明培 地处岗下通源桥头西3.8公里的山湾内，为嵊松公路尽头，离岗下公路里程为5公里，村庄（北纬29° 32′，120° 31′）海拔约453米，西南面背靠白玉尖。1000多年前，邢氏祖先从江西迁徙于此，村周竹木荫翳，故称松荫培。为象征光明，后改称松明培。村民建宅原在阴面，现向阳面拓展。是远近闻名的“榧在村中，村在榧中”的美丽村落。村口有2公顷以枫香为主的古树群，村西古有过姆岭通诸暨的步行官道，现有公路从马落岭通诸暨。松明培坑自西向东穿村而过。1981年有163户689人，现有200户577人，分6个村民小组，主要由邢、张、钱、樊、单、汤、郭、斯、黄、邱等众姓家族聚居，邢姓最多。

南　安 也称南庵，位于松明培东北355米，公路路程0.5公里。背靠牛头形山，松明培坑、嵊松公路从村北而过。村庄（北纬29° 33′，120° 31′）海拔约445米。1981年有10户35人，现有20户55人，主要有邢姓家族聚居，为松明培村第六、第七组村民。

杨家坞 位于松明培北东420米，背靠杨家坞，面朝南安，村以靠山取名。村庄（北纬29° 33′，120° 31′）海拔约450米。现有7户22人，由周、樊、钱姓家庭聚居，为松明培村第四、第六组村民。

大田湾 位于松明培西1.3公里面向联丰村的山坡上，背靠马落岭岗头，向东通松明培村公路里程3公里，向北通新纸厂村公路2公里。村庄（北纬29° 32′，东经120° 30′）海拔约610米。据汤氏族人考证，大田湾头代太公邓拔林从福建迁来，先落脚张家岗再到此定居，到第四代福全太公膝下无子，松明培单姓招富太公过继给他为子改姓邓，第五代招富太公生子邓凤林后不久去世，后松明培汤宝玉太公来此顶之（同治年间），也生一子汤庆茂，从此大田湾有了邓汤两姓，大田湾开基至今已至11代。据此推算，邓氏祖先迁居大田湾的时间应为乾隆年间。据传，因村下山湾有十多坵梯田，其中有一坵田面积比较大，这个有大田的山湾就取名大田湾，村也以此名。1961年至1968年底为羊角岭口大队，1969年初重新划归松明培大队。1981年有7户36人，现有11户35人，常驻村民不足10人，有汤、邓两姓家庭聚居，与湖塘山同为松明培的一个村民小组。

湖塘山 位于松明培西北西1.2公里面向联丰村的山坡上，背靠安家山西北面，村民分两处建房居住，村庄（北纬29° 33′，东经120° 30′）海拔约580米，向东通松明培村公路需绕行大田湾村，里程3.5公里，向北通新纸厂村公路2公里。据传，因此地地形似湖似塘，又在山上，故名湖塘山。1961年划入羊角岭口大队，1969年初重新划归松明培大队。现有5户11人，为蒋姓家庭聚居。

烂田湾 位于松明培北东1公里的山岙上，村基（北纬29° 33′，东经120° 31′）海拔约540米。是电影《永不消逝的电波》、电视剧《破晓东方》女主人公原型裘慧英的出生地。据调查，在19世纪末裘慧英父亲从雅璜到此望山，后定居繁衍子孙，人口最多时达11人。二十世纪八十年代初，第三代分别出外工作或移居松明培、南安，此处便无人居住，后村基复垦为茶园。

董家坑村

村委驻董家坑，以驻地得名。东与岗下村相邻，村东有通源乡电站，南与茶培村交界，西与白雁坑村、松明培村接壤，北以青田岗与岗下村、联丰村相连。区域面积为1.76平方公里。1949年与白雁坑合并成立白雁坑农会；1956年为白雁坑村的光明合作社，1957年单独组织董家坑高级社；1958年与松明培合并为松明培（五一）生产队；1961年起单独为董家坑大队，1984年1月随乡村体制改革更名为董家坑村。1981年，人口达到高峰54户223人，稳定几年后逐渐下降。2007年与岗下、道场、荷岭四村合并组建通源村，合并时有村民70户168人。现有董家坑、里白水2个自然村，分设2个村民小组，全村53户146人，其中土家族村民1人。

董家坑村

董家坑 地处岗下通源桥头西1.8公里，公路里程为2.5公里。松明培坑与白雁坑坑在村西北汇合向东，嵊松公路穿村而过。村庄（北纬29° 33′，东经120° 32′）海拔272米，东北面背靠青田岗。据传，250年前，姓董先祖来此定居，因有一坑流过，故取名董家坑。后沧桑演变，虽已无董姓村民但村名沿用不变。1981年，有村民45户195人，现有51户139人，有钱、谢、樊、周、黄、邱等姓家族聚居。

里白水 位于董家坑自然村东面800米松明培坑东北岸，嵊松公路对面，西侧有长石廊。村庄（北纬29° 33′，东经120° 33′）海拔约240米。据传，因村东（习惯称村外面即现在乡电站外面穿山出口处）有一个外白水（对应上白水亦称下白水），故取村名里白水。1981年有3户6人，现有2户7人，为黄姓村民聚居。

青田岗 位于董家坑自然村东北500米的青田岗西南坡山上，村因山而名。村基（北纬29° 33′，东经120° 33′）海拔约538米，1981年有2户6人，二十世纪九十年代末已搬迁到里白水居住，自然村消失，村基复耕为茶园。

上箬坑 位于董家坑自然村东北380米山坡上，山上小坑因边上有许多箭竹粽箬而称上箬坑，村也因此而名。上箬坑台门遗址（北纬29° 33′，东经120° 33′）海拔约407米。1976年有6户村民，因当年8月下旬火灾后逐渐移居董家坑自然村。随着最后一位老人于2000年前后迁到诸暨儿子家居住后，上箬坑自然村就无人居住自然消失，村基复耕为茶园。

白雁坑村

村委驻地白雁坑自然村，以驻地得名。位于绍兴市第一峰西白山主峰北侧山腰，区域面积6.03平方公里，为全乡13个村中区域面积最大、自然村数最多的村。东面在黄茶坞东侧山岗到冷坞东侧与茶培村、董家坑村交界，南面从耙齿岩过西白山主峰到尖山头与长乐镇小昆村相连，西面从七斗湾过大风田峧到耙齿岩与长乐镇油竹潭村接壤，北面与松明培村隔山为邻。1949年与董家坑合并成立

白雁坑村

白雁坑农会；1956年成立恒悦、日升、复兴、新勇、光明等初级农业生产合作社，1957年升高级社；1958年为白雁坑生产队；1961年为白雁坑大队；1962年初分别成立白雁坑、分水岗、冷坞、油罗山、油竹山、石板坑六个大队；1965年2月县人委批准这六个大队又合并为白雁坑大队，1984年1月更名白雁坑村。后历经2007年、2019年两次全市性行政村区域调整，白雁坑村仍保持原状不变。1982年人口普查全村233户834人，2007年270户786人。现由白雁坑、分水岗、冷坞、油罗山、油竹山、石板坑等12个大小自然村村落组成，分8个村民小组，共有村民251户769人，其中有彝族、布依族、苗族、壮族、土家族等少数民族村民10人。为全球重要农业文化遗产——绍兴会稽山古香榧群核心区、全国首个地质文化村、首批AAA级地质文化村、全国生态文化村、第一批国家森林乡村、浙江省历史文化村、浙江省休闲旅游示范村、浙江省美丽宜居示范村、浙江省美丽乡村特色精品村、浙江省生态文化基地、浙江省AAA级景区村、浙江省民宿集聚村、浙江省卫生村、浙江省避暑气候胜地、浙江省文物保护单位——绍兴会稽山古香榧种植园、绍兴市农家乐特色村、绍兴市十佳休闲旅游村、绍兴市第二批职工疗休养基地、绍兴市十佳农村科普示范基地。

白雁坑　地处岗下通源桥头西南4公里，西白山北侧金鸡头山下，村庄（北纬29° 32′，东经120° 32′）海拔约545米，岗下到白雁坑村公路里程为5公里。据《白雁坑村志》记载，在清康熙十五年（1676），钱氏已成剡西望族，钱氏聚居地瑠田已不能满足众多子孙需求，故该族第二十七世孙盛茂公从瑠田迁入白雁坑定居，为白雁坑村第一始迁祖，至今已历十一代340多年。后又有邱姓、商姓先后迁入。现为钱、邱、商三姓家族聚居，钱姓为主。1962年初至1965年初，曾与庙湾、水竹棚组建白雁坑大队。1981年，有58户241人，现有64户168人，分2个村民小组。

油竹山　地处白雁坑南偏西750米，离白雁坑公路路程为2.1公里，南面背靠西白山主峰，北面与分水岗相对。村庄海拔约700米。据《白雁坑村志》记载，在清乾隆五十一年（1786），洪氏第四十一世德华公从安徽潜山因岁饥荒迁来油竹山村，为油竹山村的迁始祖。至今已历十世230多年。1962年初至1965年初，曾与流落岩组建油竹山大队。1981年有27户103人，现有28户100人，主要为洪姓家族聚居，为白雁坑村的一个村民小组。

流落岩（磊陇岩）　位于白雁坑西南南535米，离白雁坑公路路程为1.1公里，村庄海拔约630米。现有2户7人，为洪姓家庭村民居住，为油竹山村民小组村民。

分水岗　地处白雁坑西南720米，离白雁坑公路里程1.5公里，村庄海拔660米。北面背靠大平岗，南面正对西白山主峰。据《白雁坑村志》记载，于清乾隆二十一年（1756），由诸暨斯宅望族坑口分支的斯姓第二十八世祖端十五公（讳宗相，字舜佐）率五子迁来分水岗定居，至今已经历八世260多年。1928年蒋姓迁入。二十世纪五十年代开始，有上分水岗的马姓家庭迁入，其最后两户也在二十世纪八十年代迁入。1962年初至1965年初，曾与上分水岗、外山组建分水岗大队。1981年有49户202人，现有村民71户194人，主要有斯、马、蒋姓家族聚居，为白雁坑村的2个村民小组。

外　山　位于白雁坑西偏南550米，离白雁坑通村公路1.2公里，村庄海拔666米。现有1户邱姓家庭共3人，为分水岗一组村民。

水竹棚　位于白雁坑西南365米，离白雁坑公路里程0.7公里，村庄海拔580米，现有6户15人，为钱姓村民聚居，为白雁坑村第四小组村民。

庙　湾　位于白雁坑东北360米，离白雁坑公路里程0.5公里，村庄海拔530米，现有5户13人，为钱姓村民聚居，为白雁坑村第五小组村民。

油罗山 地处白雁坑东北650米，离白雁坑公路路程为1.0公里，在白雁坑坑的北侧，白岩塔西侧，村庄海拔约450米。为1950年通源建乡后乡政府临时驻地。据《白雁坑村志》记载，经考证在清乾隆八年（1743），东阳巍山茶园金氏柏杯公二十八世孙为思公，因为父母坟地与村人发生纠纷愤而出走，游历至此，见此地可生计遂不思返祖基而定居，为油罗山第一始迁祖，至今已历十代近280年。金氏太公为思公因连娶两妻无子，老年续娶高坎头一邢姓富户死后被原配逐出的小妾王氏，晚年得子取名奇晃，而王氏所带邢姓儿子成了油罗山邢氏始祖。1962年初至1965年初，曾与羊角山组建油罗山大队。1981年有28户113人，现有29户115人，为金、邢两姓家族聚居，为白雁坑村的一个村民小组。

羊角山 位于白雁坑东北750米，离白雁坑公路路程为1.0公里，在白雁坑坑南侧。村庄海拔约450米。现有2户金姓家庭共5人，为油罗山村民小组村民。

冷　坞 地处白雁坑东北1.1公里，离白雁坑公路路程为1.5公里，在白雁坑坑的南侧，西北面正对白岩塔，村庄海拔约400米，为白雁坑村海拔最低的自然村。据《白雁坑村志》记载，清康熙三十九年（1700），邱氏九十二世邱士望（字世俊）携妻华氏及三个儿子从福建宗源杉树下迁来冷坞开基，仍承祖业用竹造纸。至今已历九代320年。邱姓家族壮大后有部分移居白雁坑自然村。1962年初至1965年初曾单独为一个大队。1981年有23户97人，现有29户90人，为邱姓家族聚居，为白雁坑村的一个村民小组。

石板坑 地处白雁坑东略偏北1.1公里，离白雁坑通村公路1.9公里，在尖山头主峰的北面，村庄海拔785米，是绍兴市海拔最高的自然村。据《白雁坑村志》记载，沈氏家族始祖为沈立丰。沈立丰由其伯父从慈溪鸣鹤带来剡西，先在石璜、山口药店学徒，后娶石板坑邓姓之女为妻，并在山口经营从原东家处转来的药店。1862年，药店被焚烧殆尽，所有心血化为灰烬，时邓姓两老无人照管，于是沈立丰公夫妻回到石板坑定居为沈氏始祖。1962年初至1965年初，曾与黄茶坞组建一个大队。1981年有20户71人，现有17户52人，有沈氏家族聚居，为白雁坑村的一个村民小组。

黄茶坞 位于白雁坑东北东1.4公里，石板坑村东北面，离白雁坑通村公路2.1公里，村庄海拔约755米。现有5户13人，为沈姓村民聚居，为石板坑村民小组村民。

上分水岗 地处白雁坑西南900米，村基海拔700米在大平岗南侧，南偏东面正对西白山主峰。据《白雁坑村志》记载，在清同治三年（1864），从东阳县南马区千祥的（上下）江塘马成岳携弟逃到上分水岗一望山厂里，因见此地尚可生计遂无返乡之意，自为迁始祖，该族至今已历七代。1981年有2户8人，为分水岗生产队社员，于二十世纪八十年代全部迁居分水岗村，该自然村消失，原村基已经复耕。

茶培村

村委驻茶培自然村，村以驻地得名。曾名三村。区域面积2.53平方公里。东与里大坑村相邻，南与三王堂村相连，西与白雁坑相交，北与岗下村、董家坑村接壤。1949年成立西山三农会；1957年组织茶培高级社；1958年为茶培生产队；1961年起为茶培大队，1984年更名为茶培村。2007年与三王堂村、里大坑村合并组建西三村。1982年人口最多为115户402人，2007年合并时有村民136户342人。现有茶培、紫竹、川湾、白柴湾等7个自然村，分6个村民小组，全村136户300人。

茶培村

茶　培　地处岗下通源桥头南偏西2.15公里，茶培大湾中部，西白山主峰东北侧山腰，尖山主峰（村民称延芋头）北面，村庄（北纬29° 32′，东经120° 33′）海拔555米。从岗下过山口的公路里程23公里，过白雁坑的公路里程10公里，过上白水步行路程为2.5公里。据紫竹村《徐氏宗谱》记载，清雍正年间，就有茶培其名。因这里适宜培植茶叶，并盛产茶叶，故名为茶培。1981年有22户79人，现有16户50人，分2个村民小组，主要为张，王、刘、应、钱等姓氏村民聚居。

川　湾　位于茶培村西北250米，村庄（北纬29° 32′，东经120° 33′）海拔约560米。二十世纪五十年代初，有一户张姓村民先从八垭田迁来此处定居，后逐步发展壮大。因村前山湾流水不易积蓄，如洞穿即流，故取名川湾，也叫串湾。现有20户60人，由张、王、刘三姓聚居，为茶培自然村2个村民小组的村民。

坟山岗　位于茶培村东偏南420米，村庄（北纬29° 32′，东经120° 33′）海拔610米。约100年前，刘姓人家从火锹柄自然村搬迁到此定居，因此山岗多有坟墓，故名之。二十世纪七十年代人多时有4户16人，后年轻人逐渐外迁，有2户搬到川湾自然村。现有2户3人，为茶培自然村村民小组村民。

茶家坂　位于茶培东北400米，村址（北纬29° 32′，东经120° 33′）海拔525米。约200年前，应姓上代从仙居迁此处定居。因此地坂称茶家坂而取村名。二十世纪六十年代，张姓人家从八垭田自然村迁此建房安居。1981年有4户22人，二十世纪九十年代后人口逐渐减少，现有村民4户10人，有应、张两姓家庭聚居，为茶培村民小组村民。

紫　竹　位于茶培西北980米，紫竹岗头（海拔610米）东南面，村庄（北纬29° 33′，东经120° 33′）海拔约570米。据《徐氏宗谱》记载，于清乾隆年间，第十四世徐林照从嵊县三十三都下园（即今谷来镇竹溪村下园）迁此安居，为紫竹村始祖。因此地盛产紫竹，村后的山岗称紫竹岗头，建村后就称紫竹村。1981年有36户141人，现有52户121人，以徐姓为主，另有一户邱姓人家，为茶培村的2个村民小组。

白柴湾　位于茶培东北700米，村址（北纬29° 33′，东经120° 33′）海拔510米。二十世纪二十年代，一户张姓村民从八垣田迁此建屋定居，后因繁衍和村民聚迁，村庄逐渐扩大。据传，因早年做燥茶需用木柴（俗称白柴）烧，附近村民多在此山湾斫树做白柴，此山湾就称白柴湾，建村后以此地名取名。1981年有7户81人，现有28户60人，由多数张姓，少数钱姓村民聚居，为茶培村的一个村民小组。

上白水 位于茶培北930米，挂钟山的东面，村庄（北纬29° 33′，东经120° 33′）海拔约350米。约200年前钱姓上代从剡源瑠田村迁至此安家，因紫竹坑、茶培坑在此村口汇合，下游不远处叫岩门口的地方（海拔约315米）有一瀑布，远观如白布挂前川，且瀑布上下游各有一个小自然村，在上游的就称上白水村。100多年前，又有王姓人家从茶坊村迁此定居。1981年有12户39人，从二十世纪九十年代始人口逐渐减少，现有8户13人，平时常住仅2人，为茶培村的一个村民小组，由钱、王两姓家庭聚居。

象　鼻 位于茶培北东1.1公里，村址（北纬29° 33′，东经120° 34′）海拔470米。约100年前，剡源瑠田钱姓人家来此为大户人家守坟（神主）定居，因地形长龙岗向下延伸，到此形如象鼻，故叫象鼻村。1981年有4户15人，钱、张两姓聚居。二十世纪七十年代先后搬迁到白柴湾建房定居，此地便无村民居住。现留有张家老宅，有一家定风坡草堂农庄。

八垣田 位于茶培北偏东500米，村址（北纬29° 33′，东经120° 33′）海拔420米。约150年前，张姓上代从东阳迁到此地定居，因此地田坂称八垣田，村也以此名之。二十世纪七十年代有5户20多人，后逐渐迁到茶培自然村和白柴湾自然村。到2007年全部搬迁，自然村消失，村基还耕为茶园、榧园。

庵基山 位于茶培西北630米，村基（北纬29° 33′，东经120° 33′）海拔615米。约120年前，一户徐姓村民在此定居。二十世纪八十年代，有3户15人。2015年，随最后一户搬迁到紫竹自然村定居，该自然村消失，村基复耕为茶山。

三王堂村

村委驻三王堂自然村，村以驻地得名。曾名常红大队。区域面积2.58平方公里。东与长乐镇白

三王堂村

术园、葛英村相邻，南以山岗与长乐镇分界，西与长乐镇、茶培村相连，北与茶培村、里大坑村接壤。1949年加入西山农会；1956年单独组织合心高级社；1958年为三王堂生产队；1961年起为三王堂大队，1969年上西坑自里大坑大队划入。1982年人口普查有129户503人。1984年1月更名三王堂村。2007年与里大坑、茶培村合并组建西三村，合并时有村民168户435人。现有三王堂、淡竹岗、上西坑等5个自然村，分4个村民小组，全村150户450人，其中苗族村民1人。为省无公害农产品基地，无公害茶叶基地。

三王堂　地处岗下通源桥头南2.85公里，西白山主峰东北侧山腰，南有刀峰岩。从岗下过白水步行路程约5公里，公路过山口村里程22公里，距白雁坑村公路约7公里。村庄（北纬29° 32′，东经120° 33′）海拔610米，村中有三王堂坑流过。站在村东大坪岗，嵊州市区尽收眼底。据《操氏宗谱》记载，清乾隆年间已名三王堂。操氏于1876年从安徽潜山县迁入，至今已繁衍8代。相传嵊县有南山、北山、西山，三山之中以西山高大为魁。因村子处于西山之东北，北属子向，子乃十二宫中之首，即王也，故称为三王堂。1981年有57户，219人。现有86户209人，由操、钱、周、林、储姓家族聚居，分2个村民小组。

淡竹岗　位于三王堂自然村西略北850米的山岗上，离三王堂公路里程1公里。村庄（北纬29° 32′，东经120° 33′）海拔约650米。为通源吕氏主要集中地。据吕氏宗谱记载，其先祖系宋大宗朝参知政事吕端之后，吕端五世孙吕亿，扈驾南渡，高宗朝荫授大理寺评事，葬父骨于新昌磕下，配袁氏女而定居磕下，由是成族。第二十五世小潮，于清乾隆年间分迁至嵊县西白山麓淡竹岗。据传，因此山岗多产淡竹而取村名淡竹岗。随后，又先后有洪、徐、樊、王、陈、钱姓家庭迁入。1981年有10户45人，现有34户106人，为三王堂村的一个村民小组。

双　浪　位于三王堂自然村西略偏南840米，离三王堂通村公路路程1.5公里。村庄（北纬29° 32′，东经120° 34′）海拔约680米。据《操氏宗谱》记载，1876年洪氏祖先从安徽潜山县因灾荒迁此安居，因有鸡冠山和石浪两支水流在村前交汇，发洪水时会激起两个浪头故取名双浪。1981年有3户17人，现有3户7人，由洪姓家庭村民居住，至今已繁衍六代。与淡竹岗村为同一个村民小组。现建有一座三王堂村民饮用水供水站。

团浪墩　位于三王堂自然村西偏南680米，通村公路路程1公里。村庄（北纬29° 32′，东经120° 34′）海拔约660米。据传，徐姓祖先清光绪二十九年（1903）前后迁此安居，因地形似一个团浪墩而取名。二十世纪七十年代有3户16人，现有3户8人，已繁衍五代。与淡竹岗为同一个村民小组。

董埠坑　位于三王堂村西630米，通村公路路程0.8公里。村庄（北纬29° 32′，东经120° 34′）海拔约620米。据传，乾隆年间储姓三兄弟迁到太平乡女彩湾，过了三年其中一位兄弟移迁三王堂，后生了两兄弟。1925年前后，其中一对夫妻俩再迁移到董埠坑。因这里是淡竹岗走出来的第一个大坑水埠头，夫妻戏称这是董郎的第一个移址，就取名董埠坑。1981年，有6户21人，现有6户12人，储姓家族在此已繁衍5代。与淡竹岗为同一个村民小组。

上西坑　位于三王堂自然村东北东730米，离三王堂通村公路路程约2公里。村庄（北纬29° 32′，东经120° 34′）海拔约540米。据《戴氏宗谱》记载，清康熙五十年（1711），戴氏第64代祖戴允武的次子戴国佐、幼子戴国表从诸暨枫桥迁来，弟戴国表在此落户，后戴国佐子孙也从里大坑分迁至此。当时，因此坑周围山上多有野兽故取名兽坑。随着人口的增加，分别在兽坑边的上下两个相对平坦的地段形成了两个村落，分别称上、下兽坑。且随着人类活动的频繁，因兽类减少，风景秀丽逐更名为上、下秀坑。后又因当时为剡源乡，在上、下秀坑的东面有个西坑村，遂将上、下秀坑改名为上、下西坑。上西坑于1969年初从里大坑大队划归三王堂大队。1981年有32户120人，现有32户101人，主要有戴氏家族聚居，另各有一户过、吕姓村民，为三王堂村的一个村民小组。

三角坵 位于三王堂自然村西偏北300米，在至董埠坑自然村通村公路下方300米处。村庄（北纬29° 32′，东经120° 34′）海拔约550米。19世纪末，钱氏三十三世荣成公从瑠田村迁此安居，以此田坂叫三角坵为村名。二十世纪七十年代末，有3户12人，1987年均迁居三王堂，自然村消失。二十世纪七十年代初至二十世纪九十年代末，此地建有三王堂村小水电站。2003年村基已还耕为茶园。

里大坑村

村委驻里大坑自然村。区域面积2.47平方公里。东以骆家年山与长乐镇的剡源水库和西坑村、冷畏村相邻，南与三王堂相连，西与茶培村相交，北与茶坊村接壤。1949年与三王堂等村联合成立西山农会；1956年组建初级社（三王堂单独建合心社），1957年由里大坑上村、里大坑下村、上西坑、下西坑、高塘组成五联高级社；1958年为二村生产队（五联生产队）；1961年分别成立里大坑上村、里大坑下村、上西坑、下西坑、高塘五个大队；1969年初上西坑划归三王堂，其余4个大队合并成立胜联大队。1981年因属重名，县政府发文以驻地更名为里大坑大队。1982年，人口普查有149户503人。1984年1月，因乡村体制改革更名为里大坑村。2007年，与三王堂、茶培3个村合并组建西三村，合并时有158户462人。现有里大坑、小湾、高塘、下西坑4个自然村，分6个村民小组，全村157户466人，其中壮族、土家族村民3人。

里大坑村

里大坑 地处岗下通源桥头东南1.8公里，剡源水库西面、西白山主峰东北侧山腰，离嵊松公路剡源水库大坝公路路程约4公里。村口（北纬29° 32′，东经120° 34′）海拔约355米。据《戴氏宗谱》记载，清康熙五十年（1711），戴氏64代孙诸暨的戴允武之二儿子国佐公携弟国表从诸暨枫桥避难徙此，见此清泉沃壤，山明水秀，就在大坑边定居，又因地处山里山，故名里大坑。戴国佐为里大坑戴氏始祖，历经300多年已繁衍了11代，后有子孙分迁上西坑、下西坑。弟国表居上西坑。里大坑自然村早年分上厂、下厂，后为上村、下村，现已融合为一村，分三个村民小组。1981年，有75户，277人，现为78户265人，主要为戴氏家族聚居，只有一户钱姓村民。

小　湾　位于里大坑西偏北250米，通村公路路程约0.6公里。村庄（北纬29° 32′，东经120° 34′）海拔约380米。据《钱氏宗谱》（小湾房谱）记载，1858年出生的钱氏第三十世代传人钱登祥，成年后带钱门女士安人双双从瑠田村移居小湾里造屋落户成家，后子孙满堂，至今已繁衍到第三十六世。现有6户12人，钱氏家族聚居，为里大坑村民小组村民。

高　塘　位于里大坑西略偏北590米处，通村公路路程约1.5公旦，村口（北纬29° 32′，东经120° 34′）海拔约475米。据刘氏族人考证，320多年前，太平石硔的刘姓锡匠刘永寿（生于清顺治十七年即1660年）沿村叫卖路过此地，见此地高山流水，风景秀丽，土地肥沃，宜于生活，就迁来此地安居，为高塘迁始祖。于康熙四十五年（1706）生一子刘光考，就此生生不息。因此地三面环山，村口一方树林似塘塍之形，又位于高山故取村名为高塘。刘姓至今已繁衍了12代至昌字辈。1981年有27户105人，二十世纪八十年代人口最旺时达40户147人，二十一世纪初有火锨柄自然村的2户刘姓和火炉圈自然村的2户钱姓村民迁入。现有43户115人，为里大坑村的两个村民小组，以刘姓居多，与钱、戴、徐姓等家族聚居。

下西坑　位于里大坑东南南760米，通村公路路程约1.5公里，在飞凤山岗北侧偏东，村口（北纬29° 32′，东经120° 34′）海拔约360米。1981年有19户73人，二十世纪八十年代人口多时达30户101人，现有30户73人，以戴氏为主家族聚居，为里大坑村的一个村民小组。

沿步石　位于里大坑东偏南975米，离下西坑机耕路路程约1公里，邻近剡源交界。二十世纪八十年代有4户21人，为下西坑村民小组村民，后人员减少，2户搬迁到下西坑自然村，现有1户保留住房（平时住石璜）。

火锨柄　位于里大坑西偏南750米，离高塘机耕路路程约0.7公里，村基（北纬29° 32′，东经120° 33′）海拔约550米。1981年有5户14人，随着二十一世纪初最后2户搬迁到高塘定居后便无人居住，自然村消失，目前仍留有4幢旧民房。1974年9月在此开办了西山中学（1974年9月至1975年7月初一班借用高塘队屋作教室），设初一初二2个班，解决里大坑、三王堂、茶培三个大队社员子女的初中教育，到1982年7月停办。西山中学旧校舍已在2003年随“退宅还耕”项目实施而拆除，现为茶园。

火炉圈　在里大坑的西南800米，离高塘机耕路路程约1.2公里。随2003年2户钱氏村民移居高塘后便无人居住，自然村消失，村基已还耕建成茶园。

张落山　位于里大坑东略偏南910米，离下西坑公路路程约1.2公里，下西坑坑在村下汇入里大坑坑。2002年，2户戴姓村民迁到里大坑后已无人居住，自然村消失，现留有小屋一幢，其他已退宅还耕。

1985年通源公社各大队基本情况表

表6

序　号	大队名称	自然村数（个）	总户数（户）	总人口（人）	耕地面积（亩）	其中水田（亩）	茶园面积（亩）	山林面积（亩）
1	岗　下	4	175	562	268	178	235	2612
2	茶　坊	3	120	449	213	187	122	1887
3	新东坑	10	179	629	296	187	300	5678
4	道　场	4	147	557	293	203	161	2811
5	联　丰	9	174	668	254	168	366	3773
6	吴家湾	3	163	626	303	212	193	4854
7	松明培	4	193	775	420	175	177	5264
8	董家坑	3	54	223	92	49	65	1606
9	白雁坑	7	233	834	365	225	260	6107
10	茶　培	6	115	402	135	92	220	2023
11	三王堂	4	129	503	258	212	374	2860
12	里大坑	4	149	503	320	256	265	2276
合　计		61	1831	6731	3217	2144	2738	41751

说明：1.表中山林面积采用县林业局1976年山林资源普查资料，户数、人口数采用1982年人口普查资料，耕地、水田、茶园面积均为1982年底数据。2.荷岭村1984年12月从新东坑村划出荷花坪、岭外2个自然村设立，本表未单独列出。3.数据均源于1985年版《嵊县地名志》。

1985年通源公社各大队自然村简表

表7

序　号	大队名称	自然村数（个）	自然村村名
1	岗　下	4	岗下、岭下、冷湾、牛头颈
2	茶　坊	3	茶坊、大水坑、大畚斗
3	新东坑	10	新东坑、小王青岭、大王青岭、张炭头、鸡舍岭、猪干娘、箭箬岭、三角湾、岭外、荷花坪
4	道　场	4	道场、细藤湾、东培、叠石
5	联　丰	9	新纸厂、爪爬形、大坂田、羊角岭口、张家岗、漆树湾、苦竹培、燕窠、细藤坑
6	吴家湾	3	吴家湾、高明庵、高岩头
7	松明培	4	松明培、大田湾、烂田湾、南庵
8	董家坑	3	董家坑、里白水、青田岗
9	白雁坑	7	白雁坑、油罗山、冷坞、分水岗、上分水岗、下油竹山、石板坑
10	茶　培	6	茶培、紫竹、上白水、茶家坂、白柴湾、象鼻
11	三王堂	4	三王堂、淡竹岗、上西坑、双浪
12	里大坑	4	里大坑、下西坑、高塘、火锹柄

说明：1.荷岭村1984年12月从新东坑析出荷花坪、岭外2个自然村而立，本表未单独列出。2.1985版《嵊县地名志》列出通源公社自然村61个。

2019年通源乡行政村自然村简表

表8

序　号	行政村名	村民小组（个）	现存自然村数（个）	现存自然村村名	已消失的自然村村名
1	岗　下	8	2	岗下、岭下	牛头颈、冷湾、外白水
2	茶　坊	6	1	茶坊	大水坑、上大畚斗、下大畚斗
3	新东坑	6	8	新东坑、小王青岭、大王青岭、张炭头、鸡舍岭、箭箬岭、道地坪、水打坞	猪干娘、枫树湾、井头湾、三角湾
4	荷　岭	1	2	岭外、荷花坪	俞家
5	道　场	6	4	道场、细藤湾、东培、叠石	白石岭、西天坪
6	联　丰	8	11	新纸厂、爪爬形、大坂田、苦竹培、细藤坑、羊角岭口、张家岗、燕窠、漆树湾、桃树湾、上泗浒	—
7	吴家湾	4	3	吴家湾、高明庵、小庵基	高岩头、庵基后、庙背后
8	松明培	7	5	松明培、南庵、杨家坞、大田湾、湖塘山	烂田湾
9	董家坑	2	2	董家坑、里白水	青田岗、上箬坑
10	白雁坑	7	12	白雁坑、庙湾、水竹棚、油竹山、磊陇岩、分水岗、外山、油罗山、羊角山、冷坞、石板坑、黄茶坞	上分水岗
11	茶　培	6	7	茶培、紫竹、川湾、上白水、茶家坂、白柴湾、坟山岗、	象鼻、八垤田、庵基山
12	三王堂	4	6	三王堂、上西坑、淡竹岗、双浪、团浪墩、董埠坑	三角垤
13	里大坑	6	5	里大坑、小湾、高塘、下西坑、沿步石	张落山、火锨柄、火炉圈

说明：行政村这里按13个列。现存自然村指2019年通源乡撤销时仍有人居住的自然村，包括有1户平时不住但住房还在的自然村。

第二编

地 理

第一章　自然环境

通源位于嵊州西部西白山区，整体地形呈西南向东北倾斜之势，高山峡谷遍布，地质遗迹众多，群峰竞秀，千姿百态，众溪欢歌，百折东流。地势落差大，50%以上的面积在海拔500米以上，人称嵊州的西部高原。嵊州名山西白山、白玉尖分别为通源与长乐、嵊州与诸暨的界山。小气候分布明显，没有酷暑，却有严寒，形成了独特的山区景观。

第一节　地　质

一、地质概况

地　层　通源乡地处江山—绍兴对接带大地构造单元，属浙东南地层分区，主要出露早白垩世地层，为河湖相碎屑岩及火碎屑岩沉积，总体倾向南东，自下而上分为大爽组（K1d）空落相流纹质含晶屑玻屑凝灰岩夹喷溢相流纹岩及喷发沉积相凝灰质粉砂岩、砂岩；高坞组（K1g）碎屑流相流纹质晶屑玻屑熔结凝灰岩、流纹质晶屑熔结凝灰岩；西山头组（K1x）碎屑流相流纹质（含角砾）含晶屑玻屑熔结凝灰岩夹英安质玻屑凝灰岩及凝灰质砂岩、粉砂岩。与雅璜乡谢家交界处有少量茶湾组（K1c）砾岩、凝灰质细砂岩与粉砂岩互层、含角砾沉凝灰岩夹细砂岩或泥岩出露。通源地区地层简表如下：

通源地区地层简表

表9

系	统	组	段	代　号	描　述	厚度（米）
白垩系	下统	西山头组	三段	K^1x_3	流纹质含角砾晶玻屑熔结凝灰岩，含紫红色凝灰质砂岩夹层	>219
			二段	K^1x_2	流纹质（含角砾）晶玻屑熔结凝灰岩	427
			一段	K^1x_1	上部流纹质晶玻屑熔结凝灰岩，局部含少量集块角砾，底部为浅紫色沉凝灰岩	1067

续表9

系	统	组	段	代号	描述	厚度（米）
白垩系	下统	高坞组	三段	K^1g_3	英安质含角砾晶玻屑熔结凝灰岩以及紫红色凝灰质砂岩	470
			二段	K^1g_2	流纹质含角砾晶玻屑熔结凝灰岩、英安（流纹）质晶玻屑熔结凝灰岩	580
			一段	K^1g_1	流纹质晶玻屑熔结凝灰岩，局部含集块	200
		大爽组	三段	K^1d_3	英安质含角砾晶玻屑熔结凝灰岩以及紫红色凝灰质砂岩	435
			二段	K^1d_2	流纹质晶玻屑熔结凝灰岩和流纹质玻屑熔结凝灰岩，局部夹流纹岩	820
			一段	K^1d_1	流纹（英安）质玻屑、晶玻屑熔结凝灰岩为主，局部岩块中含角砾和集块	310

构　造　通源地区构造以断层和节理为主，断裂的展布方向有北东向、北东东向两组。北东向断裂形成时间较早，分布于松明培—董家坑一带，是重要的控矿构造；北东东向断层贯穿通源乡，即从通源乡白雁坑村与长乐镇油竹潭村接壤的大风田峧向东北从白雁坑村西侧通过，经油罗山村东、董家坑村、岭下、箭箬岭，持续延伸到新东坑村与雅璜乡泥鳅湾接壤处出境，全长7.8公里，断层带宽度在1—6米，分水岗一带倾向300°，倾角45°，断层内充填霏细岩脉；董家坑一带倾向150°，倾角50°，断层内充填构造角砾岩，断层大致控制本区地层呈北东向展布。

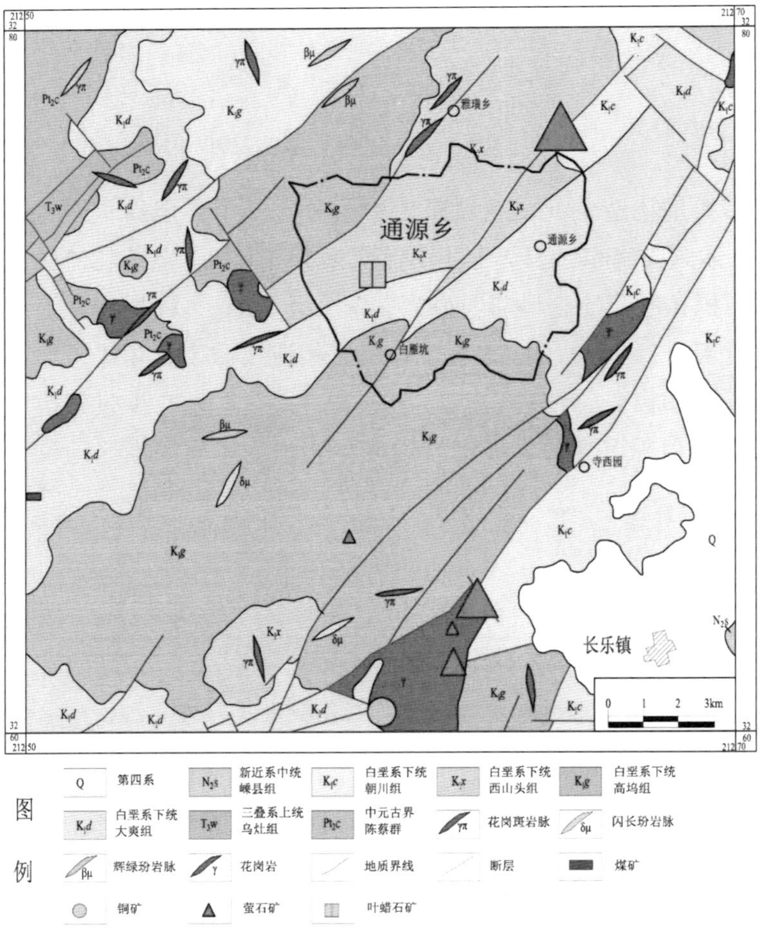

图1　通源乡区域地质及矿产图

岩浆岩　通源乡未见岩体出露，仅在白雁坑村分布北东向霏细岩脉，松明培村南东侧小山沟内有一段辉绿岩脉。

霏细岩脉　位于白雁坑村南西侧，充填于北东向断层内，宽约6米，灰白色，风化后呈黄褐色，霏细结构，块状构造，轻微高岭土化。

辉绿岩脉　位于松明培村南东侧，宽0.8米左右，灰黑色，辉绿结构，块状构造，主要由辉石和基性长石组成，地表可见延伸约5米。

二、地质发展

Ⅰ：古陆抬升（晋宁期）；Ⅱ：火山喷发（燕山期）；Ⅲ：火山岩地层断层、节理发育（喜山期）；Ⅳ：形成目前的地貌。

距今8亿—5亿年间（加里东期），华夏古陆与浙西扬子准地台合并成统一的地台。通源地区岩浆活动不发育，陈蔡岩群受到裂陷槽整体隆起的影响而叠加变质，局部因断层作用形成混合岩化。后加里东阶段，构造活动相对稳定，为缓慢的长期隆起剥蚀区，仅在局部低洼地区有堆积。

距今约2.2亿年（印支运动晚期），通源地区进入大陆边缘活动阶段，区域性基底断层的复合，控制着区内火山作用、岩浆侵入以及盆地沉积作用的发生，形成了北东向、北北东向构造带。

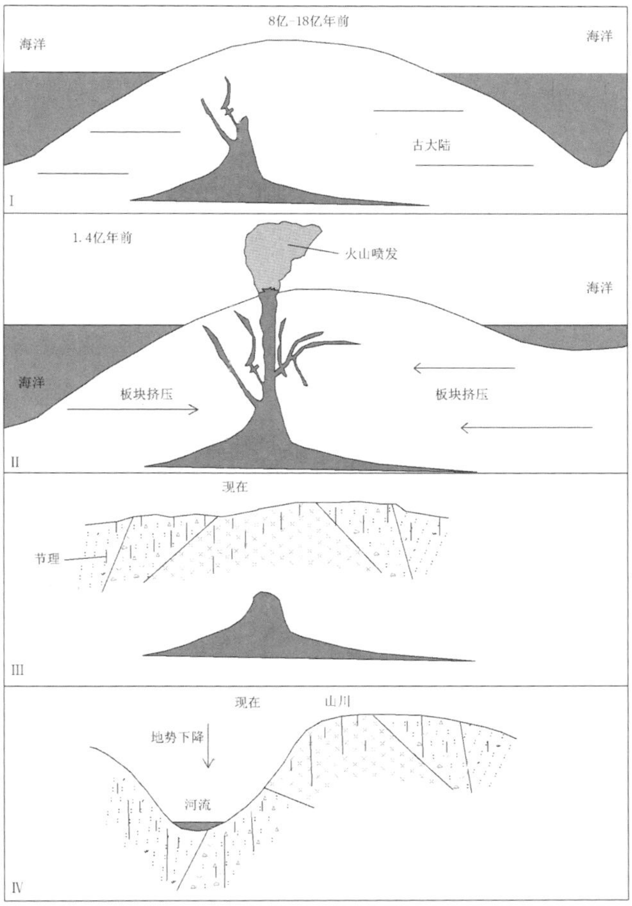

图2　地史演化示意图

距今约1.4亿年（燕山运动晚期），通源地区处于北西—南东向强烈挤压体制中，板块活动以南东向北西逆冲为主，断层方位以北东向占优势。此时大陆边缘火山活动席卷浙东地区，岩浆活动达到了全盛时期，形成了巨厚的陆缘型火山岩浆建造。这一时期的岩浆活动主要受基底北东向构造控制。通源地区火山喷发经历了大爽期—高坞期—西山头期火山活动由弱到强的旋回。该时期的地壳运动，开始是南北向挤压，后来转为扭力，原已存在的北东向断层再度复活，同时，由于扭力的不断加强，开始出现北北东向的构造形迹（丽水—余姚深断层），从早白垩世到晚白垩世，北北东向构造逐渐发育，趋于明显，并在此构造影响下出现许多狭长的内陆盆地。

距今约6500万年（喜马拉雅运动时期），大规模的块断活动趋于收敛，代之以广泛的振荡运动及块断式区域升降。新近纪由于地幔上隆，导致地壳变薄而出现引张，在遭受剥蚀和堆积的同时，深断层的发展和活动导致幔源型火山岩浆的喷溢。在嵊州市境内，有多处玄武岩火山口，同时气候温暖多雨，河流侵蚀强烈，河谷两侧形成了多级剥夷面和阶地。此后经历第四系的抬升剥蚀，周边山体侵蚀加剧，形成了“V”字形的沟壑峡谷地貌。

喜马拉雅运动是白雁坑崩塌活动的原动力。

三、地质文化村

2013年至2016年，中国地质调查局地质环境监测院依托全国重要地质遗迹调查项目，部署实施了华东地区重要地质遗迹调查，调查发现通源乡白雁坑村及周边沟谷中大面积分布凝灰岩质巨石堆积体，为火山喷发和后期崩塌等地质作用形成，确定白雁坑谷等地质遗迹点54处，形成了“千年香榧林，万年巨石阵”独特地质遗迹景观。2018年11月20日，中国地质调查局和浙江省国土资源厅联合发文命名白雁坑村为全国首个“地质文化村”。

第二节 地 貌

通源地处嵊州盆地西部边缘，晚侏罗系以来的火山喷发、地壳抬升，奠定了其地貌骨架。在古近系—新近系以来，受喜马拉雅构造运动的影响，在总体缓慢上升运动的大背景下，加之物理风化和化学风化的作用，地形高差日趋加大。在风化剥蚀切割、山体崩塌、水流侵蚀堆积等地质作用下，造就了高山峡谷和山间凹地。高山峡谷，奇峰矗立，形态多样复杂；山间凹地，规模大小不一，无数的坑坑涧涧，出深山，穿峡谷，于岗下汇合成流。溪与山相映，形成了通源区内得天独厚的风景秀美的山区地貌、地质遗迹和现代水系格局。

通源整体地形为西南高东北东略低，境内高差很大。最高峰为南侧与长乐镇交界的绍兴市第一高峰西白山，主峰海拔1095.7米；最低点位于与长乐镇交界处的通源江江底，海拔136米。

受地壳运动、构造和地形特征影响，境内呈现出不同的地貌单元，主要地貌单元是侵蚀剥蚀低山地貌、山麓斜坡堆积地貌。

侵蚀剥蚀低山地貌 低山是经过长期剥蚀切割、外貌呈低矮的起伏地形，常与丘陵交错分布。其绝对高度500—1000米，相对高度小于500米。低山地貌约占90%，基岩一般埋藏较浅，顶部常直接裸露，风化一般严重，有时表层为残积物掩盖。可细分为岩块坡地微地貌、山顶缓丘微地貌、裸岩陡坡微地貌。

（1）岩块坡地微地貌：最重要的地貌单元，处于海拔400—800米的缓坡地段，坡度一般在15°—20°，是崩塌岩块分布的集中区域。崩塌岩块分布遵循向低洼处聚集的原则，山脊及高处岩块分布较少，而在山谷处相对集中，集水区坡底成为岩块最为集中的区域。

（2）山顶缓丘微地貌：山顶海拔多在850米以上，地形较为平坦，坡度＜10°。此处的基岩风化产物不易受到外力的冲蚀，以残积的形式保留在原地。基岩很少出露，多被残积物或残坡积物所覆盖。

（3）裸岩陡坡微地貌：谷坡上部海拔650—1000米处，坡度多在20°—35°。由于地形较陡，基岩风化带中的产物在原地不易保留。受水流冲蚀作用，此处的砂土层较薄，土体保存较少，多已向低洼处运移，基岩会直接出露于陡坡上。

山麓斜坡堆积地貌 多为被环绕的山地所包围而形成的堆积盆地，面积较少。形态上一般呈扇形或亚角形，地下水位浅，有时形成大片沼泽洼地。谷底堆积有较厚的洪积物、坡积物或冲积物，有时还有淤泥等；在边缘地带常堆积有结构松散的堆积物。堆积地貌主要表现为V型河床微地貌，分布于区内主要峡谷内。

V型河床微地貌：海拔600米到达谷底，地形在标高600米左右发生转折。V型河床中基岩裸露，河床堆积物以小岩块为主，径长多在0.5米以下，由谷坡两侧水流带入。基岩河床中几乎未见更大的岩块；受流水冲刷和搬运，河床中砂土也很少存在。

通源乡按地势分级面积统计表

表10　　单位：亩

总面积	50—250米	250—500米	500—800米	800米以上
66261	2931	28328	30053	4949

通源乡按坡度分级面积统计表

表11　　单位：亩

总面积	6—15度	15—25度	25—35度	35—45度	>45度	>25度	其中>25度耕地
66261	1280	19885	24540	18082	2474	45096	131

通源乡按地貌类型面积统计表

表12　　单位：亩

总面积	低　山	中低山	中　山
66261	22612	20273	23376

说明：上述表格数据来源于《嵊县农业自然资源和区划》。

第三节　山　脉

通源乡地处会稽山脉。会稽山脉为浦阳江与剡溪的分水岭，嵊州市境内南北长40公里，东西宽25公里。会稽山干脉自柯桥区、诸暨市界山骆家尖向东南约1公里至谷来镇西端龙头顶（嵊州、柯桥、诸暨三地界山），折向南约2公里至竹溪乡北缘上谷岭，再向南延伸约3公里至竹溪乡西北缘龙头岗，继续往南约3.5公里至竹溪乡南缘硖石山，再向南约1.5公里至雅璜乡北部赤藤岗，延伸约2.5公里至雅璜乡西缘雾露尖，继续向南约8公里至通源乡西隅白玉尖，再折东偏南约3公里为西白山。

西白山主峰周围海拔1000米以上的山峰有8座。以西白山主峰1095.7米为最高，西白山主峰西南面的耙齿岩中峰1068.4米、东峰1064.8米、西峰1014.6米；西白山主峰东面的金竹湾岗1034.1米，尖山头（民间称延芋头）1002.7米，少白山峰（民间称来龙蒂头）1026.7米；西白山主峰西北面的白玉尖1010.1米。这8座千米以上山峰，除少白山峰在长乐镇境内小昆村后外，其余7座分别为通源乡与长乐镇、诸暨市的界山。

通源境内山脉均为会稽山干脉分支而来，主要呈三条山脉：

北部山脉　在雾露尖到白玉尖山脉距白玉尖4.8公里的通源、雅璜、诸暨三地交界附近的金竹山向东，过尖峰、船坞岗头、箬达岗，到通源、石璜、长乐三乡镇交界的元宝岭出境，入石璜镇西、长乐镇北角，处于戴溪坑、雅璜江与吴家湾坑、通源江之间。境内长度约8.6公里，最宽宽度约2.6公里，平均宽度约2公里。此山脉境内以新东坑坑到茶坊村嵊松公路桥为界分为东西两部分，西部从西向东主要有金竹山、船坞岗头、百树仙山等10个主要山峰，东部从西向东有猪干娘岭、长乐佬岗、庙山等6座主要山峰。

金竹山　主峰在通源、雅璜两乡交界处，位于吴家湾自然村西北面1.85公里、高明庵自然村北面820米，海拔848.1米。传说此山多有金竹故称金竹山。

尖　峰　为通源乡与雅璜乡界山，主峰位于吴家湾自然村北面1公里、高明庵自然村东北1.1公里，海拔780.9米。山体顶端形体像尖峰，故取名尖峰。

船坞岗头　为通源乡与雅璜乡界山，主峰位于新纸厂自然村北面1.6公里、吴家湾自然村东北北1.2公里，海拔760.5米。据传，此山北面山岙如船坞，故称此山为船坞岗头。

牛卵岗　主峰在通源、雅璜两乡界线雅璜乡一侧，而东、西、南三面均为通源地域，位于细藤坑自然村东北面470米、细藤湾自然村西北面616米，海拔713.5米。据传，以此地地形象形称之。

箬达岗　为通源乡与雅璜乡界山，主峰位于岭外自然村东北650米、荷花坪自然村东北306米，海拔692.7米。

水磨岩岗　主峰位于叠石自然村西面略偏北560米、道场自然村南面略偏东515米，海拔495.1米。

百树仙山　主峰位于新纸厂自然村北面320米、爪爬形自然村西北面450米，海拔570.1米。为吴家湾村的进村关山。据传，因形似“八字”就取名八字仙山，后逐步演变为百树仙山。

桃坞尖　主峰位于东培自然村东面815米、箭箬岭自然村西面略偏北530米，海拔560.1米。

岩顶湖岗　主峰位于新东坑自然村西北950米、箭箬岭自然村东北590米，海拔431.8米。因其南面地形似一个处于岩顶的湖称岩顶湖，又似漏斗状也称岩斗湖，其山岗也就称岩顶湖岗或岩斗湖岗。

前门山岗　主峰位于新东坑自然村南面420米、岗下自然村东北730米，海拔426.8米。因该山岗位于新东坑自然村前面，故称为前门山岗。

猪干娘岭　主峰在新东坑自然村北1.45公里、鸡舍岭自然村西北520米，海拔507.7米。

鸡舍岭　主峰在新东坑自然村东北1.39公里、鸡舍岭自然村西北160米，海拔520.1米。

长乐佬岗　主峰在新东坑自然村东北1.02公里、鸡舍岭自然村西南偏东450米，海拔450.1米。据传，很久以前因有长乐大户人家的坟墓在此，故名之。

张炭头　主峰在新东坑自然村东偏北1.25公里、茶坊村东北面1.36公里，海拔553.2米。传说因张姓人家烧过炭的山头，故称张炭头。

中央湖　主峰在茶坊自然村北偏东800米、茶坊仙姑庙西北1.1公里，海拔505.1米。因西面有里湖，东面有横路，故老百姓称此为中央湖。

庙　山　主峰在茶坊自然村东北520米、茶坊仙姑庙北面465米，海拔431.3米。因此山山脚有庙，故称庙山。

中部山脉　起于嵊州、诸暨两市界山珍珠尖、白玉尖，向东偏北延伸至岗下自然村嵊松公路通源桥头入通源江，夹于吴家湾坑与白雁坑、松明培坑之间。此山脉全长约5.4公里，最宽处约5.5公里，平均宽度2.8公里。以松明培坑源头至董家坑段为界分为南北两部分，北部有白玉尖、玉山峰、珍珠尖、安家山、青田岗等7个主要山峰，南部有分水冈、黄大浪岗等4座主要山峰。

白玉尖　为嵊州与诸暨两市界山，主峰在松明培自然村西南面约2公里、分水岗自然村西北西1.3公里，海拔1010.1米。据传，因冬天大雪覆盖山体时，其山形像一块尖尖的白玉，故称白玉尖。

玉山峰　为嵊州与诸暨两市界山，主峰在松明培自然村西南面约1.8公里，在白玉尖主峰东北侧约200米处，海拔992.8米。因当地为香榧重要产地，白玉尖为通源香榧注册品牌，有识之士从苏东坡

《送郑户曹赋席上果得榧子》的诗句“彼美玉山果，粲为金盘食。瘴雾脱蛮溪，清樽奉佳客”获取灵感，将此山峰取名为玉山峰。

珍珠尖　为嵊州与诸暨界山，主峰在松明培自然村西南1.55公里、分水岗自然村西北1.75公里，海拔846.8米。据传，因山体圆形又单独而立，像一颗珍珠而冒尖，故称珍珠尖。

安家山　主峰位于松明培村西面偏北870米、大田湾自然村东450米，海拔661.1米。

青田岗　主峰位于松明培村东北面1.42公里、董家坑村西北西1.12公里，海拔574.7米。

天鹅孵子　主峰位于董家坑西北750米、岗下村西面1.75公里，海拔564.6米。传说古时候天鹅在此孵过卵，故称天鹅孵子。

长石廊　主峰在董家坑自然村东北260米、里白水自然村西北500米。海拔430.1米。

分水冈　高隆处位于白玉尖主峰东南约250米，通源乡与长乐镇以此岗分水为界，海拔958.6米。与玉山峰、白玉尖之间为乌鸣坞，有一尊形似巨鸟蹲着的石头，大风吹过乌鸣坞会发出乌鸣似的声响。

大平岗　高隆处位于分水岗自然村西北680米、白雁坑自然村西偏北810米，海拔918.6米。因整个山岗比较平坦，故称大平岗。

黄大浪岗　高隆处在白雁坑自然村西略偏北1.39公里、分水岗自然村西北1.05公里，海拔906.1米。据传，因秋季成片茅草泛黄，阵风吹过似层层黄浪，故称黄大浪。

白岩塔　主峰位于冷坞自然村西北450米、油罗山北面600米，海拔742.1米。因整块岩石呈白色，故称白岩塔。

南部山脉　起于大风田岭，向东沿耙齿岩、西白山、尖山头主峰、阔口岗到骆家年出境入长乐镇剡源地界，东北侧入剡源水库，夹于白雁坑坑、松明培坑、通源江与长乐镇水口坑、大崑坑之间，山脉分水线为通源与长乐镇两乡分界线。此山脉境内全长约5.8公里，最宽处约3.1公里，平均宽度2.3公里。山脉西部境内有西白山、耙齿岩、金鸡头、尖山头、长龙岗等7座主要山峰，山脉东部有转头湾、流雾湾、飞凤岗3座主要山峰。

西白山　位于通源乡南部，为嵊州市六大名山之一。主峰海拔1095.7米，为绍兴市第一高峰，主峰两侧东西走向分水岭为通源乡与长乐镇接壤之界线。山峦绵亘于嵊州、东阳、诸暨三市之间。东西长约20公里，南北宽约15公里，山体总面积约140平方公里，原称太白山。传云，太白即太白金星，主使十六龙，知风雨、水旱、兵革、饥馑、疾病，因附近以此山为最高，离天最近，遂被人们尊称太白山。后因主体位于嵊州西部，改称西白山。山多峰峦，主峰东有湖堂塍、刀锋岩，西有车（jū）龙坑，北有长龙坑、挨磨湾，均山高气磅，紧相连绵。

耙齿岩　中峰位于西白山主峰西南750米，油竹山自然村南1.2公里，连续3个主峰，西峰海拔1014.6米，中峰1068.4米，东峰1064.8米。因3个尖峰成耙齿形状故取名耙齿岩。

金鸡头　在白雁坑村南偏东620米、西白山主峰西北740米，海拔866.9米。据传，因山体形状似鸡头而称金鸡头。

尖山头　在西白山主峰东北1.25公里、石板坑自然村东南560米，与长乐镇湖塘塍相连。海拔1002.7米。山体较尖，故称尖山头，民间也称延芋头。

长龙岗 高隆处位于尖山头主峰北面260米，石板坑自然村东面略偏南450米，海拔858米。据传，因此条南北走向的山脉形似长龙故称长龙岗。

挂 钟 主峰在茶培自然村北偏西810米、紫竹自然村东北680米，海拔502.5米。据传，因山的形体像挂钟，故称挂钟。

庙龙岗 主峰在董家坑自然村东南面530米，紫竹自然村北面200米，海拔628.4米。据传，因山上曾有庙而称庙龙岗。

转头湾 主峰在茶坊村南面1公里，高塘自然村北面380米，海拔552米。

流雾湾 主峰在茶坊村南面430米、里大坑自然村北面970米，海拔350.1米。因雨后的雾气沿此山而散去，故称流雾湾。

飞凤岗 主峰在里大坑自然村南东面750米，下西坑自然村西面640米，海拔486.1米。传说古时有一只飞来的凤凰在此处停留过，山冈形态也似一只飞凤，故称飞凤岗。

第四节 水 系

唐《元和郡县志》称:“剡溪出（剡）县西南，北流入上虞县界为上虞江。”1999年版《辞海》载:“剡溪，在浙江嵊州市，即曹娥江上游。”剡溪，其源有四：一是长乐江，旧称西江；二是澄潭江，旧称南江；三是新昌江，旧称潭遏溪；四是黄泽江，旧称东江。

北魏郦道元《水经注》载:“江水又东南经剡县与白石山水会。”江即剡溪主流长乐江。西白山（白石山）有小崑江、大崑江、郯城江等支流汇入长乐江。通源江为郯城江之上游，通源之水全部汇入郯城江。因通源区域旧属剡源乡，故又名剡源溪。

清《同治嵊县志》载：剡源溪，在县西四十里剡源乡，源出白衍坑（白雁坑）经璠田（瑠田）至郯仁（郯城）入剡溪。

据《嵊州市水利志》载:“郯城江，古称剡源溪，发自通源乡白雁坑村分水岗，流至长乐镇郯城村口注入长乐江。”通源乡白雁坑村分水岗是剡溪源头之一，在白玉尖主峰东南侧的高山湿地泉水口立有“剡溪源”之碑。

从通源地形图上可以看出，通源境内沟壑众多，百溪争流，水流落差大，具有较为丰富的水力发电资源，在二十世纪六七十年代，全乡曾建设了21座微型水力发电站。通源境内主干河流有通源江，骨干河流有松明培坑、白雁坑坑、吴家湾坑、新东坑坑以及里大坑坑（注：本节所述坑均为本地对流水小溪的传统称呼），并与其他支流形成境内水网。境内所有水源均通过骨干河道、主干河道汇集流入剡源水库，再进入郯城江汇长乐江入剡溪。

主干河道有1条：通源江。

通源江 为境内最大江河。起于岗下村东松明培坑和吴家湾坑两坑汇合处，流经本乡岗下村、茶坊村和长乐镇瑠田村，终于剡源水库。全长4公里，平均江宽30米。在茶坊村西嵊松公路桥北侧有新东坑坑水汇入，并沿途接纳了数十处山涧细流。全乡境内雨水除三王堂村、里大坑村坑水经里大坑坑直接从剡源水库尾部进入水库外，其余全部汇入通源江再进入剡源水库，通源江的集雨面积38.43平方公里。常年保持浅半江水居多，严重干旱时节，仅剩江心细流，暴雨时满江奔流。剡源水库水从东南向流入郯城江经长乐镇剡源村，再折向东流到郯城村东面村口并入长乐江，至市区汇入剡溪。

骨干河道有5条：松明培坑、白雁坑坑、吴家湾坑、新东坑坑、里大坑坑。

松明培坑　发源于分水冈白玉尖高山湿地，源头处立有剡溪源之石碑（北纬29° 31′，东经120° 30′，海拔940米），常年不涸。源头流水向东北流经五通岩，中途接纳珍珠尖东侧山湾流水，进入松明培村西面，有长湾坑水汇入，该段长1.5公里，平均坑宽1.5米。然后向东北从村中流过，在村口接纳安家山坑水，过南安后折向东流董家坑村，在董家村西北面与白雁坑坑水汇合，该段长2.5公里，平均坑宽10米。再向东沿途接纳上白水坑水后折向东北，接纳冷湾坑水后到达岗下村东汇入通源江，该段长2.5公里，平均坑宽20米。

白雁坑坑　在通源西南—东北向断层带上，发源于大风田峧石齿岭脚，流水一路向东北至董家坑村西北汇入松明培坑。沿途先后接纳分水岗坑、下油竹山坑、车（jū）龙坑、油罗山坑（乌雁坑）、石坂坑等坑水。全长3公里，平均坑宽为10米，落差大。

吴家湾坑　起于吴家湾村西面高丘，终于岗下村通源桥头，全长6公里，坑面平均宽度20米。源头上游有杜龙坑、后门坑水汇入，沿途接纳竹腰坑、苦竹湾坑、张家岗坑、瓦窑湾坑、苦竹培坑、细藤坑坑、道场坑、东培坑、大枫树下坑、岭下坑、王坞湾坑水。全程曲折向东，其中在吴家湾村东面村口、岭下村西北面有两处明显向南的弯段。

新东坑坑　起于雅璜乡焦坑村，向南先接纳谢家坑水，在泥鳅湾村接纳田湾坑之水后到达棺材潭进入通源乡新东坑村境内，再向南沿途接纳雅璜乡渣家坑和新东坑村三角湾坑流水，过新东坑村西北面石桥头再接纳岭外坑之水，后折向东南至新东坑村中接纳流经玉成桥的水打坞坑、大王青岭坑汇合之水，向南到茶坊村嵊松公路桥处汇入通源江。全长6.5公里，境内长4.0公里，平均宽度10米。

里大坑坑　起于三王堂双浪坑与淡竹岗坑汇合处董埠坑村下，后一路向东北到里大坑村西面，折向东至张六山处出通源乡界，折向北至长乐镇吊角湾自然村西南角回龙处入通源江随即进入剡源水库。沿途接纳三角口坑、高塘坑、下西坑等流水。境内全长5公里，平均宽度10米，流域面积4平方公里。

汇入松明培坑的支流小坑有6条：长湾坑、安家山坑、茶培坑、紫竹坑、上白水坑、冷湾坑。

长湾坑　发源于松明培村西长湾岗头，向东从长湾流到松明培村村西汇入松明培坑。全长约0.8公里，平均坑宽1米。

安家山坑　发源于松明培村西北面安家山，东向流至松明培村东面村口汇入松明培坑。全长约2.0公里，平均坑宽1.5米。

茶培坑　起源于通源乡与长乐镇的界山尖山东北侧，向东北流经茶培村西面，折北到上白水村与紫竹坑水汇合进入上白水坑。全长3.2公里，平均宽度1.5米。

紫竹坑　起于紫竹村背后山岗，经紫竹村向东北流至上白水村汇入上白水坑。全长约1公里，平均坑宽1.5米。

上白水坑 起于茶培坑与紫竹坑汇合处，向北汇入松明培江。全长约0.8公里，平均坑宽2.5米。

冷湾坑 起于象鼻，向北流至岗下村冷湾口汇入松明培坑，全长约1.2公里，平均坑宽1.5米。

汇入白雁坑坑的支流小坑有5条：分水岗坑、下油竹山坑、车（jū）龙坑、油罗山坑、石板坑。

分水岗坑 起于上分水岗，向东南流至分水岗村口并入白雁坑坑，全长约0.8公里，平均坑宽1.5米。

下油竹山坑 起于西白山岗，向西北流至分水岗村口继分水岗坑后附近汇入白雁坑坑，全长约1.5公里，平均坑宽1.5米。

车（jū）龙坑 起于西白山北侧，向西北流至白雁坑村东北面汇入白雁坑坑，全长约1.5公里，平均坑宽1.5米。在西白山主峰北侧海拔1000米处有一泉水，称剡源泉，长年不涸。

油罗山坑 起于外黄大浪，先向东偏北流至油罗山村背后山岗，再折向东偏南直泻村口汇入白雁坑坑，全长约2公里，平均坑宽1.5米。

石板坑 起于石板坑村后山岗，向北偏西流经石板坑村至冷坞村口汇入白雁坑，全长约2公里，平均坑宽1.5米。

汇入吴家湾坑的支流小坑有15条：高明庵坑、杜龙坑、后门坑、竹腰湾坑、苦竹湾坑、张家岗坑、瓦窑湾坑、苦竹培坑、细藤坑坑、细藤湾坑、道场坑、东培坑、大枫树下坑、岭下坑、王坞湾坑。

高明庵坑 起于高明庵村西面九洞岭半山腰，东南流向，经高明庵村至小庵与西面流水高踏道步坑汇合进入杜龙坑，全长约800米，坑面平均宽度为2米。高踏道步坑，起源于小庵西北，全长约500米，坑面平均宽度1.5米，先东南流向，其中途接纳东北流向的长爿坑（全长约300米，坑面平均宽度1.5米）后转向东流，在小庵处与高明庵坑汇合，进入杜龙坑。

杜龙坑 起于小庵，终于高丘，东偏南流向，全长约500米，坑面平均宽度2米。在藤蒲岭口接纳藤蒲岭坑流水。藤蒲岭坑，起源于蜈蚣田湾和藤蒲岭岗下，东北东流向，全长约2公里，坑面平均宽度1.5米。

后门坑 起源于上高岩头，终于吴家湾村西面高丘，南东流向，全长约1.1公里，坑面平均宽度2.5米，途中汇入水湾坑水、石涧湾坑水。水湾坑，起源于金竹山南东面，在高踏道步口汇入后门坑，东南流向，全长约300米，坑面平均宽度1.5米。石涧湾坑，南流至石涧湾口汇入后门坑，全长约300米，坑面平均宽度1.5米。

竹腰湾坑 在吴家湾村西南面，东北流向，全长约250米，坑面平均宽度1米，在吴家湾村西面汇入吴家湾坑。

苦竹湾坑 起源于苦竹湾岗南面，正南流向，全长500米，坑面平均宽度2米，在吴家湾村东面村口汇入吴家湾坑。此为吴家湾坑折向南流之处。

张家岗坑 起于燕窠村，先东南向过张家岗至羊角岭口汇入桃树湾坑流水后向东偏北流向，在新纸厂村口汇入吴家湾坑，沿途汇入长湾坑、桃树湾坑、湖塘山坑、上泗浒坑之水，全长约2公里，平均坑面宽度5米。长湾坑，起于长湾岗东面，向东流向，至张家岗村汇入张家岗坑，全长约500米，坑面平均宽度1米。桃树湾坑，在漆树湾接纳大田湾村流水和椅子湾流水后东北流向，到羊角岭口汇入张家岗坑，全长约1.5公里，坑面平均宽度2米。湖塘山坑，起于湖塘山向北流至羊角岭口继桃树湾坑后汇入张家岗坑，全长约1公里，平均宽度1.5米。上泗浒坑，起于上泗浒村西，东南东流向，至下泗湖口汇入张家岗坑，全长约800米，坑面平均宽度2米。

瓦窑湾坑　起于船坞岗头南侧大队茶场，南向流至爪爬形村村西汇入吴家湾坑。全长约2公里，坑面平均宽度1.5米。

苦竹培坑　起于苦竹培村北，向南流经苦竹培村至爪爬形村村东汇入吴家湾坑。全长约1公里，平均宽度1米。

细藤坑坑　在联丰村境内，起于船坞岗头东南侧，向东南流经细藤坑村，接纳细藤湾坑之水后，流至大坂田村东面汇入吴家湾坑。全长约1.5公里，坑面平均宽度2米。

细藤湾坑　在道场村境内，起于牛卵岗，向南至落岭头脚汇入细藤坑坑。全长约1.3公里，坑面平均河宽1.5米。

道场坑　起于拜相地，向南经道场村，村口折向东南至道场村原电站处（叠石村西侧）汇入吴家湾坑。全长约3公里，坑面平均宽度1.5米。沿途接纳了大湾和小湾流水。大湾流水到道场下台门段并入道场坑，该大湾坑平均宽约1米，长约1公里。小湾流水在村南与上坂、大湾并流的道场坑水汇合，该小湾坑平均宽不到1米，长约0.8公里。道场坑遇旱易断流。

东培坑　起于西天坪，向南经东培村至通源乡叠石电站西面汇入吴家湾坑，在东培村南面接纳村东鹅鼻头弄流水。全长约3公里，坑面平均宽度2米。

大枫树下坑　起于白石岭，向南经大枫树下至通源乡叠石电站东侧汇入吴家湾坑。全长约2公里，坑面平均宽度1.5米。

岭下坑　起于桃坞尖东侧山谷，向南偏西流至岭下村北面汇入吴家湾坑。全长约1公里，坑面平均宽度1.5米。此为吴家湾坑折向南流之处。

王坞湾坑　起于青田岗，先向东南随即折向东北流至通源中心小学东侧汇入吴家湾坑。全长约2公里，坑面平均宽度2米。

汇入新东坑坑的支流小坑有5条：岭外坑、荷岭坑、水打坞坑、小王青岭坑、大王青岭坑。

岭外坑　起于俞家西侧山岗，向东流经俞家、岭外村，至荷岭水库汇合荷岭坑之水，出水库向东南，在泗洲堂东南接纳小岭头坑流水后流至箭箬岭村东，转东流过道地坪，在新东坑村西北的石桥头汇入新东坑坑。全长约4.00公里，平均宽度6米。

荷岭坑　起于西天坪，向东至荷岭水库，全长约1公里，平均宽度0.8米，

水打坞坑　起于鸡舍岭，向南流至水打坞接纳小王青岭坑水后至蛇唇地与大王青岭坑水汇合，再过村中玉成桥汇入新东坑坑，全长约2.5公里，平均宽度1.5米。

小王青岭坑　起于山岗，先向西南流至小王青岭村，再折向西至水打坞汇入水打坞坑，全长约1.5公里，平均宽度1.5米。

大王青岭坑　起于通源、石璜、长乐三乡镇交界处元宝岭西侧山湾，向西南流经大王青岭村、枫树湾，再在新东坑村蛇唇地接纳赵吉士湾流水后与水打坞坑水汇合过玉成桥进入新东坑坑，全长

约2公里，平均宽度1.5米。

汇入里大坑坑的支流小坑有7条：淡竹岗坑、双浪坑、三角坵坑、三王堂坑、火锹柄坑、高塘坑、下西坑坑。

淡竹岗坑 起于长湾，向东流至董埠坑村下与双浪坑汇合进入里大坑坑。全长约1.5公里，平均宽度1.5米。

双浪坑 起于双浪坑的鸡冠山和小石浪，北东流向至董埠坑村下与淡竹岗坑汇合进入里大坑坑。全长约1公里，平均宽度1.5米。

三角坵坑 起于三王堂村背后猫猫头脚，向北流经三角坵至大坑脚汇入里大坑坑。全长约2公里，平均宽度2米。

三王堂坑 起于三王堂村背后青石浪，向北偏东流经三王堂村到里大坑村西南面水路下汇入里大坑坑。全长约3公里，平均宽度1.3米。

火锹柄坑 起于火锹柄山岗，向东南流至里大坑村西南面坑脚汇入里大坑坑。全长约1公里，平均宽度1米。

高塘坑 起于大车湾，向北偏东流至高塘村南面，折向东流至里大坑桥头汇入里大坑坑。全长约2公里，平均宽度2米。

下西坑坑 起于上西坑村东南侧牛团弄，向北偏东流经下西坑村东侧至杨梅坪汇入里大坑坑。全长约2公里，平均宽度1.5米。

直接汇入通源江的支流小坑有8条：风田湾坑、桥头湾坑、转头湾坑、中央湖坑、小湾坑、言长湾坑、大水坑坑、大畲斗坑。

风田湾坑 起于山岗，东北流向，至长坵田村东汇入通源江。全长约1.3公里，平均宽度1.5米。

桥头湾坑 起于桥头湾，北向流至小茶坊村西入通源江。全长约0.9公里，平均河宽1.2米。

转头湾坑 起于山岗，东北流向，至茶坊村老电站东汇入通源江。全长约1.6公里，平均宽度1.5米。

中央湖坑 起于中央湖，向南流至茶坊村东大会堂东侧入通源江。全长约0.7公里，平均宽度1米。

小湾坑 起于张炭头，向南流至茶坊村东口入通源江。全长约2.5公里，平均河宽1.5米。

言长湾坑 起于通源乡与长乐镇界山东面长乐镇一侧，在大水坑村西面汇入通源江。境内全长0.5公里，平均宽度1.5米。

大水坑坑 起于大水坑村背后长乐镇境内山岗，西南流向在大水坑村东面流入通源江。境内全长约0.8公里，平均宽度1.5米。

大畲斗坑 起于上大畲斗，向东北流向至下大畲斗入通源江。全长约1.2公里，平均宽度1.5米。

表13

通源水系表

主干河道	骨干河道	支流小坑
通源江	松明培坑	长湾坑、安家山坑、茶培坑、紫竹坑、上白水坑、冷湾坑
	白雁坑坑	分水岗坑、下油竹山坑、车龙坑、油罗山坑、石板坑
	吴家湾坑	高明庵坑、杜龙坑、后门坑、竹腰湾坑、苦竹湾坑、张家岗坑、瓦窑湾坑、苦竹培坑、细藤坑坑、细藤湾坑、道场坑、东培坑、大枫树下坑、岭下坑、王坞湾坑
	新东坑坑	岭外坑、荷岭坑、水打坞坑、小王青岭坑、大王青岭坑
	里大坑坑	淡竹岗坑、双浪坑、三角坵坑、三王堂坑、火锨柄坑、高塘坑、下西坑坑
	（通源江）	风田湾坑、桥头湾坑、转头湾坑、中央湖坑、小湾坑、言长湾坑、大水坑、大畚斗坑

第五节　土　壤

通源境内地形起伏很大，以低中山为主，海拔一般在200米以上，最高山峰达1095.7米。大部分为自然土壤，农业用地主要分布在坡地及山垄之中。成土母质主要是凝灰岩、流纹岩、花岗岩和片麻岩等岩石风化物的残物和坡积物，以黄壤为主。

一、形成特点

山区垂直气候的变化对土壤形成影响大。随着海拔高度上升，气温降低，降水量增加，土壤淋溶增强，成土过程中产生氧化铁、铝水化程度较高，土壤普遍呈红黄色。而在高山顶，由于终年多雾，湿度高、温度低，有机质分解缓慢，表土层积累了大量腐殖质或半风化的枯枝落叶，表土呈乌黑色的山地香灰土。

山区植被好坏对土壤形成关系密切。1958年前，通源境内自然植被繁茂，山林面貌好，森林覆盖率高。自1958年以后的几十年间，由于乱砍滥伐，森林多次遭到破坏，覆盖率大幅度下降，加上毁林种粮或种经济作物，造成了土壤强烈侵蚀和冲刷。冲刷严重的常常成为土层浅薄、砂砾性较强的石砂土或山地石砂土，甚至岩石裸露，土壤遭到了破坏。而自然植被茂密的地方，土壤侵蚀较少，土层厚，同时，大量的植物残体积累在土壤中，使表土富有有机质，如黄泥土或山地黄泥土。

山区土壤形成与地形关联性大。一般山脚和山腰缓坡地土壤母质为坡积物或再积物，土层厚，土体以泥为主夹有砾石的黄泥土、黄泥砂土和山地黄泥土。山陡坡大的地方土壤容易遭冲刷或崩塌溜坡，岩石裸露后为岩秃。山顶土壤母质多为残积物，易遭冲刷，土层浅薄，粗砂砾质明显的石砂土。一般山垄、山脚、山岙改种水稻，成为水稻土。

二、分布规律

山区土壤分布规律受地形、气候、母质、植被和水分及其人为活动的影响，呈现一定的规律性。

土壤垂直分布规律大致是：海拔200米左右至600米左右之间分布着黄红壤亚类，山脚或山腰分布着多石英的熔结凝灰岩风化的黄泥砂土和石英含量少的各种凝灰岩风化的黄泥土以及玄武岩风化的黄黏土。山脚山垄的水田受到地下水或侧渗水影响为黄泥砂田，而山坡的梯田系为黄泥田或砂性黄泥田，在溪流两岸以洪积物影响的为狭谷泥砂田。山顶分布着土层浅薄的石砂土。海拔600米左右以上分布着黄壤土类。600米左右至800米左右分布着山地黄泥土、山地黄泥砂土、山地石砂土和山地黄黏土。800米左右以上分布着山地香灰土。在山垄中水稻土为山地黄泥砂田，山坡、山冈梯田为山地黄泥田。

表14

通源乡各土种面积和相关特性统计表

类　型	黄泥沙土	山地黄泥土	山地香灰土	山地黄泥沙土	黄泥田	黄泥沙田	山地黄泥沙田
代　码	122—2	211—1	211—3	212—1	712—1	722—1	72（14）—1
面积（亩）	35452	7686	5913	12585	28	1402	1198
分布位置	低山丘陵	低山	低中山顶部	低丘	低山腰岗背	低山丘陵	低山坡
有机质(%)	1.94	3.36	7.29—24.01	1.58—4.39	2.31—4.33	2.83—5.72	5.27
pH值	5.8	5.5—6.0	5.2—6.1	5.6—5.8	5.8—6.4	5.4—6.6	5.9
质　地	中壤	重壤轻黏	中壤	中壤	重壤	中壤	中壤
耕层深（厘米）	＜100	＞60	65—86	40—100	12.6	14.6	13.3—14.5
特　点	红壤化弱，宜木茶旱地作物	土厚，富含有机质，宜林牧	土厚，富含有机质，宜林牧	片蚀冲刷强，宜封山育林	缺磷钾，多为山区靠天田	系梯田和山坡，土浅	肥力差，多系靠天田

说明：以上文字资料源自《浙江省嵊县土壤志》（1985年）；表格资料来自《嵊县农业自然资源规划》及《长乐镇志》。

三、土壤地力

地力是指由土壤本身特征、自然背景和耕作管理水平等要素构成的耕地生产能力。依分等定级标准分为三等六级，每等内分二级，其中，一等耕地（园地）分为一级、二级，二等耕地（园地）分为三级、四级，三等耕地（园地）分为五级、六级。根据詹丽钏主编的《嵊州耕地地力》（2012年7月出版）记载，嵊州市耕地与园地地力分等定级有三等四级，没有一级和六级。通源区内只有二等田（园地）中的三级、四级田（园地）。

表15

通源乡耕地地力评价分等定级情况表

耕地面积（亩）	占全市比（%）	二等田面积（亩）	占本乡总耕地比（%）	其中：三级田		四级田	
				面积（亩）	占二等耕地比（%）	面积（亩）	占二等耕地比（%）
3264	0.7	3264	100	1022	31.3	2242	68.7

说明：嵊州市2008年统计年鉴显示耕地面积为3.11万公顷，其中水田2.48万公顷，旱耕地0.63万公顷。经分等定级，全市二等耕地面积为2.17万公顷，占69.7%，在耕地地力等级中所占面积最大，为粮食主产区。其中，二等三级面积为1.32万公顷，占42.3%；二等四级面积为0.85万公顷，占27.3%。

表16

通源乡园地地力评价分等定级情况表

园地面积（亩）	占全市比（%）	二等园面积（亩）	占本乡总园地比（%）	其中：三级田		四级田	
				面积（亩）	占二等园地比（%）	面积（亩）	占二等园地比（%）
16700	4.8	16700	100	4499	26.9	12201	73.1

说明：嵊州市2008年统计年鉴显示园地面积2.34万公顷。经分等定级，全市二等园地面积为1.87万公顷，占79.9%，在园地地力等级中所占面积最大，为经济作物的主产区。其中，二等三级面积为0.99万公顷，占42.3%；二等四级面积为0.88万公顷，占37.6%。

第六节　湿　地

湿地有“地球之肾”“生命的摇篮”和“物种基因库”之誉，与森林、海洋并称为地球三大生态系统。湿地不仅蕴藏着丰富的土地资源、生物资源、矿产资源、水资源和旅游资源，是地球上40%已知生命体存在的基础，而且在涵养水源、净化水质、调洪蓄水、储碳固碳、调节气候、保护生物多样性等方面具有其他生态系统所不能替代的重要作用。

据嵊州市农林局和浙江省林业科学研究院2014年普查显示，嵊州市湿地包括河流湿地、沼泽湿地和人工湿地3大类5型，湿地总面积3554.2公顷，占全市国土总面积的2%。其中，自然湿地2478.59公顷，占湿地总面积的69.82%；人工湿地1073.01公顷，占30.18%。全市湿地以河流、库塘湿地为主，面积最大的是永久性河流湿地，面积占比为61.6%；其次为库塘湿地，面积占比为29.68%。嵊州沼泽湿地全部为山地沼泽化草甸，共有面积150.1公顷，分布在西白山（97.6公顷）、白玉尖（38.9公顷）和军马场（13.6公顷）三地。

通源乡的河流湿地主要为通源江及上游的松明培、白雁坑坑、吴家湾坑和中途汇入的新东坑坑，直接汇入剡源水库库尾的里大坑。

通源乡没有较大规模的库塘湿地，只有一些小山塘和小水电站的蓄水池。据调查，全乡共有山塘8个（荷岭2个、道场1个、新东坑2个、白雁坑1个、三王堂1个、里大坑1个），电站6座（叠石电站、白水电站、白雁坑电站、大贩田电站、茶坊电站、岗下电站）。

通源乡湿地的重点是有两处浙江省稀有的山地沼泽化草甸湿地，是亟待保护的稀有湿地资源。即西白山湿地和白玉尖湿地。

西白山湿地　围绕绍兴市第一高峰西白山主峰（海拔1095.7米），横跨通源、长乐两乡镇。湿地范围内广阔的草甸上，一到夏季忘忧草争相绽放，一片草海绵延数千米，古藤虬结，石桥幽泉，龙潭飞瀑，令人如入桃源胜景。生态系统保持了一定的原始类型，是华东少见的地貌。湿地区内已形成一定规模的玉兰和马尾松集中分布区，动植物资源丰富，特别是药用植物门类繁多，如白术、浙独活、七叶一枝花、太子参等，生物多样性丰富。过去，由于人们对湿地保护意识不强，许多草甸湿地被挖沟排水，开垦种植，致使沼泽干化，一定程度上破坏了山地草甸湿地生态系统及宝贵的沼泽植被群落。2004年已设立了嵊州市西白山湿地自然保护小区。根据省重要湿地确认条件，《嵊州市

通源乡高山湿地自然保护小区示意图

湿地保护规划》明确在县级湿地自然保护小区的基础上升格申报西白山湿地自然保护小区为省级重要湿地，规划保护湿地面积97.6公顷。已获省批准的保护面积为335亩。

白玉尖湿地 位于通源境内白玉尖主峰（海拔1010.1米）东南侧，北至黄大浪岗，南至大平岗，东至五通岩，西至乌鸣坞与诸暨界分水线。《嵊州市湿地保护规划》将白玉尖山地沼泽化草甸湿地列为县级重要湿地，保护湿地面积38.9公顷（583.5亩）。二十一世纪初，除湿地中心区域外曾连片开发种植樱花等花木，在一定程度上导致湿地面积下降、湿地生物和候鸟栖息地减少、水质污染、水土流失等问题，现已逐渐恢复自然生长，呈现原生态景象。从白雁坑分水岗自然村出发的游步道已通大平岗。湿地上半区域乌鸣湖口有长年不竭之泉（北纬29° 31′，东经120° 30′海拔940米），周围箭竹粽叶护围，谓剡溪源。泉眼北西上方建有“思源亭”，有楹联“剡溪风生白玉尖，通源水起黄大浪”。

第七节 植 被

通源乡地处中亚热带常绿针阔叶林北部亚地带，地理环境良好，小气候资源丰富，植被构成类型多样，种类繁多，覆盖面广，有针叶林、阔叶林、针阔混交林、竹林、灌木林、人工经济林等。植被分为天然植被和人工植被。天然植被以乔木、灌木、竹子、草类为主，还有有经济价值和可药用的野生植物。人工植被包括农田作物和林园植物，二十世纪末以前，农田作物有粮食类、油料类、绿肥类、瓜菜类。二十一世纪初，粮食作物明显减少，基本不见水稻种植，原本就不多的水田改种茶叶和香榧树等。林园植物有观赏花木、用材林、经济林，并以专业茶园、香榧林为多。

山区不同的地理环境和海拔高度，表现出不同的小气候特点，从而影响森林植被垂直分布上的差异。海拔700米以上，主要森林植被由黄山松、柳杉、南方红豆杉、柏类组成的针叶林，常绿阔叶林、针阔混交林为主，山顶部多为灌木林、草丛。700米以下的低山丘陵地区，有毛竹林，由马尾松、杉木、青冈栎、木荷、枫香、檫树、苦槠、甜槠等乔木树种组成的针叶林，针阔混交林，常绿、落叶阔叶混交林等，经济林树种以茶叶、香榧为主，板栗、乌桕、油茶、油桐等已比较少见，也有少量景观园林观赏树种苗圃、各类水果、人工杂竹林。

二十世纪九十年代，岗下、茶坊、新东坑等一些低海拔村庄有村民种植桑树。二十一世纪初，开始种植香榧。茶叶全乡分布面广，各村都有发展，以西白山一带的三王堂、茶培、里大坑、白雁坑以及荷岭等村的最为质优；香榧以松明培、白雁坑最多，两村均有1500多株百年以上古香榧树，且品质优良；毛竹以联丰、松明培、吴家湾、岗下村为多。

通源乡的植被变迁也记载着历史的进程。经过1958年“大炼钢铁”，以及二十世纪六十年代初大开荒后，大量树木被砍伐，植被受到严重破坏。1963年，宁波专署治山治水工作组对通源乡的山林资源全面调查显示，全乡土地总面积为70721亩，其中用材林20861.5亩，占29.5%（密林12412亩，占59.4%，疏林8449.5亩，占40.6%；幼中林20773亩，占99.6%，近、成、过熟林88.5亩，占0.4%）；竹林16882.5亩（其中杂竹310.5亩），占23.5%；茶叶3872亩、油桐油茶果木板栗335亩，合计4207亩，占6.1%；柴山4404亩，占6.5%；荒山、开荒山11510.5亩，占16%；水田、旱地2640亩，占3.9%（外地水田353.5亩未计算在内）；其他面积10215.5亩，占10.5%。山地面积合计63581亩，占总面积的90.0%。

二十世纪七十年代始，开展封山育林，绿化造林，植被逐渐恢复。特别是从二十世纪九十年代起，新材料替代了大量木材的应用，山区普遍推行煤电制茶，村民燃气灶逐渐普及，茶、香榧种植面积不断扩大，植被日益林丰草茂。2012年全乡共有茶园2.1万亩，香榧1.2万亩，其中榧茶套种生态化立体栽培面积8000亩，成为绍兴市森林旅游特色乡镇。2013年7月1日，通源西白山生态休闲区被评为嵊州市首届“十大生态建设亮点”。2014年6月，通源乡被命名为“国家级生态乡镇”。2015年，通源被评为嵊州市“十大生态休闲区”。2017年，通源乡获“绍兴市森林城镇”称号。

2017年《嵊州市森林资源规划设计调查成果汇编》显示：通源乡土地面积66442亩，居全市第16位（当时全市21个乡镇街道）；林业用地64887亩（其中公益林26241亩，其他林38646亩），居全市第12位；乔木林地24486亩（其中防护林17121亩、经济林1627亩、特用林80亩、用材林5658亩；天然22601亩、人工1885亩），居全市第15位；竹林面积19496亩，居全市第5位；灌木林地20374亩，居全市第8位；森林覆盖率96.86%，居全市第1位，比全市平均覆盖率高出31.51个百分点。

2019年全国第三次国土调查结果显示，通源全乡土地面积64332亩。其中，耕地面积3513亩（水田2142亩、旱地1371亩）、园地16216亩（茶园16031亩、果园170亩、基地园地15亩）、林地41191亩（有林地29557亩、灌木林地7193亩、其他林地4441亩）、草地523亩、村庄及工矿用地1067亩（村庄用地1064亩、采矿用地1亩、风景名胜及特殊用地2亩）、交通运输用地631亩（公路用地130亩、农村道路用地501亩）、水域及水利设施用地534亩（河流水面101亩、坑塘水面35亩，内陆滩涂3亩，沟渠395亩）、其他土地657亩（田坎655亩、裸地2亩）。

第八节 气 候

通源乡在嵊新盆地西端，近东南沿海，属亚热带季风气候区，温和湿润，四季分明，雨量充沛。境内地势起伏，海拔高差大，小气候差异明显。

根据通源气象站2005年至2019年资料（部分采用市气象站数据），通源地区春季在3月17日至5月28日之间，春季太阳辐射增强，气温渐升，雨量逐渐增多，但冷暖空气活动频繁，时而阴雨连绵，骤冷暴热，天气多变，常有倒春寒出现。夏季在5月28日至9月25日，梅雨季一般多在6月上旬至7月上旬，雨量相对集中，常有大到暴雨，温湿同步增长。出梅后进入盛夏，以晴热为主，常会引发伏旱，同时也常受台风影响，时有狂风暴雨出现，引发洪灾。秋季在9月25日至11月30日，北方冷空气逐渐影响，气温开始下降，常是一阵秋雨一阵凉，暑热渐消，多数年份秋高气爽，也常有“秋老虎”和“10月小阳春”现象，也会出现阴雨连绵的天气，民间有“八月雾露碎，有米无柴煨”之说。冬季在11月30日至次年3月17日，频受冷空气影响，盛吹北风，晴冷少雨，初冬见雪，是一年中气温最低、降水最少的季节。

一、气 温

通源地区2005年至2019年平均气温14.8℃，年平均最高气温16.4℃（出现在2016年），年平均最低气温0℃（出现在2012年）。日极端最高气温大于35℃连续5天及以上的高温天气，平均每年出现2次，较市区平均少1次，2013年出现4次共44天为最多。历史极端最高气温为41.9℃（出现在2013年8月7日）。最低气温低于-5℃的天数，年平均10天，多于市区平均数9天。历史极端最低气温为-11.4℃（出现在2005年1月1日）。

通源地区气温年较差26.5℃，春季温度升温幅度大于秋季降温幅度。气温日较差年平均10.2℃，以7月30.9℃为最大，1月1.3℃为最小。

通源地区日平均气温稳定通过0℃的初日是3月14日，较市区迟42天。稳定在0℃以上期间的年积温为4954.8℃至5798.8℃；日平均气温稳定通过10℃的初日是4月28日，较市区迟45天。稳定在10℃以上期间的年积温为4224.2℃至4821.3℃。

2005—2019年通源站各月平均气温与极端最高、最低气温一览表

表17

月 份	月平均气温（摄氏度）	月最高气温		月最低气温	
		摄氏度	出现年份	摄氏度	出现年份
1	3.5	24.8	2010	−11.4	2005
2	5.6	28.5	2009	−7.7	2005、2015
3	9.7	31.9	2010	−7.7	2005
4	15.1	34.4	2005	−0.7	2005
5	19.7	37.4	2018	5.5	2014

续表17

月　份	月平均气温（摄氏度）	月最高气温		月最低气温	
		摄氏度	出现年份	摄氏度	出现年份
6	23.1	37.7	2005	12.1	2018
7	27	40.7	2017	16.7	2015
8	26.5	41.9	2013	14.4	2016
9	22.7	37.5	2006	10	2012
10	17.4	34.4	2005	3.6	2013
11	11.8	31.6	2005	−4.1	2013
12	5.6	24.9	2012	−9.3	2005

二、降　水

通源乡境内平均年降水量为1497.2毫米，较全市多691.2毫米，以2008年941.8毫米为最少，2015年2064.2毫米为最多。降水日数多年平均为174天，较全市平均多22天，以2008年121天为最少，2015年193天为最多。降水量时间分布不均，3—4月为春雨，6月上旬至7月上旬为梅雨。3—7月上旬降水量96.9—537.6毫米，占年降水量的6.4%—35.9%。8、9月受台风影响，常带来暴雨和大暴雨。7月中旬到8月和10月至次年2月为少雨期。

2005—2019年通源站各月平均降水和最大、最小降水量一览表

表18

月　份	月平均降水量（毫米）	月最大降水量		月最小降水量	
		毫　米	出现年份	毫　米	出现年份
1	74.2	115.6	2016	15.6	2014
2	101.8	214	2010	21.1	2017
3	130.5	270.4	2012	36.9	2008
4	126.3	246.8	2016	57.5	2008
5	143.5	285.1	2016	4.5	2008
6	275	681	2011	124.3	2018
7	146.6	410.9	2015	24.5	2013
8	176.5	408.6	2014	10.2	2006
9	117.1	259	2016	33.8	2017
10	84.4	258.6	2007	3.4	2014
11	85.2	252	2015	20.7	2019
12	59	123.6	2012	9.8	2008、2014

三、气压　风

通源乡年最大频率风向为东北偏北风。全年平均风速0.7米/秒，各月多在4.4—9.6米/秒。历年来，10分钟最大风速可达18.4米/秒，瞬间最大风速超过18.4米/秒。

四、灾害性天气

干旱。据气象部门制定的标准，以日雨量大于或等于20毫米一次过程降水后，连续晴10天以上为干旱。历年旱情，多发生在夏秋之际。因连月不雨，天气晴热，溪流干枯，塘池尽涸，田地开裂，酿成灾害。

7—8月，高温酷暑，晴热少雨，称伏旱。据统计，以2007年为最长持续20天。

9—11月称秋旱，以2013年为最长持续20天。

2005—2019年通源乡干旱情况表

表19

年　份	干旱起止日期	连旱（连续无雨）天数
2007	6月23日至7月12日	20天
2013	10月10—30日	20天
2015	10月10—26日	16天

洪涝。多在夏、秋。6月上旬至7月上旬梅雨期，降雨强度虽弱，但持续时间长，常易发生洪涝；8—9月，受台风影响，水患增多，尤以9月为最，约占总数的30%。

2005—2019年通源乡灾害性降雨情况表

表20

年　份	连续降雨起止日期	降雨量（毫米）
2007	10月6—9日	258.5
2009	8月6—16日	284.2
2011	6月10—22日	446.5
2013	6月19—30日	214
2014	6月16日至7月8日	309
2015	6月17—24日	206.5
2016	6月25日至7月7日	201.2
2017	6月19日至7月6日	226.9

五、降　霜

初霜期多在11月，早于平原地区半个月左右；终霜期多在4月上旬，迟于平原地区半个月左右。初霜最早出现在1981年10月24日，即霜降后1天，终霜最迟在4月15日，即1980年和1987年的谷雨前5天，正好照应“霜降”节气和民谚“谷雨断霜”之说。

六、降　雪

通源地处西白山区，特别是海拔较高的三王堂、茶培、白雁坑、松明培、吴家湾等村是嵊州市内主要降雪地区。初雪期多在12月，终雪期多在3月，长期平均每年2次雪。1957年3月12日傍晚，普降春雪，降温至-3℃至-4℃。1960年初，大雪，高山积雪平均厚度达0.6米以上。1978年冬，连降大雪，高山积雪平均厚度达0.5米以上。

第二章　自然资源

通源乡位于嵊州市西部的西白山区，以低中山地区为主，森林覆盖率全市最高，又属亚热带季风气候，具备动植物生长、繁衍的优越自然条件和环境，野生动植物种类繁多。为国家级生态乡。

第一节　动　物

根据《嵊县志》(修订本)、《嵊州市志》记载以及2018年嵊州市农林局组织绍兴市野生动植物保护协会专家对西白山区的实地调查，通源地区的主要野生动物有：

兽　类　穿山甲（2020年后，属国家一级保护动物，现已少见）、野猪（二十世纪五十年代后期森林遭受大破坏后少见，近几十年山林逐渐恢复，数量已逐渐增多，甚至已经影响到了农民在山地种植农作物）、麂、豪猪、猪獾、刺猬、野兔、黄鼠狼、野猫、松鼠、田鼠、家鼠、蝙蝠。

两栖动物　青蛙、雨蛙、石蛙、蟾蜍（俗称癞蛤蟆）、秉志肥螈、淡肩角蟾、中华蟾蜍、弹琴蛙、阔褶水蛙、花臭蛙、黑斑侧褶蛙、华南湍蛙、镇海林蛙、泽陆蛙、棘胸蛙、小弧斑姬蛙、饰纹姬蛙。

爬行动物　蕲蛇（俗称五步蛇，有剧毒，夏季较多见，可入药，价值高）、眼镜蛇、金环蛇、银环蛇均有剧毒，蝮蛇（俗称狗屙蝮有毒，常栖田野、路边草丛中），乌梢蛇（俗称乌山蛇、山梢，无毒，可入药，常见），菜花蛇、水蛇、赤链蛇（火链蛇）、钝头蛇、钝尾两头蛇、黄链蛇、王锦蛇、颈棱蛇、虎斑颈槽蛇、锈链腹链蛇、中国小头蛇、黑头剑蛇、绞花林蛇、舟山眼镜蛇、尖吻蛇、短尾蝮、原矛头蝮、福建竹叶青，蜥蜴（四脚蛇）、壁虎、多疣壁虎、宁波滑蜥、铜蜓蜥、北草蜥，乌龟、食蛇龟（俗称克蛇龟）、中华鳖（甲鱼）、癞头鼋、中国石龙子、蓝尾石龙子。

鸟　类　山鹰、雕鸮（俗称猫头鹰）、草鸮（猴面鹰）均属国家二级保护鸟类，现在比较少见。

家燕、竹鸡、锦鸡、喜鹊、灰喜鹊、乌鸦、松鸦（俗称山和尚）、麻雀、红头长尾山雀、大山雀、鹊鸲（四喜）、丝光椋鸟、八哥、黑卷尾、白头鹎（俗称白头翁）、领雀嘴鹎、画眉、棕头鸦雀、棕背伯劳、虎纹伯劳、黑尾蜡嘴雀、黄喉鹀、黄腰柳莺、极北柳莺、黄眉柳莺、红尾水鸲、北红尾鸲、白鹡鸰、树鹨、黑水鸡、鸬鹚、白鹭、池鹭、夜鹭、牛背鹭、小䴙䴘、大斑啄木鸟、戴胜、绿头鸭、普通翠鸟、四声杜鹃、大杜鹃、小杜鹃、环颈雉、鹧鸪、珠颈斑鸠、山斑鸠。

节肢动物　家蝇、金蝇、蚱蜢、飞蝗、稻蝗、蜻蜓、蟑螂、中华地鳖虫、螳螂、蟋蟀、蝼蛄（地狗）、屎壳郎（推粪虫）、蝉（知了）、凤蝶、牛虻、桑天牛、中华蜜蜂、黄蜂、大腹园蛛、蜈蚣、星天牛、褐蚁、大黑蚁、小地老虎、马尾松毛虫、松梢小卷叶蛾、茶毒蛾、菜粉蝶、蜗牛、马陆（百脚虫)、溪蟹(石蟹)。

水生动物 石斑鱼、泥鳅、黄鳝、鳗、鲇鱼。

第二节 植 物

根据《嵊县志》(修订本)、《嵊州市志》和绍兴文理学院对西白山草药的调查、嵊州市农林局对名木古树的调查，通源主要植物有：

一、野生乔木

南方红豆杉 红豆杉科，又名美丽红豆杉、紫金杉、雪柏。红豆杉科，有“植物黄金”之誉，具有很高的药用和经济价值，系国家一级保护树种。

银 杏 银杏科，又名白果树、公孙树、鸭掌树，被称为“活化石”，系国家一级保护濒危珍稀植物。

香榧、粗榧、马尾松、刺柏、柏木、龙柏、厚朴、广玉兰、石楠、枇杷、豆梨、浙江柿、榔榆、朴树、青檀、构树、甜槠、石栎、棉槠、小叶青冈、槲栎、青冈栎、黄檀、肥皂荚、垂柳、梧桐、悬铃木、石榴、大叶冬青(又名苦丁茶)、苦楝、漆树、杨梅、木荷树、檫树、正杉(俗称杉树)、苦槠、大栗、锐栗、枫香、棕榈。

二、竹 类

毛竹、早竹、大竹、刚竹、鳗竹、雷竹、吉竹、油竹、红壳竹、乌壳竹、金竹、苦竹、箭竹、芦竹、淡竹、紫竹。

三、药用植物

西白山是天然的中草药药库，有门类繁多的药用植物。已查明西白山有药用植物共12类，涉及91科241种，其中大部分为被子植物。

1.解表类 能疏肌解表、促使发汗，用以发散表邪、解除表证的药物称为解表药。该类药用植物有紫(白)苏、苍耳、艾、石香薷、葛藤、胡枝子、石韦、石荠苎、算盘子、野菊花、野薄荷、白花前胡等。

2.清热类 以清解里热为主要作用的药物称为清热药。清热药其药性寒凉，以清解里热为主要作用，主治里热病证。清热类药用植物资源最丰富，有紫花地丁、千里光、奇蒿、鱼腥草、荞麦、鸭跖草、大血藤、白花败酱草、龙葵、金银花、九头狮子草、白蔹、马兰、叶下珠、地肤、蛇莓、积雪草、络石、蒲公英、虎耳草、夏枯草、栝楼、淡竹叶、马齿苋、白茅、杠板归、茵陈蒿、毛茛、大青、黄鹌菜等。

3.祛风除湿类　功能为祛除风湿与解除痹痛的药物称祛风除湿药。风寒湿邪侵犯人体，留着于经络、筋骨之间，可以出现肢体筋骨酸楚疼痛、关节伸展不利，日久不治往往损及肝肾而腰膝酸痛、下肢痿弱。该类药用植物有木防己、雷公藤、崖花海桐、鸡矢藤、山苍子、竹叶椒、威灵仙、虎杖、八角枫、石岩枫、楤木、六月雪、苍耳、菝葜、蓬蘽、蛇葡萄、吴茱萸等。

4.利水渗湿药　能通利水道、渗泄水湿，以治疗水湿内停为主要作用的药物称利水渗湿药。该类药用植物有光叶菝葜、垂盆草、女萎、天葵、乌桕、海金沙、薏苡、半边莲、车前草、木防己、鸭跖草、瞿麦、五叶木通、过路黄、美商陆等。

5.驱虫药　能驱除或杀灭肠寄生虫的药物称为驱虫药。该类药用植物有羊蹄、土荆芥、鱼腥草、博落回、黄檀、苦楝、天名精、香榧、枫杨、萹蓄、藜芦、云实、紫藤、醉鱼草等。

6.凉血止血药　这类药物主要具有加速凝血过程或消除导致血不循经的因素以达到迅速制止体内外出血的作用。该类药用植物有紫珠、仙鹤草、木蓝、土三七、艾、白背叶、大蓟、小蓟、鳢肠、白接骨等。

7.化痰止咳平喘类　有化除痰涎、制止咳嗽、平定气喘功能的药称为化痰止咳平喘药。该类药用植物有半夏、南沙参、筋骨草、栝楼、映山红、野百合、酢浆草、野荞麦、银杏、黄独、薤白等。

8.补益安神类　补益药是指能补充人体气血不足、改善脏腑功能、增强体质、提高机体抗病能力、治疗各种虚弱症的药物；安神药是指以安神镇静为主要功效的药物。该类药用植物有山药、何首乌、油点草、多花黄精、枣、金樱子、杜仲、覆盆子、南五味子、薜荔、合欢、地黄、桑、南沙参、枸骨、女贞子、山莓等。

9.活血化瘀类　功能为通利血脉、促进血行、消散瘀血的药物称为活血化瘀药。该类药用植物有丹参、土牛膝、佩兰、马鞭草、香花崖豆藤、大血藤、益母草、山药、高粱泡等。

10.收敛类　以收敛固涩为主要作用的药物统称为收涩药。该类药用植物有山茱萸、盐肤木、萹蓄、斑地锦、掌叶覆盆子、金樱子等。

11.温中理气类　功能为调理气分舒畅气机的药物称为理气药。该类药用植物有艾蒿、佩兰、山胡椒、香附子、乌药、海州常山、赤爮等。

12.泻下消导类　泻下药指能引起腹泻或滑利大便，促进粪便排出的药物；消导药指能消化饮食，导行积滞的药物。该类药用植物有美商陆、野山楂、枳椇、截叶铁扫帚、算盘子、叶下珠等。

四、古树名木

2018年《嵊州市古树名木普查质量检查报告》显示，通源乡古树名木数量居全市乡镇第二位，特别是松明培、白雁坑村均有百年以上古香榧树1500株以上。

嵊州市古树名木（群）乡镇分布情况表

表21 单位：株

乡镇	合计	散生古树名木株数				古树群				
		古树株数				古树群株数				古树群数
		小计	一级	二级	三级	小计	一级	二级	三级	
全市	21003	5677	291	1443	3943	15326	904	4571	9851	260
谷来镇	8230	1480	66	342	1072	6750	388	1665	4697	87
通源乡	3502	610	104	354	152	2892	424	1802	666	36
长乐镇	2779	754	28	276	450	2025	57	795	1173	37
竹溪乡	2091	706	26	126	554	1385	29	219	1137	33

说明：当时全市设21个乡镇街道，此表只列古树名木数量前4位，通源居第二位。

通源乡古树名木种类和数量统计一览表

表22 单位：株

序号	树种名称	科	属	数量	百分比
1	香榧	红豆杉科	榧树属	3449	98.49%
2	枫香	金缕梅科	枫香属	25	0.71%
3	麻栎	壳斗科	栎属	5	0.14%
4	青冈栎	壳斗科	青冈属	5	0.14%
5	樟树	樟科	樟属	4	0.11%
6	苦槠	壳斗科	栲属	4	0.11%
7	甜槠	壳斗科	栲属	2	0.06%
8	糙叶树	榆科	糙叶树属	2	0.06%
9	刨花楠	樟科	润楠属	2	0.06%
10	南方红豆杉	红豆杉科	红豆杉属	2	0.06%
11	马尾松	松科	松属	1	0.03%
12	木樨	木樨科	木樨属	1	0.03%
合计		—	—	3502	—

通源乡古树名木（群）按村分布情况表

表23　　　　单位：株

村　名	合　计	散生株数	群　生		古树等级			树种分布情况
			群数	株数	一级	二级	三级	
乡	3502	610	36	2892	528	2156	818	共12种，香榧占98.49%
松明培	1642	209	21	1433	205	972	465	香榧1619株，枫香18株，苦槠、甜槠各2株，马尾松1株
白雁坑	1577	134	15	1443	285	1019	273	香榧1575株，枫香1株，糙叶树1株
吴家湾	81	81	—	—	20	43	18	香榧81株
联　丰	67	67	—	—	6	42	19	香榧65株，红豆杉2株
董家坑	50	49	—	1	4	38	8	香榧50株。其中，群生1株与白雁坑同群
三王堂	48	48	—	—	3	30	15	香榧46株，苦槠、木樨各1株
里大坑	15	—	1	15	—	1	14	青冈栎、麻栎各5株，香樟、刨花楠各2株，苦槠1株
茶　培	13	13	—	—	5	8	—	香榧13株
岗　下	7	7	—	—	—	2	5	枫香5株，香樟1株，糙叶树1株
茶　坊	2	2	—	—	—	1	1	枫香1株，香樟1株

通源古树名木（群）按海拔分布情况表

表24　　　　单位：株

海　拔	合　计	散生古树名木株数				古树群			
		古树株数				古树群株数			
		小计	一级	二级	三级	小计	一级	二级	三级
—	3502	610	104	354	184	2892	424	1802	666
50—199米	3	3	—	—	3	—	—	—	—
200—399米	328	125	18	80	27	203	31	129	43
400—599米	1893	255	56	143	56	1638	232	1051	355
600—799米	1242	203	29	118	56	1039	161	614	264
800米及以上	36	24	1	13	10	12	—	8	4

表25

通源古树名木一览表

古树编号	古树群编号	树名	科	属	村	小地名	古树等级	海拔（米）	估测树龄（年）	树高（米）	胸围（厘米）	胸径（厘米）	平均冠幅（米）	生长势
068322000419	—	苦槠	壳斗科	栲属	三王堂	淡竹岗	二级	660	400	14	310	99	9.5	正常株
068332000436	—	枫香	金缕梅科	枫香属	岗下	寺庙背后	三级	212	200	17	245	78	16	正常株
068332000440	—	枫香	金缕梅科	枫香属	岗下	寺庙背后	三级	223	150	17	185	59	12.5	正常株
068332000447	—	樟树	樟科	樟属	岗下	寺庙前	三级	193	250	18	380	121	20	正常株
068332000450	—	枫香	金缕梅科	枫香属	岗下	寺庙背后	三级	223	200	19	245	78	15	正常株
068332000451	—	糙叶树	榆科	糙叶树属	岗下	村口	三级	193	150	8	170	54	11	正常株
068332000478	—	木樨	木樨科	木樨属	三王堂	上西坑	三级	500	250	12	200	64	10.5	正常株
068322000528	—	南方红豆杉	红豆杉科	红豆杉属	联丰	燕窠	二级	617	400	12	215	68	7	正常株
068312000539	—	南方红豆杉	红豆杉科	红豆杉属	联丰	燕窠	一级	602	500	11	320	102	7.5	正常株
068332000583	—	枫香	金缕梅科	枫香属	茶坊	村口	三级	178	150	19	320	102	15.5	正常株
068322000589	—	枫香	金缕梅科	枫香属	岗下	寺庙背后	二级	236	300	23	345	110	21	正常株
068322000630	—	枫香	金缕梅科	枫香属	岗下	寺庙背后	二级	233	400	26	445	142	23.5	正常株
068332000958	068342000009	樟树	樟科	樟属	里大坑	里大坑	三级	346	200	14	350	111	12.5	衰弱株
068332000960	068342000009	刨花楠	樟科	润楠属	里大坑	里大坑	三级	343	250	18	200	64	13.5	正常株
068332000961	068342000009	青冈栎	壳斗科	青冈属	里大坑	里大坑	三级	345	200	13	160	51	9	正常株
068332000962	068342000009	苦槠	壳斗科	栲属	里大坑	里大坑	三级	346	200	13	210	67	7.5	正常株
068332000964	068342000009	青冈栎	壳斗科	青冈属	里大坑	里大坑	三级	339	200	16	180	57	15.5	正常株
068332000965	068342000009	青冈栎	壳斗科	青冈属	里大坑	里大坑	三级	346	250	13	200	64	8.5	正常株
068332000967	068342000009	青冈栎	壳斗科	青冈属	里大坑	里大坑	三级	350	200	13	145	46	7	衰弱株
068332000968	068342000009	麻栎	壳斗科	栎属	里大坑	里大坑	三级	338	200	17	150	48	14	正常株

续表25

古树编号	古树群编号	树名	科	属	村	小地名	古树等级	海拔（米）	估测树龄（年）	树高（米）	胸围（厘米）	胸径（厘米）	平均冠幅（米）	生长势
068332000969	068342000009	麻栎	壳斗科	栎属	里大坑	里大坑	三级	331	200	17	160	51	17	正常株
068332000970	068342000009	刨花楠	樟科	润楠属	里大坑	里大坑	三级	337	200	17	190	60	16.5	正常株
068332000971	068342000009	青冈栎	壳斗科	青冈属	里大坑	里大坑	三级	333	200	15	180	57	12.5	正常株
068332000972	068342000009	麻栎	壳斗科	栎属	里大坑	里大坑	三级	337	200	18	160	51	12.5	正常株
068332000976	068342000009	麻栎	壳斗科	栎属	里大坑	里大坑	三级	356	150	18	120	38	9.5	正常株
068332000983	068342000009	麻栎	壳斗科	栎属	里大坑	里大坑	三级	351	150	17	110	35	8.5	正常株
068322000989	068342000009	樟树	樟科	樟属	里大坑	里大坑	二级	358	300	16	340	108	18	正常株
068332001212	068342000014	苦槠	壳斗科	栲属	松明培	坟岗	三级	488	200	12	270	86	8	正常株
068332001215	068342000014	甜槠	壳斗科	栲属	松明培	坟岗	三级	477	200	9	230	73	5.5	正常株
068332001216	068342000014	枫香	金缕梅科	枫香属	松明培	坟岗	三级	484	200	27	260	83	13.5	正常株
068322001274	—	樟树	樟科	樟属	茶坊	村后	二级	208	350	17	430	137	19.5	正常株
068332001298	068342000014	枫香	金缕梅科	枫香属	松明培	坟岗	三级	484	150	14	190	60	8.5	正常株
068332001300	068342000014	枫香	金缕梅科	枫香属	松明培	坟岗	三级	486	200	26	220	70	8.5	正常株
068322001302	068342000014	苦槠	壳斗科	栲属	松明培	坟岗	二级	497	300	15	310	99	8.5	正常株
068332001304	068342000014	枫香	金缕梅科	枫香属	松明培	坟岗	三级	483	170	22	200	64	9.5	正常株
068332001305	068342000014	枫香	金缕梅科	枫香属	松明培	坟岗	三级	478	170	27	210	67	13	正常株
068332001306	068342000014	枫香	金缕梅科	枫香属	松明培	坟岗	三级	472	150	21	190	60	12	正常株
068332001308	068342000014	枫香	金缕梅科	枫香属	松明培	坟岗	三级	487	170	17	200	64	10	正常株
068332001311	068342000014	马尾松	松科	松属	松明培	坟岗	三级	468	200	25	270	86	10	正常株
068332001313	068342000014	枫香	金缕梅科	枫香属	松明培	坟岗	三级	467	170	26	210	67	12.5	正常株
068332001315	068342000014	枫香	金缕梅科	枫香属	松明培	坟岗	三级	477	150	21	190	60	13	正常株

续表25

古树编号	古树群编号	树名	科	属	村	小地名	古树等级	海拔（米）	估测树龄（年）	树高（米）	胸围（厘米）	胸径（厘米）	平均冠幅（米）	生长势
068332001317	068342000014	甜　槠	壳斗科	栲　属	松明培	坟　岗	三级	484	230	10	250	80	8	衰弱株
068332001319	068342000014	枫　香	金缕梅科	枫香属	松明培	坟　岗	三级	458	230	27	270	86	13	正常株
068332001321	068342000014	枫　香	金缕梅科	枫香属	松明培	坟　岗	三级	474	200	26	250	80	12.5	正常株
068332001323	068342000014	枫　香	金缕梅科	枫香属	松明培	坟　岗	三级	479	150	24	180	57	10	正常株
068332001325	068342000014	枫　香	金缕梅科	枫香属	松明培	坟　岗	三级	478	200	24	240	76	9.5	正常株
068322001327	068342000014	枫　香	金缕梅科	枫香属	松明培	坟　岗	二级	489	300	26	410	131	9.5	正常株
068332001329	068342000014	枫　香	金缕梅科	枫香属	松明培	坟　岗	三级	478	250	28	310	99	11	正常株
068332001331	068342000014	枫　香	金缕梅科	枫香属	松明培	坟　岗	三级	480	220	28	300	95	12.5	正常株
068332001332	068342000014	枫　香	金缕梅科	枫香属	松明培	坟　岗	三级	491	170	18	210	67	12	正常株
068332001334	068342000014	枫　香	金缕梅科	枫香属	松明培	坟　岗	三级	474	200	18	230	73	10	正常株
068332002900	—	糙叶树	榆　科	糙叶树属	白雁坑	村委会	三级	556	250	23	430	137	16.5	正常株
068322003232	—	枫　香	金缕梅科	枫香属	白雁坑	冷坞村中	二级	416	300	21	350	111	13.5	正常株

说明：此表仅列古香榧以外的古树名木。古香榧树名录见经济编特色产业章香榧节。

中国香榧王

通源雄榧王

最美古香榧树

中国香榧王（群编号068342000023）位于松明培村，有1500多年的历史，树干胸围8.3米，需7个成人才能合抱。树冠面积715平方米，树高20米。2013年被评为“会稽山最大冠幅古香榧树”。2014年7月25日，中央电视台《一棵树产8万——品牌之路致富种植户》报道这棵香榧树年产香榧1000多公斤，产值高达8万多元的情况。

通源雄榧王（群编号068342000035）位于白雁坑村下庵堂屋基，树龄1500年，树高22米，胸围6米，平均冠幅14.5米。需加强保护。

最美古香榧树（群编号068342000025）位于白雁坑村分水岗龙潭顶，树龄1000年，胸围6.3米，树高13.5米，冠幅面积250平方米，长有9个分枝，生长茂盛，形体特别优美，当地村民将其形容为“九龙戏株”。2013年被评为“会稽山古最美古香榧树”。

吴家湾村香榧王

冷坞榧树

三王堂村古榧树

吴家湾村香榧王（编号068312000260）位于吴家湾村坳后，树龄700年，树高16米，胸围5米，平均冠幅18.5米。据介绍，当年盛产时一个生产队劳力20余人在树上采摘而外面看不见人，整整3天才完成采摘，产量达到1200公斤。2017年，吴联村香榧、红豆杉示范点被命名为省级珍贵树种示范点。

冷坞榧树（群编号068342000033） 位于冷坞村小龙潭边，树龄700年，树高10米，胸围6.8米，平均冠幅15.5米。

三王堂村古榧树（编号068312000703） 位于双浪屋后，树龄700年，树高12米，胸围5.8米，平均冠幅13.5米。

联丰村南方红豆杉

茶坊村樟树

联丰村南方红豆杉（编号068312000539） 位于燕窠村口小庙旁，树龄500年，树高11米，胸围3.20米，平均冠幅7.5米，为通源红豆杉之最。红豆杉科红豆杉属。红豆杉是经过第四季冰川遗留下来的古老孑遗树种，被称为植物界的“活化石”和“大熊猫”，列为国家一级濒危保护植物。有极高的药用价值，其提取的紫杉醇被用于治疗癌症。

茶坊村樟树（编号068322001274） 位于茶坊村背后，树龄350年，树高17米，胸围4.3米，平均冠幅19.5米。樟科樟属，国家二级保护树种。常绿大乔木，枝叶繁茂，冠大浓荫，优质珍贵材用树种；根、皮、叶可药用；深根性，萌芽力强。

白雁坑村糙叶树

岗下村枫香树

白雁坑村糙叶树（编号068332002900） 位于白雁坑村委会办公楼门口，树龄250年，树高23米，胸围4.3米，平均冠幅16.5米。榆科糙叶树属，国家一级保护树种。落叶乔木，花单性，雌雄同株。

岗下村枫香树（编号068332000436） 位于岗下村祠堂背后，树龄400年，树高26米，胸围4.4米，平均冠幅23.5米。小金缕梅科枫香属。

茶坊村枫香树

道场村枫香树

三王堂村苦槠树

茶坊村枫香树（编号068332000583） 位于茶坊村东村口，树龄150年，树高19米，胸围3.2米，平均冠幅15.5米。落叶乔木，阳性，性喜光，耐干旱瘠薄，深根性，萌蘖能力强，木材优良，重要的秋天彩色叶树种。

道场村枫香树 位于村背后，2棵枫香并肩而生，树龄100多年，树高分别为37米、39米，胸围分别为2.8米、4.1米，平均冠幅分别为18.5米、20.5米。

三王堂村苦槠树（编号068322000419） 位于淡竹岗自然村村口。树龄400年，树高14米，胸围3.10米，平均冠幅9.5米。

松明培村古榧树群

白雁坑村香榧古树群

松明培村古榧树群（编号068342000001） 位于松明培村石坞潭，集中连片184株古香榧，树龄均在500年以上，树龄最大1400年，最大胸围7.8米，最高25米，最大树冠直径20米。

白雁坑村香榧古树群（编号068342000025） 位于白雁坑香榧公园，集中连片340株古香榧，树龄均在500年以上。白雁坑村香榧林，2017年被命名为省级珍贵树种高山香榧基地建设示范林。

松明培村口古树群

松明培村口古树群（编号068342000014）　位于松明培村口坟岗脚，面积2公顷，共有古树23株，其中枫香18株，甜槠、苦槠各2株，马尾松1株。平均树龄199年，平均树高21米，平均胸围2.43米，平均冠幅9米。最大树龄300年，最大树高28米，最大胸围4.10米，最大冠幅13.5米。最大枫香树树龄300年，树高26米，胸围4.1米，平均冠幅9.5米。最大甜槠树树龄230年，树高10米，胸围2.5米，平均冠幅8米。最大苦槠树树龄300年，树高15米，胸围3.1米，平均冠幅8.5米。马尾松树龄200年，树高25米，胸围2.7米，平均冠幅10米。

里大坑村古树群

里大坑村古树群（编号068342000009）　位于里大坑自然村村口，有15株古树，其中青冈栎、麻栎各5株，香樟、刨花楠各2株，苦槠1株。平均树龄250年，最大树龄300年，平均树高16米，最高18米，平均胸围1.9米，最大3.4米，平均冠幅12.5米，最大18米。最大麻栎树，树龄200年，树高17米，胸围1.6米，平均冠幅17米。最大刨花南，树龄250年，树高18米，胸围2米，平均冠幅13.5米。最大青冈栎，树龄250年，树高13米，胸围2.0米，平均冠幅8.5米。

高塘古树群

高塘古树群　位于高塘村下村口，二十年前以古松为主，后古松逐渐枯死，十年前基本消失，现仅存枫香、苦槠10余棵。其中枫香居多，最大树龄150年，树高30米，胸围3.8米，平均冠幅15米。

另，据调查，通源下列地点曾有一定规模的古树群。

表26

茶培、道场古树群概况

所在村	地 点	概 况
茶 培	象鼻坟山	有近50亩古树群，主要树种为马尾松。二十世纪五十年代，胸围需两人合抱以上的松树625棵，最大的需要5人合围，五十年代后期遭到大肆砍伐，留下的也在六七八十年代砍伐殆尽
道 场	1.道场岭 2.村东口 3.前山岗	道场岭下段，叠石村东侧，有100多棵古松；东南方村口，有20多棵古松；村南前山岗上有50多棵古松。古松树高20至30米，胸围在2至3米。这些古松树林的产生，可能与钱氏先祖安葬于道场有关。解放后都属于国有林。二十世纪八十年代起，陆续被砍伐，加之松线虫病侵袭，现已再无一棵古松

第三节 矿 产

二十世纪七十年代中后期，浙江省地质队对通源境内矿藏情况进行了专门的勘测。现今尚有探矿洞遗迹：①三角湾探矿洞。位于新东坑村三角湾，当年洞口约2平方米，顶为拱形，主洞深60多米。进洞10米、30米处分别有深20米、25米支洞。30米支洞终点又有向下深15米垂直洞。②小长湾探矿洞。位于新东坑村道地坪自然村西南向的小长湾，当年洞口2平方米，顶为拱形，洞深50多米。③岭下门口探矿洞。位于岗下村岭下自然村东北向，反背即新东坑村小长湾，当年洞口2平方米，顶为拱形，洞深60多米。

通源境内除建筑石材外，其他矿产分布较少，目前未有列入《嵊州市矿产资源规划》的矿点。历史上有一处煤矿点和一处小型叶蜡石矿床。

建筑石材储量巨大，其岩石类型以流纹质角砾凝灰岩、岩屑玻屑凝灰岩、英安质晶屑玻屑熔结凝灰岩为主，石质坚硬，一般莫氏硬度5至7左右，新鲜岩石单轴抗压强度在40MPa以上，可广泛用于路基、房屋地基、宕渣等。

通源煤矿点 二十世纪七十年代初曾在松明培村开采过煤矿，参与全县夺煤大会战。现今在小湾口、姆岭头及反背仍遗存有3个当年的采矿洞，当时矿洞直径有6米，深度分别约50米、30米和60米。据当年参加挖煤大会战的村民回忆，当时挖出来的煤炭不会燃烧，这个说法在浙江省第六地质大队《嵊县长乐区通源乡松明培煤点检查工作简报》中得到证实。

1958年6月，省第六地质大队曾对松明培的煤点开展核查。据简报称，当时所报松明培村煤点有两处：一处为里也山（应为里前山，下同），在村之南75°西方向距村约1公里之山溪小沟旁；一处为钱弯（应为旋湾，下同），在同方向距里也山700多米的山溪小沟旁，翻过五岭到诸暨之坑口土地庙。（1）里也山煤点，小溪旁出露有1米多厚的黑色炭质页岩，炭质页岩之间夹有黑色致密坚硬、比重较大的硅质岩，在此岩中充有方解石细脉及硅质物质，形如石灰岩。在硅质岩石和炭质岩石（页岩）层面上涂有极薄一层具滑感、易污手成黑色，形似石墨的东西，且具石墨和无烟煤一样的光泽。炭质页岩极易风化，风化后成钢灰黑色碎块和碎屑，在火中烧之不燃，燃后体积不变，此层产状为走向北东40°，倾向北西310°，倾角60°。炭质页岩下面为紫褐色块状凝灰角砾岩，角砾有大有小，颜色有紫红、暗绿、肉红、杏黄等色，成分为长石、石英、凝灰质东西，胶结物为硅质的东西。炭质页岩上面为灰黑—墨绿色致密状凝灰砂砾岩，质坚硬，成分有墨绿色的岩石（似绿泥石），有石英粒及少量的白云母片，胶结物为硅质。（2）钱弯煤点，小溪旁出露2米多厚的黑色炭质页岩，页岩层理不清不规则，一般呈凸镜体、包裹体的块状，炭质页岩下面为黑色致密坚硬块状硅质岩石，岩石中充有方解石小脉，硅质岩层和炭质页岩层面及节理面上涂有一层具滑感能污手成黑色薄层石墨质的东西，表面有闪亮光泽，炭质页岩中亦有硅质溶液充填渗透，有硅质充填的质地较坚硬。炭质页岩大都易风化，风化成黑色碎块和碎屑，此层炭质页岩从成分、形状看，和里也山属同一层位。此层页岩在火中烧之，在火力较旺时能发红，无火焰，烧后体积不变，炭质页岩烧之成土黄色泥质页岩，表面光亮一层烧之为火红色，打碎成粉末放入水中未见油层。此层产状为走向北东65°倾向155°，倾角64°。炭质页岩上面为一薄层黑色—灰黑炭质黏土，质地细腻，不含砂粒，炭质页岩下面为薄层铁褐色泥质页岩、层理极薄极清晰，层面有褐铁矿充填，易风化，风化后成黄褐色碎块，厚约4米。在两层页岩中有一层厚约5米凝灰质中粒砂岩（暂定），质地坚硬。泥质页岩下面，据踏勘剖面全部为各种颜色的凝灰质砂岩。检查结论为：本区地层可能属于下侏罗纪至上白垩纪沉积喷出杂岩系，煤系炭质页岩可能是侏罗纪喷发后沉积的。从地表露头出露情况来看，两处全为黑色炭质页岩和黑色硅质岩石，不是真正的煤点而是一种黑色炭质页岩，没有价值。在二十世纪六十年代末到二十世纪七十年代初，松明培村在姆岭也开挖过石灰石矿，并建立石灰窑烧过石灰，用于村民建房。

叶蜡石矿点 松明培村发育一处小型叶蜡石矿床，为县域范围唯一叶蜡石矿床。叶蜡石矿体呈透镜状、串珠状、似层状赋存于蚀变角砾凝灰岩与凝灰岩之间，产状与围岩基本一致，倾向155°—165°，倾角14°—15°。矿带全长约380米，矿体全长270米，其厚度变化较大，最厚7.27米，最薄0.23米。矿物成分以叶蜡石、高岭石为主，另外有少量的石英、绢云母、白钛石及微量的褐铁矿、磷灰石及锆石等。矿藏总储量约3万吨。1984年7月由县有关部门批准松明培村集体设矿开采，到九十年代初完成开采闭矿。现矿洞有巨石封口，洞口在松明培村口东北（北纬29° 33′，东经120° 31′附近），海拔530米。

第三章 自然灾害

通源为中低山区，相对落差大，水流湍急，山塘水库蓄水调控能力弱，既易大雨成灾，也易干旱成灾，冬春时节容易发生冰雪冻害。二十世纪五十年代后期和六十年代初，森林资源遭到灾难性破坏后，易灾情况更加严重。进入二十一世纪后，森林植被恢复良好，水土保持能力得到了有效提升，防灾能力得到增强。全乡的防灾重点为8个山塘（荷岭2个、道场1个、新东坑2个、白雁坑1个、三王堂1个、里大坑1个）、6座电站（叠石电站、白水电站、白雁坑电站、大贩田电站、茶坊电站、岗下电站）、2处易发生事故河道和2处易发生崩塌地质灾害点（茶坊、岗下）。据资料不完全记载和调查，通源也发生了不少大小灾害。

第一节 水 灾

1922年农历六月中旬至八月初五，连降7次特大暴雨，山洪暴发，田园房屋被毁，庄稼颗粒无收，许多村民流离失所，偕妻携子外出逃荒者甚众，近的至下三府即临安等地，远的至江西省，民间称壬戌年水灾。

1950年6月25日上午，通源乡降暴雨，冲走1人、2头黄牛，损毁房屋3间。

1956年8月1日夜，12号强台风过境，通源狂风暴雨成灾，冲毁田地，损毁房屋。

1959年9月4日，通源境内普降大暴雨，冲毁田地，损毁房屋。

1961年5月19日，通源暴雨，冲毁田地，损毁房屋。

1962年9月3—6日，受台风影响，通源降特大暴雨，冲毁田地，损毁房屋。

1963年9月12日，通源台风暴雨，冲毁田地，损毁房屋。

1975年7月2—3日，通源出现两次短时间大暴雨，降雨量达131.5毫米以上，造成多处山洪暴发，下游水位超历史最高。全公社12个大队不同程度受灾，东坑、向阳、吴家湾、联丰、江下、茶坊受灾最为严重。这6个大队被洪水冲走、倒塌、损坏房屋12间。其中，向阳大队东培生产队电站的4间房屋被冲成水潭，站内制茶设备等物资全被洪水卷走，冲塌庙宇1座3间，社员住房被冲走2间、冲塌3间。冲倒冲垮道路、桥梁，交通严重阻塞。通向诸暨、雅璜公社和各大队的主要桥梁被冲毁10座，其中钢筋水泥桥、石桥各1座。区域内3条主要手拉车路被冲塌15个缺口，最长一个缺口长60多米。152亩良田变溪滩，当年绝收；330亩被沙石淤积，当年仅收五成左右。其余6个大队的770亩也因灾当年只有八成收成。全社1400亩旱地六谷、黄豆苗被冲，损失严重。田、地石坎、泥坎倒塌情况，无法统计。

1976年6月17日下午2时半到3时半，通源遭受暴雨袭击，1小时雨量达120毫米，山洪暴发，洪水泛滥成灾。全乡良田被洪水冲毁、淹没372亩，当年不能修复16.5亩，早稻中汛稻绝收42亩，旱地冲毁452亩，冲塌山塘1个，冲毁手拉车路10华里，倒塌桥梁2座，交通被严重阻塞。受灾严重的有茶坊、东坑、江下、董家坑、白雁坑、茶培6个大队。

1984年7月1日，通源境内暴雨成灾，损毁农作物，冲毁田地。

1989年9月16日，受23号强台风暴雨袭击，通源乡受灾严重。毁坏公路34处7700米，其中瑠田至松明培2000米（瑠田向通源的大转弯处约500米公路除沿山留下不足1米的路面外整体被冲毁），西坑至三王堂5700米；损坏机耕路43处3700米，其中岗下至吴家湾15处1500米，茶坊至东坑7处1000米，剡源水库至里大坑21处1200米；冲毁大小桥梁12座，大小堤坝渠道5350米；冲毁良田195亩，倒塌田坎近1000处达1万余米；受灾良田945.2亩、旱地350亩、茶园99亩；损失粮食20.9万公斤，因灾缺粮2719人，平均每人缺粮105天。直接经济损失388万元。史称“9·16”特大洪灾。

1990年8月30—31日，受15号台风正面袭击，通源普降暴雨，冲毁田地，损毁房屋。

1994年6月8日入梅，6月23日出梅，梅雨量达到508.7毫米，通源农业生产受到严重影响。

1997年8月18日，遭受11号台风袭击，通源境内普降大到暴雨，冲毁部分田地、农作物。

2004年8月12—13日，受第14号台风“云娜”影响，通源境内出现7至8级大风，阵风9级，雨量达100毫米以上，农作物受损。

2007年6月1日，受强对流天气影响，通源遭受特大雷阵雨袭击，1小时降雨量达到60毫米，农作物受损。

2007年10月6日14时至9日20时，因16号超强台风“罗莎”影响，通源降水量达258.5毫米，引发山洪，冲毁田地、损坏房屋，造成重大损失。

2008年8月20日，通源乡突降暴雨，夹着大风、雷电和冰雹，风力8—9级，雨量40分钟达34毫米，冰雹直径3—10毫米，持续降雹时间约5分钟，造成全乡大范围停电。

2009年8月6—16日，通源境内降雨量达284.2毫米，对农业生产造成了较为严重的损害。

2011年6月10—22日，通源境内降雨量达446.5毫米，对农业生产造成了重大损害，发生小型泥石流，冲毁田地。

2013年6月19—30日，通源境内降雨量达214毫米，农业生产受到严重损害，道路遭到较大损毁。乡道岗吴线塌方440立方米，倒坎250立方米；村道大坂田至道场段塌方60立方米，倒坎138立方米；叠石至荷岭段塌方50立方米，倒坎198立方米；三王堂至紫竹段倒坎250立方米；新纸厂至燕窠段倒坎78立方米；瑠田至里大坑段倒坎108立方米。

2014年6月16日至7月8日，通源境内降雨量达309毫米，对农业生产造成了损害。

2015年6月23日14：30左右，通源遭受短时间雷电和强降水，雨量达到128.7毫米。由于雨势猛、雨量大，河道水位暴涨，出现多处塌方。乡中心学校周边道路交通全面瘫痪，校门口电线杆倾斜，学校及周边停电，经过近4个小时抗洪抢险，学校电路恢复，险情得以控制。

2015年7月10—12日，第9号台风“灿鸿”来袭。全乡共转移人员26户48人，发生小型泥石流1处，倒坎16处，无人员伤亡。

第二节 旱 灾

1951年7月19日到8月18日，通源连续1个月久晴无雨，农作物遭受旱情威胁。

1953年7月1日至8月7日，通原连续37天无雨，受旱严重。

1955年7月1日至9月8日，通源连晴70天，受灾严重，半数作物无收，有零星竹木枯死。

1958年6—8月，通源连旱68天，受灾严重，半数作物无收，有少量竹木枯死。

1961年6月16日至8月24日，通源连旱72天，受灾严重，半数作物无收，有大量竹木枯死。

1967年6月下旬至10月，连旱131天。是年，全县年降水量仅850.6毫米，为1929年开始有降水记录以来最少年。当年，通源多数作物绝收，竹木枯死无数。

1968年7月11日至9月30日，通源连旱81天，半数作物无收，有成片竹木枯死。

1971年6月29日至9月5日，连旱69天，农作物严重受灾，有成片竹木枯死。

1973年6月30日至8月31日，连旱63天，农作物严重受灾，有成片竹木枯死。

1978年夏、秋两季干旱。全年降水量仅889.7毫米，为多年平均降水量的61.5%。夏秋作物严重减产，有成片竹木枯死。

1985年4月1日至7月28日，119天内降水量仅305.6毫米，是有雨量记录以来，同期降水量最少的一年。农作物减收严重，有成片竹木枯死。

1988年6月24日始，高温无雨。7月持续高温25天，其中7月16日最高温度达40.3℃，农业受灾减收。

1990年7月4日开始高温干旱，连续26天最高气温达35℃以上，旱情持续37天，灾情严重：通源1360亩单季稻和1150亩山地番薯遭到严重威胁，孕穗的单季稻全部断水，番薯藤干焦，茶叶、竹木等经济作物出现枯死现象，道场村等600多人饮用水造成困难。

1991年，通源从夏至秋干旱明显，8月13日起连续晴热无雨，单季稻、茶叶等受灾严重。

1994年7月，持续高温，全乡遭受严重干旱，农作物减收。

1998年7—8月，全县干旱43天，35℃以上高温38天，其中8月8日至17日，连续9天达38℃，8月15日至40℃，列历史第三。通源茶叶等农作物受灾严重。

2003年8月，遭受50年一遇严重干旱，通源茶叶等农作物损失严重，村民生活用水发生困难。

第三节 雪 灾

1957年3月12日傍晚，通源普降春雪，降温至-3℃至-4℃，春花作物损失25%左右。

1960年初，通源大雪。高山积雪平均厚度达60厘米以上，大量竹林被压折压倒，有危旧房屋倒塌。

1963年2月，通源连续降雪，积雪厚35厘米以上，农作物损失严重。

1978年2月6—16日，通源连降大雪、冻雨，竹林遭受严重损坏，压折毛竹无数。

1978年冬，通源连降大雪，高山积雪平均厚度达50厘米以上，大量毛竹、榧树和其他树木被压坏，有旧房倒塌。

1991年1月4日，因大雪压倒广播线，全乡广播基本不通。经过一星期抢修，恢复广播。

2008年1月25日至2月3日，通源遭受50年一遇的冰雪灾害。全乡道路平均积雪、积冰25厘米以上，其中海拔高的几个村达到35厘米以上，致使全乡道路全线封闭，部分村民食品短缺。全乡电力线路多处中断，紫竹自然村有线电视光缆线杆被暴雪压倒。全乡1.6万亩茶园不同程度受灾，春茶减产40%以上。香榧树大面积受灾，百分之八十的百年以上老榧树有枝条不同程度被雪压断或整株压塌，其中特别严重的有260多株，被压塌的有12株，造成严重减产甚至绝收。松明培、白雁坑等香榧特色村的小苗受积雪冰冻损伤严重。全乡香榧受损面积在1000亩以上，损失达500万元以上。积雪导致竹子连根拔起和毛竹断裂情况严重。

2010年1月6日凌晨起，通源新年第一场雪，积雪达10厘米。通往通源的客运班车停运。

2010年12月15日，通源入冬第一场雪，高山地区积雪达15厘米，通往三王堂、白雁坑、吴家湾、松明培的客运班车全部停运。

2016年1月，通源乡持续降雪，许多榧树被积雪压断，损失超过20万元，其中松明培村一棵300多年历史的榧树被积雪完全压断。

第四节　其他灾害

1953年5月7日，通源、大昆、长乐、甘霖、城关等地降冰雹。道场、松明培、白雁坑、葛英、小昆一带最大雹粒如茶杯口（直径约80毫米），积雹达2—3厘米。部分茶园茶树树叶片被打光，草籽种无收。因降雹时间长，雹粒大，连山鸡、长蛇都有被打死。

1958年，道场生产队西天坪自然村发生火灾，烧毁台门1个，受灾农户2户。

1968年12月，董家坑大队一民宅发生火灾。一家5口居住的二间一梯棚房屋及家具、日常用品全部烧毁，4岁小孩遇难。

1976年8月21日，董家坑大队上箬坑自然村发生火灾。烧毁2幢三间两居头两层楼房，生产资料和生活用品基本烧毁，受灾6户，受伤1人，估计损失财产价值25000元。

1979年12月29日，东坑大队大屋台门发生火灾。整个台门五间正屋四间居头（均为二层楼）和旁边三间住房及所有家具、生产生活用品全部烧毁，受灾农户6户20多人。

1981年8月10日，岗下大队长坵田老台门发生火灾。三间二弄二高居头及家具、生产生活用品全部烧毁，受灾农户3户13人。

1982年下半年的一天上午，茶坊村东面村口大枫树地段山坡上滚落的大石块，砸中路经此地的公社中型拖拉机，造成驾驶室一名女性乘客死亡。

1986年4月10日，通源等22个乡镇遭受冰雹、暴雨和大风袭击。春花作物损失严重，房屋瓦片、玻璃被毁无数。

1999年上半年，通源乡部分村遭遇冰雹袭击，农作物受损。

1990年上半年的一天凌晨，通源供销社后面山上两块直径1米左右的孤石滚落，一块落在王姓村民身边，一块砸在赵姓村民的床中间。事故损毁3间泥墙屋和预制板屋居头一个，无人员伤亡。王姓村民随即迁移。5年后又发生一次孤石滚落，赵姓村民及另一户王姓村民也另择处居住。2010年前后，完成山上孤石的除险加固工程。

2000年5月13日，20时20至40分通源、苍岩、下王、三界等地降冰雹，雹块直径30毫米，农作物受损，部分房屋瓦片被砸坏。

2008年8月20日，下午2点40分起通源乡突降暴雨，夹着大风、雷电和冰雹，到下午3点34分，雨渐稀。风力8—9级，40分钟雨量达34毫米，其中冰雹持续时间约5分钟，冰雹直径3至10毫米，雨量主要集中在岗下、茶坊、董家坑、白雁坑、茶培、三王堂、里大坑等村，造成全乡停电。

2012年3月2日，晚10时左右，因受2月以来连续阴雨天气影响，茶坊村村西嵊松公路边一幢二间二层楼房被屋后山体崩塌砸毁。当晚住宿3人，万幸听到泥沙松动掉落声音及时撤离，无人员伤亡，该农户搬迁安置。

2018年9月，一天傍晚通源至竹溪与诸暨交界一带因龙卷风受灾，不少榧树主干拦腰折断或大枝折损。白雁坑村损失较大，价值20万元的百米长廊全部被摧毁，榧树受损估算达50万元。

第三编

政治

第一章 党政机构

嵊西通源，地处会稽山脉山脊线中段南侧，在西白山山脊线东北侧，浙东南断陷带（余姚—丽水）穿越全境。这一地带的地形，为红色革命火种提供了独特的环境。1938年5月，中共嵊西区委建立，同时剡源分区委建立。抗日战争时期，不少通源志士投身革命，参加抗日救亡、“六三”斗争、游击战争等。通源是嵊西共产党的情报走廊。1945年5月，白雁坑联络站建立，由交通员将情报送往北面诸暨、南面长乐、西面孔村、东面剡源等地方。1950年，通源乡政府成立。1954年，成立通源乡党支部。1984年1月，通源公社党委改为通源乡党委，管委会改为乡政府。1990年4月，设立乡人民代表大会主席团。1993年2月，设立乡纪律检查委员会。2015年1月，设立政协通源工作委员会。

第一节 政 党

一、早期活动

1937年11月，中共浙江省临时工作委员会在杭州皮市巷成立。不久，省临工委组织部部长邢子陶到嵊县考察抗日救亡工作并着手开展建党工作。同年12月19日，白雁坑青年斯浪清与张珂表、钱叔亮、刘章新等一批进步青年发起成立嵊县乡村救亡协进会，建立了40多个乡村分会，会员遍及全县城乡各地。1938年，斯浪清加入中国共产党，任救亡协进会理事，兼任《剡声日报》《嵊新民报》副刊主编。他编写《倭祸志略》，详细记录了1871—1931年，日本侵略中国的30件历史事件。

1938年5月，中共嵊西区委建立，杜玲君任书记，下设开长太分区委、水作庵分区委、山口（剡源）分区委、下西（剡北）分区委。下设开元、开元中心、开元农民、西京、长乐、长乐职工、太平妇女、石碑妇女、山口、廿亩头、白雁坑、高家、楼家、花桥、甲秀坂、赵马等16个党支部。钱樟泉任山口分区委书记。1938年，钱越松加入中国共产党。1939年任白雁坑党支部书记。

1940年2月，建立山口区委，书记钱章平，下设山口、廿亩头、白雁坑等4个党支部。1940年6月3日，在中共绍属特委（书记杨思一）的直接领导和嵊县中心县委组织发动下，全县进行了一次大规模的饥民请愿斗争。白雁坑村的钱越松、斯浪清、钱荣潮等人参加，这就是党秘密领导的著名的“六三”斗争，是嵊县党史上的一个重大事件。

1942年12月，以共产党员钱章超为主的“情报组”在嵊县第一联乡总队建立。钱章超任组长，有组员8人。情报组每周出一期《简讯》，内容有国际消息，由进步人士阳山中学教师钱希乃从自制收音机听录提供。通源是嵊西地下党隐蔽战线的交会点，钱越松担任交通员，上线是钱章超，下线是钱樟泉。次年6月，中共嵊西特派员通过统战工作，在第一联乡总队内组织学生中队，由共产党员应怀易任队长，在三王堂村进行军事训练实弹射击，为开展敌后游击战培训骨干。

1942年深秋，裘慧英夫妇被日本宪兵抓捕。两个月后，裘慧英获释。1943年6月，李白出狱，党组织安排他俩到浙江淳安继续工作。不久，第二次被捕，幸好组织发现及时，李白很快获救。1945年遭追捕时，受党组织指示，夫妻俩带电台回老家松明培潜伏，红色电波在这里没有消逝。抗战胜利后，夫妻俩被调回上海，继续从事秘密电台工作。

1945年5月，为开展公开合法和秘密活动相结合的斗争，钱越松、钱荣樵、钱章超等3人在白雁坑太祖庙召开了一次绝密会议，决定由斯临明竞选乡民代表。6月，斯临明被选为乡民代表。接着，由钱越松、钱荣樵两人发起，会同斯临明、斯樟法、邱方炜和董家坑的钱荣仁以及松明培的邢金位、张见苗、张友浩、邢乃文等人共同协商，决定借改选联保保长之机，夺取联保保长之职，并经党组织同意，指定邱方炜竞选联保保长并获得成功。

1945年5月，地下共产党指定在钱越松家设立联络站。联络站主要承担掩护领导、递送情报、转送游击队员等职责。黄公石、钱章超、周芝山、钱叔亮、周德伟、张扬、黄美友等人经常来村活动。1945年10月初，浙东党政军人员包括嵊西的人员，除少数干部坚持原地斗争外，全部分批北撤。嵊西县委书记寿文魁北撤时，指定张扬临时负责嵊西工作。嵊西是坚持“隐蔽精干，长期埋伏，积蓄力量，以待时机”十六字方针的地区。

1946年1月，金萧地区特派员马青委任应怀易为嵊西特派员。1946年4月，马青转移来嵊西，由马正夫担任警卫员，嵊西成为中共金萧地区领导机关的主要活动地区。马青常来松明培（大田湾）、白雁坑（庙湾）、三王堂（双浪）等地活动。1946年冬，根据上级指示，党的工作逐步从隐蔽的秘密斗争转向开展武装斗争。1946年11月19日，马青直接指挥石璜缴枪行动。这是解放战争时期浙东革命武装斗争最早的一次行动。月底，会稽山抗暴游击队正式成立，周芝山、周德伟为正副队长，吕侠男、楼春阳为正副指导员。王伦庆在周芝山、周德伟的带领下，在浙东一带打游击，参加过大小剿匪战斗10多次，荣立三等功3次。

1946年12月，建立诸绍嵊中心区委，钱章超任区委书记。1947年，上级指示在白雁坑建立地方组织和组建武装组织，遂于下半年秘密成立农民协会，由邱行樵任农会主席。1947年农历十二月三十日，钱越松被捕入狱，在狱中受尽老虎凳、飞天吊、辣椒水、立红砖、针钉十指等惨烈大刑，始终没有透露机密以及出卖组织和其他同志。后押解杭州布市巷监狱。1949年元旦获释出狱。

1948年7月，秘密组建嵊西第一支农民武装——白雁坑民兵班。初建时，由钱荣潮、钱荣富、钱荣银、钱荣炳、钱荣江、邱行樵、邱仲青、金樟福、金樟尧、钱章嘉、钱荣仁、斯桂祥等人组成，由钱荣富任班长。1947至1948年，钱荣潮、钱荣富、钱荣银、邱行樵、邱仲青5人先后加入中国共产党。1949年初，白雁坑民兵已发展到36人，拥有30支步枪，分两个班，邱仲青任队长，白雁坑民兵队成为嵊西最大的农民武装，全力配合人民武装剿灭土匪残余。1949年8月底，国民党浙江保安部队安我华率100余人，偷袭白雁坑白玉尖民兵哨所，8名民兵打退匪徒四次进攻。大崑水口民兵得讯急速赶去支援，匪徒逃跑。后担任毛主席警卫的水口（牛弓坑）民兵刘祖俊也参加了这次战斗。1949年9月，上级把白雁坑民兵改组为长乐区分队，与大崑水口民兵轮流执行保卫区政府任务。10月31日，白雁坑民兵9人在长乐执行保卫区政府任务，换防回村途经茶坊遭安我华部200多名土匪伏击。遭遇伏击，寡不敌众，班长钱荣富立即命令民兵化整为零，迅速分散转移。战斗中，邱行樵、钱荣富、钱章南、许道福不幸牺牲。安匪伏击得逞，即大举进犯白雁坑，进冷坞火烧民房，白雁坑外出民兵迅即抄小路返回，会合留村民兵共同对敌，老民兵斯永正在羊角山击毙安我华卫队长王锡根。民兵顽强堵截，安匪向东阳方向逃窜。在这一役中，民兵4死3伤，毙敌3人，伤敌9人。白雁坑被烧毁民房93间，受灾38户。白雁坑民兵在解放战争时的斗争史，由钱荣仁编写成《剡溪激流》，并在《剡溪文苑》2015年增刊发表。

二、组织沿革

1954年，成立通源乡党支部。1956年10月，通源乡党支部改建为通源乡党总支。据1956年6月全乡农村党员基本情况统计，全乡10个行政村中，1至2个党员的有5个村，3至10个党员的1个村，党员空白村4个。全乡合作社32个，其中2个高级社中，有党小组、团小组和党员的社2个；30个低级社中，有党小组、团小组和党员的社10个，空白社20个。全乡党员总数14人，其中乡干部3人，高级社2人，低级社9人。1959年1月，通源乡党总支改建为通源乡管理区党总支。1961年11月，管理区党总支更名为通源公社党委。据1962年3月统计，全乡已建立党支部12个，党员总数为95名。据1973年3月统计，全乡已建党支部13个，其中，农村党支部12个，建立支委会的8个，只有正副书记的1个，只有支书的2个，只有副书记的1个，党员总数148名。1984年1月，通源公社党委改为通源乡党委，此后一直维持不变。2000年末，全乡辖16个党支部，有党员257名。2003年，全乡有党员273名。2005年末，全乡下设17个党支部，有党员293名。2011年末，全乡下设9个党支部，有党员307名。2019年7月，通源乡并入石璜镇，通源乡党委撤销。

三、领导班子

根据嵊州市（县）组织史和相关档案资料整理，列出通源乡党组织负责人名单，其中主要领导任职时间和委员名单，因部分资料缺失，或有遗漏和出入。

表27

通源历任党组织负责人一览表

名称/届次	职　务	姓　名	任职时间	委　员
乡党支部	书　记	王伦庆	1954—1956年	—
乡党总支	书　记	廖生灿	1956年3月至1958年10月	—
	第一书记	邢荣渭	1957年7月至1958年10月	
	副书记	商劲木	1956年3月至1958年5月	
管理区党总支	书　记	戴功泉	1958年10月至1959年8月 1959年10月至1960年2月	—
	书　记	邢荣渭	1959年8—10月	
	书　记	苗惠根	1960年2—12月	
	书　记	吕岳根	1960年12月至1961年10月	
	副书记	苗惠根	1958年10月至1960年2月	
	副书记	马财火	1958年10月至1961年10月	

续表27

名称/届次	职　务	姓　名	任职时间	委　员
公社党委	书　记	周信洪	1961年11月至1968年5月	—
	副书记	钱阿毛	1961年11月至1963年6月	
第一届	书　记	周信洪	1970年9月至1976年10月	沈苗见
	副书记	邢金煊	1973年12月—?	
第二届	书　记	周信洪	1976年10月至1979年5月	—
	副书记	邢金煊	1976年10月至1979年5月	
	副书记	邢传润	1979年5月至1980年8月	
第三届	书　记	王超法	1980年7月至1982年2月	钱才涛　张景祥 徐培进　黄纪明 操生位　高华兴
	书　记	钱才涛	1982年2月至1984年4月	
	副书记	王顺法	1978年6月至1983年12月	
	副书记	徐培进	1982年3月至1983年12月	
（乡党委） 第四届	书　记	钱才涛	1984年5月至1986年6月	黄纪明　王顺法 张仲才　刘秋娥 吕绍富
	副书记	徐培进	1984年1月至1985年3月	
	副书记	李祯祥	1985年11月至1987年3月	
第五届	书　记	裘家喜	1987年4月至1989年10月	王顺法　邢乐波 张仲才　陈春花
	副书记	李祯祥	1987年3月至1988年4月	
	副书记	刘柏松	1988年10月至1990年1月	
第六届	书　记	黄纪明	1989年11月至1992年3月	王顺法 钱信华
	书　记	屠彭忠	1992年3月至1993年12月	
	副书记	刘柏松	1990年1—3月	
	副书记	张正华	1990年3月至1993年12月	
第七届	书　记	刘伟中	1994年1月至1995年11月	邱士余　麻培兴 吕绍富　钱金永 陈仕岳
	书　记	裘松林	1995年11月至1996年2月	
	副书记	张正华	1994年1月至1995年11月	
	副书记	陶建良	1994年1月至1996年2月	
	副书记	麻培兴	1995年11月至1996年2月	
第八届	书　记	裘松林	1996年2月至1998年11月	郭茂华 钱金永 周明军 王仲伟
	书　记	叶建德	1998年11月至1999年1月	
	副书记	麻培兴	1996年2月至1999年1月	
	副书记	陶建良	1996年2—12月	
	副书记	袁焕苗	1998年12月至1999年1月	
第九届	书　记	叶建德	1999年1月至2001年12月	郭茂华 王仲伟 周孟莲 张孟巨
	书　记	刘增铭	2001年12月至2002年1月	
	副书记	麻培兴	1999年1月至2001年1月	
	副书记	袁焕苗	1999年1月至2001年12月	

续表27

名称/届次	职　务	姓　名	任职时间	委　员
第十届	书　记	刘增铭	2002年1月至2005年2月	周孟莲 张孟巨
	书　记	袁焕苗	2005年3月至2006年12月	
	副书记	袁焕苗	2002年1月至2005年3月	
	副书记	周　锋	2002年1月至2006年9月	
	副书记	沈伟明	2005年3月至2006年12月	
第十一届	书　记	袁焕苗	2007年1月至2008年1月	沈　潜 马　勇 竺炳江 王向军 何美英
	书　记	姚良火	2008年1月至2011年9月	
	副书记	沈伟明	2007年1月至2008年1月	
	副书记	张向军	2007年1月至2011年9月	
	副书记	陈云海	2008年1月至2011年9月	
	副书记	盛文斌	2010年3月—（挂职）	
第十二届	书　记	陈云海	2011年9月至2014年11月	宋仲江 孟超峰 竺炳江
	书　记	汪美芳	2014年11月至2016年10月	
	副书记	汪美芳	2011年9月至2014年11月	
	副书记	王向军	2011年9月至2015年9月	
	副书记	钱杭栋	2015年9月至2016年10月	
第十三届	书　记	汪美芳	2016年10月至2017年8月	王东平　陈春梅 胡建江　朱洪平 盛　婕
	书　记	郑海果	2017年10月至2019年8月	
	副书记	钱杭栋	2016年10月至2018年12月	
	副书记	梁昊炅	2016年7月至2019年8月	

四、代表大会

因资料缺失，部分会议情况未列入本节，不作记录。

中共通源公社第一次代表大会　1970年9月14日，中共长乐区通源公社党委召开全体共产党员和贫下中农代表参加的会议。应参加选举党员103人，实到参加选举89人。会议以无记名投票方式，选举周信洪、徐培进、黄福生、操家喜、斯荣汀5人为公社党委委员，周信洪为党委书记。还以无记名投票方式选举出席县第四次党代会代表，周信洪、徐培进、黄福生、邢荣樟、金茂兴、斯荣汀、戴福珠（女）7人当选。

中共通源公社第二次代表大会（资料缺失）

中共通源公社第三次代表大会　1980年10月8日，中共长乐区通源公社第三次代表大会召开。王超法作动员讲话，王顺法作工作报告，徐培进主持大会和选举工作。这次会议由原来的等额选举改为差额选举方式，选举新一届公社党委，由王超法、王顺法、钱才涛、张景祥、徐培进、黄纪明、操生位等7位委员组成，王超法任书记，王顺法任副书记。

中共通源乡第四次代表大会　1984年5月9日，中共石璜区通源乡第四次代表大会召开。（全乡

194名党员）应到代表90人，因事因病请假11人，实到79人。大会由张仲才主持。徐培进作代表资格审查报告。大会听取钱才涛代表第三届乡党委所作的工作报告。选举产生新一届乡党委领导班子，由钱才涛、徐培进、黄纪明、王顺法、张仲才、刘秋娥6名委员组成，钱才涛任党委书记，徐培进任副书记，并选举2名出席县第六次党代会代表。

中共通源乡第五次代表大会　1987年3月24日，中共石璜区通源乡第五次代表大会召开。应到代表47人，实到46人，请假1人。大会听取裘家喜代表第四届委员会作的《团结奋斗　开拓创新　为振兴通源两个文明建设建功立业》工作报告，选举产生中共通源乡第五届委员会，由裘家喜、李祯祥、王顺法、邢乐波、张仲才5名委员组成，裘家喜任乡党委书记，李祯祥任乡党委副书记，王顺法为组织委员，邢乐波为宣传委员。选举产生县第七次党代会代表。邢乐波致开幕词。张仲才作闭幕词。

中共通源乡第六次代表大会　1990年1月5日，中共通源乡第六次代表大会召开。出席正式代表49人，列席代表16人，特邀代表1人。大会听取并审议通过黄纪明代表乡第五届委员会所作的《振奋精神艰苦创业　为推进我乡社会主义现代化建设而奋斗》工作报告。选举产生中共通源乡第六届委员会由黄纪明、刘柏松、王顺法、钱信华4名委员组成，黄纪明任乡党委书记，刘柏松任乡党委副书记。同时，选举出席中共嵊县第八届代表大会代表2名：黄纪明、邢荣樟。

中共通源乡第七次代表大会　1993年2月26日，中共通源乡第七次代表大会召开。大会采用差额选举和无记名投票的办法，选举产生中共通源乡第七届委员会，屠彭忠为乡党委书记，张正华为副书记。

中共通源乡第八次代表大会　1996年1月11日，中共通源乡第八次代表大会召开。出席代表64人。大会选举产生中共通源乡第八届委员会和纪律检查委员会，选举裘松林为乡党委书记，麻培兴、陶建良为副书记，选举陶建良为纪委书记。

中共通源乡第九届第一次代表大会　1999年1月13日，中共通源乡第九届代表大会第一次会议召开。应到代表54人，实到51人，因事因病请假3人。大会听取和审议叶建德代表中共通源乡第八届委员会所作的《抓住机遇，团结拼搏，努力开创通源工作新局面》工作报告。审议袁焕苗所作的《围绕中心促发展，健全制度保平安》乡纪委工作报告。选举产生中共通源乡第九届委员会，由叶建德、麻培兴、袁焕苗、郭茂华、王仲伟等5名委员组成，叶建德为党委书记，麻培兴、袁焕苗为副书记。选举产生中共通源乡纪律检查委员会，由袁焕苗、王顺法、吴顺贤等3名委员组成，袁焕苗为纪委书记。

中共通源乡第十届第一次代表大会　2002年1月20日，中共通源乡第十届代表大会第一次会议召开。应到代表46人，实到代表45人。大会选举产生中共通源乡第十届委员会，刘增铭为乡党委书记，袁焕苗、周锋为副书记，周孟莲、张孟巨为委员；选举产生通源乡第十届纪律检查委员会，周锋为纪委书记，张少坡、王生苗为委员。

中共通源乡第十届第二次代表大会　2003年1月10日，中共通源乡第十届代表大会第二次会议召开，应到代表45人。大会听取并审议通过刘增铭所作的《解放思想　与时俱进　努力实现通源经济和社会跨越式发展》乡党委工作报告。听取并审议通过周锋所作的通源乡纪律检查委员会工作报告。选举出席中共嵊州市第十一次党代会代表4名：张金初、刘增铭、周锋、操家祥。

中共通源乡第十一届第一次代表大会　2006年12月7日，中共通源乡第十一届代表大会第一次会议召开。应到代表45人，实到44人，因事因病请假1人。会议听取袁焕苗代表第十届乡党委作工作报告；沈潜代表第十届乡纪委作工作报告（书面）。选举产生中共通源乡第十一届委员会，由袁焕苗、沈伟明、张向军、沈潜、马勇、竺炳江等6名委员组成，袁焕苗为书记，沈伟明、张向军为副书记；选举产生中共通源乡第十一届纪律检查委员会，由沈潜、王生苗、邢玲玲等3名委员组成，沈潜为书记。会议还选举出席中共嵊州市第十二次代表大会代表，丁飞、袁焕苗、张向军、王南军当选。

中共通源乡第十二届第一次代表大会 2011年9月26日，中共通源乡第十二届代表大会第一次会议召开。应到代表46人，实到45人，因事因病请假1人。会议听取和审议陈云海所作的中共通源乡第十一届委员会工作报告；听取和审议宋仲江所作的中共通源乡纪律检查委员会工作报告；选举产生中共通源乡第十二届委员会，由陈云海、汪美芳、王向军、宋仲江、孟超峰、竺炳江等6名同志组成，陈云海为书记，汪美芳、王向军为副书记；选举产生中共通源乡纪律检查委员会，由宋仲江、王生苗、金玲等3位委员组成，宋仲江为书记。

中共通源乡第十二届第三次代表大会 2013年1月15日，中共通源乡第十二届代表大会第三次会议召开。应到代表44人。大会听取汪美芳所作的乡党委工作报告；审议乡纪委工作报告；审议乡党委委员和纪委委员述职述廉报告；审议《通源乡党代表资格管理暂行办法（试行）》。会议还听取审议了乡党委关于发挥通源生态优势、发展乡村生态休闲经济的设想；对乡党委、乡纪委上年度工作进行满意度测评；对乡党委委员、纪委委员个人上年度工作进行岗位胜任度测评。

中共通源乡第十二届第四次代表大会 2014年1月15日，中共通源乡第十二届代表大会第四次会议召开。应到代表44人，列席3人。大会听取汪美芳代表乡党委作的《凝心聚力谋发展　励精图治谱新篇　为合力开创宜居宜游美丽新通源而努力奋斗》工作报告；听取宋仲江代表乡纪委作的《坚持执纪为民服务科学发展为通源乡全面发展提供强有力保证》工作报告。会议还对乡党委委员述职述廉报告进行了评议。

中共通源乡第十二届第五次代表大会 2015年1月16日，中共通源乡第十二届代表大会第五次会议召开。应到代表43人，实到40人，列席4人。主要议程有：听取和审议汪美芳所作的乡党委工作报告；听取和审议宋仲江所作的乡纪委工作报告；听取上年度代表提案办理情况报告；党代表大会发言；乡党委2015年重要事项征求党代表意见；乡党委书记抓基层党建工作责任清单履职承诺；乡党委领导班子成员述职述廉；代表对乡党委领导班子及其成员进行民主评议等。

中共通源乡第十二届第六次代表大会 2016年1月13日，中共通源乡第十二届代表大会第六次会议召开。大会听取审议了乡党委《强化“十三五”规划引领，谋定“西白山”战略布局，合力推进“两美”通源建设而努力奋斗》的工作报告。

中共通源乡第十三届第一次代表大会 2016年10月25日，中共通源乡第十三届代表大会第一次会议召开。大会听取和审议汪美芳代表中共通源乡第十二届委员会所作的工作报告；听取和审议王东平代表中共通源乡纪律检查委员会所作的工作报告；选举中共通源乡第十三届委员会，由汪美芳、钱杭栋、梁昊炅、王东平、陈春梅、胡建江、朱洪平等7名委员组成，汪美芳为书记，钱杭栋、梁昊炅为副书记。选举中共通源乡纪律检查委员会，由王东平、盛婕、吕欣等3位委员组成，王东平为书记。

五、纪检机构

自中共通源乡第七次代表大会起，设立乡专职纪律检查委员会书记。

中共通源乡历届纪委书记一览表

表28

届　次	职　务	姓　名	任职时间
第七届	书　记	麻培兴	1994年1月至1996年2月
第八届	书　记	陶建良	1996年2—12月
	书　记	郭茂华	1996年12月至1998年12月
	书　记	袁焕苗	1998年12月至1999年1月
第九届	书　记	袁焕苗	1999年1月至2001年1月
	书　记	周　锋	2001年12月至2002年1月
第十届	书　记	周　锋	2002年1月至2006年9月
	书　记	沈　潜	2006年12月至2007年1月
第十一届	书　记	沈　潜	2007年1月至2008年1月
	书　记	王向军	2008年1月至2011年9月
第十二届	书　记	宋仲江	2011年9月至2015年2月
第十三届	书　记	王东平	2015年12月至2019年8月

第二节　政　府

一、机构变更

1950年7月，从剡源析出单独建乡，通源乡人民政府成立，办公地点临时设在白雁坑村油罗山自然村。1951年3月，乡政府迁至岗下村。1956年10月，乡人民政府更名为乡人民委员会。1958年10月，改为长乐人民公社通源大队管理委员会。1959年1月，改为长乐人民公社通源管理区委员会。1961年11月，改称通源人民公社管理委员会。1968年5月，成立通源人民公社革命委员会。1976年12月，恢复通源人民公社管理委员会。1984年1月，实施政社分设，改称为通源乡人民政府，此后一直维持不变。2019年7月，因行政区划调整，通源乡与石璜镇、雅璜乡合并，通源乡人民政府撤销。

二、领导班子

根据嵊州市（县）组织史和相关资料整理，列出通源历任政府负责人名单（附后），因部分资料缺失，或有遗漏或出入。

通源历任政府负责人一览表

表29

名称/届次	职务	姓名	任职时间
乡人民政府	乡长	邱仲青	1950年1—5月
	乡长	戴功泉	1950年6月至1951年5月
	乡长	刘水棠	1951年5月至1954年3月
	乡长	戴功泉	1954年3月至1956年3月
	副乡长	张岳庭	1950年7月至1951年5月
	副乡长	张元亮	1950年1—7月
	副乡长	蒋财茂	1951年5月至1952年
	副乡长	戴功泉	1952年11月至1954年3月
	副乡长	刘水棠	1954年3月至1955年3月
	副乡长	周樟昌	1954年4月至1956年2月
乡人民委员会	乡长	戴功泉	1956年3月至1958年10月
	副乡长	周樟昌	1956年3月至1957年7月
	副乡长	黄小菊（女）	1956年3月至1958年10月
	副乡长	钱阿毛	1958年5—10月
管理区（生产大队）管委会	大队长	钱阿毛	1958年10月至1959年8月
	大队长	戴功泉	1959年8—10月
	大队长	苗惠根	1959年10月至1960年2月
	副大队长	商勤木	1958年10月至1959年2月
	副大队长	斯水银	1958年10月至1959年2月
	副大队长	斯樟恒	1958年11月至1959年2月
	副大队长	陈运法	1958年10月至1961年10月
公社管委会	主任	费樟誉	1961年11月至1962年5月
	主任	沈苗见	1962年5月至1968年5月
	副主任	商决町	1961年12月—?
	副主任	邢荣渭	1961年12月至1968年
	副主任	盛良水	1962年5—9月
	副主任	邢金煊	1965年3月至1968年5月
公社革委会（管委会）	社长	沈苗见	1966年2月至1976年9月
	副社长	邢荣渭	1966年2月—?
		邢金煊	1966年2月至1976年9月
	主任	周信洪	1968年5月至1979年5月
	副主任	邢金煊	1976年10月—?
		张斐菊	1968年5月—?
	副主任	沈苗见	1976年10月至1979年3月

续表29

名称/届次	职　务	姓　名	任职时间
公社管委会（乡政府）	主　任	钱才涛	1980年12月至1982年3月
	主　任	王顺法	1982年3月至1983年12月
	副主任	张金祥	1980年12月至1983年12月
	副主任	张春瑞	1980年12月至1981年2月
	乡　长	黄纪明	1984年1—9月
	副乡长	张金祥	1984年1—7月
第八届	乡　长	黄纪明	1984年7—9月
	乡　长	李祯祥	1985年11月至1987年4月
	副乡长	吕绍富	1984年7月至1987年4月
	副乡长	王敬华	1985年4月至1986年7月
第九届	乡　长	李祯祥	1987年4月至1988年5月
	乡　长	刘柏松	1988年5月至1990年4月
	副乡长	吕绍富	1987年4月至1990年4月
第十届	乡　长	张正华	1990年4月至1993年2月
	副乡长	吕绍富	1990年4月至1992年5月
	副乡长	邱士余	1992年6月至1993年2月
	副乡长	楼孝松	1992年6月至1993年2月
第十一届	乡　长	张正华	1993年3月至1995年11月
	副乡长	邱士余	1993年3月至1995年3月
	副乡长	楼孝松	1994年1月至1996年2月
	副乡长	王顺法	1993年3月至1996年2月
第十二届	乡　长	麻培兴	1996年2月至1999年1月
	副乡长	钱信华	1996年2月至1999年1月
第十三届	乡　长	麻培兴	1999年1月至2001年1月
	乡　长	袁焕苗	2001年2—12月
	副乡长	郭茂华	1999年1月至2001年12月
	副乡长	钱信华	1999年1月至2001年12月
第十四届	乡　长	袁焕苗	2002年2月至2005年4月
	乡　长	沈伟明	2005年4月至2007年1月
	副乡长	周孟莲	2002年2月至2007年1月
	副乡长	沈　潜	2002年2月至2007年1月
第十五届	乡　长	沈伟明	2007年1月至2008年3月
	乡　长	陈云海	2008年3月至2012年1月
	副乡长	马　勇	2007年1月至2011年9月
	副乡长	求明霞	2007年1月至2011年9月

续表29

名称/届次	职　务	姓　名	任职时间
第十六届	乡　长	汪美芳	2012年1月至2014年11月
	副乡长	孟超峰	2012年1月至2014年11月
	副乡长	马赛春	2012年1—6月
	副乡长	王志明	2013年2月至2015年9月
第十七届	乡　长	钱杭栋	2016年12月至2018年12月
	副乡长	胡建江	2015年3月至2017年9月
	副乡长	陈春梅	2016年1—7月
	副乡长	刘孟兴	2016年12月至2019年8月
	副乡长	盛　婕	2018年2月至2019年8月

三、代表大会

因资料缺失难以查证的代表大会，没有在此列入。

通源乡第一届人民代表大会　1951年5月1日，通源乡第一届人民代表大会召开，民主选举乡人民政府乡长、副乡长。乡长刘水棠，副乡长蒋财茂，乡农协主任邢樟茂。

通源乡第二届人民代表大会　1954年4月15日，通源乡第二届人民代表大会召开，选举戴功泉为乡长，周樟昌为副乡长，邢樟茂为农协主任。同时，选举出席县人民代表大会代表3人：邱洪炎、周樟昌、黄小菊（女）。

通源公社第六届人民代表大会第一次会议　1966年2月13日，通源公社第六届人民代表大会第一次会议召开，听取并审议邢荣渭所作的公社管委会工作报告。

通源公社第七届人民代表大会第一次会议　1980年12月17日，通源公社第七届代表大会第一次会议召开。

通源公社第七届人民代表大会第二次会议　1982年4月25日，通源公社第七届人民代表大会第二次会议召开，应出席代表86人，请假缺席9人，实到77人。大会听取并审议通过钱才涛所作的管委会工作报告，审议通过操家喜所作的代表提案处理结果报告，补选王顺法、周樟恒、张正华为公社管委会委员，补办管委会主任王顺法的有关法律手续。

通源公社第七届人民代表大会第三次（预备）会议　1984年1月5日，通源公社第七届人民代表大会第三次（预备）会议召开。会议听取钱才涛代表公社党委所作的《关于通源公社政社分设的工作报告》。通过《通源公社关于体制改革的决议》。按照“保持原来的行政区域不变，以社建乡，以大队建村，以生产队建组”的原则，实施管理体制改革。会议决定，从1月6日起全社铺开，1月20日前完成。政社分设后，公社机构为：乡党委、乡人民政府、乡农工商联合社；大队机构为村党支部、村民委员会，村农工副合作社；生产队改为村民小组。

通源乡第七届人民代表大会第三次会议　1984年1月15日，通源乡第七届人民代表大会第三次会议暨第一届社员代表大会第一次会议召开。应到代表78人，实到66人。会议听取和审议王顺法所作的工作报告；选举乡人民政府正、副乡长和乡农工商联社正、副社长，大会选举黄纪明为乡长，张金祥为副乡长；王顺法为社长，钱信华为副社长；审议通过《通源乡人民政府工作条例》和《通源乡农工商联社工作条例》。

通源乡第八届人民代表大会第一次会议　1984年7月3日，通源乡第八届人民代表大会第一次会议召开。应到代表79人，实到69人。大会听取并审议通过王顺法所作的政府工作报告，选举黄纪明为乡长，吕绍富为副乡长。选举邢荣樟、徐伯江为人民陪审员。

通源乡第八届人民代表大会第二次会议　1985年6月3日，通源乡第八届人民代表大会第二次会议召开。应到代表77人，实到代表64人。吕绍富作政府工作报告。审议通过《通源乡关于计划生育的若干规定》和《关于对义务兵家属优抚款、民兵训练经费实行全乡平衡负担的决定》。增选王敬华为副乡长。

通源乡第八届人民代表大会第三次会议　1985年10月9日，通源乡第八届人民代表大会第三次会议召开。钱才涛作《关于教育工作》的报告，审议通过《通源乡实行九年制义务教育的初步规划》和《关于学校实行分级办学分级管理和筹措办学经费的若干规定》。

通源乡第八届人民代表大会第四次会议　1986年7月9日，通源乡第八届人民代表大会第四次会议召开。应到代表79人，实到代表63人。大会听取李祯祥所作《振奋精神，拓宽视野，繁荣经济，造福人民》的政府工作报告。选举李祯祥为乡长。吕绍富致开幕词，王顺法致闭幕词。

通源乡第九届人民代表大会第一次会议　1987年4月27日，通源乡第九届人民代表大会第一次会议召开。应到代表47人，实到代表45人。大会听取李祯祥《深化改革　艰苦创业　和衷共济　振兴通源》的政府工作报告。吕绍富作财政预决算报告；陈春花作关于计划生育工作报告。审议通过《通源乡乡规民约》《通源乡土地管理若干规定》《通源乡计划生育若干规定》。选举李桢祥为乡长，吕绍富为副乡长。选举人民陪审员。选举县人民代表3名：李桢祥、金仁礼、蒋梅汀。吕绍富致开幕词。陈春花致闭幕词。

通源乡第九届人民代表大会第二次会议　1988年5月2日，通源乡第九届人民代表大会第二次会议召开。应到代表47人，实到44人。大会听取并审议通过吕绍富所作的政府工作报告。听取并审议陈春花所作的乡财政预决算报告。听取王顺法所作的提案工作报告。选举刘柏松为乡长。

通源乡第九届人民代表大会第三次会议　1989年4月20日，通源乡第九届人民代表大会第三次会议召开。应到代表46人，实到40人，列席37人，特邀2人。大会听取并审议通过刘柏松所作的政府工作报告；听取并审议通过吕绍富所作的乡财政预决算报告；听取吕绍富作提案处理答复的报告。

通源乡第十届人民代表大会第一次会议　1990年4月9日，通源乡第十届人民代表大会第一次会议召开。出席会议正式代表57人，列席人员15人，特邀代表3人。大会听取并审议吕绍富所作的政府工作报告，听取和审议谢吉林所作的乡财政预决算报告，通过《关于加强林政管理的若干规定》《关于加强社会治安的若干规定》《通源乡计划生育若干规定》。选举张正华为乡长，吕绍富为副乡长。选举黄纪明为乡人大主席。选举钱樟行、斯松樵为人民陪审员。

通源乡第十届人民代表大会第二次会议　1991年3月15日，通源乡第十届人民代表大会第二次会议召开。出席代表57人。大会听取和审议张正华所作的政府工作报告；听取和审议谢吉林作乡财政预决算报告；听取和审议黄纪明所作的乡人大主席团工作报告；听取吕绍富所作的关于代表提案、建议、意见办理情况的报告；听取并审议通过《通源乡人民政府关于在本乡实施九年制义务教育的意见》。

通源乡第十届人民代表大会第三次会议 1992年3月22日，通源乡第十届人民代表大会第三次会议召开。应到代表55人，实到52人。大会听取并审议通过张正华所作的政府工作报告；听取并审议通过王顺法所作的乡人大工作报告；听取并审议通过谢吉林所作的乡财政预决算报告；听取吕绍富所作的提案建议办理情况报告。

通源乡第十届人民代表大会第四次会议 1992年6月30日，通源乡第十届人民代表大会第四次会议召开。这次会议是在刚刚完成撤区、扩镇、并乡工作后召开的。应到代表57人，实到51人，因事因病请假6人。大会听取通源乡政府工作领导小组组长张正华所作的政府工作报告。选举陶建良为乡人大主席团常务主席；选举张正华为乡长，邱士余、楼孝松为副乡长。

通源乡第十一届人民代表大会第一次会议 1993年3月17日，通源乡第十一届人民代表大会第一次会议召开。应到代表55人，实到53人，因事因病请假2人。大会听取并审议通过张正华所作的乡人民政府工作报告；听取和审议通过邱士余所作的乡财政预决算报告；听取和审议通过陶建良所作的乡人大主席团工作报告。选举陶建良为乡人大主席团常务主席；选举张正华为乡长，邱士余、王顺法为副乡长；选举钱樟行、斯松樵为人民陪审员。

通源乡第十一届人民代表大会第二次会议 1994年3月18日，通源乡第十一届人民代表大会第二次会议召开。应到代表54人，实到53人，因事因病请假1人。大会听取和审议张正华所作的乡人民政府工作报告；听取并审议通过邱士余所作的乡财政预决算报告；听取和审议陶建良所作的乡人大主席团工作报告。

通源乡第十一届人民代表大会第三次会议 1995年3月9日，通源乡第十一届人民代表大会第三次会议召开。应到代表54人，实到51人，因事因病请假3人。大会听取和审议通过张正华所作的乡人民政府工作报告；听取并审议通过王顺法所作的乡财政预决算报告；听取和审议陶建良所作的乡人大主席团工作报告。

通源乡第十二届人民代表大会第一次会议 1996年1月17日，通源乡第十二届人民代表大会第一次会议召开。应到代表44人，实到44人。大会听取和审议麻培兴所作的乡人民政府工作报告；听取和审议裘松林所作的乡人大主席团工作报告。大会选举裘松林为乡人大主席，吕绍富为副主席；选举麻培兴为乡长，钱信华为副乡长。

通源乡第十二届人民代表大会第二次会议 1997年3月5日，通源乡第十二届人民代表大会第二次会议召开。应到代表44人，实到41人，因事因病请假3人。大会听取并审议通过麻培兴所作的乡政府工作报告；听取和审议裘松林所作的乡人大主席团工作报告；听取钱信华所作的代表提案办理情况答复报告。选举出席嵊州市第十二届人民代表大会代表：商纪南、麻培兴、斯菊花（女）。

通源乡第十三届人民代表大会第一次会议 1999年1月21日，通源乡第十三届人民代表大会第一次会议召开。应到代表44人，实到44人。大会听取并审议通过麻培兴所作的乡政府工作报告；听取吕绍富所作的乡人大主席团工作报告。选举叶建德为乡人大主席，吕绍富为副主席；选举麻培兴为乡长，钱信华、郭茂华为副乡长。

通源乡第十四届人民代表大会第一次会议 2002年2月1日，通源乡第十四届人民代表大会第一次会议召开。应到代表44人，实到43人，请假1人。大会听取并审议通过袁焕苗所作的政府工作报告和乡财政收支执行情况报告；听取并审议通过郭茂华所作的乡人大主席团工作报告。选举刘增铭为乡人大主席，郭茂华为人大副主席；选举袁焕苗为乡长，周孟莲、沈潜为副乡长。

通源乡第十四届人民代表大会第二次会议　2003年4月28日，通源乡第十四届人民代表大会第二次会议召开。出席代表44人。大会听取并审议通过袁焕苗所作的政府工作报告和乡财政收支执行情况报告；听取并审议通过郭茂华所作的乡人大主席团工作报告。

通源乡第十四届人民代表大会第三次会议　2004年5月29日，通源乡第十四届人民代表大会第三次会议召开。大会听取并审议袁焕苗所作的政府工作报告；听取并审议郭茂华所作的乡人大主席团工作报告。

通源乡第十四届人民代表大会第四次会议　2005年4月8日，通源乡第十四届人民代表大会第四次会议召开。会议听取并审议沈伟明所作的乡政府工作报告；审议乡财政预算收支执行情况报告（书面）；听取并审议通过郭茂华所作的乡人大主席团工作报告。选举袁焕苗为乡人大主席；选举沈伟明为乡长。

通源乡第十四届人民代表大会第五次会议　2006年3月26日，通源乡第十四届人民代表大会第五次会议召开。出席代表42人，列席人员12人，特邀代表2人。会议听取沈伟明所作的《坚持科学发展、创强争优，努力推进我乡社会主义新农村建设又快又好发展》工作报告；审议财政收支执行情况的报告（书面）；听取并审议郭茂华所作的乡人大主席团工作报告。

通源乡第十五届人民代表大会第一次会议　2007年1月13日，通源乡第十五届人民代表大会第一次会议召开。应到代表43人，实到代表43人，列席8人，特邀2人。大会听取并审议沈伟明所作的乡人民政府工作报告；听取并审议郭茂华所作的乡人大主席团工作报告；审议乡财政收支执行情况报告（书面）。会议选举袁焕苗为乡人大主席，郭茂华为副主席；选举沈伟明为乡长，马勇、求明霞为副乡长。

通源乡第十五届人民代表大会第二次会议　2008年3月7日，通源乡第十五届人民代表大会第二次会议召开。应到代表42人，实到代表41人，请假1人。大会听取和审议陈云海所作的政府工作报告；审议乡财政收支执行情况报告（书面）；听取和审议郭茂华所作的乡人大主席团工作报告。选举姚良火为乡人大主席，选举陈云海为乡长。

通源乡第十五届人民代表大会第三次会议　2009年2月27日，通源乡第十五届人民代表大会第三次会议召开。出席代表42人、特邀代表2人、列席7人。会议听取并审议通过陈云海所作的乡政府工作报告；审议乡财政预决算收支执行情况报告（书面）；听取并审议通过乡人大主席团工作报告。

通源乡第十五届人民代表大会第四次会议　2010年2月27日，通源乡第十五届人民代表大会第四次会议召开。出席代表37人，列席13人。会议听取并审议陈云海所作的政府工作报告；审议乡财政收支执行情况的报告（书面）；听取并审议郭茂华所作的乡人大主席团工作报告。

通源乡第十五届人民代表大会第五次会议　2011年1月13日，通源乡第十五届人民代表大会第五次会议召开。出席代表40人，特邀代表2人，列席7人。会议听取和审议陈云海所作的政府工作报告以及财政收支执行情况报告（书面）；听取和审议郭茂华所作的乡人大主席团工作报告。

通源乡第十六届人民代表大会第一次会议　2012年1月12日，通源乡第十六届人民代表大会第一次会议召开。应到代表44人，实到42人，因事因病请假2人。大会听取并审议汪美芳所作的政府工作报告；听取并审议王向军所作的乡人大工作报告。选举陈云海为乡人大主席，王向军为副主席；汪美芳为乡长，孟超峰、马赛春为副乡长。

通源乡第十六届人民代表大会第三次会议 2014年1月23日，通源乡第十六届代表大会第三次会议召开。出席代表42人。大会听取并审议汪美芳所作的乡政府工作报告；听取并审议王向军所作的乡人大主席团工作报告；审议乡财政预决算报告（书面）。

通源乡第十六届人民代表大会第四次会议 2015年3月13日，通源乡第十六届人民代表大会第四次会议召开。出席代表41人，特邀代表2人，列席8人。大会听取和审议汪美芳所作的政府工作报告；审议乡财政收支预决算报告（书面）；听取和审议王向军所作的人大主席团工作报告。选举汪美芳为乡人大主席；选举胡建江为副乡长。

通源乡第十七届人民代表大会第一次会议 2016年12月26日，通源乡第十七届人民代表大会第一次会议召开。应到代表44人，实到43人，请假1人。会议选举郑永全为乡人大主席；选举钱杭栋为乡长，胡建江、刘孟兴为副乡长。

第三节 人大 政协

一、乡人大主席团

1990年，通源乡第十届人民代表大会第一次会议起，设立乡人民代表大会主席团常务主席。1992年，通源乡第十届人民代表大会第四次会议选举产生人大主席团和常务主席。此后，每届人代会均选举产生乡人大主席团和常务主席。

表30

通源乡第十至十七届人大主席团主席、副主席一览表

届　次	职　务	姓　名	任职时间
第十届一次	人大常务主席	黄纪明（兼）	1990年4月至1991年3月
第十届二次	人大常务主席	王顺法	1991年3月至1992年3月
第十届三次	人大常务主席	王顺法	1992年3—6月
第十届四次	人大常务主席	陶建良	1992年6月至1994年1月
第十一届	人大常务主席	陶建良	1994年1月至1996年2月
第十二届	人大主席	裘松林（兼）	1996年2月至1998年11月
	人大副主席	吕绍富	1996年2月至1999年1月
第十三届	人大主席	叶建德（兼）	1999年1月至2001年12月
	人大副主席	吕绍富	1999年1月至2001年12月
第十四届	人大主席	刘增铭（兼）	2002年2月至2005年4月
	人大主席	袁焕苗（兼）	2005年4月至2007年1月
	人大副主席	郭茂华	2002年2月至2007年1月

续表30

届　次	职　务	姓　名	任职时间
第十五届	人大主席	袁焕苗（兼）	2007年1月至2008年2月
	人大主席	姚良火（兼）	2008年2月至2011年9月
	人大副主席	郭茂华	2007年1月至2012年1月
第十六届	人大主席	陈云海（兼）	2012年1月至2014年11月
	人大副主席	王向军	2012年1月至2015年10月
第十七届	人大主席	汪美芳	2015年3月至2016年7月
	人大主席	郑永全	2016年12月至2019年8月

二、政协工作委员会

为适应新时代新使命，从2015年起，嵊州市政协在乡镇设立工作委员会。

2015年1月12日，市政协发文，设立政协嵊州市委员会通源工作委员会。王向军任政协通源工作委员会主任，盛婕为政协通源工作委办公室负责人。

2015年12月25日，市政协发文，任命钱杭栋为政协通源工作委员会主任；免去王向军的政协通源工作委员会主任职务。

2017年3月10日，市政协常委会决定，梁昊炅为政协嵊州市第十五届委员会通源工作委员会主任。

在通源乡的市政协委员：斯伯荣，为嵊州市第十五、十六届政协委员。

第二章 人民团体

本章主要记述通源乡共青团、妇联和工会组织及工作。由于资料不够全面完整，只能将收集到的资料，按流水账方式予以录入。

第一节 共青团

1955年，通源乡成立团总支，团总支书记为邢樟茂。1956年，成立团乡工委。1961年调整公社规模后，通源公社设团委。据1962年3月统计，通源公社有团员100人。

1971年9月28日，县委批复通源公社党委，同意建立共青团通源人民公社委员会，由风玉如、操家喜、蒋才满、叶春福、周汝金、戴功明、俞汝林、邢成福、邱行通、蒋梅汀、张斐菊等11位为团委委员，风玉如为团委书记，操家喜、蒋才满为副书记。

1984年6月9日，共青团通源乡第七次代表大会召开。应到代表81人，实到70人，应邀到会5人。大会选举产生共青团通源乡第七届委员会，乡团委由邢乐波、樊华钟、斯华军、周锡尧、张小明、钱树军、蔡胜娟、斯月蓉等8名委员组成，邢乐波任团委书记，樊华钟、斯华军任副书记。

1991年3月9日，乡团委响应县“四年消灭荒山，八年绿化嵊县”的号召，组织20多名团员青年到乡茶场植树造林，共种植檫树1600多棵。12月，乡团委组织村团支部书记参加团县委开办的“何家工地团校”，边学习培训，边参加何家水利工程建设。是年，吸收共青团员共38名，其中男团员25名、女团员13名。

2009年，通源乡中心小学王柳娜被团市委表彰为2009年度市级优秀共青团员。

2010年10月11日，共青团通源乡第十一次代表大会召开。参会代表38人。乡团委负责人周锋作《聚思想、增活力、作贡献，为全面推进和谐通源建设贡献新的青春智慧和力量》工作报告。大会通过竞选演讲的方式，直选乡团委书记和新一届乡团委班子，周锋当选为团委书记，王柳娜、求钗、邱幼文、徐君钗、屠鑫娜、斯江正为团委委员。这种民主直选方式，是绍兴市关于乡镇共青团组织格局创新在嵊州的试点。

2010年，通源乡中心小学邱幼文被团市委表彰为2010年度市级优秀共青团员。

2018年3月11日，团市委联合市青年企业家协会，走进通源乡开展植树活动。活动由通源乡团委主持，共种樱花、桂花等3000余棵，总价值超过3万元。企业家们还考察了通源乡的投资环境，表示将通过实际行动助力乡村振兴。

通源历任团委书记（负责人）一览表

表31

姓　名	任职时间	姓　名	任职时间
邢樟茂	1955年—？	张南华	1997年10月至2000年12月
凤玉如	1971年9月—？	沈　坤	2001年1月至2005年12月
邢乐波	1984年4月至1987年7月	何美英	2006年10月至2007年1月
廖　英	1987年8月至1990年2月	周　锋	2010年10月至2012年12月
裘凯东	1990年3月至1992年12月	盛　婕	2014年8月至2018年1月
周明军	1994年1月至1997年9月	—	—

第二节　妇　联

二十世纪五十年代，通源乡民主妇女会成立。在解放初期，大力宣传婚姻法，发动妇女废除封建婚姻制度，解除封建买卖婚姻，争取男女平等。乡（公社）妇联在党委领导下，紧密结合党委、政府的中心工作，立足通源实际，发挥妇联职能，团结广大妇女，为通源乡建设和发展作出贡献。

1980年3月，通源公社第七届妇女代表大会召开。

1983年4月15日，通源公社第八届妇女代表大会召开。70名妇女代表参加。大会选举产生新一届公社妇联委员。刘秋娥当选为妇联主任，蔡飞飞、裘雅素为副主任，斯斐珍、张德香、单爱香、蒋菊花、叶季贤、斯菊花为委员。

1985年4月26日，通源乡第九届妇女代表大会召开。41名妇女代表参加。刘秋娥作《积极投身改革　努力提高素质　争做二十世纪八十年代的新型妇女》工作报告。选举产生第九届乡妇联班子，刘秋娥为妇联主任，安燕英、裘雅素为副主任，蒋菊花、斯斐珍、朱玉芬、单爱香、洪亚丽、操爱娟等为委员。大会还表彰了县级“三八红旗手”松明培村单爱香，县级“五好”家庭岗下村黄国位，县计划生育先进集体茶坊村，县计划生育先进个人联丰村蒋菊花，吴家湾村斯斐珍，乡级“三八”红旗村松明培村，乡级“三八红旗手”茶坊村周苗凤，乡级“五好”家庭119户。

1991年4月11日，通源乡第十届妇女代表大会召开。出席代表51名。王红春作《自尊自信自立自强　为振兴通源立新功》工作报告。安燕英致开幕词。徐华飞致闭幕词。大会选举王红春、安燕英、张玲娟、金福香、徐华飞、斯斐珍、裘雅素等7人为第十届乡妇联委员。

2009年8月27日，通源乡第十二次妇女代表大会在通源乡中心幼儿园召开。应到代表40人，实到38人，因事因病请假2人。金玲作《求真务实　创新发展　努力开创全乡妇女工作的新局面》工作报告。选举产生通源乡妇联第十二届执委会，金玲为妇联主席，屠鑫娜、徐君钗、王松飞、金涛、王水君为执委委员。

2015年10月22日，通源乡第十三次妇女代表大会在乡中心幼儿园召开。37名妇女代表参加。会议选举产生了乡妇联执委和出席嵊州市妇代会代表。

通源历任妇联主席（负责人）一览表

表32

姓　名	任职时间	姓　名	任职时间
刘秋娥	1983年4月至1985年4月	王中萍	1999年7月至2000年10月
陈春花	1985年5月至1988年8月	徐孟亚	2000年10月至2003年12月
廖　英	1988年9月至1990年2月	周孟莲	2003年12月至2005年6月
陈胜娟	1990年2—8月	邢玲玲	2005年6月至2008年1月
王红春	1990年8月至1994年7月	金小芳	2008年2月至2009年1月
胡秀扬	1994年8月至1996年12月	金　玲	2009年2月至2014年8月
徐华飞	1996年12月至1999年7月	屠鑫娜	2014年8月至2017年5月

妇女关爱行动　2010年3月5日，为纪念“三八”妇女节100周年，乡妇联与乡计生办联合举办系列活动：举行“三八”茶话会、学习《中华人民共和国婚姻法》《中华人民共和国妇女权益保障法》《中华人民共和国人口与计划生育法》，开展送温暖活动等。2015年1月27日，乡妇联组织妇女党员开展美丽基金祝愿母亲——关爱农村贫困妇女乳腺癌患者粉红丝带暖冬爱心慰问行动。3月5日起，乡妇联以纪念“三八”国际妇女节105周年为契机，开展以“美丽女性，靓丽人生”为主题的系列活动：举办“美丽女性”形象提升课程、基本国策知识竞答比赛、平安通源巾帼志愿活动等。

村嫂志愿服务　2015年6月19日，乡妇联和乡团委组织村嫂在通源村文化礼堂开展“活力通源、粽香端午”包粽子活动，将包好的粽子免费发放给乡中心学校学生、低保户和部分老年人。8月3日起，由通源村妇女主任王海英等创建的“通源爱心驿站”，每天由1人轮流负责烧水，免费提供六月霜和茶叶，为过往行人服务。9月23日，乡妇联组织“一家亲”村嫂志愿服务队、中心学校和爱心人士，在通源村文化礼堂开展“通源一家亲，真情颂金秋”主题活动，为全乡20余户单亲家庭、孤寡老人、困难群众、残障人士送上爱心企业家捐赠的中秋月饼。11月18日，乡妇联在森歌集团支持下，组织村嫂志愿者开展“爱在通源，村嫂暖冬行”志愿活动，慰问困难老人，与6户困难家庭结对连亲。2016年1月17日，通源村嫂志愿服务队开展“通源一家亲，共享腊八情”主题活动，10多位村嫂熬制腊八粥送给村中老人、孩子和过往客人。2017年5月27日，乡妇联组织村嫂志愿者开展端午送温暖活动，将自包的粽子送给乡校学生和困难群众。

助力环境整治　2019年1月，乡妇联牵头举行美丽庭院比赛活动。全乡建立分片保洁评优竞赛制度，以行政村为单位分成6个比赛小组，开展门前三包活动，开展美丽庭院创建，以废旧轮胎、酒坛子和团背为载体，将各种创意以画画和描图写字等形式体现出来。制订《通源乡行政村月度检查办法》，将每月2日定为环境卫生检查日，组成6个卫生检查小组，对全乡6个行政村交叉检查；细化评分办法，将总分100分分配到村道、庭院、河道、绿化、公共环境5个部分，每月表彰总分最高的村；加大反馈通报力度，由检查组及时反馈整改意见和卫生死角的照片，促使全乡环境卫生面貌得到有效改善。

主要荣誉　1998年，白雁坑村斯菊花获国家环保总局“第二届妇女环保百佳”称号，并两次被绍兴市妇联授予“三八红旗手”称号。2003年，通源乡华军茶厂获评绍兴“妇字号”先进集体。2012年，通源乡被市妇联表彰为第一批嵊州市妇联基层组织建设示范乡镇，通益村为第一批嵊州市妇联基层组织建设示范村。2015年，通源村村嫂志愿服务队被市文明办、市妇联表彰为嵊州市首届“十佳村嫂志愿服务队”，黄桂飞、钱如君、王海英为“百佳村嫂志愿者”。2018年，通源村王海英家庭被评为嵊州市“十佳美德家庭”。

第三节　工　会

1985年11月12日，县总工会同意成立通源乡教育工会，宋良鸿任乡教育工会主席。

1989年11月29日，县总工会批复同意由史林波、斯华军、黄才汀、袁亚群、黄胜华等5人组成乡教育工会委员会，史林波任工会主席，斯华军任工会副主席，黄才汀为工会经费审查员。

1996年4月18日，市教育工会批复通源乡教育工会委员会由黄胜华、商刘敏、楼银兰等3人组成，黄胜华任工会主席，商刘敏任经费审查员。

2002年4月18日，市总工会批复同意通源乡工会工作委员会由郭茂华、沈潜、丁华等3人组成，郭茂华为乡工会工作委员会主任。10月10日，市总工会批复同意建立通源乡机关工会委员会，郭茂华、沈潜、邢玲玲为首届工会委员会委员，郭茂华为工会主席，沈坤为经费审查员。

2017年1月5日，市总工会批复通源乡机关新一届工会委员会由梁昊炅、盛婕、蒋桂飞等3人组成，梁昊炅为主席；经费审查委员会由屠鑫娜、马周檬、吕欣等3人组成，屠鑫娜为主任。

第三章 工作辑要

通源乡党委、政府工作涉及政治、经济、社会事业等方方面面。本章主要收录村级组织建设，以及武装、司法、民政等工作，根据收集到的资料整理。

第一节 村级建设

通源行政村历史上有过多次变更，大致为：初建乡时有11个村，土改时为10个村；人民公社化后改称大队，从13个大队上升到22个大队，最多时扩展到29个大队，1969年撤并为12个大队；1984年政社分设，改革乡、村建制，又恢复为村，时有13个村；2007年撤并为6个村；2019年再一次撤并成4个村。村级组织是党和政府联系村民的桥梁纽带，也是全面实施乡村振兴的重要力量。村级组织建设包括村党组织、村民自治组织、村集体经济组织、村务监督组织和其他村级经济社会组织等有关工作。

1970年7月9日，县革委会同意建立茶坊大队党支部，王伦校任书记；建立联丰大队党支部，斯荣汀任书记；建立茶培大队党支部，王炳灿任书记；建立常红大队党支部，王顺法任书记。8月5日，县革委会同意建立松明培大队党支部，邢荣樟任书记；建立江下大队党支部，黄福生任书记；建立东坑大队党支部，张光永任书记。9月4日，县革委会同意建立向阳大队党支部，郭林木任书记。12月7日，县革委会同意建立白雁坑大队党支部，金茂兴任书记。1971年8月11日，县委同意张才宝任东坑大队党支部书记，免去张光永支部书记职务。

1978—1979年，公社党委相继批准各大队革命生产领导小组更名为管理委员会，并同意各大队管委会组成人员及任职。1978年11月13日，批准茶坊大队由王家夫、王月棠、王伦校、王裕棠、王金木、王祖成、王友塘、裘雅素等组成管委会，王家夫为大队长，王月棠为副大队长；批准胜联大队由徐仲道、钱福祥、戴功孝、戴荣水、戴樟祥、王才香、戴和全、戴祖银、钱越喜等组成管委会，徐仲道任大队长，钱福祥任副大队长。12月28日，批准茶培大队由张亚夫、张才木、王炳灿、张亚芬、钱水华、张洪顺、徐忠余、徐樟法、徐银水等组成管委会，张亚夫为大队长，张才木为副大队长。1979年1月8日，批准联丰大队由沈财仁、徐陆汀、斯云汀、斯位祥、蔡樟桂、蔡镇梁、樊忠花、蒋梅汀、周财兴、俞茂根等组成管委会，沈财仁任大队长，斯云汀、周财兴为副大队长。1月19日，批准三王堂大队由钱章相、吕香华、操章土、操生位、吕福老、徐仲喜、钱校千、周雪全、戴永法、戴凤兵、张德香等组成管委会，钱章相为大队长，吕香华、操章土为副大队长。7月4日，批准东坑大队由张雪夫、钱仁夫、吕学青、裘珍亚、张樟水、沈文华、吕樟千、张樟金、丁本荣、朱敬祥、张法庆等组成管委会，张雪夫为大队长，钱仁夫、吕学青为副大队长；批准江下大队由黄樟火、王金千、黄灿金、黄福生、周功胜、周功喜、黄华珍、王祖连、黄樟苗、应财花、黄财永等组成管委会，黄樟火任大队长，王金千任副大队长；批准吴家湾大队由斯培华、斯水土、吴仲生、斯樟恒、斯季栩、孙小满、樊德宝、孙兰芬、斯水金、斯仁祥、斯培潮等组成管委会，斯培华任大队长，斯水土、吴仲生为副大队长；批准向阳大队由钱武兴、钱校初、钱武良、钱武棠、周兴仁、沈银花、钱校龙、郭仁汀、郭林木等组成管委会，钱武兴任大队长，钱校初任副大队长；批准白雁坑大队由邱行生、斯季元、钱樟火、斯樟才、洪元青、洪水林、金茂兴、斯菊花、金樟尧、钱樟行、邱行通等组成管委会，邱行生任大队长，斯季元任副大队长；批准董家坑大队由钱荣樵、樊林生、樊南喜、谢越芹、黄校勤、谢吉苗、黄南永等组成管委会，钱荣樵任大队长，樊林生任副大队长。

1979年1月8日，公社党委批复同意蒋梅汀、斯云汀、沈财仁、徐陆汀、蔡镇良等为联丰大队党支部委员。4月7日，公社党委批复同意松明培大队党支部由邢荣樟、张名魁、邢林位、邢福全、邢秋惠等组成，邢荣樟任党支部书记，张名魁任副书记；批复同意松明培大队管委会由邢林位、金银火、邢樟位、邢樟元、邢秋惠、金国良、斯琴珠、单爱香、张名魁、邢承福、邓仲良、邢荣樟等组成，邢林位任大队长，金银火、邢樟位任副大队长；批复同意三王堂大队管委会由操樟兔、徐仲喜、戴凤兵、操生位、吕福老、吕香华、钱樟相、钱校千、周雪全、戴永法、张德香等组成，操樟兔任大队长，徐仲喜、戴凤兵任副大队长。9月24日，公社党委批准茶培大队党支部由王炳灿、徐忠余、张才木等组成，王炳灿任书记，徐忠余任副书记。

1981年2月14日，公社党委批复吴家湾大队党支部，同意免去斯樟恒、孙兰芬大队管委会委员职务，增补斯花琴、孙苗兴、樊法成为大队管委会委员。15日，公社党委批复东坑大队党支部，同意吕学青、张樟庆、张法庆、沈文华、张杏花、张元太、钱仁夫、张桂南、张全校等组成大队管委会，吕学青任大队长，张樟庆、张法庆任副大队长。21日，公社党委批复联丰大队党支部，同意蔡樟桂、斯永汀、斯位祥、蔡正良、斯云水、蒋才火、沈正苗、蒋仲兴、周水火、俞茂根等组成大队管委会，由蔡樟桂任大队长；批复茶培大队党支部，同意张洪夫、徐根水、张才木、徐仲汀、王雨火、刘如林、张樟法、张洪顺、张亚芬等组成大队管委会，张洪夫任大队长，徐根水、张才木任副大队长。3月4日，公社党委批复松明培大队党支部，同意由金仁礼、邢林惠、金银火、邢樟位、金国良、邢承福、邢福金、单爱香、周雪扬、金银汀、斯琴珠等组成大队管委会，金仁礼任大队长，邢林惠、金银火任副大队长。7日，公社党委报经长乐区委批准，任命钱校初任道场大队党支部书记；操生位任三王堂大队党支部书记；张樟水任东坑大队党支部书记；徐忠余任茶培大队党支部书记。4月20日，公社党委批复茶坊大队党支部、管委会，同意增补王忠汀为大队管委会委员。5月19日，公社党委报长乐区委批准，任命黄财永任江夏大队党支部书记，免去黄福生江夏大队党支部书记职务；王汉巨任茶坊大队党支部书记，免去王伦校茶坊大队党支部书记职务。1982年5月31日，公社党委决定，蔡征良任联丰大队党支部书记，免去蒋梅汀联丰大队党支部书记职务。

1983年4月11日，报长乐区委批准，公社党委决定：王祖明任茶坊大队党支部书记，王伦富任组织委员，王纪承任宣传委员，免去王汉巨茶坊大队党支部书记职务；邢荣樟任松明培大队党支部书记，金仁礼任副书记，邱见老任宣传委员，邢林位任组织委员，金国良任保卫委员，免去张明魁党支部副书记职务，免去邢福金党支部委员职务；钱陆明任里大坑大队党支部书记，戴和全任副书记，钱章平任组织委员，戴功福任宣传委员，戴祖银任保卫委员，免去戴功法党支部书记职务，免去王瑞香党支部委员职务。

1984年1月12日，公社党委发出各村民委员会、农工副合作社干部任职通知。联丰村主任谢樟贵，社长蒋才火；吴家湾村主任斯良骥，社长斯培华；道场村主任钱武生，社长钱兰钗；白雁坑村主任洪元青，社长邱行通；松明培村主任金仁礼，社长金银火；董家坑村主任谢吉苗，社长钱校庆；茶培村主任张洪富，社长刘士林；三王堂村主任操家祥，社长戴功良；里大坑村主任戴功满，社长刘金华；新东坑村主任张福兴，社长吕学清；茶坊村主任王纪成，社长王友堂；岗下村主任黄华正，社长黄校田。通知同时明确，自发文之日起，撤销原大队管委会。

1985年4月16日，公社党委决定，新建荷岭村党支部，张法庆任党支部书记。

1986年9月19日，乡党委决定，免去徐忠余的茶培村党支部书记职务，由副书记张才德负责村党支部全面工作。11月1日，乡党委决定：张财德任茶培村党支部书记，张洪顺任副书记，张洪富、刘士林任支部委员；周仕金任岗下村党支部副书记，黄樟火任支部委员；张樟庆任新东坑村党支部委员；郭茂华兼任道场村党支部书记；朱光初任荷岭村党支部副书记；王春军任茶坊村党支部委员。免去钱校初道场村党支部书记职务，任党支部副书记；免去周功喜岗下村党支部副书记职务，任支部委员。钱章平任里大坑村村民委员会主任；王春军任茶坊村村民委员会主任；郭林福任道场村村民委员会主任；免去戴功满里大坑村村民委员会主任职务；免去钱武生道场村村民委员会主任职务；免去王继成茶坊村村民委员会主任职务。12月30日，乡党委决定，蒋梅汀任联丰村党支部书记，免去蔡正良党支部书记职务，任党支部副书记。1989年1月7日，乡党委、政府决定，裘雅素任茶坊村民委员会主任；王继成任茶坊村党支部副书记；王伦富为茶坊村党支部委员。1990年11月22日，乡党委任命钱信华为吴家湾村党支部书记。1991年10月8日，乡党委决定，蒋梅汀任联丰村党支部书记、村经济合作社社长；免去俞茂根联丰村党支部书记、村经济合作社社长职务，改任联丰村党支部副书记。1992年5月24日，乡党委决定，郭茂华兼任道场村党支部书记；斯正祥任吴家湾村党支部副书记，负责全面工作；免去钱信华兼任的吴家湾村党支部书记职务。1993年5月5日，乡党委任命郭伯乐为道场村党支部书记，谢苗永为董家坑村党支部书记。1994年1月18日，乡党委批复同意三王堂村党支部委员会组成人员，操生位任书记，操家祥为副书记，徐仲春、戴功学、周丰平为支部委员。同日，乡党委决定，刘利明任里大坑村党支部副书记。

1994年4月19日，乡党委公布各村村民委员会换届选举结果。岗下村村委会主任黄才永，副主任黄校田，委员黄金镛、钱樟善、周功余。茶坊村村委会主任王春军，副主任王祖民，委员王祖华、王友棠、王继成。新东坑村村委会主任袁桂福，委员张福兴、沈文华、张雨银、吕彩云。道场村村委会主任周南军，副主任钱孟松，委员周雨仁、郭林福、郭根孝。联丰村村委会主任蔡镇良，副主任徐忠良，委员俞茂根、斯荣汀、斯惠祥。吴家湾村村委会主任斯松樵，副主任孙正华，委员斯松祥、吴仲华、孙佳山。松明培村村委会主任金仁礼，副主任金银火，委员周雪尧、张小明、钱高松、邢华军、邢承福、樊水余。白雁坑村村委会主任钱樟行，副主任邱行通，委员金茂兴、斯菊花、钱苗祥。董家坑村村委会主任黄南永，委员樊南喜、钱章平。茶培村村委会主任徐仲汀，委员张洪富、张洪太。三王堂村村委会主任操家祥，副主任王炎昌，委员周丰平、徐仲汀、操爱娟。

1994年5月18日，乡党委决定，张福兴任新东坑村党支部书记，免去吕绍富兼任的新东坑村党支部书记职务。12月30日，乡党委决定，刘利明任里大坑村党支部书记；黄南永任董家坑村党支部书记；王祖成任茶坊村党支部委员、副书记；戴志力任里大坑村党支部委员。免去刘金华里大坑村党支部书记职务；免去谢苗永董家坑村党支部书记职务。同日，乡党委批复同意茶培村党支部由张洪富、张才德、刘士林等3人组成，张洪富任党支部书记，张才德任副书记。1996年6月20日，乡党委、政府同意王春军辞去茶坊村委会主任职务，由王祖民担任茶坊村村委会主任。1997年10月15日，乡党委决定，朱光初任荷岭村党支部书记；朱光富任荷岭村党支部副书记，免去张法庆荷岭村党支部书记职务。

1999年7月16日，乡党委公布换届后各村党支部组成人员名单。茶坊村党支部书记王春军，委员王祖明、王南军。新东坑村党支部书记张松祥，委员张雨银、张桂南。岗下村党支部书记黄才永，委员黄金亚、黄校祥。道场村党支部书记郭伯乐，委员郭维棠、钱兰钗。吴家湾村党支部书记孙雷鸣，委员斯正祥、孙正洪。联丰村党支部书记蒋惠汀，委员俞茂根、蔡镇梁。白雁坑村党支部书记斯华灿，委员斯菊花、钱苗祥。松明培村党支部书记金仁礼，委员张方秋、张小明。三王堂村党支部书记操家祥，委员钱康良、储德银。茶培村党支部书记张纯东，委员张洪太、刘士林。里大坑村党支部书记戴祖银，委员钱六明、戴金达。荷岭村党支部由朱光初任书记。董家坑村党支部由谢吉苗任书记。8月20日，乡党委政府公布换届选举后各村民委员会当选人员名单。茶坊村主任王南军，委员王成军、王春军。新东坑村主任张雨银，委员张玉富、张福兴。岗下村主任黄校田，委员钱樟善、黄校祥。联丰村主任蔡征良，委员俞茂根、斯方良。吴家湾村主任斯松樵，委员陈好昌、斯维永。道场村主任郭林福，委员钱武权、郭维棠。荷岭村主任俞尧富，委员张小永、蒋荣兴。董家坑村主任钱章军，委员钱江、谢财永。松明培村主任金仁礼，委员邢华军、张小明。白雁坑村主任邱志平，委员钱苗珍、斯根灿。茶培村主任刘士林，委员王伯汀、张洪金。三王堂村主任钱康良，委员徐仲汀、戴功余。里大坑村主任戴祖银，委员钱六明、戴伯满。

2000年2月28日，乡党委决定，刘士林任茶培村党支部书记；徐忠进任茶培村经济合作社副社长；免去张纯东茶培村党支部书记职务。2001年6月18日，乡党委决定，钱华平任董家坑村党支部书记，同意谢吉苗辞去董家坑村党支部书记职务；张少坡任吴家湾村党支部书记，免去孙雷鸣吴家湾村党支部书记职务。8月20日，乡党委决定，钱校庆任董家坑村党支部书记；钱喜若任董家坑村经济合作社社长。11月13日，乡党委决定，王成军任茶坊村党支部委员、副书记；同意王春军辞去茶坊村党支部书记、委员、经济合作社社长职务。

2002年6月30日，乡党委公布各村党支部委员会组成人员。茶坊村支部书记王南军，委员王成军、王祖明；新东坑村支部书记张松祥，委员张雨银、张桂南；岗下村支部书记黄用铭，委员黄财永、黄永仁；道场村支部书记郭伯乐，委员钱孟松、钱兰钗；吴家湾村支部书记张少坡，委员斯正祥、孙正洪；联丰村支部书记蒋惠汀，委员蔡征梁、俞根茂；白雁坑村支部书记斯华灿，委员钱苗祥、钱秋华；松明培村支部书记金仁礼，委员金银火、金银汀；三王堂村支部书记操家祥，委员王炎昌、储德银；茶培村由刘士林、徐华飞等2人组成，指定刘士林为党支部负责人；里大坑村支部书记刘黎明，委员刘金华、钱六明；荷岭村由朱光初任支部书记；董家坑村由樊林生任支部书记。8月5日，乡党委、政府公布各村村委会换届选举结果：茶坊村主任王祖明，委员王成军、王祖华；新东坑村主任张雨银，委员张利君、张桂南；岗下村主任王生军，委员黄校祥、周伟良；联丰村主任蔡征良，委员斯方亮、徐忠良；吴家湾村主任斯松樵，委员陈好昌、俞新仁；道场村主任郭林福，委员钱兰钗、梁生夫；荷岭村主任丁东宝，委员蒋荣兴、张小永；董家坑村主任钱校尧，委员谢苗永、钱江；松明培村主任金仁礼，委员邢华军、邢祖军；白雁坑村主任邱志平，委员钱苗珍、商建明；茶培村主任张洪富，委员徐仲汀、张洪金；三王堂村主任徐仲汀，委员周忠林、戴功余；里大坑村主任戴祖银，委员戴伯满、戴喜洪。8月8日，乡党委任命各村经济合作社社长：茶坊村王南军；新东坑村张松祥；岗下村黄用铭；道场村郭伯乐；荷岭村朱光初；联丰村蒋惠汀；吴家湾村张少坡，斯松祥为副社长；松明培村金仁礼；白雁坑村斯华灿；董家坑村樊林生；茶培村刘士林；三王堂村操家祥；里大坑村刘利明。

2003年5月29日，乡党委任命斯正祥为吴家湾村党支部书记、经济合作社社长，免去张少坡吴家湾村党支部书记、经济合作社社长职务。2006年9月4日，乡党委决定，张雨银任新东坑村党支部书记。2007年8月1日，乡党委调整松明培村党支部委员会组成人员，由周雪尧、樊华忠、樊方初等3人组成。周雪尧任支部副书记，负责全面工作。聘任周雪尧为村经济合作社社长。

2008年3月27日，乡党委批复同意6个行政村党支部换届选举结果：通源村党支部由黄用铭、郭伯乐、朱光初、钱江、王生军等组成，黄用铭为书记；通益村党支部由王南军、张雨银、张长里等组成，王南军为书记；西三村党支部由徐华飞、操小余、王炎昌等组成，徐华飞为支部负责人；吴联村党支部由斯松樵、金立夫、蒋惠汀等组成，斯松樵为书记；白雁坑村党支部由钱秋华、钱继仁、邱志平等组成，钱秋华为书记；松明培村党支部由樊华忠、邢华平、樊方初等组成，樊华忠为书记。4月29日，乡党委、政府公布各行政村村民委员选举结果：通益村村民委员会由吕志明、王松飞、王成军等组成，吕志明为主任；通源村村民委员会由黄校顺、钱孟松、黄成军等组成，黄校顺为主任；西三村村民委员会由操小余、戴祖良、徐君钗等组成，操小余为主任；吴联村村民委员会由金立夫、斯江正、俞新仁等组成，金立夫为主任；白雁坑村村民委员会由马樟华、洪小赛、金晓江等组成，马樟华为主任；松明培村村民委员会由张方秋、周秋明、邢忠华等组成，张方秋为主任。5月12日，乡党委、政府公布各行政村经济合作社组成人员：通源村经济合作社由黄用铭、黄校顺、王海英等组成，黄用铭为社长；通益村经济合作社由王南军、吕志明、王成军等组成，王南军为社长；西三村经济合作社由徐华飞、操小余、操家祥等组成，徐华飞为社长；吴联村经济合作社由斯松樵、金立夫、俞茂根等组成，斯松樵为社长；白雁坑村经济合作社由钱秋华、马樟华、钱继仁等组成，钱秋华为社长；松明培村经济合作社由樊华忠、张方秋、周锡尧等组成，樊华忠为社长。9月12日，乡党委决定，徐华飞任西三村党支部书记。

2011年3月3日，乡党委批复6个行政村党支部换届选举结果：通源村党支部委员会由黄用明、朱光初、郭伯乐、王生军、钱江等组成，黄用明为书记；通益村党支部委员会由王南军、张长里、王成军等组成，王南军为书记；西三村党支部委员会由徐华飞、操小余、王炎昌、戴金达、王亚莲等组成，徐华飞为书记；吴联村党支部委员会由斯松樵、金立夫、黄泽兴等组成，斯松樵为书记；白雁坑村党支部委员会由钱秋华、邱志平、钱继仁等组成，钱秋华为书记；松明培村党支部委员会由樊华忠、邢奇明、张方秋等组成，樊华忠为书记。4月2日，乡党委、政府批复6个行政村村民委员会选举结果：通益村村民委员会由张雨银、王松飞、孙雪军、袁华富等组成，张雨银为主任；通源村村民委员会由王成军、黄生苗、王海英、周伟良等组成，王成军为主任；西三村村民委员会由操小余、徐君钗、戴喜洪等组成，操小余为主任；吴联村村民委员会由金立夫、孙刿军、俞继城、吴美园等组成，金立夫为主任；白雁坑村村民委员会由斯伯荣、洪小赛、斯冬娟、钱嵊雄等组成，斯伯荣为主任；松明培村村民委员会由邢忠华、周锡尧、单文军、邢美芳等组成，邢忠华为主任。同日，乡党委、政府公布全乡6个行政村经济合作社、村务监督委员会换届选举结果：通益村经济合作社由王南军、张雨银、王成军等组成，王南军为社长；村务监督委员会由张长里、王伦富、钱仁夫等组成，张长里为主任。通源村经济合作社由黄用铭、王成军、王海英等组成，黄用铭为社长；村务监督委员会由朱光初、郭根孝、谢小永等组成，朱光初为主任。西三村经济合作社由徐华飞、操小余、操家祥等组成，徐华飞为社长；村务监督委员会由王炎昌、刘士林、戴祖良等组成，王炎昌为主任。吴联村经济合作社由斯松樵、金立夫、俞茂根等组成，斯松樵为社长；村务监督委员会由黄泽兴、蔡征良、蒋财火等组成，黄泽兴为主任。白雁坑村经济合作社由钱秋华、斯伯荣、钱继仁等组成，钱秋华为社长；村务监督委员会由邱志平、邱维水、金晓江等组成，邱志平为主任。松明培村经济合作社由樊华忠、邢忠华、周锡尧等组成，樊华忠为社长；村务监督委员会由张方秋，汤兰中、周秋明等组成，张方秋为主任。

2013年11月18日，乡党委批复6个行政村党支部换届选举结果：通源村党支部由黄用明、求钗、郭建华、朱光立、钱校达等组成，黄用明为书记。通益村党支部由王南军、张运才、王成军等组成，王南军为书记。西三村党支部由徐华飞、操小余、王炎昌、戴金达、刘士林等组成，徐华飞为书记。吴联村党支部由斯松桥、金立夫、蒋财火等组成，斯松樵为书记。白雁坑村党支部由钱秋华、钱松祥、马樟华等组成，钱秋华为书记。松明培村党支部由邢奇明、樊华忠、周锡尧等组成，邢奇明为书记。2014年1月8日，乡党委、政府公布6个行政村村民委员会换届选举结果。通源村村民委员会由王成军、王海英、周伟良、黄生苗等组成，王成军为主任。通益村村民委员会由吕银苗、王松飞、孙雪军、袁华富等组成，吕银苗为主任。西三村村民委员会由操小余、金华娟、徐君钗、戴喜洪等组成，操小余为主任。吴联村村民委员会由斯江正、孙刿军、吴美园、俞继城等组成，斯江正为主任。白雁坑村村民委员会由斯伯荣、王美丽、洪小赛、钱嵊雄等组成，斯伯荣为主任。松明培村村民委员会由邢忠华、邢吉丰、邢美芳、钱冬霞等组成，邢忠华为主任。同日，乡党委、政府公布6个行政村村务监督委员会、村经济合作社换届选举结果。通源村村务监督委员会由朱光立、王生军、钱章苗等组成，朱光立为主任；经济合作社由黄用明、王成军、王海英等组成，黄用明为社长。通益村村务监督委员会由张运才、王卫军、张国华等组成，张运才为主任；经济合作社由王南军、吕银苗、王成军等组成，王南军为社长。西三村村务监督委员会由戴金达、王武军、钱六明等组成，戴金运为主任；经济合作社由徐华飞、操小余、刘士林等组成，徐华飞为社长。吴联村村务监督委员会由蒋才火、孙孟军、蔡征良等组成，蒋才火为主任；经济合作社由斯松樵、斯江正、俞茂根等组成，斯松樵为社长。白雁坑村村务监督委员会由钱松祥、金晓江、斯林福等组成，钱松祥为主任；经济合作社由钱秋华、斯伯荣、钱继仁等组戍，钱秋华为社长。松明培村村务监督委员会由张方秋、汤兰中、周秋明等组成，张方秋为主任；经济合作社由邢奇明、邢忠华、周锡尧等组成，邢奇明为社长。

2017年5月15日，乡党委批复6个行政村党支部换届选举结果：通源村党支部由黄用明、钱校达、郭建华等组成；黄用明为书记。通益村党支部由王南军、王成军、张运才等组成；王南军为书记。西三村党支部由徐华飞、操小余、徐君钗等组成；徐华飞为书记。吴联村党支部由斯江正、沈樟锡、周立等组成；斯江正为书记。白雁坑村党支部由钱秋华、马樟华、钱松祥等组成；钱秋华为书记。松明培村党支部由邢奇明、张方秋、周锡尧等组成；邢奇明为书记。

各时期行政村历任主职干部一览表

表33

时　期	村　名	党支部书记	村主任（大队长）
13个行政村时期（1950年至2007年，包括期间历次变更）	岗　下	黄福生、黄财永、黄用明	黄樟火、王祖生、周功扬、黄华正、黄校田、王生军
	茶　坊	斯水形、王伦校、王汉巨、王祖明、王春军、王南军	王樟焕、王家夫、王祖明、王继成、裘雅素、王春军、王南军、王祖华
	新东坑	张才宝、张光永、张樟水、张福兴、沈文华、吕绍富（下派）、张松祥、张雨银	张雪夫、吕学青、张樟庆、袁桂福、张雨银、张军贤
	荷　岭	沈荣招、张法庆、朱光初	朱敬祥、朱光来、沈宝松、俞尧富、丁东宝
	道　场	钱章云、陈成法、郭林木、钱校初、郭茂华、郭伯乐	陈成法、郭林木、钱武兴、钱武生、钱兰钗、郭林福、周南军、钱孟松
	联　丰	徐六汀、斯荣汀、蒋梅汀、蔡征良、俞茂根、蒋惠汀	沈财仁、蔡征良、蔡樟桂、俞茂根、金立夫
	吴家湾	斯樟恒、斯培华、斯仁祥、斯松千、钱信华（下派）、斯正祥、孙雷鸣、张少坡（下派）、黄泽兴	斯水土、斯培华、斯良骥、孙正华、斯松樵
	松明培	樊灿炳、邢荣樟、金洪弟、邢秋惠、金仁礼、周雪尧	邢秋惠、邢财福、邢林惠、金仁礼、邢祖军
	董家坑	樊南喜、谢吉苗、谢苗永、黄南永、樊林生、钱江	钱荣樵、钱校庆、黄南永、钱章军、钱校尧、钱校达
	白雁坑	马瑞火、邱行生、洪水林、金茂兴、钱继红、斯华灿、钱秋华	邱行生、洪水林、钱樟行、洪元青、钱樟行、邱志平、斯华灿
	茶　培	王炳灿、徐忠余、张财德、张洪富、张纯东、刘士林、徐华飞	徐樟生、张洪夫、徐华助、徐仲汀、刘士林、钱武安
	三王堂	操生位、王仁法、操家祥	操樟土、钱章相、周丰平、徐仲汀、操家祥、钱康良、操小裕
	里大坑	戴和全、戴功法、戴祖银、钱陆明、钱章平、刘金华、刘利明、戴金达	戴瑞荣、钱章平、徐仲道、戴功满、刘金华、戴祖银、戴祖良
6个行政村时期（2007年至2019年）	通　源	黄用明	郭伯乐、黄校仁、王成军
	通　益	王南军	吕志明、张雨银、吕银苗
	吴　联	斯松樵、斯江正	金立夫、斯江正、蔡宝军
	松明培	樊华忠、邢其明	张方秋、邢忠华、邢建钢
	白雁坑	钱秋华	马樟华、斯伯荣
	西　三	徐华飞	操小裕

续表33

时　期	村　名	党支部书记	村主任（大队长）
4个行政村时期（2019年起）	通　源	黄用明、王南军	黄用明、王南军
	松明培	斯江正	斯江正
	白雁坑	钱秋华、斯伯荣	斯伯荣
	西白山	徐华飞、徐君钗	操小裕、徐君钗

说明：1.此表只列建乡后村党组织和行政主职干部，副职不列入。2.所列人员按任职时间先后排列。3.担任过表中两个职务的分别列出，同一职务分段任职只列第一次。4.2007年以前各村（大队）干部任职归并到相应村里。5.因引用资料不同，各字有同音字。

第二节　武装工作

在抗日战争和解放战争期间，通源有不少志士自愿参加革命军队。1951年抗美援朝时，通源有多位青年报名参军。1954年12月，开始实行义务兵役制。1994年度，通源乡在全县各乡镇中冬季征兵体检合格率获得第一名，受到县政府、县人武部表彰。1997年，通源乡被评为嵊州市征兵工作先进单位。2010年，通源被绍兴市、绍兴军分区表彰为国防后备力量基层建设先进单位。

通源乡历任人武部长：徐培进、黄纪明、张仲才、钱金永、王仲伟、张孟巨、竺炳江。

1953—2019年通源回乡在乡退役军人

表34

姓　名	服役时间	所在村	姓　名	服役时间	所在村
周功胜	1953年2月至1957年4月	岗　下	黄用金	1990年12月至1997年12月	岗　下
周功巨	1955年3月至1958年3月	岗　下	黄建锋	1993年12月至1996年12月	岗　下
黄用法	1965年3月至1969年3月	岗　下	王志江	1999年12月至2001年12月	岗　下
周聚金	1966年1月至1971年1月	岗　下	樊攀城	2008年12月至2013年12月	岗　下
周洪钦	1968年3月至1971年2月	岗　下	黄潇锋	2008年12月至2016年12月	岗　下
钱荣铨	1968年3月至1973年1月	岗　下	赵方雷	2009年12月至2014年12月	岗　下
黄才永	1969年2月至1973年2月	岗　下	王志恒	2010年12月至2012年12月	岗　下
周功位	1969年12月至1973年1月	岗　下	樊杭波	2010年12月至2012年12月	岗　下
黄校祥	1970年12月至1975年2月	岗　下	赵　栋	2012年12月至2014年12月	岗　下
黄华正	1972年12月至1975年3月	岗　下	周海波	2012年12月至2017年12月	岗　下
钱荣高	1972年12月至1976年3月	岗　下	王纪成	1978年2月至1983年1月	茶　坊
周功茂	1976年12月至1981年1月	岗　下	王祖成	1978年11月至1984年1月	茶　坊
黄校达	1979年1月至1983年1月	岗　下	王春军	1981年10月至1986年1月	茶　坊

续表34

姓　名	服役时间	所在村	姓　名	服役时间	所在村
王卫冬	1987年10月至1991年12月	茶　坊	郭茂华	1976年3月至1982年1月	道　场
王卫军	1989年3月至1991年12月	茶　坊	周南军	1983年11月至1988年1月	道　场
王成军	1991年12月至1994年12月	茶　坊	钱洁军	1989年12月至1991年12月	道　场
张贤明	1998年12月至2000年12月	茶　坊	钱利超	1993年12月至1996年12月	道　场
张平松	1999年12月至2001年12月	茶　坊	钱见丰	2006年12月至2011年12月	道　场
王浙烽	2001年12月至2003年12月	茶　坊	钱　鹏	2007年12月至2009年12月	道　场
王雷平	2004年12月至2006年11月	茶　坊	钱丹阳	2010年12月至2012年12月	道　场
王夏亮	2005年12月至2007年12月	茶　坊	钱圣德	2014年9月至2016年9月	道　场
王丽刚	2006年12月至2008年12月	茶　坊	裘　远	2015年9月至2020年9月	道　场
王佳琦	2016年9月至2018年9月	茶　坊	楼　钢	2017年9月至2022年9月	道　场
陈昌来	1949年4月至1955年4月	新东坑	周林满	1969年2月至1973年2月	联　丰
张松富	1951年5月至1958年3月	新东坑	斯根炎	1976年2月至1978年4月	联　丰
袁伯祥	1964年1月至1968年3月	新东坑	邢南军	1980年11月至1987年1月	联　丰
吕绍富	1964年12月至1978年4月	新东坑	蒋梅龙	1986年10月至1990年3月	联　丰
陈苗喜	1968年3月至1971年2月	新东坑	周传军	1992年12月至1995年12月	联　丰
张忠初	1970年12月至1976年3月	新东坑	徐学锋	1995年12月至1998年12月	联　丰
钱水荣	1973年1月至1977年3月	新东坑	沈袁凯	2009年12月至2011年12月	联　丰
张元太	1976年12月至1981年1月	新东坑	徐吉成	2010年12月至2012年12月	联　丰
张再荣	1978年2月至1982年1月	新东坑	周文峰	2011年12月至2013年12月	联　丰
张松祥	1980年11月至1985年1月	新东坑	俞杭辉	2013年9月至2015年9月	联　丰
袁桂福	1987年10月至1991年12月	新东坑	孙助庆	1960年3月至1963年3月	吴家湾
钱志勇	1992年12月至1995年12月	新东坑	斯忠林	1963年2月至1968年3月	吴家湾
张万里	1996年12月至1999年12月	新东坑	张斐根	1965年3月至1969年3月	吴家湾
钱志锋	1998年12月至2000年12月	新东坑	斯顺祥	1968年3月至1973年1月	吴家湾
张志兵	2001年12月至2003年12月	新东坑	孙正洪	1969年2月至1973年2月	吴家湾
朱光巨	1972年12月至1976年3月	荷　岭	孙正初	1969年2月至1975年3月	吴家湾
钱章平	1997年12月至1999年12月	荷　岭	孙正棠	1970年12月至1975年2月	吴家湾
俞顺洪	2005年12月至2007年12月	荷　岭	斯相群	1972年12月至1977年3月	吴家湾
钱樟才	1965年3月至1969年3月	道　场	斯松铨	1976年2月至1980年1月	吴家湾
郭顺千	1969年12月至1973年1月	道　场	张佰军	1985年10月至1990年3月	吴家湾

续表34

姓　名	服役时间	所在村	姓　名	服役时间	所在村
孙雷鸣	1992年12月至1995年12月	吴家湾	沈校火	1960年3月至1966年2月	白雁坑
斯钰锋	1994年12月至1997年12月	吴家湾	邱梅华	1965年3月至1969年3月	白雁坑
樊泉杨	2002年12月至2004年12月	吴家湾	钱章国	1968年3月至1971年2月	白雁坑
斯利冰	2006年12月至2008年12月	吴家湾	邱行道	1969年2月至1975年3月	白雁坑
斯鲁波	2007年12月至2009年12月	吴家湾	钱苗祥	1969年12月至1973年1月	白雁坑
斯柯烽	2018年9月至2020年9月	吴家湾	洪永福	1970年12月至1975年2月	白雁坑
金银台	1956年1月至1960年1月	松明培	钱章华	1970年12月至1975年2月	白雁坑
金银土	1959年1月至1966年1月	松明培	沈相见	1971年1月至1975年2月	白雁坑
邢六法	1960年3月至1966年1月	松明培	沈林永	1972年12月至1976年3月	白雁坑
刘士风	1964年12月至1969年3月	松明培	邱维兴	1976年2月至1978年4月	白雁坑
邢承灿	1969年12月至1973年1月	松明培	沈林昌	1976年12月至1983年1月	白雁坑
邢十三	1970年12月至1975年2月	松明培	金孝春	1976年12月至1981年1月	白雁坑
张立汀	1974年12月至1979年12月	松明培	钱校行	1978年12月至1983年1月	白雁坑
周锡阳	1976年2月至1981年1月	松明培	邱维军	1989年3月至1991年12月	白雁坑
邢助生	1978年2月至1983年1月	松明培	钱松祥	1990年12月至1994年12月	白雁坑
张方秋	1981年10月至1985年1月	松明培	邱立军	2000年12月至2001年5月	白雁坑
邢正洪	1985年10月至1990年3月	松明培	沈海源	2000年12月至2002年11月	白雁坑
樊方初	1991年12月至1994年12月	松明培	钱世豪	2012年12月至2014年12月	白雁坑
邢宇平	2002年12月至2003年12月	松明培	徐苗金	1970年12月至1975年2月	茶　培
钱荣桥	1951年3月至1955年5月	董家坑	张纯东	1990年3月至1993年12月	茶　培
黄南永	1969年2月至1973年2月	董家坑	张金华	1997年12月至2000年12月	茶　培
谢积苗	1969年2月至1973年2月	董家坑	应力丰	1998年12月至2003年12月	茶　培
谢苗永	1974年12月至1978年4月	董家坑	张　位	2001年12月至2003年12月	茶　培
钱　江	1994年12月至1997年12月	董家坑	张　贤	2007年12月至2009年12月	茶　培
樊益锋	1997年12月至2002年12月	董家坑	张景鸣	2013年9月至2015年9月	茶　培
钱邱江	2004年12月至2006年12月	董家坑	张　涛	2013年9月至2018年9月	茶　培
樊建彬	2011年12月至2016年11月	董家坑	邱迪锋	2015年9月至2017年9月	茶　培
沈汉巨	1956年3月至1960年1月	白雁坑	徐文彬	2019年9月至2021年9月	茶　培
钱章火	1959年3月至1961年9月	白雁坑	戴凤助	1953年1月至1957年4月	三王堂
马樟樵	1959年12月至1963年4月	白雁坑	储德富	1955年3月至1958年3月	三王堂

续表34

姓　名	服役时间	所在村	姓　名	服役时间	所在村
操国兴	1974年12月至1979年12月	三王堂	戴樟祥	1951年3月至1955年1月	里大坑
钱传达	1978年12月至1983年1月	三王堂	刘清见	1955年3月至1958年3月	里大坑
洪正全	1990年2月至1993年12月	三王堂	戴荣水	1959年1月至1966年2月	里大坑
徐　斌	1990年12月至1995年12月	三王堂	戴锡龙	1965年3月至1969年3月	里大坑
储金园	1994年12月至1997年12月	三王堂	戴祖银	1970年12月至1975年2月	里大坑
周军洋	1995年12月至2000年11月	三王堂	戴功兴	1972年12月至1976年3月	里大坑
林健东	1999年12月至2004年12月	三王堂	刘时蛟	1974年12月至1983年1月	里大坑
张　松	2002年12月至2004年12月	三王堂	钱六明	1976年12月至1983年1月	里大坑
戴少军	2003年12月至2005年12月	三王堂	刘春火	1980年11月至1987年1月	里大坑
周铭波	2004年12月至2006年12月	三王堂	戴原锋	2001年12月至2003年12月	里大坑
钱杭成	2011年12月至2013年12月	三王堂	戴浙柯	2005年12月至2007年12月	里大坑
邱伟佳	2016年9月至2018年9月	三王堂	戴海军	2012年12月至2014年12月	里大坑

第三节　司法工作

1951年，通源乡建立调解委员会。1970年12月1日，成立通源人民公社革委会治保委员会，主任徐培进。1978年11月，通源公社成立调解委员会，主任张金祥。1999年，通源乡设立司法所，王仲伟任所长。2005年6月10日，乡党委、政府出台《关于加强归正人员安置帮教工作的实施意见》，以“扶心、扶志、扶业”为着力点，以“五见面、四必访、创造就业机会”为抓手，建立“分工协作、分类帮教、分级管理”安置帮教工作法，加强全乡归正人员安置帮教工作，预防和减少重新违法犯罪。2005年，道场、岗下、茶坊、新东坑、三王堂、荷岭、董家坑、吴家湾、茶培9个村被评为嵊州市三星级“民主法治村”。2008年5月29日，乡党委印发《关于加强村综治工作站规范化建设的意见》，要求各村设立社会治安综合治理工作站，由村党组织负责人担任站长，配备1名以上专职工作人员，内设治保会、调委会、归正人员安置帮教小组、流动人口服务管理工作小组、法治宣传教育小组。2012年6月，通源乡社会治安综合治理委员会更名为通源乡社会管理综合治理委员会，通源乡社会治安综合治理工作中心更名为通源乡社会服务管理中心。

第四节　民政工作

本节简要收录优抚救济、婚姻管理、殡葬改革、社会保障等方面工作。

优抚救济　1969年1月8日，县革委会生产指挥组给予董家坑大队火灾补助棉被一条，布票50尺，棉花5斤，救济款100元。1971年3月24日，县革委会生产指挥组分配给通源公社1971年度社救、优抚救济款700元，其中优抚款240元。1972年3月11日，县革委会生产指挥组拨给通源公社1972年度优抚、社救款700元，其中优抚款210元。此外，增拨自然灾害救济款300元。6月24日，县革委会生产指挥组分配给通源公社生活安排粮1万公斤，以缓解人民生活困难状况。1974年8月28日，县财政税务局下拨资金550元，用于13号台风损坏房屋的修复。12月25日，县财政税务局同意通源公社因灾情，减免白雁坑等大队农业税2047.5公斤。1976年10月28日，县粮食局同意安排董家坑大队谢吉苗等6户火灾户生活补助粮食500公斤（原粮）。1990年8月1日，县财政局、县土地管理局拨给通源乡"9·16"洪灾还田补助资金7000元。2008年1月25日，通源遭50年一遇冰雪灾害，市政府下达给通源乡抗雪保供电工作经费补助3万元，市农业局、财政局拨付雪灾后农业恢复生产补助资金5万元。2013年10月15日，市水利水电局、市财政局下达给通源乡2013年特大抗旱补助资金6万元。11月13日，市民政局、财政局下拨通源乡旱灾和"菲特"台风灾害救助资金4000元。12月19日，又下拨救助款8000元，用于缓解"菲特"台风对受灾户、低保户和困难家庭造成的生活压力，恢复住房重建和解决过渡性生活困难。

婚姻管理　1953年3月，通源开展贯彻婚姻法运动月宣传活动。1958年，农村人民公社化后，婚姻登记机关为人民公社管理委员会。公社革命委员会建立后，婚姻登记机关为公社革命委员会。1984年3月3日，乡政府决定，建立结婚登记日制度，每月25日为新婚夫妇结婚登记日。登记时须有乡文书、宣传干部、妇女主任、计划生育专职干部同时在场。1993年起，实施婚前健康检查制度，取得卫生部门可以结婚证明方可办理结婚登记。2001年《中华人民共和国婚姻法》修改后，婚姻登记集中到市民政局办理。

殡葬改革　一直以来，丧葬流行的是土葬。1998年8月12日，市政府颁发《嵊州市殡葬管理实施办法》，规定1998年12月15日零时起，全市境内遗体一律火化。乡政府制订通源乡殡葬改革工作实施计划，开展宣传发动工作，确保火化面、火化率达到100%。成立乡殡葬改革领导小组及办公室。1998年10月，乡政府选址叠石村外山坡，建造乡级公墓，陆续建起350穴。2015年1月1日起，《嵊州市骨灰跟踪管理制度》正式实施。

社会保障　1994年3月14日，建立通源乡残疾人联合会，刘伟中任名誉主席，张正华任主席，麻培兴任副主席兼秘书长。2003年，投资10万元改建老车站为乡敬老院，对全乡70岁以上的五保户，在自愿的基础上，进行集中供养。2004年5月24日，市民政局下拨通源乡敬老院集中供养的五保对象低保资金，8人共11440元。2005年4月30日，市民政局下拨2005年上半年集中供养对象生活补助资金7人4620元。11月16日，下拨下半年集中供养对象生活补助资金13人8580元。2005年5月23日，市民政局给里大坑钱苗珠（1905年5月24日出生）发放百岁老人长寿保健补助2400元，从2005年5月至

2006年4月，每月200元。2009年4月16日，市民政局发放2009年第二季度农村最低生活保障金，通源乡48户82人，季保障金27657元，按乡镇负担30%、市局负担70%的比例，下拨19360元。6月25日，市民政局、财政局下拨通源乡2009年1至6月集中供养对象生活补助资金（包含医药费每人每月20元）11人22110元。12月23日，下拨7至12月集中供养对象生活补助资金（包含医药费每人每月20元）11人25080元。2011年4月28日，市民政局发放2011年第二季度农村最低生活保障金及重度残疾人补助金，通源乡有农村低保对象51户85人40824元，其中最低生活保障金35568元，重度残疾人补助金5256元。5月11日，市民政局、财政局下拨2011年1至6月通源乡敬老院集中供养对象生活补助资金9人24732元。2013年6月24日，市民政局和财政局联合发文，对全市困难群众发放2013年第一季度基本生活价格补贴。通源乡孤儿对象1人，农村低保对象78人，城乡低保边缘户15户，合计发放资金1730元。为重点优抚对象、农村“三老”人员5人、农村五保供养对象6人，合计发放资金795元。12月9日，市民政局和财政局联合发文，对全市困难群众发放2013年第三季度基本生活价格补贴。通源乡孤儿1人，农村低保对象85人，城乡低保边缘户10户，合计发放资金5460元。重点优抚对象19人，农村“三老”人员4人，农村五保供养对象6人，合计发放资金2200元。2014年1月26日，市民政局发放2014年城乡低保对象春节慰问金，通源乡85人共发放12750元。2016年9月26日，市民政局和财政局联合发文，对全市困难群众发放2016年第二季度基本生活价格补贴。通源乡孤儿3人，农村低保对象91人，城乡低保边缘户17户，合计发放资金3099元。为重点优抚对象、农村“三老”人员4人，合计发放资金836元。4月27日，市民政局和财政局联合发文，对特困供养对象发放2016年第一季度生活补助资金。通源乡敬老院五保供养对象2人，合计发放资金4557元。

第四编

经 济

第一章 特色产业

嵊州现有茶园面积18万亩，从业茶农15万人。享有“世界著名茶乡”的美誉，获得“中国茶叶之乡”“中国出口茶生产基地县”“世界珠茶之源”等金名片。嵊州是中国珠茶的原产地，年加工出口珠茶6万吨，约占全国茶叶出口量的1/6，是全国茶叶加工出口第一县，引领中国珠茶发展。嵊州龙井茶产量达6000吨，约占全省的1/3，是全国最大的龙井茶生产中心。世界绿茶看浙江，浙江绿茶嵊州强，嵊州绿茶通源香。茶叶是通源的特色产业，现有茶园2万亩，有珠茶、龙井、香茶等，年产珠茶6000吨、龙井茶600吨。通源茶区是剡溪茶、“天坛牌”珠茶、越乡龙井的主产区。

2019年3月嵊州被国际茶叶委员会命名为“世界著名茶乡”

2020年4月嵊州被国际茶叶委员会命名为“世界珠茶之源”

嵊州市香榧种植面积达13万亩，从业榧农近5万人。2019年，香榧干果产量2300多吨，香榧产业已成为全市山区经济的支柱产业。香榧是通源的特色产业，会稽山古香榧群通源核心区有百年以上古香榧树3449株，占全市古香榧树的21%；全乡香榧种植面积2.6万亩，占全市香榧面积的20%。古香榧是榧农的生计来源，香榧被称作摇钱树、子孙树、养生树、积德树和生态树。由于香榧树寿命长，果实隔年成熟，因此被称为“长寿果”“三代果”。

第一节 茶 叶

一、茶历史

《神农本草经》载，在距今5000多年的神农时代，先民就已经了解茶的药用价值：“神农尝百草，日遇七十二毒，得茶而解之。”据《剡溪志》记载：南北朝时，剡地种茶、饮茶已较普遍，南朝宋《异苑》载有“剡县陈务妻”故事。褚伯玉隐逸西白山种茶。“剡茶声，唐已著”，茶圣陆羽《茶经》“浙东以越州上”。释皎然开启并主导的“传花饮茗”，引入文士雅集的诗歌联唱，堪与王羲之“曲水流觞”媲美，在茶道文化史上留下了光辉的一页。尤其是“茶道”的提出，把茶道用诗歌等文化形式表现出来，成为人们喜闻乐见的茶事活动，皎然是先导者和传播者，他的《饮茶歌诮崔石使君》作为禅宗茶道之先声：“越人遗我剡溪茗，采得金芽爨金鼎。素瓷雪色飘沫香，何似诸仙琼蕊浆。”皎然是邀崔石等一起饮剡溪金芽茶而作这首茶歌的。

据《中国茶经》记载：唐至明“剡溪茶”都列为名茶。宋、元、明、清各朝均有剡溪茶进贡朝廷。宋华镇《剡溪瀑布岭仙茶》诗：“春日云崖晴杳杳，东风山溜晓泠泠。烟霞密迩神仙府，草木微滋亦有灵。”诗人在小序中写道：“在嵊县西六十里，福善所集，蔚有灵气，昔产仙茗。”宋高似孙在《剡录》中记录了剡地九种茶品。宋代，“世之烹日铸者，多剡茶也”。北宋时期，以蒸青制法为主的“小龙团茶”已在嵊县推广。明代中叶起，开始与欧洲直接通商。明末清初，越茶分绿茶、红茶两类，绿茶又分圆茶、长茶两种。圆茶又称珠茶，原名玉珠，外形浑圆绿润，身骨重实，清香浓郁，经久耐泡，适合库存和储运，其产地以嵊县至平水为中心产业带。1658年9月23日英国伦敦《政治公报》周刊载文，称中国茶是医师们推荐的优良饮料，在伦敦“苏丹王妃咖啡馆”内出售。嵊州珠茶主要通过剡溪水路外运。清同治年间，嵊县竹溪人钱登选率先创设茶厂于平水镇，实行珠茶工厂化生产，通过烘干、整理、分级、拼配、装箱后统一发运至广东、厦门、上海等口岸。17世纪末至18世纪初，珠茶以“熙春茶”风靡世界。

1934年，嵊县茶叶生产量约8万担，出口量7万多担，占当时全国珠茶出口总量的45%以上。1937年2月的《浙江省建设月刊》记载，当月浙江出口的红绿茶总量为52796公担，其中绿茶为47870公担、红茶出口4530公担、其他茶叶396公担。为重振浙江绿茶的声誉，1936年8月，当代茶圣吴觉农到嵊县三界创办浙江茶业改良场，开发红茶和蒸青“玉绿茶”等茶叶。1937—1939年，中国茶叶出口跃居农产品第一位，特别是重新恢复了部分西方国家的茶叶销售市场，为国家换回大量的外汇。

通源茶史源远流长。据茶坊《王氏宗谱》记载：元末明初，王氏二十世王永清，来此筑室定居，种茶为业，故名茶坊。据紫竹《徐氏宗谱》记载：清雍正年间，因这里盛产茶叶，故名茶培。清钱凤屏“咏油竹山茶”诗曰：“太白之山崇矗矗，迤西一岭名油竹。灵岩习见祥禽宿，雾镇云封如狱麓。棋杆石畔菁英毓，茶舜春生不盈掬。重价前交犹罕鬻，露液霜华人品目。”

二、茶环境

剡溪通源，剡茶有源。通源茶区有优越的育茶环境。一是自然环境。地处剡中盆地西侧，剡西峡谷境内穿过。地势自西向东倾斜，高山连绵，有8座山峰在1000米以上，沟壑发育，山坡陡峭，山顶夷平面保存较好。土层深厚，土壤适宜，凝灰岩风化颗粒、红黄壤、香灰土等特色土壤所产茶叶品质优异，自然构成梯田、梯地、山地茶园景观，有“云海茶香”的美誉。二是气候条件。通源属亚热带季风气候，春季天气多变，雨量充沛；夏季晴热为主，台风频繁；秋季秋高气爽，深秋雾霜；冬季晴冷少雨，初冬见雪。境内年平均气温14.8℃，年平均降水量1497.2毫米，年均日照时数为1733.8小时，相对平均湿度为77.6%，年平均负氧离子浓度6609个/立方厘米。茶树是多年生的常绿植物，温度、光照、水分对茶树的生长发育有着重要作用。通源茶区面向东方，清晨阳光早，西晒日头短，是茶树生长过程中的重要因素。湿度较大，有西白山、白玉尖两个高山湿地，五条清溪常年流淌，常年云雾缭绕，这样的环境有利于茶树积累更多的营养物质。好山好水出好茶，通源所产茶叶有豆花香或兰花香。

三、茶产业

（一）珠　茶

建乡时的通源茶叶，品种是群体种，种植是雨点式穴播。每年翻耕一次，叫开茶山，不施肥，勤劳的农户会割草摊山作肥料，低近茶地都会种旱粮作物，分不清茶与粮哪为主，更不知道除虫防病，也不知道树冠修剪，纯属自然生长，产量高低只能听天由命。采摘是纯手工采摘。采茶女工都习惯用茶篮，外有一个用稻草编成的圆形坐垫叫蒲墩，坐在地上将茶枝扳倒采摘，一年仅采摘春夏两季。加工也是纯手工炒茶。那时每户均有一至两台茶灶，靠壁两侧砖砌如翼，铁锅斜置。经过杀青、便青、烂青、小锅、半锅、大锅等环节完成制茶全过程。这过程中须正确掌握各环节的火候以及双手用力方式和力度，掌握好的能制成上品，掌握不到位的往往品相差、品质低。一个炒茶工一整天劳作，体力消耗巨大，却仅能制成10余公斤干茶。

1955—1990年通源茶叶总产量

表35

年　份	总产量（吨）	年　份	总产量（吨）	年　份	总产量（吨）
1955	59.30	1962	34.55	1969	80.90
1956	87.25	1963	39.45	1970	77.30
1957	97.90	1964	48.25	1971	86.15
1958	180.65	1965	48.25	1972	99.95
1959	211.45	1966	59.50	1973	93.70
1960	129.95	1967	55.45	1974	77.65
1961	31.00	1968	50.20	1975	98.70

续表35

年　份	总产量（吨）	年　份	总产量（吨）	年　份	总产量（吨）
1976	91.35	1981	198.10	1986	261.00
1977	135.30	1982	215.55	1987	294.00
1978	112.30	1983	226.40	1988	301.99
1979	128.55	1984	197.90	1989	331.14
1980	140.20	1985	223.00	1990	314.20

白玉尖茶牧场：始建于1958年5月，解散于1962年冬。牧场有干部职工100多人，设党支部、生产队、基建队、运输队、放牧队、后勤组、剧组、泥瓦组、民中等组织。1959年4月28日，由木头茶机炒制的白玉香茶，经鉴定品质优异。三界茶厂评定：有茶香甜味，是珠茶极品。上海茶叶进出口公司评价：白玉香茶确是平绿中之上品。后三上北京。

1963年，通源公社29个生产大队春茶实际产量合计26544公斤，收购量为24117.5公斤，自留量为2426公斤。

1963年通源公社春茶实际产量报告表

表36　单位：公斤

大队名称	总产量		
	合　计	收购量	自留量
茶　坊	1943	1773	170
江　下	1810	1560	250
岭　下	387	327	60
东　坑	1731	1681	50
王青岭	474	449	25
荷　岭	780	730	50
道　场	2797	2597	200
大坂田	709	639	70
高明庵	197	174	22
细藤坑	281	252	29
羊角岭口	225	205	20
新纸厂	371	336	35
爪爬形	498	448	50
吴家湾	1843	1693	150
冷　坞	437	397	40
油竹山	407	367	40
白雁坑	960	885	75

续表36

大队名称	总产量		
	合　计	收购量	自留量
油罗山	438	408	30
分水岗	886	786	100
石坂坑	369	319	50
松明培	2878	2378	500
董家坑	805	755	50
茶　培	1112	1037	75
上西坑	313	288	25
下西坑	645	623	22
里大坑上村	389	354	35
里大坑下村	380	337	42
高　塘	402	362	40
三王堂	1806	1686	120
合　计	26544	24177	2426

通源茶牧场：1975年9月，在茶培上庵基山创办，占地400亩。以场办校，在场新建高中班校舍，并发展林业、药材和能当年收益的作物。经过全乡人民的投工、投资、投物，是在“农业学大寨”运动中创办的。有山林面积158亩（荒山54亩）、茶园35亩，总面积193亩。在1981年定权发证之际，把乡茶场的所有权确定为乡属所有。年产50余担，是通源集体经济的一部分，是唯一的乡属茶场。

三王堂大队是“白玉名茶”的主产地。地处海拔800多米的西白山脉，有9个自然村，分4个生产队，全大队117户、468人。有茶园267亩，其中专业茶园119亩。1978年，茶叶总产量20576.5公斤，比1977年增产34.4%。茶叶收入70141元，比1977年增加32%，平均每户茶叶收入660元，每人150元。1974—1978年，先后建立119亩专业茶园，保留148亩间作茶园，淘汰135亩高山陡坡低产茶园还林。这样可以集中劳力、集中肥料，便于科学种茶。通过调整后，茶园只有267亩，比1974年前将近减少1/3，但茶叶产量却年年大幅度增加。1978年比1974年增加了1.5倍，平均亩产从1974年的21公斤增加到1978年的77公斤，其中7.6亩高产试验茶园亩产达210公斤。该大队在农商技术部门的指导下，对采秋茶的问题，开始从小面积试验着手，成功后大面积推广。高山采秋茶闯出了新路，1973年只采了47.5公斤，1974年提高到575公斤，1977年达到4650公斤；1978年猛增到7085.5公斤，占全年总产量的34.4%。

1984年8月，在西班牙首都马德里参评的由浙江三界茶厂精制加工选送的3505特级珠茶再获“世界优质食品评选大会金奖”。其获国际金奖的珠茶原料茶产地为：西白山、北山等高山茶区。当年，三界茶厂副厂长带3名记者为报道“金奖之路”上西白山（三王堂）村采访，村干部告诉记者：“现在茶叶长得好，是茶农们不断改造老茶园，实行科学管理、科学采摘的结果。”在参观村里的初制茶厂时，同行的一位茶叶行家介绍道：“从二十世纪六十年代开始，通源率先推广机械炒茶；二十世纪七十年代，通源又率先推广匀火制茶。这两次大变革为天坛牌珠茶荣获金奖奠定了基础。”

1989年，全乡改造老茶园75亩，发展新茶园61亩，茶叶总产量达到乡331.14吨，总产值175.93万元。茶叶产量比上年增长2.6%，产值增长16.3%。

1990—1993年通源茶叶生产统计表

表37

年　份	发展新茶园面积（亩）	总产量（吨）	春　茶		夏　茶		秋　茶	
			产量（吨）	占　比	产量（吨）	占　比	产量（吨）	占　比
1990	88	314.20	154.50	49.2%	80.60	25.7%	79.10	25.1%
1991	122	211.40	105.25	49.8%	49.70	23.5%	56.45	26.7%
1992	144	225.50	105.90	47.0%	51.30	22.7%	68.30	30.3%
1993	127	248.00	119.00	48.0%	54.90	22.1%	74.10	29.9%

二十世纪八十年代，珠茶出口从原先的上海单一口岸，增加了浙江口岸出口绿茶和广东口岸可限量出口绿茶。随后全面开放，各省地均可自由出口各种茶叶。1988年，为进一步提高茶叶的经济效益，在三王堂村开展高山茶叶改制试点工作，把原来的茶叶初制改为精制，对茶叶的深度加工作了有益的尝试。

1998年前后，通源有精制茶厂3家。2001年，新建精制茶厂2家，当年新增精制茶650吨。年底，全乡有私营精制茶厂5家，年加工珠茶能力达2500吨，实现本地茶叶精制化，拉长产业链，提高了产品附加值。全乡茶叶总产量达到1750吨，产值2250多万元。2002年，全乡茶叶总产量突破2500吨，产值1400多万元；新办精制茶厂2家，全乡精制茶加工企业达到7家，完全具备了本地茶叶就地精制化的能力。2003年，新建1家精制茶厂，共8家，年加工量达到3000吨，销售2800万元。2004年，在原有8家精制茶厂的基础上，又新发展了6家，年加工能力达到5000吨以上，其中规模以上企业1家。2005年8月9日，通源3家茶厂扩建生产线技改项目，其中金鹏茶厂扩建年产1000吨精制茶生产线项目，夏雨精制茶厂扩建年产500吨精制茶生产线项目，华君茶厂扩建年产500吨精制茶生产线项目。2005年，组织成立了兴源精茶专业合作社。

2006年，通源乡茶培茶叶基地申请无害化农产品产地认定。岗下、茶坊两个村投资400多万元建成2个名茶加工集聚区，厂房面积约2500平方米，入区企业20家。荷岭、白雁坑经济合作社的珠茶获得国家级无公害产品称号，创建优质示范基地2个，外拓基地新增5300亩。2008年，通源乡茶园面积达18500亩，精制茶产量9033吨。2017年，通源乡珠茶精制加工企业7家。

（二）龙井茶

龙井茶是中国传统名茶之一。龙井茶因产地不同，分为西湖龙井、钱塘龙井、越州龙井等。嵊州是国家龙井茶原产地域保护区。1985年，嵊县林业局承担“嵊县名茶创制”课题，在全县范围内开发名优茶。1998年，嵊州市以“越剧之乡”为龙井茶定名，创建了“越乡龙井”品牌。“越乡龙井”选用高山优质茶树嫩芽精制而成，具有外形扁平光滑，色泽翠绿嫩黄，香气馥郁，清高持久，滋味醇厚，汤色清澈明亮、叶底嫩匀成朵，经久耐泡等特点。越乡龙井主产区在通源、仙岩、崇仁、谷来、贵门、里南等，年产量达6000吨，约占全省1/3，是全国最大的龙井茶生产中心。

1986年，三王堂村率先试制龙井茶，西白山龙井由此开端。1987年春茶时分，三王堂村主任和乡茶科员赶到杭州，请杭州的龙井茶师傅前往指导，还背回314只龙井锅。锅要村民自己花钱买，师傅钿由村里出。这一年，三王堂炒了365公斤龙井茶。第二年炒了515公斤龙井茶。村民先后注册“三王堂”“西白云雾”“西山女侠”等商标。

1991年，引进了一批“龙井43”良种苗。全乡龙井茶收入从1990年的4万元增加到1991年的40万元。1992年，以三王堂、荷岭等村为中心的龙井茶生产销售网络形成，乡政府设立名茶购销服务部，为茶农搞好服务。1997年，三王堂村茶叶总产量达到1250吨，户均产茶0.7吨，茶叶总产值达135.1万元，其中龙井茶产值达50.1万元，人均茶叶收入2700元，成为一个以茶为主、靠茶致富的专业村。每年来自山东、上海、杭州及本市的茶叶经销商聚集在村里，旺季一天销售额30万元，交易500人次以上。2006年，新发展名茶199.95亩。与浙江华发茶厂合作，在里大坑村新建茶叶基地150亩，有效推进名茶园发展，也为茶农解决茶叶销售后顾之忧。

2017年，全乡共有茶园2万亩，亩均产值1.4万元，是高山龙井茶的重要生产基地。国家一级评茶师、龙井茶标准制定者之一、国茶专家委员会委员沈红，评价西白山茶“外形扁平光滑，豆花香或兰花香，滋味鲜醇回甜。”

（三）香　茶

2008年，经通源同乡会会长张仁洪和浙江大学教授周少华穿针引线，邀请香茶专家汤一来通源考察，促成了通源乡发展香茶生产的思路和规划。2009年3月，通源乡金鹏茶厂率先引进一套香茶生产新设备，日加工青叶可达2.5—3吨。4月15日，金鹏茶厂第一条香茶生产线投产，随后又增加2条香茶生产线。4月28日，乡政府举办香茶采摘与炒制技术培训。9月15日，全市香茶生产现场会在通源乡召开。市林业局等有关部门与甘霖、长乐等11个乡镇的分管领导、茶叶专业干部和香茶生产企业负责人，50余人参加会议。当年，通源建成香茶加工点2个（白雁坑香茶加工集聚区、金鹏茶厂），生产线4条。至2010年上半年，有3家香茶制茶厂、7条香茶生产线。仅春茶季节，就生产香茶25吨，产值达200多万元。2010年12月8日，市府办在年度现代农业专项资金中给予奖励资金15万元，用于支持通源乡发展香茶生产，其经验在全市推广。2012年11月25日，通源乡香茶香榧交易市场揭牌仪式在白雁坑村举行。

由此，通源乡形成了珠茶、龙井、香茶齐头并进的生产经营格局，实行春茶一季三采的模式，实现了茶叶产业的转型升级。2010年前后，茶培、白雁坑、荷岭等村相继恢复炒制红茶，并逐渐受到茶客好评。

四、茶技术

（一）栽培管理

1.主栽品种

通源茶区以木禾种为主。木禾种：有性系，灌木型，中叶类，中生种，是当地群体品种，为省认定品种。其特点是发芽较迟，一芽一叶开采期在4月中旬。持嫩性、结实性、抗寒性、抗虫性均强。适制绿茶，制珠茶外形圆紧，香气馥郁，滋味醇厚，也是制作龙井茶、香茶、红茶的好品种。龙井

43：无性系，灌木型，中叶类，特早生种。系中国农业科学院茶叶研究所从龙井群体种中单株选育而成，为国家认定品种。1991年引种，其特点是发芽早，一芽一叶开采期为3月中旬；发芽整齐，密度大，育芽力特强，芽叶短壮，茸毛少，叶色深绿，持嫩性、抗病性较差；适制绿茶，尤其适制龙井茶，香气清高，滋味浓醇。另外，还有鸠坑种、乌牛早、越黄1号、乌梗白茶等品种少量种植。

2.种植方式

旧时茶树栽培多为零星丛栽，亩植数十丛至百余丛。二十世纪五十年代开始，推广条播密植茶园，行株距1.5米×0.33米。二十世纪七十年代，发展多茶密植茶园，亩栽0.8万至1万丛。二十世纪八十年代后期开始推广双行密植栽培，大行距1.5米，小行距0.4米，株距0.33米。目前以双条植为主，此栽培方法具有短期内可以封行，实行免耕省工省时高效，又可以常规操作管理的优点。种植方法上推广凹沟深栽技术，对抗旱保苗、提高栽种成活率效果显著。

3.病虫防治

茶树病虫害发生随时代变迁而品种更迭。旧时自然生态环境好，虫病不治。二十世纪七十年代至今，主要茶树虫害有小绿叶蝉、茶尺蠖、螨类、粉虱类、蚧类等，主要病害有炭疽病、芽枯病等。2000年以前，以常规的化学防治和农业防治为主。此后，随着茶叶无公害生产发展的需要，逐步推广苦参碱、矿物油、苏云杆菌等植物源、矿物源和生物农药防治，并逐步推广杀虫灯、色板等先进的物理防治方法。

4.茶园施肥

旧时，传统茶园不施肥。二十世纪五十年代，推广茶园施肥。二十世纪七十年代，推广“一基三追”方式，在秋冬季进行深翻施基肥，早春浅耕施追肥，春茶结束又浅耕除草施追肥，秋茶采前施追肥。二十世纪八十年代后期推广叶面肥应用技术，二十世纪九十年代中后期推广测土配方施肥技术和茶园专用肥施用技术，2000年后推广有机茶园施肥技术。

5.茶树修剪

茶树幼龄期进行定型修剪3次。定植时1次，高离地面0.10至0.15米，一般每年1次，剪口每次提高0.10至0.15米。等茶树高度达0.7米左右时，按采摘茶园轻修剪的要求进行每年或隔年轻修剪1次，茶树蓬面剪去0.03至0.05米，宜在早春或晚秋进行。为更新衰老和未老先衰茶树冠采用重修剪，以剪去树高的1/3至1/2为好，一般离地0.4至0.5米剪去上部树冠。重修剪一般在春茶后进行，再经两轮定型修剪，培养成树冠面，第三年投产。台割是更新衰老和未老先衰茶树冠的一种方法。台割以春茶结束时为好，高度一般采取离地面0.05至0.1米，割去地上全部枝干。台割后要及时施肥，结合进行3次定型修剪，待培养好树冠后再采摘。

（二）制茶工艺

1.珠茶粗制工艺

（1）杀青。炒制珠茶的鲜叶标准为一芽二、三叶。杀青的要求：色泽暗绿，无红梗红叶和暗黄色，无爆斑点，芽叶完整不断碎；无青草气，无烟焦气，无水闷黄熟味；手折嫩便不断，平捏能成团，松开时又能散开。杀青温度应依据“高温杀青，先高后低”“嫩叶老杀，老叶嫩杀”的要诀。

（2）揉捻。珠茶的揉捻质量要求：条索卷紧匀齐，80%以上的杀青叶卷成紧结的条索形，并保持芽叶完整，不带扁条和团块，揉出叶汁，细胞破损率为45%至55%。揉捻采用“轻—重—轻”的加压原则。

（3）干燥。珠茶鲜叶加工的干燥过程，就是将条索形的揉捻叶炒成颗粒圆形的过程。通过炒二青（滚二青）、炒小锅、炒对锅和炒大锅四道工序炒制，使茶叶由条形逐步盘卷形成颗粒形。上述四道工序，除了炒二青大部分用滚筒炒干机外，炒小锅、炒对锅和炒大锅三道工序是用相同的珠茶炒干机完成。按“温高、火匀、时短、少盖”的匀火炒茶法炒出的茶叶圆紧如珠、色泽翠绿、汤清香高、叶底明亮、品质优良。

2.珠茶精制工艺

（1）毛茶定级。对验收进厂的毛茶进行加工定级，按产地、季别和毛茶感观品质特点，分成外形内质均好、内质正常颗粒轻松、内质正常外形差距较大三种类型。并以本级毛茶原料所取的骨干成品为主级，顺次分级，同时选择相应等级的毛茶进行拼和付制，采用由高到低顺序的阶梯式付制方式。为保持前后期品质平衡，实行“保质茶”技术措施。

（2）工艺流程。珠茶精制工艺因毛茶原料及市场需求的变化而异。为维护珠茶的传统品质规格，以现行机械制茶工艺技术为基础，结合传统工艺优点，执行五道工艺规程：生做熟取、分路取料、炒车、紧门、关砂，工艺流程大致相同。原身路有十七道工序，轧货路有十九道工序，雨茶路有九道工序。

（3）技术要点。一是生做熟取：尽量做到生取时定级准确，以减少熟取重复。二是分路取料：分珠茶路、轧货路、雨茶路三路取料。珠茶特级、一级还须在分路取料的基础上分重、轻、筹取料定级。三是炒车：要严格控制投入量、水分、时间，并根据茶叶质量，合理调节调度，掌握火候，出机的茶叶含水率应有3%至5%，并无焦灼老火。四是紧门：珠茶用撩筛紧门，雨茶用抖筛紧门，按质量规格订制各级面张茶的紧门筛孔。

（4）品种分级。精制珠茶分特级（3505）、一级（9372）、二级（9373）、三级（9374）、四级（9375）、五级（9475）、不列级（9575）。1990年后，国际市场变化，分级有所调整，如3505A、3505AA、3505AAA、3505AAAA、3505B、3505C、3505D计7档。新茶号可由各厂自定，到时对样交货。

3.龙井茶炒制工艺

（1）摊放。龙井茶采摘的青叶标准为一芽一叶初展至一芽二、三叶，要求芽叶完整。采摘后的鲜叶要及时分级摊放，厚度一般为2厘米，摊放时间一般为8至12小时，以失重15%至20%为宜。

（2）青锅。一般在电炒锅内进行，当锅温到达100℃至120℃时，在锅内擦少量制茶专用油，然后投入75至125克摊青叶，先抖炒3至4分钟，然后抖、搭、拓结合2至3分钟，再拓、捺结合炒到身骨挺直，互不粘结时起锅。

（3）回潮。青锅叶经簸去片末后，及时匀摊于竹匾上，摊放约一小时后，用竹筛将青锅叶分成大、中、小三档，分别辉锅。

（4）辉锅。通常三锅青锅叶并作一锅，投叶量约200克，锅温60℃至80℃。第一阶段主要运用搭、拓、推；第二阶段改为捺、压手法；第三阶段配以推、磨手法，使茶叶充分干燥，到扁平、光滑、挺直，含水率为6%至7%时起锅。

龙井茶十大炒制手法：抖、搭、拓、甩、推、抓、扣、捺、磨、压。

4.香茶炒制工艺

（1）摊青。香茶采摘青叶的标准为一芽二、三叶，以及少量同等嫩度的对夹叶。青叶采摘后及时摊放在竹匾、篾簟等专用工具上按不同品种、不同等级、不同时间、不同水分的鲜叶分开摊放。摊放厚度6至10厘米，摊时时间6至8小时，以叶色变暗，叶质柔软为宜。摊放过程中要适当翻叶，应轻翻。

（2）杀青。用90型或100型滚筒杀青机连续杀青，筒体温度达到280℃至320℃时投叶，每小时投叶150至200公斤。杀青过程中，使用风扇和鼓风机辅助排湿，出叶后及时摊凉，防止堆积渥黄。杀青程度：杀透杀匀，青草气散失，至手捏不粘、折梗不断、茶香初显、含水量50%左右。

（3）闷青。杀青叶及时摊凉，摊凉时间20至30分钟。充分摊凉后堆放闷青，时间60至120分钟。摊闷程度：茶梗与叶片中的水分重新分布，手捏茶叶柔软。

（4）揉捻。杀青叶经摊凉后，采用“适温轻压冷揉”技术揉捻。设空调房，温度控制在25℃左右，采用55型揉捻机，每筒投叶35至37公斤，以手压紧实为适宜。揉捻至成条率达到85%至95%为适度。出叶前不加压空揉3至5分钟，以起到解块作用。

（5）滚炒。用90型或100型滚筒杀青机循环滚炒，筒体温度达到250℃至280℃时投叶，每小时投叶75至85公斤。要求“高温、快速、少量、排湿”，以保持叶色翠绿。滚炒二青5次左右，时间40至45分钟，至含水量14%左右出叶摊凉。在滚炒二青过程中，应使用风扇和鼓风机辅助排湿。滚炒二青摊凉40至60分钟后，再滚炒提香，筒体温度达到80℃至110℃时投叶，90型每小时投二青叶65公斤左右，滚炒提香时间为15至20分钟，至含水量5%至6%为宜。出叶后要迅速摊开散热。

（6）筛选。通过筛分、风选，去除片碎末茶。用茶叶色选机拣梗剔杂。

5.红茶炒制工艺

（1）萎凋：红茶的鲜叶标准为一芽二、三叶。萎凋是将采摘回来的茶叶摊放在室内或室外，每小时要翻青一次，让茶青走水均衡，萎凋时间9至10小时，使茶叶变软、茶香产生。

（2）揉捻：揉捻的目的是使茶叶破碎，使用55型揉捻机每分钟35至40转，时间3小时左右，使茶叶细胞内的汁液流出来，同时使茶叶形成条索细紧。揉捻的方法有手工揉捻和机器揉捻两种，其中手工揉捻更适合制作高档红茶。

（3）发酵：发酵是红茶制作的关键步骤，把揉捻好的茶叶放入竹筐里，上盖湿布，温度为20至30℃之间，湿度为95%以上，自然发酵4至5小时。其目的是使茶叶中的茶多酚和酶发生化学反应，使茶叶中的茶多酚氧化成茶色素，使茶叶的颜色从绿色变为红色。同时，发酵也会使茶叶产生独特的香气和口感。

（4）干燥：干燥的目的是通过蒸发茶叶中的多余水分，使其达到适宜的含水量，并进一步巩固茶叶的品质特征。干燥的方法有烘干、晒干和风干等，其中烘干是常用的方法。电烘箱烘干，开始用足火让茶叶快速到100℃左右烘1小时，将茶温降下（约2小时）取出。第二次复火在85℃左右，时间3小时。

五、茶机械

1951年，通源白雁坑金小裕等人研制木头茶机，用木头和毛竹造起了小齿轮带动大齿轮的手摇杀青机，提高了杀青效率。解决了杀青的第一步，再解决第二步揉捻问题。经过反复试验，用木制的摇手做曲轴传动，带动用来盛杀青过茶叶的无底木桶，在木桶里加压适当的石块，木桶下面有一个弯成弧形竹条顺时针镶嵌的木制磨盘，使木桶能在磨盘上顺时针、水平旋转。木桶中的烂青在石块的重力下能够挤压，并经磨盘上的弧形竹条充分轻揉、翻转并均匀揉搓。这手推揉捻机制成后，又进一步提高了制茶效率。因水碓有一个在水作用下转动的大水轮，用此法将皮带传动连上手摇的杀青机、揉捻机，这样彻底解放了劳动力，效率提高了十多倍。水轮带动的木制杀青机和揉捻机可以称得上是制茶工艺上的一次重大变革。当时通源公社书记廖生灿曾带上用木头机械制成的通源白玉尖茶叶三上北京，曾有“白玉香茶闻名天下”的美誉。

1961年，金小裕儿子金兰超从石璜中学初中毕业，到通源手工业社跟父亲学习木工技术。在父亲的支持和带领下，与村里的能工巧匠一起用全木头制造了1台高压管冲击式水轮机，并用水轮机带动一只船用的发电机供全村供电。以水轮机作动力基础，对杀青机、揉捻机做了一番改进：用檀树做轴，硬木做皮带轮，杀青机杀青叉用竹片做，竹梢做担帚，使茶叶的青叶在杀青中能均匀受热，能更散开、更快完成杀青。此外，又根据皮带轮大小，增减杀青机的转速，造出了双锅、单锅两种，增加杀青的效能。揉捻机也做了双桶和单桶，用曲轴摇臂皮带传动方式，根据地点位置可灵活转动。装卸烂青则用木头制造了土造离合器，使茶叶揉捻中更加方便，更节约时间。茶叶在揉捻过程中，虽水分得到挥发，烂青揉成一条条，但面临的是有时烂青也被揉滚得一团团块状，炒燥茶前就要用手工把其分离、松散开来，十分麻烦，于是又作了改进，用皮带传动到摇手，摇手带动一纱丝绷木头框，让放在框中揉捻过的烂青来回运动，使连接的团状茶块松散开。最后一道工序是将揉捻、松散开的茶叶，放在一台木头炒茶机中完成。原先的炒茶锅是用家用的二尺四锅，带动茶机的轴是直的，木头做的半圆平炒板和不深的锅运动起来很不协调，炒板和锅弧度不合，使锅底很多剩余茶叶变糊、变焦。经多次试验，再作大改进：轴和木带轮还是用不易变形的檀木，把连接炒茶机中的直轴改成了弯轴，炒板改成了弯的木头圆板，即半球形状，锅照半球形炒板半圆运动的弧度去锅厂定制，使木头炒板和锅更加贴合。炒制了理想的燥茶，木头自动制茶机大功告成。木头水轮机带一檀木长轴，经木头皮带轮作过桥，用丁字带、左右带、上下带，带动一系列木头杀青机、木头揉捻机、松散机、炒茶机，形成了木头机械一条龙制茶。

油罗山村率先炒制了机制茶叶，通源供销社收茶站对木头机械炒制的茶叶评分在甲下乙上（那时照甲、乙、丙、丁四等评分收购）。石璜供销社收茶站宋站长对机械制茶很感兴趣，认识到机械制茶的诸多好处，积极提倡大力发展机械制茶。为满足茶农的迫切要求，在公社党委支持下，通源乡凡是有水力可利用的地方，都建起了水轮机带动的木头机械制茶。自此，木头水力制茶机械得到了空前发展和广泛应用，极大地适应生产需要，增加了茶农经济收入，推动了生产力的发展。紧接着有石璜、甘霖、长乐、北山，包括外县等机械厂前往参观考察，把炒茶机木头炒板改成铁板，在轴和炒茶机中间增加了离合器，其他依瓣画葫芦，造出了铁制炒茶机。同样对杀青机、揉捻机也改作了铁制机械，制成了现代珠茶机械，珠茶炒干机可分为“64型”和“84型”两种。

1959—1977年通源水力茶厂茶机统计表

表38

序　号	名　称	动　力	装机容量（台×千瓦）	建成时间	报废时间	茶　机（台）		
						杀青机	揉捻机	炒干机
1	油罗山	水轮机	1×10	1959年	1986年	1	1	4
2	白雁坑	水轮机	1×8	1965年	1986年	2	1	14
3	茶　坊	水轮机	1×8	1965年	1996年	1	1	3
4	东　坑	水轮机	1×12	1970年	1996年	2	2	16
5	冷　坞	水轮机	1×6.25	1970年	1986年	2	1	6
6	分水岗	水轮机	1×8	1970年	1986年	4	2	8
7	董家坑	水轮机	1×7.5	1970年	1983年	1	1	4
8	张家岗	水轮机	1×8	1971年	1986年	1	1	2
9	高明庵	水轮机	1×7.5	1971年	1996年	1	1	2
10	油竹山	水轮机	1×7.5	1971年	1986年	2	2	8
11	石板坑	水轮机	1×8	1971年	1986年	1	1	6
12	荷花坪	水轮机	1×20	1971年	1996年	1	1	2
13	道　场	水轮机	1×40	1972年	1996年	1	1	3
14	东　培	水轮机	1×6.25	1972年	1996年	2	1	6
15	江　夏	水轮机	1×40	1977年	1996年	3	1	6

1970年，全社珠茶加工机械121台。1972年6月18日，通源木业社金小裕研制电炉炒茶在向阳大队试用，实现电力制茶。19日，公社党委和革委会组织全社生产队长以上干部60多人前往向阳大队参观学习，总结推广电力制茶技术。1986年开始，珠茶加工机械主要有嵊州市茶叶机械厂生产的天坛牌6CC-84型炒干机和6CR-55A揉捻机。1996年，名优茶加工用嵊州市叶峰茶业有限公司生产的6CM-43型炒制机。2006年，购买新的名茶机，逐步实现从手工炒制向机械炒制转变，全乡新增扁形茶炒制机1200台。2009年5月11日，嵊州市茶叶机械推广现场会在通源乡召开。市农业局、市农机总站、市茶叶协会、全市茶叶产区乡镇农机员、茶机生产企业负责人及通源乡各村干部、茶叶大户，共有百余人参加现场会。茶机生产企业介绍浙江落合、日本川崎、国产程阳等茶机产品的性能、服务和销售情况，茶机销售企业与茶农开展产品购销活动。

六、茶活动

1999年，通源乡政府与三王堂村两级投资7.5万元，建成三王堂名茶市场，市场面积761.8平方米，营业用房为400平方米，内设摊位100个。市场建成后，2000年，交易名茶就达750吨，销售额460万元，成为辐射周边乡镇10多个行政村的名茶市场。

2004年，三王堂经济合作社荣获浙江省无公害产业产地认证书、绍兴市绿色农产品证书。

2005年，乡政府开展比销售、比上缴税收、比社会贡献力“三比”竞赛活动，华君茶厂荣获一等奖，金鹏茶厂、夏雨茶厂荣获二等奖。白雁坑村经济合作社申报的无公害茶叶获得绍兴市绿色农产品认定。

2007年8月2日，乡政府举办夏秋茶名茶炒制培训。各村茶叶大户、部分茶农和精制茶企业主参加培训。邀请当年茶王炒制大赛优秀选手现场作炒制技术辅导。

2008年3月11日，乡政府在三王堂名茶加工集聚区开办茶叶炒制技术培训班，全乡100多名茶农参加。4月1日，通源第一家名茶企业嵊峰茶业有限公司在茶叶专业村西三村成立，公司注册了全乡首只名茶品牌“三王堂”龙井。5月29日，三王堂村被省农业厅公布为2008年第一批浙江省无公害茶叶基地。10月22—24日，乡政府举办名茶生产管理和炒制技术培训。茶叶生产大户和茶农共230人参加培训。邀请茶王陈国仁现场指导名茶炒制技术。

2009年9月15日，全市香茶生产现场会在通源乡召开。市领导及市林业局等有关部门与甘霖、长乐等11个乡镇分管领导、茶叶专业干部和香茶生产企业负责人，50余人参加会议。通源乡在会上作典型发言。

2010年10月25日，乡党委、政府开办阳光工程培训班。来自全乡各村的茶农代表、茶叶大户共80人参加培训，重点进行香茶采摘、茶叶机采、香茶炒制、病虫害防治、茶叶防冻管理等9个方面技术培训。

2011年6月10日，嵊州市首期评茶员培训班在通源乡开班。开设茶叶采摘、绿茶加工、茶叶保鲜等技术，以及茶叶经纪与茶艺介绍等课程，聘请浙江经贸职业技术学院专职教师讲课。通源乡57名茶农参加培训，通过理论学习和实践考试，拿到了评茶员（初级）国家职业资格证书。

2012年3月28日，乡政府在三王堂个私集聚点举行第二届名茶炒制大赛，20名经选拔的炒茶能手参加比赛。

2016年4月11日，由通源乡政府、市农办、市农林局主办的“通源·西白茶人节”在三王堂村举行。活动主题为“访云海茶园·品西白龙井”，开展春茶炒制、茶叶品评、茶商洽谈、茶园观光、茶诗画创作、参观茶村民宿等活动。省内外名茶专家及媒体记者等500余人参加。

2019年8月4日“西白山论茶”活动

2019年8月3日，在西白山村举行“西白山论茶”活动，邀请珠海、济南、北京、上海、杭州、绍兴等地茶商参加活动。嵊州市参加活动的有华越茶业、华丰茶业、爱明茶业、越禾茶业、越丰茶业、禾丰茶业、景鸿茶业、石壁精舍、一杯香合作社、铭果家庭农场等茶企。乡村振兴规划专家黄德裕（中国台湾）到会指导。参加活动70多人。

2023年，浙江省春力茶业有限公司联手西白山村打造数字化生态茶园。在茶叶基地建设中，坚持与茶园数字化、茶园绿色防控、茶园旅游、茶文化传播、村民共富相结合，西白山数字化生态茶园成为嵊州市茶叶基地建设的一个典范。

2023年度“嵊州市茶行业年会暨第二届西白山论茶”于2024年1月27日在西山白村举行。来自全市100多名茶叶种植、加工大户、茶企茶商、茶叶合作社负责人参加活动。

第二节　香　榧

一、榧历史

绍兴会稽山古香榧群保护铭牌

香榧是一亿七千万年前的孑遗植物，红豆杉科榧树属，常绿乔木，是地球上现存最古老的树种之一，国家二级保护树种。2013年5月，会稽山古香榧群被联合国粮农组织认定为全球重要农业文化遗产，是世界上第一个以山地经济林果为主要特征的全球重要农业文化遗产。2000多年前，古越先民对野生榧树进行人工选择和嫁接培育，形成这一优良品种，历经千年仍硕果累累，堪称古代良种选育和嫁接技术的“活标本”。古香榧起源唐代以前，扩大栽培于宋代，在元、明、清三代种植规模得到发展。会稽山古香榧群分布在柯桥区、诸暨市、嵊州市12个乡镇59个行政村，面积402平方公里，现有香榧基地30万亩。区域内有百年以上古香榧树7.2万余株，其中千年以上的4500余株。2014年10月28日，绍兴市人民代表大会常务委员会第十九次会议确定香榧为绍兴市树。2017年，绍兴会稽山古香榧群入选中国15处“中国最美森林”；同年绍兴柯桥区、诸暨市、嵊州市会稽山香榧主产区被国家九部委命名为首批中国特色农产品优势区。2018年，绍兴市出台《绍兴会稽山古香榧群保护规定》。绍兴会稽山古香榧群，是指在绍兴会稽山腹地生长的以古香榧树为主的古榧树林，以及相关的自然景观、生态环境和由传统农耕方式、民俗活动等构成的文化景观。古香榧群保护范围为联合国粮农组织认定的全球重要农业文化遗产古香榧群所在的有关区域。古香榧群保护核心区为：诸暨市赵家镇东溪、榧王、相泉、宣家山片区；诸暨市东白湖镇里四、西丁片区；柯桥区稽东镇占岙、陈村、石岙、龙西片区；嵊州市谷来镇袁郭岭、吕岙、榆树、盛家坞片区；嵊州市通源乡白雁坑、松明培和长乐镇小昆的西白山片区。

唐李德裕《平泉草木记》曰：“木之奇者，稽山之榧。”嵊州是香榧的原产地和主产区，联合国粮农组织全球重要农业文化遗产名录和农业部首批中国重要农业文化遗产名录会稽山古香榧群的核心区，拥有古香榧群落194个，百年以上树龄古香榧16566株，其中树龄在500年以上的1121株。2004年12月22日，嵊州市被国家林业局授予“中国香榧之乡”称号。2013年9月7日，“嵊州香榧”地理标志证明商标经国家工商总局商标局批准注册。全市已有50家香榧企业、经营主体使用“嵊州香榧”商标。2014年10月28日，“嵊州香榧”在第十二届中国国际农产品交易会上获金奖。“嵊州香榧”先后获评全国果菜产业百强地标品牌、全国果菜产业十佳文化传承地标品牌、首届中国智慧农业年度“匠农杯”十佳优质农产品、浙江农博会“十大区域公共品牌农产品”、浙江省知名农业品牌百强等，多次获国际农博会金奖，被评为浙江省著名商标，入选中国特色农产品优势区名单（第一批）。2018年，“嵊州香榧”获得国家地理标志商标认证。2019年，嵊州市确定香榧树为市树。

稽山香榧看西白。从海拔看：西白山有1000米以上高山8座，香榧是高海拔地区先成熟开摘，白雁坑村分水岗的香榧比周边早十天左右，高山香榧品质优良。从种质看：通源核心区有中国香榧王、雄榧王、象牙榧王、珍珠榧王，还有圆榧、茄榧等。从景观看：文化遗产、地质遗迹、榧石奇缘，陡坡梯地、蛮溪晨雾、榧香人家等。

二、榧环境

香榧产自北纬30度神秘地带——会稽山脉。据白雁坑村油竹山《洪氏宗谱》记载：“西白山实为剡中西障，跨婺、暨、剡三邑，与邑东四明山对，其间有大小西白、大小二崑……”会稽山高海拔古香榧大都生长在西白山片区。香榧是1.7亿年前的孑遗植物，石头是约1.4亿年左右的火山碎屑岩，文化遗产和地质遗迹孪生出榧石奇缘。

通源古香榧陡坡梯地生态系统，山地占90%，森林覆盖率高达96.86%，全年无霜期210天，年平均温度14.8℃，年降水量1497.2毫米，负氧离子每立方厘米高达2.18万个。乔、灌、草有机结合，构成良好的森林植被，林业生态系统保持完整，保持了水土，调节了气候。通源核心区发展农、林、牧相结合的生态循环农业和特色农产品，形成以古香榧为主的复合种养模式，构成了独特的水土保持和高效产出的陡坡山地利用系统。香榧喜亚热带季风型湿润气候，且为耐寒性树种，4月中下旬是香榧的授粉期，温度必须在15℃以上。夏季温度凉爽，超过35℃的高温天气时间短。年降水量1000至1600毫米，香榧生长周围年平均相对湿度75%至80%。核心区古香榧群与古村落、小溪、山岚等构成一幅幅令人赏心悦目、叹为观止的画卷，与西白山区奇峰秀谷和文化遗存形成榧乡独特而丰富的景观旅游资源，因此形成西白山香榧独有的优秀品质，成熟期早、榧壳薄脆、肉质饱满、品味香松等特点。

香榧生长区域性强，良好的生态环境才能确保香榧健康生长。苏东坡笔下的“瘴雾脱蛮溪”就是对香榧生长环境的最好写照。通源核心区香榧环境适宜。一是海拔因素：海拔一般在300至800米，在一些高海拔地区，由于特殊的地理条件，仍适宜种植香榧。西白山区海拔近900米的山谷边，香榧树依然丰产高产，但高海拔山体上坡迎风面，香榧树生长矮小，丰产性差。海拔在300米以下的山地，所在地处于连绵群山之中，常年流水不断，榧树生长较好。二是地貌因素：以荫凉、阳光直射少、坡度在25度以下的山谷两边坡地上为佳。山谷中常年流水不断，秋冬季云雾缭绕，山谷植被丰富多样。三是土壤因素：香榧根系浅，系肉质根，生长的土壤要求透气性好，土层深厚，有机质含量高，土壤类型为香灰土，黄壤等为宜，pH值为酸性。

三、榧产业

1980年，松明培和白雁坑盛产香榧，《人民日报》曾做过介绍。1985年，全乡香榧收入3万元，占全乡经济收入的1%。1986年，香榧每公斤价格5—6元。香榧面积391.4亩，成年榧树7828株。

1975—1987年部分年份通源香榧产量情况表

表39 单位：吨

年份	产量	年份	产量	年份	产量	年份	产量
1975	25.49	1977	13.24	1980	18.05	1986	17.40
1976	4.19	1978	13.62	1985	6.00	1987	7.50

2001年，市政府为发展山区经济，出台扶持政策，促进香榧产业。通源乡建立百亩以上香榧基地3个，面积1520亩，全乡全年香榧干果总产量达100吨，产值400万元。成功注册“白玉尖”商标。松明培村被市委、市政府表彰为香榧特色农业村。

2002年，鼓励农户大力发展香榧产业，乡党委、政府制定《通源乡2002年效益农业发展规划实施意见》，确定2002年新发展香榧2020亩，并向各村下达了相关任务。新发展香榧98780株，折合2470亩，香榧成为通源一大经济支柱。

2003年，新发展香榧1100亩，全乡香榧干果总产量达到70吨，产值达600万元以上。

2004年，新发展香榧2040亩。通源乡西白山香榧自然保护小区被列入绍兴市级自然保护小区。“白玉尖”牌香榧基地被浙江省林业厅评为浙江省森林食品基地。

2005年，“白玉尖”香榧通过国家级有机食品和绿色（AA）认证。松明培村为香榧示范基地。

2006年，全乡发展高效生态香榧基地近1000亩。

2007年，松明培村有香榧企业3家。成立“建初”香榧专业合作社，入会人员200人。成立香榧嫁接专业队，全年共嫁接香榧3万多株（折算面积为600亩），成活率达95%以上。8月23日，乡政府组织开展香榧采摘及采摘后肥培管理技术培训，来自全乡各村的村干部、榧农、种榧大户共96人参加培训。市林业局香榧大师到场指导。

2008年3月14日，全市香榧产业科技下乡活动在松明培村举行。嵊州市香榧协会举行香榧嫁接专业队授牌仪式，并对“十佳”嫁接能手进行颁奖；召开嵊州市香榧产业协会一届二次理事会议；成立香榧、藏天岗等4个农副产品专业合作社。

2009年6月19日，市林业局和市香榧产业协会联合在白雁坑村举行全市香榧病虫害综合防治现场会。市香榧大师讲解香榧主要病虫害情况及防治方法，市白蚁防治站工作人员讲解榧树防治白蚁的对策。

2010年7月，台商独资50万美元的嵊州嘉雨香料科技有限公司落户通源，这是绍兴地区唯一一家使香榧外种皮变废为宝的企业。该项目从香榧青果皮中提炼精油，副产品醇露可作化妆品原料，剩渣可生产香皂。项目正式投产后，可年产精油20吨、醇露500吨，仅此两项，年产值就在1500万元以上。公司年收购香榧青果皮1400吨左右，为榧农增收约56万元，实现了香榧青壳“变废为宝”。2011年，增资200万元，扩建生产项目，产品延伸至香榧熏香、美白粉底液、手工精油皂等。全年累计收购香榧青果皮600吨。接洽创建香榧香料科技研发中心，并与第二军医大学联系开拓新产品，新开发的香榧熏香、手工精油皂等系列产品项目取得突破，远销阿联酋、沙特阿拉伯、印度、叙利亚、波兰等国。6月，在上海举行的世界制药原料中国展上，公司生产后的“下脚料”果皮渣，被福建一家公司以每吨3000元的价格收购，用于分离紫衫醇类似物和多糖，进行医用药物方面的探索。

2012年，全乡共有香榧1.2万亩，其中榧茶套种生态化立体栽培面积8000亩，产值3400万元。白雁坑榧茶套种示范基地被绍兴市科协命名为绍兴市农村科普示范基地。全乡有省级无公害产地和国家级无公害产品各2个，拥有“三王堂”“白玉尖”“通源人家”“藏天岗”等品牌，其中“丽珍尖”香榧荣获“十大推荐品牌”称号。

2013年5月，“陡坡山地高效农林生产体系——浙江绍兴会稽山古香榧群”成为全国首批19个重要农业文化遗产之一。同月，在日本石川县举行的全球重要农业文化遗产国际论坛会议上，“绍兴会稽山古香榧群”被联合国粮农组织认定为“全球重要农业文化遗产保护试点”，成为世界上第一个以山地经济林果为主要特征的全球重要农业文化遗产利用系统。在同期举行的“会稽山古香榧之最”评选活动中，通源乡松明培村斜泥湾的古香榧树被评为“最大冠幅古香榧树”，白雁坑村分水岗的古香榧树被评为“最美古香榧树”。11月1日，在第六届义乌国际森林产品博览会上，通源乡藏天岗农副产品专业合作社“藏天岗”香榧获博览会金奖，“西白山”香榧获优质奖。

2014年6月，通源乡启动古香榧林白蚁防治工程。7月25日，中央电视台播出了题为《一棵树产8万——品牌之路致富种植户》的新闻片，报道了松明培村一棵香榧树产香榧1000公斤，产值高达8万多元的新闻。

2015年，西白山农业综合示范园区通过省级验收；有省级无公害产地和国家级无公害产品各2个；“藏天岗”荣获绍兴市级著名商标；“丽珍尖”荣获嵊州市香榧推荐品牌称号。

2016年4月，省级文保单位绍兴会稽山古香榧种植园（嵊州市域）保护范围正式确定。通源乡松明培古香榧种植园、白雁坑古香榧种植园一起入围。11月30日，通源乡藏天岗农副产品专业合作社“藏天岗”牌获2016年度“嵊州香榧”推荐品牌单位称号。12月6日，“访云上人家　书榧石情缘”为主题的西白香榧节暨中国首届香榧诗歌节活动在白雁坑村举办。2016年“藏天岗”品牌荣获“绍兴老字号”称号。

2017年，全乡香榧1.21万亩，百年以上古香榧树3449棵，亩均产值3.2万元。

绍兴老字号

2018年，白雁坑村建成省级珍贵树种局长示范林（嵊州市高山香榧基地建设示范林），吴联村香榧建成省级珍贵树种示范点。11月15日，2018嵊州香榧推荐品牌评比暨“通源·西白香榧节”森林农家游活动在白雁坑村举行。是年，松明培村、白雁坑村成为全市6个人均香榧收入超过10000元村。松明培村被评为绍兴市兴林富民示范村。“白玉尖”被中国绿色食品发展中心认定为“AA”级绿色食品和有机食品。

2019年3月1日，《绍兴市会稽山古香榧群保护规定》正式实施。通源乡白雁坑、松明培被列入古香榧群保护核心区。7月26日，嵊州市第十六届人大常委会第二十二次会议确定香榧树为嵊州市市树，通源成为嵊州市树的重要基地。

四、榧技术

（一）育苗嫁接技术

1.实生育苗

（1）种子采集与贮藏。宜选择“木榧”为采种母树，种子去假种皮后沙藏，使其完成生理后熟作用，达到催芽目的。选东南向墙角或向阳场地，用湿沙与种子相间层积，堆高50厘米左右，上架凉棚，保持湿润。春节前1个月进行翻藏，当种壳开裂，胚根长0.5至1.0厘米时拣出播种。发芽势以12月下旬至2月上旬最强，故宜春期播种。3月底尚未萌发的种子，春季不再萌芽。

（2）播种。圃地选择土层深厚，土壤肥沃，排灌方便的沙质壤土。10月整地，施足有机肥，每亩施入栏肥约1吨，或均匀撒施菜饼300千克。一般分冬、春（3月）二期播种。采用断根尖播种，促发侧根。行距20厘米，株距8厘米，每亩播种量为50至60千克。种子横放，胚根向下，于播种沟内，播后覆盖一层焦泥灰或细土，厚度1.5厘米左右，随后盖上狼衣草或茅草等，防止土壤板结。

（3）管理。4月幼苗陆续出土，揭去盖草，及时搭棚遮阴，荫棚透光40%左右。要及时除草松土，施追肥。一般用10%的稀薄人粪尿，施3至4次追肥。

2.嫁接技术

（1）劈接法。嫁接方法有劈接法和插皮接法两种。两年生实生苗多采用劈接法，三四年以上实生苗，砧木地径2.5厘米以上多采用插皮接法。分四个步骤：

第一步：切砧。用修枝剪在离根茎5至7厘米左右截干，在砧木横断面中央垂直切下3厘米。

第二步：削穗。在接穗下端抹去接穗叶片2/3，再在基端两侧相对各削一刀，呈楔形，斜面长3厘米左右。

第三步：接合。砧木形成层和接穗形成层之间一定要对齐，用左手大拇指轻轻掰开砧木切口，对齐一边形成层插入接穗，使斜削面上端稍露白，用塑料薄膜带将砧木断面和接口紧密绑扎。

第四步：覆土或遮挡。用黄心土将接苗培成馒头状，覆没接穗2/3，或者用箬壳遮住嫁接部位。

（2）插皮接法。插皮接法除三四年生以上实生苗、砧木地径2.5厘米以上的榧苗外，还用于野生榧树的改良利用、劣种改造和榧树林内雄树高接等。大砧接根系发达，树冠形成快，投产早。分四个步骤：

第一步：截砧。根据砧木的粗度来截砧木。砧木粗截干要高，砧木小截干相对较低。一般直径10厘米以下的留砧在20至40厘米；直径10厘米以上的留砧在80至150厘米。然后摘除萌蘖、修光截面。

第二步：削穗。抹去二年生枝上的叶片，先在一侧面斜削一刀，去木质部的1/2至1/3，削面长3厘米左右，呈长舌形。然后在切面背部削去表皮，露出青色的形成层。

第三步：接合。用事先准备好的与削好的接穗形状相似而略大的竹签，沿砧木形成层垂直插入，拔去竹签，随缝插入接穗。插后用棕榈叶片弧曲成带尾巴的倒漏斗状，套住接穗，并用麻片在砧木截面下1至2厘米处把砧木连同漏斗尾巴紧实绑扎。

第四步：做护窝。留砧低的在植株周围用石块垒上一圈，内填细碎黄泥覆没接穗的1/2至2/3就可以了。留砧高的通常用晚稻草或茅草做窝，将护窝材料围在砧木四周，使其基部位于截面下10至15厘米处，用麻绳把它绑缚在砧木上，再将护窝材料由内向外稍揿，成草窝状，然后放入疏松湿润碎黄泥，仅露接穗顶端叶芽，再绑扎草窝中上部即可。

（二）种植技术

1.种植模式

茶榧套种：在茶园地套种香榧，是通源香榧种植的主要模式。

荒山和开垦山种植：荒山和开垦山种植，利用肥沃深厚土壤种植香榧。

2.定植时间

春季香榧种植最佳时间为从2月下旬开始到3月中旬，太迟天气转热，成活率不高。冬季种植11月上旬至12月中下旬。

3.选苗栽植

（1）选用良种嫁接苗。香榧树长大后的结果性能、品质等主要由香榧接穗决定，因此，榧农在购买嫁接苗时要按良种化要求搞清嫁接苗接穗的情况。

（2）提倡用大规格苗。提倡用大规格嫁接苗带土球上山栽植建园，苗龄选择“2+2”以上，侧根和须根生长要旺盛。对于小规格苗木最好进行集中培育。

（3）定植。海拔300米以上的茶园地，荒山荒地很多适宜种植香榧，生态林和用材林不能用于种植香榧。茶园地套种香榧，应在种植穴1平方米以上范围内劈除茶树、挖去茶根。荒山造林在种植前做好开山整地工作。

（三）管理技术

1.人工授粉

采集雄花粉：在雄花蕾部分变黄并有少量雄花粉自然散出时，用手或用剪刀采摘雄花枝。剪后迅速运回，在阴凉干燥处铺上一层干纸，把雄花枝摊开，厚2至3厘米。一般4至5天后雄花散尽。雄花粉贮藏时要注意受潮受热，尽早应用为好。一般来说，雄花枝在4月上中旬采集，如果贮藏得好，雄花粉可保贮10天左右。

观察雌花：4月中下旬开始雌花逐步开放，花期10天左右。榧树雌花开放后的第3至7天左右时间授粉，受精率最高。榧农应选择遇和风晴朗天气，一般早上8点至下午5点传粉滴出现时，用喷雾法、撒粉法授粉。

喷雾法：用半两花粉加12.5公斤水搅和，装入干净的喷雾器内喷布，以喷湿雌花枝为宜。一般每产250公斤榧蒲，花粉用量30至50克。应用于零星木、单株木授粉，也用于成片榧林。具有用粉量少的优点，在雄花粉不足的情况下，首推此法。

撒粉法：将授粉器（出口处用纱布包扎的竹筒，尾部横向装有一小木棍）的小木棍固定在竹竿上，在榧树枝上摇动竹竿均匀进行撒粉。花粉用量为喷雾法的4至5倍。应用于成片榧林授粉。

2.合理施肥

春肥。成年榧树施追肥在3月底至4月中旬，成林香榧每10平方米树冠投影面积施复合肥1—1.5公斤。幼林榧树在3至4月中旬各施肥一次，每亩施复合肥1公斤左右。

采果肥。香榧采收前1个星期或采后1星期内施一次追肥，施肥量为每10平方米树冠投影面积施0.5—1公斤的复合肥。

基肥。冬季施农家肥，主要有兔粪、羊粪、猪粪、牛粪等。施肥量一般10平方米树冠投影地方35公斤左右，并可根据榧园的现有肥力情况，作适当调整。在施肥前，对农家肥要进行腐熟处理，有条件的地方可结合冬季深翻进行。

3.树冠整形

根据香榧的生长特性，香榧的树形应培养成矮化的自然开心形。一般留3至5个主枝，每个主枝与地面呈60°角左右，四周均匀分布。通过修剪控枝实现香榧矮化，控制香榧营养生长，实现营养生长与生殖生长平衡，增加树冠面积，提早形成花芽。矮化树冠控制在2.5米左右。成年的结果大树，只修剪枯枝和不定芽萌发的丛生枝及细弱的密集枝。

（四）采摘后熟

1.影响因素

香榧一般在“白露”前后成熟，但成熟时间受多种因素影响和制约。

（1）海拔。香榧适宜生长种植的海拔高度为300至800米，海拔高度的不同香榧的成熟时间不同，一般来说，海拔高的地方，香榧成熟时间较早；海拔低的地方，香榧成熟时间较迟。

（2）天气。气候也是影响香榧成熟的主要因素，夏季干旱少雨天气造成当年香榧成熟期推迟。

（3）长势。生长势强的香榧树成熟期相对迟一点，生长势弱的香榧树成熟期相对早一点。百年以上的老香榧树成熟期相对早一点，小香榧树成熟期相对迟一点。

（4）土壤与施肥。土壤类型不同、施肥种类不同、施肥时间不同、施肥数量不同等因素都影响香榧的成熟。

2.采摘时间

由于各产榧地的香榧树所处海拔、土壤、光照、树龄、施肥等立地条件和管理水平不同，导致香榧成熟的时间不同，因而不能不分具体情况就搞统一时间采摘。正确的采摘时间应以单株香榧为单位，即某株香榧的假种皮由青绿色转为黄绿色，并有少量假种皮开裂露出种子时，为该株香榧的最佳采收期，做到成熟一株采摘一株，不成熟不采摘，严禁摘青。采摘后香榧蒲做好后熟处理，确保香榧的质量。雨天，雾天，露水未干时不宜采摘。

3.采摘方法

榧农应带钩、篮、绳等工具，爬上榧树用手指旋转果实使其脱落。

4.后熟处理

首先是假种皮后熟，其次是香榧脱涩。

（1）去种皮。香榧采收后进行堆积后熟，堆积高度20厘米左右，四周通风。堆积7至10天左右（堆积不能太高），香榧假种皮腐烂后用手剥离。

（2）除涩。将榧子堆放10至15天，每5天翻一次，如太干，可用假种皮盖上。当种衣由紫红色变深褐色时，后熟已完成，然后用清水将榧子洗干净，再放在阳光下晒除水分。

（五）贮藏炒制

1.晾　晒

用清水将脱涩后的毛榧分批洗净晒燥，中午阳光太强要遮阳，防止毛榧受热不均引起榧壳爆裂。一般情况下晒两天左右，当毛榧重量达到晒前的85%左右时就可以进行贮藏，通风贮藏时各批分开，贮藏时间至少半个月以上。

2.分　级

按不同批次对生榧分级，一般分大中小三级。分级标准：大级别生榧每千克410颗至450颗，中级别生榧每公斤530颗至570颗，小级别生榧每公斤650颗至700颗。

3.炒　制

炒制设备：按照QS标准规定和ISO 9001质量认证要求，香榧炒制从原来的手工炒制改装成机械炒制。

分批炒制：对经上述流程把关后的生榧子进行分批炒制。

原料：生香榧、粗盐、水。

步骤：第一步：猛火炒。先将10公斤粗盐倒入锅中炒烫，再加入40公斤生榧共炒。10至15分钟后，剥开榧壳种仁两头微黄，质地由软变硬，种衣开始脱落。此时，出锅装袋。第二步：浸盐水。先按50公斤水加2.5公斤食盐的比例配制盐水，把经过第一步炒制的榧子在装袋后放入盐水池，浸泡10分钟左右，然后取出滤干水分。第三步：以文火为主。炒50分钟左右，剥开榧壳，用手轻轻一抹内种衣，内种衣容易脱落，榧仁呈米黄色。同时，酥香不断从炒锅中散发出来。此时，炒制完成。

4.包　装

在包装前仔细分拣，剔除那些用手摇动后榧仁有响动的次级香榧。按不同批次对熟榧进行包装。包装后放入贮藏室密封保存，保存期可达10个月左右。

五、榧名录

通源古香榧树（群）名录数据来自2018年《嵊州市古树名木资源普查报告》。

2018年通源古香榧树情况表

表40

序　号	村　名	古树编号	小地名	树龄（年）	等　级	胸围（厘米）	经度（度）	纬度（度）
1	松明培村	68312000120	南　安	600	1	495	120.52605	29.550556
2	松明培村	68312000121	南　安	600	1	400	120.52595	29.550481
3	松明培村	68312000122	南　安	600	1	440	120.52612	29.550578
4	松明培村	68312000123	南　安	500	1	350	120.52629	29.550928
5	松明培村	68312000126	南　安	600	1	420	120.52619	29.550844
6	松明培村	68312000128	村　中	500	1	390	120.52107	29.546669
7	松明培村	68312000138	南　安	600	1	520	120.52624	29.550903
8	松明培村	68312000145	村　中	600	1	440	120.52409	29.547775
9	松明培村	68312000147	南　安	600	1	460	120.52632	29.550783
10	松明培村	68312000153	村　中	500	1	390	120.52184	29.547036

续表40

序　号	村　名	古树编号	小地名	树龄（年）	等　级	胸围（厘米）	经度（度）	纬度（度）
11	松明培村	68312000250	下安背	500	1	360	120.52808	29.548861
12	松明培村	68312000258	村　中	600	1	460	120.52495	29.548675
13	松明培村	68312000295	西　塔	500	1	390	120.50338	29.541228
14	松明培村	68312000316	五　岭	550	1	430	120.51	29.544097
15	松明培村	68312000322	五　岭	500	1	410	120.5097	29.544064
16	松明培村	68312000333	下安背	600	1	450	120.52876	29.549667
17	松明培村	68312000358	里前山	500	1	420	120.51899	29.547483
18	松明培村	68312000364	村　中	700	1	480	120.52257	29.547319
19	松明培村	68312000373	见泥湾	500	1	460	120.52336	29.550911
20	松明培村	68312000400	见泥湾	600	1	530	120.52406	29.550831
21	松明培村	68312000403	见泥湾	500	1	440	120.52416	29.550889
22	松明培村	68312000412	庵地下	500	1	430	120.53313	29.554347
23	松明培村	68312000437	庵地下	500	1	420	120.53255	29.554117
24	松明培村	68312000474	见泥湾	500	1	400	120.52162	29.551328
25	松明培村	68312000535	庙前头	500	1	350	120.527	29.553081
26	松明培村	68312000709	湖塘山	500	1	410	120.51507	29.552506
27	松明培村	68312000896	羊龙山	500	1	320	120.52529	29.548472
28	松明培村	68312001253	坟　岗	500	1	370	120.52628	29.548156
29	松明培村	68322000098	村　中	400	2	290	120.52333	29.548144
30	松明培村	68322000099	村　中	400	2	310	120.52317	29.548053
31	松明培村	68322000102	村　中	450	2	330	120.52324	29.547911
32	松明培村	68322000106	村　中	400	2	290	120.52224	29.547289
33	松明培村	68322000107	村　中	450	2	350	120.52197	29.547231
34	松明培村	68322000109	村　中	400	2	320	120.52183	29.547175
35	松明培村	68322000110	村　中	300	2	170	120.52135	29.547147
36	松明培村	68322000111	村　中	400	2	290	120.5214	29.547228
37	松明培村	68322000118	庙前头	400	2	280	120.527	29.553108
38	松明培村	68322000119	村　中	400	2	320	120.52186	29.546969
39	松明培村	68322000131	村　中	300	2	230	120.52184	29.547397
40	松明培村	68322000134	村　中	350	2	250	120.51994	29.546131
41	松明培村	68322000139	南　安	400	2	280	120.52674	29.551594
42	松明培村	68322000141	南　安	400	2	310	120.52743	29.551358
43	松明培村	68322000142	村　中	300	2	230	120.52365	29.547614
44	松明培村	68322000143	南　安	400	2	320	120.52747	29.551439
45	松明培村	68322000144	村　中	450	2	360	120.52371	29.547639
46	松明培村	68322000146	南　安	400	2	310	120.52666	29.551958

续表40

序　号	村　名	古树编号	小地名	树龄（年）	等　级	胸围（厘米）	经度（度）	纬度（度）
47	松明培村	68322000148	村　中	350	2	240	120.52404	29.547819
48	松明培村	68322000149	村　中	300	2	200	120.52406	29.547875
49	松明培村	68322000159	村　中	300	2	210	120.52437	29.547917
50	松明培村	68322000167	下安背	400	2	290	120.52943	29.549333
51	松明培村	68322000171	下安背	350	2	240	120.52967	29.549206
52	松明培村	68322000252	下安背	350	2	210	120.52886	29.548906
53	松明培村	68322000255	村　中	350	2	230	120.52481	29.548747
54	松明培村	68322000257	西　塔	350	2	250	120.50158	29.540658
55	松明培村	68322000259	西　塔	400	2	290	120.50299	29.541144
56	松明培村	68322000262	西　塔	350	2	230	120.50291	29.541275
57	松明培村	68322000263	西　塔	350	2	250	120.50297	29.541297
58	松明培村	68322000266	西　塔	300	2	195	120.50299	29.541497
59	松明培村	68322000271	西　塔	350	2	280	120.50292	29.541167
60	松明培村	68322000276	西　塔	300	2	270	120.50298	29.541956
61	松明培村	68322000287	西　塔	350	2	290	120.5039	29.541103
62	松明培村	68322000291	西　塔	350	2	280	120.50373	29.541456
63	松明培村	68322000293	西　塔	350	2	295	120.50332	29.541331
64	松明培村	68322000294	西　塔	300	2	250	120.50331	29.541283
65	松明培村	68322000296	西　塔	400	2	320	120.50343	29.541197
66	松明培村	68322000302	马乐岭	300	2	220	120.50759	29.544989
67	松明培村	68322000304	王泥岗	350	2	250	120.50923	29.547467
68	松明培村	68322000307	村茶场	300	2	260	120.51019	29.546375
69	松明培村	68322000309	村茶场	300	2	260	120.51017	29.546383
70	松明培村	68322000310	村茶场	300	2	200	120.50963	29.545117
71	松明培村	68322000311	五　岭	400	2	315	120.51021	29.544086
72	松明培村	68322000314	五　岭	400	2	340	120.51009	29.544167
73	松明培村	68322000317	村　中	400	2	300	120.52333	29.547642
74	松明培村	68322000318	五　岭	350	2	310	120.50976	29.544086
75	松明培村	68322000319	村　中	300	2	210	120.52176	29.547444
76	松明培村	68322000326	西　塔	300	2	280	120.50297	29.54185
77	松明培村	68322000330	村　中	400	2	290	120.52368	29.547594
78	松明培村	68322000332	村　中	300	2	210	120.52414	29.547781
79	松明培村	68322000335	后叶堂	350	2	280	120.51744	29.546581
80	松明培村	68322000336	五　岭	350	2	300	120.51163	29.543975
81	松明培村	68322000340	后叶堂	400	2	350	120.51716	29.545936
82	松明培村	68322000350	后叶堂	450	2	415	120.51782	29.546136

续表40

序　号	村　名	古树编号	小地名	树龄（年）	等　级	胸围（厘米）	经度（度）	纬度（度）
83	松明培村	68322000352	后叶堂	450	2	355	120.51655	29.546072
84	松明培村	68322000355	里前山	300	2	220	120.51886	29.547408
85	松明培村	68322000359	村　中	400	2	290	120.5233	29.548167
86	松明培村	68322000361	桥胡口	300	2	210	120.54106	29.552419
87	松明培村	68322000365	见泥湾	300	2	230	120.52352	29.550256
88	松明培村	68322000367	庙前头	450	2	400	120.52679	29.552336
89	松明培村	68322000371	庙前头	350	2	310	120.52689	29.552622
90	松明培村	68322000377	见泥湾	450	2	400	120.52305	29.551133
91	松明培村	68322000380	南　安	300	2	250	120.52637	29.552508
92	松明培村	68322000383	南　安	400	2	300	120.52595	29.552381
93	松明培村	68322000386	南　安	350	2	280	120.52553	29.551061
94	松明培村	68322000399	见泥湾	450	2	400	120.52255	29.550869
95	松明培村	68322000418	桥胡口	350	2	310	120.54029	29.552683
96	松明培村	68322000423	庙背后	400	2	330	120.52877	29.554408
97	松明培村	68322000426	庙背后	450	2	370	120.52875	29.55445
98	松明培村	68322000445	庙背后	450	2	370	120.52874	29.554464
99	松明培村	68322000462	湖塘山	300	2	230	120.51405	29.553167
100	松明培村	68322000463	湖塘山	300	2	260	120.51251	29.551408
101	松明培村	68322000464	湖塘山	350	2	300	120.51369	29.552189
102	松明培村	68322000465	大田湾	400	2	300	120.51196	29.549306
103	松明培村	68322000472	大田湾	400	2	310	120.51186	29.549456
104	松明培村	68322000475	湖塘山	300	2	220	120.5133	29.551681
105	松明培村	68322000476	大田湾	350	2	260	120.5115	29.549811
106	松明培村	68322000704	湖塘山	300	2	250	120.51245	29.551369
107	松明培村	68322000706	大田湾	300	2	240	120.51183	29.549642
108	松明培村	68322000707	湖塘山	350	2	270	120.51338	29.552503
109	松明培村	68322000710	大田湾	400	2	310	120.51086	29.550317
110	松明培村	68322000736	小　湾	300	2	240	120.51762	29.544172
111	松明培村	68322000897	下安背	350	2	210	120.52938	29.548792
112	松明培村	68322000900	五　岭	350	2	300	120.50988	29.544078
113	松明培村	68322000902	南　安	350	2	270	120.52644	29.552442
114	松明培村	68322000904	桥胡口	400	2	350	120.54021	29.552739
115	松明培村	68322000914	湖塘山	300	2	260	120.51273	29.552597
116	松明培村	68322001236	坟　岗	450	2	335	120.52644	29.548594
117	松明培村	68322001249	西　塔	300	2	230	120.50302	29.541967
118	松明培村	68322001255	坟　岗	300	2	210	120.52614	29.548533

续表40

序 号	村 名	古树编号	小地名	树龄（年）	等 级	胸围（厘米）	经度（度）	纬度（度）
119	松明培村	68322001259	坟 岗	300	2	220	120.52626	29.548328
120	松明培村	68322001260	下安背	350	2	220	120.52835	29.549164
121	松明培村	68322001262	王泥岗	300	2	200	120.50872	29.546892
122	松明培村	68322001286	见泥湾	400	2	348	120.52164	29.551567
123	松明培村	68322001288	湖塘山	300	2	218	120.51327	29.5517
124	松明培村	68322001363	村 中	450	2	350	120.52324	29.547892
125	松明培村	68322002626	小外家	350	2	280	120.54412	29.552825
126	松明培村	68322002628	小外家	400	2	330	120.54408	29.552808
127	松明培村	68332000103	村 中	250	3	175	120.52329	29.547836
128	松明培村	68332000105	村 中	200	3	145	120.52325	29.547639
129	松明培村	68332000124	村 中	250	3	150	120.52185	29.547522
130	松明培村	68332000125	村 中	250	3	175	120.52468	29.547153
131	松明培村	68332000129	村 中	250	3	175	120.52379	29.547594
132	松明培村	68332000130	村 中	200	3	125	120.52262	29.547897
133	松明培村	68332000140	村 中	200	3	140	120.52363	29.547583
134	松明培村	68332000160	村 中	250	3	160	120.52422	29.547872
135	松明培村	68332000231	村 中	200	3	130	120.52099	29.546711
136	松明培村	68332000265	西 塔	250	3	135	120.50294	29.541394
137	松明培村	68332000267	西 塔	250	3	180	120.50298	29.541603
138	松明培村	68332000279	西 塔	250	3	190	120.50297	29.542019
139	松明培村	68332000281	西 塔	250	3	180	120.50296	29.541972
140	松明培村	68332000288	西 塔	200	3	150	120.50373	29.541406
141	松明培村	68332000298	西 塔	200	3	150	120.50384	29.540958
142	松明培村	68332000300	王泥岗	200	3	150	120.50867	29.546958
143	松明培村	68332000325	五 岭	250	3	160	120.51088	29.543617
144	松明培村	68332000329	里前山	250	3	200	120.51861	29.547403
145	松明培村	68332000344	后叶堂	200	3	130	120.51726	29.545925
146	松明培村	68332000347	后叶堂	250	3	210	120.51791	29.546103
147	松明培村	68332000396	桥胡口	250	3	180	120.54104	29.552561
148	松明培村	68332000420	庵地下	200	3	140	120.53306	29.554433
149	松明培村	68332000453	湖塘山	250	3	210	120.51255	29.552103
150	松明培村	68332000458	羊角岭	200	3	140	120.51066	29.553467
151	松明培村	68332000459	庵地下	250	3	170	120.53503	29.553908
152	松明培村	68332000460	湖塘山	250	3	180	120.51266	29.552617
153	松明培村	68332000461	大田湾	250	3	190	120.50953	29.550789
154	松明培村	68332000466	见泥湾	250	3	160	120.52204	29.551028

续表40

序　号	村　名	古树编号	小地名	树龄（年）	等　级	胸围（厘米）	经度（度）	纬度（度）
155	松明培村	68332000467	小　湾	250	3	180	120.51824	29.54405
156	松明培村	68332000469	湖塘山	250	3	210	120.51405	29.552256
157	松明培村	68332000470	湖塘山	200	3	160	120.51328	29.551653
158	松明培村	68332000537	南　安	200	3	140	120.52599	29.550592
159	松明培村	68332000708	湖塘山	200	3	150	120.51325	29.551514
160	松明培村	68332000898	王泥岗	250	3	190	120.50948	29.547367
161	松明培村	68332000907	庙背后	250	3	180	120.52883	29.553756
162	松明培村	68332000909	羊角岭	250	3	170	120.51251	29.555242
163	松明培村	68332000912	羊角岭	200	3	150	120.51102	29.552603
164	松明培村	68332000915	湖塘山	200	3	130	120.51241	29.552192
165	松明培村	68332001244	坟　岗	200	3	110	120.52621	29.548464
166	松明培村	68332001257	坟　岗	200	3	140	120.52609	29.548456
167	松明培村	68332001276	南　安	250	3	170	120.52647	29.552467
168	松明培村	68332001281	湖塘山	200	3	140	120.51229	29.55235
169	松明培村	68332001289	湖塘山	250	3	168	120.51329	29.551592
170	松明培村	68332002604	石板坑	200	3	170	120.53782	29.535175
171	松明培村	68332003196	小外家	200	3	120	120.54421	29.552803
172	松明培村	68312000097	村　中	500	1	500	120.52335	29.548181
173	松明培村	68312000108	村　中	500	1	510	120.52197	29.547228
174	松明培村	68312000112	村　中	500	1	480	120.52138	29.547428
175	松明培村	68312000115	村　中	500	1	450	120.521	29.546764
176	松明培村	68312000127	村　中	500	1	520	120.52379	29.547622
177	松明培村	68312000132	村　中	500	1	500	120.52135	29.547142
178	松明培村	68312000136	村　中	600	1	550	120.51978	29.546978
179	松明培村	68312000137	村　中	600	1	610	120.51968	29.546953
180	松明培村	68312000152	村　中	700	1	740	120.52194	29.546914
181	松明培村	68312000156	村　中	600	1	540	120.52181	29.546919
182	松明培村	68312000161	羊龙山	500	1	460	120.52525	29.548314
183	松明培村	68312000162	村　中	600	1	430	120.52444	29.548044
184	松明培村	68312000213	村　中	600	1	400	120.51981	29.547064
185	松明培村	68312000327	村　中	600	1	620	120.52043	29.546278
186	松明培村	68312000366	村　中	600	1	570	120.5233	29.547356
187	松明培村	68312000388	桥胡口	600	1	560	120.54092	29.552408
188	松明培村	68312001275	坟　岗	500	1	470	120.52596	29.548467
189	松明培村	68312001365	村　中	600	1	580	120.52054	29.546289
190	松明培村	68322000100	村　中	400	2	310	120.52306	29.548064

续表40

序　号	村　名	古树编号	小地名	树龄（年）	等　级	胸围（厘米）	经度（度）	纬度（度）
191	松明培村	68322000101	村　中	450	2	420	120.52317	29.548156
192	松明培村	68322000114	村　中	300	2	230	120.52176	29.547533
193	松明培村	68322000116	庙前头	400	2	310	120.52703	29.553119
194	松明培村	68322000117	村　中	400	2	410	120.52163	29.547444
195	松明培村	68322000135	村　中	450	2	420	120.51988	29.546131
196	松明培村	68322000150	南　安	400	2	430	120.52672	29.550594
197	松明培村	68322000151	村　中	450	2	380	120.52401	29.547925
198	松明培村	68322000154	湖　头	400	2	340	120.52651	29.549697
199	松明培村	68322000157	湖　头	450	2	390	120.52639	29.549658
200	松明培村	68322000164	桥胡口	300	2	220	120.53903	29.552436
201	松明培村	68322000165	下安背	400	2	340	120.52956	29.549175
202	松明培村	68322000251	下安背	400	2	430	120.52827	29.549325
203	松明培村	68322000254	下安背	400	2	320	120.5289	29.548608
204	松明培村	68322000441	庵地下	350	2	320	120.53263	29.554133
205	松明培村	68322000711	见泥湾	350	2	280	120.52189	29.551103
206	松明培村	68332000113	村　中	250	3	150	120.52137	29.547406
207	松明培村	68332000321	村　中	250	3	150	120.52184	29.547556
208	松明培村	68332000323	村　中	250	3	180	120.5219	29.547519
209	松明培村	68332000471	大田湾	250	3	190	120.51055	29.550022
210	白雁坑村	68312002571	村　中	550	1	410	120.52562	29.529403
211	白雁坑村	68312002574	村　中	500	1	400	120.52638	29.529733
212	白雁坑村	68312002596	十八田档	500	1	435	120.52071	29.523617
213	白雁坑村	68312002600	石板坑	500	1	480	120.53883	29.534622
214	白雁坑村	68312002620	石板坑	550	1	530	120.53841	29.534806
215	白雁坑村	68312002647	油竹山	500	1	390	120.52695	29.527633
216	白雁坑村	68312002658	油竹山	500	1	400	120.52701	29.527483
217	白雁坑村	68312002659	油竹山	600	1	470	120.52693	29.527461
218	白雁坑村	68312002666	庄　前	700	1	500	120.52672	29.528153
219	白雁坑村	68312002668	庄　前	600	1	450	120.52668	29.528197
220	白雁坑村	68312002681	庄　前	550	1	410	120.52454	29.528883
221	白雁坑村	68312002686	庄　前	550	1	415	120.52457	29.52825
222	白雁坑村	68312002688	庄　前	550	1	410	120.52438	29.528139
223	白雁坑村	68312002693	老屋边	600	1	490	120.52302	29.527861
224	白雁坑村	68312002699	油竹山	500	1	390	120.52603	29.527344
225	白雁坑村	68312002896	油竹山	500	1	400	120.526	29.527317
226	白雁坑村	68312003186	庄　前	600	1	450	120.52587	29.527975

续表40

序　号	村　名	古树编号	小地名	树龄（年）	等　级	胸围（厘米）	经度（度）	纬度（度）
227	白雁坑村	68322002020	磊落岩头	300	2	200	120.52979	29.532231
228	白雁坑村	68322002561	老屋边	400	2	325	120.52069	29.529028
229	白雁坑村	68322002563	老屋边	300	2	240	120.5205	29.5294
230	白雁坑村	68322002564	老屋边	350	2	250	120.5204	29.52945
231	白雁坑村	68322002565	老屋边	350	2	260	120.52026	29.530092
232	白雁坑村	68322002566	老屋边	300	2	180	120.52022	29.5303
233	白雁坑村	68322002569	老屋边	300	2	190	120.52049	29.530261
234	白雁坑村	68322002572	村　中	300	2	230	120.52552	29.529436
235	白雁坑村	68322002573	庄　前	450	2	375	120.52546	29.528969
236	白雁坑村	68322002575	村　中	450	2	365	120.52635	29.529761
237	白雁坑村	68322002577	村　中	350	2	250	120.52734	29.529839
238	白雁坑村	68322002579	石板坑	350	2	325	120.5433	29.535461
239	白雁坑村	68322002580	石板坑	350	2	280	120.54344	29.535031
240	白雁坑村	68322002584	石板坑	300	2	240	120.54315	29.536617
241	白雁坑村	68322002588	石板坑	300	2	250	120.54534	29.538011
242	白雁坑村	68322002589	石板坑	350	2	325	120.54552	29.5379
243	白雁坑村	68322002590	石板坑	300	2	265	120.54561	29.537881
244	白雁坑村	68322002592	石板坑	350	2	320	120.54554	29.537606
245	白雁坑村	68322002594	石板坑	400	2	350	120.54273	29.537367
246	白雁坑村	68322002597	石板坑	300	2	265	120.53956	29.534617
247	白雁坑村	68322002598	石板坑	400	2	345	120.53937	29.534939
248	白雁坑村	68322002599	石板坑	400	2	365	120.53933	29.534947
249	白雁坑村	68322002601	石板坑	400	2	385	120.53899	29.53525
250	白雁坑村	68322002608	石板坑	350	2	300	120.5379	29.535061
251	白雁坑村	68322002611	冷　坞	300	2	280	120.53798	29.540811
252	白雁坑村	68322002612	冷　坞	400	2	380	120.53801	29.540817
253	白雁坑村	68322002615	石板坑	450	2	435	120.53871	29.535392
254	白雁坑村	68322002617	石板坑	450	2	410	120.53796	29.535192
255	白雁坑村	68322002619	石板坑	400	2	345	120.53916	29.534981
256	白雁坑村	68322002622	石板坑	400	2	380	120.53838	29.534767
257	白雁坑村	68322002623	老屋边	400	2	300	120.52079	29.529494
258	白雁坑村	68322002630	井步头	450	2	350	120.53193	29.531789
259	白雁坑村	68322002631	油竹山	350	2	270	120.53219	29.531272
260	白雁坑村	68322002641	磊落岩头	350	2	250	120.52979	29.530731
261	白雁坑村	68322002643	油竹山	300	2	200	120.52718	29.526653
262	白雁坑村	68322002653	油竹山	350	2	280	120.52722	29.526831

续表40

序　号	村　名	古树编号	小地名	树龄（年）	等　级	胸围（厘米）	经度（度）	纬度（度）
263	白雁坑村	68322002654	油竹山	350	2	260	120.52736	29.526642
264	白雁坑村	68322002656	油竹山	300	2	235	120.52708	29.526694
265	白雁坑村	68322002664	油竹山	350	2	250	120.52694	29.527739
266	白雁坑村	68322002672	庄　前	400	2	310	120.52677	29.528244
267	白雁坑村	68322002675	庄　前	350	2	270	120.52638	29.528211
268	白雁坑村	68322002678	庄　前	350	2	270	120.52623	29.528403
269	白雁坑村	68322002680	庄　前	450	2	365	120.52538	29.52845
270	白雁坑村	68322002682	庄　前	300	2	220	120.52454	29.528806
271	白雁坑村	68322002684	庄　前	450	2	330	120.52454	29.528303
272	白雁坑村	68322002685	庄　前	450	2	350	120.5245	29.528222
273	白雁坑村	68322002691	老屋边	350	2	275	120.52337	29.527567
274	白雁坑村	68322002696	老屋边	300	2	210	120.52331	29.528111
275	白雁坑村	68322002894	油竹山	300	2	215	120.52607	29.526583
276	白雁坑村	68322002895	油竹山	300	2	210	120.52626	29.527225
277	白雁坑村	68322002897	油竹山	300	2	230	120.52628	29.527203
278	白雁坑村	68322003173	油竹山	350	2	260	120.53343	29.531953
279	白雁坑村	68322003174	油竹山	400	2	278	120.53324	29.531839
280	白雁坑村	68322003175	油竹山	300	2	238	120.52704	29.526692
281	白雁坑村	68322003176	庄　前	450	2	348	120.52622	29.528428
282	白雁坑村	68322003177	老屋边	400	2	280	120.52303	29.527689
283	白雁坑村	68322003178	老屋边	300	2	228	120.52334	29.527406
284	白雁坑村	68322003179	油竹山	350	2	275	120.5262	29.527217
285	白雁坑村	68322003180	油竹山	350	2	265	120.52635	29.527189
286	白雁坑村	68322003183	油竹山	300	2	230	120.52629	29.527164
287	白雁坑村	68322003184	庄　前	450	2	325	120.52598	29.527914
288	白雁坑村	68322003185	庄　前	400	2	318	120.52591	29.527967
289	白雁坑村	68322003187	村　中	350	2	250	120.53188	29.5343
290	白雁坑村	68322003188	村　中	350	2	260	120.53164	29.534083
291	白雁坑村	68322003227	庄　前	300	2	210	120.52464	29.528231
292	白雁坑村	68322003233	邱　家	450	2	410	120.52394	29.521956
293	白雁坑村	68332002560	老屋边	200	3	140	120.5208	29.529197
294	白雁坑村	68332002567	老屋边	250	3	170	120.52034	29.530331
295	白雁坑村	68332002578	石板坑	250	3	190	120.54299	29.535575
296	白雁坑村	68332002581	石板坑	250	3	195	120.54312	29.536217
297	白雁坑村	68332002582	石板坑	150	3	130	120.54345	29.536164
298	白雁坑村	68332002583	石板坑	150	3	125	120.54344	29.536144

续表40

序号	村名	古树编号	小地名	树龄（年）	等级	胸围（厘米）	经度（度）	纬度（度）
299	白雁坑村	68332002585	石板坑	250	3	200	120.54327	29.536783
300	白雁坑村	68332002586	石板坑	250	3	190	120.54307	29.537169
301	白雁坑村	68332002587	石板坑	250	3	230	120.54544	29.538081
302	白雁坑村	68332002591	石板坑	250	3	200	120.54571	29.537717
303	白雁坑村	68332002593	上分水岗	200	3	165	120.51915	29.528581
304	白雁坑村	68332002595	老屋边	250	3	170	120.52036	29.530303
305	白雁坑村	68332002602	石板坑	200	3	150	120.53793	29.535097
306	白雁坑村	68332002603	石板坑	250	3	200	120.53784	29.535125
307	白雁坑村	68332002605	石板坑	200	3	160	120.53773	29.535803
308	白雁坑村	68332002606	石板坑	200	3	145	120.53778	29.534947
309	白雁坑村	68332002607	石板坑	250	3	200	120.53781	29.5358
310	白雁坑村	68332002609	石板坑	150	3	110	120.53776	29.534883
311	白雁坑村	68332002610	石板坑	250	3	235	120.53779	29.534828
312	白雁坑村	68332002614	冷坞	250	3	200	120.53804	29.540719
313	白雁坑村	68332002616	石板坑	200	3	150	120.53777	29.535058
314	白雁坑村	68332002621	老屋边	250	3	180	120.52068	29.530756
315	白雁坑村	68332002624	石板坑	150	3	131	120.53791	29.535464
316	白雁坑村	68332002635	油竹山	250	3	160	120.53335	29.531822
317	白雁坑村	68332002637	油竹山	200	3	135	120.53345	29.531817
318	白雁坑村	68332002645	油竹山	250	3	160	120.52735	29.526442
319	白雁坑村	68332002650	油竹山	200	3	145	120.52743	29.527511
320	白雁坑村	68332002651	油竹山	250	3	160	120.52854	29.527419
321	白雁坑村	68332002655	油竹山	200	3	130	120.52726	29.526564
322	白雁坑村	68332002661	油竹山	200	3	125	120.52743	29.527569
323	白雁坑村	68332002679	庄前	250	3	150	120.52606	29.528353
324	白雁坑村	68332003181	油竹山	250	3	190	120.52631	29.527147
325	白雁坑村	68332003182	油竹山	250	3	160	120.52633	29.527194
326	白雁坑村	68332003225	磊落岩头	200	3	150	120.53009	29.530742
327	白雁坑村	68332003226	油竹山	250	3	170	120.52724	29.526367
328	白雁坑村	68312002562	老屋边	500	1	530	120.52054	29.528636
329	白雁坑村	68312002576	村中	600	1	580	120.5263	29.529794
330	白雁坑村	68312002618	村中	500	1	395	120.52564	29.529283
331	白雁坑村	68322002570	村中	450	2	330	120.52547	29.529378
332	白雁坑村	68322002632	油竹山	400	2	300	120.53224	29.531244
333	白雁坑村	68322003234	水电站上下	400	2	305	120.54186	29.547389
334	白雁坑村	68322003235	水电站上下	450	2	380	120.54187	29.547444

续表40

序号	村名	古树编号	小地名	树龄（年）	等级	胸围（厘米）	经度（度）	纬度（度）
335	白雁坑村	68322003236	水电站上下	300	2	240	120.54194	29.547483
336	白雁坑村	68322003237	水电站上下	400	2	290	120.54218	29.5474
337	白雁坑村	68322003238	水电站上下	400	2	320	120.54229	29.547539
338	白雁坑村	68322003239	水电站上下	450	2	355	120.54218	29.547714
339	白雁坑村	68322003240	水电站上下	450	2	410	120.54099	29.546917
340	白雁坑村	68322003242	水电站上下	300	2	224	120.54082	29.546878
341	白雁坑村	68332003241	水电站上下	250	3	150	120.54078	29.546883
342	西三村	68312000406	茶培	600	1	455	120.55819	29.540447
343	西三村	68312000430	茶培	500	1	350	120.55476	29.539697
344	西三村	68312000435	茶培	500	1	400	120.55832	29.54045
345	西三村	68312000482	双浪	500	1	430	120.55734	29.532964
346	西三村	68312000703	双浪	700	1	580	120.55759	29.532922
347	西三村	68312000714	双浪	500	1	390	120.56083	29.532753
348	西三村	68312001227	茶培	500	1	460	120.5609	29.540564
349	西三村	68312001270	茶培	600	1	530	120.56051	29.540414
350	西三村	68322000410	双浪	350	2	200	120.55935	29.532194
351	西三村	68322000416	双浪	300	2	230	120.56101	29.533092
352	西三村	68322000421	淡竹岗	400	2	320	120.55988	29.537808
353	西三村	68322000425	茶培	400	2	280	120.5584	29.540428
354	西三村	68322000428	茶培	350	2	280	120.55813	29.540494
355	西三村	68322000433	茶培	350	2	255	120.55598	29.540053
356	西三村	68322000434	茶培	350	2	265	120.55819	29.540519
357	西三村	68322000477	三王堂	350	2	300	120.56651	29.533125
358	西三村	68322000479	三王堂	350	2	280	120.5644	29.533072
359	西三村	68322000481	三王堂	400	2	340	120.5684	29.536639
360	西三村	68322000483	三王堂	450	2	360	120.56391	29.532764
361	西三村	68322000485	双浪	300	2	240	120.55692	29.533472
362	西三村	68322000486	双浪	350	2	260	120.55849	29.532928
363	西三村	68322000487	双浪	300	2	240	120.55691	29.533339
364	西三村	68322000488	双浪	350	2	290	120.55913	29.532367
365	西三村	68322000490	双浪	350	2	280	120.55686	29.533469
366	西三村	68322000493	双浪	300	2	250	120.55886	29.532356
367	西三村	68322000494	双浪	300	2	250	120.55947	29.532208
368	西三村	68322000495	双浪	300	2	270	120.56092	29.532758
369	西三村	68322000497	三王堂	450	2	360	120.56443	29.536119
370	西三村	68322000705	双浪	300	2	240	120.55789	29.532692

续表40

序　号	村　名	古树编号	小地名	树龄（年）	等　级	胸围（厘米）	经度（度）	纬度（度）
371	西三村	68322000712	双　浪	350	2	300	120.5577	29.533044
372	西三村	68322000713	双　浪	450	2	380	120.55772	29.533011
373	西三村	68322000719	双　浪	300	2	220	120.55897	29.532194
374	西三村	68322000720	双　浪	400	2	360	120.56094	29.532772
375	西三村	68322000721	双　浪	350	2	270	120.55682	29.53345
376	西三村	68322000724	双　浪	350	2	310	120.56103	29.532947
377	西三村	68322000733	茶　培	350	2	310	120.5603	29.540403
378	西三村	68322000735	茶　培	300	2	260	120.55453	29.539897
379	西三村	68322000740	茶　培	400	2	360	120.55458	29.539875
380	西三村	68322001247	双　浪	400	2	290	120.55836	29.532978
381	西三村	68322001251	双　浪	300	2	260	120.55746	29.533286
382	西三村	68322001265	双　浪	350	2	270	120.55744	29.532803
383	西三村	68322001267	双　浪	300	2	220	120.55872	29.532117
384	西三村	68322001273	双　浪	300	2	230	120.55732	29.533414
385	西三村	68322001285	双　浪	300	2	240	120.55727	29.533331
386	西三村	68332000413	双　浪	250	3	220	120.56081	29.532692
387	西三村	68332000417	双　浪	200	3	150	120.5609	29.532653
388	西三村	68332000424	双　浪	200	3	170	120.56097	29.532711
389	西三村	68332000484	双　浪	250	3	220	120.55818	29.532575
390	西三村	68332000489	双　浪	250	3	210	120.55696	29.533467
391	西三村	68332000491	双　浪	200	3	150	120.55876	29.532122
392	西三村	68332000492	双　浪	250	3	200	120.55747	29.533294
393	西三村	68332001225	双　浪	200	3	160	120.55942	29.532167
394	西三村	68332001228	双　浪	250	3	215	120.56099	29.533069
395	西三村	68332001229	双　浪	200	3	160	120.55864	29.532158
396	西三村	68332001231	双　浪	200	3	170	120.55889	29.532297
397	西三村	68332001238	双　浪	250	3	180	120.55938	29.532172
398	西三村	68332001241	双　浪	200	3	150	120.55898	29.532439
399	西三村	68332001268	双　浪	200	3	150	120.55733	29.533378
400	西三村	68322000432	茶　培	450	2	410	120.55918	29.540214
401	吴联村	68312000158	燕　窠	500	1	385	120.50509	29.558467
402	吴联村	68312000195	吴家湾	500	1	360	120.52079	29.565306
403	吴联村	68312000197	吴家湾	600	1	445	120.52239	29.565819
404	吴联村	68312000202	吴家湾坳后	600	1	450	120.52047	29.566744
405	吴联村	68312000204	吴家湾坳后	500	1	385	120.52098	29.567536
406	吴联村	68312000244	吴家湾坳后	500	1	375	120.52054	29.567144

续表40

序号	村名	古树编号	小地名	树龄（年）	等级	胸围（厘米）	经度（度）	纬度（度）
407	吴联村	68312000260	吴家湾坳后	700	1	495	120.51938	29.567275
408	吴联村	68312000264	吴家湾坳后	600	1	460	120.521	29.567928
409	吴联村	68312000278	吴家湾石见湾	500	1	370	120.51449	29.569572
410	吴联村	68312000284	吴家湾	500	1	380	120.51716	29.564622
411	吴联村	68312000305	吴家湾	600	1	450	120.51808	29.564683
412	吴联村	68312000313	吴家湾	500	1	320	120.5174	29.564675
413	吴联村	68312000328	吴家湾	600	1	460	120.51782	29.564678
414	吴联村	68312000341	吴家湾	500	1	380	120.51988	29.564392
415	吴联村	68312000343	吴家湾坳后	500	1	390	120.51998	29.567569
416	吴联村	68312000348	联丰上泗胡	500	1	320	120.51309	29.56115
417	吴联村	68312000362	联丰上泗胡	500	1	385	120.51188	29.560186
418	吴联村	68312000407	爪爬形	600	1	440	120.52573	29.560328
419	吴联村	68312000540	联丰新纸厂	500	1	355	120.52298	29.559669
420	吴联村	68312000543	吴家湾	500	1	390	120.51887	29.566117
421	吴联村	68312000609	吴家湾坳后	600	1	450	120.52053	29.567217
422	吴联村	68312000612	吴家湾	500	1	370	120.51983	29.564414
423	吴联村	68322000155	燕窠	300	2	195	120.50516	29.558428
424	吴联村	68322000163	燕窠	400	2	295	120.50542	29.558428
425	吴联村	68322000166	燕窠	400	2	210	120.5054	29.55845
426	吴联村	68322000168	燕窠	350	2	220	120.50543	29.558533
427	吴联村	68322000169	燕窠	300	2	240	120.50593	29.557889
428	吴联村	68322000170	燕窠	400	2	280	120.50636	29.558372
429	吴联村	68322000172	燕窠	350	2	250	120.50625	29.558656
430	吴联村	68322000173	燕窠	350	2	260	120.50609	29.559017
431	吴联村	68322000175	燕窠	350	2	275	120.50647	29.559217
432	吴联村	68322000176	联丰张家岗	350	2	270	120.50828	29.557231
433	吴联村	68322000177	联丰张家岗	450	2	340	120.50899	29.5567
434	吴联村	68322000178	联丰张家岗	350	2	250	120.50898	29.556839
435	吴联村	68322000181	联丰张家岗	400	2	280	120.50806	29.555708
436	吴联村	68322000185	联丰柒树湾	300	2	200	120.50791	29.551486
437	吴联村	68322000187	联丰柒树湾	300	2	230	120.50782	29.551486
438	吴联村	68322000191	联丰柒树湾	300	2	210	120.50773	29.551403
439	吴联村	68322000192	联丰柒树湾	300	2	200	120.50786	29.551317
440	吴联村	68322000194	联丰猪大肠湾	300	2	225	120.51733	29.556122
441	吴联村	68322000196	吴家湾	400	2	315	120.52163	29.565786
442	吴联村	68322000199	吴家湾坳后	300	2	180	120.52049	29.56645

续表40

序号	村名	古树编号	小地名	树龄（年）	等级	胸围（厘米）	经度（度）	纬度（度）
443	吴联村	68322000200	吴家湾坳后	300	2	220	120.52054	29.566528
444	吴联村	68322000201	吴家湾坳后	350	2	250	120.52054	29.566469
445	吴联村	68322000242	高明安	350	2	245	120.50508	29.571261
446	吴联村	68322000248	吴家湾坳后	350	2	255	120.52042	29.566589
447	吴联村	68322000253	吴家湾坳后	350	2	275	120.52001	29.567519
448	吴联村	68322000256	吴家湾坳后	350	2	230	120.52054	29.567097
449	吴联村	68322000269	高明安	400	2	290	120.50484	29.571114
450	吴联村	68322000270	吴家湾	400	2	330	120.51859	29.564528
451	吴联村	68322000272	高明安	300	2	230	120.50443	29.572044
452	吴联村	68322000274	吴家湾	400	2	355	120.51776	29.565378
453	吴联村	68322000275	高明安	300	2	240	120.50334	29.572353
454	吴联村	68322000286	吴家湾	300	2	230	120.51788	29.5658
455	吴联村	68322000289	吴家湾	400	2	260	120.51921	29.565939
456	吴联村	68322000301	苦竹培	300	2	200	120.52847	29.566456
457	吴联村	68322000303	高明安	350	2	255	120.50679	29.569806
458	吴联村	68322000306	高明安	300	2	180	120.50692	29.569844
459	吴联村	68322000320	吴家湾	300	2	220	120.5179	29.564444
460	吴联村	68322000324	苦竹培	350	2	260	120.52921	29.566339
461	吴联村	68322000334	联丰上泗胡	350	2	300	120.51204	29.560528
462	吴联村	68322000337	吴家湾	300	2	230	120.51791	29.565336
463	吴联村	68322000339	吴家湾	400	2	290	120.51559	29.564311
464	吴联村	68322000342	高明安	350	2	260	120.50893	29.570739
465	吴联村	68322000346	高岩头	400	2	310	120.51238	29.573297
466	吴联村	68322000351	高岩头	300	2	190	120.51254	29.573081
467	吴联村	68322000368	苦竹培	350	2	250	120.52856	29.566367
468	吴联村	68322000370	联丰下泗胡	400	2	310	120.51727	29.560411
469	吴联村	68322000375	联丰下泗胡	300	2	235	120.51748	29.560486
470	吴联村	68322000376	细藤坑	400	2	300	120.52878	29.572244
471	吴联村	68322000378	苦竹培	400	2	300	120.52866	29.566769
472	吴联村	68322000379	细藤坑	300	2	220	120.52892	29.573644
473	吴联村	68322000381	细藤坑	350	2	270	120.5288	29.573794
474	吴联村	68322000382	大坂田	400	2	310	120.53337	29.559328
475	吴联村	68322000384	苦竹培	350	2	245	120.52922	29.566669
476	吴联村	68322000389	大坂田	400	2	280	120.53339	29.559225
477	吴联村	68322000391	大坂田	450	2	360	120.53344	29.559433
478	吴联村	68322000392	吴家湾	350	2	250	120.52144	29.565036

续表40

序　号	村　名	古树编号	小地名	树龄（年）	等　级	胸围（厘米）	经度（度）	纬度（度）
479	吴联村	68322000395	细藤坑	300	2	170	120.52907	29.574197
480	吴联村	68322000398	吴家湾里横路	300	2	240	120.52215	29.56185
481	吴联村	68322000401	吴家湾里横路	350	2	265	120.52216	29.561769
482	吴联村	68322000405	吴家湾	400	2	220	120.52088	29.563539
483	吴联村	68322000408	吴家湾里横路	300	2	235	120.52214	29.561861
484	吴联村	68322000531	苦竹培	300	2	220	120.52988	29.566122
485	吴联村	68322000542	联丰新纸厂	350	2	240	120.52293	29.560092
486	吴联村	68322000546	吴家湾	350	2	250	120.51723	29.565442
487	吴联村	68322000547	吴家湾石见湾	400	2	280	120.51504	29.572239
488	吴联村	68322000550	吴家湾石见湾	400	2	310	120.51502	29.572256
489	吴联村	68322000556	吴家湾石见湾	300	2	200	120.5149	29.572283
490	吴联村	68322000574	吴家湾	400	2	290	120.51844	29.564542
491	吴联村	68322000578	吴家湾石见湾	350	2	255	120.51502	29.572431
492	吴联村	68322000591	联丰张家岗	400	2	300	120.50852	29.557019
493	吴联村	68322001165	联丰新纸厂	300	2	220	120.52239	29.559992
494	吴联村	68322001180	联丰柒树湾	300	2	235	120.50801	29.551381
495	吴联村	68322001366	高明安	350	2	260	120.50504	29.572406
496	吴联村	68332000179	联丰张家岗	200	3	150	120.50902	29.556222
497	吴联村	68332000182	联丰柒树湾	250	3	200	120.50833	29.551242
498	吴联村	68332000183	联丰张家岗	200	3	145	120.51023	29.556058
499	吴联村	68332000184	联丰柒树湾	250	3	190	120.50816	29.551336
500	吴联村	68332000186	联丰柒树湾	200	3	160	120.50783	29.551442
501	吴联村	68332000188	联丰柒树湾	200	3	155	120.50782	29.551408
502	吴联村	68332000189	联丰柒树湾	250	3	170	120.50759	29.55155
503	吴联村	68332000190	联丰柒树湾	200	3	150	120.50751	29.55155
504	吴联村	68332000205	吴家湾坳后	250	3	165	120.52089	29.567919
505	吴联村	68332000261	吴家湾	200	3	120	120.51909	29.565822
506	吴联村	68332000273	高明安	250	3	160	120.50413	29.572111
507	吴联村	68332000277	高明安	200	3	145	120.50407	29.572753
508	吴联村	68332000312	高明安	200	3	120	120.50682	29.570697
509	吴联村	68332000315	高明安	200	3	145	120.50912	29.570225
510	吴联村	68332000331	吴家湾	250	3	190	120.51877	29.564406
511	吴联村	68332000349	高岩头	200	3	125	120.51257	29.573064
512	吴联村	68332000353	联丰上泗胡	200	3	150	120.51203	29.560278
513	吴联村	68332000356	吴家湾	250	3	170	120.5187	29.56455
514	吴联村	68332000360	苦竹培	250	3	190	120.52858	29.566317

续表40

序　号	村　名	古树编号	小地名	树龄（年）	等　级	胸围（厘米）	经度（度）	纬度（度）
515	吴联村	68332000363	联丰上泗胡	200	3	150	120.51201	29.560292
516	吴联村	68332000372	苦竹培	250	3	200	120.52877	29.566322
517	吴联村	68332000374	联丰下泗胡	200	3	130	120.5182	29.560658
518	吴联村	68332000387	细藤坑	200	3	140	120.52878	29.573892
519	吴联村	68332000404	大坂田	200	3	160	120.53339	29.559092
520	吴联村	68332000438	联丰上泗胡	200	3	150	120.51194	29.560333
521	吴联村	68332000566	吴家湾石见湾	200	3	135	120.51512	29.572544
522	吴联村	68332000571	吴家湾石见湾	200	3	160	120.51518	29.572778
523	吴联村	68332000582	吴家湾后明坑	250	3	210	120.51438	29.5664
524	吴联村	68332000586	吴家湾后明坑	200	3	150	120.51436	29.566378
525	吴联村	68332000598	联丰柒树湾	250	3	180	120.50776	29.551381
526	吴联村	68332000620	细藤坑	200	3	150	120.52882	29.573892
527	吴联村	68332000633	吴家湾里横路	200	3	130	120.52215	29.561833
528	吴联村	68332000635	吴家湾石见湾	250	3	180	120.51517	29.572558
529	吴联村	68332001161	联丰柒树湾	200	3	150	120.50766	29.551419
530	吴联村	68332001369	高明安	250	3	185	120.50687	29.569781
531	吴联村	68332001370	高岩头	150	3	120	120.51263	29.573331
532	吴联村	68332001372	高岩头	150	3	110	120.51248	29.573003
533	吴联村	68312000203	吴家湾坳后	600	1	535	120.51981	29.567664
534	吴联村	68312000290	高明安	500	1	390	120.50601	29.572033
535	吴联村	68312000394	吴家湾里横路	600	1	660	120.52191	29.562078
536	吴联村	68322000198	吴家湾坳后	400	2	340	120.52049	29.566256
537	吴联村	68322000236	高明安	400	2	300	120.50521	29.571364
538	吴联村	68322000268	吴家湾	450	2	360	120.51804	29.564133
539	吴联村	68322000292	高明安	300	2	200	120.50562	29.571903
540	吴联村	68322000299	高明安	315	2	215	120.50666	29.571347
541	吴联村	68322000308	高明安	300	2	200	120.50695	29.569869
542	吴联村	68322000345	吴家湾	400	2	340	120.51723	29.564483
543	吴联村	68322000397	吴家湾	300	2	230	120.52139	29.565061
544	吴联村	68322000402	大坂田	450	2	360	120.53337	29.559278
545	吴联村	68322000624	爪爬形	450	2	430	120.5273	29.559892
546	吴联村	68322001171	联丰新纸厂	400	2	340	120.52287	29.559806
547	通源村	68322003189	董家坑里白水	300	2	245	120.55324	29.552167
548	通源村	68322003191	董家坑大石头湾	350	2	295	120.55219	29.552058
549	通源村	68322003193	董家坑大坎头	400	2	320	120.54699	29.552544
550	通源村	68322003194	董家坑大坎头	300	2	190	120.54679	29.552414

续表40

序号	村名	古树编号	小地名	树龄（年）	等级	胸围（厘米）	经度（度）	纬度（度）
551	通源村	68322003197	董家坑小外家	350	2	260	120.5446	29.553942
552	通源村	68322003199	董家坑外湾	300	2	190	120.54636	29.551022
553	通源村	68322003200	董家坑外湾	300	2	220	120.54636	29.551089
554	通源村	68322003201	董家坑外湾	400	2	290	120.54633	29.550861
555	通源村	68322003206	董家坑外湾	300	2	240	120.54692	29.550517
556	通源村	68322003207	董家坑外湾	300	2	210	120.54681	29.550553
557	通源村	68322003208	董家坑外湾	300	2	205	120.54677	29.550292
558	通源村	68322003209	董家坑外湾	400	2	300	120.54649	29.550422
559	通源村	68322003210	董家坑牛麻山	450	2	430	120.54579	29.550103
560	通源村	68322003211	董家坑牛麻山	300	2	400	120.5454	29.549514
561	通源村	68322003212	董家坑牛麻山	350	2	250	120.54529	29.549286
562	通源村	68322003215	董家坑牛麻山	350	2	280	120.54619	29.548242
563	通源村	68322003218	董家坑牛麻山	450	2	400	120.54592	29.548969
564	通源村	68322003222	董家坑文山湾	300	2	199	120.54305	29.550425
565	通源村	68322003224	董家坑文山湾	400	2	305	120.54198	29.548022
566	通源村	68322003229	董家坑庙背后	300	2	200	120.54849	29.551081
567	通源村	68332002899	董家坑大石头湾	200	3	135	120.55268	29.552014
568	通源村	68332002904	董家坑下坎头	250	3	190	120.54781	29.552825
569	通源村	68332002905	董家坑庙背后	250	3	185	120.54831	29.551061
570	通源村	68332003214	董家坑牛麻山	250	3	150	120.54618	29.548361
571	通源村	68332003219	董家坑牛麻山	250	3	173	120.54573	29.549089
572	通源村	68332003223	董家坑文山湾	250	3	155	120.54248	29.550617
573	通源村	68332003230	董家坑庙背后	250	3	159	120.54834	29.551142
574	通源村	68312000982	董家坑村	500	1	510	120.53776	29.552261
575	通源村	68312003190	董家坑里白水	600	1	545	120.55314	29.552161
576	通源村	68312003216	董家坑牛麻山	600	1	575	120.54637	29.548489
577	通源村	68312003228	董家坑里白水	600	1	510	120.55362	29.552558
578	通源村	68322000390	董家坑村	350	2	270	120.54127	29.552431
579	通源村	68322000393	董家坑村	350	2	310	120.54177	29.552442
580	通源村	68322000443	董家坑村	400	2	310	120.54114	29.552694
581	通源村	68322002898	董家坑大石头湾	450	2	380	120.54945	29.552217
582	通源村	68322002902	董家坑下坎头	400	2	340	120.54796	29.554064
583	通源村	68322002903	董家坑庙背后	300	2	210	120.54892	29.551514
584	通源村	68322002906	董家坑大坎头	450	2	350	120.54671	29.552147
585	通源村	68322003192	董家坑庙背后	350	2	260	120.54863	29.551536
586	通源村	68322003195	董家坑大坎头	400	2	295	120.5466	29.552369

续表40

序号	村名	古树编号	小地名	树龄（年）	等级	胸围（厘米）	经度（度）	纬度（度）
587	通源村	68322003202	董家坑外湾	400	2	280	120.54647	29.550961
588	通源村	68322003203	董家坑外湾	400	2	340	120.54683	29.550556
589	通源村	68322003204	董家坑外湾	300	2	195	120.54692	29.550586
590	通源村	68322003205	董家坑外湾	300	2	225	120.54696	29.550569
591	通源村	68322003213	董家坑牛麻山	450	2	365	120.54575	29.548856
592	通源村	68322003220	董家坑文山湾	300	2	220	120.54417	29.549942
593	通源村	68322003221	董家坑文山湾	300	2	230	120.54421	29.549969
594	通源村	68322003231	董家坑牛麻山	300	2	210	120.54609	29.548281
595	通源村	68332003198	董家坑外湾	200	3	140	120.54638	29.551036

通源古香榧树群情况表

表41

序号	村名	古树群编号	小地名	四至东	四至西	四至南	四至北	株数（株）	经度（度）	纬度（度）
1	松明培村	68342000010	下安背	竹林	竹林	竹林	小溪	78	120.53079	29.553328
2	松明培村	68342000011	石廊	茶叶地	茶叶地	竹林	茶叶地	107	120.52734	29.548717
3	松明培村	68342000012	阳面	路	竹林	小溪	竹林	10	120.53201	29.553758
4	松明培村	68342000013	峰树坪	小溪	竹林	山顶	山脊	46	120.51438	29.541681
5	松明培村	68342000003	下山	竹林	村庄	竹林	小溪	34	120.52939	29.553556
6	松明培村	68342000004	柿市湾	至山脚	山顶小路	至山脚	山顶	40	120.51949	29.550225
7	松明培村	68342000005	上岩山	竹林	竹林	山顶	路	184	120.516	29.541001
8	松明培村	68342000006	血出湾	竹林	村庄	竹林	山脚	131	120.52462	29.547617
9	松明培村	68342000007	乌石团	竹林	竹林	山顶	山底	11	120.51811	29.542525
10	松明培村	68342000002	大岩山	山脊分水	山脊分水	山顶	山脚	67	120.51956	29.542803
11	松明培村	68342000020	榧树大湾	山顶	路	路	山脊	49	120.50698	29.542856
12	松明培村	68342000021	反背	竹林	山脊	路	路	30	120.50561	29.540342
13	松明培村	68342000022	西塔	竹林	竹林	竹林	竹林	28	120.49987	29.540592
14	松明培村	68342000017	石棚	竹林	山岗	竹林	茶叶地	148	120.53116	29.549411
15	松明培村	68342000019	土地庙	路	路	小溪	茶叶地	25	120.50475	29.539681
16	松明培村	68342000015	小湾口	路	茶叶地	竹标	竹林	67	120.51567	29.546056
17	松明培村	68342000016	前山	村庄	竹林	路	竹林	68	120.52196	29.548581
18	松明培村	68342000008	阴岩山	竹林	茶叶地	竹林	小溪	40	120.53674	29.552367
19	松明培村	68342000023	抢泥湾	山岗	山脊	山顶	山脚	63	120.52216	29.546331
20	松明培村	68342000001	石湖团	茶叶地	茶叶地	竹林	小溪	184	120.5203	29.543982
21	白雁坑村	68342000025	香榧公园	路	山岗	村庄	竹林	340	120.52516	29.531233
22	白雁坑村	68342000024	直路头	山岗	路	竹林	茶叶地	181	120.53426	29.533283

续表41

序号	村　名	古树群编号	小地名	四至东	四至西	四至南	四至北	株数（株）	经度（度）	纬度（度）
23	白雁坑村	68342000037	油罗山	村　庄	山　岗	小　溪	竹　林	215	120.53317	29.539417
24	白雁坑村	68342000026	油竹山	竹　林	村　庄	山　岗	村　庄	100	120.53125	29.528906
25	白雁坑村	68342000032	水竹棚	小　溪	路	村　庄	路	17	120.52881	29.532981
26	白雁坑村	68342000033	冷　坞	村　庄	山　岗	路	竹　林	101	120.53774	29.544128
27	白雁坑村	68342000035	下横路	路	小　溪	村　庄	村　庄	49	120.53307	29.536519
28	白雁坑村	68342000036	大平场	路	山　岗	竹　林	竹　林	139	120.52723	29.535264
29	白雁坑村	68342000031	千娘山	竹　林	茶叶地	竹　林	路	29	120.54154	29.545167
30	白雁坑村	68342000029	石牛畈	屋　后	竹　林	路	山　顶	34	120.51009	29.526967
31	白雁坑村	68342000030	前　山	村　庄	山　岗	路	村　庄	88	120.53147	29.535931
32	白雁坑村	68342000027	石板坑	路	竹　林	竹　林	茶叶地	15	120.54254	29.535919
33	白雁坑村	68342000028	田湾岗头	茶叶地	路	路	茶叶地	21	120.53276	29.537292
34	白雁坑村	68342000018	庙湾屋	竹　林	路	山　岗	路	115	120.5343	29.535006

第二章　农业生产

在嵊州的农业区划里，通源属于盆缘山地林茶牧区，耕地与山地各占总面积的5%和90%。全年无霜期210天左右，冬有严寒，夏无酷暑，山区性气候较为明显，山上多松、杉、竹，长势茂密，资源丰裕。土壤主要为酸性红壤砂土，成土母质为中酸性火山碎屑岩，营养元素丰富。由于山多田少，通源一直属于缺粮地区，每当春季青黄不接之际，都要靠政府拨放返销粮，以解决生活困难。长期以来，通源农业生产只能依靠山地经济作物为主。随着经济社会的不断发展，通过调整产业结构，发展效益农业，逐渐从粮、茶、林为主转变为以茶、榧为主的生产模式。

解放以后，通过土地改革，组织农业生产互助组、合作社、人民公社，一直走集体化生产经营的道路。1978年党的十一届三中全会召开，推行改革开放和社会主义市场经济，农村经济出现新的转机。1983年实行家庭联产承包责任制，在包产到户、坚持土地集体所有制的前提下，实行土地所有权与使用权、经营权分离的改革，生产力得到进一步解放，农业经济得到快速全面发展。

第一节　粮　食

据旧志记载，明成化年间，种植的粮食作物有水稻、麦、豆、荞麦、粟、芦稷。后来引进了黍、薯蓣、玉米、粱、番薯。到清同治年间达到了十多种，以稻、麦、玉米、番薯、豆为主，随着生活水平的提高，稻、麦比重上升，其他下降，甚至绝迹。解放前，生产方式落后，土瘦、水缺、灾多。二十世纪五十年代，在“以粮为纲，全面发展”和“决不放松粮食生产，积极发展多种经营”的生产方针指导下，推广半旱秧田、优良品种等技术，粮食增长速度快。但1959年后，由于移苗并丘，“越早越好，越肥越好”，高山连作化，耕拳头草籽，插寸长秧苗等“左”的干扰和连年遭灾，导致粮食生产减少。1962年后，贯彻了《关于进一步巩固人民公社集体经济，发展农业生产的决定》和“大办农业，大办粮食”的方针，落实了“三级所有，队为基础”和“按劳分配、等价交换”的政策，调动了农业生产积极性。由于山区粮田少，二十世纪七十年代曾掀起过“农业学大寨”的热潮，劈山造田，开挖水渠，在一定程度上增加了粮田面积，促进了粮食生产。

1955—1960年通源粮食产量

表42

年　份	全年平均亩产（公斤）	粮食耕地面积（亩）	全年粮食总产量（公斤）	年　份	全年平均亩产（公斤）	粮食耕地面积（亩）	全年粮食总产量（公斤）
1955	241	2924	6546	1958	352.5	3039	15711.5
1956	227.5	2808	6391.5	1959	376	2445	9146
1957	266	2795	7405.5	1960	278.5	2418	6733.5

1962年，种植粮食及大豆2626.53亩，亩产289公斤，总产量758348公斤。早稻1355.96亩，总产量237403.5公斤；中稻690.28亩，总产量131422公斤；晚稻777.07亩，总产量120759.5公斤。到1964年，粮食及大豆面积达到4241亩，比1962年增加1614.47亩，增幅达61.47%，亩产221.5公斤，总产量940867公斤。早稻1343亩，亩产209公斤，总产量280875公斤；晚稻1185亩，亩产191.5公斤，总产量226919公斤。

1965年，大搞治山、治水，修坎保水改造梯地，改善生产条件，改良土壤、兴修水利、平整土地，要保持原有粮食面积不能减少，推广四良（良田、良制、良种、良法）配套措施，实行高秆改矮秆，提高单产，山地要多种番薯、洋芋等高产杂粮。1965年，粮食及大豆合计4363亩，亩产193公斤，总产841718.5公斤。早稻面积1434亩，亩产243公斤，总产量348462公斤。晚稻及中稻1768亩，亩产156.5公斤，总产量275156.5公斤。

1967年到1977年，虽然进行劈山造田，进一步改善了生产条件，改革育秧方式，推广良种，对发展粮食生产有一定的促进作用，但由于“文化大革命”粮食生产徘徊不前，因此面积一直稳定在4400亩左右。

1974年，社员自留地上粮食总产量125公斤。1975年，社员自留地上的粮食总产量3200公斤。1978年，社员自留地上的粮食总产量13350公斤。

1978年，认真贯彻党的十一届三中全会路线、方针、政策及连续几年的中央一号文件精神，全面落实家庭联产承包责任制，总结推广粮食生产经验，提倡科学施肥，调整作物布局，提高复种指数，推广杂交水稻，确定当家品种，改进育秧技术，综合防治病虫害等配套栽培技术，使粮食生产提高到一个新的水平，特别是单产水平有明显提高，1978年种植的杂交中、晚稻91.1亩，亩产达502公斤。早稻从1962年的平均亩产175公斤到1978年的323.5公斤，平均亩产增加148.5公斤，增幅达84.86%。晚稻的产量从1962年的亩产172公斤到1978年的314公斤，差不多增加了一倍。夏秋大豆亩产量从17.5公斤增加到了167.5公斤，增加9倍多。

1962—1978年通源粮食产量表（一）

表43

年　份	全年平均亩产（公斤）	粮食耕地面积（亩）	全年粮食总产量（公斤）	春　粮			早　稻		
				面积（亩）	亩产（公斤）	总产（公斤）	面积（亩）	亩产（公斤）	总产量（公斤）
1962	289	2627	758450	263	101.5	26400	1356	175	237400
1963	340.5	2874	994350	283	82.5	23350	1321	198.5	262550
1964	349.5	2670	933550	169	124.5	21100	1343	209	280900
1965	324.5	2626	856500	129	113.5	14700	1434	243	348450
1966	400.5	2540	1003750	205	90.5	18600	1462	244.5	357950

续表43

年　份	全年平均亩产（公斤）	粮食耕地面积（亩）	全年粮食总产量（公斤）	春　粮			早　稻		
				面积（亩）	亩产（公斤）	总产（公斤）	面积（亩）	亩产（公斤）	总产量（公斤）
1967	263.5	2792	735350	489	106.5	52100	1548	246.5	381600
1968	437.5	2356	1030850	475	122.5	58100	1602	279	446800
1969	453.5	2551	1156550	347	149.5	52050	1614	270.5	436250
1970	389	2673	1039450	445	115.5	51350	1648	277	456350
1971	437	2680	1179850	387	170.5	66300	1779	295	525300
1972	517	2610	1327150	652	155.5	101500	1777	277	492450
1973	515.5	2512	1321900	447	78.5	35200	1551	285.5	442950
1974	485	2477	1203150	374	99.5	37000	1661	362.5	602450
1975	496.5	2483	1232850	355	69	24500	1862	338	629550
1976	477	2503	1194100	549	78	42850	1489	303	451550
1977	420	2535	1064950	435	42	18400	1478	270	399450
1978	508.5	2514	1321700	438	109	47650	1201	323.5	388450

1962—1978年通源粮食产量表（二）

表44

年　份	秋粮总产（公斤）	其中：晚稻			夏秋大豆		
		面积（亩）	亩产（公斤）	总产（公斤）	面积（亩）	亩产（公斤）	总产（公斤）
1962	494650	1467	171.5	252200	18	18	350
1963	708450	1531	244.5	324250	122	68	8350
1964	631550	1666	213.5	356400	103	27	7300
1965	483200	1749	156.5	280150	99	112.5	11150
1966	627200	1733	179	310100	128	172.5	22050
1967	301650	1432	138.5	198350	120	60	7200
1968	525950	1271	218	277100	278	92.5	25750
1969	668250	1261	211	266200	145	321.5	46650
1970	531750	1137	211	240100	129	212	27350
1971	588250	1286	209.5	269550	125	262	32800
1972	733200	1077	245.5	264500	211	193.5	40900
1973	843750	1439	309.5	445750	132	37.5	4950
1974	563700	1297	221	287000	150	175.5	26350
1975	578700	1036	254.5	264750	156	98.5	15400
1976	699700	1509	289.5	437200	153	84	12900
1977	647100	1325	286.5	379650	236	136.5	32250
1978	885600	1680	341	572750	247	167.5	41300

1983年，全公社以生产队为单位，成立了配药站，解决了粮食承包户买药难、治虫难的问题。1984年早稻主要推广品种为广/四、浙辐802，杂交水稻开始大面积推广，晚稻种植面积越来越大，基本稳定在2000亩左右，亩产基本稳定在350公斤。早稻面积种植相对减少，从原来的1500亩左右逐渐减少到700亩左右，减少了近一半。1990年，粮食播种面积5518亩，总产量1091930公斤。其中，小麦播种面积147.5亩，总产18438公斤；大麦播种面积444.5亩，总产60007公斤；早稻播种面积705亩，亩产310公斤，总产218550公斤；晚稻播种面积2077亩，亩产323公斤，总产670020公斤。1990年以后提出了“粮食是基础，开发为重点，多种经营增效益”的指导思想，实现农林牧副全面发展，粮食生产基本稳定在5500亩左右，重点转向发展以经济作物为主，特别是茶叶和香榧产业快速发展。1993年，农作物播种面积5619.5亩，谷物播种面积3171亩，总产981375公斤。小麦播种面积73亩，总产7290公斤。大麦播种面积452亩，总产46123公斤。稻谷播种面积2293亩，总产818320公斤。其中，早稻播种面积650亩，亩产260公斤，总产169000公斤。中晚稻播种面积1972亩，亩产373公斤，总产734920公斤。其中，杂交稻播种面积1493亩，亩产372公斤，总产555420公斤。杂交稻中单季稻播种面积1385亩，亩产373公斤，总产516080公斤。连作晚稻播种面积587亩，亩产373公斤，总产218840公斤。

1979—2013年通源粮食产量情况表

表45

年　份	耕地面积（亩）	粮食产量（吨）	年　份	耕地面积（亩）	粮食产量（吨）
1979	3223	1410	1997	2912	1545
1980	3218	1554	1998	3098	1491
1981	3188	1428	1999	3098	1487
1982	3084	1555	2000	3148	1451
1983	3080	1491	2001	3148	1635
1984	3080	1450	2002	3148	1459
1985	3066	1286	2003	3148	1421
1986	3064	1598	2004	3148	704
1987	3069	1395	2005	3148	743
1988	3077	1175	2006	3264	707
1989	3069	1085	2007	3264	707
1990	3058	1092	2008	4324	822
1991	3051	1094	2009	3294	835
1992	2947	1079	2010	3336	857
1993	2940	1036	2011	3336	876
1994	2895	1442	2012	3409	867
1995	2911	1654	2013	3407	872
1996	2912	1588	—	—	—

水稻良种推广　解放后，根据有了优良品种，既不增加劳力、肥料，又可以获得较好收成的经验，党和人民政府十分重视种子工作。二十世纪五十年代，主要推广种植的早稻品种有大叶改良、中叶改良、503、505、连塘早、雷火粘、早南稻、南特16号等，早籼品种有黄皮稻、洋花秋、姿州早等，晚籼品种有宁波细嵌、大粒嵌、晚籼九号等，晚粳品种有老来青、黄壳晚、白壳晚、10509、新太湖青、猪毛簇、野猪晚等；糯稻有竹丝糯、乌嘴糯、黄碧金糯等，糯晚稻品种亩产在175至200公斤左右。早稻503亩产在200公斤，比当地品种增产一倍，晚粳10509亩产250至275公斤，基本实现了良种化，他们共同的特点是高秆、不耐肥、易倒，但出米率高，米质好。从二十世纪六十年代开始改高秆为矮秆品种。随着施肥量的增加，密植程度的提高，原来高秆易倒的品种已不再适应，普遍推广以矮脚南特号为主的矮秆高产良种，晚稻以农垦58和广场矮为主。二十世纪七十年代初，为适应小苗带土移栽，减少晚稻专用秧田，多种早稻的需要，又引入了早稻青小金早、二九青、先锋一号、文选一号、广陆矮四号和中粳糯东方红一号、船工稻、京引15等。1975年后由于改变了育秧方式，提倡“三秧配套”，早稻以迟熟品种广陆矮四号当家，晚稻以晚粳为主，推广苏粳四号、加湖四号、农虎6号等。二十世纪七十年代末二十世纪八十年代初，晚稻由常规品种改杂交稻。由于杂交稻产量高，出米率高，米质好，深受群众欢迎，比常规品种增产100公斤以上，使晚稻产量长期徘徊在200公斤左右提高到了350公斤以上。晚粳推广矮粳23，早稻仍以广陆矮四号当家。党的十一届三中全会以后，连年丰收，人民丰衣足食，生活水平大大提高，人民需求朝更优质的方向发展，水稻品种开始向更高产优质的方向发展，推广了早稻浙辐802、二九丰、红突31；晚籼品种主要有汕优6号、汕优63、汕优64等和晚粳糯秀水48、秀水27、79-66、秀水24、祥湖47、香糯四号等中优质品种。1991年至1998年，嘉优948、嘉育293、嘉早935等品种每公顷产量7.2至8.25吨。1999年至2002年，实施食用优质化、用途多样化和品种专用化工程。食用优质米品种有嘉早935、嘉育280、嘉早105等，加工型品种有金早-47等。晚稻分单季晚稻和双季晚稻，主要种植杂交稻、粳稻和糯稻。杂交稻主要有汕优6号、协优10号、汕优63、协优63、协优64、协优9308等杂交组合。粳稻主要品种有秀水27、秀水11、春江11、春江6号和杂交粳稻。糯稻主要品种有绍糯119、农大454等。近年来随着非粮化的推进在山区主要推广种植“早优73”。

大小麦良种推广　二十世纪五十年代，多种小麦，当时主要推广从农家传统品种中评选出的浙农九号和乌嘟种，同时引入洛阳春、矮粒多、南大2419、玉皮、碧玛一号等品种，大米麦以二稜麦、四稜、立夏黄米麦为主。二十世纪六十年代扩种早熟高产的大小麦品种，小麦以嵊县早小麦、兰溪早小麦、丽水三月黄、义乌白壳早为主，大麦以无芒六稜当家。无芒六稜表现早熟、矮秆、多穗、高产，比原来的二稜增产20%—30%，受群众欢迎。二十世纪七十年代，由于无芒六稜后期易感病早衰，曾一度用早熟三号代替，但早熟三号适应性太差。还有早熟7号和浙农12。小麦以浙麦一号（908）当家。二十世纪八十年代以209-1为当家品种，一般亩产在250公斤以上。1985年，大麦推广种植嵊县农科所选育的209-6和浙皮一号，是推广时间最长的农作物品种，至2002年还没有其他品种可替代。1986年至1988年，小麦以杨麦1号和杨麦4号为主；1989年至2002年，以杨麦158为主。近年来，基本无人种植杨麦。

玉米良种推广　解放初，一般种植南京子、东阳种、矮种、黄金米。以南京子最为普遍，生育期120天，穗大、秆高、成熟一致、品质好、适应性广。后来引入满蒲金和槽里红。二十世纪七十年代，引入玉米单交种浙单一号和成单一号，从而使玉米品种得以更新换代，杂交种代替了老品种。二十世纪七十年代后期，引入丹玉六号、丹玉七号、旅曲、虎单5号等杂交种。二十世纪七十年代后，引入苏玉一号、莫旅、中单二号和甜玉米。1986年起玉米推广丹玉6号和苏玉1号，后玉米种植由追求产量到讲究质量，逐年增加鲜食品种，先后引进苏玉糯1号、郑单14和超甜等优良品种。2000年，推广苏玉糯2号和纯白甜玉米。近年来主要推广种植鲜食玉米品种如糯玉米新甜糯88、钱江糯3号和甜玉米金玉甜2号、嵊科金银838、雪甜7401、浙甜20等。

马铃薯良种推广 民国时就有种植，品种以皮色分有黄、红两种，黄种块茎圆形皮小，富淀粉，俗称“红毛芋艿”；红种块茎长而大，皮粉红或红色，富含蛋白质、早熟高产，较耐湿，俗称“洋番薯”。以叶片分有大叶大种和细叶大种之分。二十世纪六十年代引进荷兰种、甘肃种、东北黑龙江种和奉化三十六湾种。近年来推广种植浙薯956、中薯3号。

大豆良种推广 种植历史悠久，“历史上称菽，汉后方谓豆”。主要有乌豆、白豆、青豆、褐豆等。以种植时间分有春大豆、夏大豆、秋大豆三种。春大豆以清明豆为主，二十世纪八十年代推广矮脚早、兖黄一号、跃进四号、早熟菲斯克；夏大豆以八月白、九月白为主，其次是牛食茬、田青豆；二十世纪八十年代中期推广徐豆一号、夏至黄、早毛豆及嵊农329-1。近年来主要推广鲜食大豆浙农6号、浙鲜12号等。

油菜良种推广 籽用于榨油，二、三月食其心。传统种白菜型桂花油和铁子油菜，五十年代引入灯笼油菜、关荚油菜、矮大干油菜、黄叶种油菜和甘蓝型胜利油菜。二十世纪六十年代末由白菜型品种毒素病严重，逐步淘汰土种油菜，全面种植甘蓝型胜利油菜。二十世纪七十年代又引入九二油菜、军农一号、川油二号、长杆白油菜、92-13。1986至1990年以92-13系为主，1991至2002年以92-58系、农大605等为主。

绿肥良种推广 传统种植有红花和黄花两种，黄花者谓之苜蓿，多以点播方式种于瘦田，产量低，二十世纪六十年代淘汰。红花者谓之紫云英，品种多为奉化大桥种，迟熟高产，二十世纪八十年代初开始种植浙紫5号，为早稻的主要肥源。

第二节 林 竹

1964年，通源山林调查统计，有土地总面积70721亩，山地面积63581亩，占总面积的90%；用材林20861.5亩；竹林16882.5亩；森林蓄积量29120立方米。林业生产历史悠久，森林资源物种丰富，但交通很不便，是简单粗放地靠山吃山。通源一直重视山林绿化工作，每年下达绿化任务和采伐任务，树木、毛竹等林业资源实行有计划的采伐。

1966年，山林生产要求达到一多二密三不闲，封山15%，培育榧树必须留1/3，竹林做到少吃留多养竹，幼林要加以培育管理，严禁毁林种粮，禁止掘柴株，有计划砍砟烧柴代部分株柴，积极发动社员四旁植树造好风景林、防风林。12月，公社管委会根据县下达的1967年木材生产计划55立方米指标，向吴家湾、五一（松明培）、东坑等11个生产大队下达48立方米的生产任务，其中松木38立方米、杉木10立方米。

采伐树木出售和毛竹出售是通源人民收入的一项重要经济来源，在林产品中除了采伐的木材和毛竹外，还有鲜笋、油茶籽、油桐白、乌柏籽、棕片、板栗等。为保护山林，振兴林业，1981年，实行了定权发证，稳定了林权，促进了林业生产的发展，建立了11个护林组织。1983年，增分自留山和山林责任制，公社建立护林检查站。

二十世纪八十年代前，通源造林以用材林为主。二十世纪八十年代中期，经济林树种育苗和用材林树种育苗开始回升。经济林树种育苗主要有桃、李、梨、柑橘、梅、葡萄、杨梅等；用材林育苗主要有杉木、马尾松、水杉、檫树、樟树、法梧等。政府出资补助农民建杉木基地，农村或集体造林或个体承包山地造林，政府拨出每公顷300至450元资金补助。1985年林业收入30万元，占全乡经济收入的10.2%。1986年，通源乡政府发布了《关于管理林业的暂行通告》，指出从1986年1月起，乡设立林政管理站，对出运本乡木材的，一律由该站检查许可，方能出运。1992年在吴家湾村发展杉木基地140亩，同时还在白雁坑、联丰等村发展杉木基地。1994年11月，县政府召开农村冬季开发工作会议上提出，林业要从抓用材林基地转为抓经济林基地。将原来零星的成年榧树连成一片，形成一个连片数十公顷以上的香榧基地林。2001年，市政府每株补助2元，扶持山区农民种植香榧。1995年前，省林业部门给予封山育林每公顷15至30元资金补助，加上地方财政配套资金，每公顷可补助45元以上。1998年，从以经济效益为主的商品林，转到以生态效益、社会效益、环境效益为主的生态公益林建设。2006年，全乡森林覆盖率为94.4%。森林面积62858亩，其中山林面积56946亩，主要林种为用材种，品种有5种，重点生态公益林面积17991亩。

通源乡毛竹资源非常丰富，竹林面积有1.7万亩，人均达3.5亩。其中，毛竹面积在2000亩以上的有联丰和吴家湾两个村，3000亩以上只有松明培村。2018年，联丰村上泗浒自然村村民砍下的一支毛竹，经称重净重达84公斤，被称为“竹王”。联丰村全村179户，拥有毛竹面积2326亩，在二十世纪八十年代至二十世纪九十年代，有90%的农户用毛竹加工竹箩，平均每户生产竹箩80双，每双单价8元左右，全村仅加工竹箩收入一项，就超过10万元。同时出售毛料35万公斤，原竹、毛笋出售全村收入达到13万多元，户均竹业收入有720多元。

2002年，在原有2家竹编厂的基础上，积极寻找竹签加工业，进一步提高竹资源利用率。推进竹笋资源开发，建立“三笋”基地3个共1500亩，增加了农民的收入。2003年新增竹笋两用基地4个，面积1330亩。从2008年底开始，对毛竹低产林进行改造，首先对白雁坑、松明培、通源、吴联四个毛竹主产村进行了竹林道路建设。到2009年12月底，四个村的竹林山地打通了3米宽的主干道36公里、1米宽的辅助道路30多公里。竹林通了道路，以毛竹、春笋、鞭笋和冬笋“一竹三笋”综合丰产为培育目标的竹林管理得以变为现实。

2003年，通源乡吴家湾村被嵊州市文化广播电视局命名为竹文化特色村。2009年9月，吴联竹笋专业合作社的白玉尖牌毛竹笋基地经浙江森林食品认定委员会认定，成为2009年度浙江省森林食品基地。

1974—1992年部分年份通源林业生产基本情况表

表46

单位：亩

项　目	1974年	1975年	1976年	1977年	1978年	1979年	1987年	1990年	1991年	1992年
造林面积	210	668.5	180	109.5	864	6746	1029.8	627	580	850
用材林	143	662.5	180	109.5	739	4540	685	514	505	800
杉　木	140	337	180	7	256	414	206	146	140	—
经济林	3	6	—	—	125	747	344.8	55	40	50
油　茶	1	6	3	2	5	4	2	3	2	5
其他林	64	285.5	—	—	—	1459	—	58	35	—
育苗面积	38	104	17	9	16	7	9	16	8	13
林木扶育	526	4440	357	107.5	1563	193	—	670	1172	1550
幼林扶育	86	1370	232	80	1063	119	—	420	560	450
成林扶育	440	3070	125	27.5	500	74	510	250	612	1100
封山育林	1252	4195	1160	1104.5	1565	2168	7700	3220	6230	10700
木材采伐量（立方米）	124.4	144	67	—	128.8	163.5	—	—	—	—
毛竹采伐量（株）	21881	22539	22130	—	50475	54360	50000	59870	45700	159950

表47

1997年通源乔木林（竹林）分树种组面积、蓄积、株数统计表

行政村	活立木总蓄积（立方米）	森林蓄积								疏林地蓄积（立方米）	散生木蓄积（立方米）	四旁		竹林		
		合计		针叶林		阔叶林		针阔混交林						毛竹		杂竹面积（立方米）
		面积（亩）	蓄积（立方米）	面积（亩）	蓄积（立方米）	面积（亩）	蓄积（立方米）	面积（亩）	蓄积（立方米）			株数（亩株）	蓄积（立方米）	面积（亩）	株数（亩株）	
岗下	2371	1422	2307	1375	2191	47	116	—	—	2	52	1	10	1617	2970	12
茶坊	8500	3296	8409	2588	6632	—	—	708	1771	—	57	1	34	646	972	15
新东坑	10933	3810	10888	1699	4789	25	78	2086	6021	—	26	1	19	1285	2297	18
荷岭	2154	769	2137	759	2130	10	7	—	—	—	17	—	—	338	566	1
道场	4748	3198	4728	2808	3757	88	174	302	797	—	15	1	5	245	308	38
联丰	2510	2182	2384	1798	1788	3	9	381	587	—	122	1	—	3599	6361	32
吴家湾	773	1241	754	1238	750	-	—	3	4	—	19	—	—	1957	3037	73
松明培	9169	2673	9122	2653	9059	13	22	7	41	—	47	—	—	2381	3969	6
董家坑	1874	926	1856	767	1585	4	7	155	264	—	18	—	—	941	1449	14
白雁坑	11401	3655	11130	2782	5813	15	78	858	5239	—	262	—	9	2176	3929	15
茶培	9190	1906	8991	1584	7111	2	—	320	1880	30	167	—	2	759	1347	12
三王堂	5013	1772	4852	1557	3448	3	10	212	1394	—	153	—	8	689	1185	8
里大坑	10352	1911	10250	1409	6394	5	60	497	3796	—	100	—	2	149	182	10
总计	78988	28761	77808	23017	55447	215	561	5529	21800	32	1055	5	93	16782	28572	254

表48

1971年通源人工乔木林、竹林、经济林面积、蓄积、株数统计表

行政村	乔木林										竹林			经济林				
	合计		松		杉		阔		其他		毛竹		杂竹	合计	其中			
	面积（亩）	蓄积（立方米）	面积（亩）	蓄积（立方米）	面积（亩）	蓄积（立方米）	面积（亩）	蓄积（立方米）	面积（亩）	蓄积（立方米）	面积（亩）	株数（百株）	面积（亩）	面积（亩）	茶园（亩）	果园（亩）	桑园（亩）	其他（亩）
岗　下	—	—	—	—	—	—	—	—	—	—	—	—	5	776	664	103	9	—
茶　坊	—	—	—	—	—	—	—	—	—	—	35	25	8	442	395	41	1	5
新东坑	10	10	—	—	8	8	2	2	—	—	—	—	18	499	454	12	33	—
荷　岭	2	3	2	3	—	—	—	—	—	—	—	—	1	275	273	—	—	2
道　场	150	12	—	—	141	—	9	12	—	—	—	—	38	809	770	37	2	—
联　丰	12	19	—	—	9	10	3	9	—	—	—	—	7	1148	1125	18	—	5
吴家湾	185	46	—	—	185	46	—	—	—	—	—	—	—	785	764	21	—	—
松明培	153	480	48	163	103	288	—	—	2	29	—	—	2	912	625	287	—	—
董家坑	7	14	—	—	6	11	1	3	—	—	—	—	—	511	482	29	—	—
白雁坑	293	1146	—	—	278	1068	15	78	—	—	—	—	—	1692	1276	416	—	—
茶　培	20	88	—	—	7	33	2	—	11	55	—	—	4	924	917	7	—	—
三王堂	5	42	—	—	1	4	—	—	4	38	174	286	2	1084	1081	3	—	—
里大坑	—	—	—	—	—	—	—	—	—	—	—	—	5	1292	1279	13	—	—
总　计	837	1860	50	166	738	1468	32	104	17	122	209	311	93	11149	10105	987	45	12

第三节　番　薯

通源山地众多，盛产番薯。番薯易栽种，能饱腹，且有营养，是粮食困难时最好的食物替代品。据有关资料统计，全乡番薯从1962年的6264公斤，逐年增加到最高时期的1986年产量250多万公斤，收入44万元。作为五谷杂粮的番薯从曾经的粮食替代品逐渐转变为农产品，成为农业经济的又一个主要收入来源。如道场村，95%的农户种植番薯，10多户农户番薯粉超过1500公斤，收入超过2000元。1987年，该村加工成番薯面6万公斤，收入9.6万元。番薯通过加工成粉和粉丝销往绍兴、宁波、上虞等地；番薯渣晒干出售，每百斤可获利14元。一般亩产为2000公斤，亩值达560元。像道场、岗下等不少农户，番薯一项收入就超2000元。1989年，全乡番薯产量达到188万公斤，产值52万元。

1962—1989年通源番薯种植情况表

表49

年　份	面　积	单产（公斤/亩）	总产（公斤）	年　份	面　积	单产（公斤/亩）	总产（公斤）
1962	26	240	6264	1973	155	218	33790
1963	27	259.5	7006.5	1974	148	270	39960
1964	29	279.5	8105.5	1975	129	264.5	34120.5
1965	37	228	8436	1976	123	196	24108
1966	175	375.5	65712.5	1977	311	179	55548.5
1967	132	102.5	13530	1978	295	263.5	77838
1968	165	272.5	44962.5	1979	333	331.5	110389.5
1969	267	231.5	61810.5	1986	1869	1340.5	2505394.5
1970	134	259	34706	1987	1685	1043	1757455
1971	142	292.5	41535	1988	1406	775.5	1090000
1972	151	326.5	49301.5	1989	1216	1546	1880000

1991年全乡人民最大限度地利用闲散空地，荒山坡地等种植番薯，家家户户都有了加工经验，把鲜番薯粉碎，过滤成淀粉，再经过精选、蒸制、刨丝、晒燥、包装等多道工序，原生态加工成番薯粉，更多地加工成番薯面，因色泽光亮、味道独特、久煮不烂而畅销县内外市场，带动了当地农民的增收。每年当番薯季节一来，绍兴、宁波、上虞等地的客户就纷纷上门来要货，通源乡已成为番薯面的产销基地，像岗下、新东坑村许多农户还从广利乡一带收购番薯，全乡从外地收购番薯量在30万公斤以上，可增加收入3万元左右。随着效益农业的发展，番薯种植量越来越少，许多山地逐渐被茶叶和香榧所代替。近年来，随着人们对健康养生越来越重视，越来越多的人爱吃番薯，番薯不仅美味，还是一种健康食物，具有很高的营养价值，被誉为“长寿食物”。

良种推广：解放初，主要种植嘉兴种（即红皮白心），其他还有南瑞苕、黄皮黄心、白皮白心、红皮红心、哽刹中、白皮红心、硬栾红、大青皮、小红皮等品种。1956年后推广种植胜利百号、超胜五号、华北284、港头白、红头8号、六四港116等。二十世纪八十年代，推广种植76-9和徐薯18。近年，主要推广种植小型番薯品种如心香、浙薯等品种。

第四节 果 蔬

水 果 通源水果品种较多，有梨、桃、梅、李、杏、枇杷、枣、石榴、葡萄、柿等。其中梨、黄桃、大青梅等规模化种植，其他均为房前屋后零星种植。1972年水果种植面积27亩，其中梨园20亩，产量2642公斤；桃园5亩，产量2365公斤；其他果园2亩；水果产量总合计5007公斤。1974年，水果总面积中零星折合面积13亩，水果总产量2150公斤，其中梨头1475公斤、桃子675公斤。1975年，水果总产量2207.5公斤，其中梨头2207.5公斤。1977年，水果生产总面积316亩，其中梨园6亩，苹果310亩。水果总产量2750公斤。1978年，水果生产总面积155亩，其中柑橘园2亩、苹果153亩。1979年，柑橘面积5亩、梨头3.5亩、苹果5亩，梨头产量1400公斤。

1986年通源重视发展果木生产，政府专门拨款1500元补贴农户买苗木。水果总面积644亩，当年新增550亩。其中，柑橘9.5亩，当年新增3亩；梨头23亩，当年新增1亩。桃子500亩、李子17.5亩、柿子53亩、梅子30亩、葡萄1亩，其他10亩。水果总产量20050公斤，其中柑橘100公斤，梨头19150公斤、桃子300公斤、李子200公斤、葡萄300公斤。1986年新发展葡萄、杨梅等水果。是年，果苗出售收入共1000元。果类总产值1.3万元。1987年，水果总面积869亩，当年新增137亩。其中，柑橘10.5亩。梨头139亩、桃子501亩、李子17.5亩、柿子53亩、梅子22亩、葡萄1亩，其他10亩，水果总面积零星折算面积4亩。水果总产量44150公斤，其中梨头43250公斤、桃子500公斤、李子400公斤。1987年，西瓜种植面积1.5亩，总产量500公斤。1988年，道场村种植梨头50亩。全乡还发展黄桃、青梅、杨梅等，水果发展势头较好。1988年水果总产量（主要是梨头）为62500万公斤。

1990年水果总面积722亩。其中，柑橘12亩、梨头146亩、桃子362亩、黄桃114亩、李子4亩、柿子41亩、枣子3亩、枇杷1亩、杨梅15亩、梅子23亩、葡萄1亩，水果总面积零星折算面积18亩。水果总产量51900公斤，其中，柑橘85公斤、梨头26200公斤、桃子5900公斤、李子700公斤、黄桃10500公斤、柿子5200公斤、枣子6000公斤、枇杷100公斤、梅子1150公斤、葡萄200公斤。西瓜种植面积0.5亩，总产量700公斤。1991年，水果总面积338亩。其中，柑橘14亩、梨头46亩、桃子168亩、黄桃64亩、李子3亩、枣子2亩、枇杷1亩、杨梅15亩、梅子24亩、葡萄1亩，水果总面积零星折算面积9亩。水果总产量21900公斤，其中柑橘820公斤、梨头14200公斤、桃子2130公斤、李子50公斤、黄桃3050公斤、枣子300公斤、枇杷100公斤、梅子1350公斤、葡萄50公斤。1992年，水果总面积109亩。其中，柑橘8亩、梨头30亩、桃子28亩、黄桃5亩、枣子2亩、杨梅17亩、梅子26亩，水果总面积零星折算面积5亩。水果总产量21150公斤，其中梨头14100公斤、桃子2500公斤、黄桃500公斤、枣子200公斤、杨梅3850公斤。1993年，水果总面积124亩，新增13亩、其中柑橘11亩、梨头28亩、桃子46亩、黄桃5亩、枣子1亩、杨梅15亩、梅子23亩。水果总产量40吨，其中柑橘2.5吨、梨头27.2吨、桃子8.2吨、黄桃1.3吨、枣子0.5吨、梅子1.6吨。2003—2006年，通源乡水果总产量基本保持不变，年产约98吨。2007—2013年，通源乡水果总产量较为稳定，保持在年产16吨左右。

1979—2013年通源水果产量统计表

表50　　　　单位：吨

年　份	总产量	年　份	总产量	年　份	总产量
1979	1	1991	22	2003	98
1980	6	1992	21	2004	98
1981	1	1993	40	2005	98
1982	21	1994	52	2006	98
1983	1	1995	61	2007	16
1984	9	1996	58	2008	16
1985	5	1997	64	2009	16
1986	20	1998	34	2010	16
1987	44	1999	64	2011	16
1988	63	2000	99	2012	16
1989	49	2001	99	2013	16
1990	70	2002	116	—	—

蔬菜　蔬菜是日常生活必需品，种植历史悠久，种类繁多。古时种植有芥菜、白菜、黄芽菜、蒜、韭、葱、薤、苋蔺、菠菱菜、莴苣等，后来引进刀鞘豆、羊角豆、九心菜、油菜、雪里蕻、蒿菜、木耳、茄、芋、笋等。民国时期，主要有白菜、笋、萝卜、芋艿、茭白、芥菜等。解放后，随着人民生活水平的提高，又陆续引进许多新品种，1976年后引入的有花椰菜、山东大白菜、甜椒、杂交韭菜、杂交包心菜等。二十世纪八十年代，通源种植的蔬菜有13类50多个品种。根菜类为萝卜、胡萝卜、大头菜、榨菜；薯芋类有马铃薯、芋艿、豆薯“俗称地瓜”、姜；白菜类有白菜、结球白菜（即黄芽菜、山东大白菜）、小白菜、雪里蕻、九心菜；甘蓝类有结球甘蓝（即包心菜）、花椰菜（通称花菜）；绿叶类有菠菜、苋菜、蒿菜、莴苣、芹菜、荠菜、蕹菜（俗称空心菜）；葱蒜类有韭菜、薤（俗称瓢柱头）、大蒜、四季葱；茄果类有番茄（通称西红柿）、茄子（有紫花茄、灯泡茄）、辣椒、甜椒；瓜类有黄瓜、蒲瓜（即葫芦）、冬瓜、丝瓜、南瓜；豆类有四季豆、长豇豆、毛豆、蚕豆、豌豆、豆芽菜（有黄豆芽，绿豆芽）；水生类有茭白、荸荠、藕；笋有毛笋、冬笋、早笋、大笋等；金针菜（俗称黄花菜）；食用菌主要有野生蘑菇（多松菇）、栽培蘑菇。

1986年，蔬菜基地面积306亩。蔬菜及菜用瓜产量共722805公斤，其中青菜、荠菜、胶菜共152400公斤，花菜、菠菜、芹菜、榨菜共58850公斤，芋艿、马铃薯35450公斤，茭白、生姜550公斤，番茄、茄子、甜椒、辣椒39190公斤，萝卜、胡萝卜、莴苣笋242850公斤，韭菜、大蒜、蒜苗、葱、洋葱头190公斤，毛豆、蚕豌豆、豇豆、四季豆2000公斤，南瓜、冬瓜、黄瓜、丝瓜、蒲瓜、地瓜52395公斤，其他蔬菜38300公斤。1987年，通源引进和开发高山蔬菜项目，在县农业局和食品公司支持下，三王堂村开辟了38亩种植甜椒、花菜等为主的高山蔬菜，其中甜椒25.6亩，由食品公司蔬菜经营部负责销售，亩产值达到了1400元。1987年，蔬菜基地面积354亩。蔬菜及菜用瓜产量共622175公斤，其中青菜、荠菜、胶菜共8090公斤，花菜、菠菜、芹菜、榨菜共3220公斤，芋艿、马铃薯69030公斤，茭白、生姜690公斤，番茄、茄子、甜椒、辣椒5725公斤，萝卜、胡萝卜、莴苣笋128220公斤，韭菜、大蒜、蒜苗、葱、洋葱头250公斤，毛豆、蚕豌豆、豇豆、四季豆2600公斤，南瓜、冬瓜、黄瓜、丝瓜、蒲瓜、地瓜28280公斤，其他蔬菜476700公斤。1988年，通源乡新开发农业项目蘑菇，乡政府与相关部门协商，给每户种植户贷款500元，专门聘请技术辅导员，在供销社设点收购，做到产前、产中、产后服务。茶坊村掀起种蘑菇热。全乡种植蘑菇共20户，总面积1393.5平方米，总产值3.5万元。1991年，达到3158.7平方米，产值达6.5万元。同年，除三王堂发展高山蔬菜50亩外，白雁坑、荷岭等村部分群众也种上了甜椒、花菜、冬瓜等品种，高山蔬菜面积达80多亩，产值2.5万元。1992年，常年蔬菜基地面积234亩，蔬菜及菜用瓜产量52.5万公斤。

2001—2013年通源蔬菜产量统计表

表51　　单位：吨

年　份	总产量	年　份	总产量	年　份	总产量
2001	501	2006	400	2011	805
2002	556	2007	450	2012	1288
2003	564	2008	1448	2013	805
2004	672	2009	775	—	—
2005	960	2010	1288	—	—

蚕　豆　俗称罗汉豆，刈麦时收，荚可食，苗可粪，粪者多于实未坚时犁之，实嫩进可煮食，干而藏之可炒食，或以水浸牙而食之，剪之油炸谓之“兰花豆”作酒肴尤佳。传统种细青豆、粒小、皮青、味香。新中国成立后，引入中板和大子罗汉豆，粒大、皮色淡，不多种。

豌　豆　俗称蚕豆，早有种植，主要有褐、白两种，收麦时收，荚嫩时煮食味美，子坚时加工“蚕豆面”（即粉丝）为上品，苗可粪。历来种植的品种有小白蚕豆、铁蚕豆、大粒种蚕豆、花蚕豆、白皮嫩蚕豆等。

花　生　主要有麻皮花生、大红袍、小红袍（小京生）三种，以小京生最优。嵊州小红袍（也称小红毛、小京生）名声远扬沪、杭、甬等大中城市，历来以收老花生为主。1985年，始引进新品种天府3号、二十世纪九十年代，天府10号，鲜食占花生总产量的50%左右。

蚕　桑　随着家庭联产承包责任制的实行，鼓励农民发展多种经营。1989年发展蚕桑产业。主要在新东坑村，种植了25亩。桑园面积：1990年65亩，1991年78亩，1994年27亩，至2008年20亩。蚕茧产量：1990年1吨，1991年1吨。1992年2吨，1993年5吨，2008年1吨，1994年8吨。

药　材　通源种植药材历史悠久，主要品种有白术、元胡、桔梗等。特别是种植白术已有多年的历史，农民已具有一定的栽培技术，白术是“浙八味”之一，为药材第一大品种，后因产大于销，价格下跌，面积逐年下降。由于连年种植，白绢病发生较重，立枯病、铁叶病也有不同程度发生，同时还受地老虎、术籽虫的危害，单产下降，销售单价每公斤仅6元左右。在1967年的时候就有种植白术200亩。1986年通源全乡种植白术502亩，产量60吨。1987年全乡种植白术807亩，产量达到111.7吨，如白雁坑村家家户户种白术，全村白术产量30吨，产值9万多元，白术产量在0.3吨以上有的13户，0.5吨以上的有5户。

1992年，嵊县医药公司与白雁坑村民委员会签订浙江西洋参开发中心种植场联办协议书。地址在白雁坑村所属的白玉尖，总面积521亩，总投资150万元，医药公司出资70%，以资金形式投入，白雁坑村民委员会出资30%，以土地和资金投入。主要种植西洋参，联营期十年，从1992年8月起至2002年7月。

芝　麻　有白芝麻、黑芝麻之分。白芝麻有长荚种、轮盘种。黑芝麻有竹竿青、金华黑芝麻等。白芝麻产量低，但含油量比黑芝麻高。芝麻作为调剂品种，只有少量农户在田边地角零星种植。

苎　麻　民间素有种植，二十世纪五十年代，种植较多，后因以粮为纲，单一经济，渔网由尼龙取代，销路不畅，种植面积减少。二十世纪八十年代，麻纺业兴起，苎麻畅销，加上从湖南引进新品种“芦竹青”，皮质厚、剥皮加工方便、产量骤增，1986年全乡新发展苎麻生产，形成村村种、户户种，遍及各个角落的“苎麻热”。全乡共有112.9亩，其中东坑、茶坊、里大坑3个村的苎麻基地已初具规模，全年产麻6.59吨，产值72429元。1987年达到315亩，产量达到17吨，产值68000元。

络　麻　主要用于打耕田索（牛耕田用的拉索），随农业机械化提高，络麻用处越来越少，种植面积明显减少。

棉　花　种于溪边田角，属附带性种植。以中棉12品种当家，种有少量泗棉3号。种植面积随市场被棉价格的波动有所增减。

烟　草　有少量农户种植。

糖　芦　茎秆小、质地松、产量低，仅作儿童零食用，少数农户自留品种零星种植。

第五节　养　殖

通源历来有养殖畜、禽习惯，以猪为主，牛、羊次之，鸡、鸭比较普遍。禽主要有鸡、鹅、鸭等，畜有牛、羊、犬、驴、骡等。1963年，为促进畜牧业发展，以畜养地，以地增粮，公社制订发展畜牧业的政策，对所有权和肥料报酬等作了明确规定。耕牛从原来生产大队所有落实到生产小队所有，大大促进了耕牛的发展。其中，三王堂大队成效最为显著，每户养猪2头，养羊4.21头，养牛1.28头，平均每户养家畜7.49头，比上年5头增长50%，其发展畜牧生产获得粮畜双丰收经验在全社推广。1985年，取消生猪、蚕茧等农产品统派购，实行多渠道经营。1986年以来，养殖业从以生猪、长毛兔为重点，逐步形成家禽、水产养殖协调发展的生产格局。

生　猪　1961年，全公社有生猪207头。1962年，嵊县被列为全省五大供港活大猪基地县，生猪养殖开始增长。1963年，东坑生产大队制订奖励政策，养一头符合出口的猪奖稻谷40公斤，内销的奖62斤，自家宰杀的奖20公斤，抲进一头小猪就先奖励稻谷20公斤，仅一个月时间，整个大队就抲进20多头小猪。1974年2月，公社建造生猪仓库，设点收购生猪。二十世纪九十年代起，生猪生产发生结构性变化，农户零散养猪逐年减少，规模养猪逐年增多，品种改良进度加快，商品猪瘦肉率和生猪科学饲养管理水平不断提高。2015年，全市开展畜禽养殖场综合整治，通源留存1家200头以上规模猪场，为张顺猪场，位于通源吴联村，限养量220头。

1962—1978年通源生猪生产情况表

表52

年份	年终存栏（头）				全年饲养量（头）			集体猪场个数（个）
	合计	其中			合计	每户平均	每亩平均	
		集体	占比（%）	母猪				
1962	770	—	—	30	1129	1	0.48	—
1963	1100	—	—	57	1572	1.3	0.46	—
1964	1712	—	—	65	3055	2.5	0.98	—
1965	1656	—	—	40	2957	2.4	0.95	—
1966	1499	—	—	47	2917	2.3	0.94	—
1967	1252	—	—	25	2295	1.8	0.69	—
1968	991	—	—	20	1801	1.4	0.58	—
1969	1242	—	—	19	2068	1.5	0.67	—
1970	1494	—	—	48	2676	2.0	0.86	—
1971	1803	—	—	61	3376	2.5	1.08	1
1972	1826	6	3.2	51	3247	2.3	1.03	4
1973	1929	11	0.6	53	3663	2.6	1.3	3
1974	2106	33	1.6	26	4102	2.7	1.27	2
1975	2178	47	2.2	66	4069	2.7	1.29	2
1976	1782	31	1.7	57	3484	2.2	1.09	4
1977	1712	76	4.4	116	2754	1.8	0.85	14
1978	2683	124	4.6	192	3905	2.3	1.21	14

1978—1994年通源生猪养殖基本情况表

表53　　单位：头

年份	年末存栏数	年内出栏数	全年饲养量
1978	2683	1222	3905
1979	2745	1867	4612
1980	2724	2099	4823
1981	3002	2102	5104
1982	2494	2206	4700
1983	2459	2040	4499
1984	2350	2297	4647
1985	2399	2363	4762
1986	2509	2490	4999
1987	2577	2494	5071
1988	2520	2421	4941
1989	2493	2518	5011

续表53

年　份	年末存栏数	年内出栏数	全年饲养量
1990	2155	1586	3741
1991	2005	1475	3480
1992	1951	1217	3168
1993	1720	1287	3007
1994	1510	1815	3325

养　牛　一直以来，牛作为主要畜力用于耕作，是通源农耕的主要生产方式。解放后，对保护耕牛相当重视。经过土地改革，调动了农民养牛的积极性。合作化时期，耕牛折价入社。改革开放之后，随着农业机械化迅速普及，耕牛逐渐淡出劳作，而人民对食用牛肉的需求不断增加，牛肉早已走入了千家万户。

养　羊　通源是山区，多有养羊习惯。二十世纪六十年代，开始大力发展，1966年是历史上最多的一年，达到2917只，平均每户饲养2.3只。二十世纪七十年代，基本稳定在400只左右。因养羊效益不佳，数量逐渐减少。1976年年末山羊存栏269只，自宰肥羊12只。

养　兔　1962年全社有兔411只。1965年县有关部门多方扶持发展长毛兔，通源长毛兔310只，1966年达到1000多只，整整翻了3倍多。后来由于兔毛降价，养兔积极性受挫，长毛兔饲养量逐年下降。1973年长毛兔283只。1974年家兔年末存栏167只，兔场1个。1978年末存栏428只，其中兔场1个，存栏50只。1979年末总存栏1864只，其中兔场2个，存栏70只。1980年全县对养兔实行粮食补助，引进优良品种，养兔业继续发展，特别是1984年兔毛畅销，是养兔的黄金时期，许多农户开始养兔。高塘村徐仲道从1984年开始饲养长毛兔，存栏兔148只，成为全乡养兔“大王”，当年推荐为嵊县专业户代表。1986年末存栏数7949只，兔毛产量2574公斤。1987年末存栏长毛兔6214只，年内出栏数1879只，兔毛产量3131公斤。1990年兔毛产量1065公斤。1991年兔毛产量925公斤。1992年兔毛产量1825公斤。1993年兔毛产量1375公斤。

家　禽　是通源农村的传统副业，以鸡为主，鸭次之，鹅第三。1962年，全社就有3657羽的养殖量，到二十世纪八九十年代，基本稳定在7000羽左右。1988年涌现出养鸡的“一户一站”，即茶坊村的王世荣家和兽医站，下半年已售鸡2000多羽，收入较可观。1986年家禽年末存栏8208羽，自宰赠送2748羽，禽蛋全年产量5090公斤。1987年末存栏10363羽，自宰赠送3380羽，禽蛋全年产量11290公斤。1990年末存栏6730羽，自宰赠送2740羽，禽蛋全年产量6755公斤。1991年末存栏6780羽，自宰赠送2840羽，禽蛋全年产量7915公斤。1992年末存栏头数6920羽，出栏数2475羽，禽蛋全年产量6330公斤。1993年末存栏头数6450羽，全年出售1150羽，自宰自食3050羽，禽蛋全年产量8730公斤。

养　蜂　通源养蜂以中蜂为主，分散户养，靠本地蜜源，蜂蜜产量甚低。1962年养蜂18箱。1973年养蜂20箱。1974年为13箱。1977—1979年各为2箱。1986年养蜂34箱，蜂蜜产量680公斤，蜂蜡340公斤。1987年，养蜂35箱，蜂蜜产量680公斤，蜂蜡460公斤。

水产养殖　1986年渔业养殖面积10亩。1987年渔业养殖面积20.5亩。养殖溪流性鱼类效益较好，有个别农户开始养殖石斑鱼。2008年至2013年，渔业总产值每年1万元左右。

1961—1993年通源牛、羊、兔畜殖量表

表54

年　份	黄牛（头）	山羊（只）	长毛兔（只）	年　份	黄牛（头）	山羊（只）	长毛兔（只）
1961	364	200	150	1977	654	363	382
1962	381	942	411	1978	753	424	428
1963	410	1800	360	1979	825	548	1864
1964	388	1287	390	1986	301	765	7949
1965	435	909	310	1987	314	1249	6214
1966	500	2917	1000	1990	259	520	2400
1973	703	379	283	1991	219	510	1665
1974	726	415	167	1992	207	594	2810
1975	698	335	150	1993	281	748	3300
1976	684	269	117	—	—	—	—

1980—2013年通源农林牧总产值表

表55　　单位：万元

年　份	总产值	农　业	林　业	牧　业	年　份	总产值	农　业	林　业	牧　业
1980	367	—	—	—	1999	1432	1238	117	77
1984	461	—	—	—	2000	1018	773	140	106
1985	481	—	—	—	2001	3063	2113	811	139
1986	589	—	—	—	2002	3744	2747	794	203
1987	539	—	—	—	2003	3686	3105	359	204
1988	559	—	—	—	2004	4755	3790	722	242
1989	490	—	—	—	2005	5211	4230	748	232
1990	793	—	—	—	2006	6167	5901	51	213
1991	692	—	—	—	2007	6918	5894	706	318
1992	741	—	—	—	2008	8232	7668	397	167
1993	856	—	—	—	2009	9217	8476	513	228
1994	1040	—	—	—	2010	10293	9275	778	240
1995	1202	943	150	109	2011	12370	10786	1082	502
1996	1370	1102	133	135	2012	13311	12567	328	416
1997	1508	1256	144	108	2013	13833	13036	328	429
1998	1535	1356	117	63	—	—	—	—	—

第三章　工业经济

通源是一个以农业经济为主的山区乡，由于区位、交通、资源、技术、人才等诸多因素的制约，工业经济相对薄弱，主要是依托本地资源而发展形成的农产品加工业、农机具制造业等。企业基本上人员不多、规模不大、产值不高，呈现低、小、散的特点。

第一节　发展概况

解放以后，通源工业起步于手工业。通源虽小，但百工齐全，这是为适应生产生活需要而逐步发展起来的。这支百工队伍，都是传统手工业者，是农村的能工巧匠。拥有“手艺”，既是养家糊口、维持生活的重要手段，也是服务农业、发展农村经济的重要力量。主要有：木匠、石匠、铁匠、泥水匠、油漆匠、雕花匠、篾匠、桶匠、烟匠、铜匠、弹花匠、棕棚匠、裁缝师、理发师、烧酒师、屠宰工等。

1955年9月，全县开展手工业、私营工商业社会主义改造。1956年，通源乡兴起“合作化”高潮。为响应上级号召，发展山区经济，乡里发动并挑选部分手工业从业人员，办起了通源手工业社，主要制造和修理农机具等。

1979年11月，成立通源公社工业办公室，设在公社竹编厂，指导协调全社工业企业发展。

1983年，全社社办企业6家，职工90人。全年实现总产值18.22元，比上年增长54.8%；利润16224元，比上年增长158.8%；上缴税收4962元，比上年增长80.4%。1984年，全乡乡镇企业13家，总产值23.10万元。其中，工业企业11家，总产值22.04万元；另有农业企业1家，产值0.61万元；运输建筑业1个，产值0.45万元。1985年，通源乡把发展乡镇工业作为振兴通源经济的突破口来抓，在人才不足、电力紧张、资金缺乏的逆境中求生存求发展，当年新办工业企业10家，总计达到21家，职工人数210人，比1984年的76人增加了134人，全乡工业总产值达到83.72万元，比1984年的23.10万元增长了362.4%。1987年，全乡有工业企业18家，其中乡办7家、村办3家、户办8家，共有职工174人。1988年全乡共有企业19家，其中工业企业18家、乡办6家、村办3家、联户办9家，企业人数171人，其中乡办企业91人，村办企业14人，联户办企业56人。另有乡农业企业10人。

1991年，全乡有企业11家，职工129人，其中乡办企业6家，职工79人，村办企业3家，职工14人，个体企业2家，职工36人；实现工业产值150.25万元，其中集体工业产值100.22万元；销售收入117.29万元，其中集体企业75.20万元；实现利润9.42万元，其中集体企业6.92万元；上缴税金5.93万元，其中集体企业3.90万元。1992年4月，通源乡成立了经济技术开发办公室。全乡企业累计达到20家，其中乡办6家、村办3家、个体企业2家。

2001年，依靠本地资源，积极创办农产品加工型企业，有精制茶厂5家，炒货厂2家，粗制茶厂50多家，竹制品加工厂1家，逐步形成以岗下、茶坊为主的番薯面加工业，以联丰、吴家湾为主的竹制品加工业，以松明培、白雁坑为主的香榧生产加工业。全乡实现工业总产值5822万元，上缴税金4万元，技改投入50万元。2002年，投资150万元创办私营精制茶厂2家，全乡拥有精制茶厂7家，实现本地茶叶精制化。工业总产值6000万元，销售收入5270万元，上缴税金10万元，技改投入120万元。2003年，创建“个私企业一条街”，投入60万元新建精制茶厂1家，精制茶厂达到8家，全年茶叶加工量达到6万担，销售收入2800万元，创利税250万元。全乡实现工业产值7070万元，销售收入6009万元，上缴税金15万元，技改投入200万元。

2004年，乡党委、政府大力扶持特色农产品加工业，把农产品的粗加工转到深加工上来，提出“班子成员联企业、企业联基地、基地联农户”方针，培育龙头企业。投资130万元建成2400平方米的个私集聚点，新发展个私企业36家。在原有8家精制茶厂的基础上，新发展6家，累计达14家，其中规模以上企业1家。2005年，发展个私企业32家，岗下、吴家湾2个茶叶加工集聚区建成厂房2500平方米，入区企业达30家。2006年，在岗下、茶坊两个村，投资400多万元建成2个名茶加工集聚区，厂房面积2500平方米，入区企业20家。全乡工业产值1.13亿元，技改投入493万元。

2007年，紧紧围绕“工业强市、和谐为民”的主线，全乡实现生产总值6500万元。2008年，为加快通源经济发展，出台《关于加快通源经济发展的若干政策意见》，对个私经济发展实行专项政策扶持，促进产业优化升级。2010年，完成固定资产投资1260万元，其中工业性技改590万元，圆满完成年初制定的各项任务。在全市乡镇(街道)、部门年度工作考核中，通源乡被评为第二层面第一名；全市各层面工业经济竞赛考核，获得第四层面第二名。

2018年，全乡共有企业44家。

1980—2018年通源工业总产值

表56　　单位：万元

年　份	工业总产值	年　份	工业总产值	年　份	工业总产值
1980	15	1991	150	2005	10300
1984	29	1992	211	2006	11300
1985	103	1993	441	2014	8345
1986	136	1994	926	2015	9180
1987	201	2001	5822	2017	1520
1988	243	2002	6000	2018	2890
1989	175	2003	7070	—	—
1990	123	2004	8620	—	—

说明：工业总产值按1980年不变价计算。

第二节　企业简介

通源手工业社　1956年2月创办。社址位于岗下村，经济性质为划归，主要经营木制家具、铁农具，兼营锯板。1978年工业总产值37438元，利润78.38元。1979年划归公社领导管理。有职工62名（临时工51名）。1982年由集体承包。企业自有资金共5173元，厂房平房9间，楼房5间，面积428平方米，全部固定资产3851元。1983年手工业社在石璜开设门市部，经营本社生产的木、铁农家具等产品。

通源公社竹编厂　1974年2月创办。厂址位于岗下村，经济性质为集体。职工42人。与嵊县工艺竹编厂订立加工合同，主要经营竹编制品，兼营小竹制农具。鉴于通源有丰富的毛竹资源，1973年10月，公社向县手工业局提交要求创办通源竹编厂的报告。经县手工业局、长乐区委、嵊县竹编厂三方协商，同意办厂。11月，筹建中的竹编厂安排36名新招职工，到剡源竹器厂学习培训。1975年，全厂职工37人，总收入14681元，总支出11157元，其中生产费用1690元，折旧费用100元，劳动报酬拨给生产队6916元，付给个人2451元，缴税204元，利润3319元，累计利润4825元，累计固定资产840元。1984年，资金总额30491元，有厂房15间，承包形式为集体承包。1979年1月，邓小平访美时，由通源竹编厂初步制作、县工艺竹编厂加工完善的竹编工艺品《白头海雕》（美国国鸟）曾展现在美国总统府白宫。1989年7月，竹编工艺品《山鹰》获北京国际博览会金奖。

通源农修厂　1979年3月创办。厂址位于岗下村，经济性质为乡集体。主营农机修理，兼营加工配件。职工11人。

通源公社运输队　1979年11月成立。有四轮拖拉机2台，手扶拖拉机1台。

通源乡副食品厂　1980年7月创办。厂址在岗下村。经济性质为乡办。职工8人。主营副食品，兼营竹壳丝。承包形式为个人承包。曾经营加工淀粉、番薯面、烧酒等。

通源公社眼镜厂　1980年12月创办，厂址在茶坊村。职工17人。主营眼镜架。承包形式为集体承包。

通源叶蜡石矿　1984年7月创办，矿址位于松明培村，经济性质为村办。储量约3万吨。

通源竹壳丝加工厂　1984年12月创办。通源是毛竹主产区，每年有大量的毛竹笋壳可利用，竹壳丝是沙发等软垫家具的优质材料。

通源丝织二厂　1985年2月创办。1984年9月开始筹建，在竹编厂内新增丝织车间，织机2台，职工9人。1988年1月，县乡镇企业局批复同意通源丝织二厂技改项目，新增经编机2台、整经机1台、络丝机1台，总投资18.4万元，其中自筹4.4万元、银行贷款14万元。

通源福利丝织厂　1986年10月创办。县民政局批复同意建办时，要求按规定安置好盲聋哑残人员就业，办理免税登记手续。

通源经编厂　1991年5月创办。由通源丝织二厂划出经编车间，独立经营核算，并更名为通源经编厂，企业性质仍属乡办集体。1991年，通源经编厂被石璜区公所表彰为1991年度先进企业。1992年，投资15万元对原有设备进行技术改造，新增一台经编机。1993年产值达58.6万元。

通源丝织三厂　1985年2月创办。厂址位于三王堂村上西坑自然村，经济性质为集资联办，集资

7000元购买织机2台。

丹阳食品厂 1985年创办。厂址位于松明培村，创办人张舟阳，职工21人，聘请上海友谊食品厂和嵊县食品厂技术师傅作指导，其生产的“丹阳牌”广式月饼为全县首创。1986年创产值11.5万元，利润1.2万元，上缴国家税收5000多元，成为通源的骨干企业。

金鹏茶厂 2002年1月创办，厂址位于岗下村。法定代表人王琴飞。2005年8月，投资200万元，扩建年产1000吨精制茶生产线技改项目。2009年3月，率先引进一套香茶生产新设备，日加工青叶可达2500—3000公斤。4月15日，第一条香茶生产线投产。5月，增加2条生产线。

夏雨精制茶厂 2002年11月创办，厂址位于岗下村。法定代表人王爱君。2005年8月，投资108万元，扩建年产500吨精制茶生产线技改项目。

华君茶厂 2003年5月创办，厂址位于岗下村，法定代表人王华君。2005年8月，投资108万元，扩建年产500吨精制茶生产线技改项目。

相军茶厂 2002年4月创办，厂址位于茶坊村，法定代表人张相军。

岗下茶厂 2004年1月创办，厂址位于岗下村，法定代表人黄生其。

吴家湾茶厂 2004年2月创办，厂址位于吴家湾村，法定代表人斯松灿。

茶坊茶厂 2004年2月创办，厂址位于茶坊村，法定代表人王南军。

灵峰茶厂 2006年11月创办，厂址位于岗下村，法定代表人应树烽。

嵊峰茶业有限公司 2008年4月创办，位于三王堂村。公司注册了全乡首只名茶品牌“三王堂”龙井。这是通源第一家名茶企业。

嵊州嘉雨香料科技有限公司 2010年7月创办，由台商独资50万美元，项目从香榧青果皮中提炼精油，副产品醇露作化妆品原料，剩渣生产香皂。该公司实现了香榧青壳“变废为宝”和外资企业落户通源零的突破。

第四章　商贸金融

通源乡盛产茶叶、香榧、毛竹、木材、药材等。旧时，山民肩挑山货到长乐、石璜换粮米、布帛、油盐等生活必需品。解放后，供销社、信用社、粮站、茶站等相继建设，发挥了农村商贸、金融主渠道作用。

第一节　供销商业

供销社　1949年冬，国营嵊县供销商店成立，次年改为嵊县供销合作总社。中国百货公司嵊县支公司和中国粮食公司嵊县办事处也于1950年相继成立，调集物资，稳定市场，确立了国营商业的领导地位，私营商业也有所发展。1956年5月26日，石璜供销合作社在江夏（岗下）村设立供销点。1967年12月1日，县供销社批复石璜供销合作社同意建造通源肥料仓库，面积221平方米，投资7500元。1982年10月，通源茶站建成使用。1984年，投资2万元改建旧祠堂为农工商供销联营站。供销社在生产资料供应、农村产品收购、扶持商品生产、开辟流通渠道等方面发挥了积极的作用。特别是在茶叶生产方面，开展主动辅导、具体指导，使通源乡茶叶在产量、质量上走在前列。1983年6月，供销社新大楼建成。1987年，通源供销社营业额达33.11万元。随着形势的发展和政策的调整，通源供销社撤并到石璜供销社，其经营服务为个体商店取代。

1989年1月，县乡镇企业局批复同意新建集体企业通源物资综合经销部。经营地点在岗下村。注册资金5万元。主营煤炭、竹木、土特产，兼营针织品、塑料、建材、水产、水果等。经营方式为联购联销、代购代销、信息服务。

粮　站　1953年12月，国家开始实行粮食统购统销。1955年7月，实行粮食定产、定购、定销。1977年7月，县粮食局同意建造通源粮站，纳入1977年新粮站基建计划。9月16日，县革委会经报请绍兴地区和省批准后，批复通源公社革委会，同意建造通源粮食供应站，征用江夏大队田地0.95亩（其中水田0.5亩、山地0.45亩）。粮站位于通源大桥旁，预算投资9780元，建筑面积200平方米。1984年9月，在县八届人大一次人代会上，人大代表提出在通源设立长年粮食供应站的建议，由于石璜粮管所刚刚组建，人员、物资等方面存在一定困难，因此暂不设立，为了解决群众买粮难问题，确定延长粮食供应时间，增加次数。

茧　站　1994年4月4日，县府办批复乡政府，同意建立蚕茧收购站，站址设在岗下村。通源乡自1979年起发展蚕桑生产，蚕桑面积已达2500亩，年产茧量达2000担左右。

第二节　金融保险

信用社　1954年5月，通源信用合作社建立。宣传党的金融政策，做好资金余缺调剂工作，强调计划用钱，执行财务制度，生产队不藏大额现金，个人要求积极存款，开展信贷业务，支持集体发展农业生产。1973年1月，通源信用社移到原通源木业社房子办公。1975年，信用社人员为2人，工资总额954元。1981年，信用社储蓄年末总额为156409元，比上年107760元增加近48649元，人均23.34元；集体储蓄262114元，比上年136203元增加125911元，增长92.4%。1983年底，社员个人储蓄达328390元，比上年增加120444元，每户增加65.33元，每人增加18.10元；户均储蓄178元，人均储蓄42.70元。支持社员个人贷款67833元，共488户，占总农户的26.3%；社队企业贷款32240元，农业生产设备贷款36115元。1983年以来，信用社积极扶持专业户、乡镇企业发展。1986年累计发放各类贷款169万元。1999年1月17日，通源信用社撤社设点，改为通源金融服务点，地点在岗下村。

信用社历任主任：陈南舟、钱雪苗、黄纪明、钱百军。

保　险　通源的保险业比较薄弱，人寿保险、财产保险业务很少。1991年，根据县委《关于村干部养老金保险制度的实施细则》，对现职任满三年的村党支部书记、村民委员会主任，现任职未满三年但原来任过村、乡级场、站负责人合并已满三年的，按规定实行保险，保险费由乡财政负担20%，村负担40%，个人负担40%。全乡18名任现职村主要干部投保，总计投保额为11902元。2007年2月，通源乡13个行政村全部完成政策性农村住房保险投保，参保率达100%。2008年7月，按照市统一部署，开始实施城乡居民社会养老保险、城乡老年居民生活补贴和被征地农民养老保障三项政策。2005年起，通源乡全面实施新型农村合作医疗保险（后改为城乡居民基本医疗保险），全乡每年参保率均在95%以上。

第五编

社　会

第一章　土地管理

通源系山区乡，村民历来以务农为本。土地以山地为主，农田较少，耕地占土地总量的8.51%。山多地少的通源，耕地资源尤为宝贵。土地的管理、改革、制度、保护、开发利用直接关系到居民的生产生活。

第一节　耕地保护

一、土地使用制度

1951年9月，根据中央文件精神和《中华人民共和国土地改革法》相关条款，通源全乡完成土地发证工作，共发放土地房产所有证1329份。至此，土地改革以前的契约，一律作废。土改中分给农民的土地房产均作为私有产业，有耕种、居住、典卖、转让、赠与等自由，任何人不得侵犯。

土改后不久，因贫病出现买卖、抵押土地的情况，失去土地的农民重返贫困。为防止两极分化，发展农业生产，组织农民成立互助组，帮助农民解决劳力、畜力、农具、耕种困难等诸多问题，以利战胜自然灾害，生产技术得到改造提高。二十世纪五十年代初，开始对农业、手工业、私营工商业进行社会主义改造。初级社的建立，提高了生产发展水平，同年掀起了合作化高潮。1956年1月，长乐区召开全区互助合作代表大会。高级农业合作社兴起，农民拥有的土地等主要生产资料归高级社所有，实现了农村集体土地所有制，即土地公有制。高级农业合作社取消土地报酬，实现按劳分配，采用劳动工分制进行内部计酬。根据每个社员的劳力强弱、技术水平，民主评定“底分”，全劳动力一般为10分/天，少数突出者可评12分/天，妇女、青年一般6分/天。年终，高级社按劳动工分分配粮食等生产生活资料或以现金折抵。1958年9月，实行人民公社化。公社依照“一大二公”“政社合一”的原则，取代了原区、乡、村的建制，归并

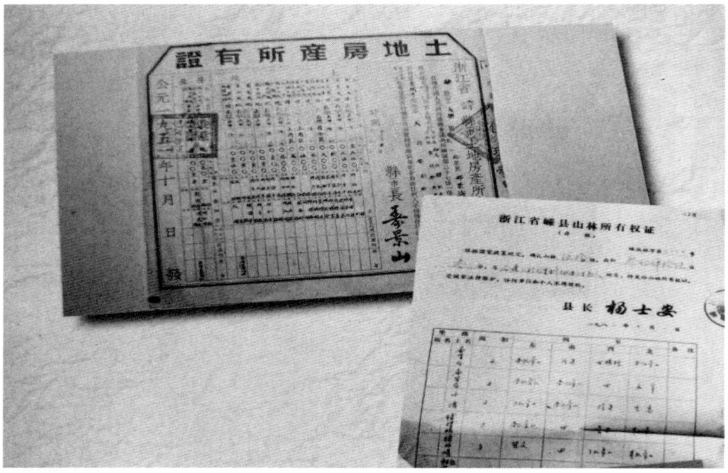

土改时颁发的土地房产所有证

了原高级社所有的土地等生产资料，工、农、商、学、兵均统一于公社之中。1961年4月，贯彻《人民公社工作条例修正草案》，确立了人民公社“三级所有、队为基础，生产队为基本核算单位”的体制，恢复高级社时的经营管理形式，在坚持土地等生产资料公有制的前提下，实行“按劳分配，多劳多得”的政策。自此，生产又较快地恢复发展。1983年，恢复了乡、村的建制，结束了人民公社体制，实行了家庭联产承包责任制，即包产到户，在坚持土地集体制不变的前提下，实行土地所有权与使用权相分离的土地使用制度改革。1982年1月1日，中共中央批转《全国农村工作会议纪要》文件下达。本着“宜统则统，宜分则分”的原则，放开手脚，大胆推行“包干到户”的家庭联产承包责任制。这一年，通源全乡实行家庭联产承包责任制，土地所有权是集体的，使用权归承包者，全乡农业全面丰收，粮食产量创历史纪录。这一土地使用制度的改革，农民称之为继土改、合作化后又一次生产力的解放。1984年，贯彻中共中央“大稳定、小调整”的原则，延长了土地承包期。耕地一般为15年以上，茶园、桑园、果园等经济作物10年、15年不一，山林20年以上，也有30年不变的。这不仅给全乡农民吃下了承包政策不变的“长效定心丸”，而且为培养地力，珍惜土地打下了良好基础。至此，农村集体土地，所有权与使用权两权分离的制度成型。

1984年颁发不动产权证书

二、耕地面积

通源山多地少，土地利用比率位居全市最低，耕地面积只占土地总量8.51%。1958年，全乡耕地面积3760.55亩，人均耕地面积0.82亩。之后，随着建设用地的增加，产业结构调整，人口逐年增长，耕地面积逐年减少，人均耕地不断下降。1969年，全乡耕地面积3094.0亩，人均耕地面积0.53亩。1990年5月，通源乡人民政府依法划定基本农田保护区，对耕地实行特殊保护。同时引导农民增加投入，培养土地，改善种植条件，科技兴农，耕地产出率明显提高，亩产粮食显著增加。1997年全乡耕地面积为2912.0亩，人均耕地面积下降到0.44亩。2006年，全乡耕地面积下降到2039.0亩，人均耕地面积仅为0.34亩。至2019年，全乡耕地面积提升到3257.0亩，人均耕地面积提升为0.59亩。

三、基本农田保护

保护面积　通源乡历届政府采取切实措施保护耕地，随着改革开放，经济加速发展，建设用地增加，耕地面积明显减少。1990年8月，全乡实施基本农田保护区政策。全乡划定一类农田保护区3013.8亩；二类农田保护区55.2亩，其中有2.0亩为建设留用地；农业结构调整面积157.0亩；农田保护

基本农田保护区保护牌

率达到了96.4%。

保护措施 全乡实施基本农田保护区政策，乡政府与各村签订农田保护责任书，规定农田保护区五不准：不准建房、不准挖塘养鱼、不准取土烧砖、不准种植多年性经济作物、不准抛荒。根据相关规定，农户因私建房一律在二类保护区或非耕地上申请，严禁在一类农田保护区内建房。2014年起，逐年调整农田保护工作，至2020年划定基本农田88块，耕地保护面积达到2580亩。在农田保护区边界埋设基本农田保护界桩15只，设立基本农田大型保护牌1块、小型牌4块。保护牌上写明了所属区或保护面积、保护期限、保护措施、保护单位等内容，加强了干部群众保护农田的责任感和警戒感。

第二节 土地整理

一、土地开发

土地开发，也就是造田造地。1958年5月起，全乡抽调100多名劳动力上白玉尖开荒造地，开辟了荒山坡地300余亩种植茶叶，生产高山云雾茶，称为“白玉香茶”。至1961年10月，长乐区在白玉尖黄大浪地块，建成茶牧场。场长邢秋惠，副场长洪水林，财务负责人刘士章，场内设有技术、运输、基建、放牧、农耕、文宣、后勤等7个组，员工最多时达120余人，主营规模化茶叶生产，兼营畜牧业养殖。二十世纪七八十年代，全乡各村掀起“农业学大寨”开荒造地高潮，重点发展茶园，有些土地上还套种番茄、玉米、黄豆类粮食作物，把每寸土地充分利用起来。1975年9月21日，通源公社革委会作出征用上庵基山创办公社茶牧场的政策处理意见。9月22日，公社革委会向县生产指挥组、长乐区委提交协助创办通源公社茶牧场的报告，坐落在上庵基山，占地400亩。以场办校，在场新建高中班校舍，并发展林业、药材和能当年收益的作物。1975年至1976年，松明培村在椅子湾利用荒山造田（大寨田）20多亩，并从五通岩劈山造渠2.5公里引水灌溉，成功种植水稻10多亩，后改种茶叶、香榧。1975年至1976年，三王堂村在大坪岗建造水田，种植水稻面积约13.5亩，后因水源不足，于二十世纪八十年代改种茶叶。

二、土地整理

农村土地整理，提高了现有土地的利用率和产出率，有效增加了耕地面积，大力改善了生产条件。根据土地利用总体规划要求，对全乡土地配置不当、利用不合理及分散、闲置、未充分利用的农村居民点用地和农用地实施调整、开发、利用。2006年6月，岗下畈、茶坊畈、白雁坑畈经嵊州市国土资源局立项进行土地开发整理，前后投入资金55万元，整理土地面积655.95亩，新改建田间机耕路2.5公里、渠道3.16公里。2006年10月，完成了项目区内废弃园地、未利用地等土地平整工程，新增耕地116.1亩。2009年9月至2016年，通源乡共立项三王堂大坪岗、松明培茶场、青田岗、高明庵等土地开发项目4个，通过完工验收共开发整理面积223.8亩。

三王堂村大坪岗土地整理前实景

三王堂村大坪岗土地整理后实景

松明培村茶场土地整理前实景

松明培村茶场土地整理期实景

白雁坑畈土地整理前实景

白雁坑畈土地整理后实景

岗下畈土地整理前实景

岗下畈土地整理后实景

2014年12月，通源乡岗下畈、白雁坑畈高标准基本农田建设提升工程项目经市国土资源局立项，2015年2月竣工，建设总规模333.42亩，建成高标准基本农田266.50亩，项目总投资9.66万元，主要工程包括：修建渠道310米，修建田间道路202米。

三、综合整治

根据《中华人民共和国土地管理法》规定，国家实行占用耕地补偿制度，非农业建设占用耕地的须经按照“占多少、垦多少”原则，实施占补平衡。全乡部分行政村开展农村土地综合整治，实施建设用地复垦和拆旧建新，盘活村庄内的闲置土地。农村宅基地综合整治，包括拆旧建新和建设用地复垦（退宅还耕）。建设用地复垦（退宅还耕）是在农村居民点建设用地综合整治过程中，中心村周边和零散自然村迁并、拆除旧宅后，通过改造整理，复垦成耕地。2002年10月，白雁坑村上分水岗等自然村与西山中学校址，为全乡第一批宅基地整理项目。经嵊州市国土资源局批准立项，通过拆除旧房，平基砌坎，修筑路渠，整理地块复垦。2002年12月经嵊州市国土资源局组织验收，认定整理后耕地面积为20.4亩。

白雁坑村上分水岗退宅前实景

白雁坑村上分水岗退宅后实景

茶培村八坵田退宅前实景

茶培村八坵田退宅后实景

2003年12月至2008年，通源乡共立项农村宅基地整治（退宅还耕）项目7个，全部完工验收，通过整理新增耕地面积160.95亩。

第三节 宅基地管理

宅基地是农民从农村集体经济组织分配取得的一项重要财产，是农民的安身立命之所。方寸宅基地，关系大民生。

一、集体建设用地

1977年7月4日，县粮食局发文同意新建通源粮站，投资9780元，建筑面积200平方米。8月3日，县革命委员会批复同意征用岗下大队田地0.95亩（水田0.5亩、山地0.45亩）。9月15日，绍兴地区农林局批复同意征用。

二、私人建房用地

土地改革后，刚刚分得土地的农民，生活尚有困难，修建私房的很少。农业合作化后，农民生活逐步改善。1963年后，农村经济形势开始好转，农村私人建房逐年增多。农民建房占用土地，须经社员大会讨论，合作社同意方可建房。二十世纪七十年代至二十世纪八十年代初，吴家湾村曾推行过“一字形”建房，新东坑村推行过梯田形“大寨式”建房。实行统一规划，连片建造，整齐划一，节约用地，分期分批安排给村民建房。党的十一届三中全会以后，农村经济迅速发展，农民生活水平不断提高，农民对住房的需求日益突出，私人建房急剧增加。1996年7月，嵊州市政府印发《嵊州市私人建房用地管理办法》对私人建房用地实行“四公开”“四到场”“一监督”的公开办事制度。“四公开”为用地指标、建房户名单、建房条件、建房面积公开；“四到场”为乡镇土管员审核踏勘、定桩放样、复查用地、竣工验收到场；“一监督”为接受群众监督。2000年后，居民生活条件好转，居住要求不断提高。据统计，2001年至2018年通源农村私人建房165户，共占用土地面积26.64亩，其中耕地10.54亩、建设用地16.10亩。全乡人均生活与生产用房面积明显提高，住房质量显著改善。

三、土地法规与监察

1964年12月，嵊县人民委员会发布了《关于社员占用生产队土地、大队、生产队基建用地审批问题的通知》。文中规定：凡属占用生产队土地基建的，不论土地多少、好坏，都必须经县人民委员会批准后始得动工。1965年8月，嵊县人民委员会又发出《关于城镇建设规划管理和基建用地审批问题的通知》，对单位的新建、改建、拆建、翻建等工程用地实施严格审批管理。1982年12月，根据中央《关于切实解决滥占耕地建房问题的报告》和嵊县人民政府《关于清理乱占耕地建房的处理决定》，通源乡对各村进行全面清理，通过清理的132户中，属合理合法为79户，准予复建；属合理不合法为41户，依规进行了处罚，共计罚款1122元；属既不合理又不合法为3户，对违规建造的3间房子作了拆基还地的处理。1983年3月，嵊县人民政府颁发《嵊县村民建房用地管理实施细则》，共15条，规范、完善了村镇规划管理、用地审批管理。1985年7月，对1983年以来乱占滥用耕地建房，再次进行全面清理。1988年，县土地管理局成立，配备了通源乡专职土管员，加强了违法占地案件查处力度。1995年6月，市成立嵊州市土地监察大队。2002年石璜国土资源管理所监察中队成立，负责石璜镇、通源乡、雅璜乡的土地、矿产资源执法巡查检查，对各类违法占地、非法采矿案件依法作出处理。1996年，通源乡在土地管理“三无乡镇”“土地执法模范乡镇”等创建活动中被评为嵊州市先进单位；2011年4月，通源乡被嵊州市人民政府评为土地管理工作先进单位。1997年5月，市委、市政府遵照中共中央、国务院《关于进一步加强土地管理切实保护耕地的通知》精神，执行冻结审批非农业建设占用耕地一年的规定，对通源乡自1991年1月1日至1997年4月14日各类非农业建设的情况作了全面清查。全乡共查处违法用地案35起，面积1235平方米。

四、建设用地登记发证

1990年，根据嵊县人民政府发布《关于开展农村建设用地使用权申报登记的通告》，通源乡设立申报登记办公室，各村设申报登记组，负责办理农村集体和农民住宅用地的申报手续。经过地籍调

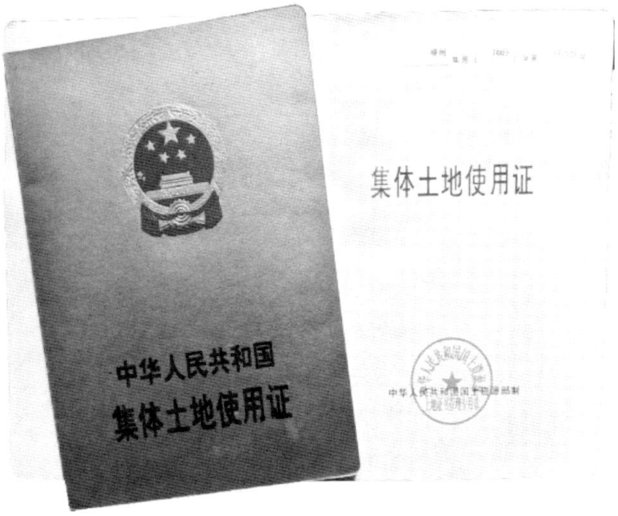

集体土地使用证

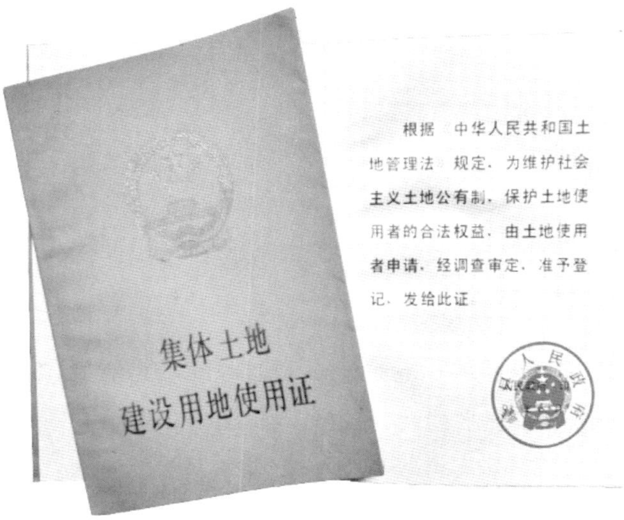

建设用地使用证

查，达到“权属合法、面积正确、界址清楚、公布后无异议”标准后，由县人民政府颁发农村集体土地建设用地使用证，确认使用权。至1994年，全乡共颁发集体土地建设用地使用证3382本。

2003年至2005年，通源乡开展集体土地建设用地使用证换、发证工作，共颁发新的集体土地使用证531本。2013年起，通源乡政府组织大规模发展农村集体土地地籍测量工作，实行土地使用权证、房屋所有权证合并为不动产证。至2017年底，全乡已颁发不动产证1470本。

第二章 水利电力

通源乡水利电力建设对通源的经济发展做出了重要贡献，为通源人民安居乐业提供了重要保障。通源乡农田水利设施较少，江道治理情况自2000年后投入增加，小水电开发利用起步较早，影响较大。

第一节 水 利

一、农田水利

在市水利局山塘水库名录中通源乡仅有一座山塘，即荷花坪山塘，位于荷岭村，建于1968年，是一座以农业灌溉为主的普通山塘，坝址以上集水面积为0.70平方千米，总容积为1.05万立方米，灌溉农田面积25亩。荷花坪山塘主体工程由大坝、溢洪道、输水设施等组成。坝体为均质土坝，坝顶长度37.00米，坝顶宽度3.50米，坝顶高程为493.11米，最大坝高8.39米左右。坝顶结构为泥结石路面；迎水坡为干砌块石护坡，背水坡为干砌块石护坡。溢洪道位于左坝头，进口为正槽式，宽顶堰顶高程490.60米，控制段宽度6.0米。输水设施为砌石涵洞，出口尺寸为0.60米×0.40米。坝上有防洪抢险道路通至大坝，交通便利。

通源本域范围内农田引用山体自然水灌溉，通源在剡源水库灌区有平原田700余亩，分布于石璜、剡源、开元、太平等地，引用剡源水库自然水灌溉。

二、江道治理

通源江（通源段）位于通源乡境内，河道总长4公里，平均河宽30米，水域面积38.43平方公里，正常水位下河道蓄水量0.55万立方米，主要功能为防洪、发电、灌溉。1959年，嵊县人民委员会派出工作组，到小柏、太平、绿溪、通源等地搞水土保护试点。2006年，通源乡投资60万元对全长4公里的通源江河道进行了全面清理。2014年，启动了“通源江小流域水土流失综合治理工程”。2016年全面完成通源江主干河道及支流纵深500米两侧200米范围内污染源的治理任务；2017年，扩大了通源江主干河道两侧及其支流河道两侧的整治范围，通过开展清淤、农村生活污水治理等专项行动，河道水质得到改善，通源江断面长期保持Ⅱ类及以上水质。2020年前后，在嵊州市小流域治理背景下，在水土保持方面，实施了通源江小流域水保工程，完成水土流失综合治理。同时，在通源江河道治理及日常管护过程中，实行“河长制”管理，通过河长及保洁员，实施河道日常保洁，常年基本达到无杂物漂浮、无违章设置、无护岸坍塌、无污水直排、无污泥淤积“五无”目标。

第二节 电 力

一、水电站

嵊州地处浙江东部，曹娥江中上游，由于地理、水系等因素，嵊州水电建设以“小”而“多”闻名于全省乃至全国。

小水电 1958年，县委、县政府提出“自力更生、因地制宜、因陋就简、土洋结合”的办电方针，通源乡积极响应，兴建了一批农村微型水电站。1959年下半年，通源乡油罗山自然村村民金兰超用三根毛竹管，捅穿竹节当引水管，自制木质水轮机，带动0.75千瓦发电机发电，供23户村民照明，俗称“毛竹管”电站；由于发电机放在露天，用一个“酱篷盖”遮日避雨，也有人称“酱篷盖”水电站。1970年至1973年期间，全县新建微型电站82座，其中1971年一年建成41座。地处偏僻山区的通源公社有21个村利用山区小溪流落差，陆续建起微型电站群，共计电站总数21座，总装机344.5千瓦，偏僻山乡出现了“村村有电站，户户电灯亮”光景。截至1977年，全乡共有21座小水电站，其中，第一座油罗山水电站建于1959年。1965年，建成2座（白雁坑自然村、茶坊）；1969年，建成1座（大坂田）；1970—1972年为建设高峰期，1970年建成5座（东坑、冷坞、分水岗、茶培、董家坑），1971年建成5座（张家岗、高明庵、油竹山、石坂坑、荷花坪），1972年建成6座（道场、吴家湾、胜联、松明培、东培、三王堂）。1977年4月，岗下电站建成。同年，通源在小水电建设中获“先进集体”称号。

1959—1996年通源乡微型水电站统计表

表57

序 号	电站名称	装机容量（台×千瓦）	建成时间	报废时间
1	油罗山	1×10	1959年	1986年
2	白雁坑	1×8	1965年	1986年
3	茶 坊	1×8	1965年	1996年
4	大坂田	1×24	1969年	1983年
5	东 坑	1×12	1970年	1996年
6	冷 坞	1×6.25	1970年	1986年
7	分水岗	1×8	1970年	1986年
8	茶 培	1×24	1970年	1996年
9	董家坑	1×7.5	1970年	1983年
10	张家岗	1×8	1971年	1986年
11	高明庵	1×7.5	1971年	1996年
12	油竹山	1×7.5	1971年	1986年
13	石坂坑	1×8	1971年	1986年
14	荷花坪	1×20	1971年	1996年

续表57

序 号	电站名称	装机容量（台×千瓦）	建成时间	报废时间
15	道 场	1×40	1972年	1996年
16	吴家湾	1×30	1972年	1996年
17	胜 联	1×30	1972年	1996年
18	松明培	1×30	1972年	1996年
19	东 培	1×6.25	1972年	1996年
20	三王堂	1×37.5	1972年	1996年
21	岗 下	1×40	1977年	1996年

通源乡水电站 乡水电站位于通源江上游董家坑村，集雨面积13.8平方公里，设计水头89米，流量0.3立方米/秒，装机容量150千瓦。1976年7月动工建造，1979年9月建成并网发电，年发电量42万千瓦时。经过多年运行，水电站存在着诸多的安全隐患，压力管道严重内剥和外剥，致使管壁穿透漏水，发电机老化，效率低下，性能下降等，并且难以修复，严重威胁电站厂房、机组安全。2006年，经当时的通源乡党委政府研究决定，计划对通源水电站实施报废重建，重建后的水电站为径流式，集雨面积9.8平方公里，站址以上多年平均流量0.28立方米/秒。电站装机容量为1×320千瓦，设计流量0.485立方米/秒，设计净水头89米，设计年发电量74.88万千瓦时。2008年2月25日开始试运行，5月正式完成验收投入运行。由于山高路窄，交通不便，水电站实际工程单价超过概算单价，总投资略超过概算投资。乡政府抓住“双五千”结对扶贫政策机遇，争取扶贫资金71万元，实现扶贫资金效益化。

白雁坑水电站 电站位于通源江上游，电站进口位于白雁坑村，站址位于白雁坑村冷坞自然村以下约0.5公里的通村公路边。1980年并网运行，2009年实施报废重建，其中电站型式为径流式，集雨面积4.5平方公里，设计流量0.21立方米/秒，设计水头128米，设计装机容量1×200千瓦，年利用小时2783小时，设计年发电量48万千瓦时，电站发电尾水被通源乡电站引水渠接入。白雁坑电站枢纽主要建筑物由引水渠道、前池、压力管、厂房组成，机组形式为斜击式。2010年3月15日开始试运行，2010年5月电站正式投入运行。

大坂田电站 位于大坂田自然村，始建于1969年，为引水式水电站，电站于1981年并网发电，集雨面积为10.3平方公里，引水渠全长750米，管道长度87米，水头42.5米，流量为0.6立方米/秒，原装机容量为1×100千瓦，实际年平发电量为18.58千瓦时，年利用小时为1858小时。1983年报废。2015年对水电站实行报废重建。重建后电站原1×100千瓦变为1×160千瓦，计算改造后平均发电量为33.3万千瓦时，装机年利用小时2083小时，较改造前的多年实际平均发电量增加10.04万千瓦时，机组综合效率提高30.1%，达到91%。大坂田电站主体工程于2015年1月开工，到2015年8月机电安装全部结束，9月21日试并网成功，2016年1月6日通过完工和启动验收。

叠石水电站 位于大坂田水电站下游，为引水式水电站，集雨面积为12平方公里，引水渠全长1241米，管道长度150米，水头100米，流量为0.5立方米/秒，原装机容量为2×160千瓦，实际年平均发电量为80万千瓦时，年利用小时为2500小时。电站于1992年4月20日开工。1994年3月20日并网发电。

岗下水电站　位于通源江上游，属引水式径流电站，拦引松明培支流上游径流及通源乡电站尾水，电站集雨面积18平方公里，多年平均流量0.56立方米/秒，设计流量1.05立方米/秒，毛水头40.5米。电站装机容量2×160千瓦，设计年发电量67万千瓦时。工程枢纽由拦河坝、进水口、渠道、隧洞、前池、压力管、厂房组成，机组型式为混流式。该工程计划2003年9月开工，2004年7月完工，实际于2005年3月16日开始试运行，2005年3月28日正式完成验收，2006年3月28日并网发电。

茶坊水电站　1994年，茶坊村与嵊县水利电力局联合投资兴建茶坊水电站，为引水式电站，毛水头21米，集雨面积34平方公里，设计引水流量2.0立方米/秒，装机容量为1×320千瓦，设计年发电量70万千瓦时。该电站于1995年初正式开工，水工建造工程由水利水电建筑公司承包施工。1995年7月发电隧洞395米开挖完成，由于当时资金困难，加上全市电价偏低，电站建成后无经济效益，因此决定暂时停建。2002年12月，电站启动重建，装机2×160千瓦，工程枢纽由拦河坝、进水口、渠道、隧洞、前池、压力管、厂房、交通桥组成，机组形式为卧轴混流式。2003年12月底完工，2004年1月5日试运行，2005年1月8日，茶坊电站并网发电。

通源乡梯级水电站情况表

表58

序号	站名	性质	开发型式	集雨面积（平方公里）	引水渠道（公里）	设计水头（米）	设计流量（立方米/秒）	装机容量（台/瓦）	设计年利用小时（小时）	设计年发电量（万度）	投产时间（并网日期）	报废时间	报废重建完成时间
1	通　源	乡办	引水式	9.8	2.0	89	0.485	1/320	2340	74.88	1980年	—	2008年
2	白雁坑	村办	引水式	4.5	1.42	128	0.21	1/200	2783	48	1980年	1986年	2009年
3	大坂田	村办	引水式	10.3	0.75	42.5	0.6	1/160	2083	33.3	1981年	1983年	2016年
4	叠　石	乡办	引水式	12	1.241	100	0.5	2/320	2500	80	1994年	—	—
5	岗　下	乡办	引水式	18	0.82	40.5	1.05	2/160	—	67	2005年	1996年	—
6	茶　坊	村办	引水式	34	1.365	21	2	2/160	2188	70	2005年1月	1996年	—

说明：嵊州市发电水头最高的前10座水电站中，白雁坑电站128米为第5位，叠石水电站100米为第10位。

二、大电网

1983年底，通源公社12个大队72个生产队，除三王堂大队、里大坑大队及道场大队的1个生产队共计11个生产队外，61个生产队全部架通了新安江电，线路全长26.7公里。1987年底，全乡消灭无电村，村村接通了新安江电。（新安江电：当时对大电网的通俗称呼）2009年，市供电局对农村低压配网进行全面改造和升级。2013年，市供电局增加一台250千伏安的变压器，解决了道场村、荷岭村茶农炒茶缺电难题。2014年9月，总投资2700多万元的35千伏雅璜输变电工程投运，设置两台容量为1万千伏安的变压器，完善嵊州市西部山区的整体电网架构，有效满足了通源等以茶叶生产为支柱的山区乡镇采茶炒茶旺季的用电需求。2018年，通源乡率先开展“全电乡村”的试点建设。2022年，甘霖供电所先后为三王堂、白雁坑等村开展线路改造及配变增容等工作。

第三章　交通邮电

通源乡域古道6条，建成较早，联通四方，进出自如。县道1条、乡道2条、村道11条，联村路若干，村村通路、村村联网。2014年有县、乡、村道总约52公里，其中乡道8.9公里、村道36.1公里。县道嵊通公路后延长至松明培村改称嵊松线于1972年11月建成，1973年8月1日正式通车。

1997年，全乡13个行政村实现了村村通机耕路。2009年7月，通源乡党委发文成立通源乡农村公路管理站，由黄胜桥、王生苗、叶华3人组成，黄胜桥任站长。2009年8月，通源乡政府出台了《通源乡农村公路管理养护实施细则》，开展农村公路管理养护工作。2014年开展农村联网公路建设，建成了羊角岭口至漆树湾路段，全程1公里；建成漆树湾至大田湾路段，全程1公里。经过康庄工程、农村公路联网建设工程等项目的支持和建设，通源乡形成较为完善的公路系统。向东经嵊松线可通石璜、市区；向南经三山线可通长乐等乡镇，经白雁坑接油竹潭通村公路可通大昆、绿溪等地；向西经松明培村可通诸暨；向北经荷岭接焦坑通村公路可通雅璜、竹溪，经新东坑村也可接焦坑通村公路通雅璜。另有松明培村经大田湾、漆树湾、羊角岭口与联丰村相通；松明培南安村外有公路与联丰村爪爬形相通；茶培经黄茶坞、石板坑与白雁坑分水岗相通；分水岗有公路直通绍兴第一高峰西白山顶峰。

第一节　交　通

一、县　道

嵊松线　编号X805，起点城区建设门，接原嵊义线0KM+420M，终点松明培村，长39.79公里。分5段建成，分别为：城关至浦桥段8.44公里，1958年11月开工，1960年3月建成，国家投资3万元；浦桥至柳岸段4.65公里，1969年10月开工，1972年6月建成；柳岸至石璜段7.6公里（与绍甘线重复0.1公里，实际长7.5公里），1969年10月开工，1971年5月建成；石璜至岗下段13.3公里，1969年10月开工，1972年11月建成；岗下至松明培段5.9公里，1980年12月开工，1982年3月建成，本段国家补助8.8万元（含农委补助3.5万元），乡村自筹3.5万元，沿线投工12万工。2001年，起点改至城区西桥，全长为34.82公里，路基宽5—12米，路面宽3.5—9米，其中技术等级为3级的里程为6.332公里，技术等级为4级的里程为14.058公里，等级外里程为14.43公里，混凝土路面26.69公里，沥青路面7.11公里，泥结碎石和块石路面为1.02公里，全程经过桥梁8座，共179.6米，鹿山观测点每昼夜交通量为6418辆，石璜观测点每昼夜交通量为1519辆。

石璜至岗下段公路建成前为手车路。1969年10月，公社革委会向县革委会提交要求新建石璜至通源公路的报告，全长15公里，设计路面宽8米，预计土石方20万立方米，需资金7万元。1970年7月，通源人民公社革命委员会发文，组织岗下、茶坊、东坑、向阳、联丰、吴家湾、松明培、董家坑、白雁坑9个生产大队170名社员对手车路进行修整。1972年11月，经通源人民公社组织社员连续奋战，建成嵊通公路石璜至岗下段。1973年3月，通源人民公社革命委员会向嵊县工交局、嵊县公路运输段申请通车。1973年8月1日，嵊通公路正式通车。1979年下半年起，对岗下至松明培段按四级公路标准进行测量设计，1980年动工。1982年8月3日，绍兴地区交通局根据嵊县交通局的验收报告发出《关于江夏（通源）至松明培公路验收的批复》，江夏（通源）至松明培公路系朱村至江夏（通源）公路延伸线，全长5.9公里，路基宽6.5米，路面宽3.5米，平曲线最小半径15米，最大纵坡8.45%，桥涵设计载重标准为汽–10级，受地形限制，其中两处回头曲线超限，最小半径12米，基本符合山岭重丘区四级公路标准。同月纳入县社公路社队养护计划，按照社道标准核拨养护补助经费，一次性补助养护开办费300元。同时要求起点处影响视距的通源食品站尽快拆除。

1999年10月，投资450万元完成通源至石璜段路面硬化建设，全长13.5公里，路面宽5米，混凝土结构。为筹集硬化资金，通源乡党委政府发动机关干部、所属部门职工、中小学师生、机动车辆、经商个体户等积极捐款。2008年10月，嵊州市交通局补助松明培段路面改造资金10万元，2009年7月，绍兴市交通局追补松明培段路面改造资金10万元。2018年完成岗下至松明培段提升改造。

二、乡　道

岗吴线　起点岗下村，接嵊松线33KM+960M，途经岭下、叠石、大坂田、爪爬形、新纸厂等村，终点吴家湾村，全长5.53公里。1984年建成机耕路。1987年建成公路毛路，其中岗下村段因民房拆迁未建成，大坂田村单孔10米石拱桥未建成。1990年8月，嵊县交通局组织石璜区、通源乡相关领导和技术人员赴岗下村等路段现场踏勘，选定方案，同意按公路标准修建，同时一次性补助建设资金7万元。1991年开始重新整修，吴联公路建设列入县“民办公助”公路建设计划。1992年年底建成，路基宽5.5米，路面宽3.5米，砂石路面，全程技术等级为4级，途经桥梁1座，桥梁长22米，跨度13米，岗吴线造价78.69万元，其中国家补助16.3万元，县政府从县农业发展资金中拨付2万元进行补助，余款由吴家湾、联丰两村自筹解决。2006年对全线进行路基路面的提升改造，11月底全线竣工；12月底通过交工验收。改造后，全线路基宽6米，路面为混凝土结构，宽5米，最大纵坡9%，最小平曲线半径为15米。

山三线　起点长乐镇山口村（原剡源乡），接长竹线，途经西城、葛英等村，终点三王堂村。1981年动工，全长12.7公里，投资8万元。1982年5月基本竣工，8月通过验收，10月1日正式通车。后经提升农村公路工程改造，全长11.4公里，路基宽5.5米，路面宽3.5米，全程为等级外公路，据西城观测点数据，每昼夜交通量为179辆。

三、村　道

董家坑至分水岗　起点董家坑村，接嵊松线，途经冷坞、油罗山、白雁坑等村，终点分水岗，全长7.1公里，与长乐镇油竹潭村公路相连。1985年初，白雁坑村以自助形式出钱出力劈山修路，历时2年初步建成董家坑村至村电站段机耕路。2004年3月，按山重准四级公路设计，路基宽4.5米，砂石路面宽3.5米，设计建造小桥两座，涵洞20道，12月竣工，最大纵坡10%，最小平曲线半径10米，总投资155万余元，12月通过嵊州市乡村康庄工程办公室验收。2006年8月，对全线路面进行提升改造，12月竣工，12月底，通过交工验收。提升改造后，全线为准四级公路，长度7.2公里，路面为混凝土结构，宽度3.5米，最大纵坡10%，最小平曲线半径10米。2018年，再次进行道路单侧拼宽1.5米提升改造，路基宽7米，路面宽6米，总投资近800万元。

大坂田至道场 起点大坂田村外，接岗吴线，终点道场村。1996年12月，投资10多万元的道场村机耕路建成。2005年改建，8月18日开工，同年12月8日竣工，工程投资85万元。全长2.2公里，准四级公路，设计汽车荷载等级为汽-10级，最大纵坡7.52%，最小平曲线半径10米，路基宽4.5米，路面宽3.5米，路面为混凝土结构。

叠石至荷岭 起点叠石村外，接岗吴线，途经东培、岭外等村，终点荷花坪村，2005年建成，全长6公里，与荷岭至焦坑村（原雅璜乡）公路相连，可通雅璜。2005年10月按准四级标准进行路基路面提升改造，设计汽车荷载等级为汽-10级，2006年12月竣工，提升改造后，全长6公里，路基宽4.5米，路面宽3.5米，路面为混凝土结构，最大纵坡7.8%，最小平曲线半径10米，2006年12月通过交工验收。2013年受台风影响，雨量暴增，路面受损50余立方米，倒坎198立方米，通源乡政府组织修复。

茶培至里大坑 起点茶培村，途经茶家坂、白柴湾、高塘等村，终点里大坑村，全长5.5公里。2009年，绍兴市交通局下拨公路建设补助资金5万元。2010年启动建设，2014年完成升级改造。

三王堂至紫竹 起点三王堂村，途经淡竹岗、茶培等村，终点紫竹村，全长4.5公里。2006年6月，按准四级标准对三王堂至茶培段进行路面提升改造，9月竣工，全长5.6公里，路面为混凝土结构，宽度3.5米，最大纵坡7.03%，最小平曲线半径11米，12月通过交工验收。为支持新农村建设，2007年，绍兴市交通局下拨改造补助资金15万元。2013年受台风影响，雨量暴增，全线倒塌250立方米，通源乡政府组织修复。2017年完成拓宽改造，有效路面宽度达4.5米。

茶坊至新东坑 起点茶坊村桥头，接嵊松线，终点新东坑村，全长1.4公里。1962年下半年，历时3个月打通了茶坊至东坑的机耕路，起点在茶坊村东坑溪水汇入通源江处，终点在新东坑村蛇唇地，全长1200米，平均宽度约1.5米，沿东坑东岸而建。1984年拓宽了机耕路，路面宽度达到2.5米，小型汽车可以通行。2005年5月按准四级标准进行路基路面提升改造，12月竣工，提升改造后，全长1.4公里，路基宽4.5米，路面宽3.5米，路面为混凝土结构，最大纵坡5.23%，最小平曲线半径10米，总投资36万余元。2006年1月通过嵊州市乡村康庄工程办公室交工验收。

新纸厂至燕窠 起点新纸厂村，接岗吴线，途经羊角岭口、张家岗等村，终点燕窠村，全长4.2公里。2006年8月，按准四级标准进行路基改造，12月竣工，改造后，路基宽度4.5米，最大纵坡11.99%，最小平曲线半径10米，年底通过交工验收。2013年受台风影响，倒塌78立方米，通源乡政府组织修复。2014年，完成路面硬化的升级改造。

瑠田至里大坑 起点长乐镇瑠田村，途经里畈、下西坑等村，全长7.7公里。2006年10月，按准四级标准进行路基路面提升改造，12月竣工，路面为混凝土结构，宽度3.5米，最大纵坡11.65%，最小平曲线半径10米，年底通过交工验收。2013年受台风影响，全线倒坎108立方米，通源乡政府组织修复。

吴家湾至高明庵　起点吴家湾村，接岗吴线，终点高明庵村，全长2.5公里，路面宽3.5米，2006年设计施工，全程水泥路面，总投资69万元，财政补助39万元，村自筹资和筹劳计30万元。

爪爬形至细藤坑　起点爪爬形村，途经苦竹培，终点细藤坑，全长2公里。2018年，进行道路单侧拼宽1.5米提升改造，路基宽5.5米，路面宽4.5米，路面为混凝土结构，总投资近400万元。

松明培至诸暨　起点松明培村，接嵊州、诸暨两市交界处公路，全长7公里，为农村联网公路建设项目，总投资560万元。根据绍兴市人民政府提出的“一小时经济圈，三小时旅游圈”的总体规划，绍兴市交通局会同诸暨市交通局和嵊州市交通局论证嵊州通诸暨的公路方案，两市交通局也多次测量。1999年12月，通源乡党委和政府以迫切的心情和积极的姿态向上级申请，2010年启动建设，2012年完成建设。

四、古　道

通诸暨古道　自岗下村出发，途经大坂田、新纸厂、张家岗等村，过上王岭至诸暨斯宅乡王坑村，全长约12公里。上王岭至今仍存有古道修缮石刻。另有古道自岗下村出发，途经董家坑、松明培村，过五岭至诸暨斯宅乡坑口村，全长约10公里。

通雅璜古道　自新东坑村出发，途经箭箬岭，古道沿山穿谷，多数为条石或整石砌成，拾级而上，两边竹木茂盛，风景秀丽，号称“小武当”，经上马攀岭到达荷花坪，再一路上行，经两乡交界处海拔最高点的前门山岭沿石阶而下，至雅璜乡雅璜村，全程约6.5公里。

通长乐古道　自茶培村出发，途经三王堂村、葛英村，过四阔岭至剡源鹿苑寺（今长乐镇），全长约7.5公里。此古道为旧时西白山一带居民外出求学、访友、劳作等主要通道之一。

另有古道自岗下村出发，途经董家坑、冷坞、油罗山、白雁坑等村，过分水岗至大昆油竹潭村（今长乐镇），全长约8公里。

通石璜古道　自岗下村出发，途经茶坊村，沿通源江一路迂回向外，至吊角湾村脚，沿今剡源水库谷底原瑠家田村至武王庙，上绞车岭头，折向东南方过九里岗，经朱村，至石璜镇，全长约10公里。古道多为泥沙路，宽约1米，是通源居民外出务工、走亲、求学、贸易等主要通道。

五、古　桥

公益桥　位于白雁坑村通往分水岗自然村的石砌古道上。1938年建，处于北纬29° 32′ 02″，东经120° 31′ 51″，海拔551米，南北向横跨白雁坑溪，为双孔石梁桥，全长6.1米，桥面宽1.22米，由三块厚0.28米的石梁分两段拼合而成，中间镶嵌一块横条石，厚0.4米。以一块长、宽各为1.3米，高1.2米的巨大自然山石作桥墩，上叠砌二块自然整石平衡稳固桥面。桥北孔净跨1.7米，南孔净跨2.5米，桥高1.8米，桥两岸用自然大块石砌岸。桥北面的西岸有自然大块石铺砌古道通分水岗自然村，桥南面

公益桥

东西两侧石梁上分别阴镌楷书“公益桥，1938年，钱惠昌经理”字样。公益桥古朴自然，粗犷简单，因地制宜，充分利用自然山石，基本不作刻凿，奇妙构思，巧夺天工，构造牢固，保存较好，具有显著的山区特色，充分体现了旧时建桥石匠因陋就简，花小钱办大事的智慧，是嵊州乃至绍兴市独一无二的古桥，是研究嵊州山区古桥历史很好的实物例证，是不可移动文物，桥边钉有嵊州市文物局制作的木牌，编号为330683-0747。

丁馀桥

独石桥

玉成桥

丁馀桥 位于荷岭村连接南北的山道上，山道南通岗下村，北达雅璜村，1929年建，处于北纬29° 34′ 48″，东经120° 33′ 07″，海拔516米，构造牢固，保存较好。南北向横跨小山溪，为单孔三折边石拱桥，全长2.1米，桥净跨1.7米，桥高1.6米，桥面由长1.1米的四块宽窄不一的粗糙整石拼合而成，桥面宽1.12米。桥南端向东设三级小块石踏步连接堤岸，桥脚以自然山岩作基，上铺横条石，条石上竖向并列斜撑三块整石，上置一块锁口石，承托四板桥面石梁，桥面石梁西侧雕刻楷书:“丁馀桥”，旁镌“民国己巳”字样。

独石桥 位于三王堂村北大路旁，处于北纬29° 32′ 03″，东经120° 33′ 58″，海拔613米，南北向横跨三王堂大溪，为单孔独石板桥，全长2米，桥面宽1.15米，厚0.28米，净跨1.8米，桥高1.4米，直接架设在自然块石砌筑的岸坎上，古朴粗犷，与通向山岗的石砌古道相连，桥面采用形状不规则的整块山石铺设，溪底亦砌筑自然块石，与山村古道相得益彰。因只用一块石板铺筑，村民习惯称之为独石桥。据三王堂《操氏宗谱》记载:清乾隆年间，操氏已居于此，三王堂已成村落。依此类推，独石桥建筑时期应为清中期。独石桥为第三次全国不可移动文物普查文物，桥边墙上钉有嵊州市文物局制作的木牌，编号为330683-0744。

玉成桥 位于新东坑村，处于北纬29° 34′，东经120° 34′，海拔210米，为南北向单孔石拱桥，村民俗称洞桥，位于新东坑村中心水打坞坑与大王青岭坑水合并后汇入新东坑处，桥内跨度4.30米，拱内宽度4米，桥内拱高2.1米，拱顶处桥面厚度0.8米，桥北侧书有“玉成桥”三字。据《张氏宗谱》记载：清同治年间，东坑先民安静公倡导村民捐资新造玉成桥，兼砌出入孔道数百弓以便人行。现存石拱桥为1984年重修，近年又对桥面水泥面板进行了加宽。

箭箬岭桥　位于新东坑村西箭箬岭外，新东坑到雅璜的古道上，处于北纬29° 34′ 14″，东经120° 33′ 42″，海拔高256米，东西向横跨百十亩溪，为单孔八字桥，全长4.12米。三块桥面石板长1.8米，厚度0.28米，宽1.13米，桥高2.1米。桥墩由上下二部分构成，下部由巨大自然岩作基；上部由三块条石竖向并列斜撑，上置一块锁口石，承托三拼桥面石梁，三块八字支撑石板长1.23米。西侧底座高0.6米，东侧底座高1.1米，桥面石板与支撑石板间连接石条长1.22米，宽0.24米，高0.27米，桥面石梁北、南侧分别阴刻楷书：“民国甲寅”（1914年）、“陈周氏造”字样。现石桥上用水泥桥板进行了加宽，古桥藏身于下。

新屋顶石桥　位于新东坑村，村民俗称双江口桥或石桥头，位于新东坑村西新屋顶双江口新东坑坑面，新东坑至雅璜的古道上，处于北纬29° 34′ 09″，东经120° 34′ 02″，海拔高243米，东西向横跨百十亩溪，为单孔三拼石梁桥，全长5.61米。为东西向单孔八字桥。桥面总长5.4米，三块桥面石板长2.25米，厚度0.3米，宽1.2米，桥高3.6米。东侧基座高0.35米（下面还有岩石垫底），三块八字支撑石板长2.18米，厚0.24米，桥面石板与八字支撑石板间连接石条长1.3米，宽0.35米，高0.3米。西侧基座高1.6米，三块八字支撑石板长2.13米，厚0.3米，桥面石板与支撑石板间连接石条长1.15米，宽0.4米，高0.3米；南侧桥身石刻“裘奇仁造”，字迹现仍清晰可见。西侧设引桥，由长1.20米条石拼合而成，边用长条石框边。北侧据说也刻有桥名和建造时间等，但因近年加宽道路作桥面拼接已无法查考。据新东坑《沈氏宗谱》记载：沈文刚（字安春，醇彬公之子，生咸丰壬子1852年，无卒年记录），若乡里邮亭道路诸善举，君辄量力佽助之，不少吝，有慷慨丈夫风，村西里许，名沙坵田者，有水性湍，涉者病，君悯焉，有同会人五，出数十金而桥之。根据村民传说及建筑风格判断，为清晚期建筑。

箭箬岭桥

新屋顶石桥

新成桥

联丰八字桥

松明培八字桥

新成桥 位于新东坑村西道地坪外新东坑村至雅璜古道上，处于北纬29° 34′ 08″，东经120° 33′ 51″，海拔高256米，东西向横跨道地坪溪，为东北至西南向单孔八字桥。桥面总长3.7米，由三块整石拼合而成，石板长1.72米，厚度0.26米，宽1.14米，桥高2.1米；西南侧两块八字支撑石板长1.35米，底座高0.8米，桥面石板与支撑石板间连接石条长1.25米，宽高均为0.3米；东北侧三块八字支撑石板长1.3米，底座高0.5米，桥面石板与八字支撑间连接石条长1.25米，宽0.28米，高0.26米。桥净跨3.40米，桥面两端以条石、块石砌边，中垫泥土。桥脚以自然山岩作基，上铺横条石。条石上竖向并列斜撑两块整石，上置一块锁口石，承托三板桥面石梁。东南侧桥身石刻字迹现仍清晰可见："新成桥　丙辰年"（1916年），旁镌"丙辰年钱新立钱新春钱立玉裘来玉"字样。

联丰八字桥 位于联丰新纸厂村通诸暨古道上，处于北纬29° 33′ 39″，东经120° 31′ 21″，海拔高408米，东西向横跨食水潭溪，为单孔四板石梁桥，全长6.25米。由四块长2.45米宽窄不一的整石拼合成宽1.04米桥面，桥墩由上下二部分构成，下部由巨大自然块石砌筑在自然岩溪床上，上铺横长条石梁。石梁上竖向并列斜撑三块整石，宽0.93米，上置一块宽为0.4米、长为1.1米锁口石，承托四板桥面石梁。桥净跨6.2米，桥高3.3米。根据村民传说及建筑风格判断，联丰八字桥为清咸丰年间建筑，构造牢固，保存较好。

松明培八字桥 位于松明培村新屋台门东侧，处于北纬29° 32′ 53″，东经120° 31′ 23″，海拔高466米，东西向横跨小坑，为单孔三折边石拱桥，全长2.8米。桥面由长2米、厚0.22米的三块宽窄不一的整石拼合而成。桥面宽0.98米，桥墩以自然山岩作基，上铺横条石。条石上竖向并列斜撑三块整石，上置一块锁口石，承托三板切角桥面石梁，并组成人字形。桥净跨2.5米，桥高

1.8米。根据村民传说及建筑风格判断，八字桥为清道光年间建筑，构造牢固，保存较好。

茶培古桥　位于茶培村，处于北纬29° 32′ 25″，东经120° 33′ 22″，海拔高544米，南北向偏东45度横跨茶培大坑溪，为单孔四板石梁桥，全长3.33米，桥面由四块宽窄不一、厚0.25米的条石拼合成，宽1.25米。桥面石梁直接架设在巨大自然岩石砌筑的岸坎上，净跨3米，桥高2.18米。桥面北侧布有三级踏步。根据建筑风格判断，茶培古桥为清晚期建筑，构造牢固，保存较好。

茶培古桥

第二节　邮　电

一、邮　政

1958年6月，嵊县实现社社通邮。通源有步班邮路两条，分为松吴线和西山线，邮路总长60公里左右。1971年，石璜邮电所投递员每天骑自行车运送邮件到通源邮电所，通源两名邮递员再步行分线分村投递落户，每周周日休息，风雨无阻。邮政业务主要有函件（平信、挂号信、航空信等）、包裹、汇兑、报纸杂志发行等。1985年后，全乡《浙江日报》发行量达一百多份，其他还有《绍兴日报》《广播电视报》《农村科技报》等报纸及《大众电影》《少年文艺》等杂志。1992年，通源乡各村成立信报站，所有邮件由邮递员送到信报站，再由各村专人负责分发。

通源全域主要分为两条邮路，由两名邮递员分递。

松吴片　全程约35公里。线路起讫：岗下—岭下—叠石—大坂田—爪爬形—松明培—大田湾—燕窠—张家岗—羊角岭口—新纸厂—吴家湾—高明庵—苦竹培—细藤坑—细藤湾底—道场—东培—荷花坪—东坑—鸡舍岭—王青岭—东坑—岗下。

投递员：周功喜，男，工作时间为1964年上半年至1970年下半年。

王金墉，男，工作时间为1970年下半年至2000年下半年。1985年起，负责去石璜邮电局取邮件工作，并负责石璜部分线路投递：朱村—溪西—庙下坂—剡源水库—王公坑—瑠田—茶坊；通源投递只负责岗下、东坑、松明培线路。1992年，调入石璜邮电局工作。

西白山片　全程约25公里。线路起讫：岗下—白水—乡电站—董家坑—冷坞—油罗山—白雁坑—分水岗—油竹山—石板坑—紫竹—三王堂—上西坑—下西坑—里大坑—高塘—白柴湾—茶培。

投递员：王华娟，女，工作时间为1967年上半年至1977年上半年。

王华兴，男，工作时间为1977年下半年至2018年下半年。1985年起，同时负责吴联片投递工作。1992年起，全面负责通源乡投递工作。

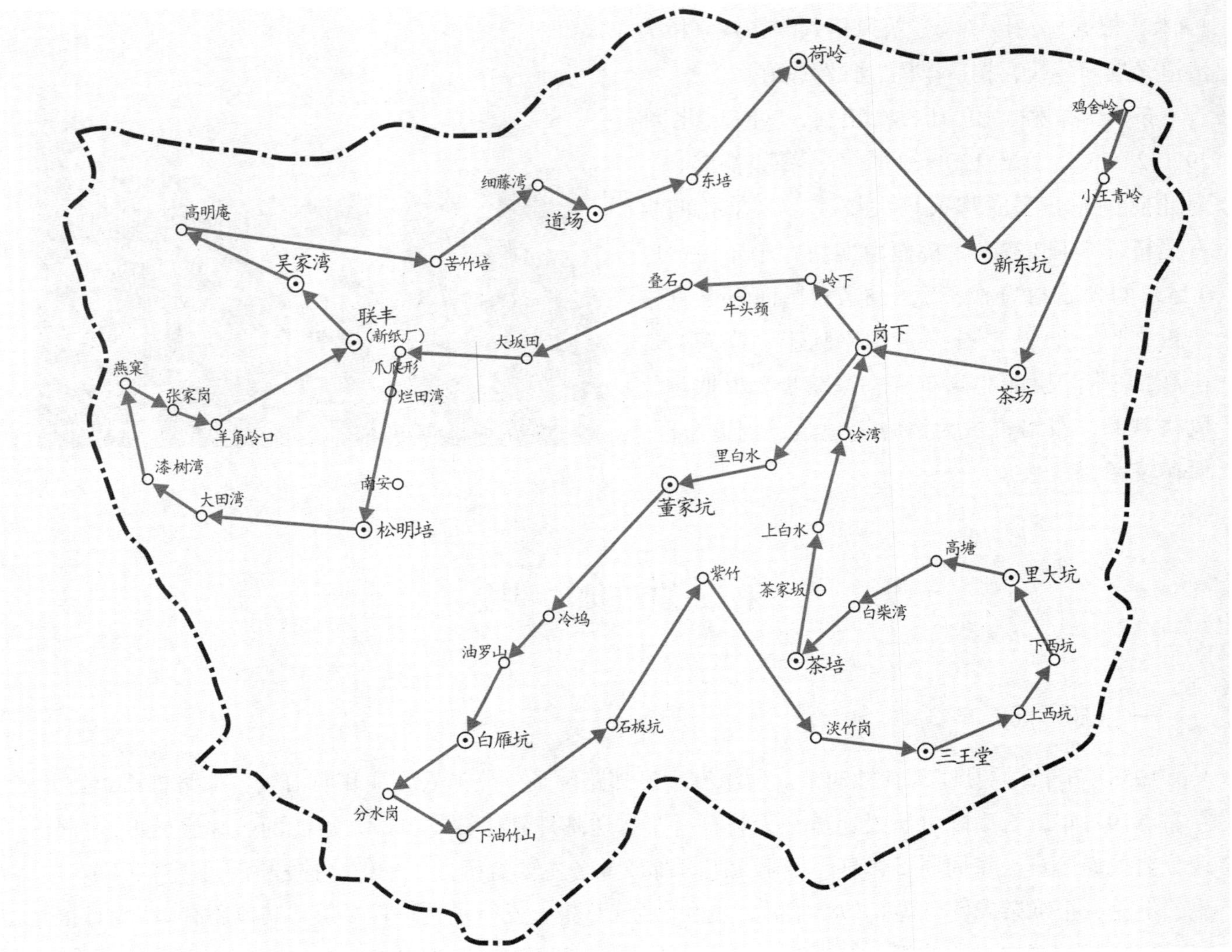

通源邮路示意图

二、电　信

1956年，嵊县实现乡乡通电话。1975年前后，成立邮政电信联营站。电信业务主要有电报、电话、电线几方面。电报由石璜邮电所以电话形式转到通源总机，再由邮递员送到户；电话业务在1970年以后增加较大。话务员还负责雨量发报工作，逢雨量大的情况需每两小时发布一次，另负责收寄挂号信、包裹等工作；线务员主要负责电话线维护工作，1970年后因电话业务增加由专人负责。1990年后，社会和经济加速发展，通源逐步进入程控电话时代。因地处山区，各村须架设线路，因此安装电话机的成本很高，早期各村只有一两户村民安装电话机。1992年，实现程控电话村村通。后来安机费用一路下跌，接近免费安装。自此，通源各村几乎家家通了电话机。进入二十一世纪后，通源也跟上时代步伐，进入无线电话时代，手机普及到农村，程控电话逐渐淘汰。

线务员话务员：周功喜，男，工作时间为1964年上半年至1970年上半年。金雪君，女，工作时间为1971年上半年至1985年下半年。

第四章　乡村建设

通源全区域通过小城镇环境综合治理、农村宅基地综合整治、五水共治、垃圾分类和五星三A争创等措施，改善了基础设施，保护了生态环境，提高了生活质量，有效推动了美丽乡村建设。

第一节　村庄改造

通源乡新农村建设起步于2003年。2004年10月，通源乡人民政府制定和下发《关于开展农村宅基地整治的实施意见》，正式启动拆旧建新工作。松明培村率先与30户拆旧户签订了拆除协议，拆除老房面积1808平方米，拆旧补助资金7.2万元。2005年，松明培村投资20多万元建成村综合楼，完成了全村道路硬化、操场绿化、夜间道路亮化等工程。全村榧树成荫，空气清新，健身器材等公共设施一应俱全，村民生活环境和生活质量得到大力提升。是年，松明培村被命名为嵊州市级全面小康建设示范村。2006年，松明培村被命名为绍兴市级生态村；2014年，被评为嵊州市级生态村；2018年，被评为绍兴市兴林富民示范村；2019年，入选第五批中国传统村落名录。

2006年2月，通源乡党委成立通源乡社会主义新农村建设工作领导小组，全面领导和开展全域范围的新农村建设。2006年，岗下村结合农村土地综合整治，开展拆旧建新工作，与34户拆旧户签订了拆除协议，拆除老房面积4687.6平方米，投入拆旧补助资金18.8万元。岗下村后被列入省“万村整治千村示范工程”，开展拆旧建新工作和农村宅基地综合整治，结合“三改一拆”，村内公益事业配套，基础设施齐全，达到了道路硬化、路灯亮化、卫生洁化、环境优化、家庭美化的标准。是年，岗下村被绍兴市委、市政府授予“第三批环境整治示范村”称号，并获评嵊州市“平安家庭”创建优秀示范村；2008年，被表彰为嵊州市级文明村、嵊州市卫生村。2013年，行政村调整后的通源村拆旧建新通过省级验收，并创建为绍兴市级环境整治示范村。

2012年4月，乡政府印发《关于加快推进国家级生态乡建设实施意见》，部署创建活动，规划建立较为完善的生态经济、生态环境、生态文化、生态景观四大体系，努力打造经济繁荣发达、社会文明进步、生态良性循环、人与自然和谐发展的国家级生态乡。2014年6月，通源乡被环保部命名为“国家级生态乡镇”；2016年11月，通源乡上榜浙江省“美丽乡村示范乡镇”。

2014年，乡党委、政府印发《通源乡“无违建乡镇”创建实施方案》，以开展整治空心村、依法处理“一户多宅”为抓手，部署实施全乡做好“一户一档”建档及复核工作，严格按无存量违法建筑，无新增违法建筑、无非法“一户多宅”的标准开展“无违建”创建。通过创建活动，全乡6个行

岗下村拆旧实景

岗下村建新实景

政村全部创建成为“无违建村”，创建率达到100%。是年，被评为绍兴市“无违建”创建先进乡镇。通益村通过了市级小康示范村和市级环境整治示范村的验收。2015年，全乡累计拆违拆旧5185平方米，完成全年目标的130%，被评为绍兴市“无违建创建”先进单位。2016年，对通益、通源、白雁坑、西三村等村沿线进行重点打造，共计完成立面改造30000平方米，绿化1000平方米，砌坎3公里，设计景观点17个，新建登山道6.7公里，打通西白山慢行线5.3公里，新建停车场4000平方米，新建观景台200平方米，美丽乡村建设成效初显。2017年，投资3000万元改造通源江沿江道路4000米，硬化村内道路2000米，建设停车位100个，村内实现“四化”建设，进行背街小巷整治，完成立面改造30000平方米，建设景观墙2000平方米，以“茶、榧、竹、石”为主元素，打造出了滨江公园、茶文化生态公园。白雁坑村2010年被命名为嵊州市级卫生村；2012年被列入省级历史文化村落名单，被命名为2012年度绍兴市卫生村；2013年被确定为“美丽嵊州·快乐农家”首批样板村，绍兴市级生态村，被省林业厅和省生态文化协会评为第五批“浙江省生态文化基地”；入选2016年度浙江省美丽乡村特色精品村。西三村2013被评为年绍兴市级生态村；2017年度获评嵊州市环境整治精品村，嵊州市首批“五星达标· 3A争创”五星村；2018年创建成为国家AAA级景区村。吴联村2014年被评为嵊州市级生态村。通益村2007年被表彰为嵊州市环境整治示范村；2008年被评为嵊州市级全面小康建设示范村；2010年被表彰为嵊州市“十佳”特色农业示范村。

第二节　环境整治

一、五水共治

2014年，通源乡党委、政府结合当地实际，制定了“五水共治”重点工作方案，全面开展“五水共治”。对辖区内河道建立乡村两级“河长”管理制度，村内所有沟渠、山塘按属地管理原则，落实专职保洁巡查人员，以“三改一拆”和“四边三化”等专项行动为依托，开展“清淤、清障、清垃圾、加强河道保洁”的“三清一保”工作，每年对通源江进行清淤、清沙，确保河清岸洁。加强了水质断面治理，通过片村联动，断面水质稳定在二类及以上。通源河流断面水质达到Ⅱ类标准，2016年成功创建绍兴市“清三河达标乡镇”。完成7家精制茶厂煤改电和生物燃料代替燃煤工作，通过市级联合验收，清除企业煤气污染等安全隐患。着力推进农业污染治理，倡导和开发有机农业。划定全乡畜禽养殖禁养区范围，开展禁养区内畜禽养殖场关停、转产或搬迁，开展限养区、畜禽养殖场的污染治理工作，完成了20家规模以上畜禽养殖场的标准化提升工程。加强截污纳管建设，全乡6个行政村生活污水截污纳管集中铺设，消灭旱厕，新建公厕51只。全乡实现生活垃圾无害化处理覆盖率达100%，生活污水治理行政村覆盖率达到100%；排涝标准达到10年一遇；“五水共治”群众知晓率达到100%，全乡河道环境明显提升、河道水质明显好转、防洪能力明显增强、饮水条件明显改善、节水效率明显提高。

二、自来水

通源地处山区，各村用水历来紧张，程度不一。各村有自行组织接自来水的情况，遭遇旱涝灾害，水源水质受不同程度影响。1983年，公社投资38920元在岗下、联丰、松明培、三王堂等村实施自来水建设工程，安装水龙头731只，近600户率先用上了自来水。2001年，乡政府投资7.2万元建造岗下供水站泵1座，对原来的乡政府、学校、茶坊村的自来水供水工程进行了提升改造；2003年投资5万元解决道场、荷岭两村百姓饮用水难问题。2005年，乡政府实施农民饮用水工程，改造了3个村的自来水，有400余户1300人用上清洁卫生的自来水。2010年，完成全乡13个行政村及学校等单位自来水供水工程建设，全乡群众用上清洁卫生的自来水，解决了饮用水难的问题。2016年，全乡自来水普及率达到80%；饮用水水质达标率达到80%。

三、垃圾分类

根据市里统一部署，通源乡政府深入开展“双清双创”活动。2005年，投资9万元建成垃圾焚烧炉及垃圾站房，建立长效保洁机制，杜绝垃圾的二次污染，并在全乡新增垃圾箱43座，垃圾做到日产日清，创设了良好的人居环境，在全市垃圾处理竞赛中两次获第一名。乡政府根据市委办、市府办印发的《嵊州市农村环境卫生管理办法（试行）》规定，配备了6名村卫生监督员、26名村保洁员、1名垃圾清运员。全面开展农村垃圾整治，多次清理通源村、通益村道路、沿江垃圾，基本完成通益村人居环境整治，成功创建绍兴市级清水河道示范乡镇。完成乡餐厨垃圾处理场地建设，并投入使用；处理香榧壳、番薯渣等垃圾30吨，热能垃圾处理终端全年处理各类垃圾200余吨。通过全乡总动员，全民同参与，号召和鼓励居民积极投身于全乡环境卫生整治攻坚战中，创建出了整洁舒适的生活环境，农村垃圾分类工作初见成效。

第五章　居民生活

通源居民以汉族为主，1951年，通源全乡总户数为1045户，共4088人；1982年，全乡总户数为1847户，计6833人，人数创历史峰值；2019年，全乡总户数为1915户，共5456人。全乡居民务农为主，主要收入来自茶叶、香榧等，农民人均收入逐年上升。至2017年，全乡人均收入达17788元。

第一节　人口构成

通源自设乡以来，聚居村民以汉族为主。设乡初期人口4000余人。1982年，实施第三次全国人口普查，全社总户数1846户，总人口6772人，其中男3595人、女3177人；家庭户1842户6725人，集体户4户47人（公社综合集体户）。按民族分，全部为汉族。按文化程度分，大学2人，高中348人，初中1307人，小学3113人，不识字或识字很少1264人（12周岁以上1085人）。按年龄分，60岁以上（不含，下同）336人；70岁以上195人，80岁以上45人，90岁以上1人。1987年后，全乡户数突破2000户，人口数量维持在6000余人，相对稳定；进入二十一世纪后，通源居民的生活水平日益提高，外出市区、甘霖、石璜等地购房落户的人数呈明显上升趋势，通源乡人口数量逐年下降。至2017年，全乡总人口为5530人。除汉族外，通源乡还有少数民族居民，主要通过婚嫁关系迁入。据2010年人口普查统计，有苗族、壮族、侗族、彝族、白族、黎族、傣族、怒族、纳西族、土家族、布依族、仡佬族、拉祜族、傈僳族等，共61人。

1958—2019年通源人口构成基本情况表

表59　　单位：户、人

年　份	总户数	总人口	男　性	女　性	出生数	死亡数	迁　入	迁　出
1958	1131	4563	2313	2250	—	—	—	—
1959	1216	5031	2264	2767	—	—	—	—
1960	1178	4750	—	—	—	—	—	—
1961	1187	4837	2590	2247	—	—	—	—
1962	1190	4863	—	—	—	—	—	—
1963	1203	5049	2654	2395	—	—	—	—
1964	1212	5081	—	—	—	—	—	—
1965	1235	5384	—	—	—	—	—	—

续表59

年　份	总户数	总人口	男　性	女　性	出生数	死亡数	迁　入	迁　出
1966	1278	5528	2997	2531	164	43	35	43
1967	1285	5735	—	—	—	—	—	—
1968	1292	5794	—	—	—	—	—	—
1969	1337	5862	3192	2670	128	25	—	—
1970	1359	5961	3183	2778	118	46	—	—
1971	1385	6013	—	—	—	—	—	—
1972	1397	6068	3239	2829	117	42	62	68
1973	1475	6141	3327	2853	137	39	73	59
1974	1461	6299	3366	2933	147	36	34	26
1975	1520	6407	3429	2978	141	37	46	42
1976	1653	6614	3496	3118	157	57	63	65
1977	1647	6560	—	—	—	—	—	7
1978	1693	6693	—	—	—	—	—	—
1979	1722	6742	3581	3161	124	57	40	51
1980	1741	6777	3604	3173	105	39	46	77
1981	1802	6794	3623	3167	92	46	76	105
1982	1847	6833	3597	3236	95	36	48	68
1983	1862	6829	—	—	—	—	—	—
1984	1907	6812	3591	3221	76	44	22	68
1985	1908	6773	—	—	—	—	—	—
1986	1996	6761	—	—	—	—	—	—
1987	2026	6767	—	—	—	—	—	—
1988	2022	6753	—	—	—	—	—	—
1989	2256	6732	—	—	—	—	—	—
1990	2241	6711	3636	3075	76	55	—	—
1991	2214	6702	3620	3082	62	54	34	59
1992	2227	6664	3600	3064	61	52	20	61
1993	2230	6674	3577	3097	72	51	29	40
1994	2225	6645	3592	3063	62	48	29	72
1995	2230	6626	—	—	64	—	—	—
1996	2239	6572	—	—	59	—	—	—
1997	2220	6582	—	—	61	—	—	—
1998	2200	6558	—	—	73	—	—	—
1999	2183	6442	3527	2915	56	47	26	139
2000	2166	6369	3483	2886	62	49	47	133
2001	2148	6313	3456	2857	65	—	—	—
2002	2142	6222	3418	2804	62	—	—	—

续表59

年　份	总户数	总人口	男　性	女　性	出生数	死亡数	迁　入	迁　出
2003	2072	6142	3388	2754	55	—	—	—
2004	2146	6055	3356	2699	57	—	—	—
2005	2135	6028	3328	2700	58	—	—	—
2006	2122	6006	3315	2691	—	—	—	—
2007	2116	6001	3291	2710	—	—	—	—
2008	2112	6028	3295	2733	—	—	—	—
2009	2088	5957	3260	2697	—	—	—	—
2010	2065	5915	3226	2689	—	—	—	—
2011	2054	5868	3186	2682	—	—	—	—
2012	2042	5826	3173	2653	—	—	—	—
2013	2029	5767	3141	2626	37	56	24	50
2014	1998	5693	—	—	—	—	—	—
2015	1982	5616	—	—	—	—	—	—
2016	1971	5581	—	—	—	—	—	—
2017	1956	5530	—	—	—	—	—	—
2018	1947	5501	3000	2501	—	—	—	—
2019	1936	5443	2964	2479	—	—	—	—

2010年通源少数民族构成情况表

表60　　　　单位：人

民　族	合计人数	所在村					
		松明培	白雁坑	通　益	西　三	吴　联	通　源
土家族	10	3	2	—	2	2	1
傣　族	1	1	—	—	—	—	—
仡佬族	6	2	—	—	—	2	2
侗　族	6	4	—	—	—	1	1
壮　族	15	1	1	—	1	7	5
拉祜族	1	1	—	—	—	—	—
布依族	9	1	3	1	—	1	3
傈僳族	2	2	—	—	—	—	—
怒　族	1	1	—	—	—	—	—
彝　族	2	—	1	—	—	—	1
苗　族	5	—	3	—	1	1	—
黎　族	1	—	—	—	—	—	1
白　族	1	—	—	—	—	—	1
纳西族	1	—	—	—	—	—	1
合　计	61	16	10	1	4	14	16

1958—2001年劳动力构成情况表

表61 单位：人

年份	劳动力	男	女	劳动力分布		
				外出	出县	出省
1958	2024	1227	797	—	—	—
1959	2168	1234	934	—	—	—
1960	2057	1164	893	—	—	—
1961	1838	1156	682	—	—	—
1962	1905	1162	743	—	—	—
1963	2146	1318	828	—	—	—
1969	2026	—	—	—	—	—
1970	2046	—	—	—	—	—
1971	2085	—	—	—	—	—
1972	2135	—	—	—	—	—
1973	1316	—	—	—	—	—
1974	2273	—	—	—	—	—
1975	2485	—	—	—	—	—
1976	2498	—	—	—	—	—
1977	2479	—	—	—	—	—
1978	2554	—	—	—	—	—
1979	2641	—	—	13	—	—
1980	2661	—	—	—	—	—
1981	2781	1723	1058	—	—	—
1982	2875	1755	1120	60	—	—
1983	3189	—	—	—	—	—
1984	3176	1886	1290	62	—	—
1985	3372	1954	1418	197	25	72
1986	3372	—	—	—	—	—
1987	3567	2211	1356	72	10	31
1988	3555	2092	1463	160	20	52
1989	3672	2171	1501	119	23	45
1990	3630	2157	1473	—	—	—
1991	3514	2278	1236	168	42	95
1992	3502	—	—	—	—	—
1993	3532	—	—	—	—	—
1994	3423	2124	1299	—	113	58
1995	3418	2186	1232	—	143	54
1996	3745	2477	1268	—	119	54
1997	3845	2462	1383	324	—	62
1998	3855	—	—	—	—	—
1999	3860	—	—	—	—	—
2000	3866	2007	1859	398	359	67
2001	3868	2445	1363	266	410	73

第二节　居民收入

通源乡居民以农民为主，居民收入以林业、茶叶为主，兼有牧业、副业和务工收入，新中国成立以来居民人均收入水平较低。改革开放后，农民人均收入突破百元。进入二十一世纪后，随着全乡大力发展茶叶、香榧、制茶、粉丝等特色产业，农民人均收入大幅提升，且保持逐年上升的趋势。至2017年，全乡农民人均收入达到了17788元，位居同类乡镇前列。

1958—2017年通源乡主要经济指标一览表

表62

年　份	耕地（亩）	粮食产量（吨）	茶叶产量（吨）	生产总值（万元）	农民人均纯收入（元）
1958	3760	—	181	—	58
1959	2445	1576	212	—	59
1960	2418	—	130	—	32
1961	2803	—	31	—	—
1962	2626	758	35	—	—
1963	2930	1003	37	37	47
1964	4241	941	48	—	—
1965	2920	845	48	—	—
1966	4472	1026	41	—	—
1967	2670	1155	55	—	—
1968	4562	1057	50	—	—
1969	2825	1203	81	—	76
1970	2824	1067	77	67	81
1971	2850	1180	86	—	—
1972	2890	1327	100	79	92
1973	2903	1322	94	81	89
1974	3166	1230	78	84	93
1975	3168	1231	99	79	86
1976	3188	1207	91	75	81
1977	3201	1065	135	75	78
1978	3223	1386	112	91	96
1979	3223	1410	129	108	109
1980	3218	1554	140	382	144
1981	3188	1428	198	126	120
1982	3081	1555	216	—	131

续表62

年　份	耕地（亩）	粮食产量（吨）	茶叶产量（吨）	生产总值（万元）	农民人均纯收入（元）
1983	3080	1491	226	—	192
1984	3080	1450	198	490	279
1985	3066	1286	233	584	442
1986	3064	1598	261	725	516
1987	3069	1395	294	740	614
1988	3077	1175	302	802	695
1989	3069	1085	311	665	713
1990	3058	1092	315	916	720
1991	3051	1094	211	842	723
1992	2948	1079	250	952	750
1993	2940	1036	248	1297	857
1994	2895	1442	232	1966	1106
1995	2911	1654	249	1202	1157
1996	2912	1588	249	1370	1300
1997	2912	1545	268	1508	2001
1998	3098	1491	759	1535	—
1999	3098	1487	759	1432	—
2000	3148	1451	863	1018	—
2001	3148	1635	570	3063	2850
2002	3148	1459	750	3744	3110
2003	3148	1421	850	3686	3376
2004	3148	704	1350	4755	3788
2005	3148	743	1300	5211	4180
2006	3264	707	2010	6167	4608
2007	3264	707	2000	7587	5123
2008	4324	822	2450	9234	5679
2009	3294	835	2650	10390	6193
2010	222	835	2790	12282	6813
2011	223	876	2790	14063	8347
2012	226	867	3380	15323	9325
2013	227	873	3230	16261	10406
2014	228	—	—	20264	13116
2015	227	—	—	22290	14755
2016	227	—	—	24519	16083
2017	227	—	—	—	17788

说明：由于统计口径和数据来源不一，部分数据与文中其他地方所列会有差异。表中数据均以四舍五入方法保留整数。

1969年，全乡经济总收入631799元，社员可分配收入438602元，人均年收入75.5元。1970年，全乡12个大队59个生产队，参加分配1338户5914人，人均年收入81.32元。1974年，全乡12个大队总可分配收入581727元，人均年收入93.2元。其中，高于人均100元的有东坑、联丰、吴家湾、松明培、白雁坑、三王堂6个大队，最高为三王堂大队，达到了人均113.50元，最低是向阳大队，人均为52元。据社员分配基本情况统计，全社12个大队59个生产队，社员平均收入60元以下有1个大队8个生产队，60元至不到80元有3个大队9个生产队，80元至不到100元有2个大队18个生产队，100元至不到110元有5个大队8个生产队，110元至不到150元有1个大队15个生产队，150元至不到200元有1个生产队，最高是联丰大队第五生产队156元，最低是向阳大队第二生产队43.1元。1975年，全乡59个生产队社员平均收入统计显示，40元以下1个，40元至不到50元6个，50元至不到60元3个，60元至不到80元14个，80元至不到100元17个，100元至不到120元9个，120元至不到150元9个。其中，最高是三王堂大队第二生产队136元，最低是向阳大队第六生产队35元。1976年，全乡各生产队社员平均收入统计：50至不到60元7个，60至不到80元16个，80至不到100元26个，100至不到120元6个，120至不到150元3个，其中最高是三王堂大队第四生产队144元，最低是向阳大队第四生产队36元。1977年，全乡12个大队58个生产队中，社员平均收入40元以下6个，40元至不到50元1个，50元至不到60元5个，60元至不到80元23个，80元至不到100元14个，100元至不到120元8个，120元至不到150元0个，150元至不到200元1个，最高是三王堂大队第四生产队167元，最低是向阳大队第四生产队31.3元。1979年，全乡工业总产值14.11万元，比上年度增长5%。集体和个人储蓄额182290元，比上年度增加2.45倍，其中个人存款80000元，比上年25234元增加3.17倍。社员人均收入108.82元，比上年的96.45元增加12.37元。1981年，全乡分配总额达843364元，比上年707367元增加135997元，人均收入为125.87元。其中7个生产队人均分配超过200元：联丰第八生产队232元，三王堂第二生产队229元，三王堂第四生产队227元，联丰第一生产队218元，三王堂第五生产队205元，松明培第七生产队205元，三王堂第一生产队202元，茶培第二生产队199元，东坑第六生产队198元。不满50元有6个生产队。信用社储蓄年末总额为156409元，比上年107760元增加近48649元，人均23.34元；集体储蓄262114元，比上年136203元增加125911元，增长92.4%。1983年，全乡茶叶总收入达69万元，占经济总收的40.3%，人均茶叶收入101.67元。全乡人均收入为192元，社员个人储蓄达328390元，比上年增加120444元，每户增加65.33元，每人增加18.10元；户均储蓄178元，人均储蓄42.70元。1985年，全乡农村专业户基本情况调查统计，药材种植业专业户有52户，其中总收入在万元以上10户，纯收入在万元以上7户；长毛兔畜牧业养殖专业户19户，其中总收在万元以上2户，纯收入在万元以上1户。1986年，全乡工农业总产值达到494.52万元，其中农业总产值388.76万元，人均收入516元。个人储蓄达72.4963万元，人均储蓄为106元。1988年，全乡农村总经济收入达714.5592万元，比上年增长17.53%；工农业总产值441.9686万元，其中工业产值183.4900万元，比上年增长16.6%，农业产值258.4786万元，比上年增长6.98%；人均收入达695元，比上年增长16.42%；集体与个人储蓄额达100万元，比上年增长12%。

第六章　社会管理

社会管理的根本目的是维护社会秩序，促进社会和谐，内容涉及方方面面。农业合作化时期，通源也经历过互助组、初级社、高级社等阶段。公社化后，“大炼钢铁”，大办食堂，生产高指标，挫伤了农民的积极性。“文化大革命”中，取消自留地，推行平均主义。至1983年，恢复区、乡、村建制，结束政社合一的人民公社体制，实行农村联产承包责任制，经济和社会逐步进入正常发展轨道。

第一节　人民公社化

1958年9月底，全县实现人民公社化，以区为公社，乡、镇为大队，村为生产队，政社合一。1958年10月，在人民公社化运动中，通源乡被划归为“长乐公社”，称“通源（沅）大队”，各村改称为“生产队”，实行单一的公社所有制的政社合一。1958—1959年，实行集中食堂制，又叫“大办食堂”，每个生产小队（有的以自然村为单位）把全体村民的粮食集中在一个食堂中，集中就餐。1959年下半年起相继解散。

1961年11月，建立通源人民公社，通源管理区更名为通源人民公社管理委员会。管理区党总支更名为通源公社党委。原来的生产队改成生产大队，生产小队称为生产队。全公社有大队22个，生产队86个，自然村104个。生产资料分别归公社、生产大队和生产队三级组织所有，以生产队的集体所有制经济为基础，社员参加集体生产劳动，按照个人所得劳动值以工分形式结算，对应取得劳动报酬。社员可种植少量自留地，并经营有限的家庭副业，以提供家庭日常蔬菜和粗粮。1965年1月26日，道场、东培两个生产队合并为一个生产队。2月9日，分水岗、油竹山、白雁坑、油罗山、冷坞、石板坑六个大队合并为一个大队。

1984年1月，人民公社化结束。

第二节　联产承包制

1978年，全县农村生产队实行“小段包工，定额计酬”的生产责任制。1979年1月，崇仁、甘霖等地率先从“包产到组，联产计酬”发展到联产到户的生产责任制。1980年，通源公社所属各生产队在自留地的基础上，增加了按户籍人口分配的“自留山”（主要是毛竹山）。

1981年开始实施“责任山”“责任田”和“责任地”制度，按人口分配到户。同年下半年，全公社开始实行家庭联产承包责任制，全社54个场（厂），有49个搞了专业承包责任制，占90%；全社62个生产队，专业承包到组29个，联产到劳（户）6个，小段包工定额计酬27个。

1982至1984年，全公社的生产队都将土地陆续分到农户手中，生产队集体耕作经营的人民公社化就此终结。1984年8月18日，通源乡人民政府制定《通源乡延长土地承包期的若干政策规定》，明确水田承包期限15年以上，经济作物可以更长一点，山林在30年以上。土地调整应坚持“大稳定小调整”原则，在原承包土地中找补调整，不准推倒重分。延长承包期后，土地所有制不变，明确承包土地上不得擅自建房、起土、葬坟和买卖。在实施过程中，白雁坑、松明培等香榧大村，还增加了香榧树的承包内容。

第三节　政社分设

1983年12月21日至次年1月15日，通源公社开展政社分设工作。按照“保持原来的行政区划不变，以社建乡，以大队建村，以生产队建组”的原则，实施管理体制改革。公社党委改为乡党委，设书记1人，副书记兼组织纪律委员1人，团委书记1人，妇女主任兼文书1人。撤销公社管委会，成立乡人民政府，选举乡长1人、副乡长1人，下设民政调解助理1人，人武部部长1人，村镇建设助理1人，另设计划生育辅导员、粮食专管员等若干。成立乡农工商联合社，设正副社长各1人。撤销工办，成立农技公司。撤销大队管委会，成立村民委员会、村农工副合作社，生产队改为村民小组。

政社分设后，首任乡党委书记为钱才涛，乡人民政府乡长为黄纪明，副乡长为张金祥。成立通源乡农工商联合社，社长为王顺法，副社长为钱信华。同时，撤销工办，成立农技公司。首任村民委员会主任和经济合作社社长分别为：联丰村主任谢樟贵，社长蒋才火；吴家湾村主任斯良骥，社长斯培华；道场村主任钱武生，社长钱兰钗；白雁坑村主任洪元青，社长邱行通；松明培村主任金仁礼，社长金银火；董家坑村主任谢吉苗，社长钱校庆；茶培村主任张洪富，社长刘士林；三王堂村主任操家祥，社长戴功良；里大坑村主任戴功满，社长刘金华；新东坑村主任张福兴，社长吕学清；茶坊村主任王继成，社长王友堂；岗下村主任黄华正，社长黄校田。

第四节　山林管护

1964年1月，经宁波专署治山治水工作组对通源公社山林调查统计，全社有土地面积70721亩，其中用材林12412亩、竹林16882.5亩、经济林茶叶3872亩、柴山4404亩、水田1288亩、旱地1352亩；开荒面积1485.8亩；森林蓄积量29120立方米。开荒山利用规划11297.5亩，其中植树造林2851亩，封山育林8350亩，修梯田种粮96.5亩。区域内的林木资源大多为天然林，各村香榧林、房前屋后的林木和行道树多数为人工林。历史上曾由政府出树苗，农民出工，上山种松木、杉木，进行人工造林建设。据统计，通源区域内有天然林22601亩、人工林1885亩。根据每年公益林的补助面积核实，至2014年，通源乡省级公益林面积为31244.9亩，其中集体面积为11585.5亩、农户面积为19659.4亩。2017年《嵊州市森林资源规划设计调查成果汇编》显示：通源乡土地面积66442亩，居全市第16位（全市21个乡镇、街道）；林业用地64887亩（其中公益林26241亩、其他林38646亩），居全市第12位；乔木林地24486亩（其中防护林17121亩、经济林1627亩、特用林80亩、用材林5658亩），居全市第15位；竹林面积19496亩，居全市第5位；灌木林地20374亩，居全市第8位；森林覆盖率96.86%，居全市第1位。

管护政策 1964年2月10日，宁波专署和嵊县人民委员会治山治水联合工作组通过调查推出《嵊县小柏、绿溪、通源、太平等四个公社治山治水工作情况简报》，详细介绍了4个公社进行停垦还林、绿化造林、保持水土、制订规划的情况。1972年9月17日，公社革委会发出《关于加强山林管理的通告》，明确个人和集体上山砍伐竹木，必须办好审批手续，不准擅自砍伐；各大队、生产队必须健全护林组织，管理好山林资源；对于煽动或破坏山林资源的，坚决予以打击。1973年起，陆续发布《关于保护山林加强竹木管理的通告》《关于稳定山权林权和划定社员自留山若干问题的规定》《关于稳定完善林业生产责任制的若干政策规定》《关于管护林业的暂行通告》《通源乡处理森林火灾工作预案》《关于进一步加强森林防火工作的通知》等规定，强调国营和社队林场不准毁林拆场，社队所有的集体山，村不准分山到户，自留山划定与计划生育挂钩等措施；严禁竹木自由交易，严禁乱砍滥伐和放火烧山，坚决打击竹木黑市交易、投机倒把、包偷包运等破坏山林的行为。未经上级批准，任何单位和个人不得采购竹木。对外运输销售竹、木及竹木制品须接受公社护林站（1986年1月起设立林政管理站）检查，非法物资予以没收。1981年11月14日，公社管委会作出《关于稳定山权林权、开展多种经营若干政策的补充规定》。实行定权发证，稳定了林权。2007年2月8日，乡政府决定在全乡开展延长山林承包期工作。延长山林承包期的内容有10项：自留山保持长期不变，自留山上的林木归农户所有；责任山承包期确定再延长50年；对未满法定承包期的责任山，原则上一并延长承包期至2055年12月31日；集体统管山明确经营主体；原承包农户家庭成员全部死亡的，其责任山承包期满的或虽承包期未满但无人经营的，由集体收回另行处置；规范山林承包合同；建立健全承包合同档案管理；做好《林权证》的发放工作；加强生态公益林管理；及时调处山林纠纷；建立规范有序的林权流转机制。在坚持山林承包权长期稳定和不改变林地用途的前提下，允许森林、林木和林地使用权依法、自愿、有偿流转。各种社会主体都可通过承包、租赁、转让、招标、协商、拍卖等形式参与流转。依法取得的森林、林木和林地使用权可依法继承、抵押、担保、入股和作为合资、合作的出资或条件。

管护机构 1970年7月18日，公社成立了护林联防委员会，提出了“保护山林，人人有责”“保护山林为了战备”等口号。发布通告，规定社员家用需要竹木，须经个人申请、小队讨论、大队同意、公社批准，方可砍伐。护林联防委员会和有关大队进行联合执法，成员主要由松明培、董家坑、白雁坑、茶培、常红（三王堂）、胜联（里大坑）等大队组成。1984—2005年，乡政府陆续成立护林绿化委员会、森林火灾综合治理工作领导小组、生态乡镇创建工作领导小组、延长山林承包期工作领导小组、森林防火指挥部、公益林建设领导小组、林地清查工作领导小组、“森林嵊州”建设工作领导小组等组织机构，切实加强对全乡山林和生态的有效管理，促进林业生产健康发展。2006年10

月30日，乡政府调整森林防火工作领导小组，发出《关于进一步加强森林防火工作的通知》，决定从11月1日起，在全乡林区实行森林防火警戒期戒严制度，严禁野外用火，对各村、单位签订森林防火责任状，要求落实专职护林员进行巡山检查，实行严防死守。2009年3月20日，乡政府印发《通源乡处理森林火灾工作预案》，乡成立森林防火指挥部，组建以乡机关和企事业单位干部、民兵为主的乡义务森林扑救队，备足灭火工具，明确森林火灾报告程序、扑救措施和案件查处等。此后，乡政府每年都制定《通源乡森林消防工作预案》，及时调整森林防火指挥所人员，加强24小时值班值守，切实保障森林安全。

国有林管理　1963年10月24日，通源公社与荷岭、茶培两个所在生产大队签订了关于国有林的委托管理合同，合同中约定了管理、哺育、砍伐等要求和管理报酬、收益分配方式等条款。

二十世纪六十年代通源公社国有林情况表

表63

序号	大队	地名	数量（株）	序号	大队	地名	数量（株）
1	三王堂	奇龙	200	5	爪爬形	将台形	7
		庙弄	50			石笋	5
		张六山	10			小神庙	8
		上西坑	60			黄泥岗	15
		高塘水口	10			鸡龙顶	10
		牛团弄	33	6	道场	道场岭脚	100
		象鼻	145			海螺背后	30
2	吴家湾	纸厂后	100			西天坪	10
		凤凰形	20			村口	25
		高明庵	70	7	茶坊	里湖	7
		大湾	25			新明山	10
		村边	130	8	荷岭	东坑坂	37
3	东坑	水打坞	360			荷花坪屋前	55
		长蛇坟山	300			岭外	45
		木桥头	45	9	茶培	象鼻	270
		奇龙岗	8	10	松玥培	六田老鼠	45
		岗腿形	24			飞凤	20
		王青岭	50			蜈蚣形	15
4	江下	祠堂背后	6			坟前	23

合理采伐 实行通过申请林木采伐许可证的方式进行合理砍伐管理。据查阅，市档案馆有1966年4—12月的林木采伐许可证存根139份。12月2日，公社向吴家湾、五一（松明培）、东坑等11个生产大队下达48立方米的生产任务。1991年12月26日，县计经委下达给通源木材、毛竹限额采伐计划指标：木材蓄积1185立方米，其中民用材550立方米、商品材25立方米、工副培植业用材380立方米、生活烧柴230立方米；毛竹109700株，其中民用30000株，商品79700株。

档案信息化 2010年8月，市林业局在通源乡开展野外实地勘界工作，将2006年山林延包时换（核）发的林权证上每一宗山林地块落实到1/10000地形图上；年底，与浙江农林大学信息工程学院联合把全乡4207.9公顷林地信息全部录入电脑，建成一套以林地所有权为基础的林权地籍电子化管理档案，形成林权信息化建设底层基础数据，实现林权证与空间地块的对应查询。

资金补助 1971年1月13日，县革委会生产指挥组分配给通源公社油茶造林补助资金300元，油茶造林任务1500亩。1991年12月24日，县林业局、财政局下达1991年造林第二批扶持经费和省定点封山育林补助经费，对通源乡荒山造林357亩，补助经费5355元；封山育林1989年2320亩、1991年3610亩，补助经费2965元，合计扶持8320元。2013年11月28日，市林业局、市财政局发放给通源乡2014年省级公益林损失性补偿金和省级公益林管护费。按公益林面积为31244.9亩，其中集体面积为11585.5亩，农户面积为19659.4亩，按当年基金补助每亩23元计，共全乡共获得补偿基金为718632.7元。对护林员管护费按每亩2.5元计，共为78112.25元。2015年4月24日，市农林局公布2013年度（2013—2014年）中央预算内重点防护林工程建设项目验收结果，通源乡700亩，其中通源村300亩、松明培村400亩。2016年3月18日，市农林局、市财政局拨付2013年嵊州市中央造林补贴资金（第二批），总补助20566亩。2017年1月24日，市农林局、市财政局拨付通源乡政府奖补资金16万元，其中西白茶人节8万元，西白香榧节暨中国首届香榧诗歌节8万元；6月28日，市农林局、市财政局拨付给松明培村森林消防中队基础建设资金2万元。11月23日，市农林局、市财政局拨付给松明培村森林消防中队森林消防队伍规范化建设资金2万元。

第五节 计划生育

1951年，通源人口为4088人。1972年突破6000人，为6088人。1982年为通源人口历史峰值，达6833人，比1951年净增2745人，年平均增加86人。至2017年，人口回落至5530人，与1966年基本持平。1966年3月，根据上级政策，通源提出要大力宣传计划生育，提倡晚婚晚育。要求100户以上的大队，要培养配备一名接生员。鼓励多子女的党员干部带头执行政策。1973年，各大队相继成立了计划生育工作领导小组，落实了计划生育技术队伍。1978年3月，宪法规定“提倡计划生育”，计划生育工作真正成为一件国家大事。1978年，通源公社配备了一名计划生育专职干部，具体负责计划生育工作。1982年9月，计划生育被确定为基本国策。1998年7月，乡政府成立计划生育工作办公室，各村设立计划生育联系员。2001年，被评为绍兴市计划生育统计达标乡镇；2008年被评为嵊州市人口和计划生育工作先进集体；2007—2010年，连续4年获全市人口和计划生育目标管理责任制考核达标奖。

晚婚晚育 1966年起，通源开始提倡晚婚晚育，要求适龄男女适当推迟结婚年龄。1982年4月，规定男25周岁以上，女23周岁以上结婚为婚晚，女24周岁以后生育为晚育。明确提出晚婚晚育要求，对未到法定婚龄结婚的，不予办理结婚登记手续，不予迁移粮户关系。特别是在职机关事业单位干部职工、民办教师、集体所有制企业职工及农村党员干部一律不得早婚早育。1990年4月，乡政府出台《通源乡计划生育若干规定》。1996年6月，乡政府再次发出《关于计划生育工作的补充规定》。大力提倡一孩化，实行以奖为主政策。

少生优生　1971年，政府提出生育孩子“一个不少，两个正好，三个多了”。1979年9月26日，独生子女政策正式推行。提倡一对夫妇只生1个孩子，最多2个。2004年8月，出台《通源乡计划生育优生优惠政策》，对象为1980年以来已领取独生子女父母光荣证的独生子女父母，凭证享受相关优惠政策。2013年11月，启动实施一方是独生子女的夫妇可生育两个孩子的政策。2015年10月，实施一对夫妇可生育两个孩子政策，积极开展应对人口老龄化行动。

计生服务　1990年，全乡对青春期、新婚期、孕产期、育儿期、更年期等“五期”人群开展人口与计划生育基础知识教育，受教人员2369人，占适龄人群的89%。1994年，各村建立计生服务室，推行计划生育保险制度。2000年，乡计生服务站配备了体温计、血压计、听诊器、体重计和孕检试剂等。2007年4月，全乡开展计划生育新农村新家庭创建活动。2009年，各村（居）计划生育协会全部建立了“会员之家”。2014年9月，市人口和计划生育局、市财政局下拨通源乡便民服务中心计生窗口建设补助经费10万元。1982年冬，全县开展第一个计划生育宣传月活动，严格执行人口政策，提供生育服务。至2007年，全乡计划生育率稳定在96%以上，已婚育龄妇女意外妊娠率2‰以下。

1978—2018年通源乡计划生育专职干部一览表

表64

序　号	姓　名	任职时间
1	蔡飞飞	1978年10月至1984年11月
2	安燕英	1984年12月至1991年9月
3	郑黎芳	1991年9月至1992年12月
4	徐孟亚	1993年4月至2002年4月
5	邢玲玲	2004年4月至2007年10月
6	金　玲	2007年10月至2012年12月
7	屠鑫娜	2008年12月至2017年5月
8	吕　欣	2013年9月至2018年2月
9	蒋桂飞	2018年2月至2019年7月（兼任）

第六节 文明创建

1982年起，全县城乡组织开展“五讲”（讲文明、讲礼貌、讲卫生、讲秩序、讲道德）、“四美”（心灵美、语言美、行为美、环境美）、“三热爱”（爱祖国、爱共产党、爱社会主义）宣传活动。1983年2月28日，公社党委发出《关于开展“全民文明礼貌月”活动的通知》，组织开展“学雷锋学先进”和“五讲四美三热爱”竞赛等活动。1984年2月24日，成立通源乡“文明礼貌月”活动领导小组，钱才涛任组长。1986年9月，乡党委制定《通源乡1986—1988年精神文明建设规划》。1987年松明培张传火户被县委、县政府命名为“双文明户”。1992年2月14日，乡党委发出《关于认真贯彻“八中”全会精神，深入开展评“三户”活动的实施意见》。1998年，王南军、樊新明、王永兴、斯根灿等4户被市新农村家庭建设协调小组表彰为全市“新家庭示范户”。2007年9月，通源乡中心学校校长商刘敏被市精神文明建设委员会表彰为“敬业奉献楷模”。2008年2月，通源乡通过复评，继续保留嵊州市级文明乡镇荣誉称号。2013年2月，徐君钗家庭被市文明家庭创建协调小组表彰为“五十佳”之“最具幸福感的家庭”。2014年3月28日，由文明办、团市委主办的“圆梦”系列活动之“春泥关爱活动”走进通源文化礼堂，系全市首次。2016年11月5日，浙江省美丽乡村和农村精神文明建设现场会在嵊泗县召开，通源乡被公布为全省首批“美丽乡村示范乡镇”，为嵊州市唯一上榜乡镇。

松明培村集体婚礼 1987年12月31日，松明培村7对青年（单文忠和樊美华、邢乃军和邢亚庆、邢助良和邢美英、邢煜刚和樊秀芳、钱卓初和汤如珍、邢红祥和钱松飞、邢金华和金忠娟）在村青年民兵之家操场举行集体婚礼，倡导移风易俗，婚事新办，不办酒席，不收彩礼，为广大农村青年作出榜样。县委宣传部、县纪委、团县委、县妇联、县计生委等部门及区、乡、村各级领导，以及400多名村民到场祝贺。婚礼仪式隆重热烈，还表演了丰富多彩的文艺节目。县电视台现场采访拍摄，《绍兴日报》以《深山冷岙里的新婚礼》为题作了详细报道。

评“三户” 1992年2月起，全乡部署开展评“三户”（初期为遵纪守法户、“五好”家庭户、双文明户，后改为文明美德户、勤劳致富户、诚实守法户）活动。“三户”评比先由各村初评上报，乡党委审核公布。市级“三户”在乡级“三户”中择优推荐表彰。此活动开展了近二十年，各村先后评选出市级、乡级“三户”累计达750户以上，占全乡总户数的40%左右。

2006—2012年通源市级文明委表彰的（部分）“三户”名单一览表

表65

序 号	获奖年份	表彰时间	文明美德户	勤劳致富户	诚信守法户
1	2006年	2007年2月	俞茂根 郭根孝 沈文华	朱光富 斯位忠 王华军	黄国伟 钱华军 刘士林
2	2008年	2008年12月	操家祥	樊法忠	金立夫
3	2009年	2009年12月	刘黎明	邢乃军	钱法祥
4	2010年	2010年10月	黄用苗	金建初	操小余
5	2012年	2013年1月	钱秋华	钱武鹏	邢忠华

2008—2009年乡级文明委表彰的（部分）“三户”获奖名单一览表

表66

序　号	表彰年度	表彰时间	文明美德户	勤劳致富户	诚信守法户
1	2008年	2008年11月	汤兰中　操家祥 黄用苗　洪永福 斯伟祥　张夏军	邢中华　邱维超 张洪校　孙正华 樊法忠　吕绍南	王小军　马良满 金立夫　黄华军 樊华中　操小余
2	2009年	2009年12月	王生军　钱家仁 刘黎明　钱苗祥 陈好介　王永兴	邢乃军　储金校 黄生其　斯福明 斯正祥　王小初	张法初　钱法祥 蔡樟桂　钱林松 张　伟　钱六明

文明村（单位） 2006年6月，松明培村通过复评，被重新命名为绍兴市级文明村。自2001至2007年，松明培、联丰、吴家湾、新东坑、三王堂、茶坊、白雁坑等村先后被命名为嵊州市级文明村。2008年行政村撤并后的通源村被命名为嵊州市级文明村。2015年，吴联村被命名为嵊州市级文明村。1991年，通源乡中心学校被命名为县级文明单位，2010年1月通过复评继续保留嵊州市级文明单位称号。

第七节　知青下乡

“知青下乡”即知识青年上山下乡到农村去插队落户。1964年10月，第一批下放到通源的知青共13人，都来自嵊县城关镇，分别落户在道场（东培）、茶坊、董家坑三个大队。1965年5月，第二批下放到通源的知青共27人，其中来自城关镇的19人，来自崇仁镇的8人，分别落户在岗下、东坑、王青岭、荷花坪、吴家湾（高明庵）、里大坑等大队。1968年和1973年，又有3名回乡和再下乡知青落户松明培、吴家湾村。至1973年，通源共有知青46人，其中男知青27人、女知青19人。知青到村后，一般由所在村集体帮助解决住房问题，先借住农户房子，后由村给地、给木材、投工建房，或给予50—140元的建房补贴费。如1971年2月20日，县革委会同意董家坑大队划给3位无房知青土地2分，用于建造住房各2间。知青下乡后大部分与村民一起参加生产劳动，参与年终收益分配，有8人被选为民办教师。二十世纪七十年代开始，落实国家政策，知青陆续返回原籍。至1986年，下放通源的最后一位知青离开吴家湾村回城。

下放通源知青基本情况表

表67

序　号	姓　名	性　别	所在村	原籍地	下乡时间	返回时间	备　注
1	毛美燕	女	岗　下	城关	1965年	—	—
2	马灵凤	女	岗　下	城关	1965年	—	—
3	沈苗法	男	岗　下	—	1965年	—	—
4	王双明	男	茶　坊	上海	1973年	—	—
5	裘新平	女	茶　坊	城关	1964年	—	初中教师
6	周爱珍	女	茶　坊	—	1964年	1967年	—
7	骆素卿	女	茶　坊	—	1964年	1967年	—

续表67

序 号	姓 名	性 别	所在村	原籍地	下乡时间	返回时间	备 注
8	赵婉珍	女	东 坑	—	1965年	—	—
9	童金辉	男	东 坑	城关	1965年	1978年	—
10	丁本荣	男	东 坑	—	1965年	—	—
11	吴国芹	女	东 坑	—	1965年	1970年	—
12	薛樟林	男	东 坑	—	1965年	1968年	—
13	任秋仙	女	王青岭	城关	1965年	1971年	—
14	郑小瑶	女	王青岭	城关	1965年	1975年	小学教师
15	吴浦高	男	王青岭	—	1965年	1967年	—
16	袁和良	男	王青岭	城关	1965年	—	—
17	陈基荣	男	荷 岭	城关	1965年	1970年	公社临聘文书
18	卢再洪	男	荷 岭	城关	1965年	—	—
19	谢家花	女	荷 岭	城关	1965年	1976年	—
20	冯美玲	女	荷 岭	城关	1965年	1975年	—
21	江亚美	女	道 场	城关	1964年	1966年	—
22	任乐英	女	道 场	城关	1964年	1979年	通源中学教师
23	俞汝林	男	道 场	城关	1964年	1979年	小学教师
24	舒长苗	男	道 场	城关	1964年	1968年	—
25	钟国钜	男	东 培	城关	1964年	1977年	—
26	毛伟章	男	东 培	城关	1964年	1972年	—
27	裘鼎舟	男	吴家湾	崇仁	1965年	1970年	通源中学教师
28	裘柳金	男	吴家湾	崇仁	1965年	—	中学教师
29	裘淑君	女	吴家湾	崇仁	1965年	1971年	—
30	张花娟	女	吴家湾	崇仁	1965年	1972年	—
31	张秋君	女	吴家湾	崇仁	1965年	1970年	—
32	孙金瑞	男	吴家湾	崇仁	1965年	1968年	—
33	袁启宪	男	高明庵	新联	1965年	1970年	—
34	相志尚	男	高明庵	崇仁	1965年	1972年	—
35	刘国芳	女	高明庵	上海	1973年	1975年	回乡知青
36	叶季贤	女	吴家湾	北京	1970年	1986年	幼儿教师
37	裘明珠	女	松明培	上海	1973年	1985年	回乡知青
38	邢济华	男	松明培	衢州	1968年	—	—
39	樊佰青	男	董家坑	城关	1964年	—	—
40	王传钵	男	董家坑	城关	1964年	1975年	—
41	潘耿夫	男	董家坑	城关	1964年	1975年	—
42	俞建中	男	董家坑	城关	1964年	1970年	—
43	丁兰新	男	里大坑	城关	1965年	1975年	—
44	裘启运	男	里大坑	城关	1965年	1977年	西山中学教师
45	施 扬	男	里大坑	城关	1965年	1970年	—
46	张雪泉	男	里大坑	—	1965年	1970年	—

第六编

文化

第一章 教育体育

通源人历来重视教育，注重耕读传家，尊师重教蔚然成风。特别是新中国成立后，各村大力兴办教育，在教育上舍得投入，甘心付出，并以教书育人为荣，涌现了一大批热爱教育、关心教育、支持教育的典型事迹和先进人物。三代从教、夫妻从教、父女从教、母子从教、兄妹从教等现象屡见不鲜。通源学子勤勉刻苦，出类拔萃。嵊州每一所稍有规模的学校几乎都有通源籍教师的身影和足迹。据不完全统计，自通源建乡以来，曾经从事过教育工作的人数不下300人。其中，大学教授9人，担任过市县教育局领导职务和乡镇教办主任的7人，越剧艺术学校校长1人，中小学校长、副校长25人，幼儿园园长、副园长6人。2005年12月，通源乡被省教育厅公布为浙江省第九批教育强镇（乡）。

第一节 旧学私塾

通源乡属纯山区，由于地处偏僻，人口稀少，居住分散，清朝以前教育几乎一片空白。清道光年间起，松明培、白雁坑、吴家湾等村始有私塾，亦称学馆。晚清至民国初期为私塾的全盛时期。私塾的办学形式是由村里经济比较富裕且儿子已到入学年龄的几户小康之家合伙，聘请一位先生，办起一所学馆，给自己的儿子念书（一般不允许女孩入学）。有时候，也会有一些贫家子弟要求搭伙入学，自愿负担少量学费，但须经为首的创办人同意，方可入学。私塾一般由4家为首创办，俗称“四柱头”。先生的伙食、薪俸除搭伙入学者的少量学费收入外，一切由几家为首创办者包干负责。学习科目主要为国文，兼学写字、习作，也习珠算，不学算术。教学时间每年8个月，没有学制年限。学生入学时要拜孔夫子（辛亥革命后改拜孙中山）。入学后连续读书，无星期日。除清明假、茶叶假外，其余假日由先生作主。读满8个月，就算一年，先生就可领取一年的薪俸。私塾的停或办要看年景和形势，有条件办则办，无条件办则停，官府不予过问。1914年，白雁坑村油竹山自然村洪金梅独资创办太白学校，自任校长，校址设在家里，门口大晒场作操场，聘请南山吴柳朋、王院朱士芳以及长乐的一位钱先生担任教员，开设一、二、三年级各一个班，有学生50余人。设置图文、算学、修身、体操、图画等课程，每个学生统一制发一套黑色校服，还置办了木枪、哑铃等体操器械，成为当时轰动乡里的新生事物。由于洪家遭受变故破产，导致学校一年半后停办。1922年，全乡遭遇百年未有之特大洪灾，灾后盗匪猖獗，百姓流离失所，连续三四年，私塾绝迹。1926—1927年，生产生活有所改善，部分私塾逐步恢复。1930年，大部分村都办起了私塾。

第二节　乡村办学

1935—1936年，吴家湾、松明培两村经县教育科批准创办代用小学。教师由村校董会聘请，经费也由校董会负责筹集，所不同于私塾者即课程设置。代用小学设有国语、算术、常识、体育、图画等科，上课有课次，有下课时间。1941年，白雁坑办过一年白水坞短期小学，县教育科派来1名教师，教师薪金由县里负责，课程设置与代用小学相同，课本为教师从县里带来的短期小学课本。1945年后，各村小学都改名为嵊县剡源乡第×保国民小学校，均属单班初级小学，办学经费、教师聘请全部由保负责，业务辅导由乡中心国民学校负责。至1949年上半年，全乡共有岗下、茶坊（与东坑合办）、吴家湾、松明培、白雁坑等5所国民小学，共有教师5人，学生150余人。

1948年通源各小学（初小）概况表

表68

校　名	原校名	解放后校名	教师数（人）	创办时间	创办人	校　址
剡源乡第八保国民学校		通源乡中心小学	1	1945年	裘长春	岗下村
剡源乡第八保第一国民小学	茶坊初级小学	茶坊小学	1	1945年	—	茶坊村
剡源乡第九保国民学校	吴家湾小学	吴家湾完全小学	1	1935年	—	爪爬形
剡源乡第十保第一国民学校	嵩明小学	松明培完全小学	1	1925年	金章斐	松明培村
剡源乡第十保第二国民学校	白雁坑小学	白雁坑完全小学	1	1914年	洪金梅	油竹山（后迁冷坞）

说明：通源时属剡源乡管辖。

解放后，乡村办学热情高涨，东坑、道场、爪爬形、董家坑、茶培等村也相继创办了初级小学，学制四年。办学经费由各村农会自筹解决，教师由农会聘请。为解决师资不足问题，乡政府还专门从长乐、太平请来了两位高中毕业生充实到教师队伍，安排在东坑、松明培任教。1950年，全乡共有初级小学11所，教师11人，学生270余人。1951年，各村农会分别将祠堂庙宇改建或扩建成校舍，学生人数剧增，吴家湾、松明培、白雁坑、岗下等村校各增加教师1人，全乡教师有15人，教学班15个，学生人数达到380余人。1952年8月，全乡所有学校由国家接办，成立公办小学。

第三节 学校教育

一、幼儿教育

通源最早的幼儿园创办于1958年，正处于“大跃进”时期，为适应当时的形势和生产需要，村村都办托儿所和幼儿园，幼儿数量从十几人到二十人，幼儿教师工资都以生产队“工分”计酬。办学经费由各村负责。幼儿园没有教学计划，也没有正规的教学课程和资料，只局限于简单的唱歌识字。至三年困难时期全部停办。1978年，吴家湾村办起幼儿园。接着全乡除道场、董家坑以外，其余各村都办过幼儿园，有的不巩固，办办停停。至1984年，全乡共有岗下、茶坊、新东坑、吴家湾、松明培、白雁坑等6所幼儿园，计6个班，6名幼儿教师。在园幼儿138人，性质均为民办，幼儿教师工资、办园经费均由各村自负。幼儿园除教学汉语拼音、看图识字、简单算术外，还组织幼儿开展唱歌、猜谜、做游戏等活动。二十世纪九十年代起，随着城镇化步伐的不断加快和计划生育政策的深入推行，幼儿数量急剧减少，各村民办幼儿园相继停办，至2006年7月，全乡最后1所设在中心小学的民办幼儿园停办。2007年，通源乡唯一一所公办幼儿园——乡中心幼儿园建成，总投资60余万元，位于原通源中学大门口左侧，占地1000多平方米，有幼儿教师2名，其中市教体局派来公办幼儿教师1名，在园幼儿人数为52人，设大、中、小三个班。2008年12月，乡中心幼儿园通过“绍兴市级农村示范幼儿园”创建验收，并成为浙江省二级幼儿园。至2021年，在园幼儿人数下降至10人左右。

二、小学教育

1952年8月起，全乡所有学校纳入国家统一管理，学校布局作了调整。岗下、茶坊、东坑、董家坑四校联合，设立“四联小学”，校址设在岗下，行使中心学校的职权，县里任命周曦产为校长，邢关营为教导主任；吴家湾、爪爬形两所村校联合，设立吴家湾完全小学，县里任命周克诚为校长，马新雨为教导主任；这是通源有史以来最早的两所完全小学，两所完小各有教师4人，开设高、中、低3个教育班。同时，白雁坑、松明培、道场3所村校各有教师2人，两个教育班；茶培、里大坑两所村校各有教师1人。1953年7月，“四联小学”正式改名为通源乡中心小学校。1955年9月，东坑村因距离乡校较远，重建单班初小，教师1名、学生20余人。1956年，三王堂从里大坑村划出自立行政村，新办村校1所，教师1人、学生20余人；白雁坑村初小经县里批准设为完全小学。1957年，董家坑村从乡校分出，重建单班初小，教师1人、学生10余人；松明培村初小经县里批准设为完全小学。1958年，里大坑村初小经县里批准设为完全小学。1961年，茶坊村从社校分出，自办队校，教师1人、学生20余人。1964年，分水岗从白雁坑大队完小分出，自办队校，教师1人、学生20余人；大坂田从吴家湾大队完小分出，自办村校，教师1人、学生10余人。是年，岗下、吴家湾、白雁坑、松明培各办耕读小学1所，教师4名、学生52人。1966年3月，县文教局批复同意通源社校扩展操场，补助资金120元。是年，为普及小学教育，确保学龄儿童都有书读，提出把学校办到群众家门口，把高小办到大队里，上半年将东坑、道场、羊角岭口村校戴上高小“帽子”，分水岗增设1所队校，石板坑由白雁坑队校老师带课桌随班下伸，建立了初高小复式教育制度。1967年，油竹山从白雁坑大队完小分出，自办队校，教师1名、学生10余人；高明庵从吴家湾大队完小分出，自办队校，教师各1名、学生各10余人；王青岭从东坑队校分出，自办队校，教师1名、学生10余人。至此，全公社有社校1所，完小4所，队校14所，教师32人、学生800余人。1969年，联丰大队与吴家湾大队分开，自办联丰完小。1977年，分水岗队校并入白雁坑大队完小，羊角岭口队校并入联丰大队完小。1978年，大坂田队校并入联丰大队完小；石板坑队校并入白雁坑大队完小。1984年，全乡有小学13所（其中完小6所、村校7所），共27个教学班（其中复式班14个），教师31人（其中民办11人、代课3人），有学生713人。1987年7月，初中招生考试取消，小学毕业直升初中。1991年8月，新东坑村校撤并；1992年3月，荷岭村校撤并；1994年3月，联丰、道场村校撤并；至2001年，松明培、白雁坑、里大坑、茶培、茶坊等村校先后撤并，统一并入乡中心学校。

乡中心小学　前身为剡源乡第八保国民小学校，创始人裘长春，校址在岗下村祠堂。1949年至1952年，改名为岗下初级小学。1952年至1956年，由岗下、茶坊、东坑、董家坑四村联合办学，称“四联小学”。1953年9月正式命名为“通源乡中心小学校”。1978年8月，校址迁至茶坊大会堂。1980年5月，坐落在茶坊村西面通源江北侧的新校舍落成，学校迁入新校址。新校舍总投资10多万元，占地477平方米，建筑面积共15间约600平方米，有教室6个、办公室1个、寝室7个、厨房1个。1984年，被评为县级创建精神文明学校先进集体、县级普及初等教育先进单位。1984年4月，绍兴、嵊县两级教育部门在该校召开复式教学研讨会。1990年8月，被评为绍兴市德育工作先进集体。1990年11月，乡校送温暖小队在县第三届“暑期红领巾在行动”竞赛活动中获优秀奖。1991年乡校被命名为县级文明单位；3月，成立西烛文学社，并编印《西烛》会刊10多期。1990—1992年，被列为全县“习导式”教研课题试点单位。1994年9月被评为嵊州市教育工作先进集体。1995年度，被市教委评为市级学校工作先进集

1982年通源社校全体教师合影

1989年4月绍兴市复式教育研讨会合影

1995年6月嵊县通源乡校全体教师合影

1995年6月嵊县通源乡校95届毕业班师生合影

1951年1月通源乡吴家湾村小学校全体师生暨村教育委员合影

体。2001年，投资35万元新建乡校师生宿舍楼，学生实行寄宿制，最多时寄宿生达到300多人，小学寄宿生管理工作走在全市山区乡镇前列。2006年9月，通源中学撤并，乡校整体搬迁至通中校舍。2024年2月，通源小学最后的22名学生全部撤并到石璜镇中心小学。

吴家湾完小 前身是创立于1935年的吴家湾学堂，校址在村口太祖庙。教师1人、学生70人左右，经费来源除学费外由校董会资助。1948—1949年，学堂停办。1950年恢复办学，学制六年，教师2人、学生50人左右。1952年改称吴家湾小学，班级3个，教师4个、学生近百人。是年，经县、区批准，吴家湾与爪爬形两村联合，设立吴家湾完全小学，系通源有史以来最早的两个完小之一。1958年，新纸厂初小班并入吴家湾完小。1989年，吴家湾小学与联丰小学分设，1999年8月，吴家湾小学五、六年级撤并到乡校。2001年，整体撤并。

松明培完小 创始于1925年，前身为金章斐创办的私塾，校址最早在老屋台门，后迁邢家祠堂。抗战时期，有教师2人，学生20多人。1957年8月，在土名坟岗地块新建校舍一幢，有教室2间、寝室2间，中堂、厨房、厕所各1间。1968年7月，在旁边新建教室6间、办公室1间、厕所1间。1974年，由完小升格为初中。1975年9月新建教室3间、办公室1间。学生数最多时达178人。1985年2月，被评为石璜区普及初等教育工作先进单位。1986年10月13日，郭小龙代表通源乡少先队员出席县第一次少先队代表大会。1999年8月，统一撤并到乡校。

白雁坑完小　白雁坑完小前身可追溯到1914年由洪金梅创办的私立太白小学。1946年上半年，在冷坞邱氏祖先堂创办剡源乡第十保国民小学校。1947年迁至白雁坑太祖庙，设1—4年级复式班1个，教师1名、学生30余人。1949年下半年，由农会办学，校名改为剡源乡白雁坑村初级小学，教师2名、学生50多人。1950年通源设乡，改校名为通源乡白雁坑村初级小学。1956年9月，经县批准升格为完全小学，教师3名、学生70多人。1958年7月，首届13名高小生毕业。1959年改名为长乐区通源管理区第三小学校，设高、中、低三个复式班，教师4名、学生110余人。“四清”期间，曾招过一班初中，“文化大革命”开始停招。1969年，创办两年制初中，一届学生毕业后又停招。1975年，戴上初中“帽子”，教师达7名，学生达144余人（小学120人、初中24人）。1978年，初中撤销。1981年，小学改为4个班，4名教师、学生100余人。在嵊县中小学第二课堂作品展上，四年级学生钱向前获得小发明一等奖，五年级学生钱继忠获得小学组美术一等奖，钱夏飞、沈秋亚分别获毛笔书法一、二等奖。同年，一年级学生洪园梨创作的水墨画《防御》在日本西宫市展出，并获得优秀奖。1999年8月，统一撤并到乡校。

1971年4月通源公社白雁坑队校首届初中毕业生合影

联丰完小　创办于1950年下半年，校址在新纸厂自然村，初期借用民房作校舍，1个班，1名教师，学生约40人。1952年，建起5间校舍，增加教师1名。1958年新纸厂初小班并入吴家湾完小。1969年，从吴家湾完小分出自办联丰完小。1977年大坂田、羊角岭两所队校并入联丰完小。1975年至1979年，增设两个初中班，其时，有班级5个（小学3个、初中2个），教师7人，学生总数超过130人。1994年3月，统一撤并到乡校。

里大坑完小　创办于1951年，初期只有1个班级，1名教师、学生约50人。1958年，被批准为完全小学。1960年增加到2个班级，2名教师、学生65人。1977年，教师增加到3人、学生75人。1978年起，五年级学生转入西山小学；1982年，四年级学生转入西山小学；1984年，三年级学生转入西山小学。2001年，里大坑小学撤并。

1984年9月县普及初等教育验收“四率”表

表69

校　名	学龄儿童入学率（%）	在校生年巩固率（%）	毕业班学生毕业率（%）	12~15周岁初等教育普及率（%）
乡中心小学	99.5	100	95.7	100
新东坑校	97.8	100	—	96.4
荷岭校	100	100	—	90.9
道场校	100	100	—	88.9
董家坑校	100	100	—	75
联丰校	98.8	100	100	98.3
吴家湾校	98.7	100	100	98
松明培校	100	100	100	100
白雁坑校	98.9	100	86.6	91.4
茶培校	97.8	96.9	—	89.6
三王堂校	97.9	100	—	100
里大坑校	97.9	100	—	91.3
西山校	—	—	100	—
合　计	98.89	99.86	96.87	94.84

1984年通源乡小学校舍情况表

表70

校　名	建筑面积（平方米）	建筑项目	资金来源			建造年月
			政府拨款（元）	自筹（元）	合计（元）	
乡　校	765	六教四办、厨房、厕所共29间	19000	20000	39000	1979年9月至1980年5月
新东坑校	207	二教一办、厨房、厕所共7间	300	5300	5600	1974年9月至1975年8月
道场校	150	二教一办5间	1000	5000	6000	1974—1975年
联丰校	207	二教一办7间	—	2500	2500	1952年
—	207	二教一办7间	800	6200	7000	1975年
松明培校	207	二教一办7间	—	5600	5600	1968年7月
—	90	一教3间	600	3200	3800	1975年9月
白雁坑校	150	二教一办5间	—	4000	4000	1970年下半年
茶培校	250	一教一办、寝室、厨房共9间	800	9200	10000	1978—1979年
三王堂校	207	二教一办	350	3500	3850	1974年
合　计	2305	—	22850	64500	87350	—

1984年下半年全乡小学综合情况表

表71

校名	班级数（个）	教师数（人）			招生数（人）	毕业生数（人）	在校生情况（人）						教师姓名
		公	民	代			一	二	三	四	五	合计	
通源乡校	4	7	1	—	23	45	26	26	48	43	31	174	钱武桐 宋良鸿 黄才汀 斯华军 钱秋军 黄胜华 金　球 黄菊英
新东坑校	1	—	1	—	6	—	7	12	—	—	—	19	王定夫
荷岭校	1	—	1	—	5	—	5	9	—	—	—	14	沈亚芬
道场校	1	—	1	—	15	—	15	12	—	—	—	27	钱生见
联丰校	3	2	1	—	19	9	21	14	20	16	17	88	郭南荣 黄林宇 黄桂芬
吴家湾校	3	2	1	—	15	16	15	15	17	13	7	67	斯梅芳 刘景满 周文力
松明培校	3	1	2	—	18	18	19	14	11	18	15	77	邢樟见 邢银芬 钱伯兴
董家坑校	1	—	1	—	—	—	—	9	—	—	—	9	王祖荣
白雁坑校	4	3	1	—	22	13	25	12	20	26	20	103	邱正权 张亚安 钱幼萍 钱生初
茶培校	1	1	—	—	—	—	7	13	—	—	—	20	王生军
三王堂校	1	—	—	1	5	—	8	10	—	—	—	18	孙永飞
里大坑校	1	—	—	1	7	—	18	11	—	—	—	29	戴亚妹
西山小学	3	1	1	1	16	23	—	—	23	21	24	68	周忠桂 林香华 钱园超

1971—1984年通源乡小学基本情况表

表72

学年度	学校所数（所）	教师（人）				班级（个）	招生（人）	毕业生数（人）	在校生总数（人）
		公	民	代	合				
1971年	19	12	27	—	39	36	230	—	1081
1972年	19	13	29	1	43	36	234	167	1058
1973年	19	12	32	—	44	41	124	74	1069
1974年	19	13	32	—	45	42	250	236	1042
1975年	19	7	36	—	43	41	189	220	984
1976年	19	8	36	—	44	39	177	189	967
1977年	16	8	32	—	40	37	137	203	856
1978年	13	10	29	—	39	32	103	106	853
1979年	13	12	27	—	39	31	149	150	840
1980年	13	16	23	—	39	30	119	172	782
1981年	13	17	20	—	37	30	140	168	741
1982年	13	17	13	—	30	26	136	136	724
1983年	13	18	12	—	30	26	124	133	697
1984年	13	17	11	3	31	27	151	124	713

三、中学教育

1957年9月至1959年8月，新办农中2所，江下片设第一农中（校址位于东坑村玄坛庙），吴家湾设第二农中，教师2人，学生40余人。1959年9月，两所农中合并成立民办初中，校址在新东坑，2个班，教师3人、学生70余人，1961年撤销。1958年至1967年，松明培村曾创办农业中学（曾停办）。同时，还在白玉尖创办过通源公社茶牧学校，1个教学班，学生20多人，教师1人。1964年下半年，新纸厂创办农中班，教师2人、学生30多人，1969年停办。1966年，县人民委员会先后批复同意松明培村、岗下（江夏）村举办半农半读的初级农业中学。1968年8月，石璜中学分派陈雪元、钱香瑞、孙勤忠3名老师到通源筹办通源中学，随带办公桌2张，木椅2把、25套学生课桌凳，首次招生1个班、60名学生。后孙勤忠被安排去三王堂筹办初中班，招学生18人，1971年并入通源中学。1974年9月新办西山中学。1975年，各完小均设立初中班，通源中学设立高中班。1976年1月，新办岗下片初中，校址在东坑玄坛庙。是年，通源共有中学7所，计高中3个班、167人，初中12个班、396人，中学教职工28人，为历史最高峰。1978

1977年6月通源公社江下片中学首届初中毕业生暨老师合影留念

年9月，岗下片初中并入通源中学。1979年9月通源中学停招高一新生，各完小停招初一新生。1982年5月，西山中学并入通源中学，原西山中学改办三王堂、里大坑、茶培三个村的高小班。

通源中学　创办于1968年10月，校址坐落在岭下自然村。首任校长陈雪元。首次招生1个班，学生60人，班主任钱香瑞。校舍借用岭下村加工厂楼上大间作为教室，小间作为教师寝室，膳食搭伙在农户周功成、周越水家。11月初正式开学，学制两年。1969年2月，在岭下村南面地块动工建造校舍，1970年10月完工，共建成平房12间，2个教室，1个办公室，其余为教师寝室和厨房，总投资6500元（其中上级拨款3500元）。1976年下半年至1978年上半年，曾开设专业班1个，主要学习农业植保专业知识。1977年国家再次拨款3500元，于1978年7月新建成教室1个（3间）。1979年通源中学应届毕业生钱秋军考入嵊县师范，系通源中学建校以来首位直接考入大中专院校的学生。1979年下半年起，学制改为三年。课程设置包括政治、语文、数学、物理、化学、地理、历史等。同年12月，又投资4800元（其中上级拨款3800元）新建教室2个（6间）。至1984年，通源中学共开设5个班（初一2个班、初二2个班、初三1个班），学生250人，教师12人（公办9人、民办2人、代课1人）。1990年8月，

1970年10月嵊县通源中学首届毕业生暨老师合影

1977年6月通源中学首届高中毕业生暨老师合影

1979年4月嵊县通源中学第一届初三毕业生暨老师合影

1976年6月通源中学全体教师合影

1977年6月通源中学首届高中毕业班班干部留念

1977年6月通源中学团支部全体团员留念

1983年4月通源中学团支部教师团员合影

投资16万元（其中自筹12万元、公助4万元），拆建“九教三办一梯”，面积800平方米（拆除危旧房150平方米），1991年7月竣工交付使用。1993年下半年，砌筑围墙，填平操场，切断穿校道路，使之成为一个独立的封闭式校园。1994年度，被县教育局评为县级学校工作先进集体。1998年度，被市教委评为市级学校工作先进集体。2002年，投资4.5万元的通源中学实验楼投入使用。2004年9月，投资45万元、总面积680平方米的通源中学综合楼竣工。2006年9月，通源中学撤销，并入石璜镇中学。

西山中学　西山中学前身为1968年10月创办于三王堂村的通源中学附设初中班。1974年7月，三王堂、胜联（里大坑）、茶培3个村联合创办通源中学西山分部（西山中学），校址位于三村居中的火锹柄。新建2教1办新校舍。首年新招1个班（初一），有教师2人。次年招收2个班（初一、初二），增加教师2名。1978年增设小学五年级，扩建了面积为58平方米的新教室，西山中学改为西山片辅导学校。1982年5月，西山中学并入通源中学，改办高小。

村办中学　1975年，松明培、白雁坑、吴家湾、联丰等村完小先后增设初中班，学制两年。1976年，新办岗下片初中，主要招收岗下、茶坊、东坑等村的初中学生，校址在东坑村玄坛庙。其时，全公社共有中学7所，其中高中3班、167人，初中12班、396人，中学教职工28人。

1980年通源乡所属中学校舍情况表

表73

校　名	建筑面积（平方米）	建筑项目	资金来源			建造年月
			政府（元）	自筹（元）	合计（元）	
通源中学	600	二教一办、厨房、寝室、厕所	6000	5000	11000	1969年2月至1970年10月
		一教3间	3500	—	3500	1977年至1978年7月
		二教6间	3800	1000	4800	1979年12月
西山中学	500	二教一办、寝室、厨房、厕所16间	8000	12800	20800	1974年至1975年8月
		一教3间	—	3500	3500	1978年
合　计	1100	—	21300	22300	43600	—

1971—1984年通源全乡中学师生综合情况表

表74

学年度	学校所数（所）	教　师（人）				班级（个）	招生（人）	毕业生数（人）	在校生总数（人）
		公	民	代	合				
1971年	1	3	3	—	6	3	94	59	153
1972年	1	3	4	—	7	3	86	61	147
1973年	—	3	3	—	6	3	50	77	119
1974年	2	3	8	—	11	7	173	66	223
1975年	2	8	15	—	23	15	282	50	448
1976年	2	9	19	—	28	16	292	153	563
1977年	3	10	20	—	30	15	255	247	515
1978年	2	8	13	4	25	8	88	251	370
1979年	2	9	7	—	16	7	120	90	284
1980年	2	9	5	—	14	7	132	76	275
1981年	2	13	3	—	16	7	118	36	244
1982年	1	10	2	—	12	5	88	67	247
1983年	1	10	2	—	12	5	96	41	229
1984年	1	9	2	1	12	5	108	47	250

1983—2008年通源乡中小学学生部分获得荣誉一览表

表75

姓　名	获得荣誉	年　度
钱卫军	绍兴市级三好学生	1983年
汤园芬	绍兴市级三好学生	1985年
徐海莉	绍兴市级优秀学生干部	1991年
操华旸	绍兴市级三好学生	1992年
徐浙军	绍兴市级三好学生	1993年
黄　浙	绍兴市级三好学生	1996年

续表75

姓 名	获得荣誉	年 度
林晓燕	全国手拉手好少年	1997年
黄雯文	绍兴市级优秀学生干部	1998年
郭伶丽	嵊州市级三好学生	1998年
戴海孝	嵊州市级三好学生	1998年
邢淑芳	县优秀少先队员	1993年
戴海晓	全市“知澳门·爱祖国”读书活动先进个人	1999年
邢科曼	市级优秀少先队员	2006年
钱利莹	市级优秀少先队员	2008年

1984—1999年通源乡中小学学生部分竞赛成绩一览表

表76

姓 名	获得荣誉	年 度
邢祖远	长乐区数理化竞赛第四名	1984年
夏 飞	全县中小学书法比赛二等奖	1985年
沈秋亚	全县中小学美术比赛二等奖	1986年
徐金莲	全县中小学书法美术比赛（幼儿组）二等奖	1986年
黄秋萍	全国首届“齐鲁杯”作文大奖赛三等奖、全县第三届“雏鹰奖”作文比赛一等奖	1990年
金亚芳	全县第三届“雏鹰奖”作文比赛一等奖	1990年
郭科英	全县“可爱的家乡”征文比赛一等奖、《小河》在《童心文学日历》上发表	1990年
樊淑萍	全县作文竞赛特等奖	1991年
钱 洋	全县即兴作文比赛一等奖	1991年
钱良忠	石璜区初三英语竞赛前10名	1991年
郭小龙	石璜区初三物理竞赛前10名	1991年
郭小龙	石璜区初三化学竞赛山区奖	1991年
徐海莉	全县初中化学竞赛三等奖	1992年
黄晓月	全县第四届“雏鹰奖”作文比赛三等奖	1992年
王 明	全县作文比赛三等奖	1993年
郭哲峰	全县小学征文比赛（高段）三等奖	1993年
斯原锋	全县小学征文比赛（中段）三等奖	1993年
黄肖娴	全县小学征文比赛（低段）三等奖	1993年
钱柯丽	全县第五届“雏鹰奖”作文比赛三等奖	1994年
黄科峰	全县第五届“雏鹰奖”作文比赛三等奖	1994年
吕秋叶	全县小学生看图写话征文比赛（高段）三等奖	1995年
周 珊	全市小学生课堂习作评比三等奖	1997年
戴海晓	全市小学生课堂习作评比三等奖	1997年
周 珊	全省“祖国在我心中”学生征文比赛三等奖	1999年

通源乡中小学学制变化情况表

表77

时　期	学　制		
	小　学	初　中	高　中
新中国成立后至1966年	6年	3年	—
1968年至1979年8月	5年	2年	2年
1979年9月起	6年	3年	3年

四、成人教育

解放后，县先后成立冬学委员会、扫盲委员会和扫盲协会。各区设立扫盲中心学校、扫盲办公室，开展扫盲工作。1949年冬，松明培、白雁坑两村率先办起冬学。1950年冬，全乡掀起“村村办冬学，户户上夜校”的高潮，岗下、吴家湾、联丰、茶坊、荷岭、茶培、东坑、董家坑、胜联（里大坑）等村相继开设冬学，出现夫妻同班、父子同学、戴着老花镜上夜校等现象。1951年，冬学改为民校。民校贯彻“闲时多学，小忙少学，大忙放学”的办学方针，坚持政治、文化、技术“三结合”，适合农村生产特点，迎合学员兴趣，为农民所接受，不少村坚持常年办校，办学成效明显。“文化大革命”期间，民校一度衰落，以办政治夜校为主，以“大批判”取代文化学习。1973年，全公社有业余文化学校12所，其中办得较好的5所、一般的7所，学生总数461人，其中初中班60人、高小班255人、扫盲班42人；民师42人，其中专职民师22人、全日制教师兼任10人、社队干部兼任10人。1979年，县建立工农业余教育委员会及其办公室，区、公社建立领导小组，区配备专职干部，农民业余教育再次步入正常轨道。1980年10月，县教育局派工作组来通源验收农民业余教育成果，达到了基本无盲公社的合格标准，并颁发了合格证。1983年，开办乡业余农民技术学校，招收业余学生350人。1984年12月，松明培村创办农民技术夜校。1987年，开办乡成人教育培训中心。1990年8月，县教育局决定钱武桐任通源乡成人教育专职干部。

荷岭民校　1950年冬，荷岭村响应政府号召兴办冬学。1953年转为民校（一段时间称“政治夜校”），坚持四季办学。课堂最早设在荷花坪自然村村民沈荣招腾出的一间住房里，由只上过两年学的沈荣招担任民师，教育内容以识字为主。不久，政府派出教师帮助备课，沈荣招用“师傅传徒弟”的办法先后培养出四代6个民师。办学经费通过民师和学员们砍柴卖、打短工、搞运输等义务劳动筹资解决。通过民校培训，学员不仅能读书看报，还学会了写信、记工、记账、开便条。1958年，人民公社化，民校加强了记工记账和应用文教学，又增设了农业技术知识课，一边学习，一边试验，还组织学员外出参观机器制茶等技术并进行推广。至1964年，全村26户农户、39个男女青壮年，达到初中程度（指语文）的4人、高小程度的16人、初小程度的19人。1964年9月26日，《宁波大众报》头版以《文盲村——“秀才”村》为题详细报道了荷岭大队坚持十四年办民校的先进事迹。荷岭民校办学26年6次受到地区、县、区各级政府的表彰奖励，成为全县和地区农民业余教育的一面旗帜。

乡成人学校　前身为成人技术教育培训中心。1994年8月，乡成人学校成立，全称为乡成人文化技术学校，首任校长钱武桐。校址设在长垢田老乡政府内。是年9月，成立乡成人文化技术学校校务委员会，张正华任主任，吕绍富任副主任。成人学校面向全乡举办业余文化技术培训，如入党积极分子业务培训、农村职业技能培训、文化艺术培训等。1999年2月，乡成校被公布为嵊州市第三批三级镇乡成校。2014年，通源乡成校成功创建为浙江省标准化成校。

第四节 教育管理

一、管理体制

1940年起，嵊县推行乡镇中心国民学校辅导制。其时，通源隶属剡源乡，所属学校由剡源乡中心小学负责辅导。1953年9月，设立乡中心小学，负责辅导辖内小学教育和业余教育。1968年，设立公社贫下中农管理学校委员会（简称贫管会），由公社革委会有关成员任主任，各大队贫代会派员参加，全公社有关教育工作事项由贫管会决定。1969年农村公办小学均下放大队民办，由各大队管理；11月29日，公社革委会批复同意成立通源公社中小学教育革命领导小组，成员7人，陈雪元任组长。1972年6月19日，公社成立教育贫管会，主任金显帆，副主任戴功全、王耀敷。1973年8月18日，县委批复同意王耀敷任公社文教支部书记。1978年9月，恢复公社中心小学，成立中心小学党支部，统筹管理辖区中小学教育工作。县委任命周来根担任中小学党支部书记，兼社校校长。1996年，改设教育行政办公室，负责管理全乡教育事务，乡教办主任黄才汀。2002年7月，撤销乡教育行政办公室，恢复乡中心小学党支部负责制，直至乡行政机构撤并。

通源乡教育工作历任分管领导一览表

表78

姓　名	任　职	任职时间
邱方炜	乡文书	1950年上半年
周樟昌	乡文书	1950年下半年至1954年
徐仲良	乡文书	1955年至1956年上半年
王樟才	乡文书	1956年下半年至1957年上半年
单樟巨	乡文书	1957年下半年至1958年
邢荣祯	乡文书	1959—1966年
邢荣伟	公社干部	1966年至1968年上半年
王传钵	公社革委会委员	1968年下半年至1971年上半年
金显帆	公社党委委员	1971年下半年至1978年上半年
张春瑞	公社党委委员	1978年下半年至1979年上半年
高华兴	公社管委会委员、党委委员	1979年下半年至1983年上半年
吕绍夫	乡文书	1983年上半年至1983年下半年
刘秋娥	乡文书、党委委员	1983年下半年至1985年3月

续表78

姓　名	任　职	任职时间
邢六波	宣传委员	1985年3月至1988年8月
陈春花	宣传委员	1988年9月至1991年8月
麻培兴	宣传委员	1991年9月至1993年8月
吕绍夫	宣传委员	1993年9月至1996年1月
郭茂华	宣传委员	1996年1月至2001年8月
周孟莲	宣传委员、副乡长	2001年9月至2006年8月
马　勇	党委委员、副乡长	2006年9月至2011年9月
孟超峰	党委委员、副乡长	2011年9月至2014年9月
胡建江	党委委员、副乡长	2014年9月至2017年9月
盛　婕	党委委员、副乡长	2018年2月至2019年8月

通源乡历任教育工作负责人一览表

表79

姓　名	任　职	任职时间
周曦产	校长	1952年9月至1956年12月
周恩龙	校长	1957年1—8月
钱柏汀	副校长（主持工作）	1957年9月至1958年8月
邢关营	副校长（主持工作）	1958年9月至1959年9月
王校敷	副校长（主持工作）	1959年9月至1960年8月
汪爱助	副校长（主持工作）	1960年9月至1962年8月
王校敷	副校长（主持工作）	1962年9月至1966年底
贫下中农管理学校	—	1967—1971年
王校敷	教育干部	1971年至1978年8月
周来根	中小学支部书记、校长	1978年8月至1981年8月
钱武桐	副校长（主持工作）	1978年8月至1981年8月
	中小学支部书记、校长	1981年8月至1985年8月
宋良鸿	副校长（主持工作）	1985年8月至1989年8月
	中小学支部书记、校长	1989年3月至1992年7月
邢正良	教育干部	1992年8月至1993年7月
宋良鸿	教育干部	1993年8月至1995年7月
黄才汀	教育行政办公室主任	1995年8月至2002年7月
操国祥	教育干部	2002年8月至2006年8月
商刘敏	文教书记兼中心小学校长	2006年9月至2011年8月
王继东	文教书记兼中心小学校长	2011年9月至2015年8月

通源中学历任领导更迭年表

表80

姓　名	任　职	任职时间
陈雪元	校长	1969年9月至1980年8月
相江林	校长	1980年9月至1983年8月
支中尧	副校长（主持工作）	1983年9月至1984年8月
周飞麟	副校长，校长	1984年8月至1989年8月
史林波	校长	1989年8月至1990年8月
邢正良	校长	1990年8月至1993年8月
黄胜华	校长	1993年8月至1998年8月
操国祥	校长	1998年8月至2006年8月

二、教师队伍

教师来源　通源最早的教师是晚清时期的塾师。这些塾师有的是外聘的，有的是当地的，主要从事乡村启蒙教育，大都能教能农。民国时期，旧学向新学过渡。各校教师以塾师转任或简师毕业生为主。解放后，由于教育事业发展较快，师范院校毕业生远远满足不了各地的教师需求，只能从社会上吸纳大量下乡知识青年和初中、高中毕（肄）业甚至小学毕业生充实到教师队伍中，性质大都为民办教师和代课教师。1971年，全乡有小学教师27人，其中读过大学两年的1人、高中学历15人、初中学历15人、小学学历2人。1978年，全乡有中小学教师64人，其中公办教师18人、民办教师18人、代课教师28人。1982年，整顿民办教师队伍，共清退5名。1983年，全乡有教职员工46人，其中中学教师12人（含行政人员1人）、小学教师30人（含行政人员1人）、幼儿教师4人。1986年，全乡有教职员工39人，其中中学教师12人（含行政人员1人）、小学教师23人（含行政人员1人）、幼儿教师4人。此后，教师来源主要为教体局统一招录分配。

2003年12月6日通源中学历任校长与部分师生合影

教师地位　通源历来就有尊师重教的光荣传统。解放后，党和政府给人民教师冠以“人类灵魂工程师”“园丁”“工人阶级的一部分”等称谓。有不少教师被选为各级人民代表和政协委员、党代表。1983年，省政府出台文件，规定中教4级、小教2级（指工资级别）以上教师，享受中级知识分子待遇，次年又扩大到中教5级、小教3级。每年教师节开展表彰慰问教师活动。对连续从事教育工作30年及以上的教师颁发“三十年以上教龄教师光荣证”。1977年，黄菊英被评为县级先进工作者。1980年度，钱章江被评为县级少先队优秀辅导员。1982年，宋良鸿被评为县级文明礼貌活动先进个人。1983年，黄才汀被评为县级少先队优秀辅导员。1984年，钱武桐被评为县级优秀共产党员、县级普及初等教育先进工作者。1984年，黄胜华被评为市级教坛新秀。1984年度，宋良鸿、操国祥被评为县级“五讲四美”为人师表优秀教师，受到县人民政府表彰。1985年，宋良鸿被评为县级先进教育工作者。1987年度，斯华军被评为县级先进教师。1990年12月，宋良鸿被评为县级优秀党员；同月，宋良鸿作为嵊县教育系统唯一代表，在浙江省第二次农村教育改革研讨会上发言，《努力优化“小气候”参与净化“大气候”》一文刊登在《绍兴日报》1990年12月11日第三版。1992年度，黄才汀被评为县级先进教师。1994年度，黄胜华被评为“县级优秀干部”；钱生初被评为县级优秀教师。1995年度，黄才汀被评为“市级优秀干部”；黄一军被评为市级优秀教师；1996年1月，操国祥被评为市级“两基”工作先进工作者。1997年8月，黄菊英被评为浙江省第十届“春蚕奖”。1998年度，钱德良被评为市级优秀教师。钱武桐、邢正良、钱秋军当选通源乡第八届人民代表；2006年4月，操国祥被市委、市政府授予市级劳动模范荣誉称号。2006年，宋良鸿被评为嵊州市优秀德育工作者。2012年，宋良鸿获评绍兴市教育系统家长满意教师。2016年，宋良鸿获评嵊州市教体系统优秀干部。

教师待遇 解放前，教师工资大多以稻谷计算，每人每年800—1000公斤，有的也按市价折币支付。同时，供给教师膳食。每逢传统节日还供给少量礼物，如端午粽子、中秋月饼等。解放后，教师待遇逐步提升。1952年暑期，开展教师思想改造后，国家规定每个小学教师月工资为大米100公斤，下半年按此标准折合人民币在学期结束时一次补清。此后教师工资按报载工资分值发放工资，每月120个工资分，折合人民币约29元。1953年改为定额工资，27—40元。1956年，教师工资改革，按学历、教龄、工作能力评定工资级别，一般小学教师为7—8级，7级月工资为39元，8级月工资为35元。民办教师报酬有的按工资制发放，有的按生产队工分加补贴的形式发放，有的全部按生产队工分形式支付。1979年后，民办教师报酬全部改为工资制，每月30—50元。1984年，全乡26名公办中小学教师月工资总额为1179元，人均月工资为45.35元；13名民办教师月工资总额为462元，人均月工资为35.53元。1985年7月起，农村户口民办教师均改吃供应粮，粮食差价补贴由乡财政承担。教师除享受国家规定的基本工资和职务工资外，还享受各种津贴，班主任享受班主任津贴；教龄满30年的退休教师，其退休金按退休前工资的100%发放；12月31日，乡教育经费管理委员会决定从1985年1月1日起，对1985年3月30日在册的民办教师调整工资待遇。1995年起，退休女教师教龄满25年，退休金按100%发放。1995年下半年，市政府出台政策，将全市80多名民办教师全部转为公办教师，通源乡周忠桂、钱生初、钱生见、斯梅芳等几位教师在列，从此，民办教师成为历史。1995年9月起，实施山区教师津贴，每月3元，2002年起为每月15元。二十世纪八十年代中期，享受中级知识分子待遇的教师，其农业户口的配偶和一位子女可由农村户口转为居民户口。

教师素质 1983年，全乡幼儿园教师共4人，其中初中毕业4人；小学专任教师共29人，其中中师毕业6人，高中毕业4人，中师或肄业及初师、初中毕业的15人，初师、初中肄业及以下的4人；初中专任教师共11人，其中高等学校专科毕业1人，中专、高中毕业的7人，中专或高中肄业以下的3人。1987年，全乡幼儿园教师共5人，其中初中毕业5人；小学专任教师22人，其中中师、高中毕业及以上11人，中师、高中肄业及初师初中毕业的6人，初师、初中肄业及以下的5人；初中专任教师共11人，其中高等学校专科毕业2人，中专、高中毕业7人，中专、高中肄业及以下2人。据旧档资料显示，1988年6月，教委相关文件公布：周飞麟（数）具有中学一级教师任职资格；周绿琴（语）、章鹤龄（理）、袁奇贤（化）、操国祥（政）等4人具有中学二级教师任职资格；张才林（数）、钱秋军（数）、斯玉军（英）、李庆苗（理）、邱志华（体）等5人具有中学三级教师任职资格；钱武桐具有小学高级教师任职资格；黄才汀、邱正权、黄菊英、沈亚芬、黄胜华、郭南棠、斯华军、周晓明、斯采亚、邢银芬、刘景满、宋良鸿等12人具有小学一级教师任职资格；袁亚群、钱生见、黄桂芬、斯梅芳、邢樟见、王祖荣、王胜军、周忠桂、周文力、王定夫、钱生初、黄林宇等12人具有小学二级教师任职资格。1991年4月，宋良鸿被认定为小学高级教师，审定通过王胜军具有小学一级教师任职资格。1992年6月，曹仲飞被公布为中学二级教师；钱生初被公布为小学一级教师。1992年9月，商黎明、王红珍被公布为中学三级教师。1993年3月，邢樟见、商刘敏、黄桂芳、王定富、黄国阳被公布为小学一级教师；求伟群被公布为小学二级教师。1993年6月，邢正良被公布为中学一级教师。1994年9月，黄才汀被确定为小学高级教师；戴金良被确定为小学二级教师。1999年8月，黄一军被评定为中学一级教师，钱东初被评定为小学高级教师。

1988年5月通源乡全体中小学教师合影

教育质量　通源教育起步较迟，师资力量基础薄弱。二十世纪六七十年代，随着在校学生人数井喷式上升，许多刚毕业的高中生、初中生，甚至小学毕业生被充实进教师队伍，导致教师素质参差不齐，教育质量普遍低下。但通源人历来勤奋刻苦、好学上进，从二十世纪七十年代后期开始，乡中心小学通过积极鼓励初高中学历民办和代课教师报考师范院校或在职进修，选调教师参加短期培训，采取教师"传帮带"或"走出去学""请进来帮"等措施，全面提升教师整体素质，使全乡教育、教学水平得到长足进步。至二十世纪八十年代末，教育质量从原来长乐区的"尾巴"一步步跃升到第三名。至二十世纪九十年代，通源的中小学整体教育质量已处于全市山区乡镇的前列。特别是中考成绩，自二十世纪九十年代起，在全市10多所乡中教育质量排名中，通源中学始终位居前三左右，在全市30多所初级中学中位居第10—15位。1991年九年级物理课期末考试，石璜、通源、三溪、雅璜4所中学统一改卷，通源中学钱良忠、郭小龙双双获得满分，令人刮目相看。1999年中考，在全市36所初级中学中，通源中学取得自然科学第三名、语文第五名、数学第七名，综合成绩位列全市第七名，其中自然科学平均分、优秀率、合格率均位居全市第三名，邢汉江在全市九年级自然科学教研会上作经验介绍。1991—2006年，通源中学共培育出中考特招生27人、中师生36人、普高生223人。高考考入985、211高校38人。1992届毕业生钱良忠以中考全市第9名的成绩特招进嵊州中学，以高考全省第23名、嵊州市理科状元的成绩考进清华大学土木工程专业。1993届毕业生徐海利特招进嵊州中学，后考入北京邮电大学通信工程专业。1999届毕业生斯柳馨中考被嵊州一中录取，后考入浙江大学数学与应用数学专业。2001年考入中专（师范）6人，普高上线31人，其中特招2人，超额完成市下达的各项指标。2002年，通源中学3名学生在全市自然科学比赛中荣获一等奖。2003届毕业生周杭波以中考全市第28名的成绩特招进爱德高级中学，后考入东南大学物理专业，并被选拔进入新加坡国立大学物理专业深造。

1992—2006年通源中学特招生情况表

表81

毕业时间	姓　名	高　中	大　学	专　业
1992年	钱良忠	嵊县中学	清华大学	土木工程
	郭小龙	嵊县中学	浙江大学	制冷与低温
1993年	徐海利	嵊县中学	北京邮电大学	通信工程
	张晓锋	嵊县中学	浙江大学	畜牧
1994年	周销华	一中	浙江大学	过程装备与控制
1995年	徐浙军	二中	宁波大学	法学
	戴国平	二中	吉林大学	机械制造及自动化
1996年	钱　飞	一中	浙江大学	英语
	金新华	一中	浙江大学	光电系
1997年	黄科锋	一中	上海交大	土木工程
	张　晓	一中	浙江大学	临床医学（七年制）
1998年	斯友良	二中	第二军医大学	卫勤指挥
1999年	陈科锋	一中	浙江大学	土木工程

续表81

毕业时间	姓　名	高　中	大　学	专　业
2000年	郭　波	一中	上海大学	机械工程及自动化
	郭　凯	二中	浙江工业大学	过程装备与控制工程
2001年	斯赞英	一中	浙江财经大学	财务管理
	钱绿叶	二中	华东理工大学	会计
2002年	金洁莉	二中	华北水利水电大学	工业工程
2003年	周杭波	爱德	新加坡国立大学	物理
	樊孟金	一中	北京化工大学	材料科学与工程
	郭巍丽	二中	东南大学	日语
2004年	斯攀英	一中	浙大宁波理工学院	计算机科学与技术
	黄　聪	一中	浙江理工大学	金融学
2005年	郭　健	二中	杭州电子科技大学	金融学
	周科玉	一中	浙江工业大学	通信工程
2006年	斯通海	二中	武汉理工大学	热能与动力工程
	张小静	二中	台州学院	工商管理

1979—2004年通源中学考入师范院校的学生一览表

表82

年　份	学生名单
1979	钱秋军
1988	周樟军
1990	刘士苗　戴金良　裘文广
1991	王敬华
1992	黄海霞　王祖锋　邢吉明
1993	操华旸
1994	蒋伟平　斯江平
1995	操汝君　张君钗　黄晓月　黄国滨
1996	周　奎　邢小东
1997	操梅霞　黄　浙　周丽娜　黄杭军
1998	周　锋　戴圆圆
1999	张淑萍　张刘坤　邢贤祥　黄　芳　黄雯文　刘　鹏
2000	钱　盈　郭伶丽
2001	戴海孝
2002	林晓燕　钱　迷　蒋伟锋
2003	邱幼文　樊新元　王柳娜　周科英
2004	斯　雁　钱柯利

通源乡中小学部分教师竞赛、评比获奖情况表

表83

姓　名	奖　项	年　度
邱正权	全县青年教职工书法比赛二等奖	1987
黄胜华	全县青年教职工书法比赛三等奖	1987
郭南棠 黄菊英	全县复式教学优质课评比一等奖	1990
宋良鸿	全县小学地理教学论文比赛二等奖	1990
王红珍	石璜区教学论文评比二等奖	1991
黄胜华	全县语文优质课评比三等奖	1991
斯华君	全县小学数学优质课评比二等奖	1992
黄桂芬	全县复式班优质课评比二等奖	1992
黄才汀 商刘敏	全县小学语文科论文评比一等奖	1993
黄桂芬	全县小学数学教学论文评比二等奖	1993
宋良鸿	全县中小学德学研究会第五次年会论文评比二等奖	1993
黄桂芬	全县小学思想品德课论文评比三等奖	1993
斯彩亚	全县小学语文科论文评比二等奖	1993
王祖锋	全市小学数学中青教师优质课评比三等奖	1996
斯彩亚	全市小学复式教学论文评比一等奖	1996
周樟军	全市小学数学教师说课比赛三等奖	1997
操华旸	全市小学教师“三笔字”竞赛三等奖	1997
楼银兰	全市小学教师“三笔字”竞赛三等奖	1997
黄成磊	全市小学语文“下水文”比赛三等奖	1997
戴圆圆	全市小学语文优质课二等奖	2003
黄晓月	嵊州市课题成绩评比一等奖	2010
黄晓月	嵊州市论文评比二等奖	2015
黄晓月	嵊州市论文评比二等奖	2018

教育经费　1949年至1951年底，各村自筹资金创办学校，所有经费由各村通过集资、募捐、投劳等方式解决。1952年起，国家对所有公办小学实施全额财政拨款，每位学生每学期收取适当的书簿费学杂费。1972年6月，县革委会政治工作组教育革命办公室拨给公社校舍修建经费1000元；8月拨给办学补助费6592元。1985年起，实施九年制义务教育，实行分级办学、分级管理，中学、小学、幼儿园由乡镇办、乡镇管，县财政将教育经费切块拨给乡镇，由乡镇包干，不足部分设法自筹。1986年2月，开始征收教育费附加。1988年，小学杂费1—3年级每人4元，4—6年级每人5元，初中每人9元。1994年1月起，教育费附加为中学生每人每学期70元，小学生每学期60元。1994年下半年，教育费附加为中学生每学期100元，小学生每学期90元。小学和初中只收杂费，不收学费。1995年，因建造乡中师生宿舍楼需要，县教体局续拨基建补助款2万元。同时，批复同意乡政府征收校舍建设费，中小学在校生每人每学期50元，征收时间为5学年。1986年至2002年，财政拨款是教育经费的主

要来源。教育费附加、学杂费、勤工俭学、捐资助学等约占教育经费的一半。2002年起，小学、初中教师（含退休）的工资由市财政全额发放，其余实行定额拨款。

1968—2006年通源中学历任教师一览表

表84

姓　名	性　别	工作时间	任教学科	原籍地址
陈雪元	男	1968—1980年	语文	长　乐
钱香瑞	男	1968—1980年	数学	开　元
孙勤忠	男	1969—1976年	数化	绍　兴
任乐英	女	1969—1979年	物化	城　关
钱德锋	男	1970—1976年　1978—1980年	语文	长　乐
王传钵	男	1970—1975年	语文	城　关
周洪南	男	1971—1973年	数学	岭　下
裘鼎舟	男	1972—1976年	语文	崇　仁
沈庆南	男	1975—1980年	语文	沈　村
黄才汀	男	1975—1980年	体育	岗　下
周少华	男	1975—1978年	数学	东　坑
沈雨龙	男	1975—1979年　1981—1984年	语文	东　坑
周飞麟	男	1976—1989年	数学	大坂田
陈世华	男	1977—1982年	语文	罗　松
钱喜英	女	1977—1979年	数学	山　口
周静君	男	1978—1987年	语文	山　口
蔡运兴	男	1978—1980年	数学	新纸厂
张源发	男	1978—1980年	化学	东　坑
蒋惠钢	男	1978—1983年　1989—1995年	英语	羊角岭口
黄胜华	男	1978—1979年　1985—1998年	语文	岗　下
赵秋华	男	1978—1980年	物理	开　元
周绿琴	女	1978—1994年	语文	开　元
商林华	男	1979—1983年	语文	长　乐
商伯侯	男	1979—1981年	政治	甘　霖
钱心耳	男	1980—1986年	英语	山　口
史秋亚	女	1980—1981年	语文	剡　源
相江林	男	1980—1983年	数学	夏　相
邢正良	男	1980—1986年　1990—1993年	物理	松明培
支中尧	男	1981—1984年	化学	支鉴路
钱树军	男	1982—1985年	语文	道　场
钱耀汀	男	1982—1983年	数学	山　口
邱志华	男	1982—2006年	体育	白雁坑
斯玉军	男	1982—1999年	英语	吴家湾

续表84

姓　名	性　别	工作时间	任教学科	原籍地址
操国祥	男	1983—2006年	社会	三王堂
袁奇炎	男	1984—1989年	化学	新　市
刘景满	男	1985—1996年	数学	高　塘
钱伟强	男	1985—1988年	数学	甘　霖
王定富	男	1985—1986年	地理	东　坑
张亚安	女	1985—1986年	数学	石　璜
李庆苗	男	1986—1992年	物理	柳　岸
钱秋军	男	1986—1992年	数学	道　场
张财林	男	1986—1989年	数学	石　璜
金　英	女	1986—1990年	英语	松明培
王如永	男	1987—1988年	语文	溪　东
孙旭明	男	1987—1989年	地理	吴家湾
章鹤林	男	1987—1989年	物理	新　昌
马铭玄	男	1987—1989年	语文	马　仁
钱浪影	女	1987—1989年	英语	茶　培
曹仲飞	女	1988—2006年	科学	义家桥
黄国阳	男	1988—1996年	音乐	洞桥头
黄一军	男	1989—2006年	数学	溪　西
史林波	男	1989—1990年	社会	石　璜
沈国维	男	1989—1997年	语文	石　璜
商黎明	男	1990—1994年	生物	堰　底
王红珍	女	1990—1993年	语文	白泥墩
邢汉江	男	1991—2006年	科学	松明培
汤园芬	女	1992—2002年	社会	松明培
商刘敏	男	1993—2006年	语文	堰　底
王军祥	男	1994—2004年	英语	安　家
黄胜苗	男	1994—1999年	科学	岗　下
斯华君	男	1995—1997年	数学	吴家湾
黄海霞	女	1995—2000年	社会	岗　下
钱金园	男	1996—2006年	数学	松明培
裘敏利	女	1996—2000年	语文	溪　滩
刘　晔	女	1997—2000年	英语	三　溪
蒋伟平	男	1997—2001年	语文	荷花坪
梁菊校	男	1998—2006年	社会	甘霖上高
戴金良	男	1998—2006年	数学	里大坑
楼春光	女	1998—2001年	科学	石璜金盘

续表84

姓　名	性　别	工作时间	任教学科	原籍地址
商刘英	女	1999—2004年	科学	堰　底
黄晓月	女	1999上半年	英语	岗　下
操汝君	女	2000—2006年	语文	三王堂
邢小东	男	2000—2006年	语文	松明培
黄成磊	男	2001—2002年	语文	新　沃
沈高锋	男	2002—2006年	数学	甘霖丽湖
金　涛	女	2002—2006年	语文	郑州荥阳市
马哲波	男	2003—2006年	英语	崇仁李家宅
戴圆圆	女	2004—2006年	英语	里大坑

表85

1974—1982年西山中学任课教师一览表

姓　名	性　别	工作时间	任教学科	原籍地址
周飞麟	男	1974—1976年	语文	大坂田
裘启运	男	1974—1977年	数学	城　关
操国祥	男	1975—1982年	语文	三王堂
孙梅琴	女	1975—1976年	数学	吴家湾
夏钦根	男	1976—1977年	化学	甘　霖
赵秋华	男	1976—1978年	物理	开　元
史秋亚	女	1976—1977年	语文	剡　源
徐　珉	男	1976—1978年	数学	紫　竹
钱君钗	女	1978—1980年	英语	道　场
黄胜华	男	1979—1981年	语文	岗　下
斯玉军	男	1981—1982年	英语	吴家湾
钱秋军	男	1981—1982年	数学	道　场
郑敏仁	男	1981—1982年	语文	山　口
沈忠孝	男	1981—1982年	语文	大坂田
徐永达	男	1981—1982年	数学	紫　竹

表86

1976—1978年岗下片中学任课教师一览表

姓　名	性　别	工作时间	任教学科	原籍地址
郑志鹏	男	1976—1978年	语文	开　元
周少华	男	1976—1978年	数学	岗　下
沈雨龙	男	1976—1978年	物理	东　坑
黄胜华	男	1976—1978年	化学	岗　下
钱君钗	女	1976—1978年	英语	道　场

1976—1978年吴家湾中学任课教师一览表

表87

姓　名	性　别	工作时间	任教学科	原籍地址
应剑叶	男	1975—1977年	物理	剡　源
裘柳金	男	1975—1977年	数学	崇　仁
张斐根	男	1975—1977年	化学	吴家湾
裘鼎舟	男	1975—1977年	语文	崇　仁
钱德锋	男	1975—1977年	语文	长　乐
斯华君	男	1975—1977年	数化	吴家湾

1975—1978年联丰中学任课教师一览表

表88

姓　名	性　别	工作时间	任教学科	原籍地址
周绿琴	女	1975—1978年	语文	开　元
蔡运兴	男	1975—1978年	数化	新纸厂
蒋惠钢	男	1975—1978年	物理	羊角岭口
斯华君	男	1977—1978年	数物	吴家湾

1975—1978年松明培中学任课教师一览表

表89

姓　名	性　别	工作时间	任教学科	原籍地址
邢正良	男	1975—1978年	化学	松明培
周静军	男	1975—1978年	语文	山　口
樊华忠	男	1975—1978年	数物	松明培
周森荃	男	1975—1978年	语文	开　元

通源乡各小学历任教师一览表

表90

姓　名	性　别	任教学校	任教年限	原籍地址
周曦灿	男	四联小学（乡校）	1952年9月至1956年12月	开　元
马新余	男	四联小学（乡校）	1952年8月至1958年7月	松明培
邢关营	男	四联小学（乡校）	1952年9月至1956年7月	太　平
钱佰汀	男	四联小学（乡校）	1952年9月至1958年7月	山　口
周应龙	男	通源乡校	1953年9月至1956年12月	官塘头
应怀义	男	通源乡校	1953年9月至1954年7月	太　平
钱茂达	男	通源乡校	1954年9月至1955年8月	—
刘琴娥	女	通源乡校	1955年9月至1960年8月	山　口
范岐山	男	通源乡校	1955年9月至1961年8月	太　平
丁耀周	男	通源乡校	1955年9月至1959年7月	丁　家

续表90

姓　名	性　别	任教学校	任教年限	原籍地址
沈金芳	女	通源乡校	1956年8月至1957年7月	—
裘善庆	男	通源社校	1958年9月至1968年12月	石璜镇后白竹
王校敷	男	通源社校	1959年8月至1978年7月	石璜镇王泥堂
李林娟	女	通源社校	1959年9月至1962年7月	—
汪爱助	男	通源社校	1960年9月至1962年8月	下　王
张逸正	男	通源社校	1960年7月至1961年7月	—
石水鹤	男	通源社校	1960年9月至1961年8月	—
钱大启	男	通源社校	1960年9月至1962年8月	长　乐
钱校庚	男	通源社校	1961年7月至1962年12月	山　口
周飞麟	男	通源社校	1962年9月至1974年7月	大坂田
钱福晋	男	通源社校	1963年7月至1968年12月	山　口
郑国乔	男	通源社校	1963年8月至1967年9月	山　口
邢昌力	男	通源社校	1963年8月至1968年1月	太　平
钱德锋	男	通源社校	1963年9月至1973年8月	长　乐
周樟初	男	吴家湾	1963年前后	—
相月娥	女	吴家湾	1963年前后	石　璜
楼亚芬	女	吴家湾	1963年前后	石　璜
张勇顺	男	吴家湾	1963年前后	—
钱世焜	男	白雁坑	1963年前后	—
邢玉成	男	白雁坑	1963年前后	太　平
卜荣汀	男	东　坑	1963年前后	—
金苗香	女	茶　坊	1963年前后	—
周亚莲	女	董家坑	1963年前后	开　元
邢银花	女	松明培	1963年前后	松明培
裘雪芹	女	松明培	1963年前后	—
周德庆	男	里大坑	1963年前后	—
邢水娟	女	茶　培	1963年前后	—
钱樟超	男	通源完小	1963年8月至1980年7月	岗　下
邱方炜	男	通源完小	1950年2月至1980年10月	白雁坑
夏秀余	女	通源社校	1962年2月至1969年6月	石璜镇溪口
钱南康	男	通源完小	1962年8月至1978年7月	剡源下王
周绿琴	女	通源完小	1963年10月至1979年7月	开　元
王定夫	男	通源完小、乡校	1963年8月至1994年7月	东　坑
黄菊英	女	通源乡校	1965年1月至2006年7月	岗　下
邢银芬	女	通源完小	1965年2月至1999年1月	松明培
沈亚芬	女	通源完小、乡校	1965年1月至1999年5月	荷花坪

续表90

姓　名	性　别	任教学校	任教年限	原籍地址
周新力	男	通源完小	1965年8月至1972年7月	开　元
黄小菊	女	通源完小	1965年8月至1969年7月	岗　下
张秋君	女	通源完小	1965年8月—不详	崇　仁
吕银千	男	通源乡校	1967年9月至1968年7月	贵　门
邢樟见	男	通源完小、乡校	1969年2月至2000年3月	松明培
斯彩霞	女	通源完小、乡校	1969年2月至2005年10月	白雁坑
裘柳金	女	通源完小	1969年3月至1979年8月	崇　仁
张斐根	男	通源完小	1969年3月至1979年7月	吴家湾
郭南棠	男	通源完小、乡校	1966年8月至1992年7月	东　培
周正初	男	通源队校	1968年8月至1978年7月	长　乐
张六芹	女	通源完小、乡校	1968年8月至1979年7月	石璜镇石三
斯梅芳	女	通源完小、乡校	1969年3月至2005年7月	吴家湾
宋良鸿	男	通源完小、乡校	1969年8月至1995年7月	石璜镇罗松
钱生见	男	通源完小、乡校	1971年8月至2011年8月	道　场
陈春花	女	通源完小	1972年2月至1978年7月	道　场
周森荃	男	通源完小	1972年8月至1978年7月	开　元
陈世华	男	通源完小	1972年8月至1977年7月	石璜镇朱村
黄桂芬	女	通源完小、乡校	1972年8月至2007年7月	岗　下
周金喜	男	通源完小	1972年8月至1982年12月	剡源官塘头
俞汝林	男	通源完小	1973年8月至1978年12月	城关镇
王祖荣	男	通源完小、乡校	1974年8月至2012年8月	茶　坊
周忠桂	男	通源完小、乡校	1974年8月至2013年7月	三王堂
黄才汀	男	通源完小、乡校	1974年8月至2002年7月	岗　下
钱章江	男	通源完小	1974年3月至1980年7月	董家坑
张爱玉	女	通源完小	1974年8月至1979年7月	剡源下王
钱生初	男	通源完小、乡校	1975年8月至2019年1月	白雁坑
斯华君	男	通源完小、乡校	1975年8月至1997年7月	吴家湾
蒋惠钢	男	通源完小、乡中	1975年8月至1983年7月	羊角岭口
蔡运兴	男	通源完小	1975年8月至1980年7月	联　丰
邱正权	男	通源完小、乡校	1976年8月至1988年7月	白雁坑
郑明顺	男	通源完小	1976年8月至1982年7月	山　口
周来根	男	通源社校	1978年8月至1981年7月	剡源金村
钱武桐	男	通源社校	1978年8月至1988年7月 1993年8月至1997年7月	长乐镇吊家湾
郑志鹏	男	通源社校	1978年9月至1981年8月	开　元
陆亚文	女	通源社校	1978年9月至1979年8月	城　关

续表90

姓　名	性　别	任教学校	任教年限	原籍地址
张樟进	男	通源社校	1979年9月至1983年12月	石璜镇夏相
钱宝银	女	通源社校	1979年9月至1983年8月	剡　源
王胜军	男	通源完小	1980年1月至1997年7月	茶　坊
钱耀汀	男	通源社校	1980年9月至1982年7月	山　口
张亚安	女	通源完小、乡校	1980年8月至1986年7月	石璜镇石三
钱佰兴	男	通源完小	1983年8月至1987年7月	长乐镇吊家湾
黄胜华	男	通源乡校	1983年8月至1985年7月	岗　下
钱秋军	男	通源乡校	1984年9月至1986年7月	道　场
金　球	女	通源乡校	1984年8月至1986年7月	石璜镇
袁亚群	女	通源乡校	1985年8月至1990年7月	石璜镇袁家
周孝民	男	通源完小	1986年8月至1991年7月	甘霖镇博济下塘头
张再良	男	通源中心小学	1987年8月至1989年7月	石璜镇寺新
黄双妹	女	通源中心小学	1988年8月至1992年7月	岗　下
黄国阳	男	通源中心小学	1988年8月至1991年7月	石璜镇溪西
吕涨蔚	女	通源完小、乡校	1988年8月至1992年7月	石璜镇罗松
求伟群	女	通源中心小学	1988年8月至1993年7月	甘　霖
钱德良	男	通源完小、乡校	1989年8月至2001年7月	白雁坑
过桂芹	女	通源完小、乡校	1989年8月至1994年7月	石璜镇庙下畈
商刘敏	男	通源完小、乡校	1989年8月至2011年7月	石璜镇堰底
王海玲	女	通源完小、乡校	1990年8月至1994年7月	岗　下
黄成磊	男	通源完小、乡校	1991年8月至2001年7月	石璜镇寺新
周樟军	男	通源完小、乡校	1991年8月至1999年7月	岭　下
周慧钗	女	通源完小	1992年8月至1996年7月	石璜镇新塘
金　涛	女	通源完小、乡校	1992年8月至2002年7月 2006年8月至2008年7月	郑　州
戴金良	男	通源乡中、乡校	1993年8月至1998年7月	里大坑
楼银兰	女	通源中心小学	1994年8月至2001年7月	石璜镇楼家
王祖峰	男	通源完小、乡校	1995年8月至2008年7月	茶　坊
邢吉明	男	通源完小、乡校	1995年8月至2020年7月	松明培
操华旸	男	通源中心小学	1996年8月至2001年7月	三王堂
斯江平	男	通源中心小学	1997年8月至2002年7月	吴家湾
钱东初	男	通源中心小学	1998年8月至2001年7月	石璜镇何家
张君钗	女	通源中心小学	1998年8月至2001年7月	东　坑
操汝君	女	通源中心小学	1999年2月至2002年7月	三王堂
黄晓月	女	通源乡校	1999年8月至2024年1月	岗　下
周　奎	男	通源中心小学	1999年8月至2007年7月	董家坑

续表90

姓　名	性　别	任教学校	任教年限	原籍地址
邢小东	男	通源中心小学	2006年8月至2016年7月	松明培
黄杭军	男	通源中心小学	2000年8月至2007年7月	岗　下
俞斌锋	男	通源中心小学	2000年8月至2016年7月	甘霖镇苍岩
周　锋	男	通源中心小学	2001年8月至2010年7月	岭　下
蒋伟平	男	通源中心小学	2001年8月至2006年7月	荷花坪
戴圆圆	女	通源中心小学	2001年8月至2004年7月	里大坑
钱文礼	女	通源中心小学	2002年8月至2006年7月	白雁坑
王金江	男	通源中心小学	2002年8月至2013年7月	阮　庙
汤惠芳	女	通源中心小学	2003年9月至2020年7月	松明培
王柳娜	女	通源中心小学	2008年8月至2018年7月	茶　坊
丁　可	男	通源中心小学	2008年8月至2009年7月	上虞丁宅
邱幼文	女	通源中心小学	2008年8月至2018年7月	白雁坑
钱柯利	女	通源中心小学	2009年8月至2016年7月	长乐镇吊家湾
裘浙铭	男	通源中心小学	2009年8月至2024年1月	石璜镇唐家湾
竺海姣	女	通源中心小学	2010年8月至2015年7月	城　关
王继东	男	通源中心小学	2011年8月至2015年7月	石璜镇楼家
李红燕	女	通源中心小学	2010年8月至2024年1月	黄泽镇渔溪村
王　洁	女	通源中心小学	2013年8月至2024年1月	黄泽镇麻车
王樱桢	女	通源中心小学	2013年8月至2014年7月	城　关
黄　彬	男	通源中心小学	2014年8月至2021年7月	城　关
张婷婷	女	通源中心小学	2015年8月至2021年7月	城　关
周芝芬	女	通源中心小学	2016年8月至2024年4月	城　关
郭　琼	女	通源中心小学	2016年8月至2024年1月	城　关
任浙斌	男	通源中心小学	2017年8月至2024年1月	甘　霖
徐宏伟	男	通源中心小学	2017年8月至2018年7月	台　州
徐锡光	男	通源中心小学	2018年8月至2024年1月	北漳镇余家坑
李　露	女	通源中心小学	2018年8月至2020年8月	诸　暨

说明：由于1975年至1979年，各完小均先后设立过“戴帽”初中，有的教师既教初中又教小学，时间界限比较模糊，故前面所列初中、小学教师一览表中部分教师的任教时间不一定确切，或存在重叠与交叉现象。

第五节 体育活动

一、学校体育

新中国成立后，国家重视发展体育运动事业，各校根据场地大小先后建成了面积不等的操场，配置了简易的篮球架、乒乓球桌、沙坑等设施，开设了体育课（前期称军体课），配备了专任的体育教师。1973年10月，以通源中学男女排球队为主要力量的长乐区代表队参加在黄泽举办的嵊县中小学排球比赛，其中通源中学女排队队员王金雅还被选进县女子排球队，参加统一集训。1975年起，开展中小学体育"达标"（达到《国家体育锻炼标准》）活动。1970年至1976年，连续举办7届通源中小学田径运动会，比赛项目包括分组跳高、跳远、手榴弹、铅球、三级跳远，男女60米、100米、200米、400米、800米、1500米以及4×50米、4×100米、4×200米、4×400米接力等。1976年5月，邢助生获得全县中小学运动会中学男子3000米比赛第一名，郭武东获第二名。1980年4月12—13日，组织运动员参加长乐区第十三届中小学田径运动会。1986年至1987年，连续两年组织运动员参加石璜区第一届、第二届中小学田径运动会。1987年5月，黄秋珍获得全县中小学运动会小学女子800米比赛第三名。1989年5月，钱松钗获全县中小学运动会小学女子垒球比赛第一名。1997年至2000年，乡中心学校组织举办4届乡校运动会。比赛项目包括广播体操、跳绳、掷铅球、助跑跳远、迎面接力、男子1000米、女子800米等。其时，通源乡教工篮球队曾名闻一时，经常与石璜、开元、雅璜、镇基等乡镇学校教工篮球队开展友谊比赛，成绩斐然。

1986年通源乡获得石璜区中小学第一届田径运动会（小学）前三名成绩汇总表

表91

姓　名	参赛项目	名　次	成　绩
王爱英	女子400米	第一名	1′9″4
王爱英	女子800米	第一名	3′18″
张利君	女子手榴弹	第一名	25.3米
樊秋东	三项全能	第一名	14
樊秋东	男子跳远	第二名	3.62米
周南贤	男子铅球	第二名	5.26米
王斐君	女子铅球	第二名	6.15米
王浙民	男子100米	第三名	6″5
王斐君	女子100米	第三名	16″1
王汝英	女子200米	第三名	38″4
周新仁	男子800米	第三名	2′58″3
斯红鸳	女子800米	第三名	3′30″2

续表91

姓　名	参赛项目	名　次	成　绩
王斐君	女子跳远	第三名	3.30米
周新仁	男子铅球	第三名	5.24米
周南贤	男子手榴弹	第三名	31.94米

1987年通源乡获石璜区中小学第二届田径运动会前三名成绩汇总表（中学乙组）

表92

姓　名	参赛项目	名　次	成　绩
樊秋东	男子短跑组	第一名	962
周南贤	男子投掷组	第一名	809
张新仁	男子短跑组	第一名	387
王爱英	女子跳高组	第一名	883
王祖洋	男子投掷组	第一名	543
王小利	女子投掷组	第一名	546
周振焕	男子中长跑组	第二名	806
刘　兵	男子中长跑组	第二名	250
钱丹萍	女子跳高组	第三名	1057
沈利钗	女子短跑组	第三名	663

1987年通源乡获石璜区中小学第二届田径运动会前三名成绩汇总表（小学甲组）

表93

姓　名	参赛项目	名　次	成　绩
黄秋珍	女子800米	第一名	3′0″6
钱松钗	女子60米	第二名	10″1
黄秋珍	女子400米	第二名	1′17″7
郭晓锋	男子800米	第二名	3′0″5
周小英	女子800米	第二名	3′9″8
黄秋珍	女子跳远	第二名	3.62米
张　东	男子铅球	第二名	6.61米
张　东	男子垒球	第二名	37.8米
黄煜剑	男子四项全能	第二名	372
周先君	女子四项全能	第二名	272
邢志江	男子60米	第三名	10″3
钱松钗	女子100米	第三名	16″5
斯红鸳	女子200米	第三名	36″3
郭晓锋	男子400米	第三名	1′24″
周小英	女子垒球	第三名	26.88米

1987年通源乡获石璜区中小学第二届田径运动会前三名成绩汇总表（小学乙组）

表94

姓　名	参赛项目	名　次	成　绩
周　钗	女子400米	第一名	1′24″2
王爱芳	女子跳高	第一名	0.96米
黄建平	男子垒球	第一名	35.78米
钱向明	男子60米	第二名	10″3
钱向明	男子100米	第二名	17″3
黄建平	男子400米	第二名	1′25″7
钱相民	男子跳远	第二名	3.42米
周　钗	女子跳远	第二名	3.12米
沈卫东	男子60米	第三名	10″4
沈卫东	男子100米	第三名	17″5
王爱芳	女子100米	第三名	17″9
沈卫东	男子200米	第三名	36″3
黄建安	男子400米	第三名	1′27″3

二、群众体育

二十世纪五六十年代，乡村篮球比赛盛行，松明培、吴家湾、白雁坑、岗下等村均有农村业余篮球队，有时还开展相互间的比赛。松明培村篮球队还与诸暨县坑口村篮球队举行过友谊比赛。

1972年通源中学女子排球队合影

1989年，文化站组织举办全乡棋类（象棋、围棋）比赛，有20多位选手参加。王琼飞、骆爱芳、楼银兰代表通源参加全县乒乓球比赛，荣获乡镇组女子团体第三名。在2005年10月举办的嵊州市首届农民运动会上，乡组织4支队伍共27人参加游泳、棋类、乒乓球、田径等四大项目比赛，荣获乡镇组象棋比赛道德风尚奖、田径团体第二名、乒乓球团体第一名及总团体第二名。在2008年11月举办的嵊州市全民运动会上，通源乡代表队荣获乡镇三组男子围棋比赛团体第一名和4×50米自由泳接力赛第二名、男子象棋比赛团体第五名、田径比赛成年部团体总分第三名。龚桂英获得女子50米蛙泳比赛第一名、50米自由泳比赛第3名，钱江获得男子100米自由泳比赛第三名，商春永获得男子50米自由泳比赛第三名；沈国阳获得围棋比赛男子个人第二名、钱华平获得第三名、俞斌锋获得第五名；丁可获得田径比赛男子100米第一名、男子400米第一名，张斌获得

1972年通源中学男子排球队合影

男子800米第一名、男子三级跳远第一名，邱幼文获得女子800米第一名、女子1500米第二名，王柳娜获得女子3000米第一名、女子三级跳远第三名；俞斌锋、丁可、戴科燕荣获个人体育道德风尚奖。2010年1月20日，举办通源乡首届老年人运动会，设飞镖、乒乓球、定点投篮、中国象棋等项目。在2012年10月举办的嵊州市第六届运动会上，通源代表队获乡镇三组男子篮球比赛团体第一名、中国象棋比赛团体第一名，以及田径队体育道德风尚奖，斯江正获得田径比赛男子1500米第一名、朱洪平获得男子5000米第一名；张金荣获得中国象棋比赛第一名、周忠桂获得第四名；王继东、金江、周忠桂、谷玉英获个人体育道德风尚奖。

进入二十一世纪后，农村健身排舞活动蓬勃兴起，各村均自发组建了健身舞队。松明培、三王堂、岗下等村的健身舞队多次参加市里组织的比赛和文化走亲活动。2014年1月，通源乡通过浙江省体育强镇（乡）创建验收。

第二章 医疗卫生

通源的卫生事业起步较早。初期以卫生院医生和农村赤脚医生流动巡诊为主，虽然交通条件较差，但基本能保障山区人民“小病小痛不出门”。后期农村合作医疗制度推行后，群众的就医环境和健康保健服务水平得到了显著提高。

第一节 医疗机构

一、乡级卫生院

机构沿革 通源乡卫生院历经中西医联合诊所、乡人民医院、人民公社保健所、公社联合保健所、人民公社卫生所、人民公社卫生院等名称的改变，直到1983年撤销人民公社，恢复镇、乡建制后，称为通源乡卫生院。1956年4月17日，白雁坑村斯临明会同复员军人刘昌斌、村医周杏见等3人筹资300余元，租用江夏村（岗下）长坵田王瑞华家一间仅十平方米的侧屋，因陋就简创办了通源乡中西医联合诊所，并上报审批。1956年5月24日，县人民委员会文卫科批复同意成立通源乡中西医联合诊所，成员为中医斯临明、周杏见，西医刘昌斌，共3人，选举斯临明任诊所负责人。联合诊所成员的个人投资分期归还，不计利息。诊所经费立足于自给，并要求有一定的积累，一时不能自给的由各农业社分摊补助一部分。人员实行推荐和自愿参加相结合。中西医联合诊所能开展农村常见病的诊治。

1958年6月3日县委发出“乡乡办医院”的指示，同年7月，联合诊所更名为通源乡人民医院，由卫生主管部门（嵊县人民委员会卫生科）对集体所有制卫生机构的人事实行管理。是年，培训赤脚医生12人、接生员10人。1958年底转为人民公社保健院，实行“块块领导”，人事任免等由当地人民公社管理。公社成立医院管理委员会，由公社分管领导兼任主任，一名医生担任副主任。1959年3月，设立中药配方部，调王知初配中药。因用房不够，向岗下村王培春租用房子2间（租金每年24元）增加妇幼和中医、西医人员各1名。实行集体收入，统一分配，医生待遇为固定工资加奖励，平均工资36元左右。

1962年2月起，改称为通源公社联合保健所，其性质恢复为原来的联合医疗机构。同年，县卫生科颁发《联合保健所组织章程》，恢复由卫生主管部门直接管理。1963年12月，县卫生科拨款100元，所内医生斯临明、邢伯中、刘昌渊等以人民健康、发展卫生事业为重，自愿停发季度奖，并向大崑卫生所借款200元，又通过多方筹资800元，向通源木业社购买房子四间作为卫生院业务用房，分设门诊、中西药房和职工宿舍，使卫生院初具规模。1966年，培训农村保健员18名、接生员12名。

1967年，流脑非脑脊髓膜炎流行，卫生院积极开展防治工作，设立简易病床，夜以继日救死扶伤。

1970年12月由政府拨款新建联合保健所，院址位于岗下村木业社北侧（岗下村176号），占地面积229平方米，房屋结构为四合院土木结构，前后各5间用房。总建造经费为6936.65元，其中上级拨款6300元、材料回收费636.65元；材料支出3772.40元、工资2315.93元、运费679.85元、费用148.95元，结存现金19.52元。

1973年8月，改称为通源人民公社卫生所。1976年10月，又改名为通源人民公社卫生院。1983年6月起，改称为通源乡卫生院，当时有床位3张，卫生技术人员5人，其中中医士1人、西医士2人、助产士1人、其他初级卫技人员1人。2003年，乡政府对通源乡卫生院进行原址整体翻建，新建后的卫生院占地面积320.24平方米，建筑面积339.50平方米，主体建筑为二层砖混结构。2004年，通源乡卫生院增挂通源乡社区卫生服务站牌子，实施城乡公共卫生服务项目，促进新型农村合作医疗制度健康发展，开展农民健康体检。

2018年12月24日，根据《嵊州市全面推进医疗卫生服务共同体建设的实施意见》（嵊市委办发〔2018〕176号）精神，成立嵊州市人民医院（浙大一院嵊州分院）通源分院。2019年3月份起正式启动运行，通源乡卫生院的性质、功能及第一名称不变，增挂“嵊州市人民医院（浙大一院嵊州分院）医共体通源分院”牌子。医共体成员单位人财物全面整合，功能职责整体纳入，形成管理、服务、利益、责任和文化共同体。2019年8月，医共体通源分院整合至医共体石璜镇分院，机构名称改为石璜镇通源卫生院，人财物仍独立运行，继续承担辖区内基本医疗、公共卫生等职能。通源乡卫生院在2015年、2017年等数次被评为嵊州市卫计系统先进集体。

医疗业务　1956年联合诊所成立后，主要开展农村常见病和慢性病的诊治，如上呼吸道感染、扁桃体炎、肺炎、高血压、糖尿病、急慢性胃炎、肠炎、脑血管意外后遗症、腰肌劳损、颈椎病、腱鞘炎、荨麻疹、湿疹等；能对一般的急性浅表软组织创伤进行清创缝合等处理；能开展妇科常见病的诊治。后因人员调动和政策变动，卫生院主要开展内科、外科常见病的全科诊疗，同时开展中医药和中医适宜技术。

2005年，通源乡人民政府成立以主要负责人任组长的农村中医工作领导小组，投资10万元设立卫生院中药房、中医药专科门诊，举办中医技术的培训并推广，举办村卫生室人员中医药知识培训。当年参加培训7人，卫生院2名医生和村卫生室4名村医都会中医适宜技术，如针灸、拔罐、刮痧等。当年的中医门诊人数占总门诊人数的比例在35%以上。

2006年起，乡政府对参加新型农村合作医疗农民设立健康体检资金。城乡公共卫生服务项目实施后，卫生院在做好基本医疗服务的同时面向社区、家庭和居民，以妇女、儿童、老年人、慢性病人、残疾人和贫困居民为服务重点，开展预防、保健、康复、健康教育、计划生育服务等公共卫生服务，发挥“六位一体”功能。2006年中医门诊1302人次，占总门诊人次的36.4%。2009年由财政安排专项资金，为辖区居民提供两年一次的免费健康体检。通源乡首轮共体检1360余人次，农民健康体检率30.22%。2011年，通源乡卫生院完成标准化改造。是年，卫生院成立药事管理小组，基本药物零利率上墙公布。2011年1—10月，门诊均次费用27元/人次。药品信誉等级达标，精神药品管理规范，医疗器械管理规范，药品不良反应报告率100%。

2012年1月，实行一般诊疗费的收取，4月开通医生工作站，5月开通医保结算并全部实行电子处方。2012年，由卫生院承担对老年人、慢性病患者、妇幼人群等重点人群开展12项免费健康管理服务，同时做好村卫生室的业务指导。2013年6月起，与长乐镇中心卫生院开展区域协作共建，医疗服务能力和公共卫生服务能力得到了较大的提升。2013年底，通过了绍兴市药品安全乡镇验收。2014年，医疗收入25.7万元，收支结余10.2万元。2015年，门诊病人均次费用63.04元，门诊总人次14700人次。同年，卫生院医务人员为无医疗机构的松明培村居民提供巡回医疗服务，固定每月28日卫生院派出医务人员到松明培便民服务中心开展送医下乡和慢性病随访服务。11月6日，根据嵊州市机构编制委员会《嵊州市机构编制委员会关于调整市卫生计生局下属事业单位编制的批复》（嵊编〔2015〕50号）精神，乡卫生院事业编制由8名调整为5名。2016年，通过上级主管部门定向委培招生，新招杭州医学院毕业的医务人员4人，其中临床医学3人、护理1人。

2019年3月起，正式启动运行医共体工作，总院派遣内科专家每月定时下沉到通源乡卫生院门诊，同时对卫生院年轻医师进行临床带教。当年度专家下沉10次，专科门诊281人。卫生院同时设立了全专科联合门诊，固定一名卫生院的年轻医生跟诊，和总院专家联合坐诊。

通源乡卫生院机构名称变化和历任负责人一览表

表95

机构名称	负责人	性别	在任时间
中西医联合诊所	斯临明	男	1956年5月至1957年10月
	钱久豪	男	1957年10月至1958年6月
乡人民医院	斯临明	男	1958年6月至1959年
人民公社保健所	刘昌斌	男	1959—1962年
公社联合保健所	张樟灿	男	1962—1965年
人民公社卫生所（1973年起）	斯临明	男	1965—1978年
	蒋水土	男	1978—1979年
	操家喜	男	1979—1982年
通源乡卫生院（1983年起。2004年起增挂通源乡社区卫生服务站牌子，2018年起增挂嵊州市人民医院〈浙大一院嵊州分院〉医共体通源分院牌子）	黄京武（代）	男	1982—1984年
	邢伯中	男	1984—1992年
	黄京武	男	1992—2003年
	沈国阳	男	2003—2013年
	裘良斌	男	2013—2017年
	叶竹永	男	2017—2018年
	相晓东	男	2018—2019年

二、村级卫生室

1954年至1969年，县卫生科、县卫生院先后在甘霖、上东、黄泽等地举办亦医亦农的“赤脚医生”业务培训，通源共有22名社员参加。培训后赤脚医生能处理常见疾病和一般外伤，接生员能应用新法接生。1970年，通源12个大队相继创办合作医疗站，每个大队有1—2名“赤脚医生”（保健员）。1970年至1990年，共有38名“赤脚医生”（接生员）参与医疗防疫、血吸虫病防治等农村卫生保健工作。“赤脚医生”的待遇以记工分为主，其收入相等或略高于一般社员，有的适当补贴现金。1980年6月1日，县卫生局对全县“赤脚医生”进行统一考试，通源有松明培村金仁礼、联丰村周飞豹、里大坑村刘黎明、三王堂村操家裕、荷花坪村朱光富、董家坑村谢积元等6人获得“赤脚医生证”。集体办医疗站的，村民看病只收药费，免收诊费、注射费，“赤脚医生”工资由村发给；“赤脚医生”个人经营的，其业务收入归己，从事卫生防疫等社会性工作，由村再给予适当补贴；“赤脚医生”只承担卫生防疫、妇幼保健等工作而不设医疗站的，由村每年定额付给报酬。1983年后“赤脚医生”改称为乡村医生，发放乡村医生证。乡村医生大都能处理农村常见病、多发病，能用中草药治疗疾病和使用民间医术治疗。部分女乡村医生还会新法接生。1987年10月，里大坑村卫生室乡村医生刘黎明撰写的文章《婴幼儿误服大剂量氨茶碱片的诊断和用药心得》发表在绍兴市医学情报研究所主办的《医学科技简报》上，得到上级专家认可。二十世纪九十年代后，农村接生员退出历史舞台，乡村医生也逐年减少。至2010年，通源乡仅剩三王堂、白雁坑、里大坑、联丰、吴家湾等5家村卫生室维持运行。2009年，对白雁坑村卫生室进行改建，并于2011年完成规范化建设。2012年，联丰村卫生室注销。2015年，里大坑村卫生室注销。

2011年12月20日，嵊州市人社局和卫生局对通源乡曾经从事乡村医生（包含接生员）工作的38名人员进行了工龄认定，并对其调整了城乡社会养老保险待遇。

通源各村乡村医生（接生员）一览表

表96

序号	姓名	性别	从业时间	所在村	备注
1	邱志平	男	1966年9月至2009年12月	白雁坑村	乡村医生
2	邱行佳	男	1958年9月至1990年12月	白雁坑村	乡村医生
3	沈传达	男	1973年9月至1984年1月	白雁坑村	乡村医生
4	单爱香	女	1972年8月至1985年12月	松明培村	接生员
5	邓良珠	女	1975年9月至1985年10月	松明培村	乡村医生
6	裘雅素	女	1973年1月至1990年12月	茶坊村	乡村医生
7	朱正余	男	1974年3月至1990年12月	新东坑村	乡村医生
8	沈久金	男	1958年1月至1981年12月	新东坑村	乡村医生
9	钱如珍	女	1976年9月至1990年12月	新东坑村	乡村医生
10	钱新华	男	1975年7月至1990年12月	道场村	乡村医生
11	谢积元	男	1972年3月至1990年12月	董家坑村	乡村医生
12	谢积汀	男	1966年3月至1971年12月	董家坑村	乡村医生
13	钱金娥	女	1973年1月至1985年12月	岗下村	接生员
14	钱樟善	男	1969年12月至1984年12月	岗下村	乡村医生
15	周松钦	女	1958年7月至1963年10月	岗下村	乡村医生

续表96

序号	姓名	性别	从业时间	所在村	备注
16	王金亚	女	1975年2月至1990年12月	岗下村	乡村医生
17	冯赛珍	女	1962年11月至1978年10月	岗下村	乡村医生
18	朱光富	男	1968年3月至1990年12月	荷岭村	乡村医生
19	周飞豹	男	1964年9月至2007年2月	联丰村	乡村医生
20	钱小爱	女	1969年1月至1985年11月	联丰村	乡村医生
21	徐忠良	男	1969年9月至1977年8月	联丰村	乡村医生
22	蔡福美	女	1976年7月至1982年12月	联丰村	乡村医生
23	斯荣水	男	1960年9月至1982年9月	联丰村	乡村医生
24	孙良军	男	1984年1月至2009年12月	吴家湾村	乡村医生
25	孙樟庆	男	1963年1月至1989年3月	吴家湾村	乡村医生
26	樊六祥	男	1975年7月至1989年12月	吴家湾村	乡村医生
27	钱爱香	女	1956年8月至1978年2月	吴家湾村	接生员
28	黄香芹	女	1966年8月至1985年12月	茶培村	接生员
29	王桂林	男	1958年9月至1972年7月	茶培村	乡村医生
30	钱校忠	男	1969年9月至1990年12月	茶培村	乡村医生
31	张洪苗	男	1974年9月至1990年12月	茶培村	乡村医生
32	徐华助	男	1959年2月至1975年10月	茶培村	乡村医生
33	戴功夫	男	1976年1月至1987年7月	里大坑村	乡村医生
34	刘黎明	男	1973年1月至2009年12月	里大坑村	乡村医生
35	戴宝花	女	1967年2月至1976年12月	里大坑村	乡村医生
36	操家裕	男	1966年9月至2009年10月	三王堂村	乡村医生
37	储金校	男	1976年1月至1983年10月	三王堂村	乡村医生
38	吕香平	男	1966年9月至1977年12月	三王堂村	乡村医生

2009年国家基本公共卫生项目和2012年浙江省基本公共卫生服务项目实施，村卫生室在卫生院的指导下，开展以老年人、慢性病人等人群为重点的12项基本公共卫生服务，参与农民健康体检和责任医生签约服务。2011年起，由通源乡卫生院和各行政村签订托管协议，将西三村、吴联村、白雁坑村3家卫生室纳入人、财、物紧密型一体化管理。一体化村卫生室实行基本药物制度，是农村合作医疗的医保定点医疗机构，承担所在村的基本医疗和公共卫生工作。2018年12月24日，社区卫生服务站和集体举办的实行紧密型乡村一体化管理的村卫生室统一纳入医共体管理。

第二节　合作医疗

1970年开始，农村实行合作医疗，各大队办合作医疗站，成立合作医疗管理小组负责管理，有1至2名赤脚医生，配有简易医疗器械和常用药品，参加者治病医药费一般可报销30%至40%。各大队合作医疗站后改称保健站。1980年县政府出台《关于办好合作医疗，稳定赤脚医生队伍的通知》，要求因地制宜，形式多样，办好合作医疗，通源公社12个大队均设有合作医疗站。1984年后，农村合作医疗告一个段落。

1999年起，逐步推行农村合作医疗保险工作。2004年12月，通源乡人民政府成立通源乡新型农村合作医疗管理领导小组。2005年，通源乡全面实施新型农村合作医疗制度，个人缴费金额为20元，国家补助23元。由于起报点是住院1000元以上的有效发票，报销政策不科学，且手续繁杂，导致出现了筹资收缴难的状况。2005年以后，逐步降低了参合农民在社区卫生服务机构就诊的住院起付线、提高报销比例、增设门诊报销。乡卫生院同时提供报销便民服务，在门诊就诊凭规定证明即可当场完成费用报销工作。2009年，国家基本药物制度实施，凡是纳入基本医保药品目录范围的药物，因病情需要使用且符合医保相关报销规定的，均能得到规定比例的报销，基本药物全部纳入医保范围，且比例明显高于非基本药物。2013年起，采用社会保障卡刷卡就医，凭卡结算、报销，报销范围和报销比例逐年扩大和提高。2019年，政府对参加城乡居民基本医疗保险的低保户、五保户、特困户等分别给予全免或减免缴费，同时门诊住院不设起付线，报销比例运到90%以上。对普通参保居民在卫生院就诊的，给予报销50%。年度门诊总报销额1000元，对和家庭医生（责任医生）履行了有效签约的居民，总报销额增加至1200元，再增加5%的门诊报销比例。住院报销按照是否为定点医院和医院的级别而定，起付线300—800元，普通参保人群乡镇卫生院住院报销更是达到80%左右。

通源乡卫生院、西白山村卫生室、白雁坑村卫生室、松明培村卫生室是新型农村合作医疗报销的定点医疗机构。

通源乡城乡居民参加农村合作医疗情况表

表97

年　份	总人数（人）（城乡居民）	参合人数（人）	个人缴费（元）	财政补助（元）	报销比率
2004	6055	—	20	23	—
2005	6028	—	20	23	基层卫生院门诊15%
2006	6006	—	20	23	—
2007	6001	—	20	23	基层卫生院门诊20%
2008	6028	—	40	60	—
2009	5957	—	60	90	基层卫生院门诊25%
2010	5915	—	70	140	—
2011	5868	4969	120	280	—
2012	5826	5325	145	335	基层卫生院门诊35%
2013	5767	4711	180	420	—

续表97

年　份	总人数（人）（城乡居民）	参合人数（人）	个人缴费（元）	财政补助（元）	报销比率
2014	5693	4602	210	490	—
2015	5616	4559	260	590	—
2016	5581	4506	260	590	基层卫生院门诊50%
2017	5530	4459	300	700	—
2018	5501	4419	350	750	—
2019	5443	4369	420	890	—

第三节　疾病防治

一、急性传染病

钩端螺旋体病　俗称“乌脚风”“稻黄病”。1959年8月，成立县防治钩体病领导小组，1960年列入疫情报告。1963—1964年，通源乡曾出现钩端螺旋体病人，死亡数人。此后，开展大面积灭鼠活动，为易感人群注钩体病疫苗，发病人数逐年减少。

麻疹　1962年，麻疹流行波及通源乡，造成多人感染。1985年基本消灭。

肺结核　俗称“肺痨病”。通源乡每年均有病例，均给予治疗，并做好管理工作，防止传播。1979年，推广新生儿计划免疫，接种卡介苗，新发结核病人逐年减少。2005年开始对肺结核病人纳入社区责任医生管理，有效提高了患者服药依从率和治愈率，阻断了疾病的传播。同时每年对入学新生开展肺结核筛查（PPD试验），提早发现病人。

流行性脑脊髓膜炎　1967年大流行，疫情波及通源，医务人员全力防治，在病人周围反复调查，凡发热、头痛、咽喉充血，并伴有呕吐的可疑人员（时称流脑苗头病人），均用全程、足量磺胺嘧啶治疗，以控制流行。实行计划免疫后，病人骤减。

非典　2003年4月，广东、北京等地暴发新型传染病——非典。23日，全市召开非典型性肺炎防治工作会议。当天晚上，乡里召开党政联席会议，专题研究部署“非典”防治工作，制订工作方案，落实工作责任动员广大干部群众，学习非典预防知识，因防治措施得当，没有发生非典感染事件。

预防接种　1979年，通源乡卫生院建立新生儿预防接种记录卡，15周岁以下儿童实行计划免疫，计划免疫得到普及。对7周岁以下儿童制发预防接种保健证。对麻疹疫苗、百白破三联菌苗、卡介苗和小儿麻痹糖丸（简称“四苗”）实行按月接种。1984年，县成立计划免疫领导小组，制订《嵊县计划免疫冷链使用管理细则》，为通源乡卫生院配备计划免疫专用电冰箱、八磅冰瓶、三磅冰瓶、冷藏背包、1—2毫升针筒及针头等。2012年，投资4.2万元，对接种室进行了规范化改造，完成数据库建设，对2004年1月以后出生的儿童信息进行了电子化管理。新生儿童二月内建卡率达100%，三证符合率100%，“四苗”接种率100%。2013年，通源乡卫生院预防接种站通过了省级规范化接种点的验收。

2019年11月，通源乡卫生院预防接种门诊合并至石璜镇卫生院。

二、血吸虫病

1970年，通源公社发现钉螺，被确定为流行公社，流行类别为丘陵亚型。主要位于外乡镇的插花田，包括剡源、石璜、白鹤、方口、太平等5个公社的花田，共794亩。

查病治病　根据《1970—1972年通源血吸虫病检查情况表》记载：1970年，全公社有5961人，接受粪便检查3614人，发现阳性病人22人，治疗11人，未治11人。1971年，全公社共有6013人，接受粪便检查778人，发现阳性病人4人，治疗4人。1972年，全社总人口6068人，应检5141人，查出阳性病人53人，治疗38人，未治15人。钩虫病阳性182例，治疗182例。同年，接受以皮内试验初筛，阳性者再作粪便孵化三送三检的粪便检查3356人，总检查6701人次，发现阳性病人54人，治疗38人，未治9人，因怀孕等禁治7人。共检测耕牛92头，阳性感染1头。发现血吸虫病，通过村干部上门宣传动员，全部病患到公社保健所和嵊县血吸虫病防治所进行治疗，大部分治愈好转。1972年2—3月，茶坊大队派出16名劳力到外公社插花田用五六（氯钠）粉搞土埋灭螺，全部完成全面土埋灭螺。全社27名血吸虫病患者实行就地治疗。1985年，通源成为无螺公社。

1972年1—10月通源公社查螺灭螺工作进度表

表98

大队名称	大队数	生产队数	有螺面积（平方米）	有螺田（亩）	灭螺面积（平方米）	灭螺（亩）	现剩面积（平方米）	现剩（亩）	粪管		改善饮水卫生条件大队数	血防投工劳力数（工）
									已管生产队数	其中：四落实生产队（个）		
合　计	12	59	250	327.2	250	327.2	—	16.2	无	无	—	633
流行大队	11	40	250	327.2	250	327.2	—	16.2	无	无	—	633
非流行大队	1	19	—	—	—	—	—	—	—	—	—	—

查螺灭螺　根据1972年11月11日上报的通源公社各大队1970—1972年查灭螺情况统计表记载，1970年有螺面积为14912平方米，有螺田372.16亩，主要分布在岗下、茶坊、东坑、向阳（道场）、联丰、吴家湾、董家坑、白雁坑、三王堂、里大坑等11个大队的40个生产队，当年灭螺1192.86平方米，灭螺田150亩，血防投工2210工；1971年有螺面积压缩至250平方米，有螺田277亩，当年灭螺田224.4亩；1972年扩大灭螺面积，灭螺田达327.2亩，上半年压缩有螺田至46.2亩，下半年压缩至16.2亩。主要集中在三王堂、茶坊、向阳（道场）。当年血防投工633个，新建无害化粪池18只，动工8只。1973年春季，全公社剩4个大队（茶坊、向阳、吴家湾、三王堂）有螺面积250平方米，其余大队基本消灭钉螺。

1970—1972年通源公社各大队查灭螺情况统计表

表99

村名	1970年					1971年				1972年						
	有螺面积（平方米）	有螺田（亩）	灭螺面积（平方米）	灭螺田（亩）	血防投工	有螺面积（平方米）	有螺田（亩）	灭螺面积（平方米）	灭螺田（亩）	有螺面积（平方米）	有螺田（亩）	灭螺面积（平方米）	灭螺田（亩）	血防投工	已建粪池（只）	已动工粪池
岗下	940	20.4	—	—	—	100	—	100	—	—	—	—	25	—	—	—
茶坊	5380	92.9	—	—	—	—	126.9	—	—	—	15.7	—	85	—	—	—
东坑	660	21.26	—	—	—	—	—	—	—	—	—	—	43	—	—	—
向阳	1317	41.4	—	—	—	—	—	—	—	—	0.5	—	33	—	—	—
联丰	2180	62.9	—	—	—	150	87	150	—	—	—	—	35	—	2	—
吴家湾	3755	92.8	—	—	—	—	2.6	—	2.6	—	—	—	8	—	—	3
松明培	—	—	—	—	—	—	—	—	—	—	—	—	—	—	5	—
董家坑	31.5	5.8	—	—	—	—	—	—	—	—	—	—	6	—	—	1
白雁坑	378	6.3	—	—	—	—	—	—	—	—	—	—	6.2	—	—	—
茶培	—	—	—	—	—	—	—	—	—	—	—	—	6	—	2	1
三王堂	62.5	23.8	—	—	—	—	60.5	—	—	—	30	—	37	—	5	2
里大坑	218	4.6	—	—	—	—	—	—	—	—	—	—	43	—	4	1
合计	14912	372.16	1192.96	150	2210	250	277	250	224.4	—	46.2	—	327.2	633	18	8

第四节　公共卫生

一、爱国卫生运动

除“四害”　1958年，发动全民除“四害”（老鼠、麻雀、苍蝇、蚊子，1960年后臭虫代替麻雀）。各大队同时成立防疫委员会，统一领导，统一规划，统一行动，开展爱国卫生运动。对“四害”多采用药物杀灭，在有组织开展除害活动时，药物免费供应。除“四害”是乡村公共卫生内容之一，二十世纪八十年代后，臭虫灭迹，蟑螂活跃，居民每年可免费领取“灭蟑药笔”诱杀蟑螂。

控烟活动　自每年5月31日确定为世界无烟日起，通源乡政府及学校、企事业单位严格执行《关于在公共交通工具及其候车室禁止吸烟的规定》等法律法规，参与控烟，带头禁烟。以创建无烟学校、无烟医院、无烟办公楼为重点，开展公共场所禁烟工作，禁止在各种类型等候室、会议室、学校周围、商店门口设置烟草广告，消除变相烟草广告，减少烟草广告的危害性。

文明卫生乡（村）创建　2001年起，通源乡以“优化人居环境，促进经济发展”为目标，开展全民爱国卫生运动，创建卫生乡（村）。经考核，2002年获嵊州市卫生镇（乡）称号，2004年和2005年分别被评为省级文明镇（乡）和省生态示范乡镇。2007年被评为绍兴市级卫生强镇（乡）。

环境卫生　1981年起，号召全乡人民先后开展“双清双建”（清理露天垃圾、建设垃圾处理站，清理露天粪缸、建设新型公厕）、农村环境卫生整治等活动，建立“门前三包”制度（即包卫生、包绿化、包秩序）。2001年，乡成立环卫所，配备保洁员，建成行政村垃圾站房，集中处理农村垃圾，实现了清扫保洁常态化、垃圾处理无害化。

食品卫生　1962年1月起，要求食品商店必须向县领取卫生许可证才准营业。1970年要求食品行业从业人员具备健康证、卫生许可证。2001年起，乡政府成立食品管理小组。2013年7月，发生食品安全事件一起，由于处理及时，未造成不良后果。12月，卫生院为白雁坑村农家乐上门开展食品卫生从业人员健康体检一次。

妇女保健　1983年，通源卫生院开展围产期保健工作，对辖区内孕产妇实行系统管理。1985年孕妇建卡率92.5%，回卡率93.4%，产前检查率96.1%，产后访视率89.6%，产后42天检查率44.2%。2011年，乡卫生院与乡政府计生办联合开展妇女病普查及计生技术指导和咨询服务，宣传计生政策和健康知识。2013年，完成对501名育龄妇女的妇女病筛查工作，共筛出妇女病患者146例，均落实了治疗措施。完成农村孕产妇住院分娩补助、农村妇女孕前和孕早期增补叶酸预防神经管缺陷等重大公共卫生服务项目。2018年起，对全乡妇女免费开展“两癌”（乳腺癌和宫颈癌）项目检查，共检查430人，2019年检查229人。

儿童保健　1985年起，乡卫生院开展儿童保健服务，对7岁以下儿童进行全面健康检查，实行系统管理，建立健康档案，宣传育儿知识。2005年，将0—6岁儿童作为重点人群纳入公共卫生服务项目，开展信息化系统管理，对儿童营养性疾病、发育情况等进行评估。卫生院为辖区儿童建立《0—6岁儿童保健手册》，从出生开始就记录儿童生长发育情况和各种健康状况，包括生命体征的变化，如：体格发育、智力发育、牙齿发育、喂养情况、听力、视力、疾病的转归等。

通源乡0—6岁儿童系统管理情况表

表100

年　份	0—6岁儿童数（人）	系统管理人数（人）	系统管理率（%）
2012	351	334	95.16
2013	333	318	95.50
2014	319	295	92.48
2015	296	280	94.59
2016	242	227	93.80
2017	195	183	93.85
2018	207	197	95.20
2019	186	177	95.16

二、公共卫生服务

2004年，乡卫生院增挂通源乡社区卫生服务站牌子，除提供基本医疗外，开始实施城乡公共卫生服务项目。主要是面向社区、家庭和居民，以妇女、儿童、老年人、慢性病人、残疾人和贫困居民为服务重点，开展预防、保健、康复、健康教育、计划生育服务等公共卫生服务，发挥“六位一体”功能。8月，乡政府聘任王海英等13人为各村公共卫生联系员。2005年，政府按农村常住人口每人每年15元以上的标准，设立农村公共卫生服务专项资金。2009年，财政安排专项资金，由社区卫生服务站为常住居民免费提供两年一次的健康体检，推行家庭医生签约服务。首轮共体检1356人，农民健康体检率23.5%。2019年，全乡农村公共卫生服务经费达到人均55元。

2012—2019年通源部分疾病及体检情况表

表101

年　份	总人口（人）	建档数（人）	65岁以上老人数（人）	高血压（人）	糖尿病（人）	精神疾病（人）	肺结核（人）	上报传染病（例）	参加体检数（人）
2012	5826	5323	971	476	72	40	1	11	1356
2013	5767	5534	979	481	82	40	1	11	1374
2014	5693	5483	986	485	96	39	1	12	1398
2015	5616	5486	997	489	101	41	1	11	1412
2016	5581	5437	1027	712	149	38	1	10	1391
2017	5530	5379	1045	731	155	41	1	12	1385
2018	5504	5206	1074	753	168	40	1	10	1425
2019	5435	5168	1108	776	172	40	1	11	1568

第五节　民间医药

一、民间医术

放　痧　治疗实热痧毒深入血肉之中，常见青筋、紫筋现于肘弯、腿弯。用三棱针或眉刀在曲池、委中等穴直刺，放出紫黑血，泄出痧毒。余如手足十指（趾）尖及百会、太阳、印堂、金津、玉液等穴都可酌情选用。挑羊毛痧则特殊，见腹痛剧烈患者，在背腰部找到丘疹样物，用眉刀敏捷地刺入，挑出白色羊毛状纤维，割断之。

扭　痧　有发散解表、通经疏郁作用，适用于中暑、腹胀、头痛、晕车船。按不同病情选择结喉两侧、太阳、印堂、大椎穴或颈侧以及华佗挟脊等处挤拧，术者弯曲两指（食指、中指）关节在选用部位挤拧至皮下淤血。

刮　痧　实热痧胀邪犯肌表，用汤匙或瓷碗蘸菜油在患者脊柱两旁向下轻轻顺刮，逐渐加重。油干则再蘸再刮，以出现红紫斑点或斑块为度。如刮头、额、肘、腕等处可用头发蘸油刮之。

挑　星（挑治角膜溃疡）　在特定部位割断纤维治疗眼睛“上星”。视患者背部有红色丘疹样物处，术者用三棱针（或小眉刀）在其上迅速刺入，挑出坚韧的纤细白色丝状物用剪刀剪断。局部盖以消毒纱布，橡皮膏固定。

灯草灸治腮腺炎　腮腺炎初起1—2天适用此法。患者腮腺发炎之同侧耳壳向前折，折缝尖端，颞额部入发际处名“角孙”穴，是治疗穴位。先剪去2—3毫米直径范围的头发，用灯草一根，浸以麻油或菜油，燃着后，迅速点灸穴上，发出“嗤”的声音为度。

灸蛇缠（带状疱疹）　方法有两种：一是在蛇缠最先发的首端疱疹称为“蛇嘴”的点上放一麦粒大小的艾炷，再在“蛇嘴”附近寻找水疱密集称为“蛇眼”处各放麦粒大的艾炷，点火后医者用口微微吹风，当病人呼灼痛时，医者用力吹去未燃尽的艾炷，接着同法在蛇缠延伸最远端一、二处各灸一壮（称为蛇尾）。二是为单头蛇灸和多头蛇灸法。单头蛇灸法以米粒至黄豆大艾炷置于成簇的水疱末端0.5—1.5厘米处，点燃之，待燃至皮肤有痛感即移去艾绒，再灸另一末端，两端各灸一壮，以皮肤潮红为度；多头蛇灸法基本同单头蛇灸，唯艾灸部位有别，其艾灸部位在中间，距水疱或疹点0.5—1.5厘米处。

捺顶珠　治小儿呕吐、泄泻。助手（家长）抱患儿正坐，术者洗净双手，左手指分开患儿口齿，张大口腔，右手食指尖蘸少量白糖，指腹面朝向咽前壁，指尖向下伸入食管，深度约至没指，触到较硬扁圆形的“珠”，稍“捺”一下，迅速将手指退出口外，术毕。

刀头盐治中蒂拖出　成人咽喉肿痛，噎食时如有梗阻。用食盐放于菜刀上，研细，使筷头粘住细盐，患者张大口，能看见从喉口上方拖长的“中蒂”，将刀口盐粘于其上，让患者把沾盐后流出的唾液吐出，再隔日施行，便可痊愈。

鬼箭疯的治疗　人们在生产劳动中，甚至行、坐、睡眠中，有时突觉某处疼痛难熬，俗称“鬼箭疯”。民间常请能念“退鬼箭咒”的人一边念咒，一边揉摸患处或用手心拍打患处，如拍打发现患者患处有紫黑色血疔（瘀迹）视为被鬼箭所伤。有的患者经两三次拍打或揉摸，病痛即有所减轻。严重的需用针挑起红筋，然后用剪刀剪断，出血即可。

二、中草药

西白山盛产药材。《剡录》收载20多种，其中朱砂、桑白皮、五倍子被列为贡品。《民国嵊县志》载，地产药材129种，计草类106种、木类6种、果类4种、禽类1种、畜类1种、虫类3种、金石类8种。整座山上有《中国药典》收录的药用植物92科242种，其中大部分为被子植物。清热类和补益安神类为最多，包括香榧在内的补益类的有35种（香榧还是驱虫类的药物）。

1969年嵊县医药公司和嵊县人民防治院对全县中草药资源进行调查，实地考察了西白山、四明山等地草药品种和分布情况。筛选出药效好、产量多、符合实用的150种，编成《嵊县民间常用中草药（一）》。其中，常用的有黄精、七叶一枝花、苦参、天南星、八角金盘、万年青等。种植草药以白术为首位。

第三章　广播电视

广播电视作为党和政府的主流传播媒介之一，曾经在通源的政治、经济、文化发展和社会进步过程中发挥过举足轻重的作用。随着信息化时代的到来，有线广播、有线电视的传播优势已逐步被日新月异的互联网优势所替代。同时，山区流动电影放映逐步退出历史舞台。

第一节　广　播

广播网络　1955年11月，嵊县广播站成立，随后各区相继建立转播点，初时利用电信线路通广播。1956年8月全县乡乡通广播，村村通有线高音喇叭，大的村2—3个，小的村1个。1974年，县至乡信号线路实现水泥杆化。1982年全县整顿广播网，实现有线广播“村村通”。1983年底，全公社有广播（喇叭）997只，入户率54%。1987年，全乡拥有喇叭1445只，入户率78.2%，达到了浙江省验收标准。1991年，全乡有广播（喇叭）1526只，入户率80%以上，村广播室10个，动圈喇叭村1个，乡村干线45.5公里，用户线35.5公里。

公社（乡）广播站　1974年2月，成立公社广播放大站，设播音员1名、线务员1名，以转播中央、浙江人民广播电台节目为主。1984年起，开办自办新闻节目，重点是宣传党的路线方针政策和法律法规，及时发布农事气象消息，传播农业科技知识，播送新生事物和发生在身边的好人好事等。1984年成立了一支各村（单位）通讯报道员队伍，当年向乡广播站投稿89篇，向县广播站和上级台站投稿38篇。其中，教育干部王耀敷撰写的一篇介绍白雁坑村金小余发明利用毛竹引水发电的事迹报道《西白山上夜明珠》在乡自办节目中播出后，又被县广播站和浙江广播电台录用，引起很大反响。1992年6月，更名为乡广播服务站，从大集体转为全民事业，管理模式从“条块结合、以块为主”转变为“条块结合，以条为主”。1995年1月，在全县第六次乡镇广播站自办节目评比中获得三等奖。1997年7月，易名为广播电视站。

村广播室　二十世纪七八十年代，村村都建有广播室。主要用于宣传党的方针政策，传播科技知识，发布本村和上级有关通知，有时也召开广播大会。“农业学大寨”期间，村广播室高音喇叭还安装到了集体劳动的现场，用于鼓舞人心、振奋精神。

第二节　电　视

二十世纪八十年代初，白雁坑村油竹山生产队和个别村民率先购置了黑白电视机。随后，松明培村、三王堂村少数村民也相继购置了电视机。由于当时电视信号很弱，村民用杉木、毛竹等支起简易的天线收看中央电视台、浙江电视台节目。收视质量很差，常常“雪花”满屏。

电视差转台　1988年10月1日，投资9000元购置设备，由县电视台提供技术支持，在乡政府对面枫树湾顶建立首个电视差转台，转播县嵊山电视转播台节目，可收看浙江1台、上海2台节目，基本解决了岗下、茶坊、董家坑、新东坑等村的电视收看问题。

有线电线“村村通”工程　1991年7月至1998年底，市财政投资1000万元，新建光缆线路22条，全长250公里，镇乡有线电视联网和广播电视实现共缆传输。2001年至2002年，全面实施有线电视“村村通”工程。至2002年底，全乡基本实现有线电视“村村通”目标，有线电视入户率达80%以上。

第三节　电　影

二十世纪六十年代，县电影管理站建立9个电影放映队，分片开展农村电影放映工作。其中第9电影放映队承担石璜、富润、剡北、剡源、通源等几个公社的放映任务。一般情况下，1个村每年能轮到放映1—2场电影，大都为露天放映。

赤脚电影放映队　1971年12月，公社成立赤脚电影放映队，由各村集资购置8.75毫米电影放映机和小型发电机各1台，放映员周仕群、钱荣坤经过1个月的理论和操作培训，于1972年正式开始巡回放映，每个行政村每月放映一场（各自然村轮流），影片由县电影公司统一调配。电影放映费每场5元，由各村负责上缴公社，放映员工资补贴每场每人1.2元由公社统一发放。1981年，公社电影队新购置16毫米放映机1台，放映费调整为8.75毫米放映机每场9元、16毫米放映机每场14元。1983年农村实行家庭联产承包责任制后，各村电影放映费取消，改为电影队售票放映。

乡电影院（大会堂）　1987年8月19日，总投资42000元，总面积270.15平方米的乡电影院建成，有座位450个，不定期售票放映电影，电影放映员黄校祥。电影院既放映电影，又兼作大会堂使用。售票收入归电影队，电影放映费和放映员工资由电影队自行承担。当年，海南省琼海电影公司还专程来人考察电影院与大会堂共用经验。

个体家庭电影院　1984年10月1日，松明培村民邢煜钢个人投资1000余元，购置8.75毫米电影放映机1台，利用木材、毛竹制作简易座椅，在自家闲置房屋创办了一家个体电影院，内设座位279个，吸引本村和周边村村民前去售票观看电影。乡政府曾专门组织各村干部、青年召开现场会，予以宣传推广。

第四章 文化艺术

通源人历来崇文好学。早在二十世纪五六十年代，岗下、松明培、白雁坑、吴家湾等村的青年就组织文艺队伍，开展丰富多彩的业余文化活动，自编自导自演，创作出小戏小品在全乡进行了巡回演出。改革开放以来，党委、政府大力弘扬优秀传统文化，积极举办富有通源特色的文化活动，凝聚群众智慧，丰富群众生活，助力乡村振兴。

第一节 文化事业

乡文化站 1981年11月设立社办（乡、镇级）公助文化站，首任文化员王华娟，站址设在岗下村长坵田公社院子内（西侧小屋），面积仅20平方米左右，文化设施仅有一台彩色电视机及少量藏书。1987年7月，迁移至新乡政府院子内。1988年新增宣传窗1个，1×4米黑板报2块。1990年被评为浙江省三级文化站。2008年4月，乡政府投资120万元，将撤并后的通源小学改建成通源乡文化活动中心，总占地面积约2500平方米，建筑面积约1000平方米，含一幢二层综合楼和两幢附属用房，内设书画创作室、科普图书室、阅览室、棋牌活动室、乒乓球室、电化教育室、培训室、多功能活动室等。同时，改造篮球场、羽毛球场和健身路径1500平方米，2009年3月交付使用。2010年，通源乡被命名为第四批绍兴市文化示范乡。2015年11月，市编办再次明确通源乡文化站为嵊州市文化广电新闻出版局所属公益一类事业单位，主要履行提供公共文化服务、指导基层文化工作和协助管理农村文化市场等职能，属全民事业单位，定编1名，领导职数1名，经费财政全额拨款。行政上受市文广局领导，业务上受市文化馆指导。2019年7月，通源乡建制撤销，文化站也随之撤并。

通源乡文化站历任站长一览表

表102

序 号	姓 名	性 别	任职时间
1	王华娟	女	1981年11月至1987年6月
2	张少坡	男	1987年7月至2004年2月
3	何美英	女	2004年3月至2009年10月
4	宋 伟	男	2010年11月至2013年11月
5	马周濛	女	2014年9月至2019年7月

村文化活动室（中心） 二十世纪七十年代，岗下、松明培、吴家湾、新东坑等少数村建立乡村俱乐部；随后，大部分村又建立了“民兵之家”“青年之家”，1981年，县人武部、团县委和县文化局联合组建“青年民兵之家”；1985年起，各村相继建立村文化活动室（中心），并配备了兼职管理员，不定期组织开展篮球比赛、文艺演出、棋类比赛等群众性文体活动。

文化礼堂 2013年，浙江省全面推开以“文化礼堂，精神家园”为主题，集学教、礼仪、娱乐于一体的综合性农村文化礼堂建设工作。至2019年，全乡建成松明培、岗下、三王堂、吴家湾等4个农村文化礼堂。

未成年人活动中心 2009年6月1日，建成全市首个基层未成年人活动中心，利用乡文化活动中心现有场地，开辟未成年人活动场地，设立书画室、图书室、宣教室、排练室、棋室等，聘请市内知名书画家、作家等担任艺术顾问，组建由教师、大学生村官、机关干部等人员组成的辅导员队伍，开展书画创作、礼仪培训、社会实践、文体比赛、知识讲座等活动。成立当天举行了揭牌仪式和庆典文艺活动。

农村文化示范户 松明培村张传火、岗下村陈全火、王小飞等3户先后被命名为浙江省农村文化示范户。

文化活动 二十世纪五十年代，岗下村钱樟茂、王才华、赵养铨等一群青年自发组织长岗岭剧团，聘请瑠田村越剧老艺人钱樟雨（前场）、白雁坑村洪连茂（后场）为师，排练《落金扇》《大堂相会》《包公案》等剧目，还到王仪堂、石砩、胡双等周边乡村进行了巡回演出。“文化大革命”期间，样板戏盛行，几个大一点的村庄都先后聘请导演，在村里挑选演员排演经典剧目，开展交流演出。如吴家湾村的《沙家浜》、白雁坑村的《红灯记》等。“文化大革命”后期，当时的长乐区开办业余导演培训班，松明培、白雁坑、岗下、东坑、吴家湾等几个村都派人参加，属村里公派，参加的都是有一定文艺细胞的青年，培训期间生产队记工分，培训地点在石璜大会堂，培训教师是县文化馆专业老师。培训结束后，各村还编排了《审椅子》《弹墨斗》等现代小戏，并在全乡进行了汇报演出和各村巡演，时任公社党委书记周信洪还在汇报演出晚会上讲话，给予充分肯定。1970年7月10日，全公社中小学师生大唱革命历史歌曲会演活动在岗下队校举行。1986年6月1日，张少坡、邱正权书画联展在石璜电影院举办，共展出书法、绘画作品60余件。县文广局、教体局、美协、书协和石璜区委有关领导到场祝贺。部分作品还于县第一届少代会期间在县人民大会堂展出。1988年元宵节，举办“龙年元宵盛会”内容包括文艺晚会、灯谜竞猜、趣味游戏等。1989年，举办春节联欢晚会，乡机关干部、教师和村民数百人参与。1997年7月，通源乡民乐队在嵊州市庆七一·迎回归“土地杯”百队农民吹打乐大会赛中获“演奏优秀奖”。2005年2月，举行松明培村文化活动中心落成典礼暨文艺演出活动。2007年，举行迎春文艺会演和“迎新春·送春联”活动，免费向村民送春联500多副。2008年8—9月，在各村开展纪念改革开放30周年“电影展播月”活动，9月16日至10月15日，举办“老年文化节”系列活动。2010年9月26日，举办“魅力通源”主题文艺晚会。2011年，举办庆祝中国共产党成立90周年“红歌汇”，并组织人员参加全市“文艺走基层”广播电视与群众心连心大型巡演活动；文化员宋炜在全市“红歌大家唱”比赛中获金奖，在全省乡镇文化员才艺大赛中获声乐类银奖；王小燕在全市“梦想大舞台”歌唱比赛中晋级决赛。2012年11月，承办由嵊州市林业局、旅游局主办的“相约西白山·美丽通源行”暨嵊州市首届登山节活动，走古道，赏榧林，品香茗，游农家，登高望远。同时，还举行了香茶香榧交易市场揭牌仪式。2013年8月，在松明培村“中国香榧王”所在地举办会稽山古香榧群申遗现场会暨香榧开摘祭祀祈福仪式。2015年，举办“情暖通源·粽香端午”“通源一家亲·真情颂金秋”节庆系列文化活动；组织人员参加嵊州市第六届农村“种文化”暨“我要上春晚”石璜赛区比赛；白雁坑村申报第三批浙江省非物质文化遗产旅游景区“民俗文化村”。2016年，4月11日，举办“通源·西白茶人节”，内容包括茶叶炒制比赛、现场品鉴、摄影创作和“茶文化”主题书画笔会等；开展“文化走亲欢乐行·相约礼堂一家亲”走进仙岩活动；嵊州市广艺越剧团到通源乡开展文化惠民演出活动。2017年，参加嵊州市第七届农村“种文化”暨“礼堂一家亲·百姓秀才艺”活动第三片区（长乐、贵门、通源、雅璜）选拔赛；举办“我的家园——万家文化礼堂庆丰收”中秋系列活动和“清廉通源”主题书画创作活动；开展“书香人生”朗读活动。2018年6月12日，举办“我们的节目”——中秋文艺晚会。2019年，在白雁坑村举办嵊州市香榧推荐品牌评比暨地质森林康养节活动，开展书画创作、文艺表演、香榧盆景展示、趣味游戏等，内容丰富多彩，反响很好。

文艺队伍 二十世纪八十年代起，群众文化日益繁荣，乡村文艺队伍逐步壮大。至2017年，全乡已拥有各类文艺队伍15支，累计180多人。其中，合唱队16人、民乐团10人、文学社5人、书画社8人、女子军乐团10人、曲艺表演队11人、舞蹈队20人、越剧演唱队20人，以及健身排舞队80多人。

文艺创作 1984年11月，张少坡获由团中央主办的“全国首届青年钢笔书法竞赛活动”五等奖；1987年10月，张少坡、张少华的硬笔书法同时入选“全国中青年书家硬笔展”；1988年5月，张少坡的毛笔书法和张少华的硬笔书法分别获浙江省农民书画展览三等奖；1988年11月，张少华的硬笔书法获“龙年”全国钢笔书法大奖赛优胜奖；1989年4月，张少坡的硬笔书法获“首届全国硬笔书法作品邀请赛”优胜奖；张少华的硬笔书法获首届“闻一多杯”全国青少年硬笔书法大赛优胜奖；1999年11月，张少坡的毛笔书法入选99《书法报》读友书法篆刻大赛作品展；2008年9月，嵊州市艺术家作品创作基地在乡文化活动中心挂牌成立，邀请市摄影家协会、市书法家协会、市美术家协会等到通源采风创作，并汇编成作品集《印象通源》。2013年4月，张少坡的毛笔书法作品入选第六届浙江省青年书法选拔赛；2014年6月，张少坡创作的新故事《一个民工的责任》在“中国梦·美丽浙江”浙江省第八届新故事作品征文大赛中获二等奖；2016年1月，张少坡创作的诗歌《山的旋律》在浙江省第六届乡村诗歌大赛中获兰花铜奖。从二十世纪七十年代起，斯菊林的小说、散文、故事、随笔等数十万字作品在各级报刊中发表，并在《解放日报》微型小说征文、北京《中华魂》“我和优良传统”征文、《中国烟酒茶》征文中多次获奖，专著《情清青山》由作家出版社出版。2022年，由钱荣仁撰写、钱继红整理的长篇纪实小说《剡溪激流》结集成册。

第二节 文化遗产

嵊州古香榧群 2012年1月，以通源乡、谷来镇、雅璜乡等3个香榧自然保护小区为主的“嵊州古香榧群”被市政府公布为嵊州市级文物保护单位。2013年5月，包括嵊州古香榧群在内的“浙江绍兴会稽山古香榧群”成为全国首批19个重要农业文化遗产之一。同月，在日本石川县举行的全球重要农业文化遗产国际论坛会议上，被联合国粮农组织认定为“全球重要农业文化遗产保护试点”，成为世界上第一个以山地经济为主要特征的全球重要农业文化遗产利用系统。

松明培太祖庙　位于松明培村村口，坐北朝南略偏西。据民国《嵊县志》记载，明朝正统二年（1437）嵊县大旱，尤以嵊西最为严重。到正统三年（1438）春夏之交，官府已无力赈灾，粮商汪以增将存储在西仓的数十万斤粮食悉数放出，全部用于赈济西乡灾民，松明培村民先祖也按人口分到赈灾粮，汪以增死后，被尊奉为太祖明王，此事被代代相传。民国初年，经村中有识之士倡议，合村商议决定共建太祖庙，以便后人四时祭祀。经数年筹备，至1922年，在村上方山脚（蜈蚣形）选址动工，所有建庙木料均已齐备。但因是年暴雨成灾，山洪暴发，所有建庙木料被冲到村口，搁浅在村口现庙址处。旧时村民相信迷信，认为这是太祖公神灵所为，遂将庙址改选在现址，当年建成。太祖庙在二十世纪六七十年代有过两次人为破坏。1995年，在村民周雪林等人倡议下，发动善男信女捐款捐物，对庙宇进行了修葺，遵旧制重塑庙内神像，重新制作柱联等，并将东面附房改建为配殿。2013年，庙管会再次倡议进行修葺，更换了漏雨严重的屋脊、瓦片以及破损的门栏、大门，将道地改建为水泥地面。现太祖庙建筑面积约150平方米，因地势原因，地基前窄后宽。庙门为两开门，庙前有石阶数十步，门楣上书有“太祖庙”三字。进入庙门即殿前道地，面积约70平方米。大殿建筑面积50余平方米，三开间敞开式，硬山顶。大殿明间用五架抬梁，上穿斗式梁架，粗壮木柱承重。墙体、基础等主体结构均为1922年始建时建筑。屋面瓦、脊为1995年翻修，屋脊两端塑有龙吻。大殿东面为1995年修葺时扩建的配殿。殿高略低于正殿，建筑面积约25平方米。

檐口柱联：饮和食德尊重明王，布泽流膏亲称太祖。

正殿前柱联：千古神民祇爱慈，万家士女没膏来。

正殿后柱联：生换流民安古土，设为霖雨洒荒村。

正殿栋柱联：庙貌鼎新俎豆馨香酬圣德，神籤复求应膏位泽沛民生。

旧时庙中曾有记录建庙经过的一块木匾，“文化大革命”时与神像一起被毁。太祖庙正殿设佛龛：正中塑太祖明王夫妇神像；左次间塑叶相公、朱相公神像；右次间塑土地公公土地婆婆神像；正殿两侧墙边，左塑文判官、千里眼，右塑武判官、顺风耳；此外，还有几尊个体较小的塑像，有地藏王菩萨、金童玉女，还有可用于巡游行道的汪以增、叶相公行相。正殿东面配殿是仙姑大圣殿，现供奉一尊仙姑神像，个体较小。旧时农历十月半为会期。是日，松明培各姓村民不分男女老幼进庙烧香，祭祀太祖明王。附近村庄善男信女也前往祭祀、求福，祈求神灵保佑。旧时，庙会期间，还经常邀请戏班子演戏两天两夜，费用多由善男信女自愿捐助。会期在二十世纪六十年代“四清运动”时被取消。1995年庙宇修葺后恢复。每年农历六月十九是太祖明王忌日，也是村民进庙祭祀的日子，规模小于庙会，形式以拜忏为主。平时，如遇村中老人过世，则都要到庙内出庙。

白雁坑太祖庙　位于村口，始建于何时无史料可考。据《剡西邱氏宗谱》记载：咸丰十一年（1861）庙被“粤匪”所毁。同治年间，冷坞邱氏太学生锦云公曾应白雁坑钱公之约共同修庙。据油罗山邱行品说，原庙毁于匪患，详情不明，后来重建于1925年，经手人为石板坑沈小瑞。重建后的庙仅一字正屋五间，前方为与东西两边矮墙齐出的广场，三方是石砌围墙，高约三到四尺。庙内中间三间为正殿，中有太祖公公和太祖婆婆坐像，旁立金童玉女，神座门面上立一匾写“太祖庙”三字，神座有白底蓝花顶盖。中间两旁为四立相，服饰为文官，两旁靠壁为文武判官和二大臣立像。

神龛前有一大祭桌。东首边间为地藏殿，西首边间为厨房。庙会期为十月半和六月十九。1950年，村里开始办学，太祖庙曾是白雁坑小学所在地。解放时因破除迷信神像被全部捣毁。1951年，由分水岗原农会干部斯茂春负责在庙前广场上建起了两面廊屋各三间、前庭五间，都是二层楼房，前庭有楼板，二廊无楼。中间有一万年台，供演戏与开村民大会用。2002年，本村村民钱企安在此开办精制茶厂。2016年11月5日，村民自发组织，重塑太祖神像。

吴家湾太祖庙

吴家湾太祖庙 位于吴家湾村村口。祀太祖公公与太祖婆婆。建于民国时期，坐东朝西，依山傍水，北侧为溪江及通村公路，占地面积434.12平方米，四合院式前后三进，左右设两层厢房，外墙为夯土墙，屋顶均硬山造。第一进门厅五开间，用五架抬梁，明间后檐设戏台，三间连廊，用五架抬梁，戏台不设藻井，前后台用屏风区隔。第三进大殿三开间，明间梁架结构为五架抬梁前后单步，用四柱七檩，檐柱不设牛腿，明间正中施地心石。南北厢房面阔三间，用三架抬梁，前檐柱施“S”形牛腿。门厅、大殿均设五山封火山墙，块石砌阶沿，三合土地面，小块石弹砌天井。太祖庙布局完整，建筑简单，整组建筑均用木质柱子，素面鼓形础，是典型的山区庙宇。

茶坊仙姑庙

冷坞祠堂 位于白雁坑村冷坞自然村，坐南朝北，为三开间两廊屋一天井和台门的“祖先堂”。堂上匾额镌有“光前福后”四个大字，落款为“桂上公派系中立第廿八世系正山派登”字样（该匾为邱氏后裔收藏）。根据邱氏族谱记载，“第廿八世”指福建上杭三五郎公为始祖所衍至冷坞自然村的“邦”字辈。据邱氏后人口述，祠堂由“邦”字辈儿子洪铨、洪鹤等兄弟经手而建。柱上有年仅十三岁的“行”字辈芳炜手书的对联。二十世纪六十年代，已设有很多邱氏祖宗牌位。“文化大革命”初期，廊屋由生产队集体出面建制茶灶、打铁铺等，后又遭损毁，牌位及其文物字画荡然无存。此后，因年久失修失管，遂于二十世纪九十年代倾倒，现只剩地基。

仙姑庙 位于茶坊村外大水坑半山腰，三间庙宇依岩而建，高大宽敞，岩下即神座，上塑有七个仙女的坐像，大姑在中间，其余依次而坐。庙内正中悬挂一块“仙姑庙”横匾，由嵊州市书法家周安声所书，古朴雄浑。神座上面题有“太白并灵”四字，且有楹联曰：仙女思凡，知凡间不凡；俗子识尘，觉尘世皆尘。仙姑庙东面岩缝中有个风洞，冬暖夏凉。洞外建有房子，塑着几尊菩萨。庙堂前面是天井，天井南边有矮墙作护栏。庙的东面也是房子、是厨房和会期时用餐的场所。从公路到仙姑庙大门口筑有一百多级水泥阶梯，拾级而上便是庙堂。仙姑庙下方山脚建有一个亭子，有仙水洞，石壁上镌有“沯（hai）泉岩”三字，有清泉自洞中汩汩而出。

玄坛庙 位于新东坑村村口，始建于明末清初。庙宇坐南朝北，建筑面积约600平方米，结构完整，分大中殿和前厅三大部分，并有左右廊屋各一排。大殿塑有神像十三座，明间塑玄坛菩萨赵公明坐像，中殿设有戏台；前厅左侧为厢房、右侧为厨房；两侧廊屋为双层结构，旧时用于女眷看戏。中殿和前厅曾于民国期间毁于兵，后重建。“文化大革命”期间，神像、匾额等被毁，1995年重塑。庙会会期为每年农历三月十六和九月十六。

岗下胡陈庙 位于岗下村祠堂边。坐东朝西，砖木结构，一层三间，建筑面积约120平方米。庙内供奉胡公大帝和陈老太公。

岗下胡陈庙

胡陈庙内景

古桥题刻 白雁坑公益桥南面东西两侧石梁上分别阳镌楷书“公益桥，民国二十七年，钱惠昌经理”字样；荷岭丁馀桥西侧石梁楷书镌刻“丁馀桥，民国己巳”字样；新东坑箭箬岭桥桥身两侧镌

荷岭丁馀桥题刻

新东坑箭箬岭桥题刻

新东坑双江口桥题刻

新东坑新成桥题刻

有“陈周氏造，民国甲寅”字样；新东坑双江口桥南侧刻有“裘奇仁造”字样；新东坑新成桥东南侧刻有“新成桥，丙辰年”字样。

第三节　民间工艺

竹编工艺　嵊州是“竹编之乡”。通源历来盛产毛竹、早竹等，竹编工艺富有传统。竹编就是将竹子加工成不同规格的篾片、篾丝后，采用“绞丝”“花栋”“弹花”“龟背”等10多种编织技法使其产品成型的一种工艺。旧时，主要产品有挈篮、套篮、香篮、食篮、鞋篮、篾席等。二十世纪七八十年代，嵊县工艺竹编厂进入鼎盛时期。1974年2月，通源创办通源竹编厂，主要为嵊县工艺竹编厂加工生产“山鹰”“飞鹰”“梅雀”等产品。1989年7月，由通源竹编厂初步制作、县工艺竹编厂加工完善的竹编工艺品《山鹰》获国际博览会金奖。代表性传承人有岗下村陈金火、吴家湾村斯传荣等。二十世纪八九十年代，联丰、吴家湾的竹箩和白雁坑（冷坞）、董家坑的竹丝扫帚曾一度畅销全县各乡镇以及新昌、上虞等地，成为许多村民的主要经济收入来源。

细木工艺　传统木工分大木匠、中木匠、细木匠三类。大木匠以建造木结构房屋为主；中木匠主要从事简单的桌、椅、门、窗、凳、柜等制作；细木匠被尊称为“细木老师”，具有较高的艺术造诣和精湛的手工技艺，主要制作雕花眠床、条子菜橱、八仙桌等工艺比较复杂细致的高档家具。细木工艺主要制作工具有大小锯、大小凿、斧、刨（长刨、短刨、线刨、丝刨、凸刨）、锉刀、牵钻、榔头、大角尺、小角尺、竹笔等等。工艺流程包括构思、设计、定样、绘制、取材、分件、制作、榫头镶嵌、拼合组装等；制作顺序一般是先做里方，再做外方；先做底部，再做上部。细木工艺用材一般选用香樟树、香榧树、木窝树等木质比较坚硬、细韧的树种。代表性传承人有松明培村张传火、白雁坑村金兰超等。

雕刻工艺　主要有木雕、根雕、竹根雕等。木雕艺人以传统雕花匠为主，具有一定的美术基础，通过拜师学艺，靠为民间实用家具如排仙床、八仙桌之类的雕刻花板谋生，擅长浮雕、圆雕。随着时代的变迁，传统家具制作逐步退出历史舞台，导致雕花技艺传承后继无人。根雕和竹根雕艺人大都从嵊州市工艺美术学校毕业，普遍年纪较轻，富有创新精神和艺术创作能力。根雕代表性传承人吴家湾村陈炉钢师从根雕大师郑兴国，功底扎实，技艺精湛，作品《九歌·山鬼》《期盼》《茶圣》《匠心》《牧歌》等先后获全国性工艺美术大赛金奖，并被评为第四批嵊州市非物质文化遗产“嵊州根雕”代表性传承人，被绍兴市人力和社会保障局评定为“绍兴市工艺美术大师”“绍兴工匠”。竹根雕代表性传承人有白雁坑村钱继忠，师承根雕大师郑剑夫，曾担任嵊州市民间工艺家协会秘书长。岗下村王旭东师承竹刻（雕）大师俞田，浙江省民间文艺家协会会员、浙江省新峰计划人才、浙江省竹艺专委会秘书长、嵊州市技术能手。代表作有竹刻《耕耘》《扭转乾坤》《守护》等。

竹器家具制作　竹器家具制作历史悠久、用途广泛、造型简洁、价格低廉、经久耐用，历来为通源人民所喜爱。主要产品有竹椅、竹榻、竹柜、竹床等。制作竹器家具时先用不同口径的竹材，依照家具的设计结构，利用竹材高温下受力弯曲、冷却定形的原理，将竹材变成圆形、椭圆形、抛物线形等形状，然后再精心榫合成各种家具的骨架；同时，将需要着力的骨架竹竿两侧用多根竹材进行相并，既增加家具的负重力，延长使用的寿命，又可以使本来纤细的骨架显得宽厚整齐；在骨架的空隙处镶接上各种竹节的“托牙花格”，使大骨架上出现小骨架；竹椅的凳面、竹桌的台面、竹橱的四壁等骨架面板用竹条平行排列在预先凿好的槽或孔内，也可用竹筒上下错位进刀舒展平铺。竹条按人体背部的弧度进行加工处理，以便坐靠时舒适稳当。代表性传承人有吴联村周尧廷等。

第五章 旅游资源

通源地处会稽山脉腹地，素有“嵊州的西藏”之称。境内山峦起伏，沟壑纵横，岩多洞奇，水曲林茂，自然风光秀丽，吸引了葛洪、谢敷、戴逵、褚伯玉、赵广信、皎然等一大批历代名人来此修道参禅、隐居闲游，留下了不少仙迹遗踪。进入二十一世纪以来，通源人乘着改革开放的东风，以市委、市政府实施“西白山美丽区块建设”为契机，以建设“通源十景”为抓手，依托独特的山水资源，发挥丰富的想象力和创造力，逐步将通源打造成“一个没有目的地的旅行地”。2013年，新建松明培、白雁坑2个香榧森林公园，建成游步道2000多米、观光台2个、观光亭3个、停车场300平方米以及香榧香茶交易市场1个。2016年8月，白雁坑村被中国生态文化协会授予“全国生态文化村”称号。2018年，白雁坑村被自然资源部中国地质调查局、浙江省自然资源厅命名为全国首个“地质文化村”；2019年，松明培村被住房和城乡建设部列入第五批中国传统村名录；西白山村被命名为浙江省AAA级景区村，并入选浙江省第三批未来乡村创建村名单。

第一节 资源分布

一、自然风光

西白山 位于嵊州市西部通源乡境内，又名太白山，海拔1095.7米，是绍兴市第一高峰。登顶西白山，可一览嵊州全境。山上怪石嶙峋，奇松峥嵘。山顶常年云缭雾绕，烟岚如黛，特别是寒冬时节，更有雾凇奇观。有公路直通山顶，也可由白雁坑、三王堂和长乐小崑等多条游步道登山而上。

白玉尖 位于松明培村西南面，海拔1010.1米，西接诸暨，南面与西白山遥相呼应。山的东南侧有大片湿地和高山芦苇，山顶沿东西向山脊线有大量野生杜鹃（亦称柴把花），每当春夏之交，漫山遍野，花团锦簇，美不胜收。

高山湿地 共两处。其一位于西白山主峰下千米等高线处，以湖塘塍、里水湖为核心，面积约335亩，属浙江省稀有的山地沼泽化草甸湿地。主要湿地特征为忘忧草，故有“西山忘忧”之美誉。2022年被浙江省人民政府公布为嵊州市西白山湿地自然保护小区。其二位于白玉尖东南侧黄大浪地块，面积约583.5亩，系嵊州市级高山湿地。主要湿地特征为大面积的高山芦苇和箭箬竹等，有“白玉芦风”之称。

万年巨石阵 位于白雁坑村分水岗自然村，系凝灰岩质巨石堆积体，具有非常独特的地质地貌，为亿万年前地壳提升火山喷发和后期山体崩塌等地质作用形成。据浙江省第一地质大队地质调查人员调查发现，在白雁坑村周边确定共有地质遗址点54处。

千年香榧林　香榧树是一个传承千年的千古传奇。香榧树系第三纪孑遗植物，被称为植物界的“活化石”“活标本”。2013年，绍兴市会稽山古香榧群被联合国认定为世界罕见的全球重要农业文化遗产。通源是会稽山古香榧群的核心产区，拥有百年以上古香榧树3449株，集中分布在松明培、白雁坑一带。香榧树属常绿乔木，不仅具有极高的经济价值，更富有宝贵的观赏价值，由于香榧树往往连片成棚，虬枝劲节，遮天蔽日，郁郁葱葱，故松明培村有“榧在村中，村在榧中”之自然美景，具有极大的旅游开发价值。

岩、潭、洞、瀑　叠石岩，位于叠石自然村，由一大一小两块巨石相叠而成，远看像一个“坐佛”，气势雄伟，近观像一顶“纱帽”，壮观无比；五通岩，位于松明培村西南面白玉尖半山腰，岩高数十丈向北突兀而出，高不可攀；刀锋岩，位于淡竹岗自然村南面山顶，石高丈余，犹如一柄利剑直指云霄；石笋岩，在油罗山自然村西侧山腰，岩高30余米，神似竹笋，《剡录》载：双石笋对阙，是也！故得名；石门岩，又称南天石门，位于油竹山自然村至西白山顶峰的游步道中段海拔约900米处，两块巨石相对而立，状如石门，有一夫当关，万夫莫开之势。响板潭，在岭下自然村土名牛头颈处，为天然石潭，水深数米，清澈见底；棺材潭，在松明培村土名乌石头处，因山涧两边石壁如削，潭底平坦，状如棺材而得名；龙潭，在白雁坑村，常年水盈满潭，传说有龙踞此；冷坞潭，在冷坞自然村，系天然石潭，状如锅底，水深数尺；文武龙潭位于新东坑村北面狮子山峡谷处，文龙潭在东面，武龙潭在西边，文龙潭边有石猴子奇观，潭深四至五米，有石斑鱼时隐时现，武龙潭右侧有一处高数十米的岩壁，叫黄金岩。仙姑洞，位于松明培五通岩下，洞深数丈，宽阔如屋，内有仙井、石床、石桌等，供奉玉皇大帝的七个女儿，每年农历七月初七为祭祀日；神仙洞，位于白雁坑村，传说有神仙住过；老虎洞，位于白雁坑村，据传很久以前曾有人在洞里见过老虎。文龙潭瀑布在新东坑文武龙潭边，瀑布落差20多米，气势如虹，瀑布上方原有一座龙王庙，内塑神像五座，每逢庙会，香客如云，“四清”时被拆。三叠瀑、燕尾瀑、一线瀑、通天瀑均在松明培村大岩山至五通岩段，每当雨水丰沛季节，瀑瀑相接，蔚为奇观。

松明培五通岩仙姑洞及题刻

二、人文景观

西白山气象台（站） 位于西白山顶峰东南侧，落成于2022年11月。系绍兴市重要的气象观测台站。主体建筑总高约28米，塔楼以玉兰花为设计元素，蛮腰为八边形，上建莲座，莲座上为巨型足球状穹顶。每当晨曦初露或夕阳西下之时，高高的穹顶上便会罩上一层金色的光芒，呈现出一种祥光四射的神奇景象，美妙无比，已成为西白山主峰的标志性建筑和网红打卡地。

白雁坑地质公园 位于白雁坑村分水岗自然村，占地数百亩，古香榧园、茶园、石瘷、观景台、凉亭、游步道等呈梯状分散布局，农家乐、停车场、观景台等设施齐全，是游客登山休闲的极佳去处。

松明培村口古建筑和古树木

松明培古村落 位于西白山北麓，与诸暨市东白湖镇坑口村隔山为邻，距诸暨市国保单位千柱屋相距约10公里。据传，1300多年前，有邢氏先祖从江西迁徙于此，因村周松木成荫，故称松荫培，为祈求光明，后改为松明培。全村有晚清和民国古建筑30多幢。其中，邢家台门、一字屋、上台门、老屋台门、上张家、下张家、新屋台门、庄屋台门规模相对较大。特别是邢家台门，由两座四合院式建筑组合而成，中有侧门相通，建筑保存完好，飞檐斗角、雄踞村口。2021年进行了整体修缮。古村内太祖庙、中国香榧王、五通亭和古道、古桥、古井、古松、古枫等如珍珠般镶嵌其间。

中国香榧王 位于松明培村土名抢泥湾口斜坡上，树龄1500年，树高25米，胸径2.6米，需7人合围。树冠覆盖面积约1.5亩。单株产量最高达1000多公斤。2013年被评为绍兴“最大冠幅古香榧树”，有“中国香榧王”之美誉。树旁建有凉亭、游步道、观景台等。

第二节　通源十景

嵊州素有“东南山水越为最，越地风光剡领先”的美誉。通源位于会稽山脉腹地，剡溪支流的发源地。丰富的自然资源和人文积淀造就了令人遐思和神往的“通源十景”。

一、剡溪探源

千古剡溪水，奇异天下闻。剡溪源头位于海拔1000多米的白玉尖主峰东侧，郁郁葱葱的箭竹丛中，有泉汩汩而涌，清冽甘甜。泉口右侧立有“剡溪源”石碑一方，左侧馒头山顶建有一个亭子，名为思源亭。剡溪探源，沿途可探访为纪念吴越国钱镠及子孙“三世五王”而建的五王庙胜迹，领略波光潋滟、水天一色的剡源水库美景，一路欣赏或远或近、或高或低、或势如游龙、或静若悬练的山间瀑布，悠闲寻访茶坊、岗下、新东坑、董家坑的古树、古建、古迹，探究美妙动人的神话传说。

有诗赞曰：“竹茂林丰清冽泉，深山云岫泻飞帘。剡溪千载源何在，遥指西乡白玉尖。”

二、西白观日

西白山为绍兴第一高峰，连绵起伏，气势伟岸。西白山湿地是浙江省极稀有的高山湿地，每当春暖花开时节，漫山遍野的忘忧草随风摇曳，芳香四溢。从白雁坑村驱车可直达山顶，若步行登顶，古道迂回，棋盘石、神仙洞、魔法石、大仙脚印等诸多景观一路相伫。扎营山顶，看群山万壑、云蒸霞蔚，观旭日东升，心旷神怡，如入仙境。

有诗赞曰：“山阴第一峰，拔地称奇雄。观日临绝顶，撩天揽彩虹。”

三、云上品茶

云上茶乡西白山村由三王堂、茶培、里大坑等自然村组成，这里不仅土壤肥沃、日照充足、雨量丰沛，而且长年吞云吐雾，种茶条件得天独厚，系国内有名的茶叶集散地。所产高山龙井茶香飘全球。这里拥有刀锋岩、大坪岗、打铁坪、马踏岭等天然景观和云上茶集、星空露营、定风坡草堂、西白山房、山中小酌等野奢民宿，还有隔空相望的荷岭村千亩无公害茶园，置身其中，品茶赏景、耕云读雾，岂非神仙乎！

有诗赞曰：“山野雾岚濛，随坡卷绿绒。品茶香气溢，民富乐其中。”

四、榧石牵缘

这里有全球重要的农业文化遗产千年香榧林，这里有全国首个地质文化村遗迹白雁坑万年巨石阵。当千年香榧林牵手万年巨石阵的那一刻，注定要碰撞出爱和缘的火花。榧石奇缘无疑已成为见证美好爱情、象征海枯石烂的精神图腾。况且，这里还有雄榧王、榧竹同株等奇观。

有诗赞曰：“云绕碧穹天，霞听山谷泉。相依缘有道，榧石共华年。”

五、古村梦幽

漫步在传统古村落松明培，好似误入了“采菊东篱下，悠然见南山”的桃花源。那高高耸立的马头墙、长长的穿弄堂、幽幽的石板桥，以及浓荫蔽日的古枫古松和上千株千年古香榧树，在常年的云缭雾绕间给古村泼洒出了一幅恬淡宁静的山水画，如果有闲情逸致，你还可以去离村不远的五通岩仙姑庙会会仙姑、求求姻缘、拜拜菩萨、沾沾财气，也可以沿着古道去村边山湾中看看已经屹立了1500多年的“中国香榧王”以及苍苍茫茫的古香榧群。还有，这里的负氧离子达每立方厘米2.18万个，极宜闲居。

有诗赞曰：“古村幽静翠竹边，黑瓦灰墙绕紫烟。榧树参天游客醉，枝头鸟语话千年。”

六、竹海寻踪

联丰、吴家湾、松明培连片的万亩生态竹林如万顷碧波，一望无际，在通源的版图上荡漾着春的蓬勃、夏的热烈、秋的喜悦、冬的纯洁。驾车在山道弯弯的阳光中，听风的轻语、鸟的呢哝、水的欢歌；置身于竹林深处的清凉里，看竹的葱茏、笋的劲节、草的烂漫，偶尔再去寻寻野兔的踪迹，闻闻幽兰的芳香，品品农家的山珍，人生何其快哉！

有诗赞曰："万壑绿无穷，连绵气势雄。胸怀成竹在，任尔去寻踪。"

七、白玉赏芦

通源水起黄大浪，剡溪风生白玉尖。白玉尖湿地是会稽山脉少有的山地沼泽化草甸湿地，湿地植物主要为高山芦苇，每当秋冬时节，芦花如雪，摇曳多姿。湿地周边是漫山遍野的红杜鹃和野樱花，四季分明，美景交替。尽管地处高山之上，依然惹得四方游客纷至沓来。

有诗赞曰："草甸向天宽，芦花共石峦。春来翩地舞，秋后凛霜欢。"

八、冷坞听泉

从县道嵊松线驱车至董家坑村左转不远便是冷坞，冷坞地处深山峡谷，村的对面有白岩塔景观，传说是横跨嵊州、诸暨的神鸟——飞凤"吃着诸暨、拉在嵊州"的"神屎"，蕴含着此地乃吉祥富裕之地。村边有石板坑、水碓坑，许多条山涧小沟积水成流，聚流蓄潭，最后涓涓汇入村前的小溪，因为落差较高，长年累月，高山流水，叮叮咚咚，煞是醉人。村口的龙潭里，据传住着一条小白龙，兢兢业业，日夜守护着小村的富庶和安宁。

有诗赞曰："清风卷碧埃，乱石植青苔。溪水直流下，琴声入耳来。"

九、叠石问道

通源可谓道教圣地，道教文化源远流长。相传，历史上很多有名的道教文化学者、炼丹家如葛玄、葛洪、赵广信、褚伯玉等都曾在西白山一带修道养性、炼丹治病，留下了诸多遗迹和传说。道场村系葛洪分设的道教第二道场所在地，与道场村遥遥相望的叠石岩据传是葛老仙翁从别处移来搭天桥用的桥墩，后来因为天亮鸡啼而弃石东去。若想清静无为，何不来叠石问道！

有诗赞曰："奇石凌空望远寺，清风问道入山溪。修身养性葛翁处，炼得仙丹听鸟啼。"

十、戴庐访圣

里大坑村是东晋"雕圣"戴逵后裔的最大聚居地。相传，戴逵居剡，曾遍游越中名胜，并在太白山腰上秀坑筑"草庐"以居，寄情山水。"雕圣"五十二世孙戴祉余为追思祖德，专程到此寻访故庐，见此地山环水抱，风物宜人，遂嘱子侄迁居于此。自此，戴氏一脉在此开枝散叶、枝繁叶茂。

有诗赞曰："自古戴庐地，当今后裔居。欲寻雕圣迹，风雨说玄虚。"

第三节　景点线路

随着连接市区和周边县市交通环境的不断改善，以及西白山美丽区块建设进程的顺利推进，空间距离进一步缩短，乡村旅游方兴未艾。

1.西白登顶健身游：白雁坑地质公园—油竹山古道—南天石门—神仙洞（滴水洞天）—气象台（站）—绍兴第一高峰

2.石浪攀爬研学游：冷坞白岩塔—庙湾石湾—地质公园巨石阵—分水岗石浪（观景台）—山脊线游步道—白玉尖亭—思源亭

3.白玉芦风溯源游：松明培古村落—五通亭—大岩山瀑布群—仙姑洞—白玉尖湿地—剡溪源

4.古村探幽康养游：松明培古村落—千年香榧林—中国香榧王—煤矿洞遗址—姆岭古道—诸暨千柱屋

5.云上品茗休闲游：三王堂观景台—西白山房民宿—星空露营基地—定风坡民宿—云上茶集综合体—刀锋岩

6.竹乡人文体验游：茶坊仙姑庙—岗下胡陈庙—叠石岩—吴家湾太祖庙—上王岭古道—功德碑石刻—燕窝红豆杉王

第四节　旅游商品

通源物产丰富，旅游商品品种很多。农家自己种植的、养殖的、制作的食品和物品都深受游客的喜爱。

农产品类　主要有松明培、白雁坑村的古树香榧和香榧鸡、竹园鸡；三王堂、里大坑、荷岭等村为主的高山龙井茶；白雁坑、茶培村为主的香茶、红茶、辉白茶；吴家湾、联丰为主的冬笋、笋干、笋干菜、笋煮花生；岗下、道场、新东坑等村的番薯面、番薯粉、番薯干；金鹏茶厂、夏雨茶厂等生产的精制珠茶；农家自制的腌肉、糟肉、米酒、烧酒，以及各类时鲜的水果、蔬菜、禽蛋等。

工艺品类　主要有竹编工艺品“飞鹰”“山鹰”、根雕、竹刻雕、树根盆景等。

美食小吃类　主要有各村农户都能制作的传统小吃炒榨面、炒年糕、粽子、青饺、春饼、糯米馃、油麻精团等。

第五节　民宿经济

2011年，白雁坑村马樟华创办通源乡第一家民宿君马农庄（现改为白鹭农庄）。至2022年，全乡共开办农家乐民宿27家，其中白雁坑村20家、三王堂村4家、松明培村1家、茶培村1家、岗下村1家。

西白农庄 创办于2012年11月，总投资250多万元。位于白雁坑村油竹山自然村，由一高一低两幢小洋楼组成，背靠西白山主峰，海拔700多米，坐东朝西，地势较高，视野开阔，香榧林和茶园环绕四周，风景宜人。主要接待本省和上海游客为主，2022年，民宿收入达到18万元。

西白山房（柒门民宿） 创办于2015年10月，总投资30余万元，由位于三王堂村自家祖屋修建而成，三间两居头，有客房4间，能同时接待40人就餐。山房以保留西白山山区传统民居风格为特色，依托周边茶园、竹林等坡地资源，打造原汁原味的山乡情调，开业伊始，即受到广大户外爱好者的追捧。《浙江日报》、浙江卫视等媒体均作过专题报道。山房通过网络宣传，促进了茶叶、香榧、冬笋等农副产品的销售，年营业额达100多万元。山房还带动了周边3家民宿的创办。

定风坡·日落西白民宿 创办于2018年，总投资800万元。地处西白山腹地象鼻自然村一处高山盆地中，是一家当地传统文化气息浓厚的休闲山舍。民宿修建过程中保留了小村落的原始布局，呈现出青山、绿水、茶海、竹园、松林等相映成趣的无围墙无边际的古典园林风貌，融入了石雕、竹编、木刻、根雕等非遗元素，内有小镜湖、荷塘、杏林泳池、豹变书吧、有斐酒屋、林下之风餐厅等设施，是一家独具特色的高端民宿。

西白山星空露营基地 创办于2019年7月，总投资1270万元，坐落于三王堂村海拔600米的山顶茶园之中，占地面积20亩，是一家集餐饮住宿娱乐于一体的综合型野奢帐篷酒店。营地共有三款野奢帐篷和帐篷别墅，配有独立卫生间、超大景观露台、户外烧烤、集装箱泳池、室内KTV电影、网红玻璃秋千、休闲棋牌、儿童活动区等设施，室内餐厅可容纳80人用餐，室外餐厅可容200人用餐。基地促进了10多名村民就业，每年促进周边农副产品销售60多万元。

通源各村民宿一览表

表103

民宿名称	开业时间	所在村	法定代表人	占地面积（平方米）	建筑面积（平方米）	楼栋数（栋）	楼层数（层）	客房数（间）	床位数（张）	餐位数（个）	备注
君马农庄	2012年9月2日	白雁坑分水岗	马樟华	113	265	1	3	4	6	60	—
西白农庄	2012年12月8日	白雁坑村油竹山	斯林福	149	426	1	3	3	6	140	—
榧农山庄	2013年9月1日	白雁坑村分水岗	斯松灿	120	400	1	4	6	9	80	—
榧舞农庄	2013年9月1日	白雁坑村分水岗	蒋六夫	111	320	1	3	6	11	40	—
榧缘农庄	2013年12月31日	白雁坑村	邱维芹	111	320	1	3	5	10	80	—
榧凡农庄	2014年05月22日	白雁坑村	斯福明	122	359	1	3	6	12	80	—
榧语农庄	2015年7月1日	白雁坑村	张丽云	160	640	1	4	18	32	180	—
柒门民宿（西白山房）	2015年12月1日	三王堂村	钱巧林	120	240	1	2	4	6	40	嵊州市精品名宿

续表103

民宿名称	开业时间	所在村	法定代表人	占地面积（平方米）	建筑面积（平方米）	楼栋数（栋）	楼层数（层）	客房数（间）	床位数（张）	餐位数（个）	备　注
松风农庄	2016年9月1日	松明培村	邢金华	200	400	2	2	8	10	40	—
榧林农庄	2016年11月23日	白雁坑村	邱维园	125	250	1	2	4	7	100	—
榔树农庄	2017年3月15日	白雁坑村	钱平飞	125	375	1	3	8	14	120	—
榧树客栈	2017年5月1日	白雁坑村分水岗	刘小川	253	253	1	2	5	6	120	—
云上农庄	2017年5月1日	白雁坑村	洪永军	135	507	3	4	9	16	140	—
磊隴民宿	2018年4月29日	白雁坑村	洪小赛	240	960	1	4	15	30	200	—
高山湿地民宿	2018年5月1日	白雁坑村	斯元军	150	450	1	3	15	22	80	嵊州市精品名宿
进峰民宿	2018年5月1日	白雁坑村	洪继芳	120	360	1	3	10	20	80	—
山鲜民宿	2018年5月30日	白雁坑村	钱红军	140	560	1	4	10	18	100	—
茗香农庄	2018年7月1日	白雁坑村分水岗	斯元平	138	416	1	3	9	13	120	—
程亮农庄	2018年8月1日	岗下村	王林先	205	794	1	4	20	24	60	—
贤林山庄	2018年9月1日	白雁坑村分水岗	斯新灿	109	315	1	3	6	10	30	—
榧香农庄	2018年9月1日	白雁坑村分水岗	斯小群	145	4325	1	3	10	18	60	—
定风坡草堂	2018年10月1日	茶培村白柴湾	过潇风	9600	676	5	2	7	7	70	浙江省银宿嵊州市精品名宿
野奢民宿（星空露营）	2019年7月6日	三王堂村	吕杏珍	600	400	2	2	16	20	20	嵊州市精品名宿
林家别院	2020年4月1日	三王堂村	林灵鸿	200	120	1	2	2	2	30	—
山中小酌	2020年9月29日	三王堂村上西坑	李小仙	175	500	2	3	12	20	80	—
常相聚农家乐	2021年1月25日	白雁坑村	陈爱明	120	480	1	4	7	8	150	—
西游行民宿	2023年3月30日	白雁坑村	洪志强	120	360	1	3	10	20	50	—

第六章　民俗风情

民风民俗是特定社会文化区域内历代人们共同遵守的行为规范。通源位于嵊州西乡，民间风俗和生活习惯与石璜、长乐、崇仁等地基本相同。

第一节　礼仪习俗

一、婚　俗

做　媒　旧时，婚姻都是“父母之命，媒妁之言”的包办婚姻。男女联姻，先要有媒人说媒，男女双方要门当户对。男女经人说合，双方父母有意，就先“排八字”“相亲”“看家庭”，然后“定亲”。做媒有三种人，一是男方托社会上有声望的人士去物色好的女方提亲做媒，称为“大媒”或“月老”；二是专职从事做媒的，以女性为多，俗称“媒婆”；三是兼职做媒的。这些专职和兼职的“媒人”经常走动于邻近乡村，并到处打听，将符合婚嫁年龄的少男少女之家庭情况记在心里或写在“经折”（小册子）上。若遇有人托媒，就成人之美。当男女双方互摸家底、人品、生辰八字，都认为满意后，男方就请媒人去正式提亲。做媒是整个婚姻习俗的序幕。此俗沿袭至今，特别是农村，以“介绍人”替代媒人，若自由恋爱，也会请个有头有面的人做现成介绍人，还有是通过“婚介”促成的对象。

定　亲　如男女双方同意订婚，男方便择吉日“发送”（送红帖），将首饰、钱币、布帛、烟酒、包头（送给长辈的糖、红枣、荔枝、桂圆、莲子等）送往女方家。女方回敬绿帖及衣帽、鞋袜等，然后由男方择定吉日定期迎娶（俗称送“日子盘”）。

结　婚　旧时，结婚吉期前，男家要布置新房，做新眠床，普通人家向木器店购买或定做，上等人家都雇木工中的名师巧匠待饭定做，少则数十工，多则上百工。婚床要做牌仙眠床，精雕细刻，描龙凤，飞真金，乃至有“半踏步”“全踏步”称得上工艺品的。做成后，棕绷暂时用木棒（现在常用红纸替代）支起来，待到择定吉日良辰，祭拜床公床姆后拿去木棒（红纸），使棕绷落榫。此外，新房内还须做好大橱、小橱、梳妆台、面盆架、着衣镜等，均称房里嫁置。女方要办嫁妆，有的从姑娘10来岁开始，就要学织带、学绣花，从绣肚兜小件到自制嫁衣，还要雇裁缝师父来做四季衣衫。嫁妆包括箱笼和被褥，从“对箱对被”，到“四对”“六对”“十对”乃至更多，还有日常应用品和家什，如锡器有瓶、甑、香炉、烛台、酒壶、夜壶、茶叶罐等等；铜制的大小铜踏、手炉、面盆、茶壶、暖锅，小到饭瓢、勺、茶匙等等；瓷器有花瓶、帽筒、彩瓶、彩甑、果子盘、茶壶、茶盘、盛菜饭的大中小盘碗，酒杯、酒盅、调羹、闷碗等等；木器除大中小衣箱（樟木板）外，子孙桶（马桶）是必不可少的。还有大中小脚桶、小水桶、茶盘、果盘、果盒等等。竹编的有各式挈篮、香篮、鞋篮、套篮……至于金银珠宝，有特制的"八宝箱"盛藏。化妆品则放在特制的梳妆盒里。鞋篮匾里则大小剪刀、各色线板，乃至粗细齐全的针线、顶针等。根据家境多少不一。有的财主还嫁"嫁妆田"若干亩，有的还有陪嫁使女，称为侍轿丫头。最贫穷的也要嫁两条被、一对箱。迎娶时，被里要藏红鸡蛋，以讨吉利。迎亲前，男方应办的事情主要有四项。一是向轿行租订花轿，有高档的全彩花轿，二档的半彩花轿（均是八个轿夫抬的"八抬大轿"，挂灯结彩），中低档的四个轿夫抬的"小官轿"，低档的两名轿夫抬的藤轿。二是发请帖邀请宾朋，请厨师办喜宴。贫困人家多为四洋盘加头碗，中等人家为九炉碗，富豪人家则为"十六烩千""廿四烩千"。三是请"利市公公""利市婆婆"。物色人选相当讲究，一般须50岁以上的原配夫妻，要儿孙满堂，并有一定的社会地位。拜堂时，请他俩讲利市话，入洞房时喂"糖汤糖饭"。分发"十全果子"，配合伴姑娘，为新郎新娘"护驾"。四是请亲戚朋友或村里青壮年抬嫁妆。用被笼（眠轿）抬，两人一扛，扛数有多有少，但必须双数，以示吉利。贵重物品则须请女方的亲信抬，一般为新娘的兄弟，名为"送杠"。结婚前夕，新郎新娘都要"香汤沐浴"，新郎剃头，新娘"开脸"（由轿夫婆用线纹去脸上汗毛）。据传在新郎理发时必须拔下十根长发，专人送到女家去。新娘开脸梳发时，也须拔下十根长发，与新郎的长发一起搓成线，供新娘扎发髻之用，名为"结发夫妻"。结婚当天，男方发轿时，新郎必须身穿礼服送至门口，并向花轿作揖，名为"送轿"。富豪人家迎亲仪仗队伍庞大隆重，有乐队随行，轿前有对锣（旧时县官出巡时的两面大锣）铳手、藤牌、掌扇、宫灯（纱灯）。所有仪仗人员都披红披彩，一路上锣鼓喧天，铳炮齐鸣。花轿从男家抬出后，不论路途远近都不得停歇，在行进时必奏乐，转弯时必鸣锣，过桥时必放铳。花轿必须在择定的吉时前准时到达女家，女家亲属及看热闹的邻里，早已在门前迎接、观看。花轿停稳后，鼓乐齐鸣，爆竹声声，女家向一应人等发"稳轿利市"（红包）、喜果子等。女家中午设宴请亲友和抬花轿、抬嫁妆的人员。宴毕，开始发嫁妆，在所有嫁妆上系上红丝线，撒下糯谷胖和红绿喜果子。少的6—8杠，多的30杠，首尾长达数里，号称"十里红妆"。嫁妆抬到男方后，摆在堂前展示。新娘花轿到前，陆续搬进新房。新娘花轿离开女家，也有吉时。新娘抓紧化妆完毕，身穿红罗大袖，戴凤冠，披霞巾，盖红头袱，再叩拜祖先，哭别父母长辈后，由哥哥（弟弟）抱上花轿，并在轿上穿上轿鞋，不带走娘家财气。新娘还要吃高出碗沿的"上轿饭"。起轿时，男方仪仗队鼓乐声喧，女方亲友列队相送，直至花轿远去。如果在夜间，男方必备藤燎火把和大红灯笼，犹如一条火龙蜿蜒在夜幕之中，蔚为壮观。花轿必须经过原路返回，并在吉时到达男家。花轿过门，鸣炮奏乐，亲朋邻里齐集门前争看"新妇"。花轿停在正厅前的道地中央，男家就有专人用芝麻秆燃起"轿前火"，以示兴旺发达。这时，正厅和沿廊上都张灯结彩，大厅正中悬挂金字"双喜"喜幛，八仙桌上点起龙凤花烛，厅堂的两侧挂满诸如"天作之合""美满姻缘"的贺轴等。男方父母长辈、四亲八眷、友好近邻早已拥满门庭。先由利市公公、利市婆婆扶盛装的新娘出轿，伴姑娘陪护在两旁，在厅堂中间站好，新郎早已穿戴官服、官帽，头插官花在厅中站立，"利市公公"也走过去与伴郎一起站在他身旁。自古以来，在这种婚礼的场合，一直允许稍有越位举措，新郎穿官袍，戴官帽，因此称"新郎官"。民国时期，则改为穿长袍、马褂，戴礼（呢）帽了。紧接着，鼓乐声、鞭炮声大作，身披红绸的礼生（司仪）高喊“一拜天地，二拜高堂，夫妻对拜，送入洞房！”此时，欢声笑语，不绝于耳，婚礼进入高潮。新郎新娘双手牵拉着红绸，在伴郎、伴姑娘簇拥下，缓步向新房行进。在通往新房的路上，铺放米袋和酒盅，让新人在上面走过。在新郎新娘一行进入新房的同时，凡是去贺喜的亲友都有一碗“喜汤团”吃。媒人和帮忙的人发喜糖、喜烟、喜果子给邻居和看热闹的人。在洞房里，新郎新娘端坐在床沿上，先由新郎用秤杆挑去新娘的红盖头。随即由“利市公婆”斟满两小盏醇酒，两人举杯各呷一口，交换后又各呷一口，然后将两盏酒混合，再一分为二，让他俩一饮而尽，名为饮“交杯酒”。接着由“利市公婆”给新郎新娘喂“糖汤糖饭”（八宝粥之类），象征婚后生活甜甜蜜蜜，称心如意。喜宴之后，新郎的亲朋好友，拥入洞房“闹新房”（吵房）。新娘以九盘头果子招待客人。客人边吃果子，边唱押韵的“利市话”，诸如“瓜子笃笃，合家欢乐；花生剥剥，夫妻和睦；酥糖四角方，新娘爱新郎；圆圆桂花球，恩爱到白头……”新社会提倡婚事简办，省略了许多繁文缛节，婚礼以隆重、热烈、喜庆为主，有的追求时尚，倡导集体婚礼、旅游结婚、草坪婚礼等新风俗。

二、生　育

做婘姆　在怀孕期间和分娩之后，母体发生了变化，身体虚弱，抵抗力下降，需要产后的休养才能复原，因此产妇分娩后，要休息一个月来进行调整，称做婘姆。此习俗一直延续至今。旧时，做婘姆期间，产房要关闭门窗，用窗帘遮住阳光，以免刺激产妇眼睛。产妇必须卧床休息，不能下床走动，不能受风受惊，不能梳头、洗头、洗澡。富裕人家雇专人照顾婘姆娘，服侍十分周到。一般产妇吃鸡蛋榨面、虾皮烧榨面，喝红糖老酒，财主富户炖鸡汤补身子。女儿分娩前，娘家要送婘姆庚。送的物件，视家道贫富而定，但鸡蛋、活鸡、榨面、豆腐皮、红糖是必不可少的。

满　月　婴儿满月，古称“弥月之喜”。外婆家要备各种礼物送到婿家，婿家要造满月酒。满月酒，古代叫做“汤饼宴”，相当隆重。届时，有钱人家要大摆筵席，亲友要送礼，如送礼金，红包上则写“弥月之喜”或“汤饼之敬”。至亲大多送金银饰物，如银项圈，银项索、银手镯之类，也有送鞋帽的，花鞋上绣有老虎头，帽子上缀银饰，或如意玉器，有的在银饰上刻有金玉满堂、长命富贵等字样。婴儿满月后，要择日剃满月头。东家要准备剃头点心、瓜子等招待剃头师傅，还要准备一个鸡蛋，剃头前，小孩用香檀叶泡水洗头，过后剃头师傅拿着蛋在小孩的头上滚，然后再剃头，剃头结束后，鸡蛋就送给剃头师傅了。

周　岁　婴儿年满一周岁时要做“周岁”，俗称“得周”。此习俗一直延续至今。“得周”这天，大人抱着小孩祭拜天地、祖先之后，要将金银、铜钱、笔、秤尺刀剪、升斗算盘之类，摆列八仙桌上，让小孩站在太师椅上择物，观其先拈何物，以为祥兆。譬如，先取笔墨书籍，长大会读书中举；先玩算盘，则会经商发财等等。外婆家又要送礼，所送的是给外孙穿的四季衣衫，帽子鞋袜。亲戚朋友邻居也送周岁礼，“得周”人家要造周岁酒和做“得周糯米果”，染红鸡蛋，分送亲友和邻居。小孩“得周”要办“周岁酒”，办周岁酒要邀请亲朋好友，共同祈求小孩能健康幸福地成长，亲友要送礼道贺。

三、寿　诞

人逢十为寿，均要办寿酒。36岁称为“本寿”，此前不举办寿庆。有“十岁外婆家，廿岁丈母家”，即外祖家与岳家于外孙或女婿生辰时均须敬神、送袍褂、文房四宝及馒头等致贺。有“三十要做（寿），四十要错（开）”的说法，即年满30岁，可加庆贺，因“四十”与“死”“贼”谐音，故多不举行寿庆。按虚岁计算，50岁后均由儿孙于寿诞之日祀神祭祖，摸办寿酒，生日当日称“正寿”，由儿子承办；有女儿的人家由出嫁之女儿筹办。寿庆于年内也可提前，但不得于生辰后举办。亦有提前一年做寿者，称“做九头”，逢66岁生日，其女或侄女辈须送66块肉给做寿者食用。如今，庆寿习俗犹存，多在寿诞日办寿席，分送寿面、寿馒头、寿糕等，如为60岁就送6个寿馒头，70岁就送7个寿馒头，以此类推；送人以面，谓“长寿面”，取其延年益寿之意。

四、丧　葬

送　终　旧时对丧俗十分讲究，“送终”被看作子女儿孙是否尽孝道的表现。亲人病危，家属必须昼夜守护在侧，同时要以最快速的方式通知在外地的亲丁赶回家送终。如病人在医院住院，接到“病危通知”时，必须立即接回家中，名为“归中堂”。如死后抬回家中对主家和邻居都不吉。临终前，亲人皆得大呼（称呼）；断气时，众人大哭。届时，由专司者拿出准备好的衣服给他（她）换上。这套衣服应该整洁，并是死者本人平时爱穿的，现在一般为事先准备好的寿衣。

报　丧　报丧，俗称“报死信”。人死之后，须立即派人奔赴各亲戚家去报信。此习俗一直延续至今，只是随着信息化的发展，现在主要通过报纸登讣告或电话、手机等形式告知亲戚朋友。报信者均须在腋下挟黑雨伞一把，伞柄上挂一盏糊白纸的灯笼，上写“治丧”两字，表示情况紧急，不管白天黑夜，晴天雨天，都要风雨无阻，日夜兼程。另一方面也让人们知道这是“报死信”的，就小心回避。报信者抵亲戚家后，将雨伞倒置于门口，该家妇女必须以哭声相迎，并烧两碗点心（一般为鸡子榨面），报信者吃一碗，另一碗放在门口一张长凳上，同时点燃香烛，祭奠亡灵。报信人一出门，家里的人当即将点心碗摔向门外。

“做道场”　当地习俗，长辈过世，必请道士花2—3天“做道场”。第一夜吹敲、拜忏、焚香点烛；第二夜为花鼓夜，以“清音坐唱”的形式演唱绍剧《双龙会》《杨家将》《龙虎斗》《游园吊打》等剧目。第三天一早（5—7点）出殡，当殡仪馆灵车开到时，吹敲声又起，并念棰头经，启灵柩，出殇；由二人支小幡，撒买路钱，灵柩后是子女亲友，道士随后吹敲，一路跟至殡仪馆，死者火化后，跟随亲属捧骨灰盒吹敲着送到墓地安放后回家。再发檄（俗称发文书），带领全体人员行道到庙堂拜菩萨。在死者火化后的第35天，俗称“五七”，又由道士前去负责写皇榜、破地狱、放焰口、发符、迎师、做十仙、做七、烧红箱等。主要程序：1.敲头场；2.招魂；3.接灵；4.破狱；5.拜佛（有的地方叫“拜忏”）；6.散花解结（由道士唱十二个花名，有的以“骂狗”为亡者解开所有心中之结）；7.放焰口，关天地灯；8.走仙桥（由多张桌椅凳叠成桥型，道士分别念忏经、唱祭歌，带着亡者亲人顺着桥型走，故称“走仙桥”）；最后送佛，交经。

做　七　从亲人死亡之日起，每隔七天要祭拜亡灵一次，名为“做七”。“头七”为六天，“五七”较为隆重，要搭“望乡台”。据说这一晚上，亡魂返登“望乡台”探视亲人，故全家人须聚在一起。

“六七”一般由女儿来做，买来祭品、酒菜，祭拜父（或母）报答养育之恩。“七七”又称“断七”，祭拜结束后，将神主牌位摆放到神龛内，俗称“上板跳”。至此，整个丧事宣告结束。有的地方“做七”，还另设一条凳同祭“无常”。死期与“做七”的“七”字相逢，俗称“撞七”。要在棺材边贴一张“烧纸”，以解“撞”字。亲戚都到“七七”除孝服，也有守孝百日，甚至守孝三年的。旧时，儿子媳妇除孝后，须穿三年“孝鞋”，即白布鞋，后跟缝以红布条。妇女还在发髻上绕以白头线，称为“孝髻”。

五、建　房

动　土　建房动工之前，主人家一般都会选择吉日吉时，举行“破土”祭祀仪式。祭祀前要摆上祭品，一般为一个猪头（嘴衔猪尾巴，意为全猪），或者一刀肋条、一只大公鸡（鸡上插上筷子）以及鱼、肉等，放上刀叉等物，点烛上香。先拜自家列祖列宗，告知建房事宜，祈求祖宗保佑建房顺顺利利，再祭土地公公、土地婆婆及各路神仙，表明即将开始建造房屋，祈求建房平平安安，然后焚烧纸钱，鸣放炮仗，破土动工。

上　梁　造房上正梁之日，称为“正日”，要办“上梁酒”，其仪式较为隆重。一般上梁师傅由木匠师傅来担任，此习俗世代相传，至今仍在延续。农村新屋建成要拣个好日子好时辰，上梁前，要准备好米粉做成的大小元宝和馒头、糖果等，砖匠木匠还要给红包。待到上梁套榫的时辰，就由主人用香纸蜡烛、佛经祭拜屋神，然后放炮仗，由砖匠木匠把元宝、糖果等从梁上抛下来，叫上梁抛馒头。夜里还要摆“造屋酒”，宴请亲朋好友。

归　屋　归屋就是乔迁新居。通常要先择定佳日良辰，并举行归屋祭祀仪式。祭祀前要提前一天先净房（打扫卫生），将铜踏（现在也有用煤饼炉替代的）生上火，并带一只活的大公鸡与扫帚畚斗等一起放到新房里，寓意为先登基。第二天早上再举行乔迁仪式，供品包括荤素菜肴、米饭、酒水、糖果、香烛、纸钱等。祭祀时要面朝大门先开通菩萨，再面朝内祭拜祖先，然后燃放炮仗，焚烧纸钱，祈求归屋大吉、家庭安康、子孙昌盛。

第二节　岁节习俗

春　节　农历正月初一，家家要放开门炮仗，寓有驱邪除疫和“高升扶级”之意。炮仗分单响头、双响头和百子炮数种，开门炮仗先放双响头，放三个后可放百子炮仗和单响等其他炮仗。双响头一响在地，一响在天，表示事业向上。百子炮仗意在添丁添财，红红火火，一家旺发。如果双响头炮仗只响一下，就要念:“炮仗独响，家事独涨”，或念:“炮仗响一声，年年有官升。”爆竹放过后的纸皮红绢，不能扫掉，有的人家保留到初八、初九才扫除，这叫满地红。近年来，放开门炮仗的时间提前到子时。子时一到，人们争先恐后地放起炮仗，放后关门睡觉。初一起床每人要吃蜜枣茶、汤圆，寓意团团圆圆，中餐吃发饭，用上年（前一天）吃剩的冷饭在锅里放上一点开水煮熟，叫发饭，意在家庭旺发和年年有余。晚餐一般吃麻糍（年糕）饭汤，叫“麻糍饭汤，稳稳当当”。旧时，初一要接神，即摆上汤圆、茶叶、水果等供品，祭拜天地菩萨、灶司菩萨等，祈求神灵保佑。还要进祠堂祭祖、拜长辈。大门要贴春联。出门遇到人要讲吉利话、讨彩头。初一全家要穿新衣服，不能动“快口”（刀具）、不能扫地、不能打破碗盏、烧饭不能折断柴禾，忌用葱韭大蒜、酸辣麻姜，祭祖谢神不能用鲤鱼。

元　宵　亦称上元节。农历正月十五。前一天（正月十四）夜餐，家家要吃“亮眼汤”（一般为鲜菜麻糍），此俗流传至今。元宵节称为灯节，大人小孩扎灯“闹元宵”，有大刀灯、兔灯、蝴蝶灯、鲤鱼灯、龙灯等。元宵节过意味着春节正式结束。

清　明　清明历来被称鬼节，有独特的习俗。祭祖、上坟、吃青饺、扫烈士墓，寄托哀思，缅怀祖宗恩德，勉励后人奋进。祭祖，用丰厚的供品祭祀祖宗，礼仪隆重、肃穆。上坟，合家老小前呼后拥带着供品香烛来到祖坟前，清杂添土，在坟前摆上供品，点燃香和蜡烛，焚烧经佛银锭，燃放炮仗，三叩九拜，以示对祖先的尊敬与怀念。吃青饺，将从地里采回土名叫棉花头青或艾蒿的嫩芽，洗清、焯煮、漂清、斩细，再糅进糯米粉，以豆沙或笋干菜、咸菜为馅，做成饺子形的叫“青饺”，做成团子形的叫“青团”，做成馒头形的叫“青果”。清明祭奠时，得放上一盘，以示尊敬。扫烈士墓，一般由学校组织学生去祭扫。学生排成纵队，向烈士墓献花圈、默哀、宣誓，听老同志讲解烈士光辉业绩。

立　夏　立夏日，习惯吃健脚笋、蚕豆（豌豆俗名）或蚕豆糯米饭，饮老酒，孩童斗蛋吃囫囵鸡蛋。中午，大人小孩均称体重，希望孩童体重增加更健康，谓可免“疰夏”。立夏有“四持”风俗。一是吃豆持眼。餐桌上摆一碗带壳豌豆。豌豆形似眼睛，意在立夏吃了能明目。二是吃蛋持心。民间传说立夏吃蛋胜吃鸡，认为吃了鸡蛋就能使心气精神。三是吃笋持脚。立夏吃笋健脚，这笋便叫“健脚笋”。笋拔地而起，生气旺盛，寓人的双腿也像笋那样健壮有力，能涉远路。“健脚笋”可剥去笋壳，整支煮熟；也可带壳整支煮熟，边吃边剥笋壳。四是吃糯持身。立夏中餐吃糯米饭，饭中掺蚕豆（豌豆）。有的村还掺乌米或红米，称“乌（红）米饭。”

端　午　农历五月初五，挂菖蒲剑、插艾，意为驱邪。吃“五黄”：黄鱼、黄瓜、黄鳝、黄梅、雄黄罗汉豆，喝雄黄酒。不少人家还包端午粽子。婴幼儿额上用雄黄酒写一“王”字，手腕上戴“五索线”（用红、黄、蓝、白、黑五色线组成），胸前挂香袋，意能避邪。有的人于这天上山采药，采回后挂于檐下晾干备用。对出嫁的女儿，在前3年娘家要用礼担给女儿送“端午羹”。3年后，由女儿回送娘家。“端午羹”有桃、梅、粽子、糖滋、榨面等。

中　元（七月半）　七月十五是民间传统的中元节（鬼节），亦即“祭鬼”的节日，人们都要追祭亡灵，祭祀祖先。相传农历七月十三至十八要在祠堂、庙宇念佛，以求人间平安康宁。

中　秋（八月半）　农历八月十五为中秋节。月饼最初是用来祭奉月神的祭品。后来，人们把中秋赏月与品尝月饼结合在一起，寓意家庭团圆。旧时有“男不拜月，女不祭灶”的说法。皓月当空，家人围坐赏月，分享月饼，其乐融融。如今，以中秋节亲友间互赠月饼为时尚，特别是作为孝敬长辈的一种传统习俗。

重　阳　农历九月初九为重阳节。昔有饮茱萸酒和登高望远之习，文人常常饮酒、赏菊、作诗。今已成为“老人节”，形成了敬老、爱老、助老的良好风气。

冬　至　农村有“冬至大如年”之说。冬至前三后四七天内，白天要给祖宗坟墓清理杂草、添泥培土，传说冬至培坟好比是给祖宗添加一条被絮，在九泉之下的祖亲就能避寒过冬。晚上要祭祀祖先，称“做冬至”。如遇寅日、正冬至则不可“做冬至”。

分　岁　“分岁”，又叫祝福，是旧岁的结束新年的开始。分岁基本在腊月廿五至廿九。“分岁”，是一年中祭祀最隆重的一次，事前要大扫除，俗称“掸尘”。对祭祀用的器皿用水冲刷，有的将木祭盘用糖水洗过，意取甜甜蜜蜜。“分岁”前，男主人即主祭者要斋戒沐浴，穿戴整齐。上灶烧煮均由男人操办，女人烧火和饭后清洗碗盏。富裕人家在中堂摆两张八仙桌，合拢作供案。供品有“三牲”“五牲”或“七牲”之分，主人选一种作供，放置在木质红漆祭盘中。三牲为牛、猪、羊。五牲为牛、猪、羊、鹅、鱼。七牲为牛、猪、羊、鹅、鱼、鸡、鸭。普通人家用一张八仙桌，用全鸡（公鸡）、全鹅、全猪（一个猪头，嘴里插猪尾）、全鱼。小户人家用一条鱼一刀肋条肉（猪肉，肉上插一把菜刀、五支筷子）、一盘盐、一只鸡。蔬菜分热菜和冷菜两种：热菜有豆腐（寓意清白）、八宝菜（寓意发财进宝）等；冷菜有花生（寓意开花结果）、红枣（寓意红得早）、香干（寓意受人欢迎、吃得开）等。另有两盘点心，一盘是年糕（寓意年年高升），一盘是麦面（寓意长寿）。设酒杯十二只、筷十二双、酒一壶。乡下通行九盘头，谓“九九归一”。分岁的仪式：一敬一祭一请，即敬天神、祭祖宗、请地神。敬天神：把八仙桌放在堂屋的前半间，木纹横摆，人从里面向外面拜。供品摆好后，主人点香燃烛，请心目中保佑一家老小的诸路佛道神仙来享受谢年香火。向诸位菩萨汇报一年来的得失，告诉明年新的计划，求告菩萨保佑。有的书香门第还读《谢年辞》。酒过三巡，众人敬立，主人读《谢年辞》，读毕烧经。祭祖宗：敬神后把桌子放在堂屋的里半间，木纹直摆，叫“横神直祖”。桌上供品原样不动（大户人家换供品），把酒具、筷子用水清洗过后重上桌子。主人斟酒，点香烛，请亡故的三代祖宗吃年夜饭，同样向祖宗汇报一年来的得失，告诉明年新的打算。要求祖宗保佑家人完成新一年的计划，保佑一家人平安祥和，升官发财。酒过三巡，烧纸钱给祖宗，礼成。请地神：祭祖后把供品分开，去请“猪栏神”“井神”“牛神”“鸡神”“风车神”“石磨神”等家庭生活、生产用具之神。主人点一对蜡烛、三支清香，设两只酒盅、两双筷子，去猪舍请猪栏神，请后烧纸钱给猪栏神。再将井神、牛神等一一请毕。有的把祭祖后的桌子抬到天井里，供品不分开，统一请猪、牛、井诸神。

除　夕（过年）　除夕是指每年农历腊月的最后一天的晚上，即春节前一天夜，因常在农历腊月三十，故又称该日为年三十。除是除旧迎新。一年的最后一天叫“岁除”，也叫“除夕”，它与春节（正月初一）首尾相连。“除夕”中的“除”字是“去、易、交替”的意思，除夕的意思是“月穷岁尽”，人们都要除旧迎新，有旧岁至此而除，来年另换新岁的意思。除夕辞岁，亦称分岁。这日晚餐称吃年夜饭。菜肴不得少于10碗，且务必成双，取“十全福寿”之意。

除夕年夜饭，其他菜肴尽可享用，唯“元宝鱼”因寓“年年有余（鱼）”之意，故不得动筷。除夕，长辈要给儿孙分赠压岁钱。家人彻夜长坐，叫“守岁”。“守岁”其实是大人们在防守祟妖的出现，于是，也不让小孩睡去。一家人守在家里，严防祟妖入侵，遂有人戏称之为“熬年”。为打发寂寞，大台门里大人们打麻将，小孩子玩游戏娱乐。电视普及后，以看春节晚会打发时光。

第三节　信仰习俗

出　庙　旧时人们认为，人死后即去阴曹地府“报到”，故断气之后，子女儿孙必须到庙里祀神，俗称“出庙”。子女儿孙必须备足祭品，跟随专职办丧事的老者，边哭边走，沿途必须秉烛焚香，焚化纸钱、经佛，根据路途远近共分成三十六处焚烧，既为死者送行，又求野鬼勿扰，名曰“三十六包”，也叫“三十六堆”。入庙后，进行祭拜，祈求神灵宽恕和庇护死者，俗称“点蜡烛”。

念　佛　旧时，通源老太太念佛有两种形式：一种是单个念佛。一人在家，先将佛纸剪好，放在胸前“香袋”（也叫“念佛袋”）中，一边做家务一边念。一种是集体念佛，如念“生日佛”要16人，十二生肖到齐，还要双龙双虎再加上与主人相同的生肖一人和与其相合的生肖一个。也有念24人佛的和36人佛的。“生日佛”是念佛中最隆重的一种，一边念佛一边编“麦秆龙山”。“麦秆龙山”编得整齐划一，是一个编织工艺品，所以工资要三倍。“生日佛”的作用，是人死后把它烧在坟墓里，起到暖坑的作用。如果人死时没有念过“生日佛”，子女给死者做阴寿时也要念。一般念佛是7人、9人或11人。由念佛头脑（负责人）组织，在某家的堂屋里，并排放两张八仙桌，为首者坐上方，其余坐两旁。念佛前先剪起佛纸，佛纸为黄色煤头纸（又叫毛边纸、元书纸、念佛纸），一张煤头纸折叠成长约20厘米、宽12厘米的块状，中间剪出几排铜钿形图案。“法器”有木鱼、钟、鼓三样，音乐节奏为“叮叮（磬）同同（鼓）~叮叮同同~”，木鱼“笃·笃·笃”地随“叮叮同同”的节律敲奏。为首者执两串佛珠，一串108颗（小佛珠），一串18颗（大佛珠），念一句佛转一颗小佛珠，念四次小佛珠转一颗大佛珠。转一颗大佛珠后，为首者在“佛纸”上点一下朱点，叫“一担佛”，念“18担佛”为半天，36担为一天。念佛时点起香烛，司钟者发钟为号，起乐，为首者念“佛头”。“佛头”念毕，众人念“奈么阿弥陀佛”。36担佛念毕，为首者念收尾经。收尾经由《掳珠经》《掳头经》组成。念好收尾经，就可以散去。有人过世、老人做大寿，均请人念佛。

胡陈庙庙会　胡陈庙已有近300年历史，供奉宋朝官员胡则，相传当时朝廷向老百姓征壮丁、收粮食，而身为朝廷官员的胡则负责浙江、江苏一带，他体恤百姓，对此进行了减免。因此人们为纪念他而塑像建庙，人称“胡公大帝”。每年农历八月十三，叫来忏师拜忏，各地善男信女买着香纸蜡烛前去朝拜，庙干首打斋饭待客。有几年庙会还请人演戏，非常热闹。

拜樟娘　旧社会医疗技术落后，小孩多病难养。樟树吉祥长命，因此人们就将小孩继拜樟树做子女，这种习俗在旧社会很常见。继拜可继拜福气比较好的人，也可以继拜菩萨、樟娘，并以拜樟娘者居多。拜樟娘是拜樟树为娘，一般是将小孩的名字和生辰八字以及托付樟娘照顾等语言写在红纸上，贴在樟树上，又以香纸蜡烛及果品等祭祀，并把红线穿着的几个铜钿抛在树丫上，就算继拜完毕。拜樟娘后，头三年必须每年到樟树下祭拜，且必须在正月的前几天。

仙姑庙庙会　每年农历七月初七，通源及周边乡镇的善男信女都会到茶坊村外的仙姑庙或松明培村五通岩的仙姑洞焚香点烛上供，鸣炮祈祷，祭拜“七仙姑”，祈求仙姑保佑四方平安，风调雨顺，五谷丰登，六畜兴旺。如遇大旱，乡人亦会前往祭祀，祈求仙姑降雨。

香榧开摘祭祀仪式

香榧开摘祭祀仪式 松明培村一直以来有香榧开摘祭祀习俗。每当白露时节，香榧即将开摘之际，松明培村的一些年长者便会组织村民前往“香榧王”树下举行以“祈福、感恩、祭神”为主题的民俗活动。摆上祭品、宣读祭文，感恩上苍先祖，赐予圣果香榧，造福子孙；祭拜山神土地，祈求保佑香榧采摘安全，四邻安康，无灾无难。

第四节　游戏习俗

抽陀螺 抽陀螺俗称“抽贱骨头”，是一种民间传统游戏。陀螺有陶制、木制、竹制、石制多种，通源人玩的以木制居多。陀螺为圆锥形，上大下小，锥端常加铁钉或钢珠。玩时，以绳绕陀螺发力使其旋于地，再以绳抽打，使之旋转不停。抽打得越狠旋得越快，故称“抽贱骨头”。一般孩子抽陀螺的方法有两种：第一种是水平抽法，第二种则是垂直抽法。一般孩子们玩陀螺有两种比赛方式。第一叫做分边法是将参加的人分成两组，然后大家一起抽陀螺，看看哪一组的陀螺先倒在地。倒在地上的陀螺，就称为“死陀螺”，只有任由对方处罚。赢的这一方，用自己的陀螺，高举过头，对准目标，向下猛击。第二是画圈法，在地上画一个圆圈，圆圈的中央再画一个小圆圈，各人轮流将自己的陀螺往圈子里打，使陀螺能旋转出去。如陀螺已固定在一点上旋转，可用绳子将它圈出来，只要到达圈外还在旋转，都不算它“死”。如果陀螺停止在圈内，或一抽下去就不动了，都算死了，要放在当中小圆圈内，任别人处罚。若处罚别人的陀螺也停在圈内，照样要放小圆圈内，任人处罚。如果没有被击到，或是被击到而没有被分解，可以拿出一个陀螺，用水平抽法，将自己那个小圆圈内待死的陀螺击出圈外。

丢手绢 “丢手绢”的游戏，集智慧、娱乐、健身于一体，广受小朋友们喜欢。大家围成圆圈席地而坐，面向圆心，一个小朋友手拿一块小花手绢，绕着围成一圈的小朋友后面转圈，然后悄悄地将手绢放在某个小朋友的身后，在放手绢的小朋友蹲下前将他捉住，否则就轮到被放手绢的小朋友站到圆圈中间表演节目，表演完后，再继续上述动作。放手绢要隐蔽，坐地者可用双手在身后摸索，但不得转头偷看。

甩方宝 用两张方纸片几次对折、斜折，便折成了一种玩具，因为呈四角形，所以也叫“四角”。玩方宝时先“以剪刀剪麻袋”的方式决出输赢，输者先把自己的“宝”放在地上，胜者用自己的“宝”往上砸，砸翻过面就算赢，方宝即归赢者所有。甩方宝看似在拼“傻力气”，其实也需要一定的技巧，叠好的“方宝”是平的，通常放到地上时可以向下弯一点弧度，砸时尽量砸方宝的边缘。

跳橡皮筋　橡皮筋围成圈状，长度一般为数米，由2人撑开跳。跳橡皮筋是在两脚交替跑跳中完成点、迈、勾、绊、搅、绕、盘、踩、掏、摆、顶、转等十几种基本动作，同时可组合跳出若干个花样来。

跳　绳　跳绳分为短绳和长绳两种。短绳跳一般为单人跳，双手摆绳，可前摆跳、后摆跳、双手交叉摆绳跳，也可带人跳、蹲跳、跑步快跳等。长绳跳一般为多人合作跳，由两人摆绳，也可将绳一端系树上由一人摆绳，其他人跳，跳法多种多样，边跳边唱，很适合儿童玩。

老鹰抓小鸡　儿童趣味性游戏，由一人当老鹰，张开双翅（手）冲过去抓走小鸡，“母鸡”忙用双翅（手）挡住，并呼唤“小鸡”紧跟身后，第一个“小鸡”牵住“母鸡”的衣服，然后一个接一个牵着。“老鹰”向左或右侧冲去，“母鸡”也走向左侧或右侧以挡住“老鹰”的去路，“小鸡”则跟在“母鸡”的后面，跑向相反的一侧。如果“小鸡”落队被“老鹰”抓住或“老鹰”把手伸到“母鸡”的身后摸到“小鸡”，则被抓（摸）到者要当“老鹰”，游戏重新开始。

弹趵子　所谓趵子就是很小的玻璃球，弹趵子以男孩子玩较多。弹趵子时，先把左手握成拳头状，然后拇指缩进食指中，将趵子置于拇指指甲上，用力向附近的趵子击去。玩时先在地上挖一个比趵子大一些的小圆坑，距离圆坑两米多的地方画一条边界线，然后游戏者依次站在界边将趵子向小圆坑弹去。所击趵子最靠近圆坑者得到先玩权，如果击中了，就享有特权。投击他人趵子的时候，可以减少一“拿”（张开手掌后拇指到中指尖的距离）长距离，弹趵子如果对方的趵子被击中了，就可连击三次，能把对方的趵子击出线外为胜。

踢毽子　找一个中间有圆孔的圆形铁片（或铜钿）用一块小花布，把铁片包在中间，再在中间缝上一支鸡毛管，插上几根大公鸡脖子上色彩绚丽的鸡毛即可。踢毽子时用脚连续向上踢，不能落地。其基本踢法有盘、拐、绷、蹬、挑、磕等几种。用脚内侧踢为“盘”，用脚外侧踢为“拐”，用脚面踢为“绷”，用脚掌踢为“蹬”，用脚趾踢为“挑”，用脚后跟踢为“磕”。踢毽子取胜的标准是数量，但在踢的过程中一定要按照数量的增加而依次完成几个高难度的动作，先里“掏”，后外“挑”，再跳起来“钻”和“瘸”，一旦毽子落地则告失败。

挤屙渣　又名“挤污渣”，是当时山区学校里经常玩的取暖游戏。这种游戏不要材料，也不要大的场地，只要有一堵牢固的墙壁就可以活动。学生们在墙壁前分成两排，分别从墙壁的两头往中间挤，谁被挤出队列外，谁就是“屙渣”。为能不让自己挤出队列成为屙渣，学生们便死命地往壁内靠，并用足力气，靠着腿的功夫撑住位置，想方设法把前面的人挤出去。大家都花出吃奶的力气往墙壁靠，往前挤，既锻炼了意志和身体，又解决了冬天衣服单薄挨冻的烦恼。

玩弹弓　把一个“Y”形的小枝丫截成一定长度，去皮修整，树杈的角度以30度为宜，太大或太小均有碍射击。在枝丫的顶端处挖两个凹槽，用来固定两根发射用的皮条（如自行车的废车内胎或废听诊器的橡胶管，上乘之选是用那种截断来做自行车气门芯的空心橡胶管）。中间用较宽的椭圆形的皮质带连接，用以包裹弹丸。弹弓的子弹通常是就地取材，如小石头、瓦片等。玩弹弓前，先指定某物为射击对象，然后左手握住枝丫下端，右手用拇指和食指捏住裹有小石头的皮质带，瞄准目标，用力一拉，然后松开手，石头就向目标飞去。如两人以上玩弹弓，则以射中目标者为胜。

挠　子　挠子游戏是培养孩子动手能力、反应能力及判断能力的一项有趣的民间体育项目。不受场地限制，深受小学生喜欢。人数：2—4人。玩法：3颗石子（或用布做的小沙包）在桌面上丢开；拿起其中一颗石子向上抛；趁向上抛的石子未落桌面前，抓起桌面上第二颗石子，再来接住刚才向上抛的石子。依次类推，抓起第三颗石子。如果三颗石子同时接住，再同时往上抛，此时手掌迅速翻过来，使三颗石子落于手背上，然后再往上抛，若能接住三颗石子，即游戏成功。如果抛起的石子没接住，或者桌面上的石子没抓起，就结束游戏，换对方开始。根据年龄的不同，将子分为三子、五子和七子。根据抓法，可分抓五子（抓一、抓二、抓三），飞子（飞一、飞二、飞三），怀子（怀一、怀二、怀三），抓法不同，难易程度也不同。

跳　田（跳房子）“跳田”俗称“跳房子”。先用瓦片等物在地上画一长方形，然后在长方形内再分成6至10个小方格，这就是“房”（或称为“田”）。每人一块小石片或瓦片，参加跳者编成号，有次序地进行，先由一个孩子把瓦片扔到1号方格，然后他单脚着地跳入，并单脚把瓦片踢回来。接着扔向2号方格，单脚跳去，先将瓦片踢回1号格，再踢出界外。连续投至最后一个方格（6号或者10号格），又把瓦片依数字从大到小逐格往回踢。往小方格（房内）扔瓦片时，必须站到线外，如果扔的瓦片压住房内的线，就算瞎了。二号再扔，如扔到房内，可用一只腿跳，另一只腿卷起来。一个房一个房地跳一圈，然后，再继续扔，只要不压线，扔不到外面去，踢子及单脚跳时都不触及界线，一直跳完就算赢，跳不完的就算输了。

吹泡泡　用肥皂泡一点水，用小玻璃瓶盛着，然后用一根中空的管子插到瓶子里一蘸，拿出来，鼓起腮帮吹出一个个大泡泡。泡泡离开管子，在阳光的映照下带着不断变换的色彩飘向空中，乐趣无穷。

翻　绳　翻绳又叫解股，是女孩子喜爱的一种室内游戏。玩法分一人玩和双人玩。玩时，用一线绳将绳系成圈状，套于手指上，通过手指的穿插、交错、缠绕等手法，使绳变换成各种形状，如降落伞、太阳、锯、鱼、天窗、面条、担架等。双人玩时，用一根绳结成绳套，一人以手指编成一种花样，另一个人则用手指接过来，并翻成另一种花样，相互交替编翻，直到一方不能再编翻下去为止。

抬　轿　甲乙两人各用一只手握紧自己的另一只手腕，另一只手则紧握对方的手腕，拼成“井”字形的轿座，丙骑坐在轿上，让甲乙扛着行走，约十米时就换人，三人轮流换作坐轿人。

掰手腕　两人隔桌相对而坐，伸出右手或左手，肘置桌面，两手掌相对成反握式，各紧握对方大拇指根部，两臂成垂直交叉。裁判下令后再发力，能奋力将对方手臂压至桌面的为胜者。掰手腕时，另一手握拳置于背后，其余部位不得与台面接触，不得借助外力，双方选手双脚不能移动，每个人的肘部不能脱离桌面，身体不能来回剧烈晃动。现制订有《中国腕力竞赛规则》，国际上也开始举办“掰手腕”擂台赛、“铁臂王”大赛等赛事。

第七章　方言俗语

通源的方言字与方言口语一致，使用频率很高。有的方言字见于古书，有的方言字和方言词为当地或附近地区的人自行创造，或因口口相传字音异化。方言字和音有两个显著特点：一是难以用规范的汉字书写出来，二是难以用标准的声韵拼读出来。因此，以下所列的方言字词，只能用相接近的读音标注，或以同音字替代。虽然不够确切，但也能了解个大概。一些民间俗语也是当地特有的。

第一节　方言字

一、工具名、地名

镄（匝）[zà]（铁~，有四个杵的掘土工具）

氽（朵）[duō]（~拄，肩挑工具，用于承拄担子）

篍（秋）[qīu]（木桶外的箍，如水桶~）

槙（真）[zhèn]（名词：装锄头柄等用的楔子，如“锄头~”。动词：表示把楔子打进去，如“~锄头”）

鐖（几）[jī]（沙~，镰刀的一种，有锯齿）

甿（康）[káng]（畦间排水沟）

峧（高）[gáo]（山脊线上的岙口）

吴（宁）[nǐng]（吴家湾村“吴”字的专有读音）

二、动作、行为

犊（汉）[hàn]（犁田时，指挥牛向前走）

牪（外）[wā]（犁田时，指挥牛暂停）

犻（柳）[līu]（犁田时，指挥牛向右转）

犊（转）[zhàn]（犁田时，指挥牛向左转）

搿（陔）[gé]（开山，如“~毛笋”）

揄（尚）[sháng]（挖孔埋掉，如“~死猪”）

跟（棍）[gùn]（蹲下，如“~倒来”）

䟦（具）[jū]（跪下，如“~在地上”）
囥（康）[kāng]（藏）
扚（柳）[lǐu]（搅拌，如“~谷耙”）
抪（卢）[lǔ]（轻轻抚摩，如“脚~~伊”）
撟（毫）[hǎo]（用容器计量，如“饭~着吃”）
佮（革）[gēi]（财物相共，不分你我，如“~家”）
颂（喂）[wè]（溺水，如“~杀”）
逕（庚）[gáng]（钻，如“~洞”）
跄（枪）[qiāng]（走，跑，如“~地方”）
挧（肉）[yò]（揉搓，如“~萝卜菜缨”）
搣（搓）[cuō]（用手搓捻，如“~纸绳”）
劥（兑）[duì]（撕开，如“~布”；引申为买，如“~衣裳布去”）
潽（普）[pù]（液体受热外溢，如“饭镬~了”）
熯（汉）[hàn]（蒸食物，如“~菜”）
陔（给）[gēi]（站立）
踈（垒）[léi]（打滚，如“~地冬瓜”）
埨（翁）[òng]（灰尘扬起）
煝（眉）[mēi]（缺氧或低温状态下燃烧，如“~灰”“~头纸”）
蚰（有）[yóu]（比、量，如“~~看，哪根长？”）
踣（部）[bū]（蹲伏，如“~倒来”）
矬（坐）[sóu]（1.盛、装，如“谷~在箩里”；2.矬[sǒu] 人身体瘫软，如“生活做得人也~落去”）
迍（带）[dā]（1.介词“到、给”，如“侬~哪里去”“书册~我”；2.动词“挑”，如“~担”）
蛊（藏）[záng]（相叠，如“箱~上去”）
嗦（索）[suō]（吸、吃，如“~螺蛳”）

三、物量、动量

坒（避）[bī]（层，如“一~砖头”）
疄（磷）[lén]（畦，如“两~菜”）

四、性状

瘕（吸）[xiè]（坏，如“~东西”）
葑（封）[fóng]（肮脏，如“衣裳弄~要洗一洗”）
軆（体）[tí]（细腻、光滑，如“伊皮肤煞~”）
笡（恰）[qià]（歪斜、不正，如“房子~去了”）

五、合体合音字

嫑（叫）[jiáo]（只要，如“我~一本”）

覅（反）[fàn]（勿顽皮，引申为听话，如“该这个小人小孩交关~”）

𠿹（哇）[wà]（勿坏，引申为聪明、能干，如“该小人交关~”）

𫢸（灰）[fé]（勿会，如“我今日~来”）

嫖[fiáo]（勿要，如“该本书我~伊”）

甭[fòng]（不用，如“~来、~健”）

第二节　常用词汇

一、词汇特点

词素与词义

词素同而义异。词素完全相同而词义不同，如“晚上”指“下午”，“蚕豆”指“豌豆”，“专门”指“经常”（伊~要迟到）。

词素异而义同。词素全异而义同，如：灶间——厨房，坍眼——害羞、羞耻，老嬷——妻子，齐整——漂亮。部分词素异而词义同，如：天公——天气，顺手——右手，借首——左面（首），条猪——雄猪（作种猪）。

序异而义同。联合式：闹热——热闹，喜欢——欢喜，魂灵——灵魂，气力——力气，该应——应该。偏正式：人客——客人，菜干——干菜。主从式：来起——起来（例句：北京话说“不要站起来”，嵊县话可说做“勿要孩来起”）。

词素增减而义同。词素增加：眠床——床，姨娘——姨。词素减少：懊——懊悔，钳——钳子。

词义的伸缩与转移

词义扩大。“鼻头”除指整个鼻子，还指鼻涕，旧时还指为地主经营出租土地的代理人（也叫“眼下”）。

词义缩小。“面”，仅指成细条状的麦粉或米粉的制品（麦面、榨面）；“衣裳”仅指上衣。

词义转移。“生活”指工作、手艺、苦头或体罚，如“吃生活”，即吃苦头。

程度副词“很”“非常”的感情色彩和语法特点。在通源方言中，相当于程度副词“很”“非常”的同义词较多，有“迈”“交关”“石”“烂”“猛”“煞”“要死”“要命”“断种”等。从感情色彩上来分，褒义用“迈”，如“迈好”“迈用功”；中性用“石”“猛”“煞”“交关”“要死”“断种”“断翘”；贬义用“烂”，如“烂笨”“烂好人”。从语法意义上来分，“迈”“石”“烂”“断种”“断翘”常作状语，如：迈对、石苦、“断种介（地）甜”；“猛”“煞”则常作补语，如高兴煞、闹热猛；“交关”“要死”，既可作状语，也可作补语，如“交关多”“多得交关”，“要死介（地）会做”“做得要死”。用

“煞”“猛”做补语时，不加结构助词“得”。

方位词“上”“下”使用较宽，可用其他词来代替。如：黑板上——黑板里，桌上——桌等，上头——高头，树上——树高头，坐下来——坐落来。

形容词重叠的两种特殊形式

AAB式。如：蜜蜜甜、石石硬、冰冰冷，还有与之相对应的ABB式，如：甜蜜蜜、硬绷绷、冷冰冰，但两者表示的程度不同，前者比后者程度深。

AXAB式和AX头B式。如：石硬——石刮石硬，麦糊——麦踏头糊。这类数量不多。

人称代词单数和复数，采用变换音素的方式来实现。如单数第一人称为“我”、第二人称为“[én]”、第三人称为“儸”“伽”或“其”，复数第一人称为“实伲”、第二人称为“实伢”、第三人称为“实儸”或“实伽”。

几个表示语法意义的词

看。常附缀在重叠词后面，如“吃吃看”“算算看”“看看看”“商量商量看”等，含有尝试义。有的则含有责备、警戒义，如：“依好好想想看，会勿会对得起伊？”（责备义）“依动动看，动动就叫依食生活！”（警戒义）。

添。作用相当于“再”，但只作补语，可与“再”同时使用，如“ 饭食点添”可说成“ 饭再食点添”。大多数场合宁省状语“再”而不省补语“添”。

二、常用词选

1.亲属 称谓 代词

太公（曾祖父）
太婆（曾祖母）
爷爷（祖父）
娘娘（祖母）
外公（外祖父）
外婆（外祖母）
阿爹、爹爹（父亲）
妈、阿妈（母亲）
丈人[níng]（岳父）
丈姆（岳母）
公（夫之父的间接称呼）
婆、娘娘（夫之母的间接称呼）
晚爹（继父）
晚娘（继母）
养娘（奶妈）
养爹（奶爹）
伯、阿叔（父之兄、弟）
大妈、二妈（伯母）
娘舅（舅父）
孃（姑母，父之姐妹）
姨娘（姨妈，母之姐妹）
两公婆（夫妻）
老公（夫）
老嬷（妻）
小老嬷（妾）
姑娘（夫之姐妹）
老婆舅（妻之兄弟）
阿嫂（嫂嫂）
阿姐（姐姐）

阿妹（妹妹，间接称呼；直接称名字）
伲仔（儿子）
囡、囡头、囡篰头（女儿）
新妇（儿媳）
郎官（女婿）
孙新妇（孙媳）
外孙（女之子）
外甥（姐妹之子）
姨夫家（连襟）
亲家公、亲家姆（亲家翁、亲家母）
叔伯姆（妯娌俩）
姑娘嫂（姑嫂俩）
两兄弟（兄弟俩）
双生佬（双胞胎）
婆新妇（婆媳俩）
娘伲仔、娘囡（母子俩、母女俩）
两姐妹（姐妹俩、兄妹俩、姐弟俩）
拖油瓶（妇女改嫁带来的儿女）
外婆家（母亲的娘家）
男人［níng］家（男人）
女人［níng］家（女人）
内眷家（已婚女人）
小官人［níng］（小男孩）
小鬼［jū］头、麻豆鬼、讨债鬼、豆吊鬼、小活狲（小男孩，有时特指儿子）
大［duō］姑娘（未婚大女孩）
小大［duō］姑娘（小女孩）
老太公（老头儿）
老太婆（老妇人）
后生哥（小伙子）
山里头侬（山里人）
人［níng］客、客［níng］（客人）
三脚猫（半瓶醋）
独天地佬（单身汉）
养［yáng］亲爿（童养媳）
寡妇内眷（寡妇）
盗生［shāng］种（私生子）
关房坯（囚犯）
木脸皮（厚脸皮）
呒结杀（做事、花钱无计划的人）
潦落坯（形容不三不四的人）
惯［guān］了活狲、惯了三（不成器的人）
钝［dùn］头八仙（做事不牢靠，易利用的人）
破脚骨（流氓，无赖）
贼骨头（贼）
怂、怂刮蛋、怂东西（坏、懦弱或者不好打交道的人）
条破［pà］龙头（易把事情搞乱的人）
打短佬（短工）
学［hé］生［shāng］子（学生）
匠人［níng］、作头（木匠）
篁匠（篾匠）
镴匠（锡匠）
杀猪佬（屠夫）
脚夫（挑夫）
厨头（厨师）
自［xí］（自己）
自家侬（近宗的人）
偬（你）
伊、其（他、她、它）
伲（我们）
伽、俧［他（她）们］
伲两介（我们俩）
倷两介（你们俩）
俧两介［他（她）们俩］

2.天文地理方位

热头（太阳）
天公（天气）
天狗拖月亮（月食）
龙风龙雨（台风雨）
鬼［jū］头风（旋风）
早红霞（早霞、朝霞）

晚红霞（晚霞）
霍闪、幅闪（闪电）
落雨（下雨）
鲎（虹）
濯［zhuò］雨（淋雨）
落雪（下雪）
龙雹（冰雹子）
烊雪（化雪）
露水（露）
落霜（下霜）
雾露（雾）
雾露棚天（雾露天气）
晴天公（晴天）
阴天公（阴天）
落雨天公（雨天）
天公晒起（天旱）
山等（山顶）
坑棚（小溪坑）
坑（小水沟）
洋沟塘、洋沟坑（臭水塘、沟）
塘（水塘）
溪滩（河滩）
天落水（雨水）
大水（洪水）
打大水（发大水）
出蜃（山洪暴发）
城里头（城内）
乡下头（乡下）
山窠、山里头（山区）
窎［diào］角落头（偏僻的地方）
马路（公路）
上等（上面）
下底（下面）
地下（地面）
墙等、墙头等（墙上）
桌等、桌顶等（桌上）
前头（前边）
山背后（山后）
当中（中间）
床地下（床底下）
镬底（锅底儿）
团近（附近）
眼面前（眼前头）
边沿头（旁边）
借首（左面）
顺首（右面）
蓬块（那边）

3.时令　时间

春天公（春天）
冬天公（冬天）
旧年（去年）
闲旦年（往年）
年年相似（每年）
介月日（这个月）
一介月日（一个月）
上介月日（上个月）
介介月日（每个月）
今日间（今天）
昨日间（昨天）
后日间（后天）
第二日（次日）
前日间（前天）
整日间（整天）
日日相似（每天）
三勿头子介（突然）
年年相（每年）
头慢辰（刚才）
过节添（等一会）
明早介（明天）
头起头毛、头出头毛（开始的时候）
永生百世（永远地）
下通、下遍　（下次、以后）

空心（早上、上午）
午［ én ］罢（下午）
天亮脚跟、鸡啼脚跟（凌晨）
起草空心、早空心（清晨）
晏［ án ］发脚跟、晏快（傍午）
晏、当晏昼头（中午）
晏过（午后）
夜发脚跟（傍晚）
黄困头（黄昏）
夜头、夜里（夜晚）
半夜深更、深更半夜（半夜）
日日夜头（每天晚上）

4.农业　农具（生活用具）

做生活去（上工）
掏笋、掏番薯（挖笋、挖番薯）
砟树、砟毛竹（砍树、砍毛竹）
摘茶叶（采茶）
抡柴（砍柴）
浇料（浇人粪尿）
料扦棒（浇料时做标志用的杆子，也用于形容人长得又高又瘦。）
屙缸、料缸（粪缸）
肥田粉（化肥）
手拉车（手推的独轮车）
风车（扇谷用的车）
麻筛、米筛（筛子）
水碓榔头、踏碓榔头（碓杵）
耜头（锄头）
铁锿［ zà ］（有四个杵的挖土工具）
钉耙［ bó ］（田里除草用的工具，有长柄）
绞刀（铡刀）
沙鏍（镰刀）
茅钩刀、钩刀（砍刀）
钩刀络（系在身后装钩刀的用具）
畈锨（铁锨）
畚箕（撮箕）
簟笠、拼簟［ diān ］（晒谷用的竹席）
团空、白篮（晒东西用的竹编器具）
茶篮（采茶用的竹篮）
汤锅竹棍（用毛竹节制作的舀水工具）

5.植物　动物

葵花子（向日葵子）
番薯（白薯、红薯）
六谷（玉米）
蚕豆（豌豆）
罗汉豆（蚕豆）
蒲瓜（瓠瓜、葫芦）
饭瓜（南瓜）
韭菜芽头（韭黄）
洋芋艿、洋番薯、红毛番薯（马铃薯）
番茄（西红柿）
辣茄（辣椒）
萝卜菜缨（萝卜缨儿）
红萝卜（红皮白心的萝卜）
油菜蕻（油菜薹）
空心菜（蕹菜）
毛竹棚（毛竹林）
树林棚（树林）
刺棚窠（荆棘丛）
树秧（树苗）
树脑头（树梢）
树簕头（树干的地下部分）
树根头（树根）
树丫枝（树枝）
床树（松树）
床丝、床丝毛（松针）
床蒲鸭子（松蒲）
溪盖树（枫杨）
倒挂杨柳（柳树）
毛笋（毛竹笋）
团笋（冬笋）
黄苏头笋（还未出土或已出土但苏头呈黄色

的毛笋）
乌举头笋（已出土的毛笋）
笐鞭笋（鞭笋）
笋壳爿（笋壳）
梨头（梨）
柿红（柿子）
喇叭花（牵牛花）
花粒［nǔ］头（花蕾）
青念附苔（地面或水里的青苔）
牯牛（公牛）
牛娘爿（母牛）
小牛、小牯牛（牛犊）
雄狗（公狗）
雌狗、雌狗娘（母狗）
猪娘爿（母猪）
鸡娘婆、草鸡（母鸡）
赖孵鸡娘（抱窝鸡）
鸡子（鸡蛋）
雄鸭蝤（公鸭）
夜佬、夜猫猫（老鼠的忌讳语）
猢狲（猴子）
犁镵扑（眼镜蛇）
狗屙扑（蝮蛇）
麻雕（麻雀）
雉鸡（野鸡）
翼股（翅膀）
吊窠（鸟窝）
蜂蛾［gá］（蚂蚁）
蛾［gá］鹰（苍鹰）
赤蟮、曲蟮（蚯蚓）
叉屙蜩（蜣螂）
蠓蚣（蜈蚣）
蚜蝣（蚜虫）
鸣虫（蚊子）
响雌、鸣雌、鸣雌老太婆（夏天一种咬人的小虫）
蛤蚤（跳蚤）
灶鸡（灶蟋蟀）
蚱了、知了（蝉）
蜂窠（蜂窝）
鱼厌（鱼鳞）
田鸡、青蛙田鸡（青蛙）
石尚（野生石蛙）
游蚂（蝌蚪）

6.房舍　器具

道地、天井（院子）
照墙（院墙）
正屋（正房）
侧屋（厢房）
茅草棚（草房）
楼等（楼上）
亮推、扶推（扶梯、楼梯）
蠓［mèng］蚣扶推（蜈蚣状的梯子）
磉盘、磉次（柱下石）
黄沙烂［nān］泥（沙土）
泥坯（土坯）
瓦爿头（碎瓦）
燥烂［nān］泥（干泥土）
糊烂［nān］泥（湿泥土）
水漗［sì jiàn］（引水、接水的竹槽）
水漗［sì jiàn］洞（灶头穿过墙壁流水的洞）
灶间（厨房间）
料缸头（厕所）
牛团（牛圈）
猪团（猪圈）
鸡窠（鸡窝）
食饭桌等（饭桌）
床帐（帐子）
被窠（被窝儿）
垫被（褥子）
篾席（竹席）
镬跟（锅盖）

镬戗（锅铲）
火铣（火铲）
火剪（火钳）
饭瓢（饭勺）
饭烧箕（装饭用的竹篮）
汤碗、高脚碗、大卤碗（小、中、大不同尺寸的碗）
瓢羹（羹匙）
筷笼（装筷用的器具）
酒甏（酒坛子）
笊篱（笊篱）
薄刀（菜刀）
揩桌布（抹布）
斧头（斧子）
钉头、洋钉、钉抓（铁钉）
小铁榔心（钉锤）
锁匙（钥匙）
洋油（煤油）
洋灰（水泥）
洋车（缝纫机）
吸铁石（磁铁）
烰［fù］炭（炭）
面汤水（洗脸水）
面布（毛巾）
美孚灯（有玻璃罩的煤油灯）
抵针（顶针儿）
铌［ní］线（缝衣针）
檬柱（棒槌）
衣裳板（洗衣板儿）
晾竿（晒衣服用的竹竿）
晾杈（支撑晾竿的竹竿）
避［bī］来火（火柴）
簰竹筒（旧时农民外出用来盛茶水的竹筒）
搞本（玩具）

7.身体　疾病　医药

嘴脯、牙床（嘴巴）
己身（身体）
头皮（头）
头底心（头顶）
后心跟（后脑勺子）
馋袋（腮腺）
馋沱水、馋蛇水（口水）
头颈（颈）
额角头（额）
次孔（囟门）
盘香头（髻）
面、面孔（脸蛋）
酒靥（酒窝）
面边（腮帮子）
眼乌珠（黑眼珠）
伲朵洞（耳朵孔）
伲朵屙（耳屎）
胡咙（喉咙）
借手（左手）
顺手（右手）
手底板（手掌）
手底心（手心）
脚膳肚（腿肚子）
脚窠头、猢狲头（膝盖）
脚掌（踝子骨）
胸空头（胸脯）
肋棚（肋骨）
肚皮（肚子）
腰骨、腰眼（腰）
罗（圆形的指纹）
箕（簸箕形的指纹）
寒毛孔（寒毛眼儿）
张（看）医生（医病）
气急（气喘）
发痧（中暑）
顿牢、食顿（食物积滞）
冒（呕吐）

洞肛头脱落（脱肛）
出麻（麻症）
出痘（天花）
痼［gǔ］脓（化脓）
结厌（结痂）
鸬鹚袋（腮腺炎）
瘆痱（痱子）
吊子斑（雀斑）
疥癞疮（疥疮）
大头颈（大脖子）
嗡鼻头（鼻不通气，发音不清）
沙胡咙（公鸭嗓儿）
独眼佬（一只眼儿）
羊眼癫（癫痫）
抽筋（抽风）
跷脚（瘸子）
驼背（罗锅儿）
聋髧［bēng］（聋子）
哑子（哑巴）
癫子（癫痫头）
疙舌（结巴）
麻皮（麻子）
缺牙虎（豁牙子）
着力、着力猛（疲倦）
搨药水［sì］（搽药水）

8.穿戴　饮食

衣裳（衣服）
领头（领子）
裲裆裤（死裆裤）
裤脚（裤腿儿）
衣裳袋（兜儿）
纽子襻（扣襻）
纽子洞（扣眼儿）
鞋楦头（鞋楦子）
套鞋（橡胶做的雨鞋）
草鞋袜（旧时农民上山穿的连袜鞋）
帽舌头（帽檐儿）
肚褡（肚兜）
捺扣（摁扣）
项铃（项圈）
银锁（百家锁）
伲朵掐（耳环）
晏饭（午饭）
眼唠（零食）
冷饭头（剩饭）
镬焦（锅巴）
肉饼子（肉丸、肉末）
糊辣羹（鸡汁羹、狗汁羹等的统称）
油石棍（油条）
肚里货、下脚（动物内脏）
鸡子浆（蛋羹）
霉豆腐（腐乳）
山粉（蕨粉）
番薯面（番薯粉丝）
颗头糖（糖块）
老烟、土烟（烟）
烧酒（白酒）
老酒（黄酒）
筛酒（斟酒）
蓑衣（用棕丝棕片编织的雨衣）
凉帽（用篾丝、箬叶、笋壳等编织而成的雨具）

9.生活　交际

缉鞋底（纳鞋底子）
钉捺扣（钉扣子）
补破洞（打补丁）
摭饭（盛饭）
打呃嗝（打嗝）
咯烟（抽烟）
汏（洗）
皮道（味道、滋味）
荡嘴脯（漱口）

着热头（晒太阳）
歇漫寻（休息一会儿）
打瞌冲（打盹儿）
鼾住（打呼）
困勿起（睡不着）
困晏觉（睡午觉）
魇起（魇住了）
迲[dā]外面去嘞（出去了）
归来嘞（回家了）
归出（来往）
张㑚（看人、找人）
嫑客气（不客气）
上桌（入席）
冤家对头（冤家）
鸡子里挑骨头（吹毛求疵）
坍台（丢人）
搨麻油（拍马屁）
跄㑚家（串门儿）
调牌（捉弄）
行事（做法）
逷横头（遇到困难）

10.婚丧　习俗　迷信

张㑚家（相亲）
年纪（年龄）
挓日子、挓日子盘、发送（定亲）
做三朝（归娘家、回门）
做婎姆（坐月子）
生小㑚（生孩子）
做十（做寿）
食豆腐去（奔丧）
老掉了、过边、过世（死了）
落棺（入殓）
驻嚎堂（守灵堂）
出丧（出殡）
嚎竹棒（哭丧棒）
烧纸（纸钱）
坟板石（墓碑）
上坟（扫墓）
阎来王、阎罗王（阎王）
会期（庙会）
看相佬（看相的）
肚仙婆（巫婆）
许愿心（许愿）
还愿心（还愿）

11.文化　教育　体育

学[hé]堂（学校）
放晏学[hé]（放午学）
放夜学[hé]（放晚学）
赖学[hé]（逃学）
学[hé]堂太公（读书多次留级的人）
书经钿（学费）
红宴字纸（描红纸）
笔套（笔帽）
面瓦（砚台）
亮眼佬（识字的）
亮眼瞎子（不识字的）
考卷纸（试卷）
末笃名（末名）
陔人旁（立人旁）
双陔人（双立人旁）
放鹞（放风筝）
绊猫猫（捉迷藏）
弹跔子（弹玻璃球）
绷花线板（两人轮换翻动手指头上的细绳，变出各种花样）
猜宁（猜谜语）
放炮仗（放爆竹）
跄象棋（下棋）
澎水游（游泳）
逷水[sī]底（潜泳）
翻筋斗（翻跟斗）

12.商业　交通

宿夜店（旅馆）
剃头店（理发店）
修面（刮面）
肉店（肉铺）
当店（当铺）
赁屋（租屋）
讨债（要账）
零头（零钱）
银洋钿（银圆）
秤花（秤星儿）
黄包车（人力三轮车）
脚踏车（自行车）

13.司法　讼事

证明囊（证人）
招（招认）
保出来（保释）
抲起（逮捕）
塞背后（行贿）
杀头（斩首）
关来起（囚禁起来）
坐监牢坐关房（坐牢）
捺手印（按手印）
文书（地契、房契）

14.动　作

隑（站）
挖（拿）
掼、掼掉（扔掉）
掰（用手把物分开）
眼睛撑开（睁眼）
碰着（遇见、碰到）
氽眼泪（流眼泪）
嘴脯撑开（张嘴）
嗍鼻头（吸鼻涕）
咯奶（吃奶）
打嚏（打喷嚏）
叫（哭）
跄［走、跑（~儴家）］
园来起（藏起来）
翻起（跌倒）

15.形容词　副词　介词　其他

精哇壳落（形容人很瘦）
瘟头落壳（垂头丧气）
嗑头棚脑（麻烦事情多）
断燥及刮（指平时表现不踏实、浮躁）
哭出绷比（悲伤难过）
冰清冷死（很冷清）
墨乌搭湫（指颜色很黑）
腻心夹胀（很恶心）
刮糊滴答、刮湖伦敦（不干燥、很泥泞）
雾露彭天（有浓雾）
对来棚起（乱讲乱话）
阴对糊对（说话做事没有根据）
瞌充蒙东（没睡醒的样子）
无法汕天（说话做事没规矩）
吊毛来起（说话做事不入调）
藤吊八宁［yín］（做事很有韧性）
希吊八头（说话做事不合常理）
脱头烂脚（讲话做事不够完整）
钝头刮杀（勿聪明的意思）
洋术舞通（做事忘乎所以）
甚多八少（数量很多）
厌起烦躁（做事慢吞吞的意思）
六头勿清（弄不清楚）
花脸搭湫（说话做事不是出于内心）
八马粉碎（很破碎）
二五八六（形容酒喝得糊里糊涂）
吖搁乱颈（说话做事非常特别）
的团卜落（很圆的意思）
出山（有出息）
差勿多（差不多）
疲（坏）
闹热（热闹）

薄（稀，粥太~）
厚（稠，粥太~）
朗（稀疏，不密）
壮（肥，肥胖）
断磨善（形容长得结实健壮）
写意（舒服）
怕难为情（腼腆）
灵光（机灵）
迟、晏（晚）
茄皮色（紫色）
没计介（许多、无数）
木佬佬（很多）
一点沫（一点点）
一竟介、一竟头介（经常、一直）
依岸至头（按顺序来）
该应省快（活该）
乌鸡娘脚爪（指手足很脏）
墨阴介、墨阴死洞（无光亮，很黑暗）
惊骨头冷（冷得刺骨）
哪侬（谁）
哪介（怎样）
毫革、毫革东西（啥、啥东西）
嘎噶、嘎拉、嘎末（这样、那么）
常斯介（经常这样）
特为（特地）
槛板、限板（一定、限定）
乐得（“不……白不……”的意思）
要么、要末（也许）
亦惊叫（突然受惊而心悸）
暴时（偶然、暂时、初次）
一堆生（一块儿）
来留、来顾（在，在这里）
头伐、前头（以前、从前）
后头（以后）
留心（留神）
记挂（挂念）
望（盼望）
眼热（羡慕）
赌气（怄气）
省快（舒服）
泰猛（轻松简单）
搭讪头（搭茬儿）
讨相骂（吵嘴、吵架）
唠念（唠叨）

16.量　词

刀［1.累（三~纸）；2.块（一大~肉）］
介［个（一~人）］
份［户（两~人家）］
爿［1.座、处（一~店）；2.块（一~地）］
床［“被”的量词（一~被）］
埭［1.条（一~路）；2.趟、次（白走一~）］
蓬［1.丛（好几~草）；2.阵（一~风刮来）］
梗［1.条（一~绳；三~鱼）；2.根（两~树丫枝）］
茬［1.次（打~伊）；2.炷（灸了两~艾豆）］
遍［次（我已同伊讲了两~）］

第三节　谚语俗语

一、谚　语

1.生活谚语

祸从口出，病由心生。
早吃好，午吃饱，晚吃巧。
大蒜是个宝，常吃身体好。

萝卜出了地，郎中没生意。

若要百病不生，常带饥饿三分。

手脚快，勿招怪。

晴天筑漏，落雨照旧。

吃勿穷，穿勿穷，盘算勿着一世穷。

老怕看牛，小怕剃头。

铜钿眼里翻斤斗。

好汉勿赚六月钱。

老婆讨进，债没头颈。

牙痛不是病，痛煞无人问。

桥归桥，路归路。

外面金窠银窠，勿如自家草窠。

做做做勿煞，气气要气煞。

好货勿贱，贱货勿好。

柴到猪头烂。

甘蔗老来甜。

好笋出笆外。

人要做出看，树要解开看。

若要好，大做小。

响茶（开水）勿煎（沸），煎茶勿响。

天下好佮，厨下难佮。

一勿赌力，二勿赌吃。

晴带伞，饱带饭。

冻九（月）焐四。

单方独味，气煞名医。

陶镬勿滚汤锅滚。

清明螺，抵只鹅。

师傅引进门，修行靠自身。

天勿怕，地勿怕，只怕两头悬空挂。

拳头打出外，手把弯归里。

小时偷针，大了偷金。

不怕鬼吓人，就怕人吓人。

宁可荤口念佛，不可素口骂人。

冷粥冷饭好吃，冷言冷语难受。

学好三年，学坏三天。

一朝被蛇咬，三年怕井绳。

山中无老虎，猴子称大王。

自称好，烂稻草。

娘痛儿，路介长；儿痛娘，扁担长。

天介大噶官司，只要磨介大噶银子。

有钱是兄弟，无钱是路人。

心慌吃不得热粥。

苗好一半谷，妻好一半福。

2.农事谚语

地是活宝，越肥越好。

庄稼一枝花，全靠肥当家。

稻倒缺只角，麦倒剩鬅壳。

呒菜勿请客，呒灰勿种麦。

一颗茶芽七粒米。

若要萝卜大，八月十六勿能过。

三日两头浇，廿日好动刀（指青菜可食用）。

七月半，番薯芋艿尝尝看。

早竹要培，毛竹要开。

八牙齐（牛），会拉犁。

3.气象谚语

冬雪饭，春雪难。

惊蛰前响雷，四十二日云勿开。

春霜勿露白，露白要赤脚（下雨）；连头三朝白，晴到割大麦。

端午夏至朗堂开，三绞大水并绞来。

夏雨隔牛背，秋雨隔灰堆。

萤火屋里来，明朝雨门开。

当晏落雨两头空。

东虹热头（太阳）西虹雨。

日晕三更雨，月晕午时风。

早雾晴，晚雾雨。

久晴大雾雨，久雨大雾晴。

夏至无云三伏热，重阳无雨一冬晴。

一日赤膊，三日头缩。

吃过冬午（端午）粽，还要冻三冻。

一九二九，笪（斜）水勿流；三九四九，相唤勿出手。

二、歇后语

狗叫猪脲泡——空劳劳
苍蝇添秤砣——勿上斤两
七石缸捣开当瓦卖——不合算
螺丝屁股——坐勿牢
驼背佬跌倒——两头勿着实
鸡屙（粪）落地——当时热
马桶沿里踏高跷——危险
麻袋矬（盛）钉茬——里戳出
讨饭佬吃死蟹——鲜煞
螺蛳壳里做道场——团团转
小狗落屙（粪）缸——高兴煞

肚痛埋怨灶司——空埋怨
纱筛遮狗洞——勿牢靠
烂田翻捣臼——越陷越深
上轿穿耳朵——临时着急
顶着石捣臼做戏文——吃力不讨好
六月料缸——越抑（拌）越臭
半天炉灰——勿着实
讨饭佬骑马——行头多
苍蝇戴豆壳——不相称
猛火煨番薯——皮焦里不熟
麻绳吊鸡子（蛋）——两头滑脱

第八章　宗族姓氏

通源位于嵊州、东阳、诸暨三市交界之地。有史以来，三地人口互相迁徙，宗族关联相对密切。如江夏黄氏、爪爬形等地的张氏，由东阳分迁而来，宗谱也是与东阳合修，所遗宗谱格式也都为东阳风格，无祖像，有墓图；松明培、油麻山的樊氏，吴家湾的斯氏等，由诸暨分族而来，所遗家谱开本较小，祖像为黑白木版画；东坑王氏、茶坊王氏，道场、东坑、白雁坑、董家坑等村的钱氏由剡源、长乐等地迁居，家谱亦属嵊州风格，装帧精美、手工设色祖像。

通源现有人口姓氏以钱氏为最多，另外如张、黄、王、邢、斯等姓较为普遍。

第一节　姓氏源流

钱王后裔——钱氏

吴越钱氏，素有“千年名门望族，两浙第一世家”之称。通源钱氏，皆为吴越国国王钱镠之裔孙。据《剡源钱氏宗谱》（1915）载：以唐末五代十国时期吴越国国王钱镠为一世祖。第七世祖钱奎于靖康二年（1127）为避乱从诸暨江藻迁居剡县瑠田。至十七世分成上四房和下四房。上大房时中公派：二十八世士璋、士骅公迁居道场，三十一世允封（生明公生父）迁居东坑。上二房时和公派：二十七世盛茂公（1676）迁居白雁坑，为白雁坑、冷坞、董家坑、里大坑始迁祖；上二房二十九世世贤、世良公迁居董家坑，为董家坑钱氏另一分支。

清河之后——张氏

张氏始祖相传为黄帝第五子青阳氏之子，名挥，观弧星，制弓矢，为弓正，赐姓张。通源张氏来源有三：一为齐剡令张稷之后。张稷，字公乔，世居姑苏，齐永明年间，任剡县县令。上任途中，于嵊亭生一子，因剡地四面环山，故取名为嵊，字四山。张稷任满后定居桃源乡珏芝里。张嵊，仕于南朝梁，官至吴兴太守。张稷二十五世张治孙，于元末迁石璜镇寺根；清末，第四十二世张祖庭之母携其改适茶培为茶培之祖。二为宋“东南三贤”之一的张南轩后裔。唐元和年间，张又新宦居会稽县（今柯桥区）。南宋绍熙五年（1194），张奎自邑西宦墈头迁居西乡雅张（今长乐镇雅张）。清乾隆年间，第三十九世张家钱、张家钿兄弟俩由雅张迁居松明培，至今已经发展至第四十五世。三为锦溪张氏，其祖先为江西洪都人。元大德间，进士张鼎新，任新昌尉，秩满卜居澄潭街东，鼎新之孙张信于元末明初之际，分迁东阳虎鹿，称锦溪张氏。第十三世孙张国赴，行恭九十二，因病于清雍正九年（1731）早逝，妻儿生活难以为继，其妻王氏携二子大宝、正德迁居娘家诸暨，投靠亲友。乾隆三十年（1765）前后，张正德娶吴家湾吴氏为妻，再自诸暨迁居通源吴家湾。其后裔又分迁八垭头、大坂田、爪爬形等地。

汝南世家——周氏

通源周氏，皆为开元周氏之裔。据1948年追远堂《周氏开元派宗谱》载，开元周氏源于姬姓，系出周平王姬宜臼之后。周平王封少子姬绍阳于汝南（今属河南），子孙遂以“周”为氏。故开元周氏以汝阳封地汝南为郡望，世称“汝南周氏”。唐咸通四年（863），有周遂任处州（今丽水）知州，并赘居处州叶氏。宋开宝六年（973），周兵任婺州东阳县教谕，任满而定居于东阳县城周宅巷；其后周旺，又迁居东阳玉峰查岙。周旺之孙周爽（1006—1076），字仁普。晚年游于剡，以剡山水佳丽，人物俊伟，遂于景祐三年（1036），迁居剡之开元，是为开元周氏始祖。元至元二十六年（1289），开元周绅，字子贵，自开元乡（今长乐镇开元）迁居暨阳花亭周坞（今诸暨小兼溪村周家坞）太平桥头。至十七世周长寿，字仲岳，于康熙年间由兼溪迁居东五峰村（今诸暨东白湖镇五峰村）；清雍正年间，第十八世周桂圆，字文英，由诸暨张家湾迁居通源白石岭下；嘉道年间，又有第二十世周道圣、周道善迁居大坂田。清乾隆初年，开元周氏第二十八世周贵行，字懋躬，因娶松明培邢氏，由开元徙居松明培。

暨阳望族——斯氏

《斯氏宗谱·宗姓外纪》载，斯为吴宁八大姓之一。其先史伟（196—265），东汉建安末（196—220）自鲁国滋阳（今山东省兖州市）迁至浙江东阳后倡村。历官廷尉，爱民如子。三国吴赤乌元年（238）三月，见狱中有非罪者，怜而释之。吴大帝孙权以史伟献决不平，将行大辟（死刑）。史伟之子史敦、史从，泣血陈情，愿捐躯以代。孙权深感其孝，诏赐“斯”为氏，复斯伟（史伟）原职，故斯伟为斯氏开宗始祖。传二十六世至斯德遂（864—？），字友迅，游学诸暨，赘居上林乡宋家坞（今诸暨市东白湖镇斯宅）宋氏，是为上林斯氏始迁祖。其后裔在不同时期由多人迁居通源吴家湾、松明培、白雁坑等地。吴家湾斯氏分两支：一为西园八石坂派第二十八世斯樽全在康熙年间徙居吴家湾。二为宁四公大房派第二十八世斯志益于明末清初徙居嵊邑三十七都龟山头，第三十一世孙斯其铭于乾隆年间转迁吴家湾。松明培斯氏为西园八石坂派第三十世斯大仁约于乾隆五十二年迁居松明培。白雁坑分水岗斯氏为洪七公坑口派第二十八世斯宗相于乾隆初年迁居油竹潭，后裔散居油竹潭、石彦坂、分水岗等地。

大汉遗民——金氏

通源金氏，实为刘氏之裔。“劉”的本意是斧钺。传说盘古“开天辟地”时，就是用这柄神奇的“劉”劈出来的。刘氏，帝室之胄。源于黄帝，至唐尧封子于刘而刘姓始。今河北唐县，就是远古时刘的封地。据1949年《定山刘金氏宗谱》载，金氏一族系出汉中山靖王刘胜之后，奉刘曦为一世祖，由天台孟岸迁居东阳巍山，为避吴越王钱镠名讳，刘、镠同音，遂由“刘”改姓为“金”。第四世柏杯公从鉴，生四子十三孙，是为金氏十三居。第十世孙金定，字处谅，迁居定山宅口；第二十九世孙金为思，生于清乾隆四十七年（1782），自东阳宅口迁居嵊邑白雁坑旋迁游龙山（今称油罗山），是为通源金氏之祖，后裔主要居于白雁坑、松明培两村。至今已繁衍至三十九世。

逐竹而居——邱氏

邱姓，一般认为是由丘姓避讳而来，最早一支丘姓源出姜姓，姜子牙封于齐而都营丘，其支庶居于营丘者，遂以丘为氏，世居扶风。汉平帝时有扶风人丘俊，持节安抚江淮，居吴兴，在南北朝时形成了吴兴丘姓望族，丘姓主体已经由中原和北方移入江南。

通源邱氏，由福建迁入，他们逐竹而居，世代以制作竹纸为业。主要聚居于白雁坑、冷坞、油竹潭等地。据1933年《剡西邱氏宗谱》载，清康熙年间，福建上杭县邱氏第廿二世孙邱士望、廿四世孙邱元兴，分别迁居白雁坑冷坞、油竹潭。

共公之后——洪氏

洪氏出自上古炎帝神农氏，为共工的后代。据《元和姓纂》及《尚书》等所载，共工从黄帝时起就担任了治理天下水利的官职，被人们尊为水神。颛顼帝时，共工起兵争天下，后失败，因避仇改洪姓。

据1948年《敦煌洪氏宗谱》载，清乾隆丙午（1786），洪氏四十三世洪德华因饥荒携带老母自安徽省潜山县迁居浙江嵊县三十七都太白山顶油竹山（今白雁坑村），而开基焉。

中原旧族——樊氏

樊姓发祥于河南济源。春秋战国时，樊姓氏族以此为源，北入山西，东到山东，南迁湖北、江苏，西徙陕西，与当地氏族世代共处。在长期的繁衍播迁中，樊姓逐渐人丁兴旺，形成了南阳郡、上党郡两个大郡望，治所秦时在今山西壶关，西汉时移治长子（山西）。

通源樊氏，由诸暨谱设分迁而来。据1933年《剡源樊氏宗谱》载，清康熙年间，樊氏第三十四世孙樊胡琅由诸暨谱设(今诸暨市枫桥镇普设）迁居松明培，胡琅生三子，长胡伦，无传；次胡望云，生三子，胡孝生、胡长元、胡孝元，皆转迁油麻山（今董家坑村）；幼胡信官，留居松明培，如今后裔主要居住松明培、董家坑、高明庵等地。

建昌后裔——刘氏

通源刘氏，主要聚居于高塘，由长乐镇石砩迁来。据1933年《石砩刘氏宗谱》载，宋代，刘伯勤自越城（今绍兴市越城区）迁居嵊县邑城集贤坊（今市区）。刘伯勤之孙刘子彰，明代自嵊县邑城迁居本邑石砩（今长乐镇石砩）。第十四世刘光考，于乾隆初年迁居高塘。

江夏名宗——黄氏

司马迁《史记·秦本纪》记载，黄氏，为嬴姓十四氏之一，是远古时期伯益的后裔，黄伯益长子黄大廉为黄夷首领，在夏朝建立古黄国，商朝以国为氏。战国至秦汉时期，黄姓已经大批播迁到湖北地区，逐渐形成江陵、江夏等八个黄氏郡望，并逐步向江南发展。

通源黄氏，以江夏为大宗。据江夏1948年《吴宁黄氏宗谱》记载：始祖黄可大，登宋天禧己未（1019）科进士，仕至徽州太守，后定居徽州。清初，第十七世孙黄光德由东阳十五都下程马迁居嵊县三十七都茶坊，是为岗下黄氏之始。

石姥旧族——沈氏

吴兴沈氏源于东汉沈戎（字威卿，祖籍安徽。汉初，为光禄勋，九江从事，累迁济阳太守）。后汉建武中（56—57年），光武帝刘秀嘉其功，封“海昏侯”，辞不受，乃避地徙居会稽郡乌程县余不乡，遂家焉。自晋宋齐梁下，凡余不之沈，皆其所出。

通源东坑沈氏，吴兴之后，石姥旧族。据1916年《沈氏宗谱》记载，东坑沈氏始祖沈珠，字天元，号遵道，唐时任杭州知府。其十一世孙沈存和于宋咸平间迁居剡县石姥岭（今崇仁镇岭下），第廿三世孙沈秦朝自石姥岭迁居福建省汀州府上杭县；明朝末年，第三十世孙沈立耕复自上杭迁嵊，定居剡西东坑，是为东坑沈氏之始。

偃王之裔——徐氏

徐氏，出于嬴姓。相传，皋陶曾被部落联盟领袖舜任命为掌管刑法的官员。皋陶生子伯益，伯益因助大禹治水有功，禹封其子若木于徐地，建立徐国。徐国世代相传至周敬王八年（前512）为吴国所灭，后子孙以国为氏。

通源紫竹徐氏，源于诸暨大成。据紫竹1938年《剡西徐氏宗谱》记载：紫竹徐氏，系诸暨大成徐氏分支。明初，大成徐氏第五世徐仑，自诸暨赘居嵊县三十三都毛家塘创家立业；第十世徐良九，字招相，于万历年间，迁居嵊县三十三都下园（今谷来镇竹溪村下园）。清乾隆年间，第十四世徐林照，再转迁紫竹，为紫竹徐氏之始。

琅琊后裔——王氏

据《新唐书·宰相世系表》记载，琅琊王氏是东周灵王太子姬晋的后代，姬晋因直谏被废为庶人，其子宗敬任司徒，时人称为“王家”，子孙遂以“王”为氏。据1948年《茶坊王氏宗谱》记载：茶坊王氏为晋宰相王导之后，王导十五世孙王公正，自青州益都里迁居嵊县山口；传五世，至王永清，于明初自山口迁居茶坊，是为茶坊王氏一世祖。据1916年三槐堂《王氏宗谱》记载：东坑王氏系王羲之幼子王子猷之裔，新昌澄潭王氏之后。清初，王奇德由仙居迁居嵊邑华家坞，是为始迁之祖。第七世王章永，字阿永，转迁东坑。

雕圣之后——戴氏

通源戴氏，为东晋著名美术家、“雕圣”戴逵（326—396）之后，由汾水分迁诸暨，再由诸暨回迁嵊州。据1937年《谯郡戴氏宗谱》记载：戴氏一族，在戴安道迁剡之后，世居于剡。三十传至北宋末年，戴惠生迁居分水（今桐庐）成为大族。明正德年间，第十七世戴绍全由严州府汾水县（今桐庐县北乡）廿八都森口渡迁居诸暨枫桥五十七都黄沙桥；第二十一世戴国佐、戴国表于清康乾间由诸暨黄沙桥迁居里大坑，为里大坑戴氏之始。

剡西一族——邢氏

邢氏始祖“靖渊公”姬苴，为周公旦第四子。因受封为邢侯，建邢国，都城为今河北省邢台市，后子孙以国为姓。

通源松明培邢氏，为太平邢氏西派之后。以唐节度使邢君牙为一世祖，十三世枢密院直学士邢达，字宏甫，号清风，于宋绍兴年间迁居沃基（今长乐镇沃基）；十七世邢榆，生二子，分东西二派。长子邢继，东派之祖，居沃基；次子邢炯，西派之祖，居太平。东派二十二世邢大福，于宋末分迁坎流，为坎流之祖；三十世邢仲邦，于明初自坎流迁居松明培，为松明培邢氏始迁祖。

源出全堂——汤氏

汤氏，源于商汤。商汤是夏朝末年商部落首领，又称成汤，成汤灭夏，建立商朝。其子孙后代为纪念这位开国君主，遂以其名讳为氏，称为汤姓，商汤由此被奉为汤姓始祖。

通源汤氏，为诸暨全堂分支。据1937年《全堂汤氏宗谱》载，汤氏一族，扈驾南渡后，由临安迁居东阳石马坑，再迁诸暨。元初，汤好问，字舜甫，由诸暨迁居全堂汤村，是为全堂汤氏第一世祖；第十四世孙汤成凤，于康熙末年由诸暨全堂迁居嵊县三十七都松明培。

王族后裔——商氏

商姓源于子姓，是商王族的后裔，以国名为氏。据《通志·氏族略》载：“唐尧封帝喾之子契于此，传十四世至成汤，灭夏而有天下，以商为国号，后商被灭于周，子孙以国为氏。”

据2009年《堰底商氏宗谱》载，通源商氏一脉，为堰底商氏之后。北宋末，商倚自汴京（今河南省开封市）迁居浙江临安府城（今浙江省杭州市）。商倚之子商鐍，南宋初复自临安府城漾沙坑迁居嵊县宅根（今甘霖镇宅根），十一世商伯梅，因洪水迁居方山（今石璜镇堰底）第二十九世商孙普早逝，其子利郎、利华随母转迁道场。

进士之后——朱氏

朱氏源于朱襄氏，以先祖名字为氏。朱襄氏是伏羲氏的大臣，被封于朱（今河南商丘柘城），以赤心木朱为图腾，后来朱襄氏成为“炎帝”，其后代以朱为姓氏。

通源朱氏，主要集中居住于荷岭。系南宋宰相朱胜非之后，南渡时迁居婺州义乌（今义乌市）。朱胜非之孙朱信，转迁诸暨麻园；第九世朱汉，明初迁居楼子坞；第十六世朱子华，因明末流寇作乱，家园被毁，迁居嵊邑雅璜（今石璜镇雅璜村）；第二十二世朱义成于清末，再由雅璜迁居荷岭。

石城名宗——吕氏

吕氏，源于姜姓。帝舜时，姜姓后裔伯夷为掌管礼仪的秩宗，帮助舜治理部落联盟，很有政绩。禹代行天子时，伯夷尽心辅弼，成为禹之心腹，组成了一个疆域不过七十里地的侯爵国，伯夷是吕国第一代吕侯，为吕氏始祖。

通源吕氏，集中居住于淡竹岗村。其先系宋太宗朝参知政事吕端之后，端公五世孙吕亿，高宗朝荫授大理寺评事，扈驾南渡，葬父骨于新昌磕下，配袁氏女而定居磕下，由是成族。第二十五世小潮，于清乾隆年间分迁嵊县西白山麓淡竹岗。

鄱阳来客——操氏

操氏来源流传两种说法：一是源于官位，出自殷朝君主盘庚给大夫所封官职，属于帝王赐姓为氏；二是源于姬姓，出自周武王姬发后代，属于以职业技能名称为氏。鄱阳当地《操氏宗谱》记载，操姓始祖为“天成公”，经考证“天成公”历史原型为梁闵帝。

通源操氏，以三王堂为大宗。据2015年敦本堂《潜阳操氏宗谱》载：“清乾隆四十八年（1783）遭癸甲之荒，率同妻子及五个儿子游嵊邑三十七都太白山（今三王堂村），见其土地肥美遂家焉。”

第二节　谱牒遗存

嵊州历史上曾经是姓必有谱，然而经过历次运动的洗礼，留存于世的家谱十不及一。通源历史遗留的家谱数量已难以统计，据收集资料，现存与通源区域有关的宗谱总计21个姓氏24种。

松明培、油罗山刘金氏宗谱

版本状态：民国三十八年（1949）木活字本，三卷一册，全。

修纂者：金行敏等。

卷目内容：卷一谱序、传；卷二系图；卷三行传。

讳行：江淮河汉　朝宗永长　乔松瑞梓　端本惟良　嘉会运继　一道相焕　发祥自久

奇英文章　性心显扬……

冷坞邱氏宗谱

版本状态：民国二十二年（1933）木活字本，三卷二册，全。

修纂者：戴雪舫

卷目内容：卷一谱序、传；卷二祖像、系图；卷三行传、谱跋。

讳行：二十九世起，景行维贤　克念作圣　学优登仕　摄职从政

油竹山洪氏宗谱

版本状态：民国三十七年（1948）福禄堂木活字本，三卷三册，缺卷一。

修纂者：钱宗岱

卷目内容：卷二祖像、系图、太平诗集；卷三行传、跋。

讳行：创业贵擢士立校在敦伦忠义君恩大明亮祖泽涂善始原知艰克终亦不易耕读遗后昆俊叶显重光有德传教道兴邦永振扬

董家坑樊氏宗谱

版本状态：清光绪元年（1875）说德堂木活字本，五卷四册，全。

卷目内容：卷一谱序、墓志铭、规训、传序、议约等；卷二祖像、字母、系图等；卷三至五行传。

讳行：君王立殿堂　朝辅尽纯良　庶民如律礼　平大净封疆　折梅逢驿使　寄与陇头人　江南舞所有　聊赠数支春　疾风知劲草　世乱识忠臣　士穷见节义　国破别坚贞

道场、新东坑、白雁坑、董家坑钱氏宗谱

版本状态：民国四年（1915）木活字本，十六卷，存三册，卷一、二、五。

修纂者：钱宗岱等。

卷目内容：卷一谱序、凡例、祖像；卷二系图；卷五行传。

讳行：自十三世起，佑泓洁洹淑汇梁

松明培淼溪张氏宗谱

版本状态：民国三十五年（1946）萃焕堂木活字本，三十四卷首一卷，二十册，全。

修纂者：张士楷等。

卷目内容：卷首谱序、凡例、敕命、村图等；卷一源流、附记；卷二至五系图；卷六至十六行传；卷十七至十九墓志、略、序、传；卷二十寿序、赠序；卷二十一赞；卷二十二人物；卷二十三祖训；卷二十四祭典；卷二十五公产；卷二十六迁徙表；卷二十七宗族纪要；卷二十八大事记，附抗战事变；卷二十九祠宇；卷三十学校；卷三十一公益事业；卷三十二卷文苑；三十三旧序；卷三十四杂录。

讳行：三十九世起，家声永庆　孝友传芳　荣全康泰　英俊超伦

松明培、大坂田周氏开元派宗谱

版本状态：民国三十六年（1947）追远堂木活字本，不分卷四十四册，全。

修纂者：周麟振等。

卷目内容：全谱以“天地玄黄宇宙洪荒日月盈昃辰宿列张寒来暑往秋收冬藏闰余成岁律吕调阳云腾致雨露结为霜金生丽水”分集。天字集，谱序、祖像、宅图、景图、祠图、规训等；地字至荒字集，世系；日字至结字集，行传；为字集，祭约、墓记等；霜字集，祠记、祭规、碑记、人物志等；金字至水字集，诗文、铭、序、志、状、传等。

讳行：孝友传先德　诗礼振家声　勋名耀汉代　理学崇濂溪

高塘石碑刘氏宗谱

版本状态：民国二十二年（1933）述古堂木活字本，十卷十册，缺卷三、八、九。

修纂者：刘启锦等。

卷目内容：卷一谱序、凡例、源流；卷二规约；卷三祖像；卷四传、序、赞；卷五至六世系；卷七世传；卷八至九碑记、公产、祭祀仪规、约；卷十诗文集外编、内编。

讳行：大本从汉启　清时景运昌　家齐敦友爱　世美庆明扬　伟绩初能建　洪恩自迪康　先型贻典则　嗣服颂芬芳

吴家湾、松明培、分水岗斯氏宗谱

版本状态：民国十八年（1929）孝义堂木活字本，六十八卷校志一卷六十九册，全。

修纂者：斯年韶

卷目内容：卷一谱序、凡例、敕书、记；卷二义行传；卷三文行传；卷四贞烈传；卷五行传、寿言、像赞、墓志铭等；卷六诗赋、约据；卷七祀产、庠产；卷八至二十七系图、前纪、本纪；卷二十八至六十八行传；附校志一卷。

新东坑、爪爬形、八坵田、吴家湾张氏宗谱

版本状态：民国三十五年（1946）木活字本。八卷八册全。本谱系道光庚子、咸丰戊午、光绪乙亥、光绪辛丑、民国丙戌五次递修增补成册。

修纂者：张鸿仙

卷目内容：卷一谱序、家规、凡例、排行字母、董事名次、传寿文等；卷二世系图；卷三至卷七行传；卷八祠、墓图、约据、跋。

讳行：礼乐承先德　诗书启像贤　汝行图正大　其宗元可宏　学思齐士美　树立希人文

新东坑、石板坑沈氏宗谱

版本状态：民国五年（1916）继锦堂木活字本，三卷一册，全。

修纂者：沈文刚

卷目内容：卷一谱序、像赞、诰敕、祖训、凡例、传略；卷二系图；卷三行传。

讳行：三十九世起，孝友传家　积德永昌

岭下周氏宗谱（五峰派）

版本状态：2014年思成堂胶印仿古线装本，五卷五册全。

修纂者：周晓东等

卷目内容：卷一艺文、祖像、谱序、凡例、祖训、村景、传略、捐资芳名，卷二字母图、系图，卷三系图，卷四至五行传。

讳行：元云崇昌方盛　振彩添贤能　和悦友嘉裕　景新启道学　英敏绍宏功　赞辅赓祥雍　芳名秉全悃　树艺大化育　栽莲慕清芬

岗下、茶坊黄氏宗谱

版本状态：民国三十七年（1948）木活字本，四卷四册，全。

修纂者：黄立垣

卷目内容：卷一谱序、凡例、家规、诰敕、排行字母、系图等；卷二、三：行传；卷四传文、墓

图等。

讳行：继世明光仁良道德希贤立志效用国家学崇经训英伟俊杰绍祖耀宗奕禩永昌

紫竹徐氏宗谱

版本状态：民国二十七年（1938）彝叙堂木活字本，三卷一册，全。

修纂者：徐孝礼

卷目内容：卷一谱序、传、凡例、祖像、坟图；卷二世系、字母；卷三行传。

讳行：本立名浩仁德建成英美祥瑞鸿誉芳馨孝友忠义光耀炳麟乾坤纲纪亨泰正新

茶坊、岗下王氏宗谱

版本状态：民国三十七年（1948）三槐堂木活字本，三卷三册，全。

修纂者：王文瑞

卷目内容：卷一谱序、凡例、祖像、序传；卷二系图；卷三行传。

讳行：仁义礼智信　文轮世祖名　扬武纬均齐　方正优裕高

茶培张氏宗谱

版本状态：2019年孝忠堂胶印仿古线装本，四卷五册，附一卷，全。

修纂者：张鸣伟等

卷目内容：卷一谱序、艺文、影集；卷二世系；卷三、四：行传；附卷外姓谱。

讳行：三十五世起，康育享充廉　忠贞祖德纯　鸣珂传美里　联玉振祥麟　钟鼎家声远　芝兰世甲新　承前文运起　弈叶序彝伦

里大坑戴氏宗谱

版本状态：民国二十六年（1937）慎德堂木活字本，递修本。二卷二册，全。

修纂者：戴武融、戴武杏等

卷目内容：卷一谱序、凡例、家训、排行字母、讳行字母、祖像、志、传、墓图、约；卷二系图、行传、跋。

讳行：国洪文宗　家振武功　祖贻清德　世继滋丰

道场商氏宗谱

版本状态：2009年排印本，不分卷一册，全。

修纂者：商伯根

卷目内容：谱序、排行字母、像、世系、后记。

讳行：肇修建祖德　懋敬诒孙谋　孝友传家法　廉能治国方

松明培汤氏宗谱

版本状态：民国二十六年（1937）光裕堂木活字本，不分卷十册，全。

修纂者：汤献庭

卷目内容：谱序、诰敕、奏疏、祭田、祠产、议据、凡例、赞、传、序、字第、世系、行传、跋。

讳行：第三世起　恒性原良翼　景新盛振台　鼎珂仁麟传　耀旂常庆祥　趾兰森桂馥　多盈毓舆坤　征瑞叆琳琅　辉炳灿枝柯

新东坑王氏宗谱

版本状态：民国五年（1916）三槐堂木活字本，三卷一册，全。

修纂者：王文蛟、王华全

卷目内容：卷一谱序、凡例、祖像、诰敕、传；卷二排行字母、世系；卷三行传。

讳行：文章华国　定有荣光　广学圣训　才德贤良

荷岭朱氏宗谱

版本状态：2017年诚正堂胶印本，上下两册，全。

修纂者：朱光溥等

卷目内容：上册谱序、凡例、家训、诰敕、祭文、传等；下册世系、行传、跋。

讳行：宏永元士　廉义恭敬　光前裕后　源厚流长

松明培邢氏宗谱

版本状态：2016年叙伦堂仿古线装本，十八册三十七卷、首一卷、社会四卷、人物六卷、索引一卷，全。

修纂者：邢小洋

卷目内容：卷首名人题字、序、组织机构、影集等；卷一谱序、凡例、祖训；卷二至七系图；卷八至二十六行传；卷二十七祖像；卷二十八人物总录；卷二十九书表；卷三十传状；卷三十一碑、铭；卷三十二文征序跋；卷三十三诗文；卷三十四旧序跋；卷三十五公营事业、祠宇、学校、庵庙、路亭、山厂、堤防；卷三十六断据、约据、异姓借葬表；卷三十七修葺一览表、大事撮要、修谱杂记、勘误表、补遗，卷末寿序、墓志、谱跋。

讳行：自三十三世起，禹为周当怀　协向遵象洪　汝曰思咸若　化成庆乃嘉

三王堂操氏宗谱

版本状态：2015年敦本堂简装本，七卷七册，首一卷，全。

修纂者：操田甫

卷目内容：卷首谱序、家规、祖像、传记、历史遗存，第一股、第十股、第十二股世系行传；卷二第二、五、六、九股行传世系；卷三至卷五第七、十股行传世系；卷六至七第十一、十二股世系行传。

讳行：立志承朝恩　中华柄千荣　仁义少可学　百际茂长春

淡竹岗吕氏宗谱

版本状态：2012年明禋堂排印本，五十二卷五十四册，首一卷，全。

修纂者：吕槐林等

卷目内容：卷首图腾、祖像、谱序、文选、吕氏故里、人员简介、芳名录等；卷一题赞、吕氏三院、十二相、八鼎甲、九聘君、甲科、世系诗、三院序、辞、碑铭、记、诰敕、史传、志铭；卷二：史传、志铭、拾遗、附文；卷三吕氏源流、新昌吕氏一世至十七世之世系和行传；卷四至卷五十一世系、行传；卷五十二千人名录。

讳行：七十五世起，希　问秉大祖年之志　广廷荣忠秀四鉴　朝予调兴嗣硕象　一德振家声　永保先世业　诗书裕后生　仁能传雅训

第三节　家训家规

钱氏家训

个人篇：心术不可得罪于天地，言行皆当无愧于圣贤。曾子之三省勿忘，程子之四箴宜佩。持躬不可不谨严，临财不可不廉介。处事不可不决断，存心不可不宽厚。尽前行者地步窄，向后看者眼界宽。花繁柳密处拨得开，方见手段；风狂雨骤时立得定，才是脚跟。能改过则天地不怒，能安分则鬼神无权。读经传则根柢深，看史鉴则议论伟。能文章则称述多，蓄道德则福报厚。

家庭篇：欲造优美之家庭，须立良好之规则。内外门闾整洁，尊卑次序谨严。父母叔伯孝敬欢愉，妯娌弟兄和睦友爱。祖宗虽远，祭祀宜诚；子孙虽愚，诗书须读。娶媳求淑女，勿计妆奁；嫁女择佳婿，勿慕富贵。家富提携宗族，置义塾与公田；岁饥赈济亲朋，筹仁浆与义粟。勤俭为本，自必丰亨；忠厚传家，乃能长久。

社会篇：信交朋友，惠普乡邻。恤寡矜孤，敬老怀幼。救灾周急，排难解纷。修桥路以利人行，造河船以济众渡。兴启蒙之义塾，设积谷之社仓。私见尽要铲除，公益概行提倡。不见利而起谋，不见才而生嫉。小人固当远，断不可显为仇敌；君子固当亲，亦不可曲为附和。

国家篇：执法如山，守身如玉；爱民如子，去蠹如仇。严以驭役，宽以恤民。官肯着意一分，民受十分之惠；上能吃苦一点，民沾万点之恩。利在一身勿谋也，利在天下者必谋之；利在一时固谋也，利在万世者更谋之。大智兴邦，不过集众思；大愚误国，只为好自用。聪明睿智，守之以谦；功被天下，守之以让；勇力振世，守之以怯；富有四海，守之以俭。庙堂之上，以养正气为先；海宇之内，以养元气为本。务本节用则国富，进贤使能则国强，兴学育才则国盛，交邻有道则国安。

张氏家训

十 勉

一、父母之恩，昊天罔极，孝思宜笃。

二、兄弟之谊，同气连枝，友于宜敦。

三、道莫先于夫妇，宜尽刑之于化。

四、伦莫重于父子，以全义方之训。

五、宜敬师长，勿忘成我之恩。

六、宜敦友谊，以收观摩之益。

七、治家宜严，严则子孙无败类。

八、待人宜恕，恕则邻里无怨言。

九、进取宜勤，勤则无废事而业可成。

十、食用宜俭，俭则无靡费而财可聚。

十 戒

一、礼重宗祧，异姓之子切不可继。

二、律严活拆，有夫之妇切不可娶。

三、赌博为败家之务，切不可近。

四、词讼乃耗财之地，切不可好。

五、言易招尤，出好兴戎，不可不谨。

六、气以贾祸，忘身及亲，不可不忍。

七、有恩之处，切不可忘。

八、无义之人，切不可交。

九、不可见人豪富而起谄求之心。

十、不可见人贫弱而生欺凌之念。

周氏家训

一、为仕宦者，食君之禄必当忠君之事。务宜致身报国，切勿可贪荣苟禄，以辱祖德。

二、父以鞠我，母以育我，昊天罔极之恩，终身难报。为子者，务宜竭力奉养，以尽孝道。

三、兄弟原出一本，不可争多较寡。当好恶与同，忧乐与共，患难与赴，以全手足之亲。

四、夫妇最要和顺，诟谇之声不闻于室。虽贫苦亦觉其甘，而家道之成实出于此。

五、朋友亦伦内之人，务宜敬意相与，诚心相孚。然匪僻之流不可滥交，以受其害。

六、宗族本吾同派，以吾视之诚有亲疏，祖宗视之皆属一体，何亲疏之有？人能以祖宗视族之心为心，不患宗族之不睦矣。

七、派内鳏寡孤独、年老疾病之人，务宜加意怜恤，以存族谊，切不可忽视之而轻待焉。

八、子孙贤愚不齐，务择名师教之。以勤学则礼义可明，廉耻可化，仕宦可图。慎毋以救死不赡，而忍令子孙之忽。

九、为人品行务要端方，守死不变。勿以贫困而为非道之事，勿以豪强而越范身之礼。

十、持家须勤俭朴实。勿以目前之有，忘异日之无，则祖宗之遗业可保，而自身亦不至于冻馁矣。

十一、闺门必须严正。勿以自家至亲，男不守位外之典，女不遵位内之规，致失防闲之义。

十二、族内悉同祖之子孙，须念亲亲之意。死丧必宜吊恤，婚娶必宜庆贺，不可因疏远而失礼尚往来之文。

上训十二条，为家长者，当时时教诲，使人人向化，庶几族美里仁矣。

邱氏家训

一、敦孝悌。父母恩深，爰赓《蓼莪》之什；兄弟情重，载咏《棠棣》之章。天下无不是底父母，世间最难得者兄弟。膝下少孺慕之诚与嗟风木，庭前乏友恭之谊贻诮参商。我族其励之。

二、重诗书。遥溯先贤，兴怀问业。执经之雅，载稽前哲。深惭不学无术之讥。教不严则在父母，学不力咎归子孙。登堂睹诗书，门庭生色；入室闻咕哔，蓬荜增辉。我族人其励之。

三、勤耕稼。莘野一犁，悠悠烟霞之娱；桑间十亩，乐矣岁月之舒。家常自督训其子弟，毋荒于嬉。女馌男耕，礼义之基。斯肇肢惰土旷，饥寒之迫谁尤？我族人其励之。

四、谨言行。言易招尤，诗书严无穷之训；行期寡悔，圣贤不朽之箴。非法不言，言满无过；非法不行，行满无愆。出为王国之羽仪，自铭钟而勒鼎；处为乡里之硕望，亦训俗而型方。我族人其励之。

五、崇节俭。用度何常久，宜罢无益之费；出入宜量还，当思有尽之藏。一时之物力足惜，百年之常经可循。创业维艰，祖宗备尝辛苦；守成不易，子孙慎勿奢华。我族人其励之。

六、慎交友。出门有功，久深《伐木》鸣莺之咏；陷阱不救，还思《谷风》阴雨之歌。德业源成于正士，家计多败于匪人。笃俗类之交情，谁是死不愧生、生不愧死？遵圣贤之明训，自觉人不负我、我不负人。我族其勉之励之。

七、谨婚姻。族类无殊，深桃李并荣之慕；门户攸翼，严虎犬弗类之嫌。渎婚，无以告宗祖；妄配，难以训子孙。必而王谢旧姻，始成百年佳偶。伊维朱陈缔好，斯称一段良缘。我族人其励之。

八、严婚嫁。缔厥新婚，男女怀正始之训；遵兹旧典，婚嫁严及时之防。礼固莫重于居室，事更有关于伦常。读冰泮之章，自尔欣歌。

九、正嫡庶。卑以成尊，夙夜耳衾裯之抱；阴为阳辅，东西像日月之明。德不可以色胜，义更难以情忘。鸣鸡相扶，勿致怀忧于帏幕；贯鱼承命，毋使擅宠于专房。我族人其励之。

十、辨内外。理阴理阳，原有一定之分；位内位外，宜严杂沓之防。杜患，莫先于正始；风闻，每起于嫌疑。顾忌毫无惭德，难以对祖宗；体统攸丧薄行，何以长子孙？我族人其励之。

十一、绝淫欲。濮上桑间，久著寡廉之失；花眠草藉，尤慨无耻之非。不思人伦攸丧，罔顾天道循环。秽德既彰，虽至亲亦嫌其入室；品行一坏，即科名难盖其腥闻。我族人其励之。

十二、戒盗葬。礼重祖茔，久宜深防御之志；例严盗葬，更当绝残毒谋。祖宗即留其枝叶，子孙务培其根基。露灰实属惊心，悲矣泉台抱恨；破冢犹觉惨目，哀哉朽骨含冤！我族人其励之。

十三、禁赌博。喝雉呼卢，久同命盗之禁；铺钱斗叶，尤属败类之行。其始起于贪人微利，终必致荡自己钱财。须念创业百年，祖宗殊多拮据；慎毋当场一掷，子孙忍令轻抛。我族人其励之。

十四、杜健讼。奸计横生，岂持守己之术？凶风日肆，更非保家之谋。惧法无一日不乐，欺官无一夜不忧。让却三分，无致神劳力竭；退得一步，自觉梦稳身安。我族人其励之。

十五、存阴骘。救蚁埋蛇，厚道有显荣之报；衔环结草，冥鉴无分毫之差。种福非因乎佛老，树德实本于吾儒。腴产置千金，莫救饥寒于后代；心田留一点，堪乘乐利于子孙。我族人其励之。

刘氏家训家规

家训约言

一忠孝，二廉节，三亲亲，四尊贤，五课读，六勤耕，七诚祭祀，八崇节俭，九睦乡邻，十慎言行。

此十法者，子孙宜念兹在兹、释兹在兹，而无一人不当如是。

一忤逆，二横暴，三骄奢，四游惰，五贪鄙，六嫖赌，七唆事讼，八交匪类，九好争斗，十忘恩义。

此十戒者，子孙当如临深渊、如履薄冰，而无一人可蹈于是。

家规大要

忤逆不孝，殴辱尊长，侵占公产，盗砍荫木，为非作盗，窝赌寓娼，骄淫纵志，败纪坏伦，结交匪类，异姓乱宗。子孙有一于此，必当重罚。

破损公器，拖欠祀粮，祭祀失时，毁废遗书，污秽宗祠，阻挠公事，挑是翻非，倚强凌弱，男女争斗，婢仆犯分。子孙有一于此，必当议罚。

沈氏家训

一、绵祖德。余家自石姥岭分徙以来，世德相传，贤良辈出。赖祖宗之泽，以保世滋大者，宁不望子孙永久耶？则是存心须以仁厚为本，处物要以敬让为先。此治家之宝，守身之符，亦人所习行而无难。而顾鲁莽灭裂，罔遵成训，便是跃冶之金，偾辕之犊。房杜辛苦立业，不肖子孙败之，尚贻讥于当世，奈何？以尔祖、父之世德寖昌者顾，可以有辱身败行者乎？

二、敦孝行。为人不孝，虽有掀天伟业，盖世奇能，总不齿于名教。盖既离襁褓，乳哺恩情，须当刻刻想念。定省温凊，服劳奉养，事各宜尽。纵不能如昔贤之承志要，亦宜免世俗之不孝耳。凡属派裔，须各自省。

三、正人品。身列天地为三才，因何将七尺轻看？奉之须如圭璧，不可渝也。人虽士农异趣，工贾异业，而立身修行，总只一般。盖品行一负瑕玷，后虽挽濯，其奚涤乎？谊列宗裔，慎毋自丧其身名。

四、止谬惑。凡宗人遇有疾病，惟当延师审脉，时起居，调汤饵，娱其意而适其体，此上治也。慎勿接佛迎神，排场作供，纷纷邪惑之。是惑可耳？宗人其共鉴，毋忽。

五、重大事。堪舆可信而不可尽信也，盖地理不敌天理。欲得福地，必先尽其所以得福地之理。跖其行而桀其性，山川有灵，岂为凶人媚乎？凡我宗人，慎勿惑于祸福停輀不葬。俾父遗子，子遗孙，致祖、父之骸播徙不常，陵夷暴辱；甚至盗损祖茔，伤绝人脉。乘其危而致其败，毁其墓而戕其尸。祸系自求矣，奚福之有？

六、端蒙养。人性皆善也，有不善者，其习使然。而习有不善者，多因父兄之教使然。子弟质稍醇厚，则薄之为愚劣；姿近狷利，则喜之为聪明。骋非理之强而不之禁，攘非分之获而不之斥，养成骄逸，渐致邪僻。曷亦思古人尚有胎教之方，岂可于知好知恶而莫之防护焉？《诗》云：“毋教猱升木。”其即端蒙养之谓欤！

七、遵义方。父兄之教不先，子弟之率不谨。昔曾氏子与卜氏子各叩所益。曾氏曰：“有子可遗，一乐也。”卜氏曰：“有子可怒，一乐也。”二者皆克遵义方之谓也。可遗，则父得安心于其子；可怒，则子能承顺乎父。非义方之是遵，而能遗、怒两得其可哉？凡厥父兄偕我子弟，须各遵罔斁。

八、勤治生。衣食足而后礼义兴，治生非本务乎？然非碌碌锱铢也。本等之内自有生业，但使不饥不寒以为为善之资可耳。倘或游惰奢恣，俾饥寒逼体，势不得不苟且以支温饱，而无良之行无所不为矣。凡我族中士、农、工、贾，须各执一艺，以为资生之策。

九、节嗜欲。竭终岁之勤动，不足偿一夕之奢骄。要必有无是计，盈啬是准，随分樽节，以图可久。无如习俗波靡，时既窘约，必欲效昔年之富贵；我本单寒，必欲慕他家之豪艳。不知体面虽张，剜肉医疮何如矣？凡属派裔，慎勿以非分之攘攫，徒供妻孥饕餮，可也。

十、急输将。《诗》云："普天之下莫非王土，率土之滨莫非王臣。"输租纳税以供力役，诚我民事也。若辈须循分急公，永安耕凿。慎毋蔑视王章，致干罪累，可也。

十一、轸物力。人能念夫物力之艰难，庶不负乎造化之生植。唐肃宗为太子时，常侍膳。尚食，置羊臂臑。上使太子割之，余污漫手，以饼洁之，上熟视哉，不怿。肃宗举饼啖之，上甚悦。夫以帝王玉食，岂惜一饼之费？良谓一饼虽微，皆天地养人之物。而况出于耕耘播种，若何辛苦乎？诗云："锄禾日当午，汗滴禾下土。谁知盘中餐，粒粒皆辛苦。"彼暴殄天物，狼藉资粮者，曷不三复于是诗？

十二、葆元气。人尽齐民也。惟祖若宗勤勤悬悬，以忠厚起家，泽及后昆，幸而富贵，此正为善之报。乃有薄福子孙，陡然得之，骄恣淫佚，积累世德一旦斩伐殆尽，深可悼惜。故为尔辈厚期之曰："欲图富贵，元气慎毋轻失。"

十三、肃壶政。妇德之贞邪，家道成败之基也。帷幕不修，虽粟红贯朽、佩青拖紫，销亡立待。揆厥所由，总因父教不严，夫纲不饬，遂致疏宗远戚笑谈戏谑，三姑六婆入户穿房。嫌之不远，隙所由开。《曲礼》曰："男女不杂坐、不亲授，嫂叔不通问，外言不入于阃，内言不出于阃。"诚慎之也，畏之也。今即不能尽尊其所闻，何至大违于厥训乎？

十四、杜谗毁。妇言不听，义门所由昌也。盖妇人之于男子，性既不若，分亦不同。凡欲孝义于尊长，友于兄弟，惠顾于族党，止自断于胸足矣。入而谋诸妇，势必较量夫既往，揣逆于将来。丈夫宏毅之气，不觉渐移枕席间也。谁谓谗毁无容？急杜欤！

十五、防谗间。武帝居甘泉宫，太子省疾，江充曰："帝恶鼻岳，幸掩之。"太子如其言。出，帝问曰："太子掩鼻，何也？"充曰："太子恶闻臭也。"由是深恶太子，卒以巫蛊致杀。夫以帝室之尊严，储君之威重，一闾阎布衣，得以奸险间之。况庶民之家，势相等夷，而怨隙时有，其谮润肤诉之竭，皆宜体察而原谅之。若旁人之谗谮，蓄疑怀怨，此必败之道也。

十六、化偏私。父母爱子之心，固无不公，而偏爱之私亦不能无。但当自悔其不见爱于父母者何故，并思彼之被爱于父母者又何故。平心自想，则我之不爱者可以无憾，而彼之受爱者且将以为援，而无不爱之子矣。故曰："天下无不是的父母。"

十七、息争讼。家范事无巨细，悉听决于家长。凡我子孙，本皆一体所分，宁受谴于祖、父，无受谴于官府。近有不肖健讼之辈，逞辩给恃刀笔，不思理之自屈，惟求必胜而后止。嗣后须恪遵家法，凡有不平，悉听处分。而为处分者，毋徇强，毋暴寡，以公道服其心焉。不俯从，若一左袒，则争端愈炽矣。

十八、责实履。谈元建刹，从事浮图，非实履也。惟以实心行实善，做一真好人便是当前积德。若徒以有益之金钱，舍漏卮之庵寺；以辛苦之粒食，饭婪餐之僧尼，何不可以供茕苦、助颠连为实益耶？尚其权之，以衡轻重。

十九、戒游逸。齐高帝尝与直阁周覆弈，抑帝手不许易行。王导与子悦围棋争道，导曰："与汝瓜葛，安得尔耶？"初亦为手谈雅技，为遣兴怡情之具。乃至君臣体失，父子义伤，孰非游逸之是致乎？彼庭闱之际，父子列坐樗蒱而不禁，兄弟同席歌弹而不忌者，只因不克以礼为闲耳。故宁使人讥吾陋，毋病吾淫；宁让吾拙，毋伤吾荡也。

二十、笃孝思。父母为生身之本，凡一肤一发莫非父母所遗，一笑一言莫非父母所教，罔极之恩，宜有心者所共凛也。遇不肖之家，甫能成立，即思别炊以肥私；稍克支吾，遂弃双亲而不顾。或怨遗产之无几，谇语相加；或恃膂力之方刚，浪游不返；或以兄弟之不均，至欲亲死以遂吞谋；或以妻孥之不淑，遂借阴兵以行私计。种种忤逆，难以悉数。独不思人非父母，即此身亦无从来，何有于田产？何有于妻子？试看孩提之于父母，亲之则笑，违之则啼，依依膝下，何等亲爱？乃至成人，而尽反之。天道昭昭，非夭灭其身，必陵替其后。博征前代，未有不如左券者也。兹劝为子者，勉供菽水以适其身，曲为承顺以安其意。知无不是之父母，则百戾俱消；思莫报之劬劳，则良心自动。使高堂之色养无伤，即家道之隆兴可俟。凡为子者，胡不勉之？

二十一、敦友爱。吾与兄弟皆父母所生，则与兄弟之身，皆父母之身所分也。试观童稚之时，出入必偕，嬉游必共。有侮则相救，有哺则相呼，诚以气体本同，故友爱自笃也。奈何既壮，而至性日漓，恶习日滋。或以田产之故，而争嗜其膻；或妯娌之中，而各为其内，以致相竞相殴，甚而相讼相害。此犹恃手而自戕其足，恃右而偏废其左也。夫仇雠可以相释，萍踪可以联交，何至以同父所生、同母所育者而凌虐加之。劝兄弟者常思大被之风，勿效分荆之态，念及于御侮之时，何至阋墙以贻诮。回思夫同乳之爱，奚忍操戈以乖伦。倘有无知相构者，宗族公议其曲直外，仍责其弟以不悌之罪，而兄亦惩不友之罪。

二十二、慎婚嫁。男女婚嫁，齐家大本。昔人言某氏种贤而多子，某氏种妒而少子，则门风不可不审也。又言大非吾耦，虎儿岂与犬子为婚，则门第不可不称也。诚以婚嫁之家，有今虽富豪，而其先未必为良家者；有族虽殷盛，而或伦纪之不敦，习俗之淫僻者；亦有门第相宜，而或制于老亲之服分者，若轻与联姻，不特外观不雅，抑且家声尽堕矣。近见鄙俗之夫，或贪其聘礼之厚，或觊其资遣之丰，而良贱淳浇一切置之勿问，甚非古人择婚选婿之道也。嗣后议婚者，既凭媒妁之言，又当用告庙之礼，一一虔卜于祖宗之前。虽淑慝无常，隆替有数，然宁既择而有求全之失，无滥缔而贻冷眼之讥。否则，一时轻诺，事后招尤者比比然矣。前事不远，胡不鉴之？

二十三、正继嗣。族姓不容混冒，继续必贵同宗。昔鄫以外姓嗣位，而春秋有莒人灭鄫之书；晋以奸子继统，而国史有以牛易马之诮，经史大义千古为昭也。苟以异姓为嫡嗣，昧不知怪，独不知姓之为言生也，非其生不可冒其姓；族之为言属也，非其属不可充其族。譬之以桃接李，则所发者必桃芽矣，欲其仍为李实也，得乎？固不若桃以接桃，李以接李，不违其本也。宗中有不幸无子者，其继续之道自必于本宗之中，由亲以及从，由从以及族，择其可继者。遍访宗支之长，祭告于祖宗之前，名正言顺，谁得而间之。否则，或螟蛉以徇妻妾之私情，或暧昧以掩宗亲之耳目，虽一时有膝下之欢，而究非同源之派。死者有知，当必有非我族类之悔矣。思之，思之！

二十四、禁赌博。败家失业，莫甚于博。故律有明条，官有严禁，其痛惩以革除者非一日矣。近来世风日敝，人情愈险，射利者以赌博为捷径，谋生者以赌博为本业。市野莫非赌博之场，狡猾莫非赌博之人。巧者以拙者为奇货，百计圈引，全不顾父母之啼号。少者以老者为门师，一竟钻营，竟不知士农工商为何业。富者倾囊倒箧而不惜，贪以成贫；贫者解衣脱帽以求申，求而愈失。举族若狂，良心尽丧，俗之败也，日可俟已。为父兄者有义方之责，而知交者有规谏之义，急宜痛切禁止，无至身家俱败，取刑于官法，贻笑于宗亲也。

徐氏家规

家犹国也，不可以无制，家岂可无规？世俗家居，易以恩胜以为亲。亲之谊不比外人，意良厚矣。然礼法稍差，不无纵恣而狎昵之，患生而嫌疑之渐起。至于已敝而严之则贼恩，宽之则害义，不亦难乎？《易》曰："闲有家悔，凶。"又曰："有孚威如，终吉。"旨哉言也。

一、做早晚。人家无小大，规矩不可不立。每日清晨务须早起，或躬亲，或督率各处洒扫拂拭，要先清洁整齐，然后可理别事。若任意贪眠则诸事忙乱，虽有使令，亦谁为检点乎！况人之才思，惟平旦清气上升，最为精明，过此不免昏浊，此上下大小皆当以早为事也。至于晚间归寝，不必过迟，盖人之精神有限，既劳顿于昼，便当安息于夜。门户火烛，尤宜小心加谨。若昏而办事，难保无失。设有万不可已，必须内外周防。古人鸡鸣而起，日入而息法最善也。今人即不能竟如古人。而日出则兴，漏下则止，不可不勉。诚率以为常，则清明整暇，然后其余皆次第就绪。不然晨昏颠倒，规矩不立，安望其成大家哉？

二、正男女。孔子《系》"家人卦"曰："男女正，天地之大义也。"夫男女之别，古人自七岁而上即不同席、不共食。虽童稚无知，犹且懔然。所以内言不出，外言不入。其礼至严。凡人非败族，稍有家声何至内外无别乎？盖所谓正者，不独在明微别嫌已也，人生自少至老莫不有分内当行之事，即莫不有分内当正之心。男则士农工商，女则纺织烹调，各有耑属。至于承上接下，彼此相涉之处事，又在乎交修。人能于耑属者有功，交修者无过，然后可以云正。不然，男不足以刑家便不成男，女不足为内助便不成女。不成男女岂成人乎？若嫡庶之间最多嫌疑，要在家主自知，盖娶妻必良家女，尚有贤否不齐之虑。至于婢妾，安能望其德性？此非有贤妻者，所以不宜置妾也。若婢则役使既久，好歹尤所素知，倘有不善，断不可轻收。若既生子，不可复呼其名。至其所生之子，尤宜使之生母之义，人情天理所不容，以俗例抑之也。仁人孝子，设身处地能自安者方是公道。故嫡不可以过骄，庶则不可以不慎。总要处之以道，自然相安。勿徒望樛木之贤，勿徒怨河东之吼。

三、重婚嫁。婚嫁之事，其要有三：一要择人。不可专取门户赀财，致有所配非人之恨。至若郎才女貌世所争夸，然或才而不法，貌而不良，其祸反大，是又不可不辨；一要因时。谚云："男大须婚，女大须嫁。"非有大不得已，不必过于迟滞。盖近人不及前人，若太过时恐不肖，既难提防而疾病亦有可虑也；一要循礼。世俗侈费之端，往往于婚嫁尤甚。盖婚嫁半由妇人溺爱，主持于内故也。夫男子娶妇，所以成人。所以著代礼典莫大于斯，倘有力而苟简固所不可，然非分之奢华亦复何益？苟以重费而索其厚赠，则是婚姻之中有市心焉，安望有贤女子不？至于嫁女，但择贤婿，不必问聘资，不必夸赠奁。惟应有之妆，具视乎力所能办而已。世族之见不可存，妇女之说尤不足道也。

四、慎交游。朋友，为五伦之一。人不能绝物以处，即不能不有交游。然交游之累往往不少，此岂独人之咎与？孔子称："晏平仲善与人交，久而敬之。"敬，固存乎我也，夫人类至不齐，要视乎我之喜好以为，尝我一于敬彼，小人自疏而且退矣。况益友恒可畏而难知，损友多可亲而易合，非有特识不足以分别慎重。然约而言之，总莫外乎情理。天下断无不近情理之人，能有益而无损者，但彼欲与我为友，未尝不多方掩饰。故我之所以观之者，不在当局而在从旁，不在明显而在隐微。彼不经意之时，其真自然流露，诚能以理为衡，则是非既有一定；以情为断，则功过自不相妨。此在疑似之间所当知慎者。固如此，若夫游手好闲，轻狂浮薄之徒，显非益友，宜深恶而痛绝之。

王氏家训

一、酒戒。莫嗜酒，酒中丧亡有谁怜？醉后若狂血气病，欢时未久贫寒来。天酒星，地酒泉，大话毋流延。

二、色戒。莫恋色，色乃欲海着意跳。花街有路休行走，柳巷多情勿逍遥。红粉面，青柳腰，何楼惩相调？

三、财戒。莫贪财，财上分明难混淆。千万若悭钱奴诮，什一将营家鬼嘲。家齿焚，驴皮胶，争利还呶呶。

四、气戒。莫使气，气乃假豪非真豪。力能拔山身终刎，勇堪打鼎命不牢。三尺剑，一把刀，慢说效鄂褒。

五、骄戒。莫逞骄，骄情取怨自作魔。勿以村前夸乡里，勿以小才凌高科。思溢貌，思和谦，德免起风波。

六、奢戒。莫学奢，奢乃夕萎一朝华。万钱挥去难下箸，千金散尽枉种瓜。羞作囊，破你家，那时又谁嗟。

七、荒戒。莫耽荒，荒废百业大不祥。锯琴吹笛事何益？学符纵禽计非良。田园芜，名利忘，仔细思下场。

八、逸戒。莫好逸，逸念一起总无成。弃田不耕逸手足，置书不读逸性情。尔饼罄，尔心盲，懒惰休怨生。

九、诈戒。莫挟诈，诈则二三哉常经。口是心非诳乡里，背正从邪誓鬼神。天降罚，官施刑，休到那时醒。

十、侮戒。莫狎侮，侮人终亦受人凌。侮了尊长伤风化，侮了英雄遭纠绳。习谦退，惩肆矜，侪伍永无憎。

十一、斗戒。莫争斗，斗有亡身败家忧。伤了肢体律断养，害人性命躯亦休。小受辱，大作囚，尽是好勇俦。

十二、讼戒。莫健讼，讼则终凶枉费心。赢得猫儿先卖马，争得荒田又失金。早猛省，勿沦沉，冤家毋相寻。

戴氏家训

一、凡为家长，总理一家大小事务。凡事令子侄分掌，然须守礼法，当以志诚。驭下，一言不可妄发，一行不可妄为，庶合古人身教之义。临事之际，当察察而明，毋昧昧而昏。更须以量容人，不可挟此自尊，使无所容身。若其有过，当反复谕之。常视一家如一身，一族如一家，可也。

二、人之有身出于父母，恩如天地也，至死报之尚不能尽，况可顽梗自肆，不知事亲之道乎？不孝其亲，是仁心亡而人道绝矣，将何颜以立于世、何颜与人并行并坐乎？吾家子孙须尽孝道，勿使仁心忘而人道绝也。

三、为子不孝，欺天灭地，虽禽兽不如矣。古人有治法，凡不孝之子，生不得与宗族之会，死不得服其服，葬亦不得附祖。吾家子孙犯此，必行此法。

四、兄弟之亲，次于父子。夫何时俗之人，偶因小忿辄生嫌隙，或恶言，日间面不相睹；或起口相争，詈及父母；或举手对殴，毁伤遗体。明欺暗攻，甚如狗彘。传之子孙，结为世仇，此乃人家大不幸之事也。若果财产有不明不免议论，则宗族皆退公与区处，勿使之致讼，以伤天伦也。

五、子弟未冠者，不许以字称，以弟称，须合古人责成之意。年十六以上，能读书习礼，长幼之节不可废，方许冠之。

六、子孙年未满六十者，不许与伯叔连坐，除会膳不拘。

七、子孙不得蓄养飞鹰、猎犬，以事游佚。亦不得恣情取餍，以败家事。违者以不孝论。

八、夫妇之道，风化之本，身家成败之所由也。夫妇善则人道立，人道立则家事成。欲求家事之成，先须夫妇相和。欲求夫妇相和，先须各正其身，不使淫乱、失次序，则勤俭操持不为放荡。若夫有小失，不可据生背戾。妇犯七黜，不可顺情姑留，但当尽其礼以振纲常。

九、婚姻必须择温良有家法者，不可苟慕富贵，以亏择配之义。其豪强乱逆有恶疾者，慎勿与论。

十、诸妇亲戚有为僧道者，并不许来往。

十一、男女不亲授受，礼也。除人子养父母外，余如至亲兄嫂弟妇，勿得换茶酬酒，以乖礼体。

十二、丧事未阕者，不得乐服，不得遽然饮酒食肉。犯此，以不孝论。

十三、家庭之间，务尚和睦孝敬，慎勿听妇言，以乖骨肉、汩财利，以亏大义。

十四、治家之道勤俭为先，勤则生财，俭则省费。设或怠惰以致饥寒，朝夕难度，安可望其成家乎？

十五、居家之道固不可过刚，亦不可过柔，须使适中可也。

十六、家业之成难以升天，当以俭约，自绳自准。常思祖父创业之苦，虽兢兢业业，勿使至于覆坠，可也。

十七、有余积当照时值出售，以应他人之急，切不可用轻秤小斗。间有贫窘者，亦裁量通借。至于还债之日，亦不可用重秤大斗。损人肥己，天实鉴之。

十八、吾家居室，不可不慎。子弟纵外夜归者，随手启闭门扃，务在严谨，以防窃盗。又，毋令幼稚燃灯及积炭、积火、辟蛟、煨烬之类，一切绝之。

十九、乡邻近而尤近者，衣服之附身，藩垣之卫家，可有而不可无者也。若其互相和睦，使一有急难，则彼将应声而救之；设或不和而互生嫌隙，则彼必幸吾之有患，况救乎？然睦乡之道，在乎通有无时。宴会，相呼、相友、相近、相亲，不傲不妒，同忧同乐，自然和矣。或有恶邻亦宜敬之，重谦让而礼貌之，不可与为仇，但尽其在我而已。

二十、为民之道，亦无难者。但当谨守法度，勿犯刑宪；早纳税粮，可免差徭。如此，庶堪称为顺民矣。

邢氏祖训

一、立宗长。吾太平邢族地广人稠，各村居处，人情涣散，难于萃唤归一，必须议立年高德茂、众所推服者一人为族长，各村议立房长六七人，遇事不平，悉为处分，以理直谕，两情输服。而族、房长皆宜公勤敬慎，以永终誉，不孤族众之仰望。

二、教奉亲。父母生子，教育辛劳，恩难言悉。人子奉亲，孝敬尽道，亦难缕数。如晨昏定省，甘旨调剂，饱暖衣食，和气婉容，有事代劳，召之无诺，有过几谏，挞之不怨，此孝子之大略也，人宜勉之。或不孝儿男，见人富贵不知自反，惟怨父母。竟至亲老衰羸，逼令佣活，流涎咳嗽，憎其龌龊。粗食不能下咽，破衣不足蔽体。为之子者，毫不觉察，各妻其妻，各子其子，此不孝之通病也。人宜戒之。

三、教儿童。子女年幼无知，为父母者，宜竭尽能力使之入学，毋急急于订婚。盖失学则终身落伍，早婚则易致离弃。家庭之内，宜养成其尊卑长幼之习，勿以溺爱而袒护之、姑息之，酿成家庭之变。防微杜渐，慎厥初始。

四、教礼让。居乡之礼，须谦恭自持，和易近人，切戒骄傲。或性戆气刚者，一言稍忤，奋臂张拳，虽父母叔伯不顾也，盖礼义之教不先，而揖让之仪不讲。必家族房长，率其子弟，教以揖逊退让，尊卑不可逾越。习久成性，豪悍之气不觉潜消。

五、戒妇言。娶妇而贤，亲爱必先家庭。如其不贤，操戈必起同室。堂堂丈夫不能自辨其妇之贤否，乃听妇言而乖骨肉，直不啻左右手之自相击也。外侮之来，悔无及矣！牝鸡司晨，惟家之索，可不戒哉？

六、戒丧宴。父母之丧，哀痛不暇，何暇筵宴？或戚友来吊，诚意款待，不在酒食。如本宗服丧人众，执事者多蔬食菜羹。但求清洁，毋得沿袭旧套，徒事哺啜。“宁俭毋奢”，圣人之训。自后宜革除之。

七、戒争讼。争讼尚气，破家害身，累及子孙。惟识见高明者，自能宽容隐忍以远祸。吾族人众，偕系亲属，以卑幼而讼尊长，多用贼叔兽兄等语，叔可贼乎？兄可兽乎？只此已为不侄不弟，奚论其他？或万不得已而不平则鸣，如侵夺财产，殴伤身体之类，亦宜听宗长处分。有不服者，然后鸣官。词不可詈，争中有让。若与外姓有争，亦禀闻族、房长，总以礼法公劝，和息为美。

八、戒纵饮。夫酒以合欢，安能废饮？然古人有终日百拜以避祸者，知酒之贻害也。故家之冠、婚酹祭，则有礼酒。乡之岁时、伏腊，则有社酒。否则，直视为狂药，罔敢荒湛。今人多无故剧饮，至争多寡，而殴而讼。即清明忌祭，叔侄兄弟之亲，每蹈此弊。甚有乘酗推刃，身罹大辟。纵酒非乐，适以致祸。所宜深戒。

九、戒奸伪。为人要公明正大，不失良善本心。言思忠，事思敬，方为君子。偏僻之人，持心奸险，颠倒是非，妒善嫉能，露丑损德，教唆词讼，插证扛帮，刁难吓诈，贪污网利，以强而凌弱，挟众而暴寡。众行善事则拂逆阻挠，已逞私谋则横行罔忌。以为善为迂腐，以行恶为能事。不顾人言，莫之能省。噫！大丈夫顶天立地，何不为善？而怙终不悛，流于禽兽。可不戒哉！

十、勉勤俭。祖父创业如升天之难，子孙覆坠如燎毛之易。须知业精于勤而荒于惰，大舜鸡鸣而起，周公坐以待旦，其勤为何如也？财以养生，岁收有限，济用无穷，务须量入为出，称家之有无。孔子饭蔬食，大禹恶衣服，其俭为何如也？圣人若此，况常人乎？可不勉哉。

十一、联乡社。古人设立约正，每月朔望诣乡约所，集众会讲，以勉善而惩恶。今此法既废，而乡保均设办事公所，约期会集。且吾族人口占全乡大多数，联乡保亦即所以联宗族。若公所有事召集，凡我子孙宜赴会听讲，与各村保互相联络，盖闭门造车不如出门合辙也。

此系祖训，不得变更。惟于文辞之间有节去繁复而略为润色者，或因现在潮流之不同，而改易数语，其意义固毫无增损焉。阅者谅之。

汤氏家训

事不避难，义不逃责。素位而行，随适而安。

吕氏《奉议公戒子诗》

戒尔学立身，莫若先孝悌；怡怡奉亲长，不敢生骄易；战战复兢兢，造次必于是。
戒尔学干禄，莫若勤道艺；尝闻诸格言，学而优则仕；不患人不知，惟患学不至。
戒尔远耻辱，恭则近乎礼；自卑而尊人，先彼而后己；相鼠与茅鸱，宜鉴诗人刺。
戒尔勿放旷，放旷非端士；周孔垂名教，齐梁尚清议；南朝称八达，千载秽青史。
戒尔勿嗜酒，狂药非佳味；能移谨厚性，化为凶险类；古今成败者，历历皆可记。
戒尔勿多言，多言众所忌；苟不慎枢机，灾厄从此始；是非毁誉间，适足为身累。
举世重交游，拟结金兰契；忿怨容易生，风波当时起；所以君子心，汪汪淡如水。
举世好承奉，昂昂增意气；不知承奉者，以尔为玩戏；所以古人疾，蘧除与戚施。
举世重游侠，俗呼为气义；为人赴急难，往往陷囚系；所以马援书，殷勤告诸子。
举世贱清素，奉身好华侈；肥马衣轻裘，扬扬过闾里；虽为市童怜，还为识者鄙。

操氏家规

第一　家本　积阴功，祛隐恶，正好恶，辨善恶。
第二　家范　谨言语，慎举动，尚廉耻。
第三　家修　尚实修，革浮薄，彰实训，习文艺，体大道。
第四　家教　端蒙养，敬师友，择交友，励臣节，恤孤寡，惠亲邻，
第五　家政　供子职，宜兄弟，正妇道，睦宗族，立宗子，慎嗣续。
第六　家业　定生理，勤耕织，精技艺，通商贾，敦俭朴。
第七　家产　供赋税，重祭业，置义田，建义仓。
第八　家礼　行冠笄，重婚姻，慎丧葬，谨祭祀。
第九　家声　别男女，防微渐，禁妖婆。
第十　家劝　旌孝友，旌节义。
第十一　家戒　谨茔墓，戒争讼，戒嫖荡，戒赌博，戒学戏，戒释道。
第十二　家法　禁忤逆，禁盗贼，禁诈伪。

黄氏家训

官不忘民，民不忘本。贫不忘志，富不忘贫。
堂正诚实，廉洁清贫。勤劳俭朴，诸事严谨。
孝敬父母，善待他人。自强不息，造福子孙。

商氏家训

抒忠荩，报君国；敬祖宗，重本源；孝父母，乐庭帏；循礼让，和宗族；
崇正道，摈异端；笃兄弟，联友恭；正夫妇，肃家门；勤诵读，大显扬；
厚蒸尝，崇祀事；洁祠堂，固坟茔；务农桑，足衣食；择婚嫁，重匹偶；
清国课，免催科；禁械斗，息事讼；尊文献，守矩矱；教子弟，革非为；
禁下贱，振家声；慎丧葬，崇古礼；积阴功，贻子孙；黜浮华，尚俭朴。

朱氏家训

敬天地，识君臣。孝父母，别夫妇。
友兄弟，择朋友。尊师傅，读诗书。
勤稼穑，广蚕绩。安生理，慎言行。
崇俭约，贵容忍。存忠恕，谨嫁娶。
和邻里，息争讼。重茔产，严祭祀。

应氏家训

绵祖德，循子职。安义命，止谬惑。
重大事，端蒙养。尊义方，勤治生。
节嗜欲，急输将。轸物力，葆元气。
恤孤幼，肃壶政。善调合，防谗间。
化偏私，息争讼。责实履，戒逸游。

李氏家训

一、孝训曰：父母生我恩，昊天真罔极。大舜事亲时，夔夔尚斋栗。下气并柔声，和颜更悦色。生养既殚情，丧祭尤竭力。孝感动天心，历历闻古昔。

二、悌训曰：父事与兄事，恭逊实居先。徐行须后长，议论莫争前。敬长人还重，轻狂祸亦延。《易》明谦受益，《诗》诫暴亡年。卑牧居心者，绵绵福自然。

三、忠训曰：自事宜尽己，人谋更尽心。不留半点伪，时献一番诚。责己还须重，绳人便欲轻。语言知隐讳，财帛要分明。俯仰能无愧，羲皇以上人。

四、信训曰：言不由衷出，终为虚诞辞。夸张真个易，践约几何时。一语经人破，千言不足齿。自矜能舌辩，人笑太无知。闭口深藏舌，时吟白圭诗。

五、礼训曰：三千三百数，古圣范围人。世俗皆趋下，全无礼貌存。癫狂称洒脱，粗鲁号天真。婚祭随身服，岁时懒冠巾。科头箕踞样，相见实酸心。

六、义训曰：凡属一本亲，皆有关切意。钱物相往来，见利休忘义。疾病急扶持，老幼须提携。最怜四无告，尤宜善调剂。莫嫌积德小，竹桥也渡蚁。

七、廉训曰：生财纵有道，撙节在乎人。过俭虽非礼，奢华易受贫。冠婚称家道，丧祭只虔诚。

量入将为出，漫藏恐被侵。从来浪费者，不久自凋零。

八、耻训曰：立身须惜耻，无耻被人欺。识面称知己，逢人说是非。胁肩真诡诈，谄笑假痴迷。宗祖受貤赠，妻儿被讪讥。须眉应有志，颜厚最卑微。

郭氏家训

一、敬祭祀。春露秋霜，爱存恪著，子孙与宗祖相联属，惟恃此心之诚敬。凡祭祀届期，务须先事备办。祭品必鲜，祭具必洁。如有失礼者，临时视所失轻重议罚，断不原恕。

二、尊祖墓。木有本，水有源。子孙之于祖、父，存当养其志，亡当保其墓。近世俗，每有奸险子孙，私图富贵盗葬祖茔，不但各房被其伤害，即本身必不能昌盛。族内如有犯此事者，家长先行告祖，于世系、世传削其名，然后鸣官究治。

三、保祖产。茔田之设，先人情恐后世贫富不等，故置田若干，以为春秋祭祀、拜扫坟墓之费。贤能子孙当蠲以益之，不宜割而去之也。今有无赖之徒，不能自谋衣食，每将祖产荡废一光，致先人血食不保。不知先人血食废，而其穷益甚。如有盗卖祀田及坟山余地者，与盗葬祖坟同例。

四、敦孝行。父母之恩，如天罔极。凡为人子者，饥当奉食，寒当奉衣，有事当代劳，有疾病当服侍。倘或郭氏父母有错误处，切不可大声盛气，乖于子道。今世俗不孝之子，忤逆情状不可胜诛。族中若有不孝顺者，本父母鸣众合族，家长正其罪，或杖或罚，断不轻恕。

五、崇恭敬。尊卑之分，秩然难犯。凡年长于我，分大于我，都是尊长。卒然遇见，坐当起立，行当让先。同席当逊让，不可轻慢。今世俗倨傲成风，不知礼让，成何体统？族中若有不恭敬长上者，尊长鸣众合族，家长定议，断不轻恕。

六、劝友于。兄弟本同胞而生，犹如手足一般。无事当和颜悦色，有事当协力共济，钱财当平心处分；不可独讨便宜，不可欺懦侮小。今世俗有兄弟斗殴争讼者，大失天伦之谊。族中若有兄弟相争受冤屈者，投众家长，从公剖决，罚其不直者。

七、修和好。凡乡里无论同姓异姓，皆可有无相通，患难相扶，不可诟富忌能，不可欺贫侮弱，不可挑唆生事。小则斗殴，大则讦讼，破费钱财，怀恨结怨，祸患非常，都从不和起脚。族中若有不睦邻里者，许受侮者投众合族，家长从公剖决，罚其不直者。

八、务本业。天地生人甚众，焉得人人富贵？必须各务生理，不可游惰失业。其上等子弟，教之读书，以图上进；其次宜务耕种，以供父母，以养妻子；其次或学手艺，或经商负贩，俱要勤敏用心，不可懈怠。族中若有游手游食不务生理者，许族众指名，会众家长责惩训励。

九、禁赌博。国有常宪，人宜共遵。而棍徒刁民不知守法，胡牌骰子，恃以谋生，甚至开庄放头，串骗子弟。贫者不富，富者亦贫。虽幸漏法网，其为乡党之害甚大。族内有犯此者，送官惩治，断不宽纵。

十、禁非为。安分守己，最是乐事。若妄作妄为，一经发觉，至受刑罚，悔之何及？守业成家之人，早完国课做本等事，王法加不得他，岂不快活？如有奸盗诈伪种种非为，合族举首，处以重罪；大则鸣官究治，以警后来。

第七编

人物

第一章　名人传略

本章主要辑录与通源相关且有较高名望的历史人物，有较大社会影响力且对通源有贡献的著名乡贤，以及为人民解放事业英勇奋斗献出生命的革命英烈等。其中，将1911年以前出生的归为历史人物，并选入3位与通源（西白山）相关的古代人物。

第一节　历史名人

洪传礼　（1804—1870）白雁坑村人。嘉庆年间乡饮宾，迪功郎正八品，民间文人，富甲一方，德高望重，著有《西白山》《太平诗集序》等。其为洪氏第43世孙，曾编写油竹山《洪氏宗谱》。

钱枬圃　（1868—1941）名越衡，字宗岱，白雁坑村人。清光绪年间秀才，县廪生。从事教育事业30多年，是爱华女校、二戴小学和嵊县中学著名的国文教师。在教书之余，常与当时较有名的文人交往。1912年，他与吕子虚、商子莪、张味真等文人结成“鹿山吟社”，并一度担任过社长。诗文代表作有《闲移吟诗存》等。在诗作《挽孙中山先生》中，赞赏孙中山先生“联俄、联共、扶助农工”三大政策，表达了忧国忧民的真切情怀。在诗作《忆西山》里，流露出热爱家乡西白山的真挚情感。他一生秉性耿直，为民请命，与当时的乡绅一起，共同维护百姓利益，维护社会平安。曾仗义执言，据理力争，为白雁坑村民惩罚无理的村霸，得到村民的拥护和尊重。

洪金梅　（1869—1928）白雁坑村人。1914年，独家出资在油竹山村创办通源最早的小学——太白学校，自任校长，聘请3名教师，招收了3个班50余名学生，开设语文、算学、修身、体操、图画等课程，学制3年，为山区孩子开创了启蒙教育。

斯兰馨　（1872—？）讳源浚，字国香，号和焕，别号香祖。吴家湾村人。生于清同治十一年（1872）正月廿三，为嵊县最后一位举人。

斯兰馨族属暨阳上林斯氏。清光绪二十八年（1902），以诸暨县学附生的身份，考中壬寅补行庚子、辛丑恩、正并科举人。历官邮传部八品录事、七品小京官、贵州长寨县知事、贵州大理分院推事、贵州高等审判厅民庭庭长等，是一位被历史尘埃所湮没的法学界前辈。

光绪三十年（1904），清政府下诏废除科举，颁行癸卯学制，推行新学。诸暨斯宅有识之士斯仰止与其子斯旦（字耿周，日本留学生）及同宗贤达顺应时势，将位于华国公别墅的斯氏家塾“象山学塾”更名为“象山民塾”，改制为新式学堂，斯兰馨出任首任学堂校长。由于师资雄厚，学校新式，吸引了本地及嵊县、东阳等地学子就读，学生最多时达200多人。光绪三十一年（1905），象山民塾迁至斯氏宗祠办学。族人斯旦以“斯举有德于斯民”，故以“斯民”为校名。同年，斯兰馨辞去校长一职，赴省候选，不久入京被任命为邮传部八品录事。

1912年1月，中华民国临时政府成立，续充交通部参事厅事务员、交通部博物馆课员等职。1914年，以内务部第一届知事考试丙等，分到地方行政讲习所学习，以最优等毕业。1915年11月，得前邮传部同事、贵州巡按使龙廷章推荐，赴贵州历任政务厅科员、总检分厅书记官。1920年10月，出任贵州长寨县知事。在任上，因其第一本法学专著《法律解释辑要》出版，颇得上司赏识。1921年11月，升任贵州大理分院推事。1926年6月，分院裁撤，9月改任贵州高等审判厅民庭庭长。1930年9月回浙江，担任浙江省保安处科员，1937年11月离任。1939年1月，因同乡邢震南主政台州，斯兰馨以67岁高龄，出任临海县政府军法承审员，至1941年。此后年老体衰，居家养老，直至去世。

斯兰馨一生，对法律工作孜孜以求，研究颇深，留下《法律解释辑要》《刑事诉讼法述义》《司法法令判解辑览》等法律专著数种。其所著《法律问答》为当时民事诉讼从业者必读之基本教材，影响甚广。

斯兰馨秉性耿直正义，不畏强势。中举后，应乡人请求，出面前往县政府说理，控告瑠田村恶霸势力对过路行人肆意欺凌、抢劫财物等恶行，为民申冤。最后，县政府派出团兵将这帮路霸逮捕审判。斯兰馨为民除害的义举，得到了乡人的称颂。斯兰馨从此事中得到启发，专攻法律，后转身从事司法职业二十余年。

在贵州高等审判厅民庭庭长任上，斯兰馨主持了对一个恶少的判决，流传着他刚正不阿、秉公执法的事迹。1929年前后，当地一个恶少犯了死罪，此人是家中独子，其父托人疏通关系，前来说情，声称如能免死，铜钿银子用船撑。斯兰馨不为所动，照判死刑。对方恼羞成怒，诬陷并罗织罪名，将他告进了牢房。其时，斯兰馨在斯民小学的学生蒋鼎文已是北伐军高级将领，但他就是不找关系，凭自己的法律知识，自己官司自己打。官司是打赢了，但这冤狱还是坐了半年多。坐牢期间，他仍不忘钻研法律，撰写著作。昭雪后，贵州方面要他继续任职，但他坚决拒绝，回到浙江。

斯兰馨虽身处官场几十年，却一身清廉，以致回老家吴家湾村时，上无尺椽片瓦，下无立锥之地，一家人竟无处安身。一些门生故友得悉后，纷纷汇款济助。但他固守书生气节，全部予以退回。后有一位学生特意不留地址姓名，使其无法退款。无奈之下，就用此款盖了简易的木结构二层小楼，作为栖身之所。如今故居已一半毁塌，唯“县知事”匾额仍留存。

钱希乃　（1895—1962）字荣鼎，系钱栩圃之子，白雁坑村人。曾任浙江省教育厅编审、绍兴师范学校校长，为嵊县阳山中学首任校长。

1923年夏从南京高等师范学校教育系毕业后，再进南京东南大学教育系深造，半年后获学士学位。在学习期间，他悉心研究世界各国教育学说，曾在《浙江教育月刊》上发表关于中等教育选科制的文章，倡议中等学校实行选科制，以适合学生个性发展与社会需要。1924年2月起，先后任绍兴中学附小主任、省立女子中学教务主任等职。由于工作认真负责，业绩显著，1925年获省教育厅教育一等奖。

钱希乃积极从事社会活动，曾参加谢冠生等创办的旨在“求新知”的“勤业学社”，是该社后期活动重要成员之一。1926年冬，钱希乃与华伦初、应怀新等奉国民党省党部常委宣中华（中共党员）派遣，相继回嵊，参加筹组国民党县党部，积极宣传孙中山的“三大政策”，提出打倒军阀、打倒列强、惩办贪官污吏和土豪劣绅等口号。1927年“四一二”事变后，他被捕入狱，3个月后被保释。

钱希乃出狱后即投奔南京，经教育家陈鹤琴介绍，在南京市教育局任私塾指导员。翌年回浙江继续任教，先后任省立女中、省立杭高教育学教员、省立五中校长、杭州师范科主任等职。

1933—1936年在省教育厅任编审员，主编《浙江教育月刊》《浙江教育行政周刊》，连续发表《小学国防教育》《小学教师在国防上应有的责任》和《乡土教育的意义和目的》等文章。在此期间，他担任教育厅师资进修部讲师，负责播音讲座。主持全省小学实验研究工作。在他的积极推动下，1934年举办了全省劳动科成果展览会。

1936年8月，钱希乃出任湘湖师范小学部主任。1938年2月，任嵊县中学教务主任，主张教育与实际生活相联系，反对“死读书”，积极培养学生的创造精神和独立工作能力。推行“小先生制”，组织学生办“台门学校”，向群众宣传抗日救亡道理，传授文化知识。因思想激进，遭当局迫害，遂毅然辞职，转去因抗战流亡来嵊的宁波中学、锦堂师范任教。

1942年8月，奉上级指示精神，前去设在长乐石下阳村的私立阳山战时初中学生补习学校（后更名为私立阳山初级中学）执教，并被聘为校长。当时日军盘据嵊城及甘霖、长乐一带，学校曾多次迁徙，一度迁至冠山上的真君殿里上课。当时教师仅4人，学生31人，他既当校长，又当校工，并使该校成为嵊西党组织活动联络点。

抗战胜利后，钱希乃出任更名为阳山初级中学（长乐中学前身）第一任校长，暗地里支持中共地下党组织在学生中发展党员，一批学生经他宣传引导后参加新四军浙东纵队。此举引起当局注意，不断对他施加压力，并拘传学生。他据理力争，敢担风险，具结保释学生回校学习。正因为他思想进步，不甘同流合污，又与校董会主要人员意见相悖，1948年7月被解除校长职务。随后，他转去萧山湘湖师范任教务主任。

1949年8月，钱希乃出任绍兴中学教导主任。1951年8月调任绍兴初级师范学校校长，由于教育成绩突出，是年被评为绍兴专署“劳动模范”。1952年加入中国国民党革命委员会，曾任绍兴市教育工会主席。1956年9月，出任绍兴师范学校校长。

二十世纪五十年代末因积劳成疾，1962年病故于绍兴，终年67岁。

斯谦祥 （1898—1943）字德益，笔名浪清，亦名西山子，白雁坑村人。

1919年，斯谦祥中学毕业后，去嵊县二戴小学任教。期间，经常看到平民百姓缺医少药、听天由命的境况，加之自己幼小体弱多病，就自己学习中医，对《内经》《伤寒论》《金匮》《本草纲目》等著作颇有研究，并在不断实践中丰富经验，成为当时嵊县的名中医。他看病不收诊费，只收药钱，对无力支付药钱的人还自掏腰包。他善于总结，结合病例，写过不少医学文章，在上海张赞成主编的《医药春秋》上发表。

斯谦祥与同村的钱希乃、钱越松等好友，经常聚在一起，谈论国家大事，接受革命思想。1938

年，加入了中国共产党。

抗日战争全面爆发后，斯谦祥积极参加抗日救亡运动。曾任《剡声日报》《嵊新民报》副刊主编，发表文章，编写日本侵华30件历史事件的《倭祸志略》，唤醒民众，引导人们投入抗日救亡运动。1933年，参加嵊新两县进步青年组织“嵊新作家联合会”。1935年参与组织“南鹿学社”。1937年底与张珂表、钱叔亮、刘章新等一批进步青年发起成立嵊县乡村救亡协进会，并担任理事。他先后在嵊县中学、清波中学、阳山中学任教，不仅自己投身革命，还积极向学生宣传革命思想，培养革命志士。

斯谦祥一生著作颇多，但未收集成卷，且大多已遗失，如《岛国春秋》等。仅存的有1935年为小昆至白雁坑的路亭撰写的《止止亭碑记》，以及约5万字的《倭祸志略》残卷。

钱越松　（1900—1956）白雁坑村人。中共早期党员。

1938年加入中国共产党。1939年8月至1945年9月，担任白雁坑村党支部书记。在上级党组织负责人钱章超领导下，以教书为掩护，从事隐蔽战线革命工作。

1940年，遵照上级指示，发动本地区农民积极分子多人，参加嵊县“六·三”饥民请愿运动。1945年，根据情报工作需要，奉上级指示，策划夺取敌伪政权活动，夺取了乡民代表一职，由斯浪清之子斯临明出任；继而夺取保长一职，由邱芳炜担任，使敌中有我，为获取更多的情报打下了基础。1946年，根据革命形势需要，在自己家里建立嵊西地区地下联络站，接待上级来人和转送情报。

1947年农历十二月三十夜，突遭有“杀人魔王”之称的国民党浙江保安司令、嵊县县长吴万玉的抓捕，当夜被押解到驻长乐宴公庙浙保宋中队队部关押。后又被押解到杭州，关押在布市巷监狱。在狱中，经受了常人难以承受的酷刑。钱越松在受刑中多次昏死，但仍抱着必死的决心，始终没有出卖党组织和同志。其间，党组织曾设法多次营救，均没有成功。1949年，李宗仁代任国民党总统后，按照国共和谈确立的释放政治犯条款，钱越松终于得以释放出狱。回家后，钱越松拖着残弱的身躯，仍坚持继续从事革命工作。1956年临终时，他仍坚信“党是好的，要相信党”。1985年经组织审定，12月7日，县委发文《关于恢复钱越松同志党籍的决定》，予以恢复党籍。

葛　洪　（283—363）字稚川，自号抱朴子，丹阳郡句容（今江苏句容县）人。东晋道教理论家、炼丹家和医药学家，世称“葛仙翁”。所著《抱朴子》继承和发展了东汉以来的炼丹法术，对之后道教炼丹术的发展具有很大影响，为研究中国炼丹史以及古代化学史提供了宝贵的史料。此外，还撰有医学著作《玉函方》一百卷（已佚），《肘后备急方》三卷，内容包括各科医学，其中有世界上最早治疗天花等疾病的记载。《正统道藏》和《万历续道藏》收有其著作十余种。相传，葛洪曾在西白山修道炼丹，著书立说，采药治病，使西白山成为道教名山。同时，他在西白山遥对的北方山坡上开辟第二道场，即今通源道场村区域。

戴　逵　（326—396）字安道，谯郡铚县（今安徽省濉溪县）人。东晋时期隐士、美术家、雕塑家，金城太守戴绥之子。早年师从名儒范宣，史称他“幼有巧思，聪悟博学”，又说他“少博学，好谈论，善属文，能鼓瑟，工书画，其余巧艺靡不毕综”，尤其雕塑佛像造诣很高。终身不仕，不听太辛武陵王司马晞召命，摔琴而拒之。由于闻名遐迩，史上便有王子猷雪夜访戴的故事，留下“乘兴而来，兴尽而返”的典故。戴逵因慕剡地山水之胜，从安徽徙居剡县，淡泊名利，悠游自在，过着隐逸的生活，在剡地留存诸多遗迹踪影。他喜游山水，相传曾多次游历西白山，筑庐而栖。其后裔聚居在通源里大坑村一带。

释仲皎 宋代人，生卒年月不详。字如晦，居剡之明心院。于寺前为倚吟阁，又于剡山白塔结庐而居，自号“闲闲庵”。所交皆文士，王铚曾有诗相赠。事见《剡录》卷二、八，录诗十九首。其中有《题西白山观雪》《题西白山齐云阁》等诗作。

第二节 俊秀乡贤

裘慧英 （1917—1992）女，松明培村人。中共党员，电影《永不消逝的电波》女主角何兰芬的原型。

1917年12月出生在松明培村烂田湾自然村。幼时因家境贫寒，六七岁时，父亲曾想将她卖作童养媳，因其母亲以死相逼，才留在家里。8岁那年，因饥饿，姐妹俩摘野果吃，妹妹由于多吃而中毒身亡。

1929年12岁时经人介绍去上海，进入日商裕春绸厂、美亚绸厂当包身工。她从小练就的吃苦耐劳、坚韧勇敢的精神，得到厂里中共地下党员的关注和赏识，并接受启发教育，积极投入抗日救亡运动，结果被厂方开除。后来进入小美丰绸厂做工。1937年4月参加罢工斗争，担任车间工人代表、厂纠察队分队长。1937年7月7日卢沟桥事变后，因工厂关闭而失业。同年8月，参加中共地下组织建立的沪南青年救亡团，从事救护、募捐、组织等工作。10月进入普益绸厂。同年12月加入中国共产党。1938年担任中共沪西绸厂委员会委员，负责宣传工作。

1938年4月，时任中共上海（临时）纱厂工作委员会书记马纯古带着裘慧英认识了她一生中最重要的男人——李白（电影《永不消逝的电波》男主角李侠的原型）。裘慧英奉调至中共中央驻上海的地下电台，同延安派去的地下工作者李白合作，担负秘密情报通信工作。根据党组织要求，她与李白假扮成夫妻，主要任务是收发电报，及时把延安中共中央的重要指示传达给上海地下党组织，又把日伪的重要情报发送给中共中央。裘慧英在担任警戒协助工作的同时，认真学习收发电报的技术。共同的理想和相互的关照，两人产生了真挚的感情。一年之后，经党组织批准，裘慧英与李白结为正式的革命夫妻。

1942年9月27日，中秋前的一个深夜，李白正在阁楼上紧张地发报，日本宪兵采取分区停电的办法搜索到地下电台，突然包围了他们的住所。裘慧英和李白立即停止发报，拆卸机器，放入地板夹层。日本宪兵冲上楼搜到电台机件，夫妻俩双双被捕，被押至日本宪兵司令部。敌人让她亲眼看着李白受尽种种酷刑，她虽心如刀割，但始终牢记李白之前作的叮嘱：“一旦被捕，绝不能使党的利益有丝毫损害，绝不能连累任何同志。”所以她仍咬紧牙关，推说女流之辈一概不知。半个月后，裘慧英获释，一面进大诚绸厂做工，一面接受组织嘱咐，以妻子名义到处打听李白的下落。1943年1月，终于打听到李白关在汉奸特工机构所在的极司菲尔路76号（今万航渡路435号），她就以妻子身份入内探监。通过密语，知道李白咬定自己私设电台是替一个阔老板了解黄金价格消息，没有涉及政治和情报。裘慧英立即向党组织汇报李白的情况。6月，党组织通过关系，用2000元钱保释李白出狱。为了避免敌人继续追踪，夫妻俩暂停情报工作，由组织安排在良友糖果店当店员。后来，裘慧英与李白被调到抗日前线的电台去工作，直至抗战胜利。

1945年9月，裘慧英随李白调回上海，继续从事秘密电台工作。1948年12月30日凌晨3点左右，李白正在与延安党中央进行联络时，被国民党特务机关测出电台位置。裘慧英突然被外面的嘈杂声惊醒，发现楼下匪徒们已包围了他们的住房，立即告诉李白有情况。李白却很冷静地说："我还要坚持几分钟，一定要把这几份重要电报发完。"说完，李白叫裘慧英立即带孩子离开。李白发完报后，向党中央作了最后的告别。就这样，夫妻俩和孩子一起被捕，押送至国民党上海淞沪警备司令部第二大队。裘慧英和3岁的孩子也被拖进审讯室，让他们看绑在"老虎凳"上的李白受刑。1949年4月20日，李白被押到上海南市区蓬来路警察局监狱。5月6日，裘慧英前去探监，李白对她说："今后你们不要来了，目前大局已定，天也要亮了（指解放）。"5月7日晚，李白被敌人秘密杀害，年仅39岁。其时距离上海解放不到一个月。裘慧英强忍巨大悲痛，继续坚持为党工作。

上海解放后，裘慧英先后担任中共上海电信局基层党支部副书记、上海邮电技工学校副校长、邮电工会上海市委员会副主席和顾问等。1983年，裘慧英离职休养。从二十世纪五十年代到离休后的40多年中，她的足迹遍布全国十几个省市，对青年人进行革命传统教育，义务作报告千余场次，听讲人数达百余万人。就在生命的最后第9天，她还抱病为上海邮电管理局机关干部作中共党史的报告。1992年7月，裘慧英在上海因病去世，享年75岁。

裘慧英于1959年被评为全国邮电妇女建设社会主义积极分子；1985年被评为上海市先进离休干部；1989年被评为全国邮电系统优秀离休干部；1991年被评为全国关心下一代工作先进个人。

2009年9月，在迎接新中国成立60周年之际，李白在中宣部、中组部等11个部门开展的"双百"评选活动中，被评为"100位为新中国成立作出突出贡献的英雄模范"。

1958年，裘慧英与丈夫李白从事地下电台工作的英雄事迹，被改编成电影《永不消逝的电波》，导演王苹，孙道临主演李侠，裘霞主演何兰芬。李侠的原型即为李白，何兰芬的原型即为裘慧英（幼时曾名裘兰芬）。2010年又被编成电视剧，在央视一套播出。《永不消逝的电波》成为经典故事，主人公不怕牺牲、英勇斗争的精神，教育和激励了一代又一代人。

王伦庆　（1923—1981）茶坊村人。中共党员。通源乡第一任党支部书记。

1923年2月出生。1949年5月参加中国人民解放军，曾任副班长、班长。在剿匪斗争中表现突出，先后荣立三等功4次。1950年11月加入中国共产党。1952年由部队复员回家。历任通源乡党支部书记，民兵指导员，太平乡党总支委员和党纪律委员、治保委员会副主任，县矿业公司运输队队长，通源公社革命委员会委员等职。在"文化大革命"期间，被打成"走资派""暗藏反革命"等，遭到批斗关押、劳动改造，家庭成员都受到牵连。1981年5月14日病逝，通源公社党委、管委会于5月17日为其举行追悼会。

1982年9月25日，县委组织部作出《关于王伦庆同志的平反意见》。明确："对王伦庆同志有否放走匪首王中木等问题，于一九五八年五月廿八日本部已对王伦庆同志取消通匪嫌疑的审查结论。在‘文化大革命’中，又重新审查是错误的，应予以平反，恢复政治名誉。”

邱芳炜 （1923—2000）字汀瑞，号兰洲，化名邱伦，白雁坑村人。

他自幼聪慧好学，读书过目不忘。13岁时曾为冷坞村祖先堂撰写柱联，见者皆称其为神童。后入清波中学求学，深得老师赏识。但因时局动荡，被迫辍学回家，在冷坞、董家坑等地私塾教书为生。

1940年冬投笔从戎，加入国民党挺进部队。由于年轻英俊，能文善写，不久即被提拔为副官，负责文书之类事务工作。在部队驻扎桐庐县城时，他结识了当地姑娘王银珍，两人交往密切，情意相投。因看不惯部队的种种不良风气，便萌生离队意向，征得王银珍及其父母同意，两人决定另谋出路，遂于1942年回到嵊县。

回嵊县后，他重新走上从教道路。当年即被聘为剡源私立完全小学教师。是年国民党县政府流亡到瑠田，该校更名为县立剡源小学。第二年日军进犯瑠田烧杀抢掠，学校被毁于大火中，被迫停办。他回到白雁坑村，开办识字班教育贫民子弟。

当时，白雁坑地下党支部书记钱越松找到邱芳炜，向他宣传革命思想，引导他走上革命行列，并吸收其为党的外围积极分子。

1945年，邱芳炜按照地下党的指示，出任剡源乡联保保长，成为安插在敌伪政权中的一枚钉子。他不负重望，经常将敌伪政府的行动信息转达给党组织，并多次冒险及时通知被通缉抓捕的钱越松，让钱越松成功脱险。他还不顾个人安危，发动全村村民联名担保被无辜抓捕入狱的3名村民出狱。

因敌伪时常情报泄密，行动落空，便对邱芳炜产生怀疑。党组织发现这一动向，即指示他主动及时引退，保长一职改由党的外围人员油罗山村金春喜接任。

此后，邱芳炜继续教师生涯。曾去开元小学任教。1950年，回村着手创办白雁坑初级小学，亲自执教并任校长。他亲力亲为，注重教育质量，学校得以逐步发展。1955年，学校升格为完全小学。校舍不够，就在分水岗、油竹山、石板坑等自然村分设初小班。根据学生需要，两次附设初中班。凡学龄儿童都能入学，还吸引油竹潭、小崑等邻近乡镇周边村学生就读。学校全盛时期有教师12人，学生120多人。

邱芳炜从事教育工作30多年，培养了一大批优秀学子，其中不少人成为社会各行各业的骨干力量。他退休后，继续为社会发挥余热。曾参与1987年版《嵊县地名志》编修、1989年版《嵊县志》修订工作，负责通源资料的收集整理，使通源史料较完整地收录入志。

孙旭明 （1923—2008）讳明澜，字越汀，吴家湾村人。

1923年10月出生。自幼聪慧，好学上进，剡源乡山口思成小学毕业。

1937年，吴家湾孙氏重修家谱，年仅15岁的孙旭明被监谱人孙正昌看中，让他参与谱房工作，担任“对读”。

1940年在剡源乡公所当乡兵。1941年3月，由剡源乡公所保送至嵊县国民党县常备队壮丁收容所，后转入国民党军事委员会警卫团第一营第一连。同年10月，在广西桂林参加国民党。其间，曾被派送至黄埔军校进行特别培训，结束后调任国民政府警卫总队第一大队第一中队步兵科上士班长。

1945年8月29日至10月10日，国共两党重庆谈判期间，由毛泽东率领的中共代表团被安排在林园。经陆军中将俞济时指派，孙旭明担任林园官邸卫舍队队长，直接负责执行官邸内线警卫任务。他带领20名精心挑选的卫兵，每天保持高度警惕，一丝不苟，仔细巡查，保卫毛泽东、周恩来、董必武、王若飞、邓颖超、吴玉璋等贵宾的人身安全，从迎接到送别，不出一点差错，出色地完成了安保任务。

1946年12月退伍，任无锡汽车站站长。1958年7月至1962年7月，在上海松江越剧团工作。1963年回原籍。2008年5月11日在浙江安吉去世。

邱仲青　（1925—1968）白雁坑村人。中共党员。通源乡政府第一任乡长。

1925年7月出生在一个贫困农民家庭。1948年10月加入中国共产党。1949年1月入伍，曾任区分队指导员。1950年1月，奉命筹建通源乡，出任首任乡长。此后，历任区人武部副部长，丝厂保卫科长，酿造厂副经理，酒厂厂长，茶牧场行政科长，县手工业局区办事处主任等职。在解放前夕的对敌斗争和解放初期的剿匪反霸斗争中，英勇作战，不怕牺牲，立场坚守，大公无私，为保卫新生的人民政权坚决斗争，积极参加社会主义革命和社会主义建设，作出了自己的贡献。

1968年5月，被扣上“私通土匪”“枪杀民兵”“火烧民房”等罪名，7月10日夜被折磨致死。

1977年12月起，遵照县委指示，县手工业管理局抽调9人成立专案组，对邱仲青案开展大量具体的调查。经过一年半时间调查取证，证实邱仲青不是“畏罪自杀”，决定给其平反，恢复名誉，并于1979年12月24日为邱仲青召开追悼会。

汤铁山　（1925—2015）又名雨良，松明培村人。中共党员，投入革命后一直战斗在铁路前线，参加过解放战争、抗美援朝、援越战争，被誉为“共和国开路先锋”。

1925年11月10日出生在松明培村大田湾自然村。1932年至1935年，就读于诸暨县复兴小学；1936年至1939年，就读于诸暨县斯民小学；1940年至1941年，就读于诸暨县利普（现为浬浦）中学。

1941年上半年，因日军侵占浙东全境，诸暨嵊县沦陷，利普战时初级中学被迫停课。其时，国民党中央陆军军官学校第七分校（西安）在金华成立招生办事处，招收江南战地流亡失学学生，培养抗日战争急需之青年干部，以增强前线部队实力。汤铁山毅然投笔从戎报名参军，于1941年8月考入国民党中央陆军军官学校第七分校（西安）19期步科。从金华到西安一路上异常艰辛，屡遭日军阻扰，边走边打边学，至1943年12月才到达西安校部，经过4年学习，于1945年8月毕业。

1945年10月，汤铁山被分配到国民党新6军新22师64团3营8连，任见习少尉。1946年1月，新六军新22师从驻地上海出发，乘船到秦皇岛，被调往东北剿共。1946年2月，汤铁山脱离国民党军队，加入中国人民解放军，入编东北民主联军东满军区司令部，任文书。8月，调任东北第四野战军护路军司令部一科见习参谋。1947年4月，任东北第四野战军护路军2团侦通参谋。1948年1月，任东北第四野战军护路军教导大队学习营助教。1948年8月，调任北京铁道纵队司令部五科教育参谋。1949年1月，任北京铁道纵队司令部一科参谋。1949年10月，任北京铁道兵司令部军训科参谋。

解放战争期间，汤铁山先后参与抢修东北哈长、华北津浦、西北陇海、西南湘桂等铁路，修复松花江陶赖昭大桥、津浦铁路淮海大桥、陇海线西段交江至大营间便桥等战斗，为配合渡江战役、渡海战役，挺进大西北、大西南，取得解放战争的伟大胜利，作出了重要贡献，并因此获得东北解放纪念章、华北解放纪念章、西北解放纪念章、华中南解放纪念章等。

1950年6月，汤铁山加入中国共产党。

朝鲜战争爆发后，汤铁山作为铁道兵司令部军训处参谋，赴朝参加抗美援朝，肩负起筑桥、修路、抢险等艰巨任务。面对敌机的狂轰滥炸，汤铁山所属部队不辱使命，与敌人斗智斗勇，克服一切困难，屡建奇功，创造了“打不烂炸不断的钢铁运输线”，为朝鲜战争胜利作出了不可磨灭的贡献。汤铁山被授予朝鲜民主主义人民共和国颁发的勋章奖章，以及全国政协颁发的抗美援朝纪念章和中国人民赴朝慰问团赠与志愿军的“和平万岁”纪念章。1953年，汤铁山随部队奉调回国。

1954年10月，汤铁山被任命为铁道兵司令部第4师作训科科长、参谋。1955年获得中华人民共和国颁发的“解放奖章”。1957年1月，汤铁山调任铁道兵2师9团副团长。1959年3月，任铁道兵2师军训科科长。1960年11月，任铁道兵学校高级速成系学员。1961年4月，任铁道兵2师司令部军训科科长。1962年7月，被授予少校（准团级）军衔。1964年9月，调铁道兵2师9团任副团长。1964年10月，调铁道兵2师7团任副团长。1965年6月，被铁道兵党委明确为行政14级干部。

1965年6月，汤铁山所属的中国后勤部队第一支队，奉命开赴越南，重点保障战时铁路运输。1970年7月回国，成为抗美援越战争出国最早、回国最晚的部队。汤铁山获得越南政府颁发的参加抗美援越战争纪念章。

1970年，汤铁山就任湖南省铁路建设指挥部军卫组组长。1971年4月，调任铁道兵2师7团副团长。1979年11月，转业至湖南省无线电厂（国防军工企业），任负责人、党委委员。1980年4月任副厂长。1981年6月离休。1983年4月，根据中组部文件精神，享受厅局级待遇。

2015年5月3日在湖南长沙去世，享年91岁。2015年9月，中共中央、国务院、中央军委给汤铁山追授“中国人民抗日战争胜利70周年纪念章”。

戴功全 （1928—1988）里大坑村人。中共党员。1948年参加革命，1951年加入中国共产党。1948年8月至1950年，参加中共地下党三五支队革命工作。1950年6月至1951年5月，任通源乡人民政府乡长。1951年至1958年，任长乐区公所副区长。1958年至1962年，任新昌县大聚市区副区长。1962年响应国家号召，服从组织安排，回家劳动。1988年1月因病去世。

周飞麟 （1939—2012）联丰村人。中共党员。嵊州市首届星级教师。初中数学分层次教学的倡导者和实践者。1939年9月出生于大坂田自然村，1959年毕业于绍兴师范并参加工作。历任通源中学教导主任、副校长、校长，石璜镇中学副校长兼教导主任等职。长期扎根山区教育，为培养通源学生呕心沥血。曾不辞劳苦募集全县最早的学校教育奖励基金，被县级新闻媒体誉为“山区办学的热心人”；为石璜镇中学1991年中考成绩名列全县第一，以及1992年出中考状元献计献策，尽心尽责。

在长期的教学实践中，他根据学生的不同学习情况，深深感到分层次教学的重要性和必要性。1987年就率先提出并实施初中数学分层次教学，并将经验体会撰写成文，有8篇教科论文发表于省级以上刊物。其中，《浅谈初中数学教学课层次教学》被选入中国人民大学《中学数学》，《分层次教学素质教育在初中的有效实践》被评为浙江省优秀论文二等奖；课题《初中数学课层次教学的实践与研究》获得绍兴市政府颁发的1993—1998基础教育教学成果奖；专著《初中数学分层次教学》5万字以上，是国内初中数学分层次教学的引领人之一。分层次教学的学生曾获得1995年全国初中数学竞赛二等奖。主编出版了《初中数学教学常用解题思路方法》专著。

1999年退休后，他从培养两个儿子均成为博士而引发思考，积极发挥余热，致力于研究家庭教育和社会教育。他关注青少年思想道德建设，与妻子周绿琴收集古今中外名人家教经典，编成15万字的《家教精华与孝敬集锦》；编写出版家庭教育辅助读本《家教与教育》；自创制作孝道扑克牌，在54张牌上用中英文印上54条孝道格言等。

2012年12月因病去世。其名编入《当代浙江专家名人大辞典（教育卷）》及《嵊州市人才录》。

第三节　革命英烈

在革命战争年代，通源人民在共产党领导下，积极投身革命工作和民族解放事业，不畏艰险，奋不顾身，英勇斗争，有的献出了年轻而宝贵的生命。

通源革命烈士一览表

表104

姓　名	生卒年月	基本情况
戴瑞棠	1894—1944年	字振安。里大坑村人。烈士。1900年至1904年入辅仁书院读书。1926年入伍，随相强伟部加入国民革命军。抗日战争期间，投奔忠义救国军，投身抗日斗争。1943年被时任嵊县县长陈芝范任命为县政府行动组组长，既保卫县政府，又打击盘踞在嵊县的日伪军队。带领行动组伺机袭击设在甘霖、长乐的日伪据点，伏击过往嵊县东阳的日军车辆，在夜里剪断通信电话线等，引起日本侵略者悬赏抓捕。1944年4月8日，驻甘霖日军在曹长带领下，前往新沃村抓捕。在遭遇战中，戴瑞棠打死曹长打伤3名日兵，但自己不幸被枪弹打穿胸膛，当场牺牲。县政府即予以厚葬褒扬，在里大坑建立烈士墓。2015年12月7日，浙江省人民政府追认戴瑞棠为烈士。2016年5月23日，民政部发放烈士证。2017年5月21日，戴瑞棠后人将其遗骸从原墓迁至嵊州市烈士陵园
钱荣富	1917年2月至1949年10月	又名钱富老，白雁坑村人。烈士。中共党员。1949年7月参加革命，同年10月在通源乡茶坊村与安我华匪帮战斗中牺牲，时为长乐区中队班长
钱章嘉	1917—1950年	又名钱樟泉，董家坑村人。烈士。1949年参加革命。1950年5月在剡源乡五王庙村牺牲。时为通源乡农会主任
邱樟清	1920年1月至1949年8月	又名邱行见，白雁坑村人。烈士。1949年8月参加革命，同年10月在雅璜乡大毛竹园剿匪中牺牲，时为白雁坑村民兵队民兵
斯伯祥	1922年3月至1949年7月	又名斯永瑞，白雁坑村人。烈士。1949年4月参加革命，同年7月在金庭乡济渡村剿匪中牺牲，时为新昌县大队第1中队副班长

续表104

姓 名	生卒年月	基本情况
戴樟法	1922—1947年	又名戴樟祥，里大坑村人。烈士。1944年8月参加革命。1947年8月在山东省临沂县傅山村牺牲。时为中国人民解放军华东野战军第1纵队3师9团9连战士
邱行樵	1924年2月至1949年10月	白雁坑村人。烈士。中共党员。1949年2月参加革命，同年10月在通源乡茶坊村与安我华匪帮战斗中牺牲，时为长乐区中队事务长
许道福	1924—1949年	董家坑村人。烈士。1949年7月参加革命，同年10月在通源乡茶坊村剿匪中牺牲，时为长乐区中队战士
邱行炜	1926年2月至1952年7月	又名邱生木，白雁坑村人。烈士。1948年12月参加革命。1951年抗美援朝期间随部队赴朝作战。1952年7月在朝鲜牺牲，时为中国人民志愿军第12军35师105团5连军械员
王金福	1926—1947年	茶培村人。烈士。1944年6月参加革命。1947年5月在山东省蒙阴县孟良崮战斗中牺牲。时为中国人民解放军华东野战军第1纵队3师9团7连通讯员
钱章南	1931—1949年	董家坑村人。烈士。1949年7月参加革命，同年10月在通源乡茶坊村与安我华匪帮战斗中牺牲，时为长乐区中队战士
邱行虎	1936年8月至1951年1月	白雁坑村人。烈士。1949年4月参加革命。1951年1月在河北省邯郸县馆陶镇牺牲，时为中国人民解放军浙江省军区司令部通讯员

通源乡老游击队员、老交通员一览表

表105

姓 名	性 别	出生年月	工作时间	属 别	所在村
斯林火	男	1919年9月	1947年9月	交通员、游击队员	白雁坑
邱芹芬	女	1920年	1948年	交通员	白雁坑
钱武灿	男	1924年	1948年2月	游击队员	道 场
王伦位	男	1927年2月	1948年5月	交通员	茶 坊
刘时庭	男	1927年	1947年2月	游击队员	里大坑
钱荣位	男	1928年6月	1947年	交通员	白雁坑
斯林璋	男	1929年3月	1947年7月	交通员、游击队员	白雁坑
斯桂花	女	1929年	1948年6月	交通员	白雁坑
洪正扬	男	1930年4月	1947年10月	交通员、游击队员	白雁坑
刘士昌	男	1931年12月	1947年2月	游击队员	里大坑
邢彩花	女	1933年3月	1948年4月	交通员	白雁坑

第二章　人才名录

本章主要收录先进人物、民间人才、知名人士、优秀学子等。先进人物是指县市级以上党代表、人大代表、政协委员，以及劳动模范、先进个人等荣誉获得者。民间人才是指各行各业中具有一技之长，对经济社会发展有贡献的民间工匠和技术人才。知名人士包括市内外社会上具有一定地位和职位的人士。优秀学子专指1977年全国恢复高考制度后考进大中专院校的学生。各类人才均为通源籍。

第一节　先进人物

邱洪炎　（1887—1979）白雁坑村人。嵊县第一届人民代表大会代表。四个儿子参加革命。其中，三儿子邱行樵、小儿子邱行虎分别在25岁、15岁时牺牲，均为烈士。

斯菊花　（1946—2006）女，白雁坑村人。中共党员，市人大代表，造林能手，三八红旗手，中华妇女环保百佳人物。1965年加入中国共产党，被村民推选进村两委班子。自1968年起，一直担任村党支部委员、妇女主任，直至因病去世。身在山区，以绿化造林为己任，坚持20多年。1992年，获县、省两级“双学双比”年度“先进女能手”称号。1994年，获绍兴市妇联授予的“三八红旗手”称号。1995年，获县妇联等单位授予的“妇女十大领头雁”称号。1997年，被表彰为全省绿化先进工作者（共5名）。1998年，被国家环保总局授予“中华妇女环保百佳”称号，同年被嵊州市人大常委会表彰为“代表活动积极分子”。1999年，获绍兴市“三八红旗手”称号，同年被嵊州市绿化委员会表彰为“先进工作者”。2000年，被嵊州市人大常委会表彰为“代表活动积极分子”。

操国祥　1955年3月出生，三王堂村人。中共党员。嵊州市劳动模范。中学高级教师。1972年2月参加工作。先后任三王堂完小教师，西山中学负责人，通源中学教师，校团支部书记、校长，通源中心学校校长，乡教育支部书记，城北小学督学。2015年4月退休。在通源中小学校工作整整35年，为通源培养了一大批优秀学子；担任校长15年，所在学校多次被评为市级先进集体。曾率先在山区学校建立计算机网络，开设信息技术课程。获市级优秀教师、市级优秀共产党员、全市教育系统关心工会的好书记好校长、市十佳思想政治工作者、市人民教育基金会教育贡献奖等荣誉。2006年获嵊州市首届劳动模范称号。

徐华飞 女，1955年8月出生，茶培村人，中共党员，市第人大代表，获评浙江省“担当作为好支书”。历任茶培村妇女主任、计划生育干部、两委会成员。1996年至1998年代理通源乡政府妇女工作兼计生干部。2005年起，先后担任茶培村、西三村党支部书记，西白山村党总支书记。任职期间，贯通硬化三王堂至紫竹、三王堂至上西坑、白柴湾至高塘、董埠坑至双浪、茶培至下西坑、上西坑至下西坑等村间道路；实施村庄亮化绿化美化工程；推进西白山旅游项目建设，引进西白山“星空露营”基地项目。曾被评为嵊州市人大代表活动积极分子、嵊州市“百名优秀村主职干部”。2019年12月，被授予“浙江省担当作为好支书”称号。

郭茂华 1957年12月出生，道场村人。中共党员。市人大代表。1976年2月应征入伍，历任战士、班长、教员。1982年1月退伍回家，先后任道场村委会副主任、村党支部书记，通源乡交通管理员，乡治安联防队队员，乡林科员，乡党委委员、乡纪委书记，副乡长兼乡机关党支部书记，乡人大副主席兼乡工会主席。2011年9月调甘霖镇政府人大常委会办公室工作。2017年12月退休。为嵊州市第十三届、十四届人大代表。曾获市级先进工作者、护林联防先进工作者、市级“培育新农民 建设新农村”主题教育活动先进个人、市级关工委先进个人、市优秀农村工作指导员、市人大代表活动积极分子、市级优秀共产党员等称号。

周 斌 1966年3月出生，岗下村人。中共党员。全国劳动模范。高级工程师。1985年考入浙江医科大学药学系（现浙江大学药学院）。历任浙江天美制药有限公司技术员，浙江始峰药业有限公司质检科长、副总经理、董事长，浙江诺金药业有限公司总经理，浙江银象生物工程有限公司常务副总经理、总工程师，浙江新银象生物工程有限公司常务副总经理、总经理，浙江圣达生物药业股份有限公司（上市公司SH603079）副总经理、董事、总经理兼任浙江新银象生物工程有限公司总经理。被评为全国工程技术先进个人，全国食品工业科技进步先进科技带头人。2015年荣获“全国劳动模范”称号。

王南军 1967年3月出生，茶坊村人。中共党员。市人大代表。历任茶坊村村民委员会副主任、主任，党支部书记，通益村党支部书记，通源村党总支副书记，通源村党委书记。在任期间，建造茶坊水电站、茶坊茶厂，改造通源水电站等。荣获嵊州市优秀共产党员，绍兴市优秀共产党员，浙江省千名好书记等荣誉。为嵊州市第十三届党代表，嵊州市第十五、十六、十七届人民代表。

斯伯荣 1970年12月出生，白雁坑村人。中共党员。市政协委员。历任白雁坑村民委员会主任，村党支部书记兼村民委员会主任、村股份经济合作社董事长。嵊州市第十五、十六届政协委员。2022年2月，荣获绍兴市委、市政府表彰的“改革开放创新发展突出贡献奖”。

应秋君 女，1973年8月出生，茶培村人。中共党员。新华保险嵊州支公司总监，新华人寿总公司“双赢”人物，《保险生活》杂志封面人物。2002年进入保险行业。历任新华人寿保险股份有限公司绍兴中心支公司嵊州市营销服务部业务经理，中国人寿嵊州支公司职场经理，新华人寿保险股份有限公司绍兴中心支公司嵊州支公司营销总监。从事保险行业20余年，在市场竞争激烈的保险行业奋力拼搏，取得了骄人业绩，获得了诸多荣誉。所获行业荣誉有世界华人保险大会IDA龙奖，美国MDRT百万圆桌会员，IMAC保险名家理事会理事、浙江区区域副主席，中国保险百万百件公益联盟发起人，无痕营销商学院副院长，多维APP直播特邀嘉宾。所获公司荣誉有总公司全明星终身会员，总公司杰出营业部经理，总公司五星级讲师，总公司健康大使，总公司双赢人物，浙江分公司优秀经理人，浙江分公司年度卓越讲师，浙江分公司优秀共产党员，浙江分公司公益大使，绍兴中支标保王、件数王、财富王。2021年冬季刊《保险生活》封面人物。

俞　朝　1973年12月出生，联丰村人。中共党员。市党代表，市人大代表；市“十大杰出青年”；高级农艺师。1993年考入华中农业大学。毕业后先后在石璜镇政府、雅璜乡政府工作。历任嵊州市农技推广中心副站长、主任助理、副主任，副书记兼副主任，书记兼副主任，市畜牧兽医局书记、局长，市畜牧业发展中心书记、主任。主要荣誉：嵊州市农业局优秀共产党员、先进工作者，市科协工作先进个人，市优秀责任农技师，市专业技术拔尖人才、学术技术带头人后备人才，市直机关优秀共产党员，市全民科学素质纲要工作先进个人，市“共产党员先锋岗”；绍兴市“三下乡”先进工作者，绍兴市农函大先进工作者，绍兴市青年岗位能手，绍兴市蔬菜技术推广先进个人，绍兴市优秀共产党员，绍兴市第二届青年科技奖；浙江省农作物生产新技术推广先进个人，浙江省农业系统先进个人，浙江省优秀科技工作者，全省基层农技推广优秀工作者，浙江省优秀科技特派员，浙江省生猪增产保供成绩突出先进个人，浙江省科学技术进步奖三等奖，全省动物疫病防控工作成绩突出个人等。中共嵊州市第十四届党代表；嵊州市第十七届人民代表。2005年获嵊州市“十大杰出青年”称号。

斯江正　1982年6月出生，吴家湾村人。中共党员。历任吴家湾村村委，吴联村村委、村主任、党支部书记，松明培村党总支书记、村主任。2023年9月考取公务员，进入甘霖镇政府工作。先后获得嵊州市百佳优秀村干部、浙江省万名好党员、绍兴市优秀共产党员等称号。在嵊州市“越乡头雁”赛比活动中获得二等奖，在嵊州市首场村社书记擂台赛中获得铜奖。

王浙锋　1985年1月出生，茶坊村人。市“十大创业青年”。历任浙江三博聚合物有限公司业务经理，绍兴三强塑胶有限公司总经理，浙江定阳新材料有限公司执行董事、总经理。荣获嵊州市“十大创业青年”称号，绍兴市“经济发展突出贡献奖”，嵊州市招商引资特别贡献奖。主要社会职务有：宁波嵊州商会常务副会长，宁波餐饮协会副会长，绍兴体育协会副会长，嵊州青年企业家协会副会长，浙江运动场地铺装协会副会长，宁波弹性体商会副会长。

第二节　民间人才

洪连茂　（1907—1984）白雁坑村人。民间艺人。1936年9月，随嵊县“四季春”戏班赴上海老闸大戏院，任班乐队师傅，为袁雪芬、傅全香、钱妙花等越剧艺术家初涉上海演出伴奏。1949年回白雁坑创办村乐队，筹建绍剧团、京剧团，在本村和周边村出演《大唐相会》《刘胡兰》《红灯记》等。

金小裕 （1922—2010）白雁坑村人。中共党员。曾读过私塾。解放前在上海纺织厂做过缫丝工、修理工，修理过上海各剧院的舞台设备，接触了机械修理，并产生了浓厚的兴趣。1951年用木头、毛竹为材料，在油罗山制作了手摇杀青机、揉捻机，利用水碓来带动机械，节省了制作茶叶的劳动力。1956年，进入通源木业社工作，曾担任木业社主任。1959年下半年，金小裕和儿子金兰超，致力于水电发明创造，自制木质水轮机，用3根毛竹作引水管，装配0.75千瓦船用废弃发电机，成功研制了水力发电，提供全村23户人家的照明，结束了油灯照明的历史。因发电机放在室外露天，就用很大的酱篷盖拿来遮日避雨，因而被称为“酱篷盖电站”。这个全国最小的水电站，嵊县农民自力更生办小水电的新鲜事登上了《浙江日报》，引起了各级领导的重视。县委、县政府以此为契机，提出“自力更生、因地制宜、因陋就简、土洋结合”的办电方针，号召各地因地制宜创办水力发电站。1961年，金小裕和金兰超利用水轮机带动木头制作的杀青机、揉捻机、分散机、炒制机等，炒制茶叶。1972年6月，金小裕在向阳大队试制电力炒茶成功，彻底改变了木柴制茶的传统，节约了大量的木材和砖头，大大提高了生产效率，节省了劳动成本和木材资源。公社随即在向阳大队召开现场会，予以大力推广。是年12月，应江西省乐安县的邀请，受县电气化办公室指派，金小裕和金兰超父子俩作为民间水利工程师，到乐安县开展小水电技术指导，帮助建造了37座水电站。1976年，金小裕调到嵊县竹编厂任木工组组长，主要负责竹编模型的设计和制作，为嵊县竹编评为“中国竹编之乡”发挥了余热，直至1982年退休。

斯临明 （1923—2011）笔名小青，白雁坑村人。1945年，受地下党组织指派出任乡民代表。终身从医，曾任通源中西医联合诊所所长、乡医院院长、公社联合保健所所长。任职期间，指导各村创办卫生室，培训赤脚医生，不辞辛苦经常下村巡诊，足迹遍及通源各村，是通源老百姓口中颇有名气的“小青先生”。

金兰超 1945年8月出生，金小裕之子。白雁坑村人。1950年6岁就读白雁坑小学，1958年入读石璜中学，1961年初中毕业。当时全县招收2名飞行员，金兰超入围并等待通知。后来不知何故招飞之事不了了之，却耽误了上高中就读机会。于是跟随父亲进入通源木业社工作，与父亲一起，为通源及市内外小水电发展发挥了积极的作用。金小裕被抽调到县竹编厂后，金兰超担任木业社负责人。2005年8月退休。

钱继忠 1973年11月出生，白雁坑村人。根艺美术大师，“竹刻雕”代表性传承人。嵊州市民间工艺家协会秘书长。1990年7月毕业于嵊州市工艺美术学校第一届木雕班。早年师从木雕名家袁水法，后拜国家级非遗传承人“海派玉雕”大师袁耀及中国工艺美术大师郑剑夫为师，并得到亚太工艺美术大师高公博的指导，其木雕、根雕、玉雕艺术得到全面提升。2012年成立嵊州市继忠竹根雕艺术研究所和艺术品设计中心，其创作的作品多次获得全国金、银、铜奖。其中，竹根雕《起点》获第四届中国（东阳）木雕竹编工艺美术博览会金奖，上海世博会“中华艺术·国家大师珍品系列会展——中华木雕精品展”特别金奖 竹根雕《石头、剪子、布》获中国·（东阳）浙江省根雕艺术精品博览会金奖；根雕《十八罗汉》获第五届中国（东阳）木雕竹编工艺美术博览会金奖等。

为第二批“浙江省优秀民间文艺人才”，绍兴市非物质文化遗产“竹刻雕”代表性传承人。2009年12月被授予浙江省首届“根艺美术大师”称号。2011年被绍兴市政府授予绍兴市首届“工艺美术大师”称号。

陈炉钢 1982年10月出生，吴家湾村人，农工民主党党员。嵊州市非物质文化遗产“嵊州根雕”代表性传承人，嵊州市根雕艺术家协会秘书长。曾就读于嵊州市工艺美术学校木雕专业，毕业后跟随工艺美术大师郑兴国开始根雕生涯。后赴海南从事雕刻创作。2015年创立绍兴禅悦轩雕刻有限公司。

获得主要荣誉有：中国木雕榜眼，中国轻工技术能手；浙江省“百千万”高技能领军人才培养工程第三层次优秀技能人才，浙江省“五个一批”文艺人才孵化项目·“新峰”人才；湖北省技术能手；绍兴工匠，绍兴市工艺美术大师，绍兴乡村振兴“领雁计划”人才，绍兴金巧手，绍兴五星级民间雕刻师，文学艺术界联合会先进个人，绍兴行业协会和绍兴民间文艺家协会先进工作者，绍兴市工艺美术行业工匠，绍兴市民间工艺美术家先进个人，绍兴市工艺美术新锐；嵊州首届“十佳创客”等。2016年获嵊州市政府授予的嵊州市“工艺美术大师”称号。作品多次在国家、省、市级工艺美术精品展及多种比赛中获金银铜奖。其中，作品《匠心》获“观澜杯”全国红木设计雕刻大赛金奖；《藏家牧羊情》获第十届“艺鼎杯”中国木雕现场创作大赛传统组银奖，并获“中国木雕榜眼”称号；《守望》获首届“雕圣杯”中国根雕现场创作大赛金奖；《长眉尊者》获第三届中国创意林业产品大赛银奖；《思春》获第九届中国（浙江）工艺美术精品博览会金奖；《荷花仙子》获浙江省根艺精品展银奖；《禅心高远》获第二届根雕“新力量”现场技艺创作大赛金奖，《山谷醇香》在第四届“醉根杯”中国根雕现场创作大赛中获“能工奖”等。

第三节 知名人士

钱荣潮 （1921—1989）白雁坑村人。曾为三五支队送信，1947年参与白雁坑民兵组建。1948年入党。1949年参加白雁民兵队轮流执行保卫长乐区政府任务。1949年10月31日参加茶坊遭安我华部伏击战。1956年6月因认定其“经营白术生意，不愿走合作化道路”等错误而被开除党籍。1985年9月，县纪委经复查认为，“原定事实不能作处理依据”，决定恢复其党籍。1980年对建造白雁坑电站有贡献。

马新雨 （1921—2002）又名马尚钦，松明培村人。年少时曾就读于嵊县中学。抗日战争时期，加入中共地下党，后因单线联系没有找到上线。当时他与一批进步爱国学生奔赴延安，途中证件、钱包被偷。正逢国民党军队征兵，由于他们是一群学生，就被特招进黄浦七分校第十六期步兵。

1938年10月至1940年12月，在抗战最为艰难时期，随部队远征缅甸，时任上尉连长，为民族独立、国家统一作出了贡献。解放战争时期回乡，在通源吴家湾、白雁坑等地教书。“文化大革命”期间，因有国民党军官的经历，被打成反革命分子，并入狱3年。刑满释放后，回松明培务农至终老，2002年2月去世。

钱希文 （1924—2014）曾用名钱荣仁。董家坑村人。1945年在阳山中学读书，1948年就读于萧山湘湖师范。1949年3月参加三五支队。1950年杭师毕业，先后任职于浙江省卫生厅、省卫生干校、临海大田中学、临海防疫站和粮食局等单位。退休回乡后，将家乡在解放前夕的革命斗争故事，撰写成纪实长篇小说《剡溪激流》，为后人留下了一份珍贵的红色读物。

钱荣银 （1925—1995）白雁坑村人。1947年加入白雁坑民兵队并入党。1948年转县大队参加新四军，随军北上，一直在河北工作。全国解放后，其所在部队整体转为中国水利第二师，任劳资科长。其间，曾随部队出国援助蒙古人民共和国开展水利建设。年老后申请回嵊，被安排在南山水库工作并离休。

戴和全 （1926—2019）里大坑村人。1946年1月加入中国共产党。1944年入伍，参加过抗日战争，以及孟良崮战役、淮海战役、渡江战役等解放战争大小战役共100多次。1951年担任瑠田村党支部书记。1958年起担任里大坑村党支部书记20余年。被评为二等乙级伤残军人。

张兆梅 1927年1月出生，又名张见森，松明培村人。中共党员。1947年6月到开化县华埠镇。历任华埠镇政府副镇长，华埠区公所秘书兼华埠镇镇长，开化县委城工部秘书，县委统战部秘书，县总工会副主任，华埠镇委书记兼镇长，县委合作部干事，县人委办公室副主任、主任，赴永康县社教工作队组长，开化县五七干校总支部副书记，开化县栲胶厂党支部书记，县知青办公室主任，县劳动局党组书记、副局长，县人大常委会办公室主任。1985年6月退休。

戴根富 （1927—1972）里大坑村人。1945年5月参加革命。历任战士、班长、侦察员、学员、排长、连长，上尉军衔。在部队期间参加了淮海战役、抗美援朝等战役。荣立解放奖章、淮海战役纪念奖、抗美援朝纪念奖、解放纪念奖。1956年在射击比赛中4次获优秀奖。1963年转业回嵊，先后在里东、三界、崇仁供销社工作，后任嵊县食品公司书记。1972年3月因病去世。中共嵊县第四次代表大会代表。

邢乃文 1928年3月出生，松明培村人。1953年毕业于浙江湘湖师范学校。1953年至1957年在浙江师范学院（现为浙江大学之江校区）化学系本科学习，毕业分配到仙居中学任教，直至1988年退休。曾获浙江省优秀教师称号，首批中学高级教师。在省级及以上发表论文和科普文章200余篇，并多次获奖。名字被收录在《中国当代教育名人辞典》《中国百科学者传略》等。

周樟昌　（1928—2022）岗下村人。中共党员。1951年5月参加工作。曾任通源乡第二届乡政府文书，第三届乡政府副乡长。1958年2月至1961年12月，任通源综合厂负责人。1962年之后，先后调至长乐办事处、县手工业局、县电力公司工作。1988年8月退休，担任电力公司退休党支部书记20余年。在电力公司工作时，为通源争取到一项特殊政策，想方设法联系省和绍兴市电力局及水泥电线杆生产厂家，从计划中调剂出一批水泥电线杆安排给通源，使通源比其他山区乡镇提前二三年接通"新安江电"。得悉编纂《通源志》信息后，不顾年事已高，认真回忆并亲笔撰写，为编志工作留下了一些珍贵的资料。2022年7月去世，享年96岁。

张前方　1928年11月出生，新东坑村人。1952年投奔在广州的舅舅黄和铨。曾在广东省公路运输合作社做销货员。二十世纪六十年代任广州市东山区东华西街办事处副主任。二十世纪八十年代调任东山工商局办公室主任（正处级）。1988年退休。

戴樟祥　1929年12月出生，里大坑村人。1951年2月应征入伍，任中国人民解放军工兵第一团一营二连战士，随即入朝参加抗美援朝战争。服役期间，主动争先，不辞辛劳，埋头苦干，为保障前线作战胜利作出了积极贡献。1952年3月被中国人民解放军东北军区司令部、政治部授予三等功一次。1954年复员回乡。先后荣获抗美援朝纪念章、中国人民志愿军出国作战70周年纪念章等荣誉。

赵信毅　1930年10月出生，曾用名赵小庚，岗下村人。先后在清波中学、嵊县中学、杭州师范读书。1949年3月加入中共地下党。1949年8月在杭州市委宣传部工作。1954年调杭州市委办公厅工作，直至离休。曾任杭州市委办公厅副主任，市委党史研究室副主任兼党史办主任。离休后曾任《杭州市志》编委，市新四军研究会副会长兼书画院院长，《之江风雷》主编。在职时曾参与起草历次市党代会报告，发表各类文章100余篇，获省和市社科联奖项多次。

钱章标　（1931—1957）白雁坑村人。中共党员。1947年入伍，曾任解放军独立营长。参加淮河重工业建设，肺部受伤。1954年复员，曾任石璜乡乡长。1957年伤病复发，在宁波疗养院医治无效病亡。

单昌禧　1931年5月出生，松明培村人。1949年加入解放军第24军炮兵特种团。1951年10月赴朝鲜上甘岭地区，参加上甘岭战役受伤并受嘉奖。1954年4月回国进炮校学习。此外，还参加过解放战争、抗美援朝战争、珍宝岛战役等，立战功8次。

马正夫　（1932—2002）白雁坑村人。中共党员。参加三五支队，曾担任浙东人民解放军第二游击纵队司令马青的警卫员。解放后，在湖州莫干山、南京丁山、无锡太箕山疗养院工作。离休后定居在无锡。

钱荣尧　1933年出生，白雁坑村人。受其兄长钱荣富和同村人钱荣潮的影响，从小接受革命思想，向往加入革命队伍。钱荣潮通过地下党组织关系，将他送到解放军部队。在部队工作认真，表现积极，后升任海军东海舰队政治处副主任。转业后在宁波无线电三厂任党委书记。1993年离休。

钱继春 （1933—2020）又名钱章森，钱希乃之子，白雁坑村人。1958年9月毕业于山东工业大学，分配至浙江省建筑机械厂工作。历任技术科长、副总工程师、总工程师。曾获系统科技进步二等奖、全国科技博览会金奖。其3项研究成果获国家实用新型专利、1项国家发明专利。

邢林生 （1936—2023）松明培村人。中共党员。15岁参军入伍，在部队完成大学本科学历，成为新中国空军优秀飞机机械师，历任空军第11航校机务中队长、机务副大队长。二十世纪六十年代，曾被时任空军副司令员曹里怀中将亲自点名调派至沈阳飞机制造厂，承担歼七、歼八战斗机试飞任务，为加强空军部队建设作出了重要贡献。1979年转业到嘉兴民丰造纸厂工作，先后担任机修车间党组织书记、教育处处长等职务。1996年退休。

斯培国 1941年4月出生，吴家湾村人。解放军电子工程学院技术四级（军级）、教授、硕士生导师。1965年毕业于西安军事电子工程学院。一直在部队从事国防教育事业，是电子工程学院军事装备学科带头人。编著《电子对抗装备发展概论》《电子对抗装备管理学》等，多次获得军队科技进步奖。

邢连达 1941年6月出生，松明培村人。中共党员。1960年3月应征入伍。历任普陀守备区警卫排警卫员，特务连班长，守备团二连副排长、排长，指挥连副指导员、连长，教导队副队长、队长，二十团副团长。曾被部队评为“五好”战士、生产标兵，记三等功2次。1984年转业到普陀区粮食局任党组副书记。2001年退休。

戴新樵 1942年3月出生在辅仁乡新沃村，祖籍里大坑村，戴瑞棠烈士的儿子。先后就读于仁寺小学、长乐中学、新疆石油学校。1959年6月在新疆乌鲁木齐应征入伍。曾在新疆军区独立师、霍尔果斯边防站服役。1963年考入第一军医大学，毕业分配到新疆军区边防第12团卫生队任副连职军医，团部驻扎在帕米尔高原海拔4000米的塔什库尔干县城。期间受指派到县人民医院任革委会主任。1975年1月转业到乌鲁木齐市新疆艺术学院医务所任所长，评为副主任医师。曾代表学院到国家农垦总局联合投资的厦门小白桦艺术公司任副总经理。2001年以正处级干部退休，后迁至天津市居住。

斯永达 1944年7月出生，吴家湾村人。毕业于浙江冶金工业学校，高级讲师、经济师、会计师，中国农村经济管理研究会、中国文化经济管理专业委员会会员，嵊州市首批科技带头人和专业技术拔尖人才。撰写《嵊县专业会计试行条例》，在全省推广试行，探讨研究《加强内部建设、促进农经工作》等课题，获绍兴市社会科学优秀成果奖、获评浙江省农经系统先进工作者。任职中共嵊州市委党校期间，曾获绍兴市优秀教师称号，发表论文50余篇；曾参加中央党校有关会计教材的审改，主编浙江省委党校《会计学》《会计实用教程》等大专教材，参编《会计大辞海》《领导干部金融词典》等经济类工具书。受聘当代改革发展理论研究中心特邀研究员，浙江经贸职业技术学院、新昌县委党校客座讲师。入编人事部专家服务中心编写的《中国专家大辞典》。

王顺法　1945年10月出生，三王堂村人。中共党员。历任三王堂村团支部书记、大队革生组副组长、村党支部书记，通源公社党委副书记，公社管委会主任、乡联社社长，乡党委委员、副乡长，乡民政助理员。曾被评为县农业学大寨先进工作者、民政工作先进个人。为县第五次党代会代表。2005年11月退休。

吕绍富　1945年10月出生，新东坑村人。中共党员。1964年12月应征入伍，曾任舟嵊要塞区工兵营修理连排长，军直属军用仓库副主任、主任（连级）。1978年8月转业到通源公社工作，先后任通源乡副乡长，党委委员、乡人大主席团副主席。2005年11月退休。

钱爱玉　女，1949年9月出生于白雁坑村。越剧表演艺术家，王派传人、中国剧协会员、浙江省剧协会员，全国十二大党代表、全国三八红旗手。1963年进入嵊县越剧团。1981年拜越剧表演艺术家王文娟为师。是年饰演越剧《盘夫索夫》中的严兰英，获浙江省青年演员会演一等奖，被评为全国最佳越剧青年演员。1983年选入浙江越剧小百花赴香港演出。1985年调入浙江越剧院一团任主要花旦，先后主演《红灯记》《孟丽君》《马寅初》等剧。1979年、1983年两度获“全国三八红旗手”称号。1979年当选为中共嵊县第五届委员会候补委员。1982年作为浙江省党代表，赴京参加中国共产党第十二次全国代表大会。

谢樟荣　1950年5月出生，曾名谢樟永，董家坑村人。中共党员。1968年4月参军。1973年9月进浙江医科大学医学系读书，毕业后分配至长乐镇卫生院工作。从医近40年，担任外科主任10余年，有医学论文10余篇发表在省市级刊物。2003年被评为嵊州市十佳医德标兵。

张正华　（1955—2023）新东坑村人，中共党员。1976年4月参加工作。先后任通源乡政府农科员、副社长，通源乡党委副书记、乡长，石璜镇政府副镇长，开元镇政府党委委员、副镇长，长乐镇人大副主席、镇工会主席、片总支书记、党代表工作室主任等职。2023年6月因病去世。

王生苗　1955年4月出生，茶坊村人。中共党员。先后任通源乡农机员、站长，乡纪委委员，乡经济发展办副主任，党建办副主任，乡安监站长。2015年5月退休。曾被评为市级先进个人3次，市级优秀农机员4次，乡级优秀党员6次，乡级先进工作者8次。

张仁洪　1956年1月出生，茶培村人。中共党员。通源同乡会会长。1974年12月入伍，在南京军区83466部队服役。1989年8月转业到中国建设银行嵊州市支行工作。2016年1月退休。2001年5月，与几位同乡发起建立通源同乡会，任同乡会会长，在2001年至2011年间先后举办5届同乡会。2022年初，牵头组织团队开展为通源树碑立传工作，编纂《通源志》，在白玉尖剡溪源头立碑建亭，开设微信公众号，扩展通源乡音群等。

洪永泉 1956年8月出生，白雁坑村人。高级技师。1977年毕业于浙江省交通学校，分配至浙江汽车运输公司嵊县中心站。先后任市公交旅游公司车间主任，市客车运输公司修理厂厂长。2002年考取并被聘为国家职业技能鉴定考评员，参与对全市驾驶员和修理工的职称考评工作。

黄才汀 1957年6月出生，岗下村人。中共党员。1974年8月参加工作。先后任通源乡中心小学教导主任、副校长，通源乡教育干部兼通源乡中心小学校长，通源乡教育支部书记，通源乡教育行政办公室主任兼乡中心小学校长，浦口街道成人文化技术学校校长，浦口街道中心小学督学。曾当选为嵊州市第十次党代会代表。多次获得市级先进教师、优秀班主任、优秀干部等称号。2017年6月退休。

邢正良 1957年11月出生，松明培村人。中共党员。1978年考入上虞师范物理专业学习，毕业后到通源中学任教。历任通源乡教育干部，中小学党支部书记兼通源乡中学校长，城关镇里坂中学书记、校长，小砩中学书记、校长，小砩中学督学。曾当选为通源乡第八届人大代表，嵊县第九次党代会代表，被评为市教育系统优秀干部。2017年11月退休。

钱信华 1957年11月出生，三王堂村人。中共党员。1979年5月参加工作，先后任通源公社茶科员，乡农工商联合社副社长，乡党委委员、副乡长。2002年调甘霖镇工作。2017年11月退休。

钱章江 1958年4月出生，董家坑村人。中共党员，中学高级教师。1974年1月参加工作，先后就职于通源乡校、长乐区（镇）校、教育局教研室、剡山小学分部、逸夫小学、鹿山小学。其间，分别担任学校负责人、少先队总辅导员、团支部书记、教导处副主任、教科室主任、副校长、校长、党支部书记等。曾被评为绍兴市首届教坛新秀、绍兴市“红领巾事业功臣”、嵊州市优秀干部、市优秀党务工作者等。被推荐为浙江省“2211”名师培养对象，赴首都师范大学国家级小学语文骨干教师培训班学习一年。参与编著《讲故事　写作文》等教辅书12本，主编出版《小学生阅读训练百例》，80多篇论文在国家、省级刊物发表。

斯继平 1958年10月出生，白雁坑村人。中共党员。1976年12月入伍。曾在空军87430部队任战士、卫生员、文书、司务长，福州军区空军后勤专业干部教导队学员，后勤部物资处副连职助理员，南空驻江西省物资站正连职至正营职助理员，空军87440部队管理处处长，空军94992部队团长。2003年1月从部队转业自主择业，在江西省创元生物科技有限责任公司任副总经理。先后担任南昌市诸暨商会秘书长，江西省绍兴商会秘书长，兼南昌市嵊州商会秘书长等。在部队期间多次受到嘉奖，多次被评为优秀共产党员。

周少华 1959年8月出生，岗下村人。中国科技考古专家，古陶瓷科学鉴定技术研究专家。浙江大学艺术与考古学院教授，浙江大学文物保护和鉴定研究中心副主任，浙江大学文物材料研究室主任。兼任教育部学位中心研究生论文评审专家，浙江大学人文学院学术委员会委员，中国收藏家协会陶瓷鉴定委员会委员，国家文物局注册文物拍卖企业（陶瓷类）专业鉴定师，中国价格协会艺术品类鉴定与评估（第一批）特聘专家，中华文化促进会艺术陶瓷文化中心执行副主席，《中国大百科全书（第三版）陶瓷文化卷》瓷器分支主编，《中华陶艺》《陶瓷研究》杂志编委，浙江省科技厅、文化厅专家库专家。1978年考入南京化工学院，1982年毕业后分配到杭州瓷厂工作，历任技术员、技术科长。1985年5月任杭州瓷厂厂长。1987年创建杭州南宋官窑研究所并任所长。1990年进入浙江大学攻读硕士研究生，获工学硕士学位。1993年起在省博物馆从事古陶瓷研究，任副研究馆员。1999年起在浙江大学材料学院任副教授，硕士研究生导师。2008年师从中国科学院院士干福熹攻读在职博士。2008年至2018年在浙江大学人文学院文物与博物馆系工作，2013年起晋升研究员、教授。2018年至2023年在浙江大学艺术与考古学院工作。2022年8月退休。

黄胜华　1959年12月出生，岗下村人。1983年毕业于嵊县师范学校。先后在江下片中学、西山片中学、通源乡校、通源乡中学、石璜镇中学、爱德外国语学校任教，曾任通源乡中学教导主任、校长。任校长期间，解决了学校操场为岭下穿通王湾过往道路的历史遗留问题，打好围墙，建好校门；筹资新建师生宿舍楼；抓教学质量，历次中考、统考成绩名列全市10所乡中前三。获得县（市）级教坛新秀、优秀教师、优秀干部等荣誉。

邱正权　1960年4月出生，白雁坑村人。中共党员，政工师。嵊县师范毕业、浙江美院进修结业、中央党校本科毕业。曾在里大坑、松明培、通源乡校任教，历任吴家湾、白雁坑完小负责人和嵊州市工艺美术学校教研组长、绍兴市职教副组长、嵊县师范兼职教师；1993年10月调入嵊州市计生指导站，历任科长、副站长、书记，兼任市计生协会副秘书长、市人口学会副秘书长、省人口学会会员；全国硬笔书协会员。2020年4月退休。

徐　罕　女，1961年9月出生，茶培村人。1982年毕业于杭州大学数学系，分配至嵊州中学执教。1986年考入杭州大学数学系读研究生，毕业后进入浙江理工大学（当时校名为浙江丝绸工学院）工作，先后获理学硕士学位，晋升为副教授、教授并增列为硕士生导师。曾任浙江理工大学信息与计算科学系副主任，人事处副处长、处长，监察处处长、校纪委副书记。主要从事调和分析及其应用的研究，主持或参与多项省级及国家级科研基金项目或教学改革项目，曾获省自然科学优秀学术论文奖3项。2016年10月退休。

钱树军　1962年1月出生，道场村人。中共党员。1979年考入绍兴师范专科学校。毕业后先后在通源中学、石璜中学任教，石璜区教办工作。后进入党政机关，历任县委宣传部干事，县（市）府办公室副科长、科长，市委办公室科长、副主任，市物价局局长，市统计局局长，嵊州日报社社长，嵊州市新闻传媒中心主任、嵊州新闻网总编，市政协第十四届常委、文史资料委员会主任，市政协第十五届常委、文化文史和学习委员会主任，其间曾兼任港澳台侨委员会主任。主编《嵊州市政协志》《剡溪志》等。2022年2月退休。

王华军 1962年1月出生，茶坊村人。中共党员。2001年创办集茶叶种植、加工、包装、销售一体化的通源乡华君茶厂。2006年创办绍兴三强塑胶有限公司，专业致力于新型环保材料、热塑性弹性体、高分子塑料颗粒制品的研发、生产、销售。2005年被选举为嵊州市第十三届人大代表。

刘景满 1962年4月出生，里大坑村人。高级教师。1980年参加工作。曾在通源乡小学、通源中学任教，先后任石璜镇寺新完小教务主任，石璜镇丁家完小校长，石璜镇中学总务主任、工会主席，石璜镇教育工会主席。2022年5月退休。曾被评为市级优秀教师、优秀工会干部等。

王松花 女，1962年7月出生，茶坊村人。1976年初中毕业后，进入通源竹编厂工作，后转入嵊县竹编厂。1996年5月，创办嵊县通源轻纺原料有限公司，任总经理。主要经营纺织品为主的棉纱、涤纶丝、色丝等。

斯迪虎 1962年11月出生。吴家湾村人。1984年毕业于上海体育学院体育系，后攻读硕士、博士研究生。历任解放军通信工程学院军通教研室教员、副主任、讲师、副教授，解放军理工大学军事体育教研室主任、副教授，军官基础教育学院教授、大校军衔、师级。

钱正永 1963年2月出生，新东坑村人。中共党员。1980年考入浙江宁波林校，毕业分配到乡镇工作，历任大昆公社团委书记、副乡长，长乐镇党政办主任，市农业农村工作办公室基层建设科科长，市委政策研究室干部，市国土资源局办公室主任、党委委员、副局长、纪委书记。2023年3月退休。

戴红军 1963年3月出生。里大坑村人。1979年7月入伍，在部队历任飞行学员、领航长、领航主任、副部队长，大校军衔。曾参加过多次重大军事演习、多种机型和武器试验、国庆五十周年阅兵等，荣立三等功6次，二等功2次，被空军授予飞行人员金、银质奖章各1枚。2011年转业，先后任绍兴市镜湖新区党工委委员、副主任，绍兴市政协经济委副主任。2023年4月退休。

沈雨成 1963年11月出生，新东坑村人。中共党员。1981年9月考入上海海运学校。毕业后分配到宁波港务局船队任实习轮机员。历任宁波港公安局科员，派出所副所长、所长，治安管理大队大队长，四级高级警长，宁波市公安局前湾新区分局、杭州湾新区派出所三级高级警长。

钱继红 1964年1月出生，白雁坑村人。中共党员。1982年入伍，在东海舰队服役，任班长。1987年退伍后，任白雁坑村党支部书记。1989年起，历任镇基乡、雅璜乡、石璜镇党委委员、人武部长；王院乡党委副书记、乡长，兼任百丈飞瀑风景旅游区管委会副主任；竹溪乡党委书记、人大主席；王院乡党委书记、人大主席，百丈飞瀑风景旅游区管委会主任；嵊州市政协常委、农业和农村委员会主任，兼任嵊州市茶文化研究会副会长、秘书长。2024年2月退休。

操家顺　1964年11月出生。三王堂村人。工学博士。1984年考入湘潭大学环境工程专业。毕业后进入南京化学工业集团公司研究院，先后任研究院工程师、副所长；河海大学教授、博士生导师，市政工程系主任，低碳发展研究所所长，设计院环境市政总工；国河环境研究院院长。兼任中国循环经济协会垃圾资源化专业委员会副主任委员、中国印染协会专家技术委员会副主任委员、中国环境学会农村生态环境专业委员会委员、中国节能降耗水处理装备产业技术创新战略联盟专家委员会委员、住房和城乡建设部农村污水处理专家委员会委员、长江环保集团科技委委员、长三角区域生态环境保护标准一体化第一届专家咨询委员会委员、江苏省土木建筑学会给水排水委员会理事、江苏省环境管理标准化技术委员会专家委员会委员等。专业从事水污染控制与水环境修复理论与技术研究，负责国家、省级重大科技项目等100多项，多次获得国家发明技术、国家和省级科技进步奖。

张少坡　1965年9月出生，松明培村人。中共党员。副研究馆员。浙江省文化厅群众文化服务专家库人员，嵊州市非物质文化遗产项目评审专家，嵊州市第七批专业技术拔尖人才、学科带头人，绍兴市书法家协会会员、文化促进委员会委员，嵊州市书法家协会监事，嵊州市戏剧家协会秘书长。专业论文曾多次荣获国家级、省级比赛一等奖，参与主编《浙江省农村文化队伍建设》等。

商夏明　1965年11出生，道场村人。中共党员。高级工程师。1989年7月毕业于中国石油大学土木工程系。历任嵊州市建筑规划设计院有限公司勘察室技术员、嵊州市越乡勘察研究院有限公司副院长、浙江中林勘察研究有限公司院长、浙江中林勘察研究股份有限公司董事长。入选绍兴市工匠人才库，获第三届“嵊州工匠”“2016—2017年度国家优质工程奖突出贡献者”等。有13项科研成果获得国家实用新型专利，5项科研成果获得国家发明专利。被聘请为浙江省岩土力学与工程学会岩土工程施工专业委员会委员，参与编写《岩土工程勘察处见证技术措施》《建设工程勘察企业质量管理规范》。先后在国家级专业杂志上发表论文3篇。

钱江南　1967年1月出生，白雁坑村人。中共党员。硕士研究生。1984年考入绍兴师范专科学校，毕业后历任镇基乡中学、石璜镇中学教师，嵊州日报社记者部副主任、广告部主任，市文广稽查大队大队长、党支部书记，嵊州越剧艺术学校校长、党支部书记。曾获市优秀教师、先进工作者、优秀共产党员等荣誉。多篇论文发表于《中国文化报》《光明日报》等报刊或全国性艺术教育高峰论坛。创办中国戏曲学院嵊州越剧教育基地（越剧流派传承人班）。策划创排《魅力越剧》《许·仙》等越剧舞台作品。任中国艺术职业教育学会第五、六、七届常务理事，中国戏曲教育联盟第一、二届常务理事。

王海慧　1967年5月出生，茶培村人。1985年考入苏州城建环保学院（现为苏州科技大学）读城市规划专业。毕业后先后在嵊州规划设计室、建设局、开发办、自然资源和规划局从事城市规划工作，参与嵊州市城市总体规划、嵊州市域总体规划以及各种详细规划编制工作。2002年取得高级工程师职称，2003年考取注册规划师资格。

周文松 1967年9月出生，联丰村人。中共党员。工学博士。1986年9月考入海军航空工程学院导弹总体工程专业并入伍。本科毕业被保送攻读系统工程学科硕士学位。2007年10月获得北京理工大学博士学位。曾在海军指挥学院海军合同指挥专业逐级培训。历任海军航空工程学院教员、实验室主任、讲师、副教授、研究生处参谋、副处长、处长、训练部副部长、控制工程系主任等职。副教授，海军大校军衔，行政副师，技术五级。曾获军队级科技进步奖一等奖1项、二等奖1项、三等奖7项，军队级教学成果奖二等奖2项，山东省教学成果奖一、二等奖各1项。曾被评为首届海军优秀参谋，荣立三等功2次。

张方园 女，1967年10月出生，松明培村人。中共党员。1985年考入宁波市师范学校幼师专业。毕业后先后在嵊州市五爱、红旗、罗星等幼儿园任教，担任副园长。2006年8月调入教体局学前教育指导中心任副主任。2010年获得副高职称。

钱红钗 女，1968年3月出生，道场村人。1995—1999年完成浙江大学化学工程本科学历函授。现任城溪生物科技有限公司董事长。公司主要生产饲料添加剂、食品添加剂等。2020年3月创建身所课堂，以“传中正之道，修中正之美”为宗旨，开设形体美学、旗袍美学、国宾礼仪、家庭教育等课程。2023年获得ACIC国际讲师，成为身所的授课老师。

周亚东 1969年1月出生，道场村人。1987年10月入伍，历任福建省惠安县32442部队战士、副班长，沈阳炮兵学院学员，海防第十五团排长、副连长、参谋，开化县人武部参谋。2004年10月转业，先后任三界镇人武部副部长、社会事业办副主任，竹溪乡党委委员、人武部部长，竹溪乡人大主席，甘霖镇人大副主席。2008年度被嵊州市政府、市人武部评为基层建设先进个人；2009年被市委、市政府表彰为记嘉奖公务员。

王海明 1969年3月出生，茶坊村人。中共党员。1988年9月参加工作。先后任嵊州市水政监察大队执法中队中队长、副大队长（负责全面工作）、大队长，水利局纪检监察室副主任兼城防堤管理处主任，南山水库管理局党委书记、局长，水利局党委委员兼南山水库管理局书记、局长，水利局党委委员兼南山水库管理中心总支书记、主任，分管全市直属大中型水库。

刘士苗 1969年6月出生，茶培村人。中共党员。高级教师。先后在剡山小学分部、城北小学、三界镇中心小学任教。其间，赴四川省广安市武胜县沿口镇小学支教、新疆阿克苏地区阿瓦提县鲁迅小学支教。历任莲塘小学党支部副书记，城北小学教育集团党总支副书记、副校长。获“浙江省少年儿童平安行动”贡献奖、新疆阿克苏地区“优秀援疆支教教师”称号等。

王林军 1969年10月出生，茶坊村人。曾在嵊州市木材厂、浙江金茂药业有限公司工作，先后任浙江名源龙盛建设有限公司、巨丰建筑工程有限公司项目经理。2022年创办新昌圣博建材有限公司。参与建设长桥江、新昌江、澄潭江、郯城江等堤坝建设工程。

操文元 1969年11月出生，三王堂村人。英语高级教师。1987年考入绍兴师范专科学校。毕业后分配至石璜镇中学教书。历任石璜镇中学副校长，长乐中学教科室主任，嵊州市高级中学党办主任。曾获绍兴市教坛新秀，嵊州市教体系统优秀干部、优秀党务工作者、优秀教育工作者等荣誉。

周宇松 1970年4月出生，联丰村人。工学博士。九三学社社员，中共党员。1985年9月考入上海科技大学材料系无机非金属材料专业学习。毕业后进入杭州瓷厂陶瓷研究所工作，任工艺室主任；杭州三名陶瓷艺术有限公司（筹）任技术总监。之后在中国兵器科学研究院宁波分院（中国兵器工业集团第五二研究所）工作，先后任纳米材料研究室主任，第三研究所副所长（主持工作）、所长，宁波中兵科技有限公司副总经理，北方材料科学与工程研究院有限公司科技带头人，宁波斯蒂罗科技有限公司董事长。曾获宁波市优秀科学技术人员、中国兵器工业集团公司民品先进个人、全国优秀科技工作者等荣誉。获得宁波市自然科学论文一等奖、宁波市十大发明专利、宁波市第六届发明创新大赛金奖、宁波市科学技术奖三等奖、浙江省科学技术奖三等奖。兼任国家科学技术奖励办公室评审专家、浙江省“五水共治”科技专家组成员、浙江省“剿灭劣V类水”首席技术顾问等。

邢华良 1971年8月出生，松明培村人。中共党员。高级工程师。毕业于沈阳建筑大学。1993年就职于浙江省大成建设集团（现名浙江省建投交建），历任大成集团项目经理、分公司经理、海外部经理，2011年起任大成集团副总经理。2017年起为浙江卓运建设工程有限公司实际负责人。

樊功华 1971年10月出生，吴家湾村人。中共党员。高级工程师、国家注册一级建造师、国家注册安全工程师。先后参建了杭州绕城高速公路、金丽温高速公路、慈溪中横线公路工程、杭州湾跨海大桥工程、甬金高速公路、宁波绕城高速公路、嘉绍大桥工程、苏州市永峰路市政工程、宁波浒溪线公路工程、温州41省道公路工程、329国道宁波余姚段改建工程、527国道嵊州段公路工程等省内外多条高等级公路及市政工程。

戴冠华 1971年11月出生，里大坑村人。1990年3月入伍，先后在浙江省军区宁波军分区、南京军区情报部宁波两栖侦察队、浙江省军区司令部、浙江省军区工兵防化营、浙江陆军预备役步兵师服役，历任工兵防化营副连长、炮兵团后勤装备处处长、步兵师营房科科长（副团长）。2015年10月转业，先后任浙江省省级机关事务管理局房产处副调研员，省行政中心管理处副处长、三级调研员。曾荣获浙江省军区好当家红管家小行家先进个人，浙江省军区司令部三等功1次，浙江陆军预备役步兵师三等功1次，南京军区后勤部先进个人，浙江省机关事务管理局优秀公务员等。

沈利锋 1971年12月出生，联丰村人。中共党员。1993年考入浙江财经学院国际会计专业。毕业后进入开元镇政府工作。历任长乐镇工作片总支副书记、党建办副主任、镇招商局局长、工作片片长、镇工业办公室主任、镇纪委副书记、副镇长，仙岩镇党委委员、副镇长，鹿山街道党工委委员、办事处副主任，金庭镇党委委员、副镇长。

邱晓军 1972年3月出生，白雁坑村人。1990年参加工作，先后任剡源小学教导主任、博济镇上沙地小学校长、博济镇校教导主任、逸夫小学教导处副主任；剡湖街道党政办副主任、市委办调研科副科长、谷来镇副镇长、市水利局总工程师兼市治水办专职副主任、市委党校副校长。曾获得嵊州市教坛新秀、省教改之星等称号。

斯学军 1973年2月出生，联丰村人。中共党员。嵊州市“十大杰出青年”。1990年考入中山医科大学临床医学专业。毕业后进入嵊州市人民医院工作。历任市人民医院科主任，市中医院副院长，市卫生健康局党委委员、副局长，市卫生和计划生育局党委委员、副局长，市医疗保障局党组副书记、副局长，市卫生健康局党委书记、局长。

周顺芳 1974年9月出生，松明培村人。中共党员。1992年12月应征入伍。2000年7月毕业于空军第二飞行学院，曾在空军航空兵第14师、第28师服役，历任战士、班长、学员、排长、参谋、师参谋长助理、司令部科长等职。2017年6月转业到地方工作，先后任杭州市江干区纪律检查委员会副调研员，期间抽调到浙江省委第七巡视组工作；杭州市临平区教育局四级调研员。在部队服役期间，曾被评为师优秀共产党员；记三等功2次。

戴金良 1974年11月出生，里大坑村人。高级教师。先后在通源乡小学、通源乡中学、石璜镇中学任教，任石璜镇中学副校长。曾荣获嵊州市级先进教师、先进班主任、家长满意教师等。

朱　平 1974年12月出生，荷岭村人。2008年创办嵊州市金泰汽车有限公司，任总经理。2012成立横店影视城旅行社嵊州分公司。2013年创办嵊州市金泽旅行社有限公司，任总经理。2016—2018年先后荣获横店影视城合作商银奖、金奖；2018—2019年先后获万达集团光大旅游银奖、金奖。

钱银霞 女，1975年2月出生，道场村人。中共党员。1996年毕业于杭州医学高等专科学校，进入长乐人民医院工作。2002年调入市卫生局，先后任市卫生局医政科副科长，市卫计局医政科科长，市卫健局医政医管科科长，党委委员、副局长。

王敬华 1975年7月出生，茶培村人。高级教师。硕士研究生。1991年考入嵊州师范学校，后保送至绍兴文理学院美术系就读，毕业后入职绍兴市第一中学。2006年创办创想面对面国际美育中心，任董事长。多次担任北京、上海、深圳、贵州、福建等全国性美术教育行业高峰论坛主讲嘉宾。为全国少儿美术造型协会理事，CCAE中国美育行业封面人物，全国美育行业创始人大会发起人，浙江省文化创意产业规划艺术与科技研究院副院长，国家体育总局体育文化发展中心青少年考核浙江中心主任。

周秋忠 1975年11月出生，联丰村人。1994年考入沈阳工业学院汽车分院机械设计专业本科学习。毕业后到宁波华宇电子有限公司从事模具设计制造工作。先后攻读硕士、博士，毕业后在沈阳理工大学汽车学院任讲师、副教授、硕导。主持、参与完成国防预研项目、省自然科学基金项目等10余项。在国内外期刊及重要国际会议发表学术论文40余篇，出版专著和教材3部，申请软件著作权2项，成果转化1项，获辽宁省优秀人才/沈阳市中青年科技创新人才计划资助，获辽宁省科技三等奖1项。

储　安　1976年1月出生，三王堂村人。1994考入宁波机械学院，毕业后进入天乐集团工作。2011年创办嵊州市博声机械有限公司，任董事长兼总经理。该公司专业生产电声配件T铁、华司，为国内外喇叭厂提供配套产品。

郭小龙　1976年7月出生，松明培村人。中共党员。1995年考入浙江大学，学习制冷与低温专业、进出口商检管理专业，工学学士。毕业后先后就职于国家检验检疫系统顺德局、广东局、国家质检总局和广州局等，其间就读中山大学获得公共管理硕士学位（MPA）。其后，曾任阿里巴巴集团总裁办总监，中保斯通集团CEO，现任珠江钢管集团副总经理。曾获全国质检系统“十三五”人才发展规划编制工作人才库和巡视人才库专家，全国质检系统先进个人，广东省物流行业协会副会长、监事，广东省浙江绍兴商会常务副会长，广东石油化工学院经济管理学院客座研究员等。

钱良忠　1976年12月出生，道场村人。中国建筑（南洋）发展有限公司董事长。硕士研究生。1995年考入清华大学土木工程系。毕业后进入中建国际建设有限公司海外部（北京）工作，后转入中国建筑（南洋）发展有限公司，先后任项目工程师、主管工程师、副经理兼施工经理、项目总代表兼项目经理，中建结构公司（中建南洋全资子公司）副总经理，中国建筑（南洋）发展有限公司助理总经理，大资源水电公司（中建南洋全资子公司）董事、总经理，中国建筑（南洋）发展有限公司副总经理、总经理、董事长。曾被评为中国建筑（南洋）发展有限公司优秀员工、优秀党员，获评2012—2013年度中国建筑“劳动模范”。

张长里　1977年12月出生，新东坑村人。先后任新东坑村、通益村党支部委员，里南乡政府干部，下王镇农办副主任、主任，副镇长，党委委员。曾获优秀公务员嘉奖6次、三等功2次。

蒋伟平　1978年3月出生，荷岭村人。中共党员。高级教师。1994年考入嵊县师范学校，毕业后分配至通源乡中学任教，历任通源乡中心小学副校长、校长，崇仁镇中心小学副校长、工会主席，石璜镇中心小学党支部书记、校长，长乐镇中心小学副校长，新疆阿克苏地区阿瓦提县鲁迅小学副校长、并担任绍兴市援疆支教团后勤保障组组长、阿瓦提县名师发展中心小学组组长，嵊州市三江小学副校长、工会主席。先后被评为嵊州市优秀教师、市教体系统优秀干部、市优秀工会干部、市关心下一代工作先进个人、援疆先进工作者、阿克苏地区优秀援疆支教教师、浙江省对口援疆“四比四创”先进个人效率奖、综合奖，嵊州市优秀党务工作者等。

操华旸　1978年5月出生，三王堂村人。中共党员，高级教师。1993年考入嵊县师范学校。毕业后分配至通源乡西山小学任教。先后任通源乡中心小学教务主任，博济中学团总支书记、政教主任、副校长，甘霖镇中学副校长、党支部书记兼校长。

周继明 1978年7月出生，三王堂村人。高级教师。1996年考入浙江师范大学。毕业先后在嵊州中学、马寅初中学任教。现任马寅初中学政教处副主任。

钱攀锋 1978年11月出生，道场村人。民建会员。1997年考入浙江省财政学校会计电算化专业学习。毕业后进入嵊州市现代广场有限公司财务部工作。历任嵊州市柏星超级大酒店财务部副经理、经理，安徽省柏星置业有限公司财务总监，嵊州市产品质量监督检验所财务室主任，市城中村改造指挥部融资财务科科长，市国有资产经营管理有限公司副总经理，市投资控股有限公司（市国有资产经营管理有限公司）副总经理、总经理。民建嵊州市基层委员会第三支部主委；嵊州市第十五政协委员、第十六届政协常委，嵊州市新的社会阶层人士联谊会会长。高级会计师、注册会计师，绍兴首届会计领军人才。

郭科科 1979年1月出生，道场村人。高级工程师，一级建造师（市政公用工程），注册监理工程师。1998年9月考入浙江商业学校制冷空调专业，毕业后先后在浙江奥力电器有限公司、浙江德腾钢结构有限公司、浙江联友钢结构配件有限公司、嵊州市科华空调维修部、浙江康达汽车有限公司工作，现为浙江华诚工程管理有限公司监理一部经理。

沈夏林 1979年5月出生，白雁坑村人。理学博士。1998考入浙江师范大学教育科学与技术学院，毕业后留校工作，浙江师范大学副教授、硕士生导师。曾任浙江师范大学教师教育国家级实验教学示范中心副主任，嘉兴市教育局党委委员、副局长（挂职），现任浙江师范大学教育集团副总经理（主持工作）。主要研究领域为智慧教育与教师教育，发表论文20余篇，主持厅级以上科研项目6项，主持校地教育合作项目2项，主持省一流课程1门，主持设区市数字政府、数字社会数字化改革重点项目2项。作为主要负责人分别完成省级、国家级实验教学示范中心的建设。

斯炜慧 1979年7月出生，吴家湾村人。中共党员。曾在浙江武警杭州支队服役。转业后历任三界镇团委书记、团市委常委，市审计局党组成员、总审计师。先后2次荣立三等功，曾被评为浙江省优秀团干部、绍兴审计系统先进工作者、首届“绍兴市最美审计人”等。担任主审的14个项目分别获得审计署、省、绍兴市级以上表彰；曾作为全国地方审计机关唯一代表参与《中华人民共和国审计法》修订；先后2次被审计署聘为全国优秀审计项目评委；担任组长并主审的全市机关事业单位房产管理使用情况专项审计调查项目，作为浙江省市、县两级审计机关唯一参评“审计署优秀项目”，实现了绍兴市县级审计机关成立以来送评、获审计署表彰项目两个零的突破；带领“房产项目”审计组获嵊州市“突出贡献奖”。

钱　英 女，1980年12月出生，白雁坑村人。中共党员。1996年考入绍兴农业学校丝织专业学习。先后在竹溪乡、三江街道、甘霖镇工作，历任三江街道团委副书记、书记，甘霖镇副镇长、党委委员等职。嵊州市第十五届党代表，浙江省工会第十六次代表大会代表、省总工会第十六届委员会委员。

张　晓　1981年12月出生，茶培村人。2000年考入浙江大学医学院，硕士研究生毕业后，进入嵊州市人民医院工作。担任浙江省医学会泌尿外科分会青年委员、浙江省医师协会男科医师分会青年委员等学术职务。目前为市人民医院泌尿外科副主任，主任医师职称。

周　锋　1982年11月出生，岗下村人。中共党员。2001年7月参加工作。先后任通源乡中心小学教导主任、副校长、工会主席，通源乡党政办副主任、团委书记，贵门乡组织员，崇仁镇党委委员，市委组织部两新工委党建科科长、电教中心主任、专职副书记，崇仁镇党委副书记、镇长，市招商局局长。曾获嵊州市教坛新秀、市级优秀共产党员。

周增军　1983年5月出生，道场村人。2003年考入丽水学院计算机应用与维修专业。2011年创办丽水市科瑞自动化技术有限公司，任总经理。公司成立以来，一直专注于自动化配件的生产与研发，有专利10余项，曾获浙江省科技型中小企业，并申报国家高新技术企业。

戴圆圆　女，1983年9月出生，里大坑村人。中共党员，高级教师。1998年考入绍兴文理学院上虞分院。毕业后先后在通源乡小学、通源乡中学、石璜镇中学、嵊州市初级中学任教。先后被评为嵊州市名师、市学科带头人、市教学能手、市教坛新秀、市“个性化”教师培养对象、市百名师德优秀教师、市首届名班主任培养对象、市优秀共产党员、市优秀班主任等。2021年成立市初中英语名师工作室并担任导师。在各级各类比赛中获得绍兴市、嵊州市一等奖10多次；开设绍兴市、嵊州市公开课和专题讲座20余次。教学论文获得浙江省级、绍兴市、嵊州市一等奖10余次，二等奖10多次，并在国家级核心期刊、专业刊物上发表。

戴原锋　1983年11月出生，里大坑村人。1999年考入浙江工业职业技术学院，后转为南空通信训练大队学员，曾担任第十三飞行学院导航员。转业回乡后，先后在嵊州新中港热电有限公司、嵊州市蓝柯制冷设备有限公司工作。2016年11月创办嵊州蓝奥制冷设备有限公司，任董事长。南空通讯训练大队时荣获团嘉奖。2022年被评为机电制造工程师。

钱焕军　1984年2月出生，道场村人。2003年考入海军航空大学。毕业后在解放军92074部队服役，曾任行政正营军官。转业后，先后在浦口街道人武部、崇仁镇人武部工作。在部队期间，曾立三等功2次。

吕吉鑫　1988年1月出生，三王堂村人。2007年考入浙江大学。毕业后攻读北海道大学工学博士，悉尼科技大学访问学者。先后担任杭州迦智科技有限公司监事，杭州海康威视研究院算法经理，负责智能驾驶和智慧城市的建图定位技术研究和应用方向；浙江大学—海康威视联合培养博士后。长期从事技术研究和落地工作，多次参加ICRA、IROS、SII、CCC等机器人领域国际学术会议，发表国际学术论文10余篇。

王浩江 1989年5月出生，茶坊村人。中共党员。2012年考入浙江工业大学化工系，博士研究生毕业。2017年6月，进入中肽生化有限公司，任项目经理。主要从事多肽行业新药、仿制药研发工作，主持10余个项目研发，多个项目在中国NMPA、美国FDA、欧盟EMA、日本PMDA等注册申报。

戴人奇 1994年9月出生，里大坑村人。2017年7月毕业于英国北安普顿大学。2022年8月，创办绍兴市幸奇健康管理有限公司，任总经理。秉持“防大病、管慢病、促健康”的经营理念，整合国内外顶尖的生物科技公司和医疗资源，搭建“早知道、早预防、早发现、早治疗”健康管理服务平台。坚持“以人为本、以客为尊”的服务宗旨，为客户提供一整套全方位全流程的健康管理服务，旨在打造市场上一流的健康管理公司。

第四节 优秀学子

通源历来具有耕读传家、尊师重教的良好风尚，把读书作为“出山”成才的重要途径。特别是1977年全国恢复高考制度，给深处山区的通源学子提供了千载难逢的大好机会，通源每年都有学生考上各大中专院校。本节收录1977年至2023年通过统一招生考试考进大中专院校、并为通源出生或考试时户籍在通源的学生。据不完全统计，已达600余人。通过自考、进修等方式取得大中专学历的未予列入。

通源乡考入大中专院校学生一览表

表106

姓 名	性 别	考入时间	大中专院校（专业）	所在村	中学学校
周少华	男	1978年	南京化工学院（陶瓷）	岗 下	—
孙金明	男	1978年	嘉兴农校（农机）	吴家湾	—
邢正良	男	1978年	上虞师范学校（物理）	松明培	—
徐 军	女	1978年	杭州大学（数学）	茶 培	嵊县中学
王亚珍	女	1978年	西安交通大学	茶 培	长乐中学
沈雨龙	男	1979年	嵊县师范学校	新东坑	石璜中学
钱树军	男	1979年	绍兴师范专科学校（中文）	道 场	—
钱秋军	男	1979年	嵊县师范学校	道 场	通源中学
斯玉军	男	1979年	嵊县师范学校	吴家湾	—
汤立初	男	1979年	金华供销学校	松明培	石璜中学
黄才汀	男	1980年	嵊县师范学校	岗 下	—
钱正永	男	1980年	浙江宁波林业学校	新东坑	通源中学
斯迪虎	男	1980年	上海体育学院（体育）	吴家湾	—
单文孝	男	1980年	南京大学（土木工程）	松明培	长乐中学

续表106

姓　名	性　别	考入时间	大中专院校（专业）	所在村	中学学校
钱章江	男	1980年	嵊县师范学校	董家坑	—
黄胜华	男	1981年	嵊县师范学校	岗　下	—
沈雨成	男	1981年	上海海运学校	新东坑	石璜中学
邱正权	男	1982年	嵊县师范学校	白雁坑	石璜中学
钱苗君	女	1982年	绍兴卫生学校	白雁坑	石璜中学
操家顺	男	1982年	湘潭大学（环境工程）	三王堂	—
钱康军	男	1983年	浙江银行学校	道　场	—
蒋卫钢	男	1983年	嵊县师范学校	联　丰	石璜中学
钱江南	男	1984年	绍兴师范专科学校	白雁坑	长乐中学
斯彩亚	女	1984年	嵊县师范学校	白雁坑	石璜中学
操家顺	男	1984年	湖南湘潭大学（环境工程）	三王堂	—
黄双妹	女	1985年	上虞师范学校	岗　下	—
钱君钗	女	1985年	嵊县师范学校	道　场	—
商夏明	男	1985年	中国石油大学（土木工程）	道　场	—
周宇松	男	1985年	上海科技大学（无机非金属材料系）	联　丰	—
张方园	女	1985年	宁波师范学校（幼师）	松明培	通源中学
周　敏	男	1986年	同济大学（建筑设计）	岗　下	—
沈海英	女	1986年	西安电子科技大学	新东坑	嵊县中学
周文松	男	1986年	海军航空工程学院（导弹总体工程）	联　丰	—
邢建东	男	1986年	浙江医药学校	松明培	石璜中学
钱　军	男	1986年	温州医学院（特检科）	三王堂	—
王孟芳	女	1987年	上虞师范学校	岗　下	—
王海玲	女	1987年	嵊县师范学校	岗　下	—
周洪华	男	1987年	浙江中医学院（临床医学）	联　丰	—
周洪干	男	1987年	浙江银行学院	联　丰	—
钱德良	男	1987年	绍兴文理学院	白雁坑	通源中学
操文元	男	1987年	绍兴师范专科学校（英语）	三王堂	—
周建新	男	1988年	浙江大学（土木工程）	岗　下	—
黄军火	男	1988年	浙江地质学院	茶　坊	—
钱军贤	男	1988年	中国烟草青州中等专业技术学校	道　场	通源中学
邢祖园	男	1988年	华东化工学院	松明培	嵊州中学
邱晓军	男	1988年	嵊县师范学校	白雁坑	长乐镇中
邢华良	男	1989年	沈阳建筑大学（建筑机械）	松明培	长乐中学
汤泉江	男	1989年	温州职业技术学院	松明培	长乐中学
邱君明	男	1989年	杭州电子工业学院	白雁坑	长乐中学

续表106

姓　名	性　别	考入时间	大中专院校（专业）	所在村	中学学校
斯学军	男	1990年	中山医科大学（临床医学）	联　丰	—
孙忠炜	男	1990年	绍兴师范专科学校（历史）	吴家湾	—
汤园芬	女	1990年	绍兴文理学院	松明培	嵊县中学
刘士苗	男	1990年	嵊县师范学校	茶　培	通源中学
戴金良	男	1990年	上虞师范学校（普师）	里大坑	通源中学
朱前平	男	1991年	绍兴中专（美术）	荷　岭	—
郭美文	女	1991年	上海海洋学院	道　场	石璜中学
王敬华	男	1991年	嵊县师范学校	茶　培	通源中学
黄海霞	女	1992年	嵊县师范学校	岗　下	—
王祖锋	男	1992年	诸暨师范学校	茶　坊	通源中学
沈纪霞	女	1992年	浙江湖州税务学校	新东坑	崇仁中学
邢吉明	男	1992年	嵊县师范学校	松明培	通源中学
钱银霞	女	1993年	杭州医学高等专科学校（临床医学）	道　场	长乐中学
俞　朝	男	1993年	华中农业大学（农学）	联　丰	—
沈利锋	男	1993年	浙江财经大学（会计）	联　丰	—
孙玉华	男	1993年	浙江财经学院	吴家湾	—
钱金园	男	1993年	浙江农村技术师范专科学校	松明培	长乐中学
洪园梨	男	1993年	金华贸易经济学校	白雁坑	石璜镇中
操华旸	男	1993年	嵊县师范学校	三王堂	—
黄煜剑	男	1994年	浙江理工大学	岗　下	—
蒋伟平	男	1994年	嵊县师范学校	荷　岭	通源中学
钱小中	男	1994年	湖南机电专科学校	道　场	—
周洪超	男	1994年	浙江师范大学（物理系）	联　丰	—
周秋忠	男	1994年	沈阳工业大学（机械设计）	联　丰	—
周　江	男	1994年	绍兴文理学院（涉外财会）	联　丰	—
斯江平	男	1994年	上虞师范学校	联　丰	通源中学
邱秋君	女	1994年	浙江外贸学院	白雁坑	长乐中学
储　安	男	1994年	宁波机械学院（涉外会计）	三王堂	长乐中学
黄晓月	女	1995年	上虞师范高师预科班	岗　下	—
钱志锋	男	1995年	杭州化工学校（杭州工商大学）	新东坑	通源中学
张君钗	女	1995年	嵊县师范学校	新东坑	—
钱良忠	男	1995年	清华大学（土木工程）	道　场	嵊县中学
钱圣霞	女	1995年	绍兴师范专科学校	道　场	长乐中学
楼全军	男	1995年	宁波城市技术学院（外贸英语）	道　场	长乐中学
郭小龙	男	1995年	浙江大学（进出口商检管理）	松明培	嵊州一中

续表106

姓　名	性　别	考入时间	大中专院校（专业）	所在村	中学学校
邱小琼	女	1995年	绍兴文理学院	白雁坑	通源中学
邱江强	男	1995年	金华汽修学院	白雁坑	通源中学
操汝君	女	1995年	嵊县师范学校	三王堂	通源中学
张晓锋	男	1996年	浙江农业大学	新东坑	嵊州中学
徐海利	女	1996年	北京邮电大学（通信工程）	联　丰	—
金新华	男	1996年	浙江大学	松明培	嵊州一中
张方波	男	1996年	浙江工业大学	松明培	长乐中学
周　奎	男	1996年	诸暨师范学校	董家坑	通源中学
钱　英	女	1996年	绍兴农业学校	白雁坑	通源中学
钱平秋	男	1996年	浙江交通技工学校	白雁坑	石璜镇中
王苗英	女	1996年	绍兴师范专科学校	茶　培	长乐中学
周继明	男	1996年	浙江师范大学（数学）	三王堂	—
周销华	男	1997年	浙江大学	岗　下	—
周秋明	男	1997年	浙江理工大学	岗　下	—
黄杭军	男	1997年	诸暨师范学校	岗　下	—
黄　浙	男	1997年	上虞师范学校	岗　下	—
黄小芹	女	1997年	绍兴文理学院	岗　下	—
张巨英	女	1997年	浙江水利水电专科学校	新东坑	通源中学
钱攀锋	男	1997年	浙江财政学校（会计电算化）	道　场	长乐中学
钱小良	男	1997年	衢州土木工程学院	道　场	长乐中学
钱　军	男	1997年	杭州电子工业学校	道　场	—
沈剑锋	男	1997年	厦门集美大学（冷冻冷藏）	联　丰	—
张　锋	男	1997年	绍兴中专专业学院	松明培	—
周丽娜	女	1997年	诸暨师范学校	董家坑	通源中学
蒋文军	男	1997年	天津师范大学	白雁坑	马寅初中学
操梅霞	女	1997年	嵊县师范学校	三王堂	通源中学
操华斌	男	1997年	浙江水利水电学校（机电一体化）	三王堂	—
戴玉萍	女	1997年	宁波机械学校（机械制造）	里大坑	长乐中学
刘金火	男	1997年	哈尔滨工程学院（建筑工程）	里大坑	长乐中学
周　锋	男	1998年	嵊县师范学校	岗　下	—
郭登科	男	1998年	浙江商业学院	道　场	嵊州二中
徐浙军	男	1998年	宁波大学（法学）	联　丰	—
蒋战兵	男	1998年	四川统计学院（市场营销）	联　丰	—
樊天波	男	1998年	丽水商业职业学院	吴家湾	—
孙祝丽	女	1998年	绍兴文理学院	吴家湾	—

续表106

姓　名	性　别	考入时间	大中专院校（专业）	所在村	中学学校
沈夏林	男	1998年	浙江师范大学教育科学与技术学院	白雁坑	—
洪赛江	男	1998年	天津大学	白雁坑	长乐中学
戴国平	男	1998年	吉林大学（机械设计）	里大坑	嵊州中学
戴圆圆	女	1998年	嵊县师范学校（普师）	里大坑	通源中学
黄　芳	女	1999年	诸暨师范学校	岗　下	—
黄雯文	女	1999年	上虞师范学校	岗　下	—
王东亮	男	1999年	绍兴市旅游学校	新东坑	通源中学
张淑萍	女	1999年	上虞师范学校	新东坑	通源中学
钱伟波	男	1999年	四川成都软件技术专修学院	道　场	长乐中学
郭小丽	女	1999年	绍兴职业技术学院	道　场	—
钱小小	男	1999年	吉林工业大学	道　场	—
斯朝英	女	1999年	浙江建筑学院	吴家湾	—
樊新丽	女	1999年	杭州市综合中等专业学校	吴家湾	—
邢园锋	男	1999年	绍兴文理学院	松明培	长乐中学
邢贤祥	男	1999年	上虞师范学校	松明培	通源中学
邱幼文	女	1999年	上虞师范学校	白雁坑	通源中学
张刘坤	男	1999年	上虞师范学校	茶　培	通源中学
钱巧玲	女	1999年	浙江树人大学（外贸）	三王堂	—
刘　鹏	男	1999年	绍兴文理学院上虞分院（小学教育）	里大坑	初中师范
陈希松	女	1999年	浙江大学（药学）	里大坑	长乐高中
戴原锋	男	1999年	浙江工业职业技术学院	里大坑	—
黄科锋	男	2000年	上海交通大学（土木工程）	岗　下	—
黄秋丽	女	2000年	浙江广播电视大学	岗　下	—
樊巧玲	女	2000年	绍兴文理学院元培学院	岗　下	—
钱　兵	男	2000年	浙江交通职业技术学院	道　场	长乐中学
钱赛英	女	2000年	湖北咸宁学院	道　场	长乐中学
钱祝英	女	2000年	绍兴越秀外国语学院	道　场	—
郭科英	女	2000年	嵊县师范学校	道　场	—
钱　飞	女	2000年	浙江大学	道　场	—
郭伶丽	女	2000年	上虞师范学校	道　场	通源中学
孙淑文	女	2000年	绍兴卫生学校	吴家湾	—
斯铖锴	男	2000年	江西师范大学	吴家湾	—
张莹颖	女	2000年	浙江工业职业技术学院	松明培	—
洪科刚	男	2000年	浙江工业职业技术学院	白雁坑	通源中学
张　晓	男	2000年	浙江大学医学院	茶　培	嵊州一中

续表106

姓　名	性　别	考入时间	大中专院校（专业）	所在村	中学学校
钱　盈	女	2000年	上虞师范学校	三王堂	—
戴源军	男	2000年	浙江贸易学院（会计）	三王堂	—
周杭丽	女	2001年	包头市科技大学	岗　下	—
吕秋叶	女	2001年	哈尔滨工程大学（法律）	新东坑	长乐中学
张春炎	男	2001年	浙江大学（经贸英语）	新东坑	嵊州中学
钱　琼	女	2001年	杭州师范大学	道　场	长乐中学
郭哲锋	男	2001年	浙江水利水电专科学校	道　场	长乐中学
金少军	男	2001年	华北电力大学（电力工程）	联　丰	—
华松鸳	女	2001年	浙江财经大学（法学）	联　丰	—
斯友良	男	2001年	上海军医大学	白雁坑	嵊州二中
张丽萍	女	2001年	浙江师范大学	茶　培	长乐中学
戴海孝	女	2001年	绍兴文理学院上虞分院（初等教育）	里大坑	通源中学
陈含松	女	2001年	上海交通大学（会计学）	里大坑	长乐高中
王小刚	男	2002年	浙江建设职业技术学院	岗　下	—
蒋伟锋	男	2002年	上虞师范学校	荷　岭	通源中学
郭　魁	男	2002年	宁波万里学院	道　场	—
斯柳馨	女	2002年	浙江大学（数学）	吴家湾	—
孙奇亮	男	2002年	浙江计量学院	吴家湾	—
孙朗朗	男	2002年	浙江财经学院	吴家湾	—
孙少良	男	2002年	长江大学	吴家湾	长乐中学
蒋贤平	男	2002年	湖北咸宁职业技术学院	松明培	长乐中学
钱　迷	女	2002年	绍兴文理学院	董家坑	通源中学
斯元忠	男	2002年	杭州师范学院	白雁坑	通源中学
斯元军	男	2002年	杭州广播电视大学	白雁坑	长乐中学
邱煜伟	男	2002年	宁波大红鹰学院	白雁坑	石璜中学
徐孟丰	男	2002年	上海医疗器械学院	茶　培	—
徐　幸	男	2002年	浙江海洋大学	茶　培	嵊州卫校
操　军	男	2002年	河南理工大学（电气工程）	三王堂	—
林晓燕	女	2002年	嵊县师范学校	三王堂	通源中学
戴浙锋	男	2002年	湖北大学（旅游英语）	里大坑	长乐中学
刘益平	男	2002年	浙江林业学院（国际贸易）	里大坑	长乐高中
陈科锋	男	2003年	浙江大学	岗　下	—
黄玲玲	女	2003年	浙江警官职业技术学院	岗　下	—
王钰萍	女	2003年	浙江工业大学	岗　下	—
王柳娜	女	2003年	上虞师范学校	茶　坊	通源中学

续表106

姓　名	性　别	考入时间	大中专院校（专业）	所在村	中学学校
张　维	女	2003年	绍兴文理学院	新东坑	嵊州二中
沈路奎	男	2003年	北京机械工业学院（机械）	新东坑	嵊州二中
钱浙锋	男	2003年	浙江海洋大学	新东坑	长乐中学
钱煜魁	男	2003年	宁波财经学院	新东坑	三界中学
钱焕军	男	2003年	烟台海军航空工程学院	道　场	长乐中学
钱来初	男	2003年	浙江理工大学	道　场	长乐中学
周增军	男	2003年	丽水学院（计算机应用与维护）	道　场	长乐中学
郭　凯	男	2003年	浙江工业大学	道　场	嵊州二中
郭　波	男	2003年	上海大学	道　场	嵊州一中
蔡炼明	男	2003年	浙江工商技术学院（应用电子技术）	联　丰	—
周浙波	男	2003年	浙江工程学院（建筑工程）	联　丰	—
斯奎谊	男	2003年	浙江省职业中等专业学校（烹饪）	联　丰	—
斯路路	男	2003年	中国人民武装警察部队学院	吴家湾	—
斯巧丽	女	2003年	浙江树人大学	吴家湾	—
斯鑫磊	男	2003年	浙江艺术职业学院	吴家湾	—
周科英	女	2003年	浙师大杭州幼儿师范学院	松明培	通源中学
樊新元	男	2003年	上虞师范学校	松明培	通源中学
邢　亮	男	2003年	河南纺织高等专科学校	松明培	长乐中学
钱静赢	女	2003年	浙江理工大学法政学院	董家坑	嵊州二中
钱齐刚	男	2003年	哈尔滨理工大学	白雁坑	长乐中学
金仲君	男	2003年	中国（青岛）海洋学院	白雁坑	长乐中学
张妮涵	女	2003年	中国医科大学	茶　培	嵊州二中
钱寒峰	男	2003年	杭州中医学院（药学）	三王堂	—
林　城	男	2003年	浙江水利水电学院（给水排水）	三王堂	—
戴卓敏	男	2003年	长江大学建筑学	三王堂	—
戴帅军	男	2003年	山东商业职业技术学院（电子商务）	里大坑	长乐中学
黄　晗	女	2004年	浙江越秀外国语学院	岗　下	—
周美君	女	2004年	台州学院	岗　下	—
钱剑斌	男	2004年	浙江水利水电学院	岗　下	—
吕　莉	女	2004年	浙江教育学院	新东坑	石璜中学
朱孝东	男	2004年	青岛理工大学	荷　岭	—
钱丹红	女	2004年	浙江师范大学	道　场	长乐中学
郭　军	男	2004年	浙江广播电视大学工商学院	道　场	长乐中学
郭巍丽	女	2004年	南京东南大学外语学院	道　场	嵊州二中
周伟锋	男	2004年	厦门兴才学院（市场营销）	联　丰	—

续表106

姓名	性别	考入时间	大中专院校（专业）	所在村	中学学校
金洁丽	女	2004年	河南郑州水利水电学院	联丰	—
孙少斌	男	2004年	浙江万里学院（计算机与信息技术）	联丰	—
谢惊京	男	2004年	杭州师范大学	董家坑	嵊州一中
邱杭军	男	2004年	四川信息工程学院	白雁坑	长乐中学
邱建萍	女	2004年	云南玉溪师范学院	白雁坑	长乐中学
邱肖肖	女	2004年	浙江树人大学	白雁坑	崇仁中学
斯赞英	女	2004年	浙江财经学院	白雁坑	嵊州中学
张利锋	男	2004年	天津师范大学	茶培	嵊州一中
操奎	男	2004年	南京金肯职业技术学院（给排水）	三王堂	—
操如玉	女	2004年	衢州学院英语教育	三王堂	—
钱君英	女	2004年	中国药科大学（国际经贸）	里大坑	长乐中学
钱浙英	女	2005年	衢州职业技术学院	道场	长乐中学
郭健	女	2005年	杭州电子科技学院	道场	嵊州二中
蒋贤军	男	2005年	丽水学院	松明培	长乐中学
邢海锋	男	2005年	湖南机电职业技术学院	松明培	长乐中学
周石波	男	2005年	杭州交通学院	松明培	长乐中学
邱贝贝	女	2005年	宁波理工学院	白雁坑	长乐中学
邱可可	女	2005年	绍兴文理学院	白雁坑	马寅初中学
邢旦萍	女	2005年	宁波旅游学校	白雁坑	长乐中学
张汉坤	男	2005年	上海水产大学	茶培	—
王征	女	2005年	上海华东师范大学	茶培	长乐中学
操锦奎	男	2005年	华北水利水电大学（地质工程）	三王堂	—
操建新	男	2005年	杭州电子科技大学（电气工程）	三王堂	—
操宵波	男	2005年	宁波技术学院（机械一体化）	三王堂	—
林晴霞	女	2005年	绍兴中专（工程管理）	三王堂	—
戴建烽	男	2005年	河北科技大学（制药工程）	里大坑	嵊州二中
戴科益	男	2005年	浙江工商学院（国际贸易）	里大坑	长乐中学
戴巧丽	女	2005年	浙江广播电视大学（国际贸易）	里大坑	东阳利民
刘志铭	男	2005年	宁波理工大学（制药工程）	里大坑	嵊州中学
刘圆	女	2005年	浙江经济职业技术学校（物流管理）	里大坑	崇仁中学
黄健	男	2006年	浙江大学	岗下	—
樊琼玲	女	2006年	台州学院	岗下	—
周青	女	2006年	浙江师范大学	岗下	—
吕军兵	男	2006年	宁波大学	新东坑	崇仁中学
吕晶晶	女	2006年	浙江三联专修学院	新东坑	崇仁中学

续表106

姓　名	性　别	考入时间	大中专院校（专业）	所在村	中学学校
周武锋	男	2006年	浙江万里学院	新东坑	长乐中学
钱　坤	男	2006年	舟山国际海运学院	道　场	长乐中学
华浙波	男	2006年	浙江工业大学（会计电算化）	联　丰	—
斯　旭	男	2006年	杭州电子科技大学（电子信息工程）	联　丰	—
斯晔斌	男	2006年	宁波理工学院	吴家湾	—
周杭波	男	2006年	新加坡国立大学	松明培	爱德学校
樊　帆	男	2006年	宁波万里学院	松明培	嵊州一中
樊孟金	男	2006年	北京化工大学	松明培	嵊州中学
邢　昊	男	2006年	吉林建筑工程学院	松明培	嵊州一中
邓浙东	男	2006年	宁波大学	松明培	长乐中学
单杭科	男	2006年	绍兴电气自动化学校	松明培	崇仁中学
谢　飞	女	2006年	苏州大学生命科学学院	董家坑	嵊州一中
张　丽	女	2006年	绍兴文理学院	茶　培	崇仁中学
钱志浩	男	2006年	丽水学院	茶　培	—
徐叠三	男	2006年	湖北经济学院	茶　培	嵊州一中
钱浙龙	男	2006年	复旦大学（法律）	三王堂	—
周丹萍	女	2006年	浙江商业职业技术学院（产品造型设计）	三王堂	—
储葛洪	男	2006年	兰州理工大学（电气工程）	三王堂	—
周　明	男	2006年	绍兴托普信息学院（机电一体化）	三王堂	—
林　销	女	2006年	浙江科技学院（国际贸易）	三王堂	—
戴　钧	男	2006年	三江学院（电气工程及其自动化）	三王堂	—
戴科锋	男	2006年	天津职业大学（应用化工技术）	里大坑	长乐中学
刘枭雄	男	2006年	嘉兴医学院（临床医学）	里大坑	爱德学校
周　婷	女	2007年	杭州交通职业技术学校	岗　下	—
赵　科	男	2007年	宁波卫生学院	岗　下	—
赵　樑	男	2007年	浙江水利水电学院	岗　下	—
钱　果	男	2007年	南京工业大学	新东坑	嵊州一中
沈金丽	女	2007年	河北衡水学院（英语）	联　丰	—
斯浙丽	女	2007年	浙江万里学院（环境科学）	联　丰	—
吴剑彬	男	2007年	江西现代职业技术学院	吴家湾	—
斯朝龙	男	2007年	浙江育英职业学院	吴家湾	—
孙丹平	女	2007年	浙江旅游职业学院	吴家湾	—
孙杭锋	男	2007年	吉林大学珠海学院	吴家湾	—
邢一锋	男	2007年	浙江建设职业技术学院	松明培	嵊州二中
沈金丽	女	2007年	河北衡水学院	松明培	崇仁中学

续表106

姓　名	性　别	考入时间	大中专院校（专业）	所在村	中学学校
单启明	男	2007年	浙江工业大学	松明培	嵊州二中
邢　翰	女	2007年	浙江理工科技与艺术学院	松明培	嵊州一中
张潮余	女	2007年	浙江大学城市学院	松明培	嵊州一中
汤凯莉	女	2007年	绍兴文理学院	松明培	嵊州中学
邢科斌	男	2007年	浙江水利水电高等专科学校	松明培	崇仁中学
洪科芳	女	2007年	浙江工商大学	白雁坑	长乐中学
钱杭燕	女	2007年	浙江经贸职业技术学院	白雁坑	通源中学
吕吉鑫	男	2007年	浙江大学（机械专业）	三王堂	—
戴柯锋	男	2007年	宁波大红鹰学院（计算机网络技术）	里大坑	长乐中学
周钱余	女	2008年	浙江经济职业技术学院	岗　下	—
黄　聪	男	2008年	浙江理工大学	岗　下	—
钱　薇	女	2008年	上海华东师范大学	岗　下	—
郭　建	男	2008年	浙江建设职业技术学院	道　场	嵊州一中
郭凯丽	女	2008年	浙江师范大学	道　场	黄泽中学
郭伟良	男	2008年	舟山海洋学院	道　场	长乐中学
钱　萍	女	2008年	浙江医学高等专科学校	道　场	—
钱建波	男	2008年	浙江教育学院	道　场	—
沈　慧	男	2008年	浙江工业大学（化工材料）	联　丰	—
沈一波	女	2008年	衢州职业技术学院（文秘）	联　丰	—
蔡珊珊	女	2008年	宁波工程学院（化工材料）	联　丰	—
斯园吉	男	2008年	台州职业技术学校（机电一体化）	联　丰	—
俞　赛	男	2008年	浙江农林大学（室内设计材料科技）	联　丰	—
邢浙燕	女	2008年	浙江财经学院（汉语文学）	联　丰	—
邢浙飞	女	2008年	浙江师范大学（幼师）	联　丰	—
吴美钗	女	2008年	浙江师范大学	吴家湾	—
樊清滔	男	2008年	绍兴文理学院	吴家湾	—
斯迪龙	男	2008年	江西农业大学	吴家湾	—
孙　鑫	男	2008年	金华职业技术学院	吴家湾	—
斯丹燕	女	2008年	宁波工程学院	吴家湾	—
斯攀英	女	2008年	宁波理工大学	吴家湾	—
邢　盼	女	2008年	浙江科技学院	松明培	嵊州二中
汤露露	女	2008年	中央财经大学	松明培	嵊州二中
邱晶晶	女	2008年	湖州职业技术学院	白雁坑	通源中学
邱盼飞	女	2008年	杭州滨江电子商务学院	白雁坑	长乐中学
钱美英	女	2008年	杭州万向技术学院	白雁坑	长乐中学

续表106

姓　名	性　别	考入时间	大中专院校（专业）	所在村	中学学校
马飞燕	女	2008年	浙江纺织服装职业技术学院	白雁坑	长乐中学
张柯娜	女	2008年	长春工业大学	茶　培	长乐中学
周科玉	女	2008年	浙江工业大学（计算机）	三王堂	—
钱　蕾	女	2008年	浙江药科职业大学（市场营销）	三王堂	—
戴丽娜	女	2008年	江西宜春大学（护理）	三王堂	—
戴科尧	男	2008年	台州职业技术学院（土木建筑工程）	里大坑	长乐中学
王玉丽	女	2009年	金华职业技术学院	岗　下	—
张含霄	男	2009年	杭州职业技术学院	新东坑	黄泽中学
张鸣霄	男	2009年	吉林农业大学（动物科学）	新东坑	黄泽中学
钱科东	男	2009年	山西农业大学（动物科学）	新东坑	黄泽中学
张科明	男	2009年	浙江工商职业技术学院	新东坑	黄泽中学
钱忠林	男	2009年	浙江金融职业技术学院	新东坑	黄泽中学
钱　利	女	2009年	丽水学院（化学）	新东坑	黄泽中学
徐洁琼	女	2009年	北海艺术设计学院（二维动画设计）	联　丰	—
朱少东	男	2009年	台州学院（计算机）	联　丰	—
张　鲁	男	2009年	宁波工程学院（电商）	联　丰	—
华志杭	男	2009年	杭州电子科技大学（信息工程）	联　丰	—
斯通海	男	2009年	武汉理工大学（热能与电力工程）	联　丰	—
斯杭柯	男	2009年	浙江机电职业技术学院（机电一体化）	联　丰	—
斯俞波	男	2009年	辽宁鞍山科技信息学院（电子商务）	联　丰	—
邱天池	男	2009年	东北师范大学	白雁坑	嵊州二中
邱乾敏	男	2009年	温州大学	白雁坑	长乐中学
商一峰	男	2009年	浙江财经学院	白雁坑	嵊州一中
张小静	女	2009年	台州学院	茶　培	嵊州二中
张刘娜	女	2009年	衢州学院	茶　培	—
徐贝贝	女	2009年	湖州职业技术学院	茶　培	—
操锦杰	男	2009年	南京理工紫金学院（机械自动化）	三王堂	—
戴源冰	男	2009年	宁波纺织学院	三王堂	—
钱　江	男	2009年	常州纺织服装职业技术学院	里大坑	崇仁中学
王珊珊	女	2010年	绍兴文理学院	茶　坊	—
张吕剑	男	2010年	浙江纺织职业技术学院	新东坑	职教中心
张　东	男	2010年	台州学院	新东坑	崇仁中学
钱浙丽	女	2010年	嘉兴职业技术学院	道　场	长乐中学
钱　东	男	2010年	浙江水利水电学院	道　场	嵊州中学
蔡丽丽	女	2010年	衢州职业技术学院（外贸）	联　丰	—

续表106

姓　名	性　别	考入时间	大中专院校（专业）	所在村	中学学校
周科尔	女	2010年	杭州电子科技大学	松明培	嵊州二中
樊奕锋	男	2010年	杭州电子科技大学	松明培	嵊州二中
张若津	男	2010年	杭州电子科技大学	松明培	嵊州二中
邢　露	女	2010年	温州大学	松明培	爱德学校
洪　威	男	2010年	南京工业大学	白雁坑	嵊州二中
钱嵊峰	男	2010年	宁波理工学院	白雁坑	嵊州二中
钱赛彬	男	2010年	浙江国际海运职业技术学院	白雁坑	崇仁中学
钱佳丽	女	2010年	浙江理工大学	茶　培	—
徐　婷	女	2010年	浙江工业建设学院	茶　培	—
钱见英	女	2010年	浙江工商大学（电子信息工程）	里大坑	黄泽中学
戴珊珊	女	2010年	绍兴文理学院（电子信息工程）	里大坑	黄泽中学
戴烨娜	女	2010年	金华职业技术学院（通信网络）	里大坑	长乐中学
刘卓恒	男	2010年	湖南工程技术学院（土木工程）	里大坑	长乐中学
王林杰	男	2011年	杭州计量学院	茶　坊	—
吕杭波	男	2011年	浙江经济职业技术学院	新东坑	职技校
朱乾峰	男	2011年	浙江工业大学	荷　岭	—
沈　阳	男	2011年	南华大学（建筑学）	联　丰	—
斯巧灵	女	2011年	武汉生物工程学院（生物制药技术）	联　丰	—
樊新彬	男	2011年	浙江农林大学	吴家湾	—
斯丽佳	女	2011年	东北师范大学	吴家湾	—
樊帅英	女	2011年	浙江邮电职业技术学院	吴家湾	—
樊　丽	女	2011年	浙江商业职业技术学院	松明培	长乐中学
谢垚珊	女	2011年	浙江理工大学	董家坑	长乐中学
钱卡飞	女	2011年	浙江大学	白雁坑	崇仁中学
邱鹏程	男	2011年	宁波职业技术学院	白雁坑	石璜镇中
徐　璐	女	2011年	杭州外国语学院	茶　培	—
王索未	女	2011年	宁波职业技术学院	茶　培	长乐中学
吕江波	男	2011年	浙江水利水电学院（市场营销）	三王堂	—
戴科燚	男	2011年	杭州职业技术学院（软件技术专业）	里大坑	长乐中学
钱莎莎	女	2012年	浙江长征职业技术学院	岗　下	—
王浩江	男	2012年	浙江工业大学（化工）	茶　坊	—
张佩雯	女	2012年	北京化工大学	新东坑	嵊州一中
袁江爱	女	2012年	杭州电子科技大学	新东坑	黄泽中学
张露萍	女	2012年	浙江长征职业技术学院	新东坑	长乐中学
商晶晶	女	2012年	浙江工业大学	道　场	嵊州二中

续表106

姓　名	性　别	考入时间	大中专院校（专业）	所在村	中学学校
钱新丽	女	2012年	衢州职业技术学院	道　场	黄泽中学
钱科科	男	2012年	杭州汽车职业技术学院	道　场	崇仁中学
钱　丹	女	2012年	绍兴农业商贸职业学院	道　场	长乐中学
周　露	女	2012年	浙江树人大学（工商管理）	联　丰	—
蒋汉英	女	2012年	金华职业技术学院（行政管理）	联　丰	—
斯　航	男	2012年	温州科技职业学院	吴家湾	—
樊浙女	女	2012年	丽水职业技术学院	吴家湾	—
汤文涛	男	2012年	嘉兴学院	松明培	市职技校
钱欢欢	男	2012年	宁波理工学院	白雁坑	石璜镇中
洪晓鹏	男	2012年	杭州九鼎装饰学校	白雁坑	长乐中学
斯珞瑶	女	2012年	浙江广厦建设职业技术学院	白雁坑	嵊高中学
斯佳英	女	2012年	浙江越秀外国语学院	白雁坑	崇仁中学
洪　红	女	2012年	浙江外语学院	白雁坑	长乐镇中
邱迪佳	男	2012年	浙江外国语学院	茶　培	—
张　欢	女	2012年	金华艺术学院	茶　培	长乐中学
洪　健	男	2012年	绍兴工业技术学院（数控）	三王堂	—
王佳惠	女	2013年	浙江工业大学	茶　坊	—
孙媛媛	女	2013年	宁波财经学院	茶　坊	—
钱　婷	女	2013年	浙江师范大学杭州幼儿师范学院	新东坑	市职技校
叶徐聪	女	2013年	绍兴邮电职业技术学院	道　场	市职技校
蔡　啸	女	2013年	武汉大学珞珈学院（国际经济与贸易）	联　丰	—
斯　文	男	2013年	上海理工大学（英语）	联　丰	—
蒋杭波	男	2013年	宁波大学（电气自动化）	联　丰	—
斯巨峰	男	2013年	浙江商业职业技术学院	吴家湾	—
俞巧玲	女	2013年	温州职业技术学院	吴家湾	—
斯润川	男	2013年	杭州电子科技大学	吴家湾	—
汤科扬	男	2013年	浙江师范大学（信息工程）	松明培	嵊州二中
邢海平	男	2013年	上海财经大学	松明培	嵊州一中
张凯丽	女	2013年	杭州电子科技大学	松明培	长乐中学
钱校红	男	2013年	宁波职业技术学院	白雁坑	崇仁中学
邢　祺	男	2013年	浙江机电大学	白雁坑	石璜镇中
钱亦端	男	2013年	四川成都科技大学（微电子工程）	三王堂	—
王榕榕	女	2014年	浙江工商大学	岗　下	—
周　霞	女	2014年	浙江广厦建设职业技术学院	联　丰	—
斯　清	女	2014年	宁波财经大学（工商管理）	联　丰	—

续表106

姓　名	性　别	考入时间	大中专院校（专业）	所在村	中学学校
蒋朗煜	男	2014年	大连医科大学中山学院（口腔专业）	联　丰	—
樊佳丽	女	2014年	宁波大学	吴家湾	—
斯　文	女	2014年	浙江水利水电学院	吴家湾	—
金登科	男	2014年	中国计量大学	松明培	爱德学校
邢金良	男	2014年	衢州学院	松明培	崇仁中学
邢歌德	男	2014年	沈阳医科大学	松明培	嵊州一中
张忆冬	女	2014年	杭州交通学院	松明培	爱德学校
邢科曼	女	2014年	杭州医学院	松明培	崇仁中学
斯　雁	女	2014年	绍兴文理学院上虞分院	白雁坑	通源中学
钱　依	女	2014年	浙江纺织服装职业技术学院	茶　培	常山县一中
黄瑜敏	女	2015年	嘉兴南阳职业技术学院	岗　下	—
周　蓉	女	2015年	浙江旅游职业学院千岛湖校区	岗　下	—
周　芸	女	2015年	南昌航空大学科技学院	岗　下	—
王玉莹	女	2015年	浙江理工大学科技艺术学院	岗　下	—
吕晶兰	女	2015年	浙江树人大学	新东坑	马寅初中学
张浙科	男	2015年	浙江纺织服装职业技术学院	新东坑	黄泽中学
张舒莹	女	2015年	绍兴文理学院	新东坑	职教中心
楼　钢	男	2015年	嘉兴职业技术学院	道　场	嵊州中学
钱伟丹	女	2015年	浙江旅游职业技术学院	道　场	长乐中学
蔡翩翩	女	2015年	浙江台州科技职业学院（汽车检测维修）	联　丰	—
俞佳宏	男	2015年	浙江工商职业技术学院（电气自动化）	联　丰	—
周臻尔	男	2015年	杭州树人大学（营销）	联　丰	—
华霄丹	女	2015年	杭州职业技术学院（艺术设计）	联　丰	—
孙丹丽	女	2015年	浙江工商职业学院	吴家湾	—
斯科婷	女	2015年	金华师范学院	吴家湾	—
邢杭健	男	2015年	杭州电子科技大学	松明培	嵊州中学
邢本波	男	2015年	浙江电子科技大学	松明培	诸暨荣怀
樊知易	女	2015年	嘉兴学院	松明培	嵊州二中
汤豪风	男	2015年	杭州电子科技大学	松明培	诸暨海亮
蒋丽红	女	2015年	杭州金融技术学院	松明培	市职技校
斯美珍	女	2015年	福州理工学院	白雁坑	长乐中学
邱金平	女	2015年	温州城市大学	白雁坑	石璜镇中
徐　倩	女	2015年	浙江工商大学	茶　培	—
张泉引	男	2015年	绍兴职业技术学院	茶　培	长乐中学
王韦琦	男	2016年	绍兴职业技术学院	岗　下	—

续表106

姓 名	性 别	考入时间	大中专院校（专业）	所在村	中学学校
王潜航	男	2016年	宁波大学	茶 坊	嵊州一中
黄 叶	女	2016年	浙江树人大学	茶 坊	—
周恩东	男	2016年	绍兴职业技术学院	新东坑	长乐中学
叶其英	女	2016年	浙江温州职业技术学院	道 场	崇仁中学
沈叶帆	男	2016年	牡丹江医科大学（麻醉）	联 丰	—
斯安康	男	2016年	浙江财经大学	吴家湾	—
斯凯东	男	2016年	宁波建工学院	吴家湾	—
斯胜男	女	2016年	浙江科技大学	吴家湾	—
樊筱杰	男	2016年	武警警官学院	吴家湾	—
吉 欣	女	2016年	无锡工艺职业技术学院	吴家湾	—
邱玉婷	女	2016年	绍兴邮电学院	松明培	长乐中学
斯元明	男	2016年	河南大学	白雁坑	通源中学
沈建斌	男	2016年	大连理工大学	白雁坑	嵊州二中
邱天阳	男	2016年	浙江财经大学	白雁坑	嵊高中学
刘桢通	男	2016年	绍兴文理学院	茶 培	市职技校
应茜茜	女	2016年	宁波民德纺织学院	茶 培	职教中心
戴子寒	男	2016年	浙江国际海运学院（航海）	三王堂	—
戴瑶瑶	女	2016年	丽水职业技术学院（工程测量）	里大坑	长乐中学
戴涵燕	女	2016年	浙江树人大学（生物工程专业）	里大坑	黄泽中学
刘醉梦	男	2016年	吉林医学院（生物医学）	里大坑	爱德学校
黄露依	女	2017年	浙江工业大学	茶 坊	—
丁佳儿	女	2017年	兰州交通大学博文学院（财务管理）	荷 岭	—
钱梦婷	女	2017年	浙江财经大学	道 场	—
斯子来	男	2017年	浙江大学（数学）	联 丰	—
周珊珊	女	2017年	浙江商业职业技术学院（会计）	联 丰	—
蒋竹燕	女	2017年	杭州树人大学（化学）	联 丰	—
吴浙娜	女	2017年	宁波工程学院	吴家湾	—
樊志浩	男	2017年	浙江树人大学	吴家湾	—
斯 梅	女	2017年	宁波财经学院	吴家湾	—
斯文远	男	2017年	浙江海洋学院	吴家湾	—
邱叶露	女	2017年	浙江农林大学	松明培	嵊州二中
张竞雄	男	2017年	杭州电子科技大学	松明培	嵊州二中
钱玉玲	女	2017年	金华职业技术学院	白雁坑	三界中学
斯志祥	男	2017年	江西先锋软件职业技术学院	白雁坑	长乐中学
邱韩冰	男	2017年	浙江纺织服装职业学院	白雁坑	崇仁中学

续表106

姓　名	性　别	考入时间	大中专院校（专业）	所在村	中学学校
徐江烨	男	2017年	浙江工商职业技术学院	茶　培	三界中学
徐晨辉	男	2017年	杭州长征职业技术学院	茶　培	长乐中学
操　懿	女	2017年	中国人民大学（统计）	三王堂	—
戴丽娜	女	2017年	天津外国语大学滨海外事学院（朝鲜语）	里大坑	黄泽中学
王浙炳	男	2018年	山东大学	茶　坊	—
王钰滢	女	2018年	南京航天大学	茶　坊	—
钱　依	女	2018年	浙江树人大学	新东坑	黄泽中学
张　蜜	女	2018年	杭州职业技术学院	新东坑	职教中心
张月吟	女	2018年	杭州万向职业技术学院	新东坑	市职技校
袁珍爱	女	2018年	浙江农业商贸职业学院	新东坑	市职技校
吕可儿	女	2018年	同济大学浙江学院	新东坑	市职技校
张　心	男	2018年	东北师范学院	新东坑	长乐中学
张麒诺	男	2018年	浙江国际海运职业技术学院	新东坑	诸暨海亮
商丽雯	女	2018年	浙江农林大学暨阳学院	道　场	长乐中学
钱　翔	男	2018年	浙江纺织服装职业技术学院	道　场	—
孙家乐	男	2018年	浙江外语学院（电商）	联　丰	—
沈晓波	女	2018年	南京航空航天大学（电子信息工程）	联　丰	—
蔡懿文	女	2018年	金华职业技术学院（国际金融与贸易）	联　丰	—
斯彩丽	女	2018年	浙江科技学院（视觉传达设计）	联　丰	—
俞安妮	女	2018年	宁波卫生技术学院（护理）	联　丰	—
樊晓玲	女	2018年	浙江艺术职业学院	吴家湾	—
樊科丽	女	2018年	浙江农业商贸职业学院	吴家湾	—
斯棋杰	男	2018年	嘉兴建筑学院	吴家湾	—
孙洁涵	女	2018年	宁波城市职业技术学院	吴家湾	—
汤晨旸	男	2018年	浙江理工大学	松明培	嵊州一中
汤雨扬	男	2018年	浙江交通职业技术学院	松明培	崇仁中学
樊佳倩	女	2018年	宁波万里学院	松明培	黄泽中学
邱志豪	男	2018年	浙江工商职业技术学院	白雁坑	崇仁中学
操晴涵	女	2018年	上海科达学院（英语）	三王堂	—
王龙宵	男	2018年	浙江商业技术学院（建筑工程）	三王堂	—
戴烨磊	男	2018年	安徽省警官职业学校（心理咨询）	里大坑	长乐中学
周文杰	男	2019年	哈尔滨工业大学	岗　下	—
张逸婷	女	2019年	浙江商业职业技术学院（国际贸易）	荷　岭	—
朱　婷	女	2019年	衢州职业技术学院（护理）	荷　岭	—
斯赛其贝	女	2019年	宁波卫生职业技术学院（医学美容）	联　丰	—

续表106

姓　名	性　别	考入时间	大中专院校（专业）	所在村	中学学校
斯丽莎	女	2019年	浙江长征职业技术学院（财务与会计）	联　丰	—
斯佳吉	女	2019年	浙江农业商贸职业学院（国际贸易）	联　丰	—
斯华锋	男	2019年	浙江交通职业技术学院（汽运专业）	联　丰	—
斯　音	女	2019年	浙江商业职业技术学院（外贸）	联　丰	—
俞　锋	男	2019年	温州消防安防学院（消防）	联　丰	—
孙　吉	男	2019年	浙江农业商贸职业学院	吴家湾	—
斯梦瑶	女	2019年	安徽蚌埠科技学院	吴家湾	—
邢嵊宜	女	2019年	河南信息工程大学	松明培	嵊州一中
张竞嫣	女	2019年	浙江万里学院	松明培	嵊州二中
钱致远	男	2019年	西北农林科技大学	白雁坑	嵊州二中
邱奎霖	男	2019年	新疆农业大学	白雁坑	诸暨荣怀
邢少芳	女	2019年	广西大学	白雁坑	黄泽中学
金佳璐	女	2019年	浙江舟山群岛职业学院	白雁坑	石璜镇中
钱双斌	男	2019年	绍兴职业技术学院	白雁坑	三界中学
徐露明	女	2019年	绍兴文理学院（药学）	三王堂	—
戴佳丽	女	2019年	安徽工程大学（机械自动化）	三王堂	—
戴文彬	男	2019年	绍兴文理学院元培学院（药学）	里大坑	嵊州中学
王蓓蓓	女	2020年	浙江金融职业技术学院	岗　下	—
黄树钿	女	2020年	浙江理工大学	茶　坊	—
张晨宇	男	2020年	温州医科大学	新东坑	嵊州中学
陈诗薇	女	2020年	绍兴文理学院（临床医学）	新东坑	黄泽中学
朱天艺	女	2020年	金华职业技术学院（幼教）	荷　岭	—
蔡琪海	男	2020年	温州医科大学（生物技术）	联　丰	—
蔡郅林	男	2020年	海南大学（园艺）	联　丰	—
蔡诗珞	女	2020年	浙江旅游职业学院（研学旅游管理）	联　丰	—
周思梦	女	2020年	宁波市卫生职业技术学院（家政服务）	联　丰	—
蒋一杰	男	2020年	杭州科技职业技术学院（汽车检测维修）	联　丰	—
周杭海	男	2020年	浙江药科职业大学（国际贸易实务）	联　丰	—
张安婕	女	2020年	浙江宇翔职业技术学院	吴家湾	—
斯文姞	女	2020年	苏州建雄职业技术学院	吴家湾	—
邢诗音	女	2020年	浙江树人大学	松明培	长乐中学
钱梓阳	男	2020年	宁波大学	白雁坑	嵊州中学
马　宁	女	2020年	河南理工大学	白雁坑	嵊州二中
邱智英	女	2020年	山西长治科技学院	白雁坑	山西黎城
张嘉亦	女	2020年	宁波卫生职业技术学院	茶　培	市职技校

续表106

姓　名	性　别	考入时间	大中专院校（专业）	所在村	中学学校
储睿航	男	2020年	杭州师范大学医学院（临床医学）	三王堂	—
洪　丹	女	2020年	杭州职业技术学院（应用化工）	三王堂	—
林飞燕	女	2020年	湖南理工学院（人力资源）	三王堂	—
陈勇棋	男	2021年	湖州学院	新东坑	黄泽中学
吕韦杲	男	2021年	浙江邮电职业技术学院	新东坑	三界中学
张建棚	男	2021年	浙江工业大学（电气工程及其自动化）	荷　岭	—
钱少波	男	2021年	浙江金融职业学院	道　场	—
蒋文利	女	2021年	浙江东方职业技术学院（工商企业管理）	联　丰	—
黄　维	女	2021年	台州科技职业学院	吴家湾	—
邢锟坤	男	2021年	浙江财经大学	松明培	马寅初中学
钱奕凡	男	2021年	台州学院	白雁坑	崇仁中学
钱愉杭	男	2021年	南京金肯技术学院	白雁坑	石璜镇中
张鹏宇	男	2021年	杭州师范大学	茶　培	长乐中学
刘笑美	女	2021年	宁波卫生职业技术学院	茶　培	市职技校
周李芳	女	2021年	湖州师范学院（幼师）	三王堂	—
戴昊杰	男	2021年	浙江长征职业技术学院（旅游）	三王堂	—
戴佳丽	女	2021年	嘉兴南湖学院（会计学）	里大坑	黄泽中学
裘　远	男	2022年	杭州工商大学	道　场	市职技校
周旭丹	女	2022年	舟山海洋学院（食品检测）	联　丰	—
斯雨卓	男	2022年	湖州师范学院（金融专业）	联　丰	—
周一涛	男	2022年	嘉兴建筑工业学院（家居智能）	联　丰	—
俞凯鑫	男	2022年	宁波工商职业技术学院（通信监管）	联　丰	—
金梓涵	男	2022年	吉林医科大学	松明培	嵊州一中
戴佳益	男	2022年	温州医科大学	松明培	爱德学校
邢冠正	男	2022年	绍兴邮电职业技术学院	白雁坑	三界中学
徐君涵	男	2022年	太原理工大学（机械）	三王堂	—
戴思琳	女	2022年	绍兴邮政技术学院（邮政电信）	里大坑	长乐中学
黄烨城	男	2023年	台州学院（临床医学）	岗　下	—
张嘉烨	男	2023年	云南昆明城市学院（美术学）	新东坑	新昌知新
袁嵊山	男	2023年	浙江工商职业技术学院	新东坑	市职技校
朱文淇	女	2023年	浙江师范大学（学前教育）	荷　岭	—
钱浩凯	男	2023年	北京工业大学	道　场	嵊州二中
徐明涛	男	2023年	浙江金融学院（大数据技术）	联　丰	—
沈一坤	男	2023年	南京农业大学（生物科技）	联　丰	—
斯滨倩	女	2023年	浙江建设职业技术学院（建筑设计）	联　丰	—

续表106

姓　名	性　别	考入时间	大中专院校（专业）	所在村	中学学校
斯鑫涛	男	2023年	浙江工贸学院（计算机）	联　丰	—
蒋甜甜	女	2023年	宁波工程学院（电子商务）	联　丰	—
蒋雨帆	女	2023年	新疆大学（动物医学）	联　丰	—
蒋欣怡	女	2023年	上海剑桥商业学院（物流）	联　丰	—
斯佳梅	女	2023年	安徽工商职业学院	吴家湾	—
黄杭坤	男	2023年	江苏江海职业技术学院	松明培	长乐中学
邱子泉	男	2023年	金华职业技术学院	松明培	市职技校
黄杭英	女	2023年	山东泰山学院	松明培	长乐中学
斯航斌	男	2023年	中国计量大学	白雁坑	嵊高中学
洪晶磊	男	2023年	河南新乡医学院	白雁坑	马寅初中学
钱丹邢	女	2023年	舟山海洋大学	白雁坑	嵊州二中
洪梦晗	女	2023年	宁波职业技术学院	白雁坑	黄泽中学
操幸涵	女	2023年	浙江工业学院（食品检测）	三王堂	—

说明：1.本表收录1977—2023年考入各大中专院校的通源学子。2.表中所列中学学校，是指考前所读学校，其中绝大多数学子初中就读于通源中学，故未单独分列。3.由于没有学校的档案记载，仅通过各村走访调查获取信息，因而存在个别人员遗漏和信息误差问题。

第八编

文存

第一章　诗词歌谣

通源历史悠久，西白山人文荟萃，历代文人墨客多有吟咏，诗词歌谣、民间传说等多不胜数。本章只代表性辑录部分编入。

第一节　诗　词

梦太白西峰

唐·常　建

梦寐升九崖，杳霭逢元君。
遗我太白峰，寥寥辞垢氛。
结宇在星汉，宴林闭氤氲。
檐楹覆馀翠，巾舄生片云。
时往溪水间，孤亭昼仍曛。
松峰引天影，石濑清霞文。
恬目缓舟趣，霁心投鸟群。
春风又摇棹，潭岛花纷纷。

题太白山隐者

唐·项　斯

高居在幽岭，人得见时稀。
写箓扃虚白，寻僧到翠微。
扫坛星下宿，收药雨中归。
从服小还后，自疑身解飞。

秋日过僧惟则故院

唐·秦 系

衰草经行处，微灯旧道场。
门人失谭柄，野鸟上禅床。
科斗书空古，栴檀钵自香。
今朝数行泪，却洒约公房。

题西白山观雪

宋·释仲皎

西白名山处，那堪踏雪观。
四围银世界，一色玉峰峦。
夜色和天冷，清辉放月寒。
溪梅初一二，著意为渠看。

题西白山齐云阁

宋·释仲皎

山云吹断路头开，此处疑穿月胁来。
怪底行人看碧落，笑谈容易作风雷。

寄太白李山人

宋·林 逋

颜如童子发如鬣，卜筑深当太白西。
身上祇衣粗直掇，马前长带古偏提。
鹍鹏懒击三千水，龙虎闲封六一泥。
几度枕肱人迹外，半窗松雪论天倪。

再游道场

宋·释绍嵩

万仞峰头古道场，重来败叶带飞霜。
感时偏动骚人兴，橘柚园篱近半黄。

咏油竹山茶

清·钱凤屏

太白之山崇矗矗，迤西一岭名油竹。
灵岩习见祥禽宿，雾镇云封如岳麓。
棋枰石畔菁英毓，茶舜春生不盈掬。
重价前交犹罕鬻，露液霜华入品目。
凡茗胡堪驰并毂，剡中此出闻名独。
谱佚毛公经佚陆，蒙山庚岭既殊族。
武夷普洱仍碌碌，龙井鹤顶惭宝蓄。
古方太华供渴服，汪家之妇亏清福。
单身采取满筠篚，惆怅迷踪何闪倏。
翌日重寻不可复，于今土硗衰产育。
欲求数片须疾速，迟恐梦符蕉下鹿。

太白山怀古（三首）

清·钱兰甸

岿然一太白，春来生百草；
昔有阳城人，曾于此悟道。

当年一二禅，道场在何处；
我欲着履寻，白云自来去。

啸猿亭云圮，疏山轩已灭；
留得仲皎诗，句句珠清绝。

书　愤

清·钱枏圃

昔年战芬启韩京，败绩仓皇宇内惊。
叠毁艅艎沉巨海，长驱辽沈失坚城。
台湾割去藩篱失，金币输将府库倾。
错铸天津条约订，至今人恨李西平。

狡猾倭奴蓄计深，乘机欲试砺霜渊。
中朝鹿马谋方急，大陆龙蛇战未停。
一纸书遗严晷刻，万钧力重压雷霆。
吞声忍气诚无奈，国耻难忘肺腑铭。

青徐传檄下衔枚，不道东夷渡海来。
捲地狼烟漫海岱，掀天鲸浪撼蓬莱。
势难还击三军愤，祸莫能逃万户哀。
最是使臣遭惨毙，令人发指痛心摧。

空拥貔貅百万师，纵横敌骑任驱驰。
兵无可战难言国，痛不能呼始觉悲。
无事竞为吠声犬，临危都作缩头龟。
匹夫共负兴亡责，大厦何能一木支。

泱泱表海著雄名，历代相承产杰英。
曾事攘夷传管仲，不甘臣汉有田横。
指挥即墨三千士，恢复全齐七十城。
今日何无忠义士，未闻振翼一鸣惊。

地坼天崩日暗光，死中求活岂无方。
卧薪尝胆越勾践，破釜沉舟楚项王。
能效海鱿鏖采石，定教风鹤败青岗。
含羞忍辱诚难解，不败何如一战亡。

敌骑东来日日多，任他蹂躏莫如何。
过江名士新亭泣，行炎夷酉野帐歌。
果欲求生先求死，未能决战敢言和。
世间只有强权在，弱受人欺泪自沱。

封豕长蛇海外来，乾坤震荡撼风雷。
覆巢之下无完卵，大陆将沉只劫灰。
败敌何人希谢石，乞师底处觅秦哀。
朝鲜本是神明胄，试问而今安在哉。

忆西山

清·钱枡圃

忆得西山景，群山矗岿巍。
秋来山果熟，山童摘累累。
山鸟与山花，山中自鸣开。
茅屋面山势，卜筑山之隈。
山风吹户牖，山月照庭阶。
离山二十载，昔昔梦山回。
何当返旧山，山翁共举杯。

寄怀斯浪清同志

民国·钱叔亮

吾爱西山子，人穷志不穷；放眼看世界，操守仰青松。
君住昆山巅，崎岖路难通；我居鹿苑傍，凄寂听晨钟。
昆山多曲涧，鹿苑水淙淙；似诉十年苦，相逢各由衷。
十载共教鞭，布衣傲骨风；丹心朝暮热，桃李满墙红。
诗文君独健，志趣我相同；共沐春光下，豪情激剡空。
沃洲水木秀，剡曲画图峰；誓扫烟尘云，心怀日月雄。
日寇侵凌急，深山有毒龙；救亡如救火，莫道双肩重。
稽山松柏茂，岭上斗西风；毒雾不常在，相期警兽丛。
离剡苦匆匆，浙东层次峰；衷情云树寄，尽在不言中。
烈火烛长空，山林处处红；愿君多壮志，来日正春风。

第二节　歌　谣

四季歌

春来耕作要抢先，秋来懒惰无收割；
夏时炎炎勿贪眠，寒冬饥饿莫怨天。

节气歌

立春梅花分外艳，惊蛰芦林闻雷报；
清明风筝放断线，立夏桑籽像樱桃；
芒种玉簪放庭前，小暑风吹早豆熟；
立秋知了催人眠，白露燕归又来雁；
寒露菜苗田间绿，立冬报喜献三瑞；
大雪寒梅迎风开，雨水红杏花开鲜；
春分蝴蝶舞花间，谷雨嫩茶翡翠连；
小满养蚕又种田，夏至稻花似白练；
大暑池畔赏红莲，处暑葵花笑开颜；
秋分丹桂香满园，霜降芦花飘满天；
小雪鹅毛飞蝙斑，冬至瑞雪兆丰年。

十二月风情谣

正月桂圆荔枝包，二月冻肉钵头连底撬；
三月上坟吃青饺，四月种田麦果糖霜包；
五月黄鱼两头翘，六月蜜甜水蜜桃；
七月西瓜味道好，八月月饼当“眼痨”；
九月初九重阳糕，十月青菜萝卜食讨饶；
十一月户户做年糕，十二月打冻裹粽新年到。

十二月风俗谣

正月灯，二月鹞，
三月上坟看姣姣，四月种田摸秧草，
五月喂养蛋宝宝，六月去割余姚稻，
七月回家割早稻，八月萝卜白菜要种好，
九月重阳田上稿，十月整整箩筐割晚稻，
十一月上山割柴草，十二月杀猪舂年糕。

九九歌

一九二九，笪［qià］水勿走；
三九四九，火熜勿离手；
五九四十五，太阳开门户；
六九五十四，笆头抽嫩刺；
七九六十三，棉袄担头甩；
八九七十二，黄狗困荫地；
九九八十一，犁耙一齐出。

种田诀

小田十字沟，大田井字沟；
搁田排水沟，中田廿字沟；
周围三寸沟，操作当路走。

耘田歌

三叔公耘田真细心，起码要耘五遍整：
头一遍，耘得烂泥碎纷纷；第二遍，耘得杂草断子孙；
第三遍，耘得新根密又深；第四遍，耘得棵大秆又挺；
第五遍，耘得稻谷弯头颈，杨花吐穗结黄金。

采茶季节歌

若要茶叶质量好，采摘时间要记牢；
谷雨前，嫌太早，后三天，刚刚好；
再过三天就变草。

养　兔

若要富，要养兔；
三只兔，油盐醋；
五只兔，衣裳裤；
十只兔，家里富；
百只兔，万元户。

调　宝

元宝调调头，买田勿间丘，
元宝圆又圆，买田买过县，
元宝甩一甩，买田买两万，
元宝垒一垒，买田到天台。

承包联产责任制
联到队，队翻身；
联到人，人使劲；
联到户，户操心；
联到哪里哪里灵。

农村新貌

改革开放，百业兴旺，
农民进城，开店办厂，
生意兴隆，铜钿旺壮，
彩电冰箱，造起新房，
还有余款，存入银行。

改革开放真介崭

改革开放真介崭，农民进城当老板。
东办厂，西开店，饭店门口摆粥摊。
敢与“全民”争高低，放开手脚把钱赚。
万元户，啥稀罕？今年税利创十万！

夸夸山里新农村

党的政策喜心头，乘车不用出村口；
吃水用水开龙头，加工照明不用油；
电影办在家里头，商品买卖不用愁；
干部致富带了头，多种经营满山头；
勤劳发家有奔头，两个文明齐步走。

干部“四风歌”

出门不忘调查风，请客不搞吃喝风；
工作不搞浮夸风，批评不当耳边风。

第三节　碑　记

西白山

清·洪传礼

余自伯父暨先君于乾隆年间自安徽潜山迁剡西白山，然此山实为剡中西障，跨婺、暨、剡三邑，与邑东四明山对，其间有大小西白、大小二昆。寺有上下鹿苑，仙有赵、葛、褚、孔，岩有锯石、虎头、垒石，石有棋盘、石笋、仙瓮，泉有瀑布，瓮有丹井，亭有玉虹、啸猿，阁有隐天齐云，堂有接山，峰有天柱，轩有疏山，馆有太平，洞有广信，盘有仙女，茶有云雾，园有术枣，禽有五色，兽有赤玃、白猿，祠庙有葛仙、武肃、灵济，房有蜜，水有剡，田有琼，溪有戴，山有口，塘有莲，地有盘龙、金钩、眠犬，乡有长乐、开元、太平，姓有刘、邢、周、钱，古称越中山水甲东南，而剡则杜子美称其秀异，李青莲叹其清妙，白太傅以剡为越中眉目，兼之王、谢、二戴、刘阮之事，又啧啧入口，以此言之，而太白又为剡中眉目，真是胜地，良不诬也。

赠道场世铭公序

清·钱世瑛

夫所谓地灵人杰，有以合言之而见者，有以互言之而见者。合言之，地既灵人亦杰也；互言之，地灵则人杰，而人杰则地灵也。

吾地有名道场者，弱冠时耳不闻其名。久而父老言孝言友，则曰莫道场世铭公若也；慷慨好善温恭谦雅，则曰莫道场世铭公若也。

乾隆辛亥之春，中宪大夫李征为饮宾，乘舆荣归，道经我里，咸啧啧称道，若而人者之宜有是恩宠也。自此而世铭之名喧然，道场之名更哄然矣。

余幼读家塾，长业砚田，虽于公为兄弟，耳熟而心钦之者久，每以无暇投契为憾。辛亥解帐家居，获与公晤，始信人言之不虚。窃叹亲炙之犹晚。我固爱公，公亦以我之爱公者爱我也。

壬午岁，董修祖庙事，向公捐费，始往道场。越岭而上，坦然一平坞，四山环绕，秀峰簇簇，高瞻远瞩，豁人心目，虽洞天福地不足过，以云地灵真灵地也。秀异所钟，宜乎有表表出众者。夫能知地灵则人杰，信不谬欤。虽然，世铭公生长山口，年冠而始就寓。初无公而道场之名不闻，后有公而道场之名斯著。是盖兰亭以右军显，盘谷以李愿传，不宁惟是，其人为千古之人，即一驻足而地因人传者，不可胜数。夫岂非人杰则地灵哉。由是道场不必长有公，公不必长在道场，而道场与公并传不朽矣。

余在谱局缮稿成，见者谓未曾道及赤手创业之隆，为能继美前人而垂裕后昆也。予笑而不答。

止止亭碑记

民国·斯浪清

马头岗为剡西通浣东之孔道。行人至其麓，欲上者，非稍事休息，不克登高涉险；已下者，非略行坐憩，何能恢复疲惫，此路亭之筑所以急不容缓也。

岗麓本有藤庙，可供息足之所。唯庙既狭隘，又不施茗，殊未足慰行旅之望。民国辛酉，小昆马氏庆荣、德舆、香金、德普诸君，有鉴于斯，推马君杏帘光遹集资董其事，于翌年壬戌鸠工庀材，涓吉创建止止亭于藤庙之东南。地本马氏茔产，经族众公诺而创建之，资亦经合村慨助。虽兴工将成，遇暴风雨摧毁，卒再接再励，指日告竣。盖不惟杏帘、光遹二君勇于好义，其合村之当仁不让，自有足多焉！《诗》有之："高山仰止，景行行之"，此名命之义欤！虽然为此名者，或更义不止此。肩者、负者、步者、趋者、骑者、舆者，黄耆垂髫者、荆布革履者，苟出是道也，畴不止于此哉。止于此者，其高山仰止，景行行止，而心向往之欤！夫事在人为，有志竟成。苟向往之，何不至之有哉！为善如斯，一切事亦如斯矣！亭即成，马氏复斥产置亭夫，司守护及施茗之责，行旅称便者已久。

今岁初秋，余至小昆，舍马君寿芬家。寿芬暨杏帘、梅溪、杏林诸君索余一言，余曰："义举也！不可以无记。"而余固屡出斯道者，每至是亭也，开怀瀹茗。披岚翠，挹清风，濯石罅之泉，拂马头之云，悠悠然顿忘跋涉之苦。叨赐多矣！终不文，又何敢固辞，爰泚笔记之如右，并录踊跃输将、共襄义举者芳名于左，藉志不朽。

第二章 民间故事

通源的神话故事和民间传说内容十分丰富。如《太祖庙的传说》《“七仙姑”的传说》《“玄坛菩萨”的故事》《“裘老三”的传说》《“泗洲堂”的故事》等等，由于篇幅所限，加上很多故事已被收录进《中国民间文学集成·嵊州故事卷》，本章只择优选择部分入志。

第一节 神话传说

白龙马的传说

出嵊县西门，放眼望去，远处就是雄伟的西白山。传说那里有一匹浑身没有一根杂毛、通身洁白耀眼的白龙马。据说，当年它是范蠡的坐骑，曾为复兴越国立下汗马功劳。

越王勾践打败夫差后，好了疮疤忘了痛，把辅国大臣文种、范蠡都看成了眼中钉。范蠡看穿了这位大王“只能共患难，不能同安乐”，就丢官弃印逃出绍兴城，隐姓埋名，云游天下去了。当他出走的那天，将白龙马牵到会稽山下，用右手轻轻地捋着它的鬃毛，长吁短叹了一阵，说道：

白龙马，白龙马，西白山中去安家；

且等越中出英才，再立新功把敌杀。

白龙马似乎懂得主人的心意，抬起泪眼，留恋地朝范蠡看了好一阵后，“咴——”地一声长鸣，抖了抖鬃毛，向上一纵，像一道闪电似的飞入西白山中。

白龙马离开范蠡大夫也不知有多少年了，它经常出没在西白山中，曾多次被人发现过。有一天，一个住在山里山、坳里坳的砍柴老人，上山去砍柴。他攀木登石，爬上了白龙潭的一悬岩陡壁。偶然间，发现岩石缝中长出一棵青翠欲滴的青藤，他顺着青藤往上爬，只见这根青藤沿着一条羊肠小道一直往前延伸。他活到胡须一大把了，还从来没见到过这样长而又长的青藤。“做一天工夫着，非把它找出个头来不可。”他这样想，就这样做了。从日出到日中，从日中眼看快要日落了，可是，这根青藤还不断穿过丛莽，绕过密林，没完没了地往深山冷岙里延伸。

他看看西斜的日头，捋了捋胡须，利索地从背后的刀络壳里抽出一把大钩刀，“啪”地斩断了这根青藤。随着“咴……”的一声长鸣，只见一匹白骏马，从头顶的一块大岩石上，纵过五六丈宽的山涧，像一道闪电，白光一亮，又消失在莽莽的深山老林中了。

砍柴老人蹬了蹬脚，长叹了一声，“咳！我怎么没有想到这根青藤原是白龙马的缰绳？是我自己没有福气，眼看牵到手的宝马，又给我放走了。咳，咳！不知今后哪个有福之人来驯服它啊！”第二天，砍柴老人又沿着被他砍断的青藤走去，跳过山涧，爬上一块峥嵘突兀的岩石，只见岩石上面留着两只莲花形的马蹄印。从此，这座山就叫马蹄山，这块岩石就叫马踏岩，这条岭就叫马蹄岭。

没有牵住白龙马，砍柴老人感到无限惋惜，每碰到人，不管相识不相识，就津津有味地讲述他差点抓住白龙马的经过，还有声有色地向人们描绘白龙马如何如何的威武神奇。

老人的花白胡子变成了银白胡子，他还是絮絮叨叨地向人们谈着这白龙马。因此百里方圆的人们，都知道西白山中有这样一匹神马。

话说明朝年间，浙东沿海倭寇为患。这些从日本三岛来的倭寇，乘着大船，挎着东洋刀，经常上陆来奸淫掳掠，杀人放火，搞得沿海地区民不聊生。大将戚继光防守浙东，在绍兴一带招兵买马，组织戚家军抗御倭寇入侵。“保卫海防，保卫家乡！”青年后生在戚家军的大旗下，纷纷参军应征。

“戚家军招兵了！”这个消息传到西白山一个叫“打铁坪”的小村里。激动了打铁坪阿黑、阿白两兄弟。

这个村子，家家户户都会打铁。相传范蠡大夫屯兵会稽山的时候，这里就是各种兵器的冶炼所。阿黑和阿白的祖祖辈辈都是打铁的好手。要兵器，不论是刀、枪、斧、钺、剑样样都不缺，可是，光有兵器打不了仗啊！还得有一匹战马。他俩终于想起了西白山的白龙马。兄弟俩马上动身，去寻找见到过白龙马的老爷爷。阿黑和阿白向老爷爷说明来意之后，老爷爷呵呵地笑了起来，拍拍这两个小伙子的肩膀说道：“好！你们兄弟俩有志气，跟我走！”老爷爷领着头，登岩跳涧快如飞，像只老猿猴一样矫捷。阿黑和阿白紧紧地跟在他后面，也好像燕子似的一上一下地飞着。

到了马蹄山上的马踏岩，老爷爷指着那两个莲花似的马蹄印说：“看到了吧！这就是白龙马当年留下的马蹄印。”“老爷爷，请问有什么办法才能找到它？”阿黑和阿白异口同声地问。老爷爷坐在岩石上，捋了捋胡子，笑着说，“办法倒有。可是，白龙马是个神物，没有勇敢和智慧，即使找到了它，也驯服不了啊！”

“请老爷爷指点，为了消灭倭寇，我们有决心找到白龙马。”

老爷爷说声好，拔腿就走。不知越过多少岭，翻过多少山，到了一座钻天峰上。只见峰顶长着一棵四个人抱不过来的老青松。

老爷爷指着这棵老青松说；“后生哥眼力好，你们抬头看，最高的树梢上挂着两把稻草。这可不是平常稻草呀！这是当年范蠡大夫挂在这棵松树上的。随着松树长大，它也升高了。谁能拿下这千年稻草，谁就能引来白龙马。”

“好！”阿黑不等老爷爷说完，就急着想爬上树去。可是，这么粗的树身，没有点枝丫可以攀附，怎么上得去呢？阿黑搔搔头皮，感到为难。

阿白向哥哥指指两肋。这下，点醒了阿黑。他马上从腰带上抽出两把匕首，一手一把，一高一低地插在老松树上，鼓捣着两手往上插，“嚓、嚓”地往上爬。爬呀爬，眼看快到挂着稻草的树梢了。

“不好呀！有蜂……”不等说完话，阿黑“梭”地从松树上溜了下来。

老爷爷拍拍阿黑的肩，摇摇头，为这个小伙子感到惋惜。

阿白抬头一看，果见稻草四周飞着嗡嗡的蜜蜂。阿白立即用野藤做成了一只“斗桶”套在头上。

也照着刚才阿黑的办法，“嚓、嚓”地往上爬。

阿白像只松鼠似的，嗖、嗖、嗖，一直爬到了树梢头。他用削铁如泥的匕首截了一段虬枝，做成了一个叉子。这时蜜蜂“嗡嗡”地扑面螫来，因有“斗桶”挡着，没有挨螫。他一连两叉，两把千年稻穗掉下松树，正好掉在老爷爷的怀里。

阿白顺着树干，“吱溜”一下，溜了下来。老爷爷一面将两把香气扑鼻的千年稻草递给阿白，一面说道：“快，白龙马即使在千里之外闻到千年稻草的香气，也会疾驰而来。”

老爷爷的话音刚落，突然风起云涌，松涛怒吼，一声马嘶，冲天而来。阿白立刻将一把稻草递给阿黑。他俩迎着强风，朝着马嘶声，挟着稻草冲了上去。多英俊的白龙马呵！通身雪白，长长的鬃毛，尖尖的锥耳，赛过当年刘备的“的胪”马。它停止了奔驰，正在昂首张望。阿黑想捷足先登，跑在阿白的前面，离白龙马丈把远的地方，“嗖”地一下，将手中的一把千年稻草扔了过去。白龙马张嘴一接，一根不落地衔入嘴中，当阿黑想冲过去抓住马鬃的时候，白龙马已昂首奋蹄，腾空而起了。阿黑扑了一个空，连白龙马的一根飞毛也没有碰到。

老爷爷都看在眼里，对阿黑苦笑了一下。

白龙马又回到了地上，它吃过千年稻草，觉得美滋滋的，喷着响鼻，又朝阿白奔来。阿白机灵而又沉着，向白龙马奔来的方向扔去一根稻草，然后，往前奔跑一段。扔一根，跑一阵；跑一阵，扔一根。白龙马紧紧地跟在阿白的身后。

聪明而勇敢的阿白，终于将白龙马引进了自己的家里。阿白取来了绺头，拿来了马鞍，终于驯服了白龙马。阿白骑着白龙马，告别了老爷爷，告别了哥哥阿黑，也告别了沿途欢送的父老们，将马肚一夹，一声长嘶，像一道白光，飞出了西白山，直奔绍兴城里去投戚家军了。

在抗倭的战场上，阿白骑着白龙马东征西伐，高举戚家军的大旗，冲锋陷阵，所向无敌。倭寇见到白龙马头上“猎猎”作响的旗帜，闻风而逃。英雄无畏的戚家军，威武善战的阿白，打得倭寇纷纷落海逃窜，再也不敢侵扰浙东了。

凯旋回来以后，阿白不要名利，仍和哥哥阿黑一道打铁，成为一个远近闻名的铁匠师傅。至于白龙马呢？又放回了莽莽苍苍的西白山。据说，只要有像阿白这样勇敢而聪明的爱国后生，再遇上老爷爷这样的好心人指引，白龙马可能还会再现呢！

天鹅孵子的传说

当你打开手机北斗导航准备去嵊州西白山时，你第一时间看到通源地图上最中心、最显眼的并不是“西白山”，而是一个叫“天鹅孵子”的地名。听上去“天鹅孵子”并不像是一个地名，然而，手机地图上确实标有“天鹅孵子”的地方。当地民间一直流传着刘伯温与“天鹅孵子”的故事。

元末明初时期，南方江、浙、赣地区战乱不断。元政府腐败无能，已无力有效管理社会，造成多地民众造反。同时出现了朱元璋、陈友谅、张士诚合作反元，又互争地盘的错综复杂局面。通源地区正处在嵊县、诸暨、东阳三县之交，属于山阴不管，会稽不收之地。通源地区属山区，但山并不太高，山中也有一些台地。当时的通源人口稀少、物产丰富。俗话说，靠山吃山，山里不但有野货、山货，还产稻谷、小麦、蔬菜、瓜果，特别是茶叶和香榧非常有名，还有漫山遍野的中草药。因此，短短几年内便涌进了很多逃难而来的难民，其中不乏有钱人。据传，当时的白石岭下村，从长垸田起经岗下向西直到现叠石自然村，形成了千户大镇，人口多达几千人。两个销货佬，早晨从茶坊村口分手，过长垸田、岗下，中午才到白石岭下，到晚上回家互相都碰不着面。

“天鹅孵子”的传说就发生在这里。从白石岭下村口沿王坞湾拾级而上便可到“天鹅孵子”，这里原来并不叫“天鹅孵子”，而是叫“岗头”，是一个由小山岗围成的坪地，它与“青田岗”遥遥相望。因青田岗海拔比岗头高，站在青田岗朝东看，岗头一带的风景一目了然。

一天，忽然从天上落下来一对天鹅，一只黑色的，一只白色的。有山民发现黑天鹅生蛋了，一窝蛋足足有一百零八个。从此，青田岗上时常出现黑白天鹅的身影。不久，便有王羲之故里金庭人到这里寻找这对黑白天鹅。据来人说，自从通源青田岗出现这对天鹅后，金庭观书圣王羲之墓前那对石天鹅便不翼而飞了，至今没有回到墓前。这是羲之生前最爱的一对天鹅，守护着书圣正好已满一千年。它们和书圣有一个约定，一千年后，它们可以获得自由，或归天庭，或仍然留在人间选择最适宜的地方自由幸福地生活。

这件事很快在周围地区流传开来，通源山区能吸引精灵休养生息，那么这个地方一定是人间福地。消息传开后，吸引了周围豪门、财主大家族纷纷迁家来此落户。“岗头”这块不大的坪地成了一块有钱有势家族疯狂争抢的风水宝地，多家名门望族的家族墓地也都迁往“岗头”，“岗头”成了一个热门的宝地。本就因战乱而自然形成的新城，陡然又增加了许多人口。如此规模的新城和如此美妙的故事当然引起了明代开国皇帝朱元璋的注意。

当时，元朝已经灭亡，大明王朝刚刚建立。各地还有许多残余势力在进行反明复元活动。朱元璋担心这些势力会利用龙脉来增强自己的气运和实力，从而危及明朝的安全和稳定。为了保护明朝的江山社稷，防止其他势力借助龙脉来威胁明朝的统治，他命刘伯温巡游天下名山大川，彻底斩断天下各路龙脉，要让明朝成为天下唯一的龙脉之主，从而保证明朝的气运和国运长治久安。

刘伯温奉旨来到这里。他在当地山民的指引下来到了“天鹅孵子”，详细勘察了四周环境，虽然没有遇到传说中的黑、白天鹅，也没有找到那一百零八枚天鹅蛋。然而，这里的环境着实让刘伯温看出了门道。

刘伯温看完“天鹅孵子”的风水，又沿周围的高山踏勘，沿白石岭爬到白石峰顶时，朝东南方向望去，看到了远处有一对天鹅翩翩起舞。刘伯温并非常人，他能看到一般人看不到的东西。他知道这命脉就在这座山上。于是便指示随员按他指的方向每隔三丈钉入一把桃木剑，一共三把，剑长三尺。桃木剑是有讲究的，一般桃木剑长多为三尺三寸，而刘伯温用三尺桃木剑显然是给这里的风水留了一手。刘伯温钉完桃木剑后又亲自动手把剑柄埋入土中，表层还用草蓬遮盖。做完这一切，他召集当地官员、土豪、乡绅立了三条规矩：第一，奉旨行事，这里的风水已破。此山从今日起封山育林六百年，其间任何人不得进入此山中。这既是圣上的意思，也是为子孙后代留一条生路。第二，除原住民外，所有洪武元年后迁入的人员全部清退搬离，特别是岗头坪地的家族墓葬，从那里迁来迁回那里去，限时三个月内完成，不得有误。第三，原来去诸暨的官道白石岭从当日起改道，改为从上王岭进入诸暨。白石峰改名为桃巫尖，六百年内不得改回原名。上述三条如有违者，皇法处置。

人们认为刘伯温留下了“三寸”之情，“天鹅孵子”仍是一块宝地。

黄大浪的传说

很久很久以前，黄大浪是一个高山湖泊，那里山高水清，鱼肥草美，四季宜人。湖泊周边散住着一些山民，人们靠山吃山，靠水吃水，捕鱼放牧，狩猎耕种，生活平静而美好！后来，一个大蛇妖也看中了这个山间的风水宝地，就霸占了这个湖泊，并且要求四周的村民，只要湖中央升起了大蛇的信子，就要送童男童女过去给它吃！若有不从，大蛇就兴风作浪，翻江倒海，淹没村庄。村民苦不堪言，又无力抗争，纷纷打算逃离此地。后来，一个叫黄大郎的小伙子站了出来，决心要和蛇妖搏一搏。那天，湖中央又升起了大蛇的信子，黄大郎扮成小孩的模样，带上刀，悄悄地划船过去，到了湖中央。大蛇妖平时骄横惯了，毫无戒备，美滋滋地张开大嘴，正要准备一口吞了。刹那间，黄大郎拿出砍刀一顿猛砍，人妖顿时在湖中央扭打起来，一时间浊浪滔滔，天昏地暗。打了好久，只见巨大的蛇尾巴甩起来，重重地砸在湖边，把湖砸出了一个大缺口，湖水泄了，蛇妖死了，黄大郎也死了！这个缺口，就是现在五通岩有水源源流出的地方。湖泊没有了，那地方就变成了一个高山湿地，人们搬到了山下居住，生活终于又安定了。为了纪念这位勇敢的小伙子，人们就把那个高山湿地叫作“黄大郎”，久而久之，黄大郎被喊成如今的黄大浪了。

“活潮神”的故事

相传很久以前，西白山上有一个山洞，山洞里住着一位修行的老公公，姓葛，此人经过很多年的修行，终于得道成仙。人称“葛老仙翁”。

有一年八月十八，他应好友陈老太公之邀一同前往海宁观看钱江大潮，两人腾云驾雾到了江边。见隔江对岸人山人海，热闹无比，也想过江而去，又见旁边既无船只，又无竹排，只有巨石一块，便将巨石移至江中，双双立于石上，以石为船，驾石过江而去，对面观潮的人见此两人能以石作船，渡江而来，便以为是活潮神再现，纷纷欢呼起来……从此以后，葛老仙翁便又有了“活潮神”的美名。

仙姑庙的由来

清光绪戊寅年，剡西大旱，稻田多开裂，禾苗枯萎，地里山上的农作物，均被晒死，有的地方饮水也有困难。石璜堰底村有数名壮士上东白山仙姑殿求雨，并把一个仙姑大圣塑像抬了下来，拜过谢神忏后，乡人们敲锣打鼓地将仙姑神像送回东白山，途经茶坊村大水坑时，突然下起一场雨来，两位壮士只好暂时把神像放在仙岩下，打算待天晴后，再将仙姑大圣塑像送上山去。一日，天晴了，两位壮士欲将仙姑塑像抬上山。谁知神像像生了根一样，再也抬不动了。正当大家感到奇怪、纳闷之时，突然来了一位鹤发银须、红光满面的老翁，站在仙姑神像旁边，对茶坊族长说：“玉帝爱民如子，赐银河水于茶坊，可以治病，名曰：查（hai）泉岩仙水。同时玉帝之女仙姑大圣爱慕茶坊山美、人好、茗香，相中仙岩下这一风水宝地，若能建庙，可与太白并灵，百姓将五世其昌，健康幸福。”话毕飘然而去。

茶坊百姓为了感谢玉帝隆恩和仙姑的厚爱，纷纷出钱出力在仙岩下建起了仙姑庙。庙宇依山而建，虽然不大，却十分壮观，仙岩下塑有七个仙姑坐像，上悬“仙姑庙”横匾一声，旁有对联曰：

甘霖润万物，恩泽百姓；

瑶池沐七美，韵醉千秋。

仙姑庙建成后，顶礼膜拜者接踵而至，求雨、求婚、求子、求福，祈求一切福音，竟十分灵验。

窑湾和叠石的传说

据传西白山上住着一个名叫葛老仙翁的神仙。有一天，他的好朋友陈老太公来拜访他，却逢葛老仙翁有事外出，便打算回去，转而一想觉得应该留下一点他来过的痕迹，便用小手指甲在葛老仙翁的洞府旁边挠了一甲泥土回去了。

葛老仙翁回来一看，见有人挠走了一湾泥土不知是谁，拔脚就追，追到一块岩石旁，见前面隐隐约约有个人影，但又看不清是谁，便去旁边端了一块石头叠在岩石上一望，原来是好朋友陈老太公，便大声地叫了起来。正在匆忙行走的陈老太公突然听到有人喊他，心中一惊，挠在指甲里的泥土一下子惊落在地，这就成了现在甘霖白泥墩村边的覆船山，而被他挠去了一甲泥土的地方就是现在通源三王堂村旁的窑湾，那两块重叠在一起的石头就是如今的叠石了。

“五通岩”的传说

西白山西北角白玉尖半山腰有一个天然石洞，当地人称之“五通岩”，“五通”即指五通菩萨通管，调剂五谷（黍、稷、麦、菽、稻）。相传善良的穷苦人家只要事先来此许愿，就能从五通菩萨那里借到粮食，以解燃眉之急。

五通菩萨会附身于人（一般附身于女性），五通菩萨附身后为她指指米缸，那么这米缸中的米就再也吃不完。但五通菩萨救济的粮食是从另一户粮食较多的人家暂时借搬过来的。相传有一日，五通菩萨附身于一妇女，正午时分，忽来两客人，想煮细豆糯米饭吃，当时五通菩萨非常着急，因为那日中午附近找不到在烧细豆糯米饭的人家。后来，他赶到东阳才找到一户人家，刚好在烧细豆糯米饭，这才从那里搬了一些过来，招待客人。所以现在当地老百姓中还流传着这样一句话：“我家的米怎么吃得这么快呀，难道是五通菩萨搬去了？”别人就会说：“当然了，谁叫你家米这么多。”

五通菩萨要求那些借粮食的人有借有还，这次借给了你，等你有粮食时要还上，如只借不还，那么下次再求他时，就不再灵验了。

“母岭头”的故事

在通源松明培村与诸暨交界的地方有条山岭，叫五岭头，传说原来叫“母岭头”。

很久很久以前，有人在母岭头上修建了一座庙宇。谁知，庙宇一建，三百里以外的绍兴城里顿时成了一片火海，无论怎么救，都不能扑灭，为此，绍兴城里的一些“风水先生”聚集在一起商议办法，他们认为这是“天火”，难以扑灭，又推测一定有一处地方坏了绍兴的风水。于是，这些“风水先生”便沿岗穿山一直寻到“母岭头”，见“母岭头”上新建了一座庙宇，便断定是它坏了风水，于是便拆掉了庙宇。果然，母岭庙宇一拆，城里大火即灭。原来绍兴的山都是从母岭头出脉的，它是众山岭的母岭。此后，母岭头便改名为五岭头了！

仙姑赐灵石的传说

很久以前，西白山脚东面有个小村庄，住着几十户人家，其中有一户人家姓王，只有老夫妻两人，儿子已分家。有一天，老两口去山上砍柴，不料下起了大雨，把辛辛苦苦种起来晒在晒场上的稻谷淋湿了，夫妻俩心痛得要命，伤心地坐在门口哭。

这时，仙姑们刚好路过这里，对王家老人的遭遇十分同情。这天晚上，老妇做了一个梦，梦见仙姑庙里的四仙姑对她说，西白山顶上有一块巨石，旁边有一株梅花，巨石上有一块灵石，可以预知晴雨。但你们去请灵石时一定要诚心诚意。话毕，老妇梦醒了，把梦里的经过马上告诉老汉，老两口非常高兴。

次日一早，王老汉带了干粮，按仙姑的指引上路了。爬山过岭，中午终于来到西白山顶。看到不远处有块大石头，旁边果然长着一株梅树，走到附近一看，大石上确有一块一尺多见方的石头，但是旁边有一条大蛇盘着，好像在保护这块宝石似的。老头想，要得到这灵石，必须要把这条蛇赶走。于是拾来几块小石头，向大蛇掷去，掷了三次，大蛇好像睡着似的，动也没有动。怎么办呢？王老汉想了想，去砍来一根小竹竿，在一头弄一个洞，用带来的绳子穿上，做成一根吊蛇竿，把竹竿一头伸向蛇头，但王老汉用了许多方法，大蛇就是不抬头不上钩，像一个忠诚的卫士保护着灵石似的。老汉为难了，过了好久，猛然想到仙姑说过心要诚的话，于是把随带的香烛点上，跪地对天拜求：“仙姑啊！我今天根据您的指点，已经来到大石头前，请蛇仙放行，赐我这块晴雨石吧！”说也灵验，跪拜完毕，大蛇不见了。王老汉终于得到了灵石。

回家后，老两口万分高兴，像供奉菩萨似的，把能预知晴雨的灵石安放在托盘上面，然后摆在擦得干干净净的桌子上，老妇又点上香烛九叩三跪，十分虔诚。

灵石呈青绿色，晴日时通体干燥，色泽暗淡，而当阴雨将至时石头便潮湿滑腻的，将有大雨时，奇石就会潮气溢出，水珠漉漉。话说这年夏天，村里人聚在一起晒谷子，稻谷摊晒好不久，王老汉走来告诉大家，赶快把谷子收起来，众人不解，询问原因。王老汉说：“顷刻间大雨将至”。众人抬头看看天上万里无云，红日当头，都嘲笑王老汉白天说梦话。果然，不到半个时辰，天上突然升起一片乌云，转眼间，大雨倾盆，众人手脚并用，稻谷还是被淋湿了一大半。大家好生奇怪，寻根问底，王老汉才说出家里有一块灵石的秘密。从此，王老汉索性每天都向大家预报天气。大家都说：要谢谢仙姑娘娘，有了这方灵石，大家的生活方便多了。

不知过了几代，徽州朝奉得到了灵石的消息，便前来采购，客商愿出三百两银子，王老汉的后代动心了，答应卖给徽州客商，但到了付钱交货那天，灵石突然不见了，大家感到非常奇怪。王老汉的后代更是伤心。

原来四仙姑给王老汉一方灵石，只是为了帮助乡亲了解天晴落雨，让大家在生产生活上得到好处。现在王家后代要利用灵石发财，四仙姑干脆就把灵石收回去了。

香榧的来历

据传，香榧是天庭所赐。

很久以前，天宫中养着一群专供玉帝夫妇娱乐助兴的白色大雁，这群白雁对天宫中清规戒律束缚下的生活产生了厌倦，都想出宫看看凡间景象。一日，因太白金星疏导管理，调皮的群雁便怂恿头雁带领大家出园下凡到人间看看。她们从六洲三岛到天涯海角，最后被东海岸边的美丽山川给迷住了，她们沿着剡溪到了会稽山主峰，见这里泉水叮咚，花香熏人，男耕女织，孩童嬉戏，一派人与自然和谐共融的美丽画卷，于是她们在这里“日戏泉水伴游鱼，夜宿竹林听雨声”，乐不思归了。

到了王母娘娘筹备开蟠桃大会时，太白金星发现白雁们不见了，于是循声而至，来到会稽山上，举目四顾，美景如画，叹曰：碧山绿荫，奇石叠嶂，天庭莫及，难怪白雁们流连忘返了。但天命难违，只好召雁回宫。太白金星见白雁们恋恋不舍，于是同意让头雁留下一件信物，以谢山民们对她们的友善呵护。头雁兴奋地“好啊”一声，一张嘴吐出一枚圣果。白雁们告诉山民，这是一颗神奇的种子，只要精心加以培育，日后便会长成一棵“摇钱树”，子子孙孙享用不尽。

于是，太白金星将这里的小溪命名为“白雁坑”，赐名会稽山主峰为“太白山”，然后就带着仙雁们回天庭了。因太白山在嵊州西面，后人亦称西白山，这颗神奇的种子就是如今已成为“摇钱树”的香榧子。

“财中将军”的故事

通源乡新东坑流传着这样一句话，就是“修土修泥筋，财中木子来古洞桥头。”说的是很早以前，东坑村北面山上现在叫小王青岭的小村里，出了一名武将，名叫财中，保家卫国，功绩大到可以封王。一次，财中将军顺利完成了朝廷下达的征剿任务，告假回乡探望母亲。母亲见到儿子非常高兴，觉得自己年岁已高，坚决要求儿子留在家里照顾自己，不让他返回军队。财中将军也是一个孝子，就听从老母亲的话，没有随军队返回朝廷且留下了帅印，在家斫柴卖柴，种粮种菜，端茶递水侍奉母亲，在老娘身边尽心尽孝。朝廷见财中迟迟未归，便派出官兵来嵊县寻找。因来嵊官兵并不知道财中将军老家具体在什么地方，便驻扎在五王庙，在石璜一带寻找了许久也没有找到财中将军。大概半来个月后，军队在石璜附近象庙下坂葛种样子的路上设卡检查。一天，财中担柴去石璜卖，到这个关卡时被几个站岗的士兵拦牢要检查，财中一怒，将士兵打翻跌落到路下田坂里，带队的官长赶来认出了这个卖柴佬就是财中将军，就连忙行礼，并将皇帝要求他回去的意思告诉他。财中对皇帝深表感激，同时也表示自己前半生忠君保国，后半生要侍母尽孝，不回去了，请带队官长转奏皇上恩准。带队官长就说，你如果不想回去，皇上也同意，但要求把帅印交出让他带回。财中同意把随身携带的帅印交给官长带回。为交还帅印，还在石璜举行了隆重交接仪式，仪式开始时财中坐上横头，交接完帅印后，接印人便坐了上横头。帅印交出后，财中便回到了东坑，经常在洞桥头坐坐，被人称为“财中木子”。因此，就有了“修土修泥筋，财中木子来古洞桥头”的传说。据说小王青岭村名的来历也与可以封王的“财中将军”有关。

第二节 生活故事

“娘娘”的由来

通源人有一个与众不同的称呼，称奶奶（祖母）为娘娘，这是怎么一回事呢?

相传唐朝的时候，有一个小皇帝，年方十四，尚未婚配。一日早朝，皇上降旨，张榜选后。当朝丞相怕这样做会丧失民心，思谋良久，便出班奏道:“万岁，如此张榜选美，恐怕会引起天下骚乱，似为不妥。据微臣昨日夜观天象，知南方有一座名叫西白山的山下有一贵人，此人年方二六，面呈‘七星照月’之相，万岁何不降旨，倘能得此佳人，则大唐江山万年矣！”万岁准奏。便收回圣旨，派丞相前往江南寻访贵人，丞相一路寻来，到得嵊县西白山北麓的一个小村庄，忽见一女子的鼻子周围呈月亮形长着七颗麻子，大喜过望。原来那女子便是那面呈“七星照月”吉相的佳人，随即差人进京奏请皇上降旨封后，皇上准奏，并立即传旨，着佳人即日进京完婚。

离别之日，姑娘的祖母见自己的宝贝孙女转眼间成了威风煊赫的“皇后娘娘”，悲喜交集，送了一程又一程，皇后见年届八十的祖母也跪在地上口呼“娘娘”，实在于心不忍，不禁泪流满面。到了京城，不日便奏请皇上，恩准故乡的祖母也尊称“娘娘”。从此，“娘娘”的称呼便一代一代传了下来。

廿五间头勿讨债的故事

嵊州农历十二月廿五，称为廿五间头，禁止讨债，是穷人的躲债日。相传，这一风俗出典于明朝兵部尚书喻安性智救穷人的故事。传说腊月二十三至三十夜，因灶司菩萨上天，家中没有菩萨看管，不少富人就向佃农或穷人逼债，弄得穷人纷纷出门躲避。这年腊月二十五一早，兵部尚书喻安性在家读书时，突然传来一阵吵骂声和哀求声。喻安性踱出家门，看到菜市场口围着一群看热闹的人，只见一个本城的财主逮着一个衣衫褴褛的赤脚种田佬，逼着种田佬还债。经打听，原来这个种田佬是财主的亲戚，年初向财主借了钱，至今未还。今天种田佬在菜市场置办年货，却被财主撞上。财主说你有钱买鱼买肉，就没钱还债? 于是，财主硬逼种田佬连本带利即刻还清。种田佬低声下气，苦苦哀求。而财主一口咬定非今日不可。旁人劝道:“他是你的亲戚，不看僧面看佛面，也要给他过个囫囵年”。财主却道:“亲是血缘，钱是财缘，我认人，但钱不认人！”喻安性实在忍无可忍，便向财主喝道:“吵什么！今天是什么日子，竟敢在大庭广众前嚷来嚷去！”财主被喻安性的突然吆喝吓了一跳，见是喻尚书，身子顿时矮了半截，喻安性又道:“今天是腊月二十五，二十五大如年！你晓不晓得? 二十五间头怎么好趁危逼债呢！”

财主见喻尚书一脸威武，英气逼人，收敛了嚣张气焰，赶忙向喻尚书跪地认错，鼠窜而去。

从此，嵊州人就将廿五间头作为讨债的忌讳日子了。

西白山云雾茶的由来

西白山上，有座坐北朝南的茅屋，里面住着一对勤劳的夫妇。

一天，葛玄肩背钿潞路过，嗅到一股奇异的香味。他深深地吸了几口，疲劳顿消，精神倍增，心中大异，就一面贪婪地吸着，一面细细地品评。他觉得这清香绝非寻常之物所发，非弄个明白不可。举目四望，见南坡上有间茅屋，便来到屋前，只见屋檐下摆着两口破缸，凑近仔细一看，里面积满了水，其色浓绿，用手一触，清凉彻骨，原来香气就是从缸里发出来的，知缸中之水，乃是宝物，就叩扉求见。

主人一见客到，连忙让进屋里，一面端凳倒茶，一面问道："客官到此，有何见教？"葛玄答道："我是云游道人，因你家有件宝物，特地寻访到此啊！"主人感到奇怪，说："我家贫寒，哪有什么宝物啊！"葛玄一指檐下两口破缸，认真地说："喏！这个就是！"主人不觉哈哈大笑："一对破缸，经年污水，算甚宝物？客官如要，尽管拿走。"葛玄听了，忙取金子一锭说："即蒙答应，请收下这笔定金，我三年后再来取货！"主人见葛玄如此，就收了定金，约期提取。

光阴如箭，转眼已是三载，主人把檐下两口破缸洗得干干净净，藏在屋里，专等葛玄来提，不几天，葛玄果然如约前来，一到门首，却不见了檐下两口破缸，心生疑惑，就急急进屋相问："宝物哪里去了？"主人说："客官放心，东西不会少的，请先吃酒吧！"当即搬出酒肉，热情款待。两人吃了一会儿酒，葛玄又问："宝物放在哪里？"主人说："我已倒去污水，洗刷干净，藏在房里了。"说罢，又是添酒，又是加菜，十分殷勤。葛玄一闻此言，哪还有心思吃酒，忙又问道："你把水倒在哪里？快陪我去看看。"主人引葛玄走出门来，指着上面雾气腾腾的山坡说："喏！就在那里。"接着又说："这里本来是清清爽爽的，那天，我把水泼在地上，当即升起一团云雾，经久不散。此后，每早起来，云雾弥漫，遮没山头，真是奇怪！"葛玄听了，不胜惋惜。主人忙问其故。葛玄慨然叹道："不瞒你说，我要的不是两口破缸，而是缸中之水。因为此水乃天庭太上老君炼丹时的蒸汽，遇冷成雨，妙用无穷。幸好你把仙水泼在沃土之上，日后当随雾长出一物，高约三尺，枝多叶茂，叶片墨绿而椭圆。采其嫩叶，用火烘干，沸水泡之，清香无比，名为'云雾茶'，给人饮下，与仙水有同等功效。"说毕收回定金告辞而去。

三年后，此地果然长出"云雾茶"十八蓬。主人如法炮制以后，献进京去。皇帝泡而喝之，清香无比，就叫国人广为种植，流传至今，这就是西白山云雾茶的由来。

"山鸡吊"的故事

民间稀奇古怪的名字不少，但多半颇有来历。通源乡（现属石璜镇）松明培村的西面有一个地名叫"山鸡吊"，关于这地名的由来，相传还有一个很滑稽的故事。

有一天，村里一个名叫金阿水的人上山砍柴，捉到了一只山鸡。他把山鸡吊在一棵树上，准备等第二天拿土枪去打。原来金阿水素来喜欢打猎，但一向以来连野兽的毛都未曾打到过，他的老婆讥称他为"亮眼瞎子"。第二天，阿水早早地拉醒了老婆，迫不及待地让她赶快烧好开水，他要上山打山鸡。他老婆笑着说："阿水，如果你打得到山鸡，我就将它生吞下去！""不要小看我，我今日一定要打一只山鸡来，否则就勿回来。"阿水胸有成竹地说。

阿水急匆匆地来到昨天吊山鸡的树下，朝着树上吊着的山鸡“嘣”的一枪，可金阿水却傻了眼，只见脚上缚着一截绳子的山鸡突然凌空飞走了，他爬到树上一看，树上还牢牢系着一截断绳。原来是他山鸡没有打中，却打中了缚山鸡的绳子，真是“天晓得”。从此，阿水吊过山鸡的地方便称为“山鸡吊”了。

“封口银子”的传说

剡溪水从西白山上的一处高山湿地里喷涌而出，流经数公里的峡谷，形成九曲回湾，环绕松明培村而过，人们也赋予一座座抱向村里的山以通灵的名字，如“倒回龙”“飞龙”“牵马龙”“寅眼”“长蛇”等，如此便引来了很多相信风水的人到松明培来寻求好的坟地，以求后代兴旺发达。其中，有一个“封口银子”的故事就发生在松明培村。

清代诸暨富商斯元儒（今国家AAAA级旅游风景区诸暨千柱屋的主人）慕名松明培兴旺，想在松明培为他自己寻找一处墓地，“风水”先生为斯元儒选中了一个名叫“七星拱月”的佳穴。相传这个位置的周围有七块呈环拱状耸立的巨石，而且前方的山似笔筒和金印，是一个能够出状元的好地方。斯元儒对这个地方非常满意，但这个位置的山属于松明培村，他担心动工、起坟的时候松明培村里的人会去“出花枪”（意即干扰），于是便叫佣人挑着一担银子到松明培，动工造坟的时候，只要松明培村里人去看一看，就会给十块银洋，以堵众人的口，俗称“封口银子”。最后，斯元儒如愿以偿地安葬到“七星拱月”的风水宝地里去了。没想到，在那个特殊年代，斯元儒墓被毁于一旦，他的遗骨在他的子孙“嵊县人太吵，爷爷太公回老家吧”的念声中归葬到诸暨去了，而“封口银子”的故事就流传下来了。

附 录

一、有关部门文件和报告

1.浙江省政府关于嵊州市部分行政区划调整的批复（2019年）

浙江省人民政府文件

浙政函〔2019〕80号

浙江省人民政府
关于嵊州市部分行政区划调整的批复

绍兴市人民政府：

你市《关于要求调整嵊州市部分乡镇行政区划的请示》（绍政〔2019〕21号）收悉。现批复如下：

同意撤销石璜镇、雅璜乡、通源乡建制，合并设立新的石璜镇。调整后，新的石璜镇辖1个居民区、27个行政村，镇政府驻石璜村镇东路25号。

同意撤销谷来镇、王院乡、竹溪乡建制，合并设立新的谷来镇。调整后，新的谷来镇辖1个居民区、27个行政村，镇政府驻谷来二村振兴路119号。

— 1 —

同意撤销金庭镇、北漳镇建制，合并设立新的金庭镇。调整后，新的金庭镇辖1个居民区、22个行政村，镇政府驻金庭村临江东路2号。

同意撤销贵门乡和里南乡建制，合并设立新的贵门乡。调整后，新的贵门乡辖24个行政村，乡政府驻贵门村12号。

你市和嵊州市政府要切实加强领导，周密组织实施。此次行政区划调整涉及的各类机构要按照“精简、统一、效能”的原则设置，所需编制由嵊州市自行调剂解决。严格按照国务院“约法三章”的要求，不新建政府性楼堂馆所，不增加财政供养人员，不增加“三公”经费。高度重视和妥善处理行政区划调整过程中出现的矛盾和问题，确保行政区划调整工作顺利进行，促进当地经济持续健康发展和社会大局稳定。

浙江省人民政府

2019年7月18日

（此件公开发布）

抄送：省委、省人大常委会、省政协办公厅，省委组织部，省委编办，省发展改革委，省公安厅，省民政厅，省财政厅，省人力社保厅，省自然资源厅，省建设厅，省交通运输厅，省统计局，省军区，省监委，省法院，省检察院，嵊州市人民政府。

浙江省人民政府办公厅　　2019年7月19日印发

— 2 —

2.嵊州市政府关于通源乡政府要求行政村规模调整的批复（2007年）

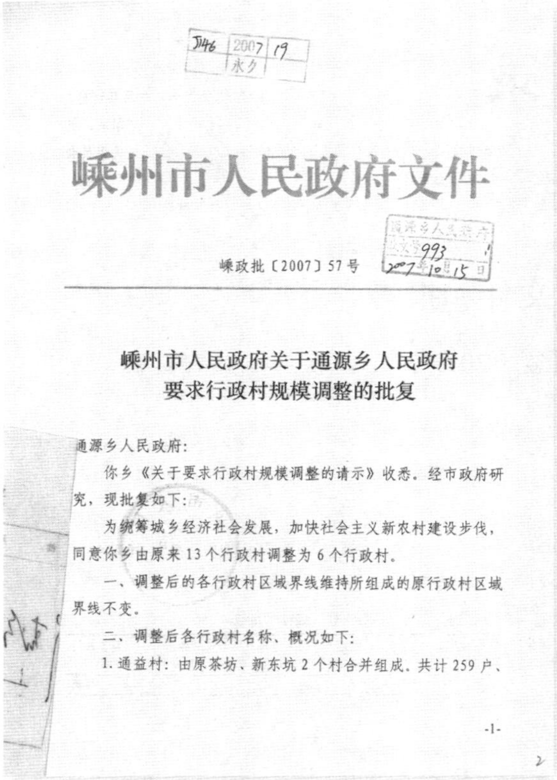

嵊州市人民政府文件

嵊政批〔2007〕57号

嵊州市人民政府关于通源乡人民政府要求行政村规模调整的批复

通源乡人民政府：

你乡《关于要求行政村规模调整的请示》收悉。经市政府研究，现批复如下：

为统筹城乡经济社会发展，加快社会主义新农村建设步伐，同意你乡由原来13个行政村调整为6个行政村。

一、调整后的各行政村区域界线维持所组成的原行政村区域界线不变。

二、调整后各行政村名称、概况如下：

1.通益村：由原茶坊、新东坑2个村合并组成。共计259户、

-1-

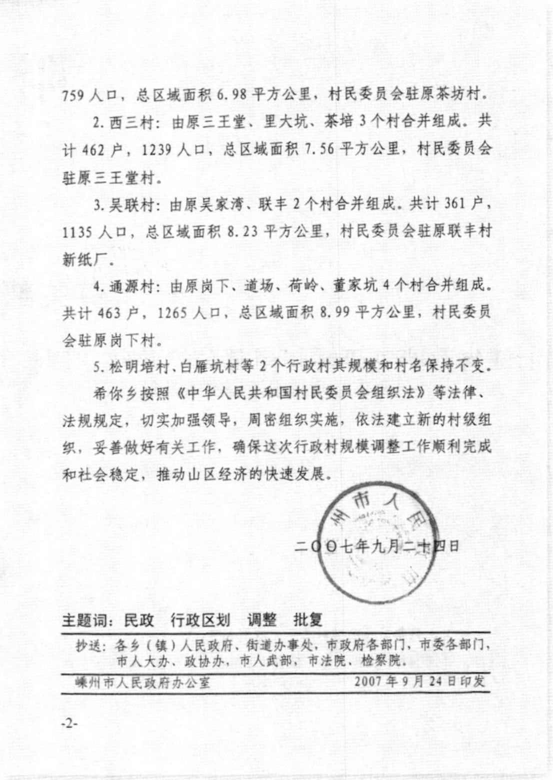

759人口，总区域面积6.98平方公里，村民委员会驻原茶坊村。

2.西三村：由原三王堂、里大坑、茶培3个村合并组成。共计462户，1239人口，总区域面积7.56平方公里，村民委员会驻原三王堂村。

3.吴联村：由原吴家湾、联丰2个村合并组成。共计361户，1135人口，总区域面积8.23平方公里，村民委员会驻原联丰村新纸厂。

4.通源村：由原岗下、道场、荷岭、董家坑4个村合并组成。共计463户，1265人口，总区域面积8.99平方公里，村民委员会驻原岗下村。

5.松明培村、白雁坑村等2个行政村其规模和村名保持不变。

希你乡按照《中华人民共和国村民委员会组织法》等法律、法规规定，切实加强领导，周密组织实施，依法建立新的村级组织，妥善做好有关工作，确保这次行政村规模调整工作顺利完成和社会稳定，推动山区经济的快速发展。

二〇〇七年九月二十四日

主题词：民政　行政区划　调整　批复

抄送：各乡（镇）人民政府、街道办事处，市政府各部门，市委各部门，市人大办、政协办，市人武部，市法院，检察院。

嵊州市人民政府办公室　2007年9月24日印发

-2-

3.嵊州市政府关于同意通源乡行政村规模调整的批复（2019年）

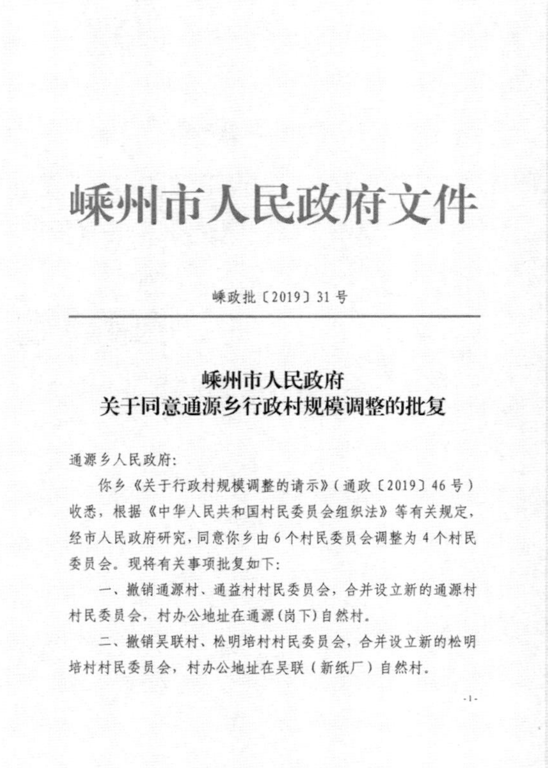

嵊州市人民政府文件

嵊政批〔2019〕31号

嵊州市人民政府关于同意通源乡行政村规模调整的批复

通源乡人民政府：

你乡《关于行政村规模调整的请示》（通政〔2019〕46号）收悉，根据《中华人民共和国村民委员会组织法》等有关规定，经市人民政府研究，同意你乡由6个村民委员会调整为4个村民委员会。现将有关事项批复如下：

一、撤销通源村、通益村村民委员会，合并设立新的通源村村民委员会，村办公地址在通源（岗下）自然村。

二、撤销吴联村、松明培村村民委员会，合并设立新的松明培村村民委员会，村办公地址在吴联（新纸厂）自然村。

-1-

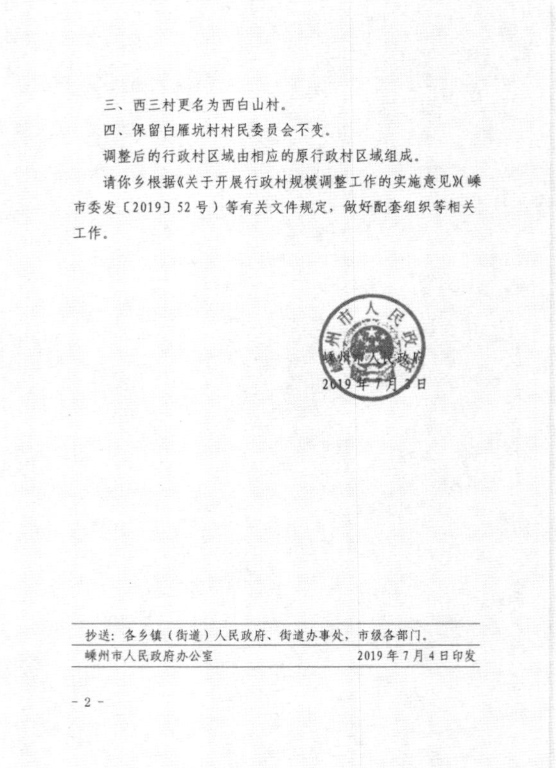

三、西三村更名为西白山村。

四、保留白雁坑村村民委员会不变。

调整后的行政村区域由相应的原行政村区域组成。

请你乡根据《关于开展行政村规模调整工作的实施意见》（嵊市委发〔2019〕52号）等有关文件规定，做好配套组织等相关工作。

2019年7月3日

抄送：各乡镇（街道）人民政府、街道办事处，市级各部门。

嵊州市人民政府办公室　2019年7月4日印发

-2-

4.关于命名浙江省嵊州市通源乡白雁坑村“地质文化村”的通知

自然资源部中国地质调查局
浙江省自然资源厅

浙自然资厅函〔2018〕75号

自然资源部中国地质调查局 浙江省自然资源厅关于命名浙江省嵊州市通源乡白雁坑村“地质文化村”的通知

浙江省嵊州市国土资源局：

为深入贯彻落实党的十九大精神，探索新时代地质工作支撑服务国家乡村振兴战略实施的有效途径，经自然资源部中国地质调查局、浙江省自然资源厅联合实地调查和深入研究，同意命名浙江省嵊州市通源乡白雁坑村为“地质文化村”。

“地质文化村”是集地质遗迹资源保护、地质文化传播与特色旅游资源开发相结合，致富一方百姓的新型乡村。浙江省嵊州市通源乡白雁坑村依托国家和地方公益性地质调查项目，科学规划、精心组织、多方合作，在深化地质调查、保护地质遗迹、讲好地质故事、开发地学旅游产品中达到了“有文可读、有声可听、有物可看、有品可尝”的地质文化村命名建设标准，也是我国首个正式命名的地质文化村。

1

希望白雁坑村以“地质文化村”命名为新的起点，深入贯彻落实习近平生态文明思想，立足地质特色，加强经验总结，充分发挥全国首个地质文化村的示范引领作用，为地质工作更好地服务生态文明建设和国家乡村振兴战略作出更大贡献。

自然资源部中国地质调查局　　浙江省自然资源厅
2018年11月20日

抄送：浙江省嵊州市人民政府。

浙江省自然资源厅办公室　　2018年11月23日印发

2

5.浙江省白雁坑村地质文化村调研报告（自然资源部中国地质调查局）

情 况 通 报

第27期

自然资源部中国地质调查局　　2018年8月1日

浙江省白雁坑地质文化村调研报告

按：2018年6月29日，中国地质调查局王昆副局长一行对全国首个地质文化村——浙江省嵊州市通源乡白雁坑村进行了调研，总结了白雁坑地质文化村经验启示，提出了下一步工作建议。自然资源部党组成员，中国地质调查局局长、党组书记钟自然同志对此作出批示：“以地质遗迹调查成果为基础推进地质文化村创建，是新时代地质工作支撑服务国家乡村振兴战略实施的重要探索，成效显著，意义重大。请组织有关单位认真总结，统筹谋划，扩大创建范围，争取更多成效。原则赞成报告所提三点建议，

- 1 -

请抓紧推进。另请以此项探索为借鉴，组织地质调查各计划、工程和项目研究支撑服务国家重大战略的方式和途径，充分发挥地质调查成果服务国家和人民的潜力。请办公室将此报告印发各单位阅研。”

根据局党组要求，现将该调研报告印发各单位，请学习参考。

- 2 -

浙江省白雁坑地质文化村调研报告

——地质文化村建设是新时代地质工作支撑服务乡村振兴战略实施的重要探索

2018年6月29日，中国地质调查局王昆副局长一行对全国首个地质文化村——浙江省嵊州市通源乡白雁坑村进行了调研。白雁坑村以地质遗迹调查成果为基础，深入挖掘地质元素，有效融合各类资源，集地质遗迹资源保护、特色农产品生产、地质文化与旅游资源开发为一体，推动乡村发展取得显著实效。调研组认为，白雁坑地质文化村是人与高山、巨石、榧林、泉水、茶园组成的生命共同体，是人与自然和谐相处的典范，是对习近平总书记“绿水青山就是金山银山”生态文明思想的生动诠释，是地质工作服务乡村振兴的鲜活案例。继续深挖白雁坑村地质文化特色，打造“全国地质文化第一村”，对于推动地质调查战略性结构调整、拓展地质调查成果服务领域、促进地质工作支撑服务生态文明建设与乡村振兴具有重要的示范意义。

一、基本情况

通源乡白雁坑村地处浙江省嵊州市西南，会稽山脉西白山山腰，平均海拔800米，距通源乡政府7公里，距嵊州市43公里，是一个典型的“九山半水半分田”的江南山区，是传统意义上的“偏远”山区。

- 3 -

2013年—2016年，中国地质调查局地质环境监测院依托《全国重要地质遗迹调查》项目，部署实施了华东地区重要地质遗迹调查，调查发现通源乡白雁坑村及周边沟谷中大面积分布凝灰岩质巨石堆积体，为火山喷发和后期崩塌等地质作用形成，确定白雁坑谷等地质遗迹点54处。

基于通源乡建设地质公园条件不足、自身具有独特资源环境优势的现状，浙江省国土资源厅大胆探索、积极创新，提出把通源乡地质环境保护与美丽乡村建设相结合、建设“地质文化村”的新理念，并大力推动实践。《全国重要地质遗迹调查》项目组与浙江省国土资源厅等单位多次会商，共同研讨探索地质遗迹调查成果转化应用新形支和建设电路，为地质文化村的建设提供了技术支持。

2014年，浙江省国土资源厅向嵊州市国土资源局下达《嵊州市通源乡地质环境保护工程》项目，经费310万元。项目由嵊州市国土资源局负责组织实施，浙江省第一地质大队负责项目地质调查，浙江大学负责项目规划设计，通源乡人民政府负责项目的具体休建设，历经3年，以“地质为魂、保护为基、生态为要、民富为本”的建设基调，对通源乡地质环境资源进行充分细致的调查和研究，在基础地质、地形地貌、水文地质、农业地质以及地质遗迹资源、人文历史、民俗民风等各个方面进行探度挖掘和巧妙组合，最终建成了有文可读、有声可听、有物可看、有品可尝的“四有四可”地质文化村。

- 4 -

二、取得成效

（一）村民变富了。通过地质文化村建设，白雁坑村实现从较单一的经济结构向旅游、民宿、特色农产品多种经济结构转变。在外打工的村民纷纷回村发展，村里的民宿从2012年的2户增加到目前的14户、170个床位。2016年，以白雁坑村为核心的西白山区块接待游客近2万人次，直接增收200多万元，带动农产品销售800多万元以上。2017年接待游客达到3万人，增长率达30%区上。地质文化村建设实现了地质文化推动乡村经济发展的目标，村民真正富裕起来了，现在的白雁坑村成了周边村庄羡慕的对象，村民地位提高了，心态变好了，村庄更和谐了。

（二）村庄变美了。在地质文化村建设项目的推动下，通过整合嵊州市农办、建设局等多方面资金1000余万元，完成了道路交通、电力、污水处理等多方面的基础设施建设，进行了地质文化景观整体规划设计与功能分区，村庄变得更加干净整洁、美丽舒适，真真切切地改善了农村的生活环境。2016年11月，通源乡跻身浙江省首批美丽乡村示范乡镇。白雁坑村被评为全国生态文化村、省宜居示范村、绍兴市农家乐特色乡镇、嵊州市民宿重点村，已成为周边乡村旅游的重要目的地。

（三）地质遗迹资源得到了切实的保护。通过地质文化村的建设，对地质遗迹集中分布区进行了详细的建设方案设计，初步建立了科普长廊、地质文化展馆、地质遗迹标识系统等，地质遗迹资源得到了针对性的保护。建设过程中，发动村民投工投劳、

- 5 -

主动参与其中，无形中普及了地质科学文化知识，提高了村民保护好地质遗迹资源的自觉性和责任心。如村民在榧林间修建漫步小道时，自发从山下取石，而不是就近利用坡上堆积的块石。村民充分认识到了地质遗迹资源的珍贵性，自觉成为了地质遗迹点的讲解员、宣传员和保护员。

三、经验启示

（一）以地质遗迹资源科学利用为基础的地质文化村建设是新时代地质工作支撑服务乡村振兴的重要载体。传统的地质工作注重为国家找矿产、油气、地下水等“硬”资源，为国家经济社会的发展作出了重要贡献。在新时代，地质工作以需求为导向，面向国家重大战略，在继续调查“硬”资源的同时，更加重视地质文化“软”资源的开发利用。基于地质遗迹资源的白雁坑地质文化村建设的成功探索，为地质工作支撑服务生态文明建设和乡村振兴战略提供了典型示范。全国6200多处地质遗迹点，类似于白雁坑村地质资源环境条件的村庄有很多个。在这些村庄里，很多是山最高、路最远、人最穷。通过地质工作，打造类似白雁坑的地质文化村，来展示这些村庄的美，来带动这些村庄变得更加富裕、更为文明、更有活力。根据白雁坑村成功经验，《全国重要地质遗迹调查》项目组在2017年6月召开的“全国重要地质遗迹调查规范培训会”上向全国地质遗迹调查工作者介绍推广“地质永化村”，2018年选取浙江仙居、江西兴国、陕西宁强、河北丰宁等四处部署开展下一批地质文化村试点示范研究工作，浙江省

- 6 -

国土资源厅计划在全省培育打造百个地质文化村。星星之火可以燎原，地质文化村可成为新时代支撑服务乡村振兴的重要载体。

（二）地质特色是地质文化村的持续生命力。白雁坑村紧紧围绕地质文化这个核心，既大力普及普遍意义上的地质科学文化知识，又着力突出火山岩崩塌巨石等地质遗迹景观，并与当地特有的香榧古树等资源结合起来，打造出“千年香榧林，万年巨石降”“石中有榧、榧中有村”的特色风景。现有地质现象成就于地球46亿年漫长的地质演化，独具特色。各村庄亦具有独特的历史和文化沉淀。地质文化村的建设既要有地质元素的共性，更要突出其地质自然元素独特性与村庄人文元素独特性的有机融合。地质文化村的建设不是千篇一律的，不是简单的复制粘贴，需要一支有慧眼、有情怀、有创意、有执着的团队精心打造。

（三）“自组织保护”与“兴建共享”是地质文化村建设的重要模式。不同于以往地质公园、风景旅游区等，白雁坑地质文化村的建设没有重复“圈地-赶人-售票”的固有开发模式，而是调动当地村民的积极性，让村民根据自身条件自行设计、建设，全村整体统筹，以地质遗迹资源科学利用为主线，将每家每户的房屋、土地、道路、林木、茶园等资源进行整合。在建设资金方面，采取了“上级补助、乡统筹、村集资”的形式筹措，除了省级财政公益性项目补助、嵊州市级财政支持外，其余款项均为通源乡落实、白雁坑村民投工投劳的方式筹集。在项目建设过程中，积极协调、发动群众参与工程建设。通过投工投劳、亲身参与，

充分体现了村民参与其中的归属感、成就感。在日常生活中，通过经营民宿，销售香榧干果、茶叶等特色农产品，成为地质文化村建设的直接受益者，以此形成良性循环，达到群众共建地质文化村、共享建设成果的目的。地质文化村建设过程中以需求为导向，旨在惠民，尊重村民意愿，不搞“政令推行”。这种群众参与、共建共享地质文化村的“自组织”形式得到了专家的一致认可。

四、几点建议

（一）继续支持白雁坑地质文化村建设工作。“地质文化村”是一种集地质遗迹资源、特色农业资源、文化资源、旅游资源于一体的新型乡村形态。作为全国地质文化第一村，作为典型示范，白雁坑地质文化村的建设还处于初级阶段，还要持续打磨、持续发掘、持续向前推进。建议我局一方面继续在技术上给予支持指导，深入挖掘地质文化的特色，让地质元素在白雁坑地质文化村建设中无处不在，让村里的一山一石一水都赋有生动的地质故事和科学内涵；另一方面，与浙江省国土资源厅共同研究科学定义“地质文化村”，共同命名和挂牌浙江省第一个地质文化村，共同支持将白雁坑打造为中国地质文化第一村。

（二）研究制定《地质文化村建设指南》。深入挖掘白雁坑等地质文化村建设经验，并结合我国地质遗迹具体情况，进一步明确“地质文化村”建设基本条件，规范地质调查、地质遗迹保护、地质科普、基础设施与服务、特色项目与活动、综合管理等要求，明确创建的基本流程和建设模式，研究制定《地质文化村

建设指南》。建议我局与浙江省国土资源厅共同制定和发布这个指南，推动指导全国范围内的“地质文化村”的示范建设与管理。

（三）推动地质文化产业的培育。地质旅游资源的观赏价值、科学研究价值、科普教育及在旅游经济中的重要作用越来越被人们所重视。全国地质遗迹调查评价工作以保护地质遗迹和服务经济社会发展为目标，已形成世界地质公园、国家地质公园、省级地质公园三级保护体系，既达到了保护目的，又形成了“地质公园”特色经济增长点。白雁坑地质文化村建设的探索，进一步丰富了地质遗迹点的保护形式，拓展了地质遗迹点的科学价值，有望形成以地质文化村建设为点，以地质公园建设为面的“点面结合”科学利用新模式。近年来，特色小镇、民宿等相关业态的发展，给地质+文旅+民宿+文创等提供了最佳的发展时机。建议下一步在系统总结白雁坑等地质文化村建设的成功经验基础之上，深入挖掘地质文化之魂，发挥地质遗迹特色资源优势，整合旅游、文化、乡村等功能，在全国范围内培育形成一批独居特色的“地质文化村”，推动我国地质文化产业发展。

报告编写组：王 昆 孙乐玲 郝爱兵
曹佳文 董 颖 王东辉

报送：局领导班子成员
分送：各直属单位、各部室，浙江省国土资源厅，各省级地质调查院、地质环境监测机构。

责任编辑：王璞 周平 季瑞杰　　本期印制75份

二、主要参考书目和文献

1.《剡录》高似孙编纂（1214）

2.《民国嵊县志》丁谦、余重耀总纂（1934）

3.《嵊县志》嵊县志编纂委员会编　浙江人民出版社（1989）

4.《嵊县志》（修订本）嵊州市志编纂委员会修订　方志出版社（2007）

5.《嵊州市志》嵊州市志编纂委员会编　方志出版社（2007）

6.《人文嵊州丛书》嵊州市委、市政府编　浙江古籍出版社（2008）

7.《嵊县地名志》嵊县基本建设委员会编　内部资料（1983）

8.《嵊州市地名志》嵊州市地名志编纂委员会编　中国商务出版社（2019）

9.《嵊县农业志》嵊县农业局编　内部资料（1988）

10.《嵊州市民政志》嵊州市民政局编　内部资料（1997）

11.《嵊州市土地志》嵊州市土地管理局编　内部资料（1999）

12.《嵊州市交通志》嵊州市交通局编　浙江大学出版社（2003）

13.《嵊州市水利志》嵊州市水利志编纂委员会编　浙江大学出版社（2004）

14.《中共嵊县组织史资料》中共嵊县县委组织部编

15.《中共嵊州市组织史资料》中共嵊州市委组织部编　中共党史出版社

16.《嵊州家训》中共嵊州市委宣传部主编　内部资料（2019）

17.《中共嵊州地方史》中共嵊州市委党史研究室编　杭州大学出版社（1998）

18.《嵊州文明形迹》嵊州市文物管理处编　西泠印社出版社（2010）

19.《长乐镇志》长乐镇志编纂委员会编　浙江人民出版社（1999）

20.《白雁坑村志》白雁坑村志编委会编　内部资料（2016）

21.《浙江嵊州西白山药用植物资源调查及综合评价》绍兴文理学院元培学院生命科学系孙小红等《绍兴文理学院学报》（2010）

三、志书编纂工作记事

2022年

1月23日，组建《通源志》编纂工作发起人微群。

2月16日，召开《通源志》编纂工作筹备会议，商定组建团队启动编纂《通源志》。

3月4日，召开《通源志》第一次编纂工作会议，确定志书编纂大纲和人员分组分工等。

3月5日，在原通源乡政府会议室举行《通源志》编纂工作启动仪式。

3月19日，召开《通源志》编纂工作第二次会议，商议资料征集、创建公众号等事宜。

4—5月，组织人员先后分4次赴原通源乡政府查找原始资料。

5月14日，召开《通源志》编纂工作第三次会议，交流各组收集资料情况，确定微信公众号为“有志通源”。

5月22日，组织《通源志》编纂工作培训会议，邀请市委党史研究室（地方志研究室）主任楼向前作方志知识专题辅导，并举行“有志通源”微信公众号开通仪式。

7月17日，召开《通源志》编纂工作第四次会议，讨论编纂大纲修改版及人物入志基本原则和标准等。

7月31日，考察白玉尖剡溪源头，为剡溪源立碑建亭选址，并落实相关工作。

8月25日，召开《通源志》编纂工作第五次会议，调整人员分工，商议赴通源各村实地走访调查方案。

10月23日，走村调查工作开启。第一站走进茶培村，考察各自然村，召开座谈会了解有关情况。

10月29日，走村调查第二站走进道场村，考察各自然村并座谈了解情况。

11月5日，走村调查第三站走进吴家湾村，考察各自然村和斯兰馨故居，并安排座谈。

12月10日，召开《通源志》编纂工作第六次会议，交流资料收集情况，各组确定编写人员等。

12月18日，走村调查第四站走进白雁坑村，考察各自然村，察看白玉尖剡溪源头立碑建亭进展情况，并登上西白山主峰概览通源地势地貌。

2023年

2月5日，走村调查第五站走进里大坑村，考察各自然村，寻访西山中学旧址，寻觅雕圣戴逵遗风。

2月11日，召开《通源志》编写人员业务培训交流会，重点解决资料收集整理问题。

2月18日，走村调查第六站走进新东坑村和茶坊村，考察各自然村和江下片中学旧址。

2月26日，走村调查第七站走进联丰村，考察各自然村、汤铁山故居及通往诸暨的上王岭古道。

3月4日，走村调查第八站走进荷岭村和岗下村，考察各自然村、原通源中学校园及岗下村劈山造田遗迹。

3月5日，走村调查第九站走进三王堂村，考察各自然村并组织座谈，实地踏看“农业学大寨”移山造田遗址大坪岗。

3月8日，走村调查第十站走进松明培村和董家坑村，考察诸嵊交界处落马岭、姆岭古道、通源煤矿、叶蜡石矿遗址，并进行座谈了解相关情况。

3月11日，在白玉尖剡溪源头举行“剡溪源”碑设立和“思源亭”落成仪式。

3月12日，召开《通源志》编纂工作第七次会议，确定工作重心从收集资料为主转到志稿编写上，要求各组第一稿在7月底前汇总提交。

4月9日，召开通源知青代表座谈会，共有13位知青应邀参加。

6月10日，召开《通源志》编纂工作第八次会议，讨论“通源十景”初选清单，以及《通源志》出版有关事宜。

6月23日，召开《通源志》编纂工作第九次会议，交流近期工作及安排，商议分村征集通源学子情况方案等。

7月11日，召开《通源志》编写工作交流会，各编写人员汇报交流进展情况，重点解决志书编写中存在的问题。

8月15日，《通源志》第一稿提交。

10月15日，《通源志》第二稿提交。

10月22日，召开《通源志》编写人员工作交流会，商讨继续征集资料和修改志稿等有关问题。

11月29日，组织人员赴通源航拍13个行政村照片。

12月23日，召开通源中小学老校长代表座谈会，征求对教育篇的意见建议。

12月30日，《通源志》第三稿提交。

12月31日，召开《通源志》编写人员慰问座谈会，交流和安排有关工作。

2024年

1月1日，召开《通源志》编纂工作第十次会议，总结上一年工作，作出新一年总体安排，确保5月份定稿、年内完成出版。

2月26—29日，编委会组织对《通源志》（第三稿）进行第一轮集体审改。

3月30日，《通源志》第四稿提交。

5月3—11日，编委会组织对《通源志》（第四稿）进行第二轮集体审改。

5月5日，召开《通源志》编纂工作第十一次会议，重点商议编纂出版经费筹措等事宜。

5月19日，邀请嵊州市诗词研究会考察“通源十景”并创作配景诗。

5月25日，《通源志》第五稿提交。

5月30日，《通源志》定稿，提交给方志出版社。

6月初，将向通源同乡发出赞助出版经费的倡议。

预计年底前出版。届时，将在市区举行《通源志》首发仪式暨乡音大会。

后 记

这是一部完全由民间自行编纂的方志！

这是一场真正为通源树碑立传的奔赴！

从起念启动，到编纂出版，仅仅两年多时间，一鼓作气，全力以赴，《通源志》终于完稿付梓，不久将与世人见面，我们一直绷紧的心弦也可放松一下了。这是通源人民的一个特殊“宝贝”，也是地方志书的一个特殊产物，虽然普通简单，却也弥足珍贵，将永藏于历史档案库里，永存在通源人民心里。可以说，编纂《通源志》，就通源来说，是一项功在当代、利在千秋的文化工程，也是一次前开先例、后续文脉的修志实践。

一、初心使命

通源乡撤并了！这个因行政区划调整而带来的重磅消息，给世世代代在这方土地上生存的通源人民，心灵震撼无疑是巨大的。从1950年建乡，到2019年撤乡，七十年的存在，七十年的建设，七十年的发展，是通源历史上最重要最丰富最辉煌的时期。

随着时间的推移，这段历史将渐行渐远，逐渐被人们淡忘。作为从小生长在通源，从大山里走出来的我们，失落之余扪心自问：我们还能为通源做点什么？相比上一辈和下一代，我们这一代更有责任也有能力为通源做点有意义有价值的事情。从《把根留住》的歌声里，我们的心灵受到触动；从宗族家谱的修编中，我们的思路得到启发。思虑再三，决定为通源写一部书，追寻通源历史印迹，展示通源山水风光，挖掘通源人文底蕴，赓续通源精神根脉，这是我们唯一能做也应该做的事情。于是，几位富有深厚家乡情结的通源同乡，毅然决然发起编纂《通源志》的义举。不等不靠，立说立行，组建编纂团队，构建志书框架，建立微信公众号，扩充通源乡音群，齐心协力为我们共同的家园通源做一本“家谱”，旨在征集史料、记录史实、形成史册、传为史鉴，同时也创造第一部通源史书。除了编纂志书，还在剡溪源头立碑建亭。从两手空空、一无所有，到硕果累累、一举多得，真正实现了为通源树碑立传的初心，完成了时代赋予的使命，为这个山区小乡增添了一笔宝贵的精神财富，丰富了通源的文化内涵，留下了永久的乡愁印记。

二、志书构架

经编纂团队通盘思考和商议，本志定名为《通源志》，而不冠以《通源乡志》，主要基于以下几方面考虑：其一，编志的主体属于民间，而民间编志的局限性是显而易见的，一些缺陷和不足难以避免，与官方编纂的乡镇志或许会有较大差异，因而首先在名称上以示区别；其二，本志的重点着眼于社会层面，侧重于山水资源和人文历史，而对乡镇工作因较难把握，就只能在相关章节作适当的简化处理；其三，编志的初衷是为了给通源留下一段历史记录，但由于资料征集、编纂力量等方面的制约，较难达到官方编志的要求，尤其是历史资料零散不全、缺失问题比较突出，就只能按民间“依箬裹粽”的传统做法，将能收集到的资料予以汇编。所以，虽然参照乡镇志体例，但并不完全承袭其格式规范，在结构和内容安排上，根据实际情况，作了一些必要的调整和取舍，因此考虑志书名称以《通源志》为宜。

全志立足乡镇，放眼全域，根据通源实际，共设历史、地理、政治、经济、社会、文化、人物、文存八编三十章。内容涉及方方面面，力求全方位记录通源乡七十年的历史，个别内容作了延伸和扩展。其大致情况如下：历史编，第一次比较系统地梳理了通源的建置沿革，整理了行政村和自然村的基本情况。地理编，全面介绍了通源的自然环境、自然资源、自然灾害等。政治编，简要记录了通源乡（公社）党政机构及其领导班子以及相关工作。经济编，专门将通源的两大支柱产业茶叶和香榧从农业经济中抽离出来，单独设章予以重点推介，同时介绍了农业、工业、商贸等方面情况。社会编，分别介绍了土地管理、水利电力、交通邮电、乡村建设、居民生活等情况，还专设了社会管理一章，将历史上比较重大的几个事项作一简介。文化编，从教育体育、医疗卫生、广播电视、文化艺术、旅游资源、民俗风情、方言俗语、宗族姓氏等方面，记述通源的历史文化底蕴和发展繁荣情况。人物编，分为名人传略和人才名录两章，既推介了历史人物、著名乡贤、革命英烈，又简介了当代的先进人物、民间人才、知名人士和优秀学子。文存编，收集了流传于民间的诗词歌谣、民间故事等。在附录里，选录了相关部门文件及主要参考书目，还特别添加了编纂工作记事，以此留存历史足迹。

三、组织实施

《通源志》整个编纂工作从2022年2月启动，到2024年5月定稿，总历时两年多。编纂团队中，有的是退休前后的中老年人，有的是工作繁忙的年轻人，大家都是边学边干，从“小白”做起，全凭一颗热心，全靠一腔热血，义无反顾，责无旁贷。经商议，推举周少华为总顾问，张仁洪为总牵头，钱树军为总纂稿。编写人员按照编纂大纲设计的框架，分成四个组，各组任务明确，责任落实，分工如下：

历史和地理两编为一个组，钱正永为组长，并负责编写第一编历史、第二编地理。

政治和经济两编为一个组，钱继红为组长，负责具体指导把关。第三编政治由黄国滨编写；第四编经济由俞朝编写，其中特色产业一章由钱继红编写。

社会编为一个组，钱江南为组长，负责具体指导把关。第一章土地管理、第四章乡村建设由吴顺贤编写；第二章水利电力由商晶晶编写；第三章交通邮电（其中第二节邮电由王孟芳编写）、第五章居民生活由蒋伟平编写；第六章社会管理由邱正权编写。

文化和文存两编为一个组，张少坡为组长，并负责编写第六编文化，其中第二章医疗卫生由刘大春编写，第八章宗族姓氏由张浙锋编写；黄晓月、邢汉江等协助查找梳理原始资料。第八编文存由张少坡收集整理。

概述、大事记、第七编人物、附录、后记等由钱树军编写。

全志由钱树军负责统稿总纂。

为确保编纂工作顺利进行，由通源籍人士组建了精干的团队，制订了工作计划，拟出了编纂大纲，有序而高效地组织实施。2022年3月5日，特意安排在原通源乡政府会议室举行启动仪式。之后，邀请地方志研究专家对参编人员进行专题业务辅导；安排人员多次到市档案馆及相关职能部门查找档案资料；组织力量4次赴原通源乡政府收集原始资料，分10次到通源原13个行政村实地走访调查，从而获得许多第一手资料。其间，编委会召开编纂工作例会11次，专题研讨解决各类问题；举办编写人员培训交流会5次，鼓励大家边学习边编写；安排专题座谈会2次，征求相关人员的意见建议；组织集体审改2次，从总体上把关定调，使志书得以进一步修改完善，等等。从初步成稿到最后定稿，先后修改了5稿，定稿后即提交方志出版社编审出版。此外，拟定出版后将择时举行隆重的《通源志》首发仪式暨通源乡音大会，以示庆贺，纪念这一重要的历史性事件。

四、主要特色

1.重大特色：民间编纂。针对通源乡已撤并的现实，需要完全依靠民间力量来完成，因此，我们自力更生，从头做起，一步一个脚印，坚实地走下去。《通源志》属于通源人民的“宗谱”，因而由通源同乡自主发起，自愿参与，自发组织，自我编写，自筹资金，自费出版，凭着大家激情投入，靠着众人无私奉献，这部志书终于得以顺利完成。

2.重点特色：创新体例。立足于通源所拥有的资源禀赋和乡镇实际，从历史、地理、政治、经济、社会、文化、人物等方面全方位来考虑，总体安排上仿照了乡镇志体例，但又不局限于条框，在结构和内容上作了一些创新性探索，根据实际情况进行取舍，有别于常规的乡镇志，这也是本志取名为《通源志》而非《通源乡志》的主要原因。

3.重要特色：绿色封面。我们之所以选用绿色作封面，而不同于常见的志书封面色彩，也是有其特殊考虑的。因为，通源是“国家级生态乡镇”，森林覆盖率达94%，是一个名副其实的绿色世界。绿色就是通源的主色调：山是绿色的，水是绿色的，茶叶是绿色的，香榧是绿色的，竹木是绿色的，农产品也是绿色的……从一定意义上说，绿色就是通源最为鲜明最富特色的标签。有志通源，只此青绿！

五、真诚感谢

在《通源志》的编纂过程中，我们时常被感动着，无论是单位还是个人，无论是同乡还是外籍，只要我们有需要，全都予以大力支持，那份热心热情犹如和煦的春光，时时温暖着我们；那种真情诚意仿佛清凉的秋风，常常照拂着我们。

感谢社会各界的热情支持。作为属地，首先感谢石璜镇党委政府的重视和鼓励。其次感谢有关单位和个人的支持：市档案馆馆长沈伟明、副馆长汪伟民和工作人员丁云，为我们查找原始档案提供了便利；市委党史研究室（地方志研究室）主任楼向前，从编纂启动到审阅志稿，一直予以关注和指导，还给编写人员作方志知识专题讲座；浙江省第一地质大队副总工程师刘永祥和高级工程师杜雄，嵊州市政协文史专员施钰兴和沈国本、市文物保护中心主任王鑫君、市气象局科长孙明明、原石璜区教办主任周来根、原通源乡中小学书记兼校长宋良鸿等，热心为我们提供珍贵资料；市政协文史专员张浙锋应邀参与编纂工作；市诗词研究会会长邢力策等专为“通源十景”创作配景诗；市摄影家协会副主席徐灿法等提供了精美的照片；市自然资源大数据中心主任郑懋军和科长王琼、鸿图企划钱文军，对通源地图绘制和图审给予热情支持。此外，还要感谢因编纂内容需要而摘引图文的原作者。特别要感谢杭州尚俊文化艺术策划有限公司为志书出版提供尽力而周到的服务。在编纂出版过程中涉及帮助我们的单位和个人还有不少，在此就不逐一列举了，我们只有心存感激！

感谢父老乡亲的倾情助力。乡音群里的兄弟姐妹和家乡的父老乡亲们，一直支持着我们，鼓励着我们，是我们的坚强后盾和力量源泉。当我们逐村走访调查时，各村父老乡亲的热情扑面而来，为座谈会提供资料，主动安排午餐，让我们深深地感受到通源人待客“茶水放糖、谷橱翻光”的传统美德；当我们安排赴原通源乡政府查阅资料时，黄才汀、郭茂华等10多位曾在乡政府和中小学校工作过的同乡自告奋勇参与；当我们需要召开编纂工作例会和业务培训、座谈交流会时，商夏明、应秋君等同乡热心提供场所，盛情做好后勤保障；当我们计划在剡溪源头立碑建亭时，白雁坑村党支部书记兼村委会主任斯伯荣和村民及同乡钱军贤给予毫不犹豫的支持；当我们筹措出版经费时，王华军、钱红钗等同乡慷慨赞助，乡音群里的群员纷纷解囊相助，不论数额多少，都尽一份心意。还有张刘坤、斯炜慧、邢宇峰等，在公众号和网盘开设、图片征集和修饰等方面主动助力。在两年多的编纂过程中，给予直接或间接帮助的人还有很多，名单可以列上好几页，借此我们一并真诚地道一声：谢谢了！乡亲们！

感谢编纂团队的真情奉献。编纂团队除张浙锋为特邀人员外，其余均为通源同乡，来自各行各业。这是一批喝着山泉水、吃着六谷糊长大的人，都是通过读书、参军和自己奋斗走出大山的农家子弟，为了难忘的乡愁，为了共同的责任，心聚在一起，劲用在一处。这是一群心里有光、肩上能扛的人，大家纷纷挑起重担，没有一个人计较任务的轻重，没有一个人计较利益的得失。大家承袭父辈当年造水电站、打机耕路的信心和决心，把奉献当作自己的标签，出人出力，出车出钱，自掏腰包，不报费用，都以争作奉献为乐，以多作奉献为荣。

秉着乐于奉献的理念和精神，为志书无私奉献出自己的智慧和力量，向世人真诚奉献了一部热辣滚烫的通源史书。

正是因为有一批热情的社会人士，有一群热心的父老乡亲，有一个热血的编纂团队，《通源志》才能够在短短两年多时间内，得以顺利地编纂出版，亮相于世。

虽然我们做人做事都在力求尽善尽美，但无论是谁，无论做什么，要真正做到完美无瑕圆满无缺，却是很难很难的，事总会有缺憾，心总会有遗憾，我们也不例外。回头看看，毋庸讳言，诸多问题不可避免地存在。尽管我们千方百计挖掘收集资料，但总体上资料缺失问题还是比较严重，以致一些重要的人和事物有所遗漏，即使收录的也有残缺不全和纰漏不少；尽管我们多方征集老照片，但限于过去的摄影条件，还是所获无几，以致不能原汁原味地反映历史面貌；尽管编写人员付出了大量业余时间，作出了积极努力，但由于部分资料来源不一，许多要素难以完整对接、完全统一，加之时间匆促，水平有限，志书仍显得比较粗糙，系统性、全面性、严谨性不够，等等。这些主观和客观的因素影响，这些问题和缺陷的实际存在，令我们一边努力着，一边焦虑着，心里充塞了诸多的无奈和难言的遗憾。在此，敬请行家、读者及乡亲们批评指正和些许谅解。

唯一可以欣慰的是，我们尽心了，尽力了，尽责了！因为我们毕竟有了心血凝就的成果。有志通源，通源有志。这是通源第一部以志书形式存世的百科全书，也或将是唯一的一份全面记述通源的史料文献。

朝思夕思，念兹在兹。此心可鉴，此情难已。遂凑几句，聊以作结：

有情有义系乡愁，

志在桑梓写春秋。

通宵达旦为哪般？

源远流长传不朽！

《通源志》编辑部

2024年5月30日